Peter Theiner **Robert Bosch**

Peter Theiner

Robert Bosch

Unternehmer im Zeitalter der Extreme

Eine Biographie

C.H.Beck

Mit 21 Abbildungen

Sämtliche Abbildungen stammen aus dem Unternehmensarchiv der
Robert Bosch GmbH.

Das Zitat von Ian McEwan auf Seite 11 stammt aus dem Roman «Saturday»,
Zürich 2007, S. 110 (Taschenbuch Diogenes).

Originalausgabe
© Verlag C.H. Beck oHG, München 2017
Satz aus der Legacy Serif Pro Fotosatz Amann, Memmingen
Druck und Bindung: Druckerei C.H.Beck, Nördlingen
Gedruckt auf säurefreiem, alterungsbeständigem Papier
(hergestellt aus chlorfrei gebleichtem Zellstoff)
Umschlagabbildungen: Robert Bosch, 1941 (vorn); Robert Bosch,
um 1890 (hinten). © Unternehmensarchiv der Robert Bosch GmbH.
Umschlaggestaltung: Kunst oder Reklame, München
Printed in Germany
ISBN 978 3 406 70553 3

www.chbeck.de

Inhalt

Vorwort 9

I   Herkunft und Aufstieg
Württemberg vor der Industrialisierung   13
Familienleben und politische Kultur   15
Lernen und Lebenswelt   20
Reisen und Reformen   29
Take off, Firmengründung und «Gewürge»   39
Erfolge, Expansion und Internationalisierung   46
Modernisierung und Gesellschaftspolitik   56
Sozialpolitik bei Bosch   64
Bürgerstolz und Mäzenatentum   69
Reformstau, Taylorismus und ein Streik   76
Keine politische Konversion und eine liberale
Enzyklopädie   82

II   Der große Krieg
Mobilmachung und Augusterlebnis   92
Wut und Mäßigung   97
Die große Not und das Stiften   106
Der Sinn und die Ziele des Krieges   127
Der Deutsche Nationalausschuss   138
«Mitteleuropa»   141
Friedensresolution und Kanzlersturz   147
Eine Denkschrift vor der letzten Offensive   154
Über den Krieg hinausdenken:
Die Deutsche Hochschule für Politik   155
Das Platzen der «Seifenblase»   158

III In der Weimarer Republik

Kein Systemwechsel ohne freie Wahlen 165
Der Demokratische Volksbund 169
Räte, Sozialisierung und Betriebsverfassung 173
Das Unternehmen und die Kriegsfolgen 187
Weichenstellungen für die Unternehmensverfassung 190
Neuansatz in der Unternehmenskommunikation 193
Sozialpolitik in der Firma 200
Auf der Suche nach dem Frieden 203
Wandel durch Annäherung und europäische
Integration 210
Für ein Ende des «Dauerfranzosen» 224
Krise, Erneuerung und Zukunftssicherung im
Unternehmen 230
Für die Republik und die Völkerverständigung 240

IV Diktatur und Widerstand

Die Machtübertragung 257
Ein «Schutzwall» vor dem Unternehmen 263
«Gleichschaltung» und Illusionen 269
Rüstungsboom und Vorbehalte 277
Motive für den Widerstand 292
Das Ende der freien Erwachsenenbildung und
der freien Medien 293
Das Unternehmen und die «Nazi-Welle», ein Jubiläum
und der Bosch-Zünder 297
Eine neue Klinik 307
Bosch und die jüdischen Mitbürger 310
Im Strudel der Kriegsökonomie 321
Noch immer für Frieden und Zusammenarbeit 334
Die Verbindung Bosch – Goerdeler 343
Getarnte Geschäftsreisen, Anläufe und Paradoxien des
Widerstandes 354
Ein Staatsbegräbnis für den Unternehmer 391

Epilog
Zwangsarbeit bei Bosch und späte Entschädigung der Opfer   395
Verschwörung, Scheitern und späte Ehrung   402
Entscheidung für die Robert Bosch Stiftung   410

Anhang
Dank   415
Anmerkungen   416
Abkürzungsverzeichnis   473
Archive   475
Zeitungen und Zeitschriften   476
Gedruckte Quellen und Literatur   477
Bildnachweis
Personenregister

Vorwort

Robert Bosch gehört zu den Industriellen in der deutschen Wirtschaftsgeschichte, deren Name noch heute einen besonderen Klang hat – und dies bei weitem nicht allein, weil das von ihm gegründete Unternehmen noch immer existiert und weiter wächst.

Er stand seit seinem Aufstieg im Licht der Öffentlichkeit, als eigensinniger Anwalt einer sozial verankerten Marktwirtschaft, als zunehmend landesweit bekannter Stifter und Förderer unkonventioneller Ideen, als ungemein ehrgeiziger, durchsetzungsstarker Unternehmer und Pionier der Globalisierung und vor allem auch als politisch engagierter Zeitgenosse.

Unternehmerischer Erfolg, gemeinnütziges Engagement, demokratische Überzeugungen und damit wirtschaftliche, kulturelle und politische Elemente bürgerlicher Lebensführung wirkten zusammen.

Maß und Mitte, Selbstbeschränkung und Selbstdisziplin, eine rational fundierte Verantwortungsethik, das Abwägen und Austarieren von Eigeninteresse und Gemeinwohlorientierung zählten für ihn zu den Bestandsvoraussetzungen eines stabilen und entwicklungsoffenen Gemeinwesens. Das sollte nicht nur im eigenen Land gelten. Denn die Staatsraison des Deutschen Reiches gebot in seinen Augen den Verzicht auf Gewalt und die Suche nach Zusammenarbeit und Ausgleich der Interessen in einem auf Frieden und Integration angewiesenen Europa. Robert Bosch suchte immer wieder nach alternativen Wegen unseres Landes und appellierte dabei an die Lernbereitschaft seiner Führungseliten. Dies mit einem breiten Panorama methodischer und thematischer Zugänge zu untersuchen, kann auch Licht auf Kontinuitäten und

Neuansätze in der Entwicklung unseres Landes und damit auch auf Elemente der Vorgeschichte der Bundesrepublik werfen.

Der Leser wird erkennen, dass die Arbeit den Forschungen von Joachim Scholtyseck zum Engagement des Hauses Bosch im Widerstand gegen den Nationalsozialismus sowie der unternehmensgeschichtlichen Untersuchung von Johannes Bähr und Paul Erker viel verdankt.

Und es bleibt lohnend, das in seiner Zeit bahnbrechende Lebensbild des Unternehmers und Stifters aus der Feder von Theodor Heuss heranzuziehen. Mit seiner Biographie erinnerte der kommende Bundespräsident noch in der Agonie des NS-Regimes daran, dass sein Zeitgenosse für Traditionen, Wertorientierungen und Entscheidungen stand, an die das Land nach seiner Befreiung von den «Verbrechern» (Robert Bosch) anknüpfen konnte. Diesen Faden greift das vorliegende Buch wieder auf und portraitiert einen Unternehmer und Philanthropen in seinen wirtschaftlichen, politisch-gesellschaftlichen und kulturellen Handlungsfeldern. Es versteht sich damit als Beitrag zu einer Geschichte engagierter Bürgerlichkeit in einem Zeitalter der Extreme.

Doch für die Professoren an der Uni wie allgemein in den Geisteswissenschaften, eignet sich das Elend besser zur Analyse: Das Glück ist eine Nuss, die schwerer zu knacken ist.

Ian McEwan, *Saturday*

Die Eltern Maria Margarete und Servatius Bosch, um 1838

Kapitel 1

Herkunft und Aufstieg

Württemberg vor der Industrialisierung

Robert Bosch wurde am 23. September 1861 in Albeck, einem Dorf auf der Schwäbischen Alb, etwa zehn Kilometer von Ulm entfernt, geboren. Er war das elfte von zwölf Kindern von Maria Margarete und Servatius Bosch. Väterlicherseits lässt sich der Stammbaum der Familie bis in die Epoche der Reformation zurückverfolgen. In Albeck ließ sich Johann Georg Bosch in der ersten Hälfte des 18. Jahrhunderts nieder und übernahm dort den Gasthof Krone, zu dem ein großer landwirtschaftlicher Betrieb gehörte. Servatius, über dessen Kindheit und Jugend nichts Näheres überliefert ist, war der Urenkel des ersten Kronenwirts aus der Familie Bosch; sein Vater starb im Jahr seiner Geburt. Kurze Lebensspannen und hohe Kindersterblichkeit waren das demographische Signum der Epoche.[1] Von den 13 Kindern des Großvaters von Servatius Bosch waren 11 noch im Kindesalter gestorben. Die männliche Erbfolge lief auf Servatius zu, der 1837 die 18-jährige Maria Margarete Dölle heiratete, Tochter eines Wirts aus dem Nachbarort Jungingen.[2]

Das Anwesen der Familie war stattlich, der junge Bierbrauer und Landwirt Servatius Bosch bewirtschaftete den florierenden Gasthof, für den 1834 ein neues großes Gebäude eingeweiht wurde, gemeinsam mit seiner Ehefrau. Der Neubau hatte nahe gelegen, nachdem eine neue Straße den regionalen Verkehr an das Anwesen der Familie herangeführt hatte. Servatius Bosch lieferte mit seinem Gespann sein Bier bis nach Stuttgart. Der Gasthof war für Fuhrleute und Handelsreisende auf dem Weg nach Ulm ein willkommenes Zwischenquartier und Umschlagplatz für Neuigkeiten aus dem Lande. Vor allem aber war das Anwesen von Servatius und Maria Margarete Bosch ein landwirtschaftlicher Betrieb von beachtlichen Ausmaßen. Mit 250 Morgen Acker- und Weidefläche und weiteren 50 Morgen Wald sowie 25 Stück Großvieh gehörte er zu den großen und einträglichen Höfen im Lande, mehr Landgut als Bauernhof. Insofern war Robert Bosch, blickt man von seiner Herkunft auf seinen Lebensweg, kein Selfmademan aus kleinsten Verhältnissen, sondern der Spross einer wohlhabenden, gesellschaftlich angesehenen Familie. Freilich war kaum vorhersehbar, ja nicht einmal wahrscheinlich, dass aus ihr ein erfolgreicher industrieller Unternehmer mit weltweitem geschäftlichem Engagement, eine Unternehmerpersönlichkeit auch mit ausgeprägtem politischem Profil und ein über die Grenzen des Königreichs Württemberg hinaus bekannter Stifter hervorgehen sollte.

Das Königreich Württemberg war mit seinem territorialen Umfang erst im Zuge der napoleonischen Umgestaltung Deutschlands entstanden. Es gehörte im Deutschen Bund nicht zu den Vorreitern der Industrialisierung, sondern zeigte Merkmale einer verzögerten technisch-gewerblichen Entwicklung.[3] Erst 1830 entstand, auch mit staatlicher Unterstützung, eine Gesellschaft zur Förderung der Gewerbe, der 1848 die staatlich gelenkte «Zentralstelle für Gewerbe und Handel» folgte, die als Impulsgeber in der wirtschaftlichen Entwicklung des Landes eine herausragende Rolle spielen sollte. 1840 trat auch Württemberg in das «Zeitalter der Dampfmaschinen» ein, deren Zahl bis 1846 auf zwölf stieg, bei einer Gesamtleistung von ca. 100 PS.[4] Den Auftakt zur Entwicklung einer eigenständigen Maschinenindustrie und den Abschied von mangelhaften Nachbauten ausländischer Apparate bildete die Gründung der Esslinger Maschinenfabrik 1847, die der Staat im Zeichen einer vorausschauenden Standortpolitik mit einem erheblichen Darlehen und mit kostenlosen Grundstücken ausstattete.[5] Von einer forcierten Industrialisierung kann man für Württemberg allerdings erst für die 1850er Jahre sprechen, erkennbar am steilen Anstieg der Zahl der Dampfmaschinen um 373 Prozent und der Steigerung ihrer Leistung um 786 Prozent allein zwischen 1852–1861. Die Zahl der industriellen Betriebe stieg im gleichen Zeitraum um 96 Prozent, die Zahl der in diesem Sektor Beschäftigten um 111 Prozent auf 8107.[6] Diese Entwicklung wurde ab Mitte der 1850er Jahre durch stetig gute Ernteerträge und die damit einhergehende Stärkung der Kaufkraft begünstigt. Die ausgeprägt dezentrale Struktur der württembergischen Gewerbe, die traditionelle Durchmischung von gewerblicher und landwirtschaftlicher Produktion, vor allem aber ein auffällig schwach entwickelter Bankensektor trugen maßgeblich dazu bei, dass die für die Zeitgenossen schockierende, spekulationsgetrieben von den Vereinigten Staaten 1857 auf Europa übergreifende erste große Weltwirtschaftskrise das Königreich Württemberg zwar berührte, nicht aber substantiell erschütterte. Der spöttische Befund von Friedrich Engels, dass die «amerikanische Krise» auch die Unternehmen in Deutschland «tief in die Sauce» reite, traf auf das Königreich Württemberg nicht zu.[7]

Zwischen dem unternehmerischen Werdegang von Robert Bosch und der relativen Rückständigkeit des Kreditgewerbes in Württemberg bestand ein gewisser Zusammenhang. Sein Beharren auf der Unabhängigkeit seiner Unternehmungen und die Zurückhaltung gegenüber den Lockungen spekulativer Experimente hatte auch historisch tiefsitzende mentalitäts- und strukturgeschichtliche Gründe. Bei seinen Nachfolgern in der Unternehmensführung ist bis in die Gegenwart das Insistieren auf dem Primat einer solide gesteuerten Realwirtschaft gegenüber einer entkoppelten Finanzindustrie spürbar.

Familienleben und politische Kultur

Von der wechselhaften wirtschaftlichen Entwicklung im Lande in der Jahrhundertmitte wurde die Familie Bosch zunächst nicht existentiell berührt. Die krisenhafte Entwicklung der Landwirtschaft mit der 1846 beginnenden, nur 1848/49 unterbrochenen, dann bis 1853/54 reichenden Kette von Missernten, die vorrevolutionären Hungerkrawalle von 1847, das Massenelend und die Auswanderungswellen – all dies findet im Rückblick von Robert Bosch auf die Geschichte der Familie und das elterliche Anwesen keine Erwähnung. Dessen Größe und Erträge reichten aus, um die Familie gegen die Unwägbarkeiten der für die Jahrhundertmitte charakteristischen ökonomischen Umstellungskrise abzuschirmen.

Vergleicht man das Anwesen der Familie Bosch mit anderen landwirtschaftlichen Betrieben, namentlich in Gegenden mit hoher Bodenzersplitterung, dann wird anschaulich, welche Lebensrisiken die zeitgenössische Wirtschafts- und Sozialstruktur für die Menschen bereithielt. In der Zeit der letzten großen Missernten in der ersten Hälfte der 1850er Jahre verloren Regionen mit besonders vielen agrarischen Zwergwirtschaften nahezu die Hälfte ihrer Bevölkerung durch Auswanderung, die übrigen Gebiete noch über 18 Prozent.[8] Immer noch gehörten extrem hohe Säuglings- und Kindersterblichkeit zum Normalalltag. Die dumpf anmutende Erlebniswelt «durchschnittlicher» Dorfbewohner kann man aus den Aufzeichnungen eines Pfarrers in Machtolsheim, ca. 30 km vom Wohnort Albeck der Familie Bosch entfernt, heraushören:

> *«Das Familienleben ist wesentlich durch die äußere Gegebenheit gemeinsamer Arbeit zusammengehalten, die Frau ist der arbeitende, kurz der leidende Teil in der Ehe. Der Mann wälzt viele Arbeiten auf die Frau über, ohne sie gebührend zu schonen und an seinen eigenen Freuden teilnehmen zu lassen [...] Der Tod der Kinder, welche den Kampf ums Dasein und die Gefahr mangelhafter Wohnungsverhältnisse und unruhiger Pflege nicht überstehen, wird selten geklagt. Die Kinder sind (dann) aller Arbeit und Mühsal enthoben [...] Das Kind ist innerhalb der ersten Lebensmonate Gegenstand stillen Zuwartens, ob es wohl im rauen Boden dieser Welt Wurzel schlägt oder abstirbt.»* [9]

Der Alltag in der Familie Bosch, Leben und Heranwachsen der Kinder, Gefühlswelt und Erwartungshorizont der Eltern waren ganz anders. In seinen Erinnerungen spricht Robert Bosch von «Verständnis», das die Eltern den Kindern «entgegenbrachten», von anhaltender warmherziger Fürsorge und Zuwendung, vom Humor der Mutter bis ins hohe Alter, ihrer gemeinsamen Arbeit mit dem Ehemann im Gasthof, ihrer eindrucksvollen Präsenz in der Familie. Er erzählt vom stets polierten Zinngeschirr, das ausreichte für die Gästeschar einer großen Bauernhochzeit, von der gediegenen Kleidung des Vaters und vom Freitisch für Arme und Bedürftige: «Ein Mittagessen aber», dies die Konsequenz aus seinen Erfahrungen im Elternhaus, «sollte jeder bei mir haben, solange ich etwas hatte.»[10]

Neben dem relativen Wohlstand gaben auch die Selbstverständlichkeit des Lesens, die anmutigen Porträtgemälde der Eltern dem Haushalt Bosch ein gleichermaßen besitz- und bildungsbürgerliches Gepräge. Bildung spielte in der Familienbeschreibung von Robert Bosch eine wichtige Rolle: «Mein Vater war ein über seinen Stand hinaus gebildeter Mann gewesen. Er besaß eine Bibliothek sämtlicher deutscher Klassiker und hatte sie auch gelesen und verdaut.»[11] In den «Lebenserinnerungen» von Robert Bosch sind die Attribute des «bürgerlichen Wertehimmels» (Manfred Hettling) in bemerkenswerter Klarheit versammelt: Dort geht es um Selbsterziehung, um die empirisch prüfende Beobachtung des gesellschaftlichen Miteinanders und den explorativen Blick auf die natürliche Umwelt, um lebendige Kommunikation, Verantwortung und sozialen Ausgleich, auch um stetige Leistungsorientierung, um menschliche Nähe ebenso wie um die Temperierung von Gefühlen und Leidenschaften. Manfred Hettling nennt «Innenlenkung des Verhaltens» und «freie Verbindung zu Gruppen» das «zentrale bürgerliche Strukturprinzip».[12] Robert Bosch betonte mit Nachdruck: «In religiöser Hinsicht wurden wir sehr freisinnig erzogen.»[13] Zweifelsohne war Servatius Bosch für seinen Sohn ein Vorbild für bürgerlich-freiheitliche Selbstbestimmung, für intellektuelle Unabhängigkeit, für furchtlos-kritisches Fragen, ob denn die Dinge so seien und bleiben müssten, wie man sie antrifft. Unkonventionell war auch das Bekenntnis des Vaters zum Freimaurertum, das für Robert Bosch im Rückblick – eher ungewöhnlich für seine Generation – nichts verdächtig-geheimbündlerisches, nichts finster Zersetzendes hatte, wie es in zeitgenössischen Klischees anzutreffen war. Für den Vater war das Freimaurertum ein Hort gepflegter Bürgerlichkeit, ein freisinniger menschlicher Verband, in dem Freundschaft, Toleranz, Solidarität und kosmopolitische Anschauungen zählten.[14] Für Robert Bosch war der Vater auch «überzeugter Demokrat»,[15] was für die Entwicklung seines politischen Denkens von kaum zu überschätzender Bedeutung war: «Als solcher war er [der Vater] ein Gegner Bismarcks und des Preußentums. Aus der Zeit vor '70 erinnere ich mich an politische Abende, die reihum in Albeck an Winterabenden in den Wirtshäusern abgehalten wurden und in welchen der preußische Militarismus nicht gerade günstig besprochen wurde.»[16] Servatius Bosch war in der Erinnerungswelt des Sohnes ein unbeugsamer Vertreter demokratischer Ideale. Sich als schwäbischer Demokrat zu bekennen, hieß, sich abzugrenzen von einem liberal gezähmten politischen Credo. Für beide Strömungen galt zunächst: Sie erstrebten die Befreiung des Einzelnen aus überkommenen, nicht mit Vernunftgründen zu rechtfertigenden materiellen und ideellen Zwängen. Im Verfassungsstaat sollte der Bürger Schutz finden vor Übergriffen staatlicher Gewalten auf seine Freiheitsrechte und sein Eigentum. Immerhin war ja das Königreich Württemberg mit seiner 1819 vom König nach zähen Verhandlungen mit den ständischen Gremien unterzeichneten Verfassung ein konstitutioneller Staat mit Zweikammersystem.[17] Etwa 15 Prozent der Einwohner waren wahlberechtigt, ein im Vormärz für die Staaten des Deutschen Bundes vergleichsweise hoher Wert.[18]

Die gegensätzlichen Positionen der Liberalen und der Demokraten traten in der Revolution von 1848/49 in der Frage der weiteren Verfassungsentwicklung deutlich zutage. Während Liberale für einen graduellen Weg, für abgestuftes Wahlrecht, für die Monarchie als Wächterin einer behutsamen Modernisierung standen, kämpften Demokraten für die republikanische Staatsform und ein gleiches Wahlrecht. In der politischen Publizistik der Demokraten wurde die Spaltung im Februar 1849 plastisch beschrieben – und dies gibt auch einen Einblick in die politische Gedankenwelt im Elternhaus von Robert Bosch: «Die Demokratie schied sich vom liberalen Konstitutionalismus und [...] immer weniger wurden die gemeinsamen Punkte zwischen denen, welche in den neuen Staatsformen die Herrschaft der besitzenden und gebildeten Klassen fürs erste befestigen wollten und den anderen, welche die uneingeschränkte Allgemeinheit der politischen Rechte mit ihrem unausbleiblichen Gefolge sozialer Reformen verwirklichen wollten.»[19] Dieser Grundantagonismus in der politischen Lebenswelt des Vaters war für Robert Bosch überaus prägend. In jungen Jahren sollte er sich als «Socialisten» beschreiben. Er wurde späterhin als erfolgreicher Unternehmer alles andere als ein Revolutionär, jedenfalls sicherlich nicht im Sinne politischer Umwälzungen. Aber der Denkfigur des Zuspätkommens, der Kritik an der verschleppten Synchronisierung von politischer Ordnung und sozialökonomischer Entwicklung und damit an der politischen Uneinsichtigkeit des Bürgertums werden wir bei ihm noch mehrfach begegnen.

In der ab 1859 virulent werdenden «nationalen Frage», dem Ruf nach einem deutschen Nationalstaat, trat die politische Position der Familie Bosch deutlicher hervor. Die Demokraten wollten ebenso wie die Liberalen die partikularstaatliche Zersplitterung in Deutschland überwinden, dies jedoch – anders als ihre liberalen Gegenspieler – unter keinen Umständen im Zeichen einer preußischen Hegemonie, für sie das Gespenst der Reaktion und des Militarismus schlechthin. Was die württembergischen Demokraten als «in der Wolle gefärbte Anti-Preußen»[20] anstrebten, war eine streng föderative Ordnung, ein nationalstaatliches Gebilde gleichberechtigter, demokratisch verfasster Gliedstaaten. Für den wortgewaltigen Sprecher der Demokraten, Ludwig Pfau, war Preußen der «Ausdruck eines falschen Staatsgedankens, [...] die Verkörperung des bösen Prinzips».[21] Die Stammtischdebatten in den Wirtshäusern der Schwäbischen Alb, von denen Robert Bosch in seinen Lebenserinnerungen berichtet, waren gewiss angeheizt worden durch Pfaus Kampfparole, für die er sogar die römische Geschichte bemühte: «Ohne eine Auflösung Preußens in seine Stämme ist die Bildung eines einigen, ganzen und freien Deutschlands eine Unmöglichkeit: Ceterum censeo Borussiam esse delendam.»[22]

Die Demokraten sammelten sich jetzt in der Deutschen Volkspartei, und Servatius Bosch wurde für Albeck in das Landeskomitee der Partei gewählt.[23] Es ist auffällig, mit welcher Beständigkeit Robert Bosch immer wieder an politische Grundmotive des Vaters, die Gegnerschaft zu «Preußentum und preußischem Militarismus» anknüpfte.[24] Er hat später den tatsächlich eingeschlagenen Weg der Reichseinigung unter preußischer Führung als Faktum akzeptiert und auch als Errungenschaft gewürdigt – dies vor allem wegen der auf Sicherung des außenpolitisch Erreichten, nicht auf Expansion zielenden Politik des ersten Reichskanzlers. Auch wird man annehmen dürfen, dass er im Rückblick das Eintreten der württembergischen Demokraten für eine föderative deutsche Einigung unter Einschluss Österreichs als kaum realistisch beurteilt hat. Doch grundsätzliche Vorbehalte gegenüber hegemonialen Ansprüchen, das Plädoyer für den Einklang von Liberalität im Innern und konsensorientiertem Agieren in den zwischenstaatlichen Beziehungen, der Primat des Verhandelns vor dem Octroi und auch die Ablehnung jeglichen militaristischen Gerassels, ja ein prinzipieller, rational verwurzelter Pazifismus, das sind Leitmotive seines Denkens, die sich im frühen familiären und lokalen Umfeld auszuprägen begannen.

Im Kern ging es den württembergischen Demokraten, vielfach gegen den Trend ihrer Zeit, um den Primat der Freiheit vor der Ordnung, der Selbstbestimmung vor der Anpassung, des politischen Wettbewerbs vor der Hierarchie und vor der Autorität des Amtes. Robert Boschs Denken bewegte sich später in auffälliger geistiger Wahlverwandtschaft mit dem schwäbischen Demokraten Ludwig Pfau, wenn dieser schrieb: «Wie der Staat überhaupt nicht Zweck, sondern Mittel und nur dazu vorhanden ist, dem Individuum die Ausübung seiner Menschenrechte zu garantieren, so ist auch die staatliche Einheit nicht der nationale Zweck, sondern nur das politische Mittel, die Selbständigkeit der Nation in ihren Stämmen und Gemeinden nach innen wie nach außen sicher zu stellen. Denn das absolute Ziel aller sozialen Einrichtungen ist die Entwicklung der Menschheit, d. h. die Verwirklichung der Humanität durch die Herrschaft des Gemeinwohls – das ist mit einem Wort die Freiheit als die Bahn zur Gerechtigkeit.»[25]

Diese politischen Ideale wurden für Robert Bosch durch das politische Engagement seines Vaters konkret erlebbar. Servatius Bosch schritt ein, wenn bei obrigkeitlichen Zwangsmaßnahmen sein demokratisches Gerechtigkeitsempfinden verletzt wurde oder wenn er den Grundsatz der Verhältnismäßigkeit in der Ausübung kommunaler Exekutivgewalt missachtet wähnte: «Eines Tages kam jemand zu meinem Vater und erzählte, dass in einer Wirtschaft Leute über die Polizeistunde hinaus gesessen hätten. Der Büttel sei gekommen und habe die Gesetzesverächter aufgeschrieben, und der Ortsgewaltige habe nur einen, einen armen Besenmacher, ins Loch gesteckt, sowas sei doch Unrecht! Mein Vater ging ins Haus des Büttels. Dieser war nicht da, und die Büttelin gab meinem Vater auf sein Verlangen hin den Gefängnisschlüssel. Mein Vater ließ den Besenmacher heraus und büßte diese Eigenmächtigkeit mit drei Wochen Asperg.»[26]

Lernen und Lebenswelt

Lebenswelt und Lebensgrundlagen der Familie änderten sich für Robert Bosch gegen Ende seines ersten Lebensjahrzehnts in sehr grundsätzlicher Weise. Anders als die Industrialisierung, «waren die Eisenbahnen als frühe Netzwerktechnologie» und als Vehikel wirtschaftlicher und nationaler Integration in den 1860er Jahren aus dem Alltag kaum noch wegzudenken.[27] Den Einbruch der industriewirtschaftlichen Umwälzungen in Gestalt der schnaubenden Ungetüme in die bisher von der Verkehrsrevolution noch abgeschirmte Lebenswelt von Albeck bekam die Familie Bosch nun mit Wucht zu spüren. Was gesamtwirtschaftlich in Mitteleuropa als zukunftsweisender Umbruch und Investitionsschub erlebt wurde,[28] war einzelwirtschaftlich eine dramatische Wende, «unsere ganze Existenz», hatte Heinrich Heine schon 1843 zum Bau neuer Bahnlinien in Frankreich geschrieben, werde «in neue Gleise fortgerissen, fortgeschleudert».[29] Davon sollte die Familie Bosch ein Lied singen können. Durch die Streckenführung einer neuen Bahnlinie, zunächst zwischen Ulm und Crailsheim, geriet Albeck und damit das

Anwesen der Familie Bosch, bisher beliebte Raststätte an der staatlichen Straße, ins Abseits. Selbst wenn sich der Gasthof an der neuen Eisenbahnstrecke wiedergefunden hätte, das herkömmliche Geschäftsmodell des Anwesens mit seinen Dienstleistungen für den traditionellen Fuhrbetrieb war an sein Ende gekommen.[30] Weil damit das «Kernstück des Boschschen Betriebes» getroffen war[31], entschloss sich Servatius Bosch, das gesamte Anwesen kurzerhand zu verkaufen. Dies bedeutete auch, dass auf seinen jüngsten Sohn Robert nicht mehr, wie eigentlich geplant, das Erbe eines bedeutenden landwirtschaftlichen Betriebs mit einem bis dahin florierenden Gasthof zulaufen würde. In seinen Lebenserinnerungen hat Robert Bosch die unternehmerische Entscheidung des Vaters nicht kritisch kommentiert. Wohl aber findet sich ein skeptischer Nebenton, wenn er den Entschluss des Vaters umschreibt, nicht mehr als selbständiger Unternehmer tätig zu werden, sondern als wohlhabender Rentier sich «etwas zu frühzeitig»[32] in Ulm anzusiedeln. «Mein Vater», heißt es in einem Brief aus der Zeit, als Robert Bosch auf dem Weg zum international agierenden Unternehmer war, «hat sich seinerzeit mit 250 000–300 000 Mark zur Ruhe gesetzt. Das möchte ich ihm nicht nachmachen. Da könnte man schließlich in seinen alten Tagen als Knackwurstprivatier herumlaufen.»[33] Muße und Entspannung, eine gelungene Work-Life-Balance, waren für Robert Bosch im Erwachsenenalter eine sorgfältig gehütete Konstante seiner täglichen Lebensführung. Doch in den Reflexionen über die Entscheidung des Vaters klingt doch ein tief verinnerlichtes bürgerliches Leistungsethos an, mit dem eine Existenz ohne Arbeit und unternehmerische Verantwortung nicht recht zu vereinbaren war.

Mit dem Verkauf des Anwesens in Albeck zog die Familie 1869 nach Ulm. In der 25 000-Einwohner-Stadt, besonders geprägt durch die Garnison, brachte es Servatius Bosch bald zu hohem Ansehen in der lokalen Bürgergesellschaft. Der ältere Sohn Albert besuchte die Realschule und war später als Architekt am Bau des Ulmer Münsters beteiligt.[34] Wie sein Bruder besuchte auch Robert die Realschule – das klassische, altsprachlich geprägte Gymnasium war für die Familie keine erstrebenswerte Option. Der noch junge Typus der Realschule öffnete den Zugang zur Polytechnischen Schule in Stuttgart, stand also am Beginn von Reformen, mit denen die Monopolstellung der Gymnasien als Zugangsschleuse zur Hochschule schrittweise aufgebrochen wurde.

Die Aufnahmeprüfung in die Ulmer Realschule schaffte Robert Bosch «nicht mit Glanz».[35] Überhaupt verraten die Erinnerungen an die Schulzeit nichts Genialisches, keinen besonderen Ehrgeiz, nicht einmal das nötige «Sitzfleisch».[36] Es waren die Sprachen und vor allem die Physik, «rein experimentell betrieben von dem alten Rektor Nagel»[37], in denen er vorankam, wohingegen die mathematischen Grundlagen der Naturwissenschaften nicht zu seinen Stärken zählten: «Als besonders bezeichnend möchte ich anführen, dass ich als 15-Jähriger den Pythagoräischen Lehrsatz nicht beweisen konnte.»[38] Im Rückblick habe ihm «lediglich ein technisches Gefühl» in den einschlägigen Fächern «durchgeholfen».[39]

Mit dem Einjährigen-Examen stand für Robert Bosch die Berufswahl an. Im Rückblick verbinden sich für ihn mit dieser biographischen Zäsur weder Schwung noch ausgeprägter Eigenwille: «Als ich so nachgerade mich für einen Beruf entscheiden sollte, fragte mich mein Vater einmal, ob ich nicht Feinmechaniker werden wollte, und ich sagte ja. Mein Sinn stand allerdings mehr nach Zoologie und Botanik, aber ich hatte keinen Gefallen an der Schule, in der ich die großen Lücken in meinem Wissen stets als unangenehm empfinden würde, und so wurde ich Mechaniker.»[40] Diese undramatische, beiläufig klingende Schilderung seiner Berufswahl legt der historischen Beschreibung nahe, auf Kontingenz und Offenheit zu achten, die spätere Karriere als Industrieller und Mäzen nicht zu einer vorbestimmten Heldengeschichte zu stilisieren. Was sich aus seiner fast beiläufig getroffenen Berufswahl ergeben könnte, «war ihm selber denkbar unklar».[41]

Die Lehrzeit im Betrieb eines Ulmer Mechanikers und Optikers war für Robert Bosch im rückblickenden Urteil «schlecht genug».[42] Das lag nicht an mangelnder Motivation oder fehlendem Lerneifer, sondern an einem gewissen «Hang zum Wohlleben», dem sein Lehrherr frönte, der sich in der Werkstatt selten blicken ließ, dafür aber häufiger im Wirtshaus. Die Lehrlinge blieben auf sich selbst angewiesen, der Arbeitsalltag wirkte «verbummelt». Neugier, Einfallsreichtum und pfiffige Lösungsvorschläge bei Konstruktionsproblemen und technischen Defekten wurden nicht honoriert. Aufs Ganze gesehen war Robert Bosch in seiner Lehre «nicht glücklich»[43], aber der noch im Rückblick spürbare Groll hatte Langzeitfolgen. Dass er in der Ulmer Werkstatt «nicht einmal zum Lernen angehalten» wurde,[44] wurde zur Triebfeder für spätere systematische Anstrengungen, das industrielle Ausbildungswesen auf eine neue Basis zu stellen.⁴⁵ Immerhin brachte ihm die Ulmer Station erste praktische Erfahrungen mit Haustelegraphen, Telefonen und den Grundlagen der Elektrotechnik.

Nach Abschluss der Ausbildung, mit 18 Jahren, zog es Bosch «in die Fremde».⁴⁶ Er trat im September 1879 in Köln bei seinem Bruder Karl kurzfristig eine Stelle als Gürtler an. Karl Bosch, 18 Jahre älter als der Bruder, hatte mit seinem Schwager ein Geschäft für Gas- und Wasserleitungen aufgebaut, war in der Kommunalpolitik engagiert und später an der Gründung der Kölner Handelshochschule beteiligt⁴⁷. Er war für den Jüngeren ein Vorbild, an dem er auf seinem weiteren beruflichen Weg Maß nehmen konnte. Nach dem Intermezzo am Rhein ging Robert Bosch zunächst zurück nach Württemberg und fand eine Anstellung als Gehilfe im Unternehmen von Emil Fein in Stuttgart. Die Firma C. u. E. Fein galt als hochinnovativer Betrieb auf dem Gebiet der Elektrotechnik. Anders als der behäbige Lehrherr in Ulm brachte Fein Erfahrungen und Know-how aus Berlin (Siemens & Halske) und London in das 1867 gegründete Unternehmen ein. Fein war Erfinder und Konstrukteur, seine Originalität hatte sich bis zu Thomas Alva Edison in den USA herumgesprochen, der sich für die Produkte des Stuttgarter Unternehmens interessierte. Robert Bosch konnte hier beobachten, wie sich aus einer Werkstatt eine für damalige Verhältnisse beachtliche Fabrik mit bald 60 Mitarbeitern entwickelte.⁴⁸

Nach einer Zwischenstation in einer Hanauer Bijouterie-Fabrik, wo Robert Bosch für ein Jahr als Maschinenbauer mitarbeitete, zog es ihn wieder nach Köln in das Unternehmen seines Bruders, um sich «in Kaufmannschaft auszubilden».⁴⁹ Er hat sich selbst nie als Kaufmann im engeren Sinne gesehen, vielmehr als Techniker, Fabrikant und Ausbilder, der entwickelt, produziert und installiert, dann Neuentwicklungen zur Serienreife führt, dabei arbeitsteilig vorgeht, auf Komplementarität der Talente achtet, die er um sich versammelt und denen er Raum gibt für eigenständige Spitzenleistungen. Aber da dies alles auch kaufmännisch geerdet sein musste, hat Karl Bosch dem Bruder die Grundlagen der Unternehmensführung vermittelt.

Einstweilen aber stand für Robert Bosch der unvermeidliche Militärdienst an (1881), den er seinem schulischen Abschluss entsprechend als einjährigen absolvieren konnte. Laut seinen Erinnerungen hatte er «keine Freude» an der militärischen Routine, konnte allenfalls den sportlichen Herausforderungen im Truppenalltag etwas abgewinnen, weil das seinem turnerischen Können entgegenkam. Es gelang den Vorgesetzten auch nicht, ihn für die Karriere eines Berufsoffiziers zu gewinnen. Wenig später, jetzt als Mechaniker in New York tätig, wurde ihm wegen einer chronischen Mittelohrentzündung die Dienstuntauglichkeit bescheinigt.[50]

Nach dem Ende der Militärdienstzeit in Ulm nahm Karl Bosch den jungen Bruder erneut unter seine Fittiche. Die Brüder besuchten 1882 die «Bayerische Industrie-, Gewerbe- und Kunstausstellung» in Nürnberg, wo im gleichen Jahr die elektrische Straßenbeleuchtung eingeführt wurde.[51] Sie fuhren auch nach München zur Ersten Internationalen Elektrizitätsausstellung, die an die Pariser Elektrotechnische Ausstellung von 1881 anknüpfte.[52] Robert Bosch war fasziniert von der «fast unbegrenzten Verteilbarkeit des elektrischen Stromes»[53], die sich in der Einrichtung städtischer Versorgungswerke, zunächst noch durch private Betreiber, zeigte. Die französische Hauptstadt hatte damit schon 1875 begonnen. «Sobald die neue Technik massenwirksam wurde», so beschreibt Jürgen Osterhammel diese technisch bedingte Revolutionierung des Alltags, «brach eine richtige Lichtmanie aus. Die europäischen Städte wetteiferten um den Titel der ‹Lichtstadt›. Die Erleuchtung der Innenstädte hatte die gewaltigsten Konsequenzen: Der Abend wurde demokratisiert, seit sich nicht mehr nur Kutschenbesitzer und Leute mit Fackelträgern auf die Straßen wagten. Gleichzeitig konnte der Staat das nächtliche Treiben seiner Untertanen und Bürger besser kontrollieren. Das platte Land lag weiter im Dunkeln. Nichts legte einen solchen Abstand zwischen Stadt und Land wie die Verwandlung des Lichts von der Ausstrahlung schwacher Kerzen und Funzeln in das Produkt technischer Systeme.»[54]

Eher beiläufig notierte Robert Bosch in seinen Lebenserinnerungen: «Ich fragte bei Schuckert um Arbeit an und wurde angenommen.»[55] Sigmund Schuckert hatte in Nürnberg 1873 mit einer kleinen Werkstatt begonnen, ein Jahrzehnt später war daraus eine Fabrik mit 119 Arbeitern und 29 «Beamten» geworden. Schuckert installierte bereits europaweit seine Bogenlampen, galt als hochinnovativer, qualitätsbewusster Unternehmer, der es verstand, kreative Köpfe für seine Fabrik zu gewinnen, der aber auch Maßstäbe setzte durch die Schaffung einer Fabrikkrankenkasse, später einer Pensionskasse, durch die frühe Einführung des 10-Stunden-Tags (1889) und durch ein vergleichsweise hohes Lohnniveau.[56] «Lange litt es mich auch bei Schuckert nicht»[57], bekannte der junge Mechaniker nach einem halben Jahr in Nürnberg und zog im Sommer 1883 weiter nach Göppingen, wo er wiederum eine Stelle in einer elektrotechnischen Fabrik fand: «Ich kam an die Bogenlampe.»[58] Das Intermezzo bei Schuckert hatte ihn erstmals mit den Arbeitsbedingungen in einem industriellen Fertigungsbetrieb bekannt gemacht. Nicht nur die Größe des Unternehmens, auch die betrieblichen Regeln, die jetzt tief in den Alltag und die Lebensführung der Beschäftigten eingriffen, waren ihm neu. Der disziplinierende Zugriff auf liebgewonnene Usancen aus der herkömmlichen Welt des Handwerks mit seiner eher gemächlichen, noch nicht vom Rhythmus der Hochindustrialisierung geprägten Arbeitswoche war ihm nachgerade unheimlich. Die Erinnerung an einen leitenden Kaufmann im Hause Schuckert und seine Botschaft, «dass bei einer Fabrik eine Leitung sein müsse, die wie bei einem Heere alles zu überlegen habe, um die Fabrik leistungsfähig und schlagfertig zu gestalten», teilt Robert Bosch ohne Bewertung mit.[59] Freie Lohnarbeit diesseits des zünftlerisch gebundenen Handwerks war Robert Bosch geläufig, selbstverständlich war ihm auch die Motivation, gelungene Arbeit abzuliefern. Doch die heraufziehende Rationalisierung der Erwerbsarbeit war ihm noch sehr fremd, seine Erinnerungen belegen die Entwicklungsschübe in der industriellen Arbeitswelt im Laufe seiner Lebensspanne: «In den Kreisen der Arbeiter die zu jener Zeit noch wenig an Ordnung gewöhnt waren, war man wenig davon erbaut, dass eine Krankenkasse geschaffen, dass der Aus- und Eingang in den Fabrikhof scharf überwacht und eine Arbeitszeitkontrolle durchgeführt wurde. Auch ich selbst fand mich zwar wohl oder übel in die Ordnung, war aber wenig erfreut darüber. Es war unter den Mechanikern ein recht leichtes Leben üblich. Meist war am Montagmorgen von dem am Samstag erhaltenen Lohn, der für jene Zeit ungewöhnlich hoch war, nichts mehr übrig. Anstatt am Montag zu arbeiten, machten viele zunächst blauen Montag, und ich erinnere mich eines Mannes [...], der so gut wie immer erst am Mittwoch anfing zu arbeiten, aber dann immer noch mehr fertig brachte als andere.»[60]

Robert Bosch verstand sich nicht als Lohnarbeiter, der sich einem Fabrikreglement unterwirft und soziale Zuwendungen entgegennimmt. Er legte Wert auf eine Lebensführung, in die der Patron nur im Maße des unbedingt Nötigen eingreifen sollte. Das war ein individualistisches Grundmuster, das sich als regulative Idee der Unternehmensführung, wie wir sehen werden, unter veränderten industriellen Rahmenbedingungen wiederfinden sollte. Dem patriarchalischen Habitus etwa eines Alfred Krupp stand Robert Bosch zeitlebens schroff ablehnend gegenüber.

Die beruflichen Stationen bei Sigmund Schuckert, dann 1883 bei Gottlob Schäffer in Göppingen, auch er ein Pionier der württembergischen Industrie, brachten Bosch näher mit den theoretischen Grundlagen der Elektrotechnik in Berührung. Denn Schuckert hatte in seinem Betrieb eine für die zeitgenössischen Verhältnisse nahezu revolutionäre Praxis der Weiterbildung eingeführt. Friedrich Uppenborn, den Schuckert als «Chefelektriker» gewonnen hatte, bot zweistündige elektrotechnische Fachvorträge mit Prüfungsaufgaben jeweils am Mittwochabend und am Samstagmorgen an.[61] Bei Schuckert schloss Robert Bosch Freundschaft mit August Utzinger, der ein Studium am Technikum in Winterthur vorweisen konnte und später für Bosch eine Schlüsselrolle im Aufbau des betrieblichen Ausbildungswesens spielen sollte.[62] Die Erfahrungen bei Schuckert und Schäffer hatten Robert Bosch auch seine fachlichen Wissenslücken bewusst gemacht, und dies mag der Anstoß gewesen sein für seinen Entschluss, 1883 «als außerordentlicher Studierender die Technische Hochschule in Stuttgart für ein halbes Jahr» zu besuchen.[63] Ganz unumwunden räumte er später ein, dass ihm für das Studium an der Hochschule «die nötigen Vorkenntnisse» fehlten.[64] Vor allem nutzte er das Studium, um zu lernen, wie man das im Betrieb irgendwie intuitiv Erfasste in die angemessene fachsprachliche Form brachte. Das Studium in Stuttgart, in dem er auch Lehrveranstaltungen für englische Sprache belegte, war eher ein Schnupperkurs, aber er schrieb sich doch die Fähigkeit zu, «die Gedanken zusammenzuhalten, zu beobachten und Schlüsse zu ziehen».[65] Mehr war vielleicht auch nicht zu erreichen, denn das Fach Elektrotechnik befand sich zu dieser Zeit in der Anlaufphase, der Lehrbetrieb war erst im Sommer 1882 aufgenommen, eine erste ordentliche Professur im Jahr darauf eingerichtet worden – die erste in Deutschland. Die Elektrotechnik war gehalten, sich mit dem Fach Materialprüfung «den einzigen für ihre Zwecke zur Verfügung stehenden Raum von rund 80 qm Grundfläche im Kellergeschoss der Hochschule zu teilen», wahrlich «ein überaus bescheidener Anfang».[66] Diese noch kümmerliche Ausstattung sollte in der späteren Stifterkarriere von Robert Bosch ein bedeutendes Nachspiel haben. Sie war einstweilen aber kaum dazu angetan, ihm ein ausgiebigeres Studium nahe zu legen, zu gering war der «tatsächliche Gewinn an wissenschaftlicher Erkenntnis».[67]

Das Studium eröffnete ihm aber noch Perspektiven, die mit seinem beruflichen Fortkommen wenig zu tun hatten, wohl aber mit der Suche nach alternativen Modellen der Lebensführung. Gustav Jäger, Arzt und Zoologe, der bis 1884 an der Technischen Hochschule Stuttgart eine Professur wahrnahm, machte auf Robert Bosch tiefen Eindruck. Im Anschluss an Charles Darwin hatte Jäger ein Lehrgebäude errichtet zu den menschlichen Affekten und ihren somatischen Grundlagen. Bosch, der sich mit der Darwinschen Entwicklungstheorie befasst hatte und «den Menschen eingebettet in die allumfassende Natur» sah,[68] fand in Gustav Jäger einen für ihn überzeugenden Mentor. Dies zeigte sich in der Übernahme des «Wollregimes», der von Jäger propagierten, 1880 bereits von 40 000 Menschen praktizierten Doktrin, dass Wollkleidung einer gesunden Lebensführung besonders zuträglich sei. Was uns heute skurril erscheinen mag, war für Robert Bosch ein früher lebensreformerischer Impuls, jedoch ohne weltanschauliche Überhöhung. Sein späteres mäzenatisches Engagement für die Homöopathie knüpfte nicht nur an Erfahrungen im Elternhaus an, es ging auch maßgeblich auf Gustav Jäger zurück, der sich nach seinem Rückzug von der akademischen Lehre der Homöopathie zugewandt hatte.[69]

Der Lebensweg von Robert Bosch vermittelt einerseits die klassischen Elemente des «bürgerlichen Wertehimmels»: Streben nach Selbständigkeit, Ehrgeiz und Lernbereitschaft, Aufstiegswille und politisch-gesellschaftliche Urteilskraft mit ihren ethischen Implikationen. Andererseits wuchs er in eine Gesellschaft hinein, deren innere Statik der Religionsphilosoph Ernst Troeltsch späterhin mit der Diagnose kommentierte: «Alles wackelt.»[70] Die Lebensreformbewegung, für viele Zeitgenossen Symptom dieses «Wackelns», mit ihren Verzweigungen in «Wollregime» oder Homöopathie war immer auch ein Versuch, nach Freiräu-

Robert Bosch und Leonhard Köpf in Rotterdam, 1884

Herkunft und Aufstieg

men und alternativen Lebensentwürfen Ausschau zu halten. Offenheit für Anregungen aus der Bewegung der Lebensreformer bedeutete für Robert Bosch auch immer ein Plädoyer für das Offenhalten von gesellschaftlichen Entwicklungsalternativen. Darüber hinaus zog er ganz konkreten Nutzen aus unkonventionellen Einsichten: Licht und Frischluft als Richtwerte für die Planung seiner Fertigungsstätten waren späterhin nicht eine mäzenatische Laune, sondern verdankte sich auch seinem lebensreformerisch geprägten Eigensinn.

Reisen und Reformen

Robert Bosch hatte sich keine Karriereplanung zurechtgelegt, als er sich im Frühjahr 1884 mit Leonhard Köpf, einem früheren «Lehrkameraden»[71] nach Amerika einschiffte. Nur recht allgemein verzeichnet sein Reisetagebuch Gedanken über die berufliche Zukunft, schließt auch nicht die Möglichkeit aus, als Kellner oder Bäckerjunge «ganz unten anfangen» zu müssen.[72] Aber die Aufzeichnungen verraten auch robuste Zuversicht, gesundes Selbstbewusstsein und Aufstiegswillen: «Ich will aber auch jetzt alles einsetzen, um vorwärts zu kommen, und es müsste sonderbar sein, wenn ich nicht durchhaue in einem Lande, wo schon mancher etwas geworden ist, der noch nicht einmal den guten Willen dazu hatte, und an dem wird es bei mir nicht fehlen.»[73] Er ging nicht ohne Empfehlungen in die USA. Sein Stuttgarter Lehrer für Elektrotechnik, der von ihm «keine schlechte Meinung» hatte,[74] gab ihm vor der Abreise den Rat, den Ingenieur Seibel in München aufzusuchen, der für die amerikanische Edison-Gesellschaft im Hoftheater eine Beleuchtungsanlage installierte. Seibel gab ihm Empfehlungsschreiben für einschlägige Firmen in New York mit auf den Weg.[75] Sein erster Arbeitgeber wurde Sigmund Bergmann, der 1869 als Schlosser aus Thüringen nach New York ausgewandert war und 1876 eine eigene Werkstatt eröffnet hatte, die er vier Jahre später mit Thomas A. Edison als Teilhaber erweiterte. Für Robert Bosch war die Begegnung mit Edison offenbar ein Schlüsselerlebnis,[76] er widmete ihm viele Jahre später einen nahezu hymnisch klingenden Nachruf, sprach von den «ungeahnten Entwicklungsmöglichkeiten» der USA, von «Wissenschaft und Technik» als den damals neuen Grundlagen des industriellen Aufstiegs, beschrieb das fanatische Arbeitsethos, das er bei Edison wahrgenommen hatte, für den jedoch nie «der persönliche Gewinn der Ansporn für seine rastlose Tätigkeit» gewesen sei.[77]

Doch unbedingte Hingabe an die Arbeit und das berufliche Fortkommen waren für den jungen Mechaniker Bosch in seiner New Yorker Zeit nicht der Lebensmittelpunkt. Er lernte eine für ihn zum Teil neue Produktpalette in der Fertigung kennen – «Hughes-Schreiber und Telefone, Bogenlampen und Beleuchtungskörper, Grammophone und Fernthermometer» – es wurde «alles gebaut, was eben verlangt wurde».[78] Er war nicht auf der Suche nach der Beschäftigung mit durchschlagenden technischen Neuerungen. Neuartige Schleifmaschinen, später für seine eigenen Produkte von unschätzbarer Bedeutung, kannte Robert Bosch in New York nur vom Hörensagen, wie er «überhaupt den geschäftlichen Dingen nicht die Wichtigkeit beilegte, die ihnen zukam».[79]

Dennoch war die berufliche Station in New York kein verbummeltes Intermezzo. Bosch betrachtete seine Arbeit in diesen Monaten ganz nüchtern-distanziert als nun einmal unvermeidliche Sicherung des Lebensunterhalts: «Ich lernte jedenfalls für meinen Beruf wenig über das hinaus, was ich eben als Mechaniker so mit erlernte. Mein Handwerk war mein Broterwerb. Es war nicht eine Freude am Beruf und an der Arbeit, die mich veranlasste zu arbeiten.»[80] Zwar traute er sich selbstbewusst den «Überblick über das Ganze» zu,[81] aber es war doch eher so: Er lebte nicht, um zu arbeiten – eher umgekehrt.

Für die Entscheidung, in die Vereinigten Staaten zu gehen, hatte sicherlich gesprochen, in einem Land zu arbeiten, das zur industriellen Weltmacht aufstieg. Schon anlässlich der ersten Weltausstellung 1851 hatte der «Economist» für «so sicher wie die nächste Sonnenfinsternis» gehalten, dass die Vereinigten Staaten das britische Empire wirtschaftlich überflügeln würden.[82] In der Tat verzeichnete die amerikanische Volkswirtschaft in der Epoche nach dem Bürgerkrieg, die Mark Twain das «Guilded Age» nannte, eine Verdreifachung des Bruttosozialprodukts, den fortlaufenden Anstieg der Arbeitsproduktivität, von 1860 bis 1900 ein Wachstum des Nationalvermögens um 550 Prozent sowie den Anstieg der Pro-Kopf-Einkommen von 1860 bis 1890 um 150 Prozent.[83] Jetzt begann sich abzuzeichnen, dass die industrielle Produktion der USA noch vor der Jahrhundertwende doppelt so groß sein würde wie die deutsche und dass Großbritannien auf den dritten Platz der Weltwirtschaft zurückfallen würde.[84]

Die Kehrseite dieses beispiellosen Wachstums waren zyklische Wirtschaftskrisen, die die USA in jedem Jahrzehnt heimsuchten.[85] Auch Robert Bosch – von Mai 1884 bis Mai 1886 in Amerika – «war mit unter den Ersten», die in der Krise der 1880er Jahre kurzerhand entlassen wurden.[86] Er habe, schrieb er seiner Braut Anna Kayser, «in New York schlechte Zeiten gefunden».[87] Später fand er wieder Arbeit in den Edison Machine Works.[88]

Es waren auch politische Motive, die Robert Bosch in die Vereinigten Staaten geführt hatten: «Ich war nach Amerika gegangen, um mich in der Welt umzusehen, dann aber auch, weil den jungen Demokraten, der ich aus Erziehung und nach dem Vorbild meines Vaters und meiner älteren Brüder war, dieses Land der Freiheit besonders lockte.»[89] Gut möglich, dass ihn die neue Erfahrung der Beschäftigungsunsicherheit dazu brachte, Halt und Solidarität in einer gewerkschaftsähnlichen Interessenvertretung zu suchen. Der «Noble and Holy Order of the Knights of Labor», dem er sich anschloss, vermittelte ihm jedenfalls, dass es notwendig und legitim sei, die Unwägbarkeiten konjunktureller Wechselbäder nicht einfach tatenlos hinzunehmen. Die «Ritter der Arbeit» waren 1869 von sechs Schneidern in Philadelphia gegründet worden, organisierten sich zunächst als Geheimbund und traten erst ab 1878 öffentlich in Erscheinung.[90] Charakteristisch für ihr Verbandsprofil war, dass sie sich nicht als Spartengewerkschaft verstanden, sondern ausdrücklich gelernte und ungelernte Arbeiter unterschiedlichster Gewerbe ansprechen wollten. Auch spielten nationale Herkunft, der Status des Einwanderers oder das Privileg, in den Vereinigten Staaten geboren zu sein, ebenso wenig eine Rolle wie Geschlecht und Hautfarbe. Als Robert Bosch sich in New York aufhielt, hatte es die Vereinigung immerhin auf 700 000 Mitglieder gebracht, unter ihnen ca. 10 Prozent Schwarze.[91] Die «Knights of Labor» setzten sich für den 8-Stunden-Tag und das Verbot der Kinderarbeit ein. Sie unterschieden noch nicht scharf zwischen Lohnarbeit und selbständigem Handwerk, auch «shopkeepers» und «small manufacturers» unterstützten die Bewegung.[92] Ihre Forderungen wiesen über den Arbeitsmarkt hinaus. Es ging ihnen auch um Erziehung zu gesunder Lebensführung und damit um den Kampf gegen den Alkoholmissbrauch.[93] Hinter ihrem Homo-Faber-Ideal, einer «artisanal conception of activity, a visible, limited and directed relationship to nature»[94], standen durchaus allgemeinpolitische Visionen. Die Knights of Labor prangerten «factoryism, bankism, collegism, capitalism, insuranceism» an[95], mithin all das, was ihnen an der fortschreitenden, urban verdichteten, sich sozial ausdifferenzierenden Industriegesellschaft verderblich erschien. Ihnen ging es darum, die wachsende Kluft zwischen dem System der Lohnarbeit als Grundtatsache kapitalistischer Industriegesellschaften einerseits und den republikanischen Idealen einer Gesellschaft freier Bürger andererseits zu überbrücken – etwa wenn sie für «genossenschaftlich aufgebaute Kooperativfabriken»[96] anstelle des sich rapide ausdehnenden Fabriksystems mit freier Lohnarbeit plädierten. In vielen Forderungen und Idealen der «Knights» lässt sich ein politisch-gesellschaftliches Ordnungsbild wiedererkennen, das auch im deutschen, namentlich im südwestdeutschen Frühliberalismus anzutreffen war: Die Denkfigur einer klassenlosen Bürgergesellschaft mittlerer Existenzen (Lothar Gall) als Entwicklungsalternative zur bürgerlichen Klassengesellschaft, die Mäßigung sozialer Gegensätze, die allmähliche Integration unterbürgerlicher Sozialgruppen durch Eigentum, Erziehung und Selbsterziehung, eben die behutsame soziale Bändigung einer hochtourig expandierenden Erwerbsgesellschaft, vergleichend zugespitzt: «Nicht die Gesellschaft des industriell-kommerziellen England, sondern die ausgeglichenere Gesellschaft der Schweiz».[97]

Man muss diese sozial- und ideengeschichtliche Gemengelage in den Blick nehmen, will man die noch tastende politische Selbstfindung des jungen Robert Bosch näher nachzeichnen. Die Briefe an seine Verlobte Anna Kayser knüpften an den vom Vater übernommenen Wahlspruch an: «Sei Mensch und ehre Menschenwürde».[98] Er empfand es als das «erste und größte Unrecht in der Welt [...], dass es Arm und Reich gibt».[99] Und wenige Wochen später entwickelt er seine eigene Vorstellung davon, wie diesem Übel beizukommen wäre: «Siehst Du, ich bin Sozialist.»[100] Man darf dieses unvermittelte Bekenntnis nicht in den Kategorien der Parteipolitik deuten. Boschs Gedanken sind ein Amalgam aus frühsozialistisch-genossenschaftlichen Thesen, Beobachtungen aus der nordamerikanischen Gesellschaft und dessen, was er für sich als intellektuelles Entwicklungsziel beschrieb, nämlich die Fähigkeit «zu selbständigem Denken», das Ausformulieren «einer eigenen Ansicht».[101] Der «Socialismus», so wie er ihn sieht, ist ihm «Etwas Großes»[102], mit dessen Verwirklichung die Herrschaft des Menschen über den Menschen abgelöst wird durch die brüderliche Erzeugung von Gütern, deren zunehmend arbeitszeitsparende Produktion «bei noch größerer

Vervollkommnung der Maschinen» ungeahnte soziale Spielräume erschließen werde. Er imaginiert eine sozialökonomische Formation, in der Herrschaft und Ausbeutung durch Qualifikation und Integrität – «der Fähigste wird an die Spitze gestellt» – ersetzt werden, in der an die Stelle des durch Geld vermittelten Warentauschs die Vergabe der «nöthigen Anzahl Stunden-Schecks» tritt, in der ein fürsorglicher Staat «Nahrungssorgen und Hunger» zum Verschwinden bringen kann, auch für diejenigen, die aus eigener Kraft ihren Lebensunterhalt nicht bestreiten können.

Robert Bosch ließ keinen Zweifel an seiner Auffassung zu, «dass Alles gründlich geändert werden muss». Der für ihn offenbar so unvermeidliche «Socialismus» soll sich auch grenzüberschreitend wohltuend auswirken: «Da alles international ist, wird Europa Amerika, dieses Asien usw. aushelfen.»[103] Das wird nicht weiter ausgeführt, aber hier wird im Ansatz die antihegemonial-föderalistische Programmatik der württembergischen Demokraten gleichsam zum Internationalismus, zum Gedanken einer solidarischen Zivilisation auf der Ebene der Völkergemeinschaft fortgesponnen. Jedenfalls finden sich schon hier die Spuren einer Denkfigur, die Bosch später ins Lager der Anwälte internationaler Verständigung führen werden. Schon auf der Überfahrt nach New York hatte er an Bord «einen Toast auf die Verbrüderung aller Nationen» ausgebracht.[104]

Robert Bosch konzipierte dieses Gegenbild zu seinem New Yorker Mechanikerdasein auch als Werbung um die Hand seiner Braut, als Gegenwelt, in der Anna und ihn «gar nichts» würde «auseinanderhalten» können.[105] Auch die gesellschaftliche Rolle der Frau und die Beziehung der Geschlechter zueinander trieben ihn um. Bosch erwartete von seiner Partnerin, dass sie kritisch über seine Person und sein Verhalten urteile, damit er sich «daran halten» könne, ermunterte sie zum ungezwungenen Austausch der Gedanken und Gefühle.[106] Anna reagierte auf seine ungestümen sozialen Reformvorstellungen ratlos. Es wäre, meinte sie etwas resigniert, « in kurzer Zeit wieder das Alte», wollte man den gesellschaftlichen Verhältnissen denn ernsthaft zu Leibe rücken. Aber sie beeindruckte die Haltung ihres Verlobten, «die Rechte der Frau» zu verteidigen,[107] wenngleich sie der Gedanke der «Gleichberechtigung der Frau» einigermaßen irritierte: «Ich kann mir nun einmal nicht helfen, ich habe den Begriff, dass die Frau dadurch aus dem Kreis heraustritt, in den sie gehört».[108] Während seine Verlobte an ein schon von Hegel beschriebenes weibliches Rollenverständnis anknüpfte – «Wir Frauen stehen nicht so draußen im Leben wie Ihr und können deshalb manches nicht so verstehen»[109] – setzte sich ihr Partner mit der «Emanzipation» auseinander[110] und ließ sich nicht davon abbringen, dass gleiche Bildungschancen auch die gesellschaftliche Stellung der Frauen verbessern würden.[111] Vorurteile gegenüber Frauen seien oft nicht erstaunlich, wenn man ihnen «seit Jahrhunderten das Recht zu denken abgesprochen hat, und sie so stellt, dass sie darauf angewiesen sind, durch ihre äußeren Reize einen Mann zu kapern».[112] Dass die Frau «ihrem Mann unterthan» zu sein habe, wollte ihm keineswegs einleuchten. Für ihn galt: «Ich will doch kein Spielzeug, ich suche einen Gefährten.»[113]

Zur Selbstfindung der Partner, zum Abstecken von Grenzen und zur Verständigung über Sinnfragen gehörte auch der Dialog über die letzten Dinge, die Gretchenfrage zum Stellenwert der Religion in der Lebensführung. Robert Bosch beschrieb sich in diesem Lebensabschnitt als «Materialist vom reinsten Wasser».[114] Das war kein forsches Bekenntnis zu einer beiläufig aufgeschnappten Strömung, die sich auf dem Markt der Weltanschauungen gerade anbot. Er bediente sich nicht aus dem Werkzeugkasten zeitgenössischer Philosophen, die das durch Naturwissenschaft und Technik erzeugte metaphysische Vakuum unvermittelt mit naturalistischen, im Extremfall biologistischen Kategorien auffüllten.[115] Später sollte ja Max Weber dieses intellektuelle Kernproblem der Epoche, die Entzauberung der Welt, zum Angelpunkt seiner noch heute aktuellen Soziologie machen: «Wo immer aber rational-empirisches Erkennen die Entzauberung der Welt mit deren Verwandlung in einen kausalen Mechanismus konsequent vollzogen hat, tritt die Spannung gegen die Ansprüche des ethischen Postulats, dass die Welt ein gottgeordneter, also irgendwie ethisch *sinnvoll* orientierter Kosmos sei, endgültig hervor.»[116] «Materialist von reinstem Wasser» zu sein, hätte in diesem Zusammenhang auch heißen können, Wissenschaft und Technik zur Richtschnur des Alltagshandelns zu machen, also einen technokratischen Lebensentwurf zu wählen und damit auf die Entzauberung der Welt gleichsam mit ihrer Wiederverzauberung durch vermeintlich pure technische Rationalität zu antworten. In derartige Gedanken verstrickte sich Robert Bosch im brieflichen Dialog mit seiner Braut vor dem Hintergrund seiner kühnen Thesen zum «Socialismus» als Weg zu einer gerechten Gesellschaft und stieß dabei auch auf das Dilemma, dass ihm die religiöse Überlieferung, ganz anders als seiner Verlobten, keinen inneren Halt geben konnte. Er wälzte dabei besonders das Problem der «Wiedervergeltung im Himmel»[117], also die Frage der Ausgleichskausalität, und dabei kam ihm seine Neigung zu Hilfe, Paradoxien denkend auf die Spitze zu treiben: «Der Gläubige sagt, der gute Arme hat es im Himmel gut, um so besser, je schlechter es ihm hier auf Erden erging, was ist es dann aber mit dem guten Reichen, der hier im Überfluss schwamm, und Gutes that, was er konnte, kommt der in die Hölle?»[118] Auf der Suche nach Regeln für rechtes Handeln konnte ihn auch das Angebot sakramentaler Vergebung der Sünden nicht zufriedenstellen, denn «angenommen, wir haben einen persönlichen Gott, wer ist besser, der nachher aus einem gewissen Drang nach Gerechtigkeit an der Richtigkeit unserer Ordnung irre wird und nicht mehr an Gott glaubt, sondern nur mit seinem Gewissen abrechnet und sich seine menschlichen Fehler zu Herzen nimmt, um sie gut zu machen sucht, oder der, welcher seine Fehler in seinem guten Glauben, d. h. weil er nie sich über dergleichen Sachen Gedanken macht, sich vergeben lässt?»[119] Er ging sogar so weit, die «Vergebung der Sünden» durch die Kirche als «Unsinn» zu verwerfen, denn: «was man thut, hat man zu verantworten».[120]

Robert Bosch zog aus diesen Reflexionen, durchsetzt mit ironischen Seitenhieben auf jede Form des selbstgefälligen In-den-Tag-hinein-Lebens, die Konsequenz, die sich fortan leitmotivisch durch sein Handeln zieht: Er hoffte, einfach für die Zukunft «vielleicht genau zu wissen, was in einzelnen Fällen zu thun ist, weil ich mit meinem Gewissen alleine mich abzufinden habe». Das war nicht weniger als die Maxime, die Max Weber fast 30 Jahre später als unausweichliche Daueraufgabe des seiner religiösen Gewissheiten beraubten Individuums formulierte, nämlich, sich ständig «Rechenschaft zu geben über den letzten Sinn seines eigenen Thuns».[121] Und mit guten Gründen hat Theodor Heuss später für Robert Bosch von «ethischem Rigorismus» und von einem «Puritanertum ohne Religion» gesprochen[122], Wertorientierungen, die für das unternehmerische und mäzenatische Handeln konstitutiv wurden. Das zeigte sich auch in der Fähigkeit, konkurrierenden Weltbildern mit Toleranz und Gelassenheit zu begegnen: «Ich erlaube den Juden, Türken, Christen und Buddhisten, sich an ihren Gott und Götzen zu halten, solange sie gute Menschen sind, liebe ich sie.»[123] Sein Agnostizismus schlug nicht in dogmatisch-belehrende Selbstgewissheit um, auch wenn sich Robert Bosch 1908 für den Austritt aus der Evangelischen Kirche entschied. Am Ende richtete er sein bohrendes Fragen, was es denn mit der Gottesfrage und der Suche nach verbindlichen Werten auf sich habe, gegen den eigenen Skeptizismus. Als ihn Jahre später Vertreter eines «Gottlosen-Bundes» als förderndes Mitglied gewinnen wollten, konfrontierte er sie mit der lakonischen Frage: «Ja, wissen Sie denn ganz bestimmt, dass es keinen Gott gibt?»[124]

Es gab mehrere Gründe, nach Europa zurückzukehren: «Es gefiel mir Schwärmer aber nicht in dem Land, in dem der Eckstein der Gerechtigkeit fehlte: Die Gleichheit vor dem Gesetz. So schrieb ich an meinen Bruder Karl einmal. Wieviel noch daran lag, dass ich mich inzwischen brieflich mit meiner nachmaligen Frau, der Schwester meines Freundes Kayser, verlobt hatte, dass ich mich nach etwa einjährigem Aufenthalt in den Vereinigten Staaten nach England machte, wie viel die andauernde Geschäftskrise daran Schuld trug, möge dahingestellt bleiben.»[125] Dass ihn, den «dieses Land der Freiheit besonders lockte», wie er seinen Entschluss zur Reise nach Amerika umschrieben hatte, die Erfahrungen in den USA auch nachdenklich gemacht hatten, war offenkundig.[126] Der 23-Jährige hatte auf der zweiwöchigen Schiffsreise emsig Tagebuch geführt. Die Aufzeichnungen zeigen einen scharfsinnigen Beobachter des Alltags an Bord. Er seziert, literarisch durchaus gewandt, die sozialen Beziehungen der international gemischten Fahrgäste, ihre Manieren und Allüren, die untergründige Hierarchie an Deck, den Status der Schiffsbesatzung; er beschreibt auch Glück und Freude, die faszinierenden Naturerlebnisse in der Weite des Atlantiks.[127] Dass in den Erinnerungen an die Zeit in den Vereinigten Staaten Freiheit und Gerechtigkeit unvermittelt als Gegensätze auftauchen, hatte seine Ursachen gewiss auch darin, dass im goldenen Zeitalter der amerikanischen Hochindustrialisierung soziale Gegensätze aufeinanderprallten, dass die Justiz in der Regel recht einseitig urteilte und dass handgreifliche Konflikte der Arbeitsmarktparteien staatlicherseits nicht selten mit unverhältnismäßiger Härte zugunsten der Arbeitgeber beendet wurden. Hinzu trat die wuchernde Korruption, die namentlich in den Metropolen die Glaubwürdigkeit der politischen Institutionen erschütterte.[128]

Dies alles mit «Brüderlichkeit» im Sinne der Knights of Labor zu überbrücken oder doch zu mildern, schien auch Robert Bosch am Ende wenig aussichtsreich. Er hatte selbst die Erfahrung gemacht, dass solidarische Initiativen im Sinne einer wirkungsvoll taktierenden Interessenvertretung kein Echo fanden: «Einmal war bei unserer Sitzung davon die Rede, dass es keinen Zweck habe, wenn die Arbeitslosen sich anböten, um den Arbeitgebern zu ermöglichen, sie zu niederen Löhnen einzustellen und die höher bezahlten zu entlassen. Ich machte den Vorschlag, jeder in Arbeit Stehende soll einen Teil seines Verdienstes abgeben, um die Arbeitslosen nicht zu solchen Angeboten zu nötigen, fand aber gar keine Unterstützung.»[129]

Von New York reiste Robert Bosch im Frühjahr 1885 nach England, wo er eine Anstellung bei Siemens Brothers fand, in der er aber kaum Neues lernen konnte. Er fand an seinem Arbeitsplatz «im Gegensatz zu New York zwar eine nach deutschem System aufgebaute Fabrikation, aber eine sehr veraltete nach jeder Hinsicht».[130] In England ging es nach seiner Beobachtung «im Geschäft so schlecht»[131], dass er sich unbedingt neu orientieren musste.

Mit gesundem Selbstbewusstsein und einer «realistischen Denkungsweise»[132] ausgestattet, kreisten seine Überlegungen jetzt immer deutlicher um das Thema Selbständigkeit. Er schaute mit einer gewissen Melancholie auf seinen bisherigen Lebensweg zurück, spürte noch immer skeptisch den – gemessen an den eigenen Ansprüchen – unzureichenden theoretischen Kenntnissen nach: «Ich selbst möchte gerne studiert haben und zugleich eine praktische Laufbahn durchgemacht haben, aber beides lässt sich nicht vereinigen.»[133] Das hieß für ihn auch, dass mit den Bildungschancen in seinem Land etwas nicht in Ordnung war: «Dass nur die studieren sollen, die nicht auf den Verdienst zu sehen brauchen, kann selbst in der Zeit des Kapitals, in der wir leben, nicht richtig sein.»[134] Ungereimtheiten im Bildungssystem seiner Zeit sollten für ihn ein lebenslanges Thema bleiben, wenngleich er sich nie im Sinne einer sozialen Kränkung als verhinderter Akademiker sah. Mit Genugtuung und einer Spur Altersmilde registrierte er, längst auf dem Höhepunkt seines gesellschaftlichen Ansehens angekommen, dass die sozialökonomische Kluft zwischen dünkelhaften Bildungsbürgern und erfolgreichen Handwerkern in seiner Zeit deutlich spürbar, aber eben auch nicht – und darauf kam es ihm in seinen gesellschaftspolitischen Ordnungsvorstellungen an – unüberwindbar war: «Merkwürdig ist, dass mir dieser Tage einer meiner Beamten sagte, er habe, ich glaube bei einem Friseur einen meiner Schulkameraden getroffen, der ihm erzählt habe, dass man in Kreisen unserer Mitschüler die Nase über mich ge-

Die Braut: Anna Kayser 1886

rümpft habe, weil ich nur Mechaniker geworden sei und jetzt hätte ich es doch vielleicht am weitesten gebracht von allen. Auch daraus ersieht man, dass die gewöhnlichen Menschen einerseits das Ergreifen eines Handwerks als etwas Minderwertiges ansehen, dass sie aber dann, wenn Erfolge da sind, die sich namentlich geldlich ausgewirkt haben, gerne aber ihr Urteil umbilden.»[135]

Nach seiner Heimkehr nach Deutschland um Weihnachten 1885 trat er zunächst eine Stelle in Magdeburg an, bei der Firma Buß Sombart & Co. Aber ihm missfiel sogleich das Betriebsklima, die Neigung des Inhabers, «seine Leute zu überwachen», Ingenieure und Meister gegeneinander «auszuspielen». Die Produkte des Hauses waren absatzfähig, aber «unangenehm» war für Robert Bosch «die geringe Offenheit».[136] Er beschrieb sich selbst als durchaus «barsch»,[137] im Alter dann selbstironisch als «knorrigen Kauz»,[138] doch er lehnte es ab, konventionellen Begriffen von Ehre zu entsprechen und persönliche Unfehlbarkeit zu prätendieren, denn er hielt es «für eines Mannes [...] unwürdig, selbst seine Fehler zu verbergen, denn jedermann hat Fehler».[139] Noch immer fragte er sich, «was ich denn eigentlich sei und bin mir noch gar nicht klar darüber».[140]

Doch es schälte sich allmählich heraus, dass er sich «einmal niederlassen» wolle,[141] wenngleich der Weg dahin für ihn mit Unwägbarkeiten gepflastert blieb. Fast verzagt heißt es noch im Juni 1886: «Dennoch bin ich nicht so ganz davon überzeugt, dass mein Geschäft einmal gehen werde, jedenfalls habe ich auch schon das Gegenteil gedacht.»[142] Selbständigkeit hieß für ihn jetzt, nachdem er sich mit Anna Kayser um Weihnachten 1885 verlobt hatte,[143] die Grundlage für eine gemeinsame Zukunft zu schaffen. Selbständigkeit hieß zugleich, geistige Unabhängigkeit zu bewahren, denn noch immer bekannte er sich zu radikalen politischen Auffassungen.[144] Von daher war es ihm auch wichtig festzuhalten, wohin er mit seiner künftigen Ehefrau nicht gehören würde, nämlich in die Nähe der staatlichen Obrigkeit: «Der Verkehr mit Deinen Freundinnen würde allerdings kein intimer mehr sein können, wenigstens nicht mehr der mit denjenigen, die sich in Beamtenkreisen bewegen, da wir nicht dorthin passen, wie Du ja weißt.»[145]

Take off, Firmengründung und «Gewürge»

Der Standort für die betriebliche Selbständigkeit blieb einige Zeit offen. Robert Bosch zog wegen seiner Verbindung mit dem älteren Bruder Karl zeitweise auch Köln in Betracht, aber die Entscheidung lief schließlich auf Stuttgart zu. Er steuerte keinen lokalen Reparaturbetrieb an, sondern eine eigene Produktionsstätte, die ihre Erzeugnisse auch über die Stadtgrenzen hinaus vertreiben würde.

Die Rahmenbedingungen für eine Firmengründung in Stuttgart waren durchaus vielversprechend, denn ab der Mitte des Jahrzehnts hatte im Königreich Württemberg mit Wucht der industrielle Aufschwung eingesetzt, der in einen in seiner Ausprägung singulären, kaum von tiefgreifenden Strukturkrisen erschütterten Industrialisierungspfad einmündete. Die Textilindustrie gab ihre Rolle als führende Branche bis zur Wende zum 20. Jahrhundert an die Metallindustrie ab, die im Zuge der fortschreitenden Arbeitsteilung immer neue Spezialbranchen hervorbrachte.[146] Bis 1875 war das Wachstum der Gewerbetätigkeit in Württemberg im reichsweiten Vergleich, etwa gegenüber Sachsen, der Rheinprovinz und Westfalen zurückgeblieben. Ab 1882 stieg jedoch der Gewerbebesatz, die Anzahl der im Gewerbe Beschäftigten pro 100 Einwohner, nahezu kontinuierlich an, sodass im Langzeitvergleich vor dem Zweiten Weltkrieg nur noch Sachsen vor Württemberg lag.[147] Gleichzeitig expandierten vor allem die Betriebe mit mehr als fünf Beschäftigten, während der Anteil der Mitarbeiter in kleinen Betrieben kontinuierlich abnahm.[148] Mithin setzte in den 1880er Jahren ein Strukturwandel ein, mit dem die klein- und mittelbetriebliche Struktur der württembergischen Wirtschaft immer weniger das Gesamtbild bestimmte.

Von einer solchen Aufwärtsentwicklung konnte für Robert Bosch noch keine Rede sein. Seine Anfänge in Stuttgart waren überaus bescheiden, in heutigen Begriffen ein noch labiles Start-up-Unternehmen. Am 13. November 1886 startete er seine *Werkstätte für Feinmechanik und Elektrotechnik* «mit einem Mechaniker und einem Laufburschen».[149] Das Stammkapital von 10 000 Mark, die ihm aus dem Nachlass des 1880 verstorbenen Vaters zufielen, war für einen Existenzgründer unter den damaligen Verhältnissen eine beachtliche Summe, vergleichbar etwa dem zehnfachen Jahreseinkommen eines Beschäftigten in der Metallerzeugung.[150] Die Werkstatt, eine umgebaute Mietwohnung, befand sich in einem Hinterhaus. Robert Bosch war zugleich sein eigener Buchhalter, der Geschäftliches und Privates noch nicht trennscharf auseinanderhielt. Die doppelte Buchführung als klassisches Merkmal eines Unternehmens der industriellen Moderne war noch nicht anzutreffen. Der Betrieb lebte von Einzelaufträgen, von Reparaturen und Installationen. Wenige Monate nach der Geschäftseröffnung ging Bosch mit einem Inserat in den Markt: «Telefone, Anlegung und Reparatur elektrischer Apparate, sowie alle Arbeiten der Feinmechanik».[151] Erst zu Beginn des ersten vollen Geschäftsjahres konnte Robert Bosch die erste Rechnung schreiben. Die Werkstatt brachte es bald auf 66 Kunden, mit einem kunterbunten Gemisch aus zum Teil kleinsten Aufträgen.

Obwohl das Unternehmen noch weit von der Gewinnschwelle entfernt war, vermählten sich Robert Bosch und Anna Kayser im Oktober 1887.[152] Aus der Ehe gingen vier Kinder hervor: Margarete (geboren 1888), Paula (geboren 1889), Robert (1891) und 1893 die sehr früh verstorbene Tochter Elisabeth. Im Rückblick beschrieb Robert Bosch die Entwicklung seiner Firma als «böses Gewürge».[153]

Mit dem Vertrieb elektromedizinischer Apparate versuchte er, ein zukunftsfähiges Geschäftsfeld zu erschließen. Was später für sein Unternehmen von strategischer Bedeutung sein wird – Konstruktion, Fertigung und Vertrieb von Zündapparaten – zeichnete sich erst in vagen Umrissen ab, als er 1887 den ersten Auftrag für den Bau eines einzelnen Exemplars erhielt. Das Improvisierte und Tüftlerische in diesem Projekt wird ebenso anschaulich wie alle Züge eines innovationsorientierten Unternehmers im Sinne von Joseph Schumpeter: «Im Sommer desselben Jahres war ein kleiner Maschinenbauer zu mir gekommen und hatte mich gefragt, ob ich ihm nicht einen Apparat bauen könne, wie ihn die Gasmotorenfabrik Deutz an ihren Benzinmotoren verwende. Ein solcher Apparat sei in Schorndorf zu sehen. Ich fuhr dorthin und fand daselbst den niedergespannten Magnetapparat mit Abreißvorrichtung. Ich frug vorsichtshalber in Deutz an, ob an dem Apparat etwas patentiert sei. Auf diese Frage erhielt ich keine Antwort. Auch sonst fand ich keine Anzeichen dafür, dass der Apparat patentiert sei, und ich baute somit den Apparat, den ich auch Gottlieb Daimler vorführte, der eben zu jener Zeit in Cannstatt den damals hochtourig genannten Explosionsmotor für ortsfeste Maschinen baute. Er machte etwa 600 Umdrehungen. Nachdem ich den einen Apparat abgeliefert hatte, machte ich gleich drei weitere, die zu Versuchszwecken von den damals bestehenden Gasmotorenfabriken abgenommen wurden, die die Absicht hatten, Benzinmotoren zu bauen.»[154]

Was daraus einmal werden sollte, war zunächst nicht genau erkennbar. Immerhin erhielt Robert Bosch bald darauf seinen ersten Auslandsauftrag aus der Schweiz und der Umsatzanteil des Zündergeschäfts, mit seinem zunächst «recht mäßigen Absatz»[155], stieg bis 1891 auf 58 Prozent.[156] Aber so umsichtig Robert Bosch die Leistungspalette seines jungen Unternehmens bereits zu diversifizieren versuchte, geschah dies doch eher reaktiv und vor allem war der Geschäftsverlauf mehr als unbefriedigend. Denn zeitgleich mit der Aufnahme des Zündergeschäfts geriet die Firma in eine dramatische Schieflage. Das Eigenkapital war um die Jahreswende 1891/92 nahezu verzehrt. Trotz steigender Umsätze reichte das Geschäftsvolumen nicht, um den Eigenbedarf der wachsenden Handwerkerfamilie, die Löhne für die inzwischen beträchtlich erweiterte Belegschaft und die wachstumsbedingten Umzüge der Werkstatt zu finanzieren. Das «Gewürge» wuchs sich nicht zum Kollaps aus, weil die Familie, die Mutter zumal, mit Krediten und Bürgschaften dem jungen Unternehmer unter die Arme greifen konnten. Robert Bosch war, nimmt man noch einen von der Mutter verbürgten Kredit der württembergischen Gewerbekasse sowie unbediente Forderungen hinzu, mit dem Dreifachen des Startkapitals verschuldet.[157] In einem später angefertigten Rückblick heißt es: «Die Umsätze hatten sich im 1. Jahrfünft verfünffacht, aber das Ergebnis war deprimierend: Das Kapital war so gut wie verloren und die Firma lebte im Wesentlichen von Verwandtschafts- und Bankkrediten. Es stand schlecht um die Firma Bosch!»[158]

Die weitere Entwicklung hing jetzt entscheidend von politischen Weichenstellungen in der Energieversorgung ab. Um die Pläne für ein zentrales Elektrizitätswerk war es in Stuttgart nach einem gescheiterten Konzessionsgesuch im Jahr 1886 zunächst wieder ruhig geworden.[159] Vorschläge, etwa den Bahnhof mit einer elektrischen Beleuchtung auszustatten, wurden mit großer Bedächtigkeit verhandelt; dabei mussten auch die Interessen der Gaswirtschaft bedacht werden. Es wurde eigens eine Umfrage in zwölf Städten veranstaltet, um die Risiken bei der Investition in neue Formen der Energieversorgung abschätzen zu können. Wie sehr die Verantwortlichen in der Frage des elektrischen Lichts noch 1890 im Dunkeln tappten, erschließt sich aus der Bilanz der Umfrage: «Der Grund, weshalb viele Städte das Risiko der Errichtung elektrischer Anlagen nicht übernommen haben, liegt darin, dass bis heute die Entwicklung der elektrischen Beleuchtungstechnik selbst noch bei Hauptfragen [...] zu keinem genügenden Abschluss gekommen und das Betriebsergebnis der elektrischen Anlagen sowohl in technischer als finanzieller Beziehung ein äußerst unsicheres ist.»[160]

Damit erschien die Geschäftsprognose der jungen Werkstätte für Feinmechanik und Elektrotechnik noch keineswegs günstig. Erst allmählich kamen die Dinge in Bewegung, als der Stuttgarter Gemeinderat Ende 1891 beschloss, eine «Zentralanlage» zur Elektrizitätsversorgung zu errichten, «ein vollständiges Projekt für die Versorgung der Stadt mit elektrischem Licht und elektrischer Kraft auszuarbeiten».[161] Auch die aufwendige Eröffnung der permanenten elektrischen Ausstellung 1892 im Stuttgarter Landesgewerbemuseum in Anwesenheit des Monarchen war ein wichtiger Schritt auf dem Weg zur Elektrifizierung der Stadt.[162] 1892 kamen Verhandlungen mit der örtlichen Straßenbahngesellschaft in Gang, die auf einer Versuchsstrecke zeigen wollte, wie mit der Elektrifizierung die für Pferdegespanne nicht zu bewältigenden Steigungen künftig befahren werden könnten. Damit kam jetzt Schwung in die Sache, sodass im September 1894 mit den Vorarbeiten für ein Kraftwerk begonnen werden konnte, das schon 1895 seinen Betrieb aufnahm.[163] Der Auftrag war an eine Tochtergesellschaft der Elektrizitäts-AG und damit an das Nachfolgeunternehmen von Schuckert gegangen, mithin an einen früheren Arbeitgeber von Robert Bosch.[164]

Für Robert Bosch und sein Unternehmen liefen fortan die Dinge besser: «Ich nahm auch im Jahr 1895 die Einrichtung elektrischer Beleuchtung in der Stadt Stuttgart auf. Mein Installationsgeschäft in

Telegraphie und Telefonie hatte sich gut entwickelt. Mein Ruf in diesen Dingen war der beste und meine Existenz war gesichert.»[165] 1896 übertraf der Gewinn schon die Summe aller Verluste seit der Gründung.[166] Die Konsolidierung des Unternehmens war freilich nicht einfach der Ertrag geduldigen Wartens auf bahnbrechende Beschlüsse des Gemeinderats, so wichtig das Ineinandergreifen kommunalpolitischer Entscheidungen und unternehmerischer Wachstumsdynamik gerade in diesen Jahren war. Robert Bosch erregte die Aufmerksamkeit des Publikums in der Stadt, nachdem er schon 1890 ein für damalige Verhältnisse sehr modernes Fahrrad erstanden hatte, mit dem er zur Überwachung und Qualitätskontrolle von Installations- und Reparaturarbeiten bei seinen Mitarbeitern aufzutauchen pflegte. Auch das Erscheinungsbild des jungen Unternehmers war ungewöhnlich: Er blieb bei seiner Entscheidung für Wollkleidung, mit einem hochgeschlossenen Rock, dazu kam ein breitkrempiger Zimmermannshut, und das alles hob sich ab vom herkömmlichen bürgerlichen Habitus. Man hätte ihn «eher für einen fahrenden Handwerker oder sogar Missionar oder Sektenprediger halten» können.[167]

Keineswegs sektenartig ging es allerdings in der Werkstatt zu: Sehr strenge Qualitätsmaßstäbe verknüpfte Robert Bosch früh mit überdurchschnittlicher Vergütung und er begünstigte ein Betriebsklima, das an die politischen Wertvorstellungen des Vaters anknüpfte und auch seiner eigenen Gesinnung entsprach. Die Mitarbeiter durften bei der Arbeit singen. «Über die Liedertexte», erinnerte sich ein später führender Kopf des Hauses, «herrschte zwar manchmal Unstimmigkeit, weil zweierlei politische Anschauungen vertreten waren. Meistens musste aber die nach rechts zielende christliche Richtung nachgeben.»[168] Robert Bosch entdeckte früh, dass eine erfolgreiche Personalpolitik Nachhaltigkeit erfordert, dass die langfristige Bindung qualifizierter Fachleute für das Erreichen seiner Ziele Priorität haben musste. Nicht allein die für ihn wichtigen Werte «Ehrgefühl und Anstand»[169] spielten dabei eine Rolle, sondern vor allem die nach den Maßstäben der heutigen Betriebswirtschaftslehre motivationsfördernden Hygienefaktoren, also die Gestaltung des Arbeitsplatzes auch unter gesundheitlichen Gesichtspunkten. Er informierte sich gründlich über «Belüftung» und «Beheizung», zu seinem Leidwesen beim Bau von Werkstätten oft «vollständig vernachlässigt», und entwickelte hier den Ehrgeiz, «mit der Zeit Vorbildliches» zu schaffen. Ihm erschien es «so außerordentlich wichtig, selbst im engsten wirtschaftlichen Sinn, ob zum Beispiel ein Fabrikarbeiter in einer reinen, staubfreien Luft arbeitet, die weder zu kalt noch zu warm ist: Seine Leistungsfähigkeit hängt mit den Luft- und Lichtverhältnissen aufs Engste zusammen».[170] Dabei lässt seine rückblickende Betrachtung erkennen, dass das alles nicht allein aus unternehmerischem Eigeninteresse geschah, sondern es offenbart so etwas wie einen verantwortungsethischen Überschuss gab: Was technisch möglich war, sollte nach Maßgabe des wirtschaftlich Möglichen auch zum Nutzen der Mitarbeiter realisiert werden. Dies bedeutete, dass Eigengesetzlichkeiten des Marktgeschehens zwar nicht unterlaufen werden konnten, dass aber Handlungsspielräume für das gesellschaftlich Wünschenswerte voll ausgeschöpft werden sollten. Vor dem Hintergrund seiner wenig erbaulichen Erfahrungen in seiner Lehrzeit kümmerte sich Robert Bosch intensiv um die Ausbildung der Lehrlinge. Lange vor dem Durchbruch zu einem technologisch führenden Unternehmen mit Weltgeltung schälte sich bei ihm ein Leitmotiv seiner Karriere heraus, nämlich dass Ansehen und Wettbewerbsfähigkeit sich nicht mit nützlichen Handlangern, sondern nur durch die Anleitung mündiger Facharbeiter und versierter Führungskräfte sichern lassen. Recht früh kam in seinem Unternehmen die Rede vom «Vater Bosch» in Mode, sie wurde traditionsbildend und schuf eine Aura der Empathie und der Achtsamkeit um den Unternehmensgründer. Aber dies und das unkonventionelle Erscheinungsbild, insbesondere auch die prophetenartige Barttracht, sollten nicht dazu einladen, in Robert Bosch einen «Patriarchen» zu sehen[171], behäbig und dem betrieblichen Geschehen zunehmend entrückt, das Treiben seiner gefügigen Belegschaft mit schulterklopfendem Wohlwollen begleitend. Vielmehr blieb Robert Bosch mitten im betrieblichen Geschehen, und die Zutaten des Patriarchalismus sollten auch in seinen späteren sozialpolitischen Auffassungen nicht auftauchen. Bosch war durchaus dafür bekannt, dass er sehr impulsiv, auch lautstark maßregeln konnte, dass er lebenslang Mühe hatte, sein vulkanisches Temperament zu zügeln. Aber er strahlte zugleich eine auf Kompetenz und persönliche Integrität gegründete Autorität aus, die ihm als Firmenchef Legitimität und Ansehen verschaffte.

Erstaunlicherweise beschäftigte sich die preußische Staatsbibliothek in Berlin im Herbst 1918 mitten im politischen Chaos mit dem Anlegen einer Autographensammlung bedeutender Zeitgenossen. Ausführlicher als zunächst angekündigt ging Robert Bosch auf die Bitte ein und legte dar, was man als persönliches Bekenntnis und als Bestimmung einer Unternehmenskultur lesen kann: «[...] Lassen Sie mich vorausschicken, dass es mir immer ein unerträglicher Gedanke war, es könne Jemand, eines meiner Erzeugnisse prüfend, nachweisen, dass ich irgendwie minderwertiges leiste. Die Folge davon war, dass ich stets versuchte, nur Arbeit hinauszugeben, die jeder sachlichen Prüfung stand hielt, also sozusagen vom Besten das Beste war.

Nachdem ich dies ausgeführt habe, kann ich zu Folgendem übergehen und damit anfangen, dass es bei mir ständiger Grundsatz war, willige Mitarbeiter mir heranzuziehen, dadurch, dass ich jeden möglichst weit selbständig arbeiten liess, ihm auch die entsprechende Verantwortung auflegend. [...] Mein Geschäft, ursprünglich sehr klein, entwickelte sich nach langen, mühevollen Kämpfen allmählich immer rascher. [...] Als ich aber schließlich eine monopolähnliche Weltstellung hatte, was wäre dem neuzeitlichen Menschen näher gelegen, als zu sagen: Seht mich an! Bei mir müsst Ihr kaufen! Ich bin groß und stark! Statt dessen sagte ich meinen Kunden: Wie, Sie meinen, Sie müssten bei mir kaufen? Wie kommen Sie dazu. Sie können doch da und dort auch Ihren Bedarf decken. Von einem Muss ist doch keine Rede! [...] Dazu kam noch, dass es bei mir feststehender Grundsatz war, wenn man einen Vertrag abschliesst, so muss dies geschehen, beherrscht von dem Gedanken: Wenn bei einem Vertrag nicht beide Vertragschliessende ihre Rechnung finden, so verlieren beide, der eine Geld, der andere Zutrauen. Einen Vertrag abschliessen ohne Hintergedanken, ihn aufs Pünktlichste erfüllen, ist eine Tat von höchster geschäftlicher Klugheit. Immer habe ich nach dem Grundsatz gehandelt, lieber Geld verlieren als Vertrauen. Die Unantastbarkeit meiner Versprechungen, der Glaube an den Wert meiner Ware und den an mein Wort, stand mir stets höher als ein vorübergehender Gewinn.»[172]

Sorgfältige Auswahl und langfristige Bindung fähiger Mitarbeiter, die Maxime, den Talenten Raum zum Experimentieren und zur Entfaltung zu geben – das waren gute Voraussetzungen, um dem jungen Unternehmen neben dem bald profitablen Installationsgeschäft neue Geschäftsfelder zu erschließen. Mehrere später leitende Mitarbeiter, die für das weitere Schicksal des Unternehmens von kaum zu überschätzender Bedeutung sind, wurden zu dieser Zeit gewonnen. Mit dem Mechaniker Arnold Zähringer, einem gelernten Uhrmacher, fand Robert Bosch einen feinmechanisch geschulten Werkstattleiter für die künftige Expansion.

Max Rall, der Sohn eines Kaufmanns, begann 1894 als Lehrling und stieg 1926 zum Mitglied des Vorstands auf. Besonders wichtig sollte der Eintritt von Gottlob Honold als technischer Lehrling werden, der schon ab 1917 dem Vorstand angehörte.[173] Das Geschäft mit Magnetzündern mit Abreißvorrichtung hatte sich recht gut entwickelt, war aber als zusätzliches Standbein kaum geeignet, die junge Firma trotz steigender Stückzahlen und Umsätze ein für allemal aus finanziellen Engpässen herauszuführen. Das erfolgreiche Installationsgeschäft hatte Bosch vom Kreditnehmer der Württembergischen Gewerbekasse zum respektablen Anleger bei der Württembergischen Vereinsbank gemacht. Aber dieser mit der Elektrifizierung verbundene, noch handwerklich geprägte Geschäftszweig verdankte sich einer befristeten Hochkonjunktur mit offenem Ende.

Erfolge, Expansion und Internationalisierung

Unterdessen war die Entwicklung der Zündertechnologie weitergegangen. Bei dem von Nikolaus Otto erdachten Verfahren konnten durch «Abreißen», die Erzeugung eines Zündfunkens durch mechanische Unterbrechung des Stromkreises, Benzinmotoren zum Laufen gebracht werden, die ohne externe Stromquelle arbeiteten. Freilich war das Verfahren für stationäre Motoren gedacht. Für die ersten Automobile mit höheren Drehzahlen war die Technologie nicht geeignet. Das galt auch für die Batteriezündung, denn nach kurzer Fahrt musste die Batterie wieder aufgeladen werden. Buchstäblich brandgefährlich war die von Gottlieb Daimler entwickelte Glührohrzündung, die zwar für höhere Drehzahlen in Betracht kam, dafür aber leicht das ganze Gefährt in Brand setzen konnte. Robert Bosch wagte sich mit seinem Niederspannungsmagnetzünder vorsichtig in die entstehende Kraftfahrzeugindustrie. 1894 bezogen die thüringischen Motorenwerke erstmals zwei Bosch-Zünder aus Stuttgart, aber die Geschäftsbeziehung kam über die Lieferung von drei weiteren Exemplaren nicht hinaus.[174] 1896 brachte ein Augsburger Motorradhersteller Bewegung in das «Problem der Probleme» (Carl Benz). Ludwig Rüb aus Augsburg stieß bei Bosch die Entwicklung eines Zünders für einen Motor mit über 1000 Umdrehungen pro Minute an. Boschs Werkstattleiter Arnold Zähringer gelang der zunächst entscheidende Durchbruch, indem er die schwergängige Doppel-T-Anker-Konstruktion im Bosch-Zünder mit einer neuartigen Drehhülse versah, was weitaus höhere Drehzahlen erlaubte. Robert Bosch konnte diese Erfindung 1897 patentieren lassen.[175] Damit kam eine technologisch und in der Folge auch wirtschaftsgeschichtlich bahnbrechende Entwicklung in Fahrt. Boschs späterer Vertreter in Großbritannien, Frederick R. Simms, schickte im November 1897 ein Dreirad nach Stuttgart, mit dem die neue Zündvorrichtung erfolgreich getestet wurde.[176] Simms vertrat exklusiv die Daimler-Motoren-Gesellschaft in England und im Commonwealth und setzte sich im Anschluss an die erfolgreiche Testfahrt im Daimler-Aufsichtsrat für eine Kooperation mit Robert Bosch ein. Ein Übernahmeangebot des Motorenherstellers lehnte Bosch ab. Auch eine langfristige Bindung auf der Basis eines Alleinverkaufsrechts der Daimler-Motoren-Gesellschaft für Bosch-Zünder bei einer garantierten jährlichen Abnahmemenge und bei exklusiver Verwendung seiner Erzeugnisse, wollte Bosch trotz zäher Verhandlungen nicht eingehen.[177] Die in Aussicht genommene Liefermenge lag unter dem schon erreichten Absatzvolumen. Er war nicht bereit, sein Unternehmen durch eine berechenbare, aber eben doch einengende Geschäftsverbindung von einem Markt mit beträchtlichen Wachstumsaussichten abzukoppeln. Bosch behielt Recht mit seinem Beharren auf Unabhängigkeit. Die Nachfrage der Automobilindustrie nach seinen Produkten wurde jetzt vom anderen Ende der Lieferkette ausgelöst. Hier nahm in der bald aufstrebenden Autoindustrie die Arbeitsteilung zwischen Kfz-Anbietern und hochspezialisierten Zulieferern ihre bis in die Gegenwart reichende Gestalt an.[178] Der Vertriebspionier Emil Jellinek, der seit 1898 in Frankreich Daimler-Fahrzeuge verkaufte, brachte nun den Stuttgarter Autobauer dazu, für ein neues Modell die Abreiß-Magnetzündung zu verwenden anstatt der von Gottlieb Daimler bisher favorisierten Glührohr-Zündung.[179] Das war ein weiterer Durchbruch. Denn der finanziell überaus erfolgreiche Jellinek verkaufte nicht nur Kraftfahrzeuge. Er bewegte sich als vermögender Geschäftsmann und als Generalkonsul der österreichisch-ungarischen Doppelmonarchie in den Kreisen «der wenig beschäftigten und vermöglichen Leute in Frankreich».[180] Emil Jellinek meldete auch Automobile zu den spektakulären Rennen im Umkreis der Luxusherbergen an der Côte d'Azur an. Das Kraftfahrzeug war vom Beginn der Motorisierung an eben nicht nur Fortbewegungsmittel, sondern auch Prestigeobjekt und Sportvehikel. 1901 gewann ein von Wilhelm Maybach konstruiertes Automobil, getauft auf den Namen Mercedes – so hieß Jellineks Tochter –, ausgerüstet mit der Abreiß-Magnetzündung von Bosch, bei Nizza ein Autorennen.[181] Damit begann der Siegeszug der Stuttgarter Autobauer in der Welt, aber eben auch jener der Produkte aus der Stuttgarter Werkstätte für Feinmechanik und Elektrotechnik. Zur wachsenden Bekanntheit trug auch bei, dass sich Graf Zeppelin beim erfolgreichen ersten Testflug seines Luftschiffes nicht auf die brandgefährliche Glührohr-Zündung verlassen wollte, sondern auf der Verwendung der bei Bosch gefertigten Zünder bestand.[182]

Zum Silbernen Thronjubiläum Kaiser Wilhelms II. im September 1913 legte der Bankier und Nationalökonom Karl Helfferich mit seiner Schrift «Deutscher Volkswohlstand 1888-1913» eine kraftstrotzende Bilanz des ersten deutschen «Wirtschaftswunders» vor: «In der Ausbildung der wissenschaftlich-praktischen Technik und der alle Kräfte und Mittel wirksam zusammenfassenden wirtschaftlichen Organisation, in der Steigerung der Gütererzeugung und des Verkehrs, in der Erweiterung und Festigung unserer wirtschaftlichen Weltstellung, in der Verbesserung der Einkommens- und Vermögensverhältnisse und in der Hebung der gesamten Lebenshaltung unserer in gesundem Wachstum fortschreitenden Bevölkerung – in all diesen Fortschritten hat Deutschland sich auf eine in seiner ganzen Geschichte niemals erreichten Stufe emporgearbeitet und im friedlichen Wettkampf der Nationen den ersten und mächtigsten Mitbewerbern sich gleichwertig erwiesen» – ein Aufstieg, «wie er, zusammengedrängt in eine so kurze Zeitspanne, in der Völkergeschichte kaum seinesgleichen hat».[183] Helfferichs stolze Bilanz beruhte auf Entscheidungen und Ergebnissen von Unternehmen wie Daimler, Siemens und Bosch.

Zu solchen Entscheidungen gehörte auch der frühe Weg ins Ausland. Bereits vor 1898, noch vor dem Rennerfolg der Magnetzündung in Südfrankreich, hatte Bosch Frederick R. Simms die Alleinvertretung für seine Erzeugnisse in England übertragen.[184] Beide hatten ein Jahr später in Paris ein gemeinsames Unternehmen gegründet, das nicht nur als Vertriebsgesellschaft, sondern auch als Produktionsstätte den französischen Markt weiter erschließen sollte.[185] Der offenkundige «Quantensprung» (Johannes Bähr) in der Unternehmensentwicklung verdankte sich auch dem Umstand, dass Robert Bosch zwar seine Person als letztlich verantwortlich für den Fortgang der Geschäfte betrachtete. Er selbst dachte früh darüber nach, wie man «in England Fuß fassen» könne.[186] Er fühlte sich für das Ergebnis verantwortlich, schrieb die Erfolge des Unternehmens jedoch nicht seiner heroischen Einzelleistung zu, sondern hielt fest: «Nur einem ausgesprochenen Zusammenarbeiten aller Beteiligten war eine solche Leistung möglich.»[187] Hier bezog er sich auf den Meilenstein der beginnenden Internationalisierung, mit dem das Unternehmen endgültig in die Bahn einer sich selbst tragenden gewaltigen Expansion einmündete. Insbesondere war das Engagement auf dem französischen Automobilmarkt ein Signal für weiteres Wachstum. Immerhin kam ja in Frankreich auf ca. 4241 Einwohner um 1902 schon ein Automobil, im Deutschen Reich kam ein Fahrzeug auf ca. 18 600 Einwohner.[188] Auch in Großbritannien war die Kfz-Motorisierung um die Jahrhundertwende höher als im Deutschen Reich.[189]

Um die Jahrhundertwende war Bosch sehr wohlhabend geworden. Das Unternehmen streifte jetzt die handwerklichen Gründungsmerkmale auch im Namen ab und hieß fortan «Elektrotechnische Fabrik Robert Bosch». Er kaufte in Stuttgart ein Grundstück für eine Fabrik, die auf rund 200 Beschäftigte ausgelegt war. Das neue Gebäude entsprach seinen Überlegungen, keine trostlosen Zweckbauten zu errichten, sondern Arbeitsplätze in einem Ambiente zu schaffen, das jeder kritischen Fabrikinspektion standhalten und auch in der äußeren Anmutung Maßstäbe setzen konnte.[190]

Nicht wirklich zufrieden war er mit dem Grad der Diversifizierung seiner Firma, da ihn die Sorge umtrieb, mit seinen Magnetzündern irgendwann abgehängt zu werden: «Immer hielt ich mir die Möglichkeit vor Augen, es könne eines Tages die Eintagsfliege von Spezialität, der Magnetzündapparat, überholt oder überhaupt unmöglich gemacht werden, und ich sann ständig darauf, noch die Erzeugung anderer Dinge aufzunehmen.»[191] Um die Jahrhundertwende erzielte das Unternehmen 21 Prozent des Gesamtumsatzes mit elektrotechnischen Installationen. Sollte das Zündergeschäft in eine Krise geraten, würde das Geschäft wieder auf den Stand der frühen 1890er Jahre zurückgeworfen werden. Nach wie vor war der von Arnold Zähringer entwickelte Zündapparat nicht völlig gegen Störungen gesichert, vor allem eignete er sich nicht für Motoren mit weiter gesteigerten Drehzahlen. Bosch konnte nur hoffen, dass kein Wettbewerber mit einer zündenden Alternative am Markt auftauchte, der den bisherigen Entwicklungsstand überholt

Zündkerzenfertigung, 1920

und damit den Stuttgarter Betrieb alsbald aus dem Markt gedrängt hätte. Das gemeinsame Nachdenken und Tüfteln führte zum Ziel, nachdem Gottlob Honold als inzwischen studierter Experte für Elektrotechnik wieder in das Unternehmen eintrat. Honold konstruierte einen Hochspannungsmagnetzünder, der das technisch prekäre Abreißgestänge mit einer Zündkerze ersetzte. Damit war das «Problem der Probleme» gelöst, Honold hatte, wie ihm Robert Bosch bescheinigte, «den Vogel abgeschossen».[192] Der Sprung von der Erfindung zur Innovation gelang indes nicht umstandslos. Vom technischen Durchbruch in Gestalt der «Magnetkerze, System Honold», wie Robert Bosch selbst die Errungenschaft nannte[193], im Dezember 1901 bis zur marktreifen Großserienfertigung verging noch ein halbes Jahrzehnt mit Tests und weiteren Entwicklungsarbeiten an neuen Isolierstoffen und Zündkerzen. Erst als 1906 das neue Motorzubehör in einem Renault als Sieger beim Großen Preis von Frankreich seine Leistungsfähigkeit unter Beweis stellte, gelang der industrielle Durchbruch auf der ganzen Breite: Dies war «das Signal zu einem vollkommenen Umschwung».[194] Beschäftigtenzahlen und Umsätze stiegen bis 1914 unaufhaltsam an. 1907 hatte die

Firma 944 Mitarbeiter, im letzten Vorkriegsjahr hatte sich die Belegschaft mit 4542 nahezu verfünffacht. Der Umsatz stieg im gleichen Zeitraum von ca. 8 auf nahezu 27 Millionen Mark.[195] Im Jahr vor der Wirtschaftskrise von 1913[196] hatte er sogar bei über 33 Millionen gelegen. Der Auslandsanteil am Umsatz, schon bisher überragend, sprang von 1906 bis 1907 deutlich über die 80-Prozent-Grenze und lag vor Ausbruch des Weltkriegs bei nahezu 90 Prozent.[197] Der neue Hochspannungsmagnetzünder hatte an dieser Expansion den bedeutendsten Anteil. 1910 produzierte das Unternehmen von diesem hochspezialisierten «Massenartikel» über 200 000 Stück.[198] Der Erfolg des Produkts und der Ruf des Unternehmens als Lieferant mit unbestechlichen Qualitätsmaßstäben war so gefestigt, dass Bosch es sich leisten konnte, nach der Drohung eines Wettbewerbers mit einer patentrechtlichen Klage das 1902 erteilte Patent auf den Hochspannungsmagnetzünder erlöschen zu lassen und über wenig bedrohliche Nachbauten künftig hinwegzusehen. «Der Bosch-Zünder wurde von allen nachgebaut, von keinem übertroffen», konnte Gottlob Honold noch 1921 schreiben.[199]

Das nahezu explosionsartige Wachstum der Magnetzünderproduktion verdankte sich einer zügigen und überaus erfolgreichen Strategie der Internationalisierung. Auf nur wenige deutsche Unternehmen trifft der Befund der Wirtschaftsgeschichtsschreibung, die Jahre vor dem Weltkrieg seien «eine Epoche weitgehender Globalisierung» gewesen, so zu wie auf Robert Boschs Firma.[200] Der deutsche Export stieg von der Reichsgründung (2,3 Mrd. Mark) bis 1913 auf 10,8 Mrd. Mark an. Damit ging eine erhebliche Umschichtung in der Zusammensetzung des exportierten Gütervolumens zugunsten hochwertiger Metallwaren und Maschinen einher. Schätzungsweise 50 Prozent aller Fertigwaren gingen im zeitlichen Vorfeld des Ersten Weltkriegs ins Ausland.[201] Die gezielte Internationalisierung blieb für Robert Bosch alternativlos. Gegenüber dem französischen Nachbarn und auch im Vergleich zu England lag die Kfz-Dichte im Deutschen Reich weiter zurück, daher blieb die deutsche Industrie für den Absatz ihrer Motoren auf die Partnerländer im Westen angewiesen.

Der Weg ins Ausland verwickelte Robert Bosch in Auseinandersetzungen, die ihm bislang nicht geläufig waren. Frederick R. Simms, der unter dem gemeinsamen Namen in Großbritannien Bosch-Produkte vertrieb, setzte dazu an, die bislang gedeihliche Zusammenarbeit zu unterlaufen, indem er in England ohne Lizenz Bosch-Magnetzünder produzierte. Er konfrontierte also den Stuttgarter Unternehmer mit dem globalisierungstypischen Risiko, dass das mühsam aufgebaute Know-how im Ausland in windiger Weise abgesaugt werden könnte. Entgegen der getroffenen Vereinbarung übernahm Simms bei der gemeinsamen Gesellschaft in Frankreich mit 51 Prozent die Kapitalmehrheit und verschaffte sich damit die Möglichkeit, den erfolgreichen Magnetzünder dort zu produzieren. Simms war nicht bereit, sich auf die von Robert Bosch geforderten Lieferverträge für Frankreich und Großbritannien festzulegen, und machte ihm 1905 sogar ein Übernahmeangebot für das gesamte Unternehmen über 5 Millionen Mark.[202] Da Simms nicht in der Lage war, die nötigen Mittel aufzutreiben, Robert Bosch vielmehr «als Aktionär weiter haben wollte»[203], kam die Transaktion schließlich nicht zustande. Es gelang Bosch, die Zusammenarbeit zunächst in Frankreich, wenig später auch in England zu beenden.

Es ist bemerkenswert, dass Robert Bosch zu diesem Zeitpunkt, mit 41 Jahren im besten Alter, offenbar sehr ernsthaft mit dem Gedanken gespielt hatte, sich vollständig aus seinem unternehmerischen Engagement zurückzuziehen. Er hatte sich «ausbedungen, aus der Firma ganz austreten zu können und aller Verpflichtungen ledig zu sein, ausgenommen die, keinen Wettbewerb zu machen».[204] Immerhin sollten Kontinuität und Weiterentwicklung der Firma gesichert werden, indem er den Käufer seines Unternehmens darauf verpflichten wollte, Gottlob Honold und Arnold Zähringer sowie Gustav Klein mit der Geschäftsführung zu betrauen.[205] Bosch konnte sich eine Existenz jenseits seines erfolgreichen Unternehmens vorstellen, wenngleich – denkt man an die Kommentare zu den späten Lebensjahren des Vaters – wohl kaum den tatenlosen Alltag eines Rentiers. Aber es bleibt der Eindruck, dass er in lebensgeschichtlichen Alternativen dachte und in der Lage war, seine Interessen auch auf andere Ziele zu lenken. In diesem Sinne unterscheidet sich seine Biographie erheblich von den idealtypisch zugespitzten Porträts aus den zeitgenössischen Sozialwissenschaften, die sich die Sozialfigur des Unternehmers als rastlosen Akteur im Räderwerk seiner Betriebe, in gewisser Weise auch als Bewohner des von Max Weber kritisch beschworenen «stahlharten Gehäuses der Hörigkeit» vorstellten. Die Auseinandersetzung mit Simms bilanzierte Robert Bosch mit einer autobiographischen Notiz, deren Wahrhaftigkeit man ihm abnehmen kann und die späterhin in seinem Unternehmen gleichsam zu kanonischer Geltung gelangte: «Eine anständige Art der Geschäftsführung ist auf Dauer das Einträglichste, und die Geschäftswelt setzt eine solche viel höher ein, als man glauben sollte.»[206]

Die unternehmensgeschichtliche Forschung ist dazu übergegangen, auch die «weichen» Faktoren in der Entwicklung der gewerblichen Wirtschaft schärfer in den Blick zu nehmen. Dazu gehören Konventionen, Bräuche, informelle Netzwerke, symbolische Traditionen – und vor allem ethische Standards im Sinne einer Selbstverpflichtung von Marktteilnehmern. Mit anschaulichen Gründen kann man Robert Bosch in die Tradition eines unternehmerischen Selbstverständnisses einreihen, dem Vertrauen wichtiger war als der schnelle Gewinn: «Nach Bosch», schreibt Hartmut Berghoff, «ist Vertrauen Sozialkapital, dessen Bedeutung diejenige von Finanzkapital übersteigt. Die untadelige Reputation und die Glaubwürdigkeit machten für ihn den ‹Goodwill› eines Unternehmers aus, seinen über das materielle Vermögen hinausgehenden Wert.»[207] Es ist sehr wahrscheinlich, dass die Wurzeln für seine Maxime nicht nur im demokratischen Wertekanon des Elternhauses zu suchen sind, sondern auch in seinen Erfahrungen in handwerklich geprägten Betrieben mit ihren relativ distanzarmen sozialen Interaktionen, in denen der Augenschein und Verträge per Handschlag wichtiger und gebräuchlicher waren als die Schriftform. Vertrauen als Kohäsion stiftendes Sozialkapital lässt sich nicht nur in geschäftlichen Transaktionen mit der Unternehmensumwelt auffinden, es kann als soziales Kapital auch in den innerbetrieblichen Beziehungen aktiviert werden. Wir werden noch sehen, in welcher Weise Robert Bosch seine Maximen zugleich auf das Innenleben seiner Firma bezogen hat.

Die Internationalisierung des Unternehmens ging unterdessen weiter, u. a. mit Niederlassungen in Italien und Belgien.[208] Im Jahr der Trennung von Simms entsandte Robert Bosch mit Gustav Klein einen seiner vielversprechendsten Manager in die USA, um dort ein Geschäft zu eröffnen.[209] Noch im September wurde die Robert Bosch New York Inc. gegründet. Die Erschließung des US-amerikanischen Marktes erlebte Robert Bosch auf einer Rundreise durch die Vereinigten Staaten als «Triumphzug».[210] Der für ihn im Rückblick verblüffende «Automobilwahnsinn» in den USA[211] war an der Kraftfahrzeugdichte ablesbar: Lagen die Vereinigten Staaten 1902 mit einem Personenkraftwagen auf

Bearbeitung von Scheinwerfergehäusen, 1925

Fertigung der Lichtmaschinen, 1928

Herkunft und Aufstieg

3442 Einwohner schon deutlich vor Frankreich als der damals noch führenden europäischen Automobilnation – hier kam ein Automobil auf 4241 Einwohner –, so hatte sich das Verhältnis schon 1907 auf 1255 vs. 620 zugunsten der USA verschoben, um sich bis 1913 auf 437 vs. 81 zuzubewegen (Deutschland: 1567!).[212] Bosch wuchs jetzt vollends ins Zeitalter des «Massenartikels» hinein. Die Firma trat ab 1908 in den Vereinigten Staaten als Bosch Magneto Company auf. New York wurde auch Fertigungsstandort mit 350 Beschäftigten. Verkaufsniederlassungen in Chicago und San Francisco schoben sich gleichsam wie die inneramerikanische «Frontier» bis zum Pazifik vor.[213] Als schließlich die Fertigungskapazitäten in New York nicht mehr ausreichten, entstand in Springfield/Mass. eine neue Fabrik, die ab 1912 Magnetzünder produzierte.[214] Schon vorher war der Anteil des nordamerikanischen Marktes am Gesamtumsatz des Stuttgarter Unternehmens auf rund 50 Prozent gestiegen. Bosch war jetzt nicht mehr ein Zulieferer im Gefolge deutscher Automobilhersteller, das Unternehmen wurde vielmehr vor dem Ersten Weltkrieg zum global agierenden Partner einer Vielzahl einschlägiger Akteure in der Welt.

Ob gezielt oder eher zufällig der betriebswirtschaftlichen Eigenlogik der Unternehmensentwicklung folgend – im letzten Vorkriegsjahr verhielt sich das Unternehmen in der Produktentwicklung antizyklisch. 1913 brach die steile Wachstumskurve der deutschen Volkswirtschaft deutlich ab. Bei Bosch fiel der Umsatz nahezu dramatisch zurück (1912: 33,1 Mio. Mark, 1913: 26,7 Mio. Mark) und die Belegschaft verringerte sich von ca. 5000 auf ca. 4500.[215] Das war einer im April 1913 einsetzenden Rezession geschuldet, die sich bald auch grenzüberschreitend «als eine ausgewachsene Depression» entpuppte, mit einer Arbeitslosenquote zum Jahresende von 5 Prozent.[216] Mit Lichtmaschinen und Scheinwerfern, ein Jahr später mit dem elektrischen Anlasser, gelang Bosch im unmittelbaren Vorfeld des Weltkriegs ein Durchbruch bei der Diversifizierung als Zulieferer der Automobilindustrie, aber eben auch in der Weiterentwicklung des Automobils als verlässlichem Transportvehikel. Denn mit der Lichtmaschine als eigener Kraftquelle konnten die Fahrer das lästige Aufladen der Batterie hinter sich lassen. Bosch investierte in einem konjunkturell prekären Umfeld in ein neues Werk für Lichtmaschinen und Scheinwerfer, in dem schon bald, im Schatten der alles verändernden Juli-Krise von 1914, die Produktion anlaufen konnte.[217]

Modernisierung und Gesellschaftspolitik

Der Aufstieg des Unternehmens hatte sich vor dem Hintergrund einer dynamischen Aufwärtsentwicklung der deutschen Volkswirtschaft vollzogen. In den Aufbaujahren der Firma wurde der Übergang des Deutschen Reiches ins Zeitalter der Hochindustrialisierung vollends sichtbar. Im Jahrzehnt von 1885 bis 1895 kehrte sich das Verhältnis der wirtschaftlichen Leitsektoren um. Gemessen an den Beschäftigtenzahlen, den Kapitalinvestitionen und dem Produktionswert überholte die Industrie die Landwirtschaft.[218] Zunehmend sollten die neuen Wachstumsbranchen Großchemie und Elektrotechnik das Gesicht der Industrie prägen. Der Wachstumspfad der Industrie im Ganzen zeigt sich an den Indexzahlen: Setzt man den Index der Gesamtleistung der Industrie für 1913 bei 100 an, so veranschaulichen die Zahlen für die Jahre 1870 (18,8), 1880 (26,1), 1890 (39,9), 1900 (61,4) ein nahezu atemberaubendes Tempo beim Strukturwandel von Wirtschaft und Gesellschaft.[219] Der «große Sprung nach vorne, der Deutschland zu einer Hegemonial- und fast zu einer Monopolstellung verhalf», habe, so bewertet David Landes die Entwicklung, «in seiner technischen Virtuosität und seinem aggressiven unternehmerischen Geist keine Parallelen».[220] Die Nettoinvestitionen der Finanzinstitute in den Sektoren Industrie und Handel kletterten im Zeitraum 1880 bis 1913 von 450 auf 3200 Mrd. Mark.[221] Ähnliches gilt für den Export, der sich zwischen 1890 und 1913 verdreifachte.[222] Allerdings spiegelte sich diese Entwicklung nur äußerst begrenzt in den industriellen Reallöhnen, die zwischen 1895 und 1900 deutlich anzogen, aber nach der Jahrhundertwende in ihrem nur noch moderaten Anstieg hinter der gesamtwirtschaftlichen Entwicklung, übrigens auch gegenüber der Lohnentwicklung in England, zurückblieben.[223] Absichten und Richtungen staatlicher Eingriffe in das Marktgeschehen bei einem in der Ära der Hochindustrialisierung ansonsten nur minimal ausgestalteten Interventionsstaat waren für ein aufstrebendes Unternehmen wie die junge Firma Bosch und ihre Zukunftsaussichten von zentraler Bedeutung, namentlich auf dem Gebiet der Außenwirtschaftspolitik. Hier bahnte sich in den frühen 1890er Jahren mit der von Reichskanzler Leo von Caprivi inaugurierten Handelsvertragspolitik eine gewisse Abkehr vom Agrarprotektionismus der Bismarckzeit an, mit einer erheblichen Absenkung der Zölle auf Brotgetreide. Schon 1891 schloss das Reich mit Österreich-Ungarn, Italien, der Schweiz und Belgien Handelsverträge ab; 1893/94 folgten Verträge mit Serbien, Rumänien und Russland. Der vereinbarten Senkung der deutschen Agrarzölle standen Konzessionen der Vertragspartner bei der Einfuhr deutscher Industrieerzeugnisse gegenüber.

Die wirtschaftspolitische Logik dieses Vorgehens hatte Caprivi im Reichstag im Dezember 1891 eingängig beschrieben: «[W]ir müssen exportieren: Entweder wir exportieren Waren oder wir exportieren Menschen. Mit dieser steigenden Bevölkerung ohne eine gleichmäßig zunehmende Industrie sind wir nicht in der Lage, weiterzuleben.»[224] Ausdrücklich betonte der Reichskanzler in der gleichen Parlamentsdebatte den für Industrie und Handel maßgeblichen Faktor langfristiger Berechenbarkeit der Außenhandelsbeziehungen, denn «die erste Forderung für jede Industrie» sei, «dass sie mit längeren Zeiten rechnen kann, dass sie weiß, worauf sie sich einzurichten hat; werden ihr solche längeren Zeiten gegeben, so finden sich Mittel und Wege, den Anforderungen gerecht zu werden».[225] Die Gegner der Handelsvertragspolitik, vor allem die Agrarlobby, beschworen die von der fortschreitenden Industrialisierung zu erwartenden gesellschaftlichen und moralischen Übel, die weitere Urbanisierung und das damit einhergehende Wachstum eines sozialdemokratisch infizierten Proletariats.[226] Zweifelsohne hat diese polarisierende wirtschafts- und gesellschaftspolitische Debatte bei Robert Bosch tiefe Spuren hinterlassen. Noch schaltete er sich in die Debatte nicht aktiv ein, aber später sollte er mit öffentlichen Äußerungen und eigenen unternehmerischen Ansätzen im Agrarsektor deutlich zugunsten der industriellen Zukunft des Reiches und zu den Entwicklungschancen einer anpassungsfähigen Intensivlandwirtschaft Stellung beziehen. Die bis zur parlamentarischen Durchsetzung der Handelsverträge anhaltende Kontroverse um die industrielle Zukunft – im Februar 1894 kam nach einem ausgiebigen Zollkrieg der Handelsvertrag mit Russland zustande – scheint Robert Bosch politisch aufgewühlt und in seinen Anschauungen bestätigt zu haben. Nahezu frohlockend berichtete er seinem Schwager von Gesprächen mit einem Unternehmerkollegen, von dem er den Eindruck hatte: «Der socialist elt auch! Natürlich verschämt.»[227] Und seine politische Position beschrieb er unmissverständlich: «Wenn allerdings noch eine Weile so weiter gewirtschaftet wird, möchte ich den sehen, der nicht nach links geht, sofern er nicht Soldat, hoher Beamter oder Millionär ist, wenn anders er überhaupt denkt.»[228]

Modernisierung und Gesellschaftspolitik

Nun muss man «links» keineswegs als Bekenntnis zur politisch organisierten Arbeiterbewegung im sozialdemokratischen Sinne verstehen. «Links» war ein zeitgenössischer Sammelbegriff für alles, was sich dem Herrschaftsanspruch der preußischen Führungsschichten mit ihrem agrarprotektionistischen Hintergrund verweigerte. Graf Waldersee, selbst Befürworter einer staatsstreichartigen Rückwärtsrevision der Reichsverfassung, hat dies in seinem Tagebuch anschaulich festgehalten: «Geschlossen für den Handelsvertrag stimmen Sozialdemokraten, Volkspartei, Freisinn [die Linksliberalen, P. T.] und Polen! Das sind also jetzt die neuen Regierungsparteien. Geschlossen dagegen stimmen die Konservativen, gespalten sind Zentrum und Nationalliberale. Schöne Ergebnisse Caprivischer Staatskunst.»[229]

Robert Bosch hatte keine im engeren Sinne parteipolitisch geprägte gedankliche Heimat. 1891 zog das Ehepaar Bosch mit seinen drei Kindern in Stuttgart in eine größere Etagenwohnung in der Rotebühlstraße. Im gleichen Haus, ein Stockwerk darüber, wohnte auch Karl Kautsky mit seiner Frau zur Miete.[230] Kautsky war der Chefredakteur der «Neuen Zeit», des theoretischen Zentralorgans der Sozialdemokratie. Zwischen den Familien Bosch und Kautsky entwickelte sich eine gut nachbarliche Beziehung. Robert Bosch, der sich schon, für einen Unternehmer ungewöhnlich, vorher in die «Neue Zeit» vertieft hatte, fand in Kautsky einen anregenden, hochgebildeten Diskussionspartner. Konnte das eine Gelegenheit sein, seine früheren Bekenntnisse zum «Socialismus» auf den aktuellen theoretischen Stand zu bringen? Im Jahr des Umzugs wurde auch das Erfurter Programm der Sozialdemokratischen Partei veröffentlicht, für dessen theoretischen Programmteil Karl Kautsky verantwortlich war. Viel ausgeprägter als das Gothaer Programm von 1875 knüpfte das neue Manifest an Marxsche Thesen vom angeblich naturnotwendigen Gang der ökonomischen Entwicklung an, prophezeite die unaufhaltsame Monopolisierung der Produktionsmittel in der Hand weniger Eigentümer und – hier konnte sich auch Kautskys Nachbar angesprochen fühlen – die wirtschaftliche Eliminierung der Mittelschichten, die dazu verurteilt seien, ins Proletariat abzusinken. Im Grundsatz lieferte Karl Kautsky das theoretische Unterfutter für August Bebels griffige Prognose vom «großen Kladderadatsch» und dem bevorstehenden unabwendbaren, nicht näher beschriebenen Übergang in eine sozialistische Gesellschaftsformation. Allerdings sprach das Erfurter Programm nicht von der «Diktatur des

Proletariats» und auch nicht von der «Revolution», vor allem auch, um den politischen Gegnern keine unnötigen Angriffsflächen und den Behörden keine Handhabe zu erneuter Drangsalierung zu liefern. Die politisch-sozialen Strukturen des kaiserlichen Deutschlands seien zu weit entwickelt, um noch einen revolutionären Umsturz erforderlich zu machen. Der Übergang in den «Sozialismus» würde sich letztlich mittels «eines kraftvollen Parlaments nach englischem Muster mit einer sozialdemokratischen Mehrheit und einem starken und bewussten Proletariat hinter sich» vollziehen.[231] Im praktischen Teil des Erfurter Programms fanden sich dann auch konkrete Forderungen für die politischen Mühen des Alltags: Die Demokratisierung des Wahlrechts auf allen Ebenen, die Einführung des Frauenwahlrechts, die Sicherstellung des Koalitionsrechts und damit Chancengleichheit der Arbeitsmarktparteien, die Entscheidungsgewalt des Parlaments über Krieg und Frieden, die Erklärung der Religion zur Privatsache, Forderungen also, die mit den politischen Ansichten Robert Boschs durchaus verträglich waren. Es ist überliefert, dass er sich mit Grundlinien des Marxschen Theoriegebäudes und mithin auch mit Kernaussagen des Erfurter Programms gründlich befasst hat.[232] Und seine rational-empirische Grundhaltung, sicherlich auch sein demokratisches Empfinden im Geiste der im Elternhaus prägenden Ideen, sorgten dafür, dass er allen gesellschaftspolitischen Theorien mit umfassendem Geltungsanspruch und prognostischer Selbstsicherheit nicht mehr zu folgen vermochte. Jetzt, in den 1890er Jahren, waren die schwärmerisch-utopischen Ideen, die ihn noch in New York bewegt hatten, in den Hintergrund getreten.

Zugleich zeigten seine autobiographischen Rückblicke, dass ihm die im wilhelminischen Deutschland bestimmenden innen- und gesellschaftspolitischen Fragen, wie denn die anwachsende Industriearbeiterschaft und die Sozialdemokratie als ihr politischer Arm in das Gemeinwesen zu integrieren seien, nie losgelassen hat. Er beklagte, dass schon mit den Bismarckschen Sozialistengesetzen das kaiserliche Deutschland auf eine gesellschaftspolitisch abschüssige Bahn geraten sei: «Das Bürgertum in seiner Furcht vor dem teilenwollenden Sozialismus war immer unfähiger geworden, zu verstehen, was am Sozialismus berechtigt sei, und schuf das Sozialistengesetz. Anstatt soziale Sicherheitsventile zu schaffen, verschraubte es die da und dort vorhandenen Öffnungen, die den gefahrdrohenden Dampf hätten entweichen lassen.»[233] Er verschwieg nicht seine «Verzweiflung am Bürgertum» und karikierte anschaulich das für das Kaiserreich systemische Konfliktmuster aus sozialdemokratischer Agitation und bürgerlicher Revolutionsfurcht: «Hypnotisch starrte der Bürger auf den roten Lappen und schluckte alles, was ihm der Junker in dem ostpreußisch regierten Deutschland bot.»[234] Damit benannte Robert Bosch einen politischen Mechanismus, der auch andere kritische Beobachter in bürgerlichen Sozialkreisen aufbrachte und die «latente Krise des wilhelminischen Deutschland» (Wolfgang J. Mommsen) maßgeblich prägte. Und Robert Bosch sah einen Zusammenhang zwischen diesem lähmend repetierten Konfliktmuster und der Verformung des Regierungssystems: «Kein Mensch sah die Gefahren, die im Militarismus, im persönlichen Regiment Wilhelms des Zweiten heranwuchsen. Wer davon sprach, was daraus werde, war verdächtig. Wer soziales Verständnis tätigte, erst recht.»[235] Auch sein Zeitgenosse Max Weber registrierte, dass hinter allem sozialdemokratischen Verbalradikalismus kaum das herannahende Gespenst der Revolution zu erkennen war, sondern vielmehr das Interesse an politischer Teilhabe und sozialem Ausgleich und dass auch das sozialdemokratische Führungspersonal mehrheitlich nicht dem Umsturz huldigen wollte. Für Robert Bosch, der den Weg der politisch organisierten Arbeiterbewegung mit kritischer Sympathie begleitete und der ebenso ironisch-scharfsinnig wie Max Weber vom «roten Lappen»[236] als angeblicher Bedrohung der Ordnung sprach, aber auch für die historische Forschung lag das Dilemma in dem Umstand, dass Karl Kautskys auf innerparteilichen Flügelausgleich zielende «zentristische» Position des Wartens auf die evolutionär vermeintlich zwingend kommende Revolution, ohne sie doch ernsthaft zu «machen», in den politischen Immobilismus führte. Denn Eduard Bernsteins programmatischer Revisionismus, das schonungslose Abräumen nahezu aller marxistischen Dogmen, war auf dem sozialdemokratischen Parteitag in Dresden 1903 verurteilt worden. Dies war sicherlich auch für Robert Bosch eine enttäuschende Entwicklung, wurde er doch später zum Förderer der Sozialistischen Monatshefte, der publizistischen Plattform Bernsteins und der revisionistischen und reformistischen Kräfte in der Sozialdemokratie. Die ab 1919 systematisch aufgebaute Werksbücherei seines Unternehmens bot später reichlich Raum für revisionistische Schriften.

Auch die Reformisten in der Partei, die namentlich in Bayern, Württemberg und Baden für eine kompromissorientierte Strategie in den Einzelstaaten und Kommunen plädierten, «vom *Theoretischen ins Prakti-*

sche, vom Allgemeinen mehr ins Einzelne»[237] zu gehen forderten, wie Georg von Vollmar, der Vorsitzende der Bayerischen Sozialdemokratie, waren in der Gesamtpartei nicht mehrheitsfähig. Damit war die Partei, mit der Robert Bosch sympathisierte und zu der er in seinen Erinnerungen bemerkte: «Gewählt habe ich allerdings bisher immer sozialistisch»[238], mit ihrem «Nebeneinander einer radikalen Theorie und einer auf kleinere Besserungen zielenden Praxis […] in eine Sackgasse geraten».[239] Vor diesem Hintergrund sah sich Bosch, wohl nur gelegentlich ein Besucher von Parteiveranstaltungen,[240] als politischer Grenzgänger in der zerklüfteten politischen Kultur seiner Zeit: «Von einem Eintritt in die Partei selbst hielt mich einesteils die Tatsache ab, dass ich als Unternehmer von den Genossen nur als Ausbeuter betrachtet worden wäre, und dann kam der Kampf immer mehr ins Fahrwasser des Klassenkampfes. Der Unternehmer mit sozialem Verständnis störte ja nur. Es stand geschrieben, dass der Philanthrop nur die Bewegung hemmt. Er musste heftiger bekämpft werden als der Scharfmacher, denn dieser war ja der Schrittmacher für den Klassenkampf. Er half das Endziel zu erreichen, man hetzte zwar von links nach rechts, man hetzte auch von rechts nach links, man hetzte aber von beiden Seiten gegen die Mitte, und das war ich.»[241] Er hatte also die «Logik» marxistischer Agitation und des dahinter erbauten Theoriegerüsts sehr gut verstanden, wonach ein aus sozialen und liberalen Motiven heraus handelnder Meliorismus, die kontinuierliche Arbeit an der Verbesserung der gesellschaftlichen Ordnung besonders verwerflich sei, weil damit die Doktrin von der unvermeidlichen Revolution unterlaufen würde.

Wohin also mit seiner «Verzweiflung am Bürgertum»? Welche geeigneten Programmangebote waren auf dem politischen Massenmarkt des wilhelminischen Reiches anzutreffen? Die Nationalliberalen, die in Württemberg als «Deutsche Partei» firmierten, kamen als «nationalistische Integrationspartei»[242] mit ihrem pathetischen Bismarckkult und ihrem Bekenntnis zum Status quo für Robert Bosch als politische Heimat nicht in Betracht, auch deshalb nicht, weil sie auf Reichsebene nach 1890 dazu übergingen, den fortgesetzten Schwund ihrer Wählerbasis durch ein Bekenntnis zur «Weltpolitik» mit kolonialen Erwerbungen und durch den Aufruf zur Sammlung aller «staaterhaltenden Kräfte» zu kompensieren.[243] Kaum weniger unattraktiv erschien, insbesondere auf Reichsebene, der Linksliberalismus, dessen programmatisches Angebot bis 1906 unter der eisernen Führung Eugen Richters sich in steriler

Opposition erschöpfte, namentlich gegen nahezu jeglichen staatlichen Eingriff in das Marktgeschehen.[244] Dabei darf nicht übersehen werden, dass der Linksliberalismus in Württemberg eine andere Entwicklung genommen hatte. Hier waren die demokratischen Traditionen der 1848er, denen Servatius Bosch verpflichtet gewesen war, lebendig geblieben. Berührungsängste gegenüber der im Landtag reformistisch und gemäßigt auftretenden Sozialdemokratie waren in der Deutschen Volkspartei, wie sich die württembergischen Demokraten nannten, geringer ausgeprägt als bei den Linksliberalen in Preußen und im Reich. Selbstbewusst und kämpferisch verkündete etwa Friedrich Haußmann, mit dessen Bruder Conrad, einem prominenten Linksliberalen, Robert Bosch in vertrauensvollem Briefwechsel stand: «So lange der Blautopf blau ist, wird die Gesinnung der Schwaben rot sein.» [245] Die politische Kultur des Königreichs Württemberg wie auch des benachbarten Großherzogtums Baden unterschied sich auffällig von dem zerklüfteten politischen Machtgefüge in Preußen und in anderen Einzelstaaten des spätwilhelminischen Reiches. Eine reformbereite, von einem ebenso populären wie reformbereiten Monarchen nicht behinderte Regierung und eine kooperations- und kompromissfähige parlamentarische Allianz unter Mitwirkung der Sozialdemokraten brachte 1906 eine Verfassungsreform auf den Weg, mit der «die Demokratisierung der politischen Strukturen merklich vorangekommen» war.[246] Für seine «Verzweiflung am Bürgertum» also hatte Robert Bosch mit Blick auf die politischen Vorgänge in Stuttgart und Karlsruhe wenig Anlass. Hier waren Entwicklungen angestoßen worden, die vorauswiesen auf die politische Inklusion des «teilenwollenden Sozialismus» in seiner reformistischen Variante. An Wilhelm Keil etwa, dem führenden Kopf der sozialdemokratischen Reformisten in Württemberg, der dem Unternehmer in tiefer Verehrung verbunden war,[247] konnte er beobachten, dass die politische Ordnung auch anders ausgestaltet werden konnte als in Berlin, wo der von Robert Bosch geradezu verabscheute Kaiser die politische Kultur in starkem Maße prägte.[248]

Erst diese politische Gemengelage macht verständlich, dass er sich ideenpolitisch in der Zeit vor dem Ersten Weltkrieg Friedrich Naumann annäherte, zu dem sich eine freundschaftliche Beziehung entwickelte.[249] Später bedauerte der Unternehmer, nicht öfter direkt mit Naumann zusammengearbeitet zu haben.[250] Naumann hatte sich mit seinem 1896 gegründeten Nationalsozialen Verein an einer parteipolitischen Synthese von Nationalismus, Sozialismus und Liberalismus versucht.[251] Dieses gescheiterte Experiment bewertete Robert Bosch im Rückblick skeptisch:[252] Der Ansatz, beim Bürgertum für Aufgeschlossenheit für die Interessen der Arbeiterschaft zu werben, umgekehrt den Sozialdemokraten ein Bekenntnis zum imperialen Machtstaat zu entlocken, war bei Lage der Dinge nicht realistisch. Kaum weniger überzeugend wird Naumanns Bekenntnis zur «Weltpolitik» geklungen haben. Von einer forciert dynamischen, ja aggressiven Außenpolitik insbesondere gegenüber Großbritannien in Verbindung mit einer sozialen und liberalen Politik im Innern versprachen sich die liberalen Imperialisten im Umkreis von Friedrich Naumann und Max Weber den Ausbruch aus den verkrusteten politischen Strukturen des Kaiserreichs, «ein erneuertes Deutschland, stark nach außen und politisch und sozial reformfähig nach innen».[253] Für einen solchen gleichsam progressiv umgebogenen Sozialimperialismus[254] war der nüchtern beobachtende Unternehmer kaum zu gewinnen. Erst ab etwa 1908, unter dem verheerenden Eindruck der Daily-Telegraph-Affäre, gab Naumann seinen Glauben auf, mit Wilhelm II. gelänge der deutschen Politik eine innere Erneuerung. Er bekannte sich fortan zu den Vorteilen eines parlamentarischen Regierungssystems nach englischem Vorbild[255] und propagierte für das Reich und seine Einzelstaaten unter der Parole «von Bassermann bis Bebel» eine Reformkoalition der linken Mitte. Nicht nur diese Konzeption, die auf die republiktragende Weimarer Koalition ebenso vorauswies wie auf den Gründungskonsens der Bundesrepublik, sprach den Stuttgarter Unternehmer an. Es war vor allem Naumanns Plädoyer für einen gesellschaftspolitisch erneuerten Liberalismus, auf das sich Robert Bosch fortan beziehen sollte. Naumann bejahte den Wandel zu einer dynamischen Industriegesellschaft, benannte zugleich aber auch neue Herausforderungen, denen mit den klassischen Rezepten des Liberalismus nicht beizukommen wäre. Vielmehr mussten die liberalen Errungenschaften, die Freiheit des Einzelnen, auch sein im Kaiserreich noch keineswegs selbstverständliches Recht, sich ungehindert gewerkschaftlich zu organisieren, zuallererst voll durchgesetzt werden. Tarifverträge, auch sie im Kaiserreich durchaus umstritten, sollten für Waffengleichheit und vertraglich gewährleistete Berechenbarkeit in den industriellen Arbeitsbeziehungen sorgen. Mit Lujo Brentano[256], dem akademischen Lehrer von Theodor Heuss, ging es darum, der Arbeiterschaft einen möglichst weitgespannten Rahmen zur legalen

Vertretung ihrer Ansprüche bereitzustellen. Ihm schwebte eine verfassungs- und gesellschaftspolitische Umgründung des Reiches vor,[257] was für den industriellen Alltag eine Abkehr von jeder Betriebsverfassung autoritären Zuschnitts bedeutete. Anders als der herkömmlich interventionsfeindliche Linksliberalismus gestand Naumann dem Staat zu, in die Verteilung materieller Lebenschancen durch wohlfahrtsstaatliche Daseinsvorsorge einzugreifen. Die im klassischen Linksliberalismus bisher abgelehnte Unfall-, Alten-, Invaliditäts- und Krankenversicherung galten ihm als Mindestvoraussetzungen qualifizierter politischer Teilhabe, gerade auch wegen der verantwortlichen Mitarbeit von Arbeitnehmervertretern in ihren Aufsichtsgremien. Schließlich entwickelte der unermüdliche Anwalt politischer Reformen Ideen zu einem «Fabrikparlamentarismus», diskutierte Modelle der Gewinnbeteiligung, Mitsprache der Belegschaften bei Fragen der Arbeitszeitregelung, der Fabrikordnungen und der Sicherheit am Arbeitsplatz.[258] Naumann stand zugleich der Ausdehnung eines bürokratischen Interventionsstaates reserviert gegenüber und bekannte sich zum Subsidiaritätsprinzip. Er setzte auf Überzeugungsarbeit und vor allem auf das Austragen von Interessenkonflikten in geeigneten institutionellen Formen: «Die freie Organisation hat im Zweifelsfall stets den Vorrang vor dem Beamtenapparat!»[259] Aber die Grundrichtung seiner Publizistik war eindeutig: Er sah mit der Verfestigung organisierter Interessen in lautstarken Verbänden und mit den zunehmend rationalisierten Arbeitsabläufen in Betrieben und Behörden die Gefahr eines «neuen Feudalzeitalters» heraufziehen – eine politische Herausforderung, der herkömmliche Rezepte des Liberalismus nicht mehr gerecht werden konnten, die vielmehr nach einer Allianz pragmatisch-reformorientierter Kräfte in Bürgertum und Arbeiterschaft rief.[260]

Sozialpolitik bei Bosch

Hier war manches von dem vorgedacht, was späterhin in die Konzeption einer sozialverpflichteten Marktwirtschaft einmündete und was Naumann in gewissem Maße zu einer geistigen Bezugsgröße der Bundesrepublik machen sollte. Es kann offen bleiben, wann und inwieweit Robert Bosch Gelegenheit hatte, sich Friedrich Naumanns Ideengebäude im Einzelnen zu eigen zu machen. Weder taugte Bosch von seinem Selbstverständnis her als Sprachrohr und Ausführender von Ideen aus dem politischen Raum, noch verstand sich Naumann selbst als Stichwortgeber für unternehmerisches Handeln. Aber die gedankliche Wahlverwandtschaft zwischen beiden, eine Konvergenz von Ideen und Interessen, war doch auffällig genug. Und mit guten Gründen zählt die Geschichtsschreibung Robert Bosch, gemeinsam mit Ernst Abbe von den Zeiss-Werken und Heinrich Frese mit seinen Ideen zu einer «Konstitutionellen Fabrik», zu den Vordenkern eines bürgerlichen Selbstverständnisses, das sich abhob von den Ordnungsvorstellungen der «Sozialabsolutisten», wie sie auch Robert Bosch namentlich in der rheinisch-westfälischen Schwerindustrie am Werke sah.[261] Er betrieb Sozialpolitik durchaus als seinen Beitrag zur Emanzipation der Arbeiterschaft. Mit der Fertigstellung des 100 000sten Magnetzünders ging das Unternehmen am 1. August 1906 zum 8-Stunden-Tag über. Zehn Jahre zuvor war bereits der 9-Stunden-Tag eingeführt worden. Bosch hatte damals angekündigt, die schon 1889 von der Sozialistischen Internationale geforderte 8-Stunden-Regelung einzuführen, sobald seine Wettbewerber zum 9-Stunden-Tag übergehen würden.[262] Er verhehlte nicht, dass die Arbeitszeitverkürzung durchaus auch dem betriebswirtschaftlichen Interesse des Unternehmens entsprach und keineswegs einfach als soziale Wohltat gedacht war, denn – wie er den Deutschen Metallarbeiterverband (DMV) wissen ließ – versprach er sich von dieser Entscheidung auch «Höchstleistung» bei «möglichst geringer Inanspruchnahme der geistigen und körperlichen Kräfte».[263] Dies schien auch der Interessenlage des DMV zu entsprechen, der die Entscheidung in ähnlicher Weise kommentierte: «Je kürzer die Arbeitszeit, um so höher die Quantität und Qualität der Arbeit.»[264] Mit der Einführung des 8-Stunden-Tags setzte Bosch auch mittelbar seine Unternehmerkollegen unter Druck, was ihm fortan das Etikett vom «roten Bosch» eintrug. Das galt auch für die Ankündigung des 1. Mai als Ruhetag[265] und für neuartige Ferienregelungen, mit denen Robert Bosch zunächst in krisenhaften Monaten Entlassungen vermied, dann aber ab Januar 1912 mit dem DMV eine Ferienwoche vereinbarte, die je zur Hälfte der Arbeitgeber und die Belegschaft finanzierten.[266] Schon 1910 hatte das Unternehmen nach einigem Hin und Her den freien Samstagvormittag eingeführt.[267] Bosch war mit seinen arbeitszeitbezogenen Entscheidungen in der deutschen Industrie nicht ganz alleine. Nicht nur Frese und Abbe waren bereits beim 8-Stunden-Tag angekommen, auch weitere

Robert Bosch und seine Mitarbeiter, Stuttgart 1926

Betriebe, insbesondere in der Berliner Metallindustrie, hatten diesen Schritt vollzogen.[268] Dem Kurs in der Arbeitszeitfrage entsprach auch die Entscheidung, die gesamten Beiträge zur gesetzlichen Sozialversicherung vom Unternehmen aufzubringen; statt den Pflichtbeitrag von 175 000 Mark entrichtete die Firma jährlich 460 000 Mark. Die freiwilligen Leistungen der Firma einschließlich des Urlaubsgeldes summierten sich damit auf 357 000 M, was im Ergebnis dem Einkommensdurchschnitt der Mitarbeiter in einem halben Monat (79,81 M) entsprach.[269] Dies, sowie die Maßnahmen zur Unfallverhütung, ferner ein auffällig geringerer Krankenstand als in vergleichbaren Unternehmen lassen es wenig überzeugend erscheinen, dass Bosch noch viele Jahre später als «Spezialist für Sozialklimbim» beschrieben wurde.[270] Hans Walz, Boschs Privatsekretär und Nachfolger in der Führung des Unternehmens, konnte demgegenüber einen Funktionär des Deutschen Metallarbeiterverbandes zitieren, der ihn 1912 hatte wissen lassen: «Die Gewerkschaft sei sich darüber klar, dass bis auf Weiteres an sozialen Zielen mehr nicht zu erreichen sei, als was die Firma Bosch bereits verwirklicht habe.»[271]

Dieses Urteil lag auch in der Lohnpolitik des Unternehmens begründet. Die Metallarbeiter-Zeitung, das Wochenblatt des deutschen Metallarbeiter-Verbandes, stellte 1913 fest, die Firma Bosch «zahlte damals und zahlt noch heute die höchsten Löhne im Industriegebiet Stuttgart».[272] Der ungewöhnliche Wachstumskurs des Unternehmens ging mit einer seit der Jahrhundertwende stetig steigenden, bald sprunghaft anwachsenden Beschäftigtenzahl einher. Im Zeitraum 1904–1911 wuchs die Belegschaft um das Zwölffache.[273] Dabei zog das Unternehmen Facharbeiter aus Kleinbetrieben, aus dem Handwerk und aus anderen Fabriken an.[274] Der Wandel zum industriellen Großbetrieb veränderte also auch die Zusammensetzung der Betriebsangehörigen. Die Werksleitung hatte es mit einer relativ jungen Belegschaft zu tun. Mit der zunehmenden technischen Differenzierung, der Zerlegung der Produktionsabläufe, sank der Facharbeiteranteil bis 1913 auf 30,2 Prozent.[275] Gleichwohl verringerte sich der durchschnittliche jährliche Arbeitslohn mit diesem Strukturwandel nicht erheblich: 1909: 1990 Mark; 1911: 1887 Mark.[276] Die Facharbeiterlöhne stiegen nur geringfügig stärker als die Einkommen der Ungelernten.[277] Robert Bosch kam kaum darum herum, attraktive Arbeitsplätze mit guter Bezahlung zu bieten, wenn er seinen Wachstumskurs erfolgreich fortsetzen wollte. Aber es entsprach auch seinen gesellschaftspolitischen Grundsätzen, seiner persönlichen Einstellung, dass er, zum Verdruss seiner Wettbewerber um qualifizierte Mitarbeiter, mit seiner Lohnpolitik in Dimensionen vorstieß, die bald landesweit Aufsehen erregten. So lagen etwa zwischen 1910 und 1912 nach einer Erhebung der Berufsgenossenschaft für Feinmechanik und Elektrotechnik die Löhne bei Bosch um mehr als 60 Prozent über dem Branchendurchschnitt.[278] Hinter dieser Lohnpolitik standen jetzt gewiss nicht mehr die romantisch anmutenden Motive seiner Jugendbriefe. Den Zusammenhang zwischen seinem wachsenden Vermögen und der spektakulären Lohnpolitik in seinem Unternehmen beschrieb er mit einer legendär gewordenen, ganz unsentimentalen Formel: «Ich zahle nicht gute Löhne, weil ich viel Geld habe, sondern ich habe viel Geld, weil ich gute Löhne bezahle.»[279] Robert Bosch war ein durchaus hart verhandelnder und scharf kalkulierender Unternehmer, der sich keineswegs den Forderungen der organisierten Arbeitnehmerinteressen umstandslos beugte. Aber er bekannte sich zu einer sozialpartnerschaftlich geprägten Haltung, gemeinsame Lösungen konstruktiv auszuloten, wenn er schrieb: «Wenn es wenigstens einmal einzelnen

Unternehmern gelänge, mit ihren Arbeitern auf einen Fuß des schiedlich-friedlichen Verhandelns zu kommen, wobei jede Seite ihre berechtigten Interessen trotzdem mit allem Nachdruck verteidigen soll und kann, dann sollte man meinen, ein solches gegenseitiges Anerkennen würde beispielgebend wirken und Nachahmung finden.»[280] Seine Überlegungen kreisten dabei auch um Kaufkraft und Vermögensbildung: «Es ist aber ein Gebot der Klugheit, wo es angängig ist, nicht zu knausern mit den Löhnen [...], denn der Arbeiter hat ebenso ein Recht auf sein tägliches Brot nicht nur, sondern auch darauf, dass er sich ein wenn auch bescheidenes Vergnügen leisten oder ein ebensolches Vermögen ersparen kann.»[281]

Ihr tägliches Brot sollten die Beschäftigten indes in seinen Augen nicht in anhaltend ergebener Dankbarkeit gegenüber dem Arbeitgeber verzehren. Robert Bosch war im Kaiserreich ein entschiedener Gegner betrieblicher Wohlfahrtseinrichtungen. In nahezu schroffer Weise wies er das Ansinnen zurück, ihn in einer Festschrift zum Thronjubiläum des Kaisers als Pionier sozialer Sonderleistungen im Betrieb ins Licht der Öffentlichkeit zu heben, mit der aufschlussreichen Begründung, «Wohltätigkeit» sei in seinem Unternehmen nicht vorgesehen.[282] Zu den herkömmlichen Instrumenten betrieblicher Sozialpolitik gehörten vor allem Wohnungen, betriebseigene Erholungsstätten, auch Konsumanstalten mit Bierhallen und Kaffeeschänken. Solche Einrichtungen entsprangen der ernst zu nehmenden Absicht seiner Unternehmerkollegen, namentlich in der Montanindustrie, das materielle Los der Belegschaft und ihrer Familien praktisch zu verbessern. Sie waren aber auch mit der Erwartung politischer Loyalität verknüpft und insofern Instrumente patriarchalischer Herrschaft und von deren Bewahrung im Angesicht der «roten Gefahr».[283] Betriebliche Wohlfahrtseinrichtungen dienten insofern einem politischen Ordnungsrahmen, wie ihn Bismarck mit den staatlicherseits vorangetriebenen Sozialversicherungssystemen im Auge hatte: der Erzeugung von Dankbarkeit gegenüber dem Urheber. Robert Bosch setzte demgegenüber im Unternehmen auf politische Neutralität, jedenfalls ließ er plakatieren, die Mitgliedschaft in einer Gewerkschaft und damit die politische Gesinnung der Mitarbeiter sei ihm «gleichgültig» und «in dieser Hinsicht» könne «ein Jeder tun oder lassen, was er für gut hält».[284] Wohlfahrtseinrichtungen klassischer Art standen damit für ihn quer zu seinen demokratischen Idealen und zu seinen sozialökonomischen Ordnungsvorstellungen, in denen nicht

Herrschaftsansprüche kollidieren, sondern Arbeitsmarktparteien auf gleicher Augenhöhe mit ihren legitimen Interessen aufeinandertreffen sollten.

Bürgerstolz und Mäzenatentum

Robert Bosch beschrieb die Jahre 1907–1913 als «eine Zeit der ruhigen Entwicklung» für sein Unternehmen.[285] Dies waren auch die Jahre, in denen die Familie bei wachsendem Wohlstand in eine großbürgerliche Lebensführung hineinwuchs. Schon 1904 hatte er seine erste Jagd bei Magstadt gepachtet. Die Passion ging auf gemeinsame Jagderlebnisse mit dem Vater zurück und erschloss jetzt auch geschäftliche Kontakte, die sich bei der Jagd vertiefen ließen. Gemeinsame Jagdausflüge boten dem scharfsichtigen Menschenbeobachter Gelegenheit zu eingehenden Charakterstudien. Sie erschienen als willkommene Gelegenheit, um Alltagsverhalten, soziale Kompetenz oder Neigungen zu Standesdünkel, Schlitzohrigkeit und Anmaßung zu erkunden. Die Jagd war für Bosch keine Arena, um einen großbürgerlich-aristokratischen Lebensstil zu demonstrieren und sich Zugang zu gesellschaftlichen Kreisen zu erschließen, die ihm bislang versperrt waren. Für die oft behauptete besondere Sehnsucht des deutschen Bürgertums nach Nähe zur Macht und zur Obrigkeit, seine kaum wirklich breit untersuchte «Feudalisierung», auch für das mitunter parvenühafte Auftreten erfolgsgewohnter Industriekapitäne finden sich im sozialen Habitus des Unternehmers keine Anhaltspunkte.[286] Dies mag auch die Anekdote belegen, nach der er sich, wohl vor 1913, in die Fremdenliste eines Gasthofs unter der Rubrik «Stand» mit der Bezeichnung «Mensch» eintrug, in ironischem Kontrast zu wohlklingenden Dienstgraden und Ehrentiteln.[287] Robert Bosch verband mit der Jagdleidenschaft seine Liebe zur Natur, die Vertiefung seiner botanischen Interessen, die Abrundung seiner legendären Kenntnis der Pflanzenwelt, den meditativen Rückzug in die Einsamkeit ebenso wie Ferien mit seiner Familie.[288]

Bürgerliche Lebensführung, Aufstieg ins Großbürgertum bedeuteten besonders im Wilhelminischen Reich häufig auch ausgiebige Beschäftigung mit den bildenden Künsten. Kunstgenuss und Kunstförderung markierten die Zugehörigkeit zur Elite der Gesellschaft. Museumsstiftungen und private Sammlungen erfolgreicher Unternehmer und

Bankiers waren Motoren eines expandierenden Kunstmarktes, Ausweis mäzenatischer Großherzigkeit und besonders für jüdische Bürger ein soziales Vehikel, um ihre Zugehörigkeit zur Gesellschaft und ihren Patriotismus zu belegen.[289] Zu den bildenden Künsten unterhielt Robert Bosch ein pragmatisches, bodenständig-handwerkliches Verhältnis. Die familiäre Prägung, sein Bildungsweg und die stete Suche nach einer präzisen, eher bilderarmen, schnörkellosen Sprache verwiesen ihn mehr auf Lektüre als auf sinnierende Bildbetrachtung. Der Kontakt zur zeitgenössischen Kunstszene ergab sich eher beiläufig, als der Maler Friedrich Zundel auf Wunsch von Anna Bosch Porträtstudien der heranwachsenden Töchter Margarete und Paula anfertigte.[290] Porträts ihres Vaters sollten dagegen erst sehr viel später entstehen. Nach und nach kaufte Robert Bosch jetzt auf Anregung von Zundel Bilder führender Maler aus dem regionalen Umfeld und bevorzugte dabei Arbeiten mit Bezug zu seiner naturräumlichen Lebenswelt und ihrer Umprägung durch Technik und Industrie. Zu kunstkritischem Räsonnieren in einschlägigen Vereinigungen blieb er auf Distanz. Später fasste er sein mäzenatisches Engagement in sehr handfesten Maximen zusammen: «Ich kaufe seit langem Bilder von lebenden Künstlern und in erster Linie und soweit es möglich ist, von Schwaben. Ich habe nur sehr wenige alte Bilder gekauft, und dann immer nur aus besonderen Gründen. Ich kaufe keine teuren alten Bilder, sondern sage, anstatt 10 000 RM etwa einem Händler für ein altes Bild zu geben, will ich lieber mit 10 000 oder 15 000 RM heute lebenden Künstlern das Leben erleichtern und möglich machen.»[291]

Zu diesen Überlegungen passte, dass sich Robert Bosch später für die Förderung des Deutschen Werkbundes[292] gewinnen ließ, in dem sich 1907 Architekten, Künstler, Schriftsteller, Politiker und Industrielle zusammengeschlossen hatten. Friedrich Naumann und sein politischer Ziehsohn Theodor Heuss waren maßgebliche publizistische Impulsgeber der neuen Bewegung, die zwischen 1912 und 1914 ihre Mitgliederzahl auf 1870 verdoppeln konnte. Die Programmatik des Werkbundes war eine kritische Reaktion auf den grassierenden Historismus in Architektur, Möbel- und Gebrauchsgüterherstellung. «Sockel und Podeste in deutscher Renaissance neben Butzenscheiben» etwa galten als Markenzeichen gediegenen Wohnens,[293] wohingegen der Werkbund auf Einfachheit, Funktionalität und sachgerechten Materialeinsatz setzte und sich für erschwingliche, qualitativ überzeugende Gebrauchsgegenstände und Gebäude stark machte. Insofern verstand etwa Friedrich Naumann die Bewegung wegen der tendenziell sozial egalisierenden Wirkungen des neuen Stils auch als Beitrag zur Emanzipation der Arbeiterschaft: «*Die Führung der Architektur gehört nicht mehr den Königen.*»[294] Naumann und andere Sprecher des Werkbundes sahen die neue Stilrichtung auch als Beitrag zu deutscher Weltgeltung. Ihre Produkte sollten die Exportmärkte durchdringen, das Ansehen des eigenen Landes heben und mit den Exporterlösen der inländischen Kaufkraft aufhelfen.

Von Robert Bosch ist nicht überliefert, dass er mit der Förderung des Deutschen Werkbundes außenpolitische Ambitionen im Naumannschen Sinne verknüpft hätte. Ihn muss vielmehr vor allem der Gedanke überzeugt haben, durch funktional gestaltete, qualitativ und ästhetisch ansprechende und bezahlbare Massenprodukte Komfort und Geschmackskultur auch in die Arbeiterhaushalte hineinzutragen. Zeitweilig war er sogar als Vorsitzender des Deutschen Werkbundes im Gespräch.[295] Sein finanzielles Engagement war mit einem jährlichen Zuschuss von 60 000 Mark, etwa der Hälfte des Jahresbudgets, erheblich.[296] Charakteristisch für sein Selbstverständnis als Mäzen war, dass er seine Beiträge nicht mit Opportunitätserwägungen im Interesse seines Unternehmens verknüpfte, vielmehr die Mittel bereitstellte, «ohne sich damit irgend einen Einfluss auf den Werkbund auszubedingen».[297]

Längst hatte Robert Bosch mit seiner Familie die 1891 angemietete Etagenwohnung aufgegeben und im Stuttgarter Westen ein ansehnliches bürgerliches Wohnhaus übernommen. Das Anwesen strahlte mit seinem neugotischen Fassadenschmuck und dem vorgelagerten Ziergarten Gediegenheit und Wohlstand aus, konnte sich indes bei weitem nicht mit zeitgenössischen Patriziervillen oder Stadtpalais messen.[298] Das änderte sich, als die Familie 1911 mit dem neuerbauten Bosch-Landhaus eine dreistöckige Villa mit Turm, in Hanglage und mit unverbaubarem Blick auf das Neckartal bezog. Das repräsentative Anwesen, heute Sitz der nach den Bauherren benannten Stiftung, war von einem Park umgeben, den noch der Vorbesitzer, ein königlicher Hofgartendirektor, angelegt und dessen alter Baumbestand es dem neuen Eigentümer besonders angetan hatte.[299]

In die «Zeit der ruhigen Entwicklung» fiel nicht nur die Entscheidung für einen neuen Wohnsitz, dessen Ausgestaltung Bosch offenbar weit

Das Robert-Bosch-Haus, 1938

Herkunft und Aufstieg

weniger Aufmerksamkeit widmete als seinen Geschäftsreisen und der baulichen Perfektionierung seiner Fertigungsanlagen.[300] In diesem Lebensabschnitt entfaltete sich auch eine weithin aufsehenerregende Karriere als Stifter. Dabei blieb die Förderung der bildenden Künste ein Nebengleis. Bosch konzentrierte sich mit dem Engagement für gemeinnützige Belange vielmehr auf das Praktische und Naheliegende. Das ergab sich aus den Kontakten, die er zum Lehrkörper der Technischen Hochschule Stuttgart pflegte, deren bescheidene räumliche und apparative Ausstattung ihm noch lebhaft in Erinnerung war. Es fiel auf, dass die staatlichen Wissenschaftsausgaben im Königreich Württemberg, bezogen auf den Anteil am Gesamtetat wie auch pro Kopf der Bevölkerung, im Vergleich der Einzelstaaten im Zeitraum 1900–1914 zurückblieben. Das Großherzogtum Baden und die Königreiche Bayern und Sachsen hatten hier einen deutlichen Vorsprung.[301] Robert Bosch nahm wahr, dass sich seit dem ausgehenden 19. Jahrhundert die wissenschaftliche Forschung an den Universitäten wie auch in den jetzt entstehenden außeruniversitären Instituten in großbetriebliche Dimensionen hineinentwickelte, mit neuen Allianzen zwischen Staat, Wissenschaft und Wirtschaft.[302] 1887 entstand die Physikalisch-Technische Reichsanstalt, und 1905 liefen mit einer bahnbrechenden Denkschrift des Theologen Adolf von Harnack die Vorbereitungen für die Kaiser-Wilhelm-Gesellschaft an, bei deren Gründung 1910/11 immerhin Spenden von 10,34 Millionen Mark eingeworben worden waren.[303] Der Enthusiasmus der Industrie hielt sich dabei in der Regel in Grenzen, da in Unternehmerkreisen die Befürchtung anzutreffen war, dass über die staatlich initiierten Spendenkampagnen ein Richtungswechsel in der Forschungsfinanzierung zu Lasten der Unternehmen anvisiert werde.

Als Carl Bach, der international hoch angesehene Professor für Maschinenbaukunde an der Technischen Hochschule Stuttgart, dem früheren Studenten die mangelhafte finanzielle Ausstattung der einzelnen Institute darlegte, entschied Bosch, zum 26. November 1910 eine Stiftung zugunsten der Stuttgarter Hochschule mit einem Grundstockvermögen von 1 Million Mark zu errichten. Der staatliche Etat sehe, dies listete ein Begleitschreiben zur Stiftungsurkunde detailliert auf, für vier Institute und Laboratorien ganze 21 550 Mark vor, also allenfalls etwa das 20-fache des durchschnittlichen jährlichen Einkommens eines Industriearbeitnehmers.[304] Mit dieser Ausstattung sei weder qualifizierte wissenschaftliche Arbeit möglich, noch sei gewährleistet, dass der «befruchtende Einfluss» der Forschung «auf den Unterricht» zustande komme.[305] Die überaus filigran ausgestalteten Einzelbestimmungen der Stiftungsurkunde schrieben im Sinne der akademischen Autonomie den Institutsvorständen, nicht dem Stiftungsrat, das Entscheidungsrecht über die Mittelverwendung zu und bauten zugleich eine Barriere ein gegen Neigungen staatlicher Stellen, ihre Zuwendungen angesichts sprudelnder Stiftungserträge fortan zurückzufahren: «Staatliche Leistungen für die beteiligten Institute» sollten eben gerade nicht, wie bald im Landtag auch zu hören war,[306] «auf die Mittel der Stiftung abgewälzt werden».[307]

Mit dieser Stiftung für die Technische Hochschule Stuttgart wurde Robert Bosch jetzt auch reichsweit als Mäzen und Förderer der Wissenschaften wahrgenommen.[308] Sein gemeinnütziges Engagement bewegte sich dem Umfang nach auf der Höhe ganz weniger Stifter – zwei von 209 –, die die Kaiser-Wilhelm-Gesellschaft mit ähnlichen Beträgen ausgestattet hatten.[309] Auch jetzt fiel auf – und dies ist für die Erforschung stifterischer Motive und Interessen von Belang –, dass der Stifter mit seinem Engagement nicht auf gesellschaftliche Rangerhöhung zielte. Es war ja durchaus üblich und kalkulierter Bestandteil staatlicher Spendenwerbung, dass eine Dotation für gemeinnützige Zwecke, namentlich für die Wissenschaftsförderung, mit Orden, Titeln oder sogar mit Adelsprädikaten vergolten wurde.[310] Solche Gnadenerweise spielten in der bürgerlich-asketischen Einstellung von Robert Bosch ersichtlich keine Rolle, denn die Entscheidung des Senats der Technischen Hochschule Stuttgart, ihm 1910 die Ehrendoktorwürde zu verleihen, nahm er eher widerwillig hin, um die universitären Gremien nicht zu brüskieren. Immerhin war ja die «Gefahr des Kommerzienrats oder des Friedrich-Ordens abgewendet» worden.[311] Den neuen Titel nutzte er selbst nicht, schon gar nicht in der innerbetrieblichen Kommunikation, was ungewöhnlich blieb, aber maßstabsbildend wurde.

Robert Bosch wurde zu einer beliebten Adresse für eine anschwellende Flut von Bittgesuchen unterschiedlichster Art aus dem ganzen Reich. Auf die Entscheidungsfindung über Stiften und Spenden, auf die Bedarfsprüfung und Umsetzung von Beschlüssen übertrug er fortan methodische Handlungsmuster aus dem unternehmerischen Alltag, indem er ab 1911 den jungen Kaufmann Hans Walz als seinen Projektmanager für gemeinnützige Belange einsetzte, einen solide ausgebildeten Praktiker mit weit über den Betriebsalltag hinausreichenden intellektuellen Interessen.³¹² Künftig sollte unbürokratisch zwar, aber methodisch sauber geprüft und abgewogen werden, für welche Adressaten und Objekte gemeinnütziges Engagement in Betracht kam.

Stifterisches, caritatives oder kunstmäzenatisches Engagement war mit seinen wohltuenden Wirkungen bei individuellen Not- oder institutionellen Bedarfslagen immer auch exemplarisches symbolisches Handeln. Hier konnte Robert Bosch zeigen, dass seine «Verzweiflung am Bürgertum» und an der in seinen Augen gegenstandslosen «Furcht vor dem teilenwollenden Sozialismus»³¹³ nicht einfach deklamatorisches Klagen war. Er verband mit seinem stifterischen Tun, soweit wir sehen, keinen gesamtgesellschaftlichen Reformanspruch, keine hochtrabenden Erneuerungsvisionen, vor allem auch keine Fixierung auf ein spezielles Feld der gesellschaftlichen Wirklichkeit. Die wachsende Vielfalt der Bezugsgruppen und Objekte seiner Förderung verweist vielmehr schon recht früh auf den Typus der gemeinnützigen Allzweckstiftung.

Er wollte sich in einem sehr praktischen Sinne gesellschaftlich nützlich machen und zeigte einer staunenden Umwelt, dass sein Lebensinhalt sich nicht im Auftürmen weiterer Millionen erschöpfte. Auf der Suche nach Beweggründen für seine Wohltätigkeit stößt man bei Robert Bosch nicht auf das Motiv der Rückversicherung für das Seelenheil in säkularisiertem Gewande. Die Errichtung von Stiftungen erschien ja namentlich im amerikanischen Kulturraum auch als kompensatorisches Handeln im Zenit einer Unternehmerkarriere, die sich nicht selten brachialen Methoden verdankte.³¹⁴ Hier lag bei ihm kein religiös eingefärbtes Rechtfertigungsbedürfnis, kein schlechtes Gewissen vor, auch kein staatlicher Druck im Sinne von Anti-Trust-Gesetzen, von denen man annehmen kann, dass sie im amerikanischen Fall wohl auch aus steuerlichen Gründen die Neigung zu Stiftungsgründungen begünstigt haben.³¹⁵ Es liegt nahe, bei der Suche nach Motivationslagen an die in den frühen Briefen an seine Braut auftauchenden Gedanken zur ethischen Selbstfindung anzuknüpfen. Dort hatte er als Ergebnis seiner laientheologischen Spekulationen bilanziert, dass er seine Entscheidungen für oder gegen das Gute und das Richtige letztlich nach sorgfältiger Selbstprüfung ohne Beistand aus dem Jenseits oder aus dem gesellschaftlichen Umfeld fällen musste.³¹⁶ Theodor Heuss hat diese «Innenleitung des Verhaltens»³¹⁷ schlüssig beschrieben: «Ihm ging es um das sachliche Helfen-Wollen und Helfen-Können. Er wollte damit weder ehren noch Ehrung ernten, auch nicht Macht oder Einfluss gewinnen, noch folgte er einem sentimentalen Trieb zur ungestalteten Wohltätigkeit. Die großartige und in Deutschland außer Vergleich stehende Freiheit, mit der Bosch nun durch Jahrzehnte hindurch kleinere, größere und schließlich riesige Summen für Zwecke der Allgemeinheit zur Verfügung stellte, quillt aus seiner souveränen Auffassung des Geldes und aus dem bürgerlichen Pflichtgefühl, ein wachsendes Vermögen für Volkswohlfahrt im weitesten Sinne fruchtbar zu machen.»[318]

Reformstau, Taylorismus und ein Streik

Von einer «Zeit der ruhigen Entwicklung» konnte man im politischen Raum des kaiserlichen Deutschland nicht sprechen. Friedrich Naumann befand sich als Abgeordneter in der Phase des Bülow-Blocks (1907–1909) in einer für ihn verkehrten Frontstellung: Das Bündnis aus Liberalen und Konservativen sollte das katholische Zentrum von der Macht fernhalten und war zugleich als Bollwerk gegen die Sozialdemokratie konzipiert. Unüberlegte und politisch überaus provozierende Äußerungen des Kaisers beschworen im Oktober 1908 mit der «Daily Telegraph-Affäre» eine veritable Staatskrise herauf, brachten aber die liberalen Parteien, entgegen dem Votum Naumanns, nicht dazu, jetzt endlich geschlossen gesetzliche Regeln zur Eindämmung des «persönlichen Regiments» des in seinem Ansehen nachhaltig geschwächten Monarchen zu verlangen.[319] Dies, ferner das Scheitern des 1910 regierungsseitig halbherzig unternommenen Versuchs, zumindest das preußische Dreiklassenwahlrecht in seinen besonders für württembergische Verhältnisse empörenden plutokratischen Wirkungen wenigstens behutsam abzumildern, sodann das Ergebnis der Reichsfinanzreform mit ihrer neuerlichen Privilegierung agrarisch-konservativer Besitzinteressen zu Lasten des kaufmännisch-industriellen Bürgertums und der Arbeiterschaft hat Robert Bosch sicherlich in seinem durchgehend negativen Urteil über den Kaiser und das auf ihn zugeschnittene Regierungssystem bestätigt. Sein Einfluss auf politische Auseinandersetzungen im Reich blieb aber äußerst begrenzt. Überliefert ist, dass er nach seinem Beitritt zum Verband Württembergischer Industrieller in Berlin intervenierte, um die freihändlerisch-liberalen Positionen im Konzert der industriellen Interessenverbände zu stärken.[320] Deutlicher lässt sich seine verbandspolitische Grundhaltung aus einem Schriftwechsel mit der Führung des Hansa-Bundes für Gewerbe, Handel und Industrie herauslesen, der 1909 reichsweit den bürgerlichen Protest gegen die Ergebnisse der Reichsfinanzreform zu bündeln versuchte.[321] Robert Bosch wollte den Hansa-Bund mit einem erheblichen Betrag fördern, war aber zu einem längerfristigen Engagement nur unter gewissen Bedingungen bereit, mit denen er zugleich seine gesellschaftspolitischen, mittelbar auch seine parteipolitischen Positionen umschrieb. Er postulierte, anders als der Hansa-Bund selbst, eine weitgehende Identität der Interessen des Bürgertums einerseits und der Arbeiterschaft andererseits: «Ich möchte vielmehr die Leistung weiterer Beiträge von den Erfolgen abhängig machen, welche der Hansa-Bund haben wird und welche meines Erachtens davon abhängen werden, welche Stellung der Hansa-Bund der Regierung und den großen Massen gegenüber einnehmen wird. Sofern der Hansa-Bund nicht mit der nötigen Entschiedenheit der Regierung gegenüber auftreten wird und sofern er nicht den arbeitenden Klassen gegenüber die Wege einzuschlagen versteht, welche diese Klassen an seine Fahnen fesseln, dürfte es meines Erachtens ausgeschlossen sein, dass der Hansa-Bund die Rolle wird spielen können, die zu spielen er sich vorgenommen hat.»[322]

Der Brief lässt in Umrissen die Position von Robert Bosch im politischen Kräftespiel des spätwilhelminischen Deutschland gut erkennen: Sie war in der Innen- und Sozialpolitik nahezu deckungsgleich mit der Friedrich Naumanns: «Entschiedenheit der Regierung gegenüber» und politische Öffnung des liberalen Bürgertums gegenüber «den großen Massen», jedenfalls die unbefangene Suche nach Bündnismöglichkeiten mit den pragmatisch-reformorientierten Kräften in der politischen Arbeiterbewegung – was der Hansa-Bund indes nicht wirklich anstrebte. Seine in zähen Verhandlungen erarbeiteten Grundsatzaussagen wandten sich klar gegen allerlei Forderungen seitens der im Bund der Landwirte versammelten ostelbischen Agrarlobby und damit gegen die beschworenen Gefahren eines «Polizei- und Agrarstaats».[323] Andererseits aber versprachen die 1912 verabschiedeten Richtlinien des Verbandes, man werde «alle auf die Verschärfung der Klassengegensätze und auf die Vernichtung unserer konstitutionell-monarchischen Staatsordnung und unserer Wirtschaftsordnung gerichteten Bestrebungen mit aller Entschiedenheit bekämpfen».[324] Diese Abgrenzungsparole gegenüber

Reformstau, Taylorismus und ein Streik

der Sozialdemokratie, aber auch gegenüber dem reformorientierten Linksliberalismus, und das selbstgefällige Bekenntnis zum politischen Status quo waren kaum geeignet, Robert Bosch als Förderer des Hansa-Bundes zufriedenzustellen. Von weiteren Zahlungen an den Verband ist nichts bekannt.

Strukturen und Prozesse im Hause Bosch hatten sich unterdessen wachstumsbedingt erheblich verändert. Relativ gesehen schmolz der Sockel aus Arbeitern und Angestellten mit vieljähriger Betriebszugehörigkeit immer mehr zusammen. Nur noch eine Minderheit von 20 Prozent der Beschäftigten konnte auf eine mehr als 5-jährige Beschäftigung bei Bosch zurückblicken – vor dem Hintergrund eines Belegschaftswachstums um das 12-fache zwischen 1904 und 1911. Spezialisierung, Mechanisierung und Massenproduktion sorgten dafür, dass der Facharbeiteranteil von 40,8 Prozent (1910) auf 30,2 Prozent im letzten Vorkriegsjahr sank.[325] Den weit überdurchschnittlichen Einkommen und Sozialleistungen für die Beschäftigten im Hause des «roten Bosch» stand in diesen Jahren eine erhebliche Leistungsverdichtung gegenüber. Das Unternehmen verdankte seine weltweite Expansion und seine steigenden Umsätze bei Wahrung der überkommenen Qualitätsmaßstäbe, aber eben auch seine exzeptionelle Lohnpolitik den rationalisierungsgetriebenen Produktivitätssteigerungen, und dies war *auch* ein Element der Gleichung, die Robert Bosch aufmachte, wenn er seinen Reichtum auf die ihm eigene Art zu den gezahlten Löhnen in Beziehung setzte. Hugo Borst, damals Verkaufsleiter, nahm Verbindung mit Frederick Taylor auf, der mit seinen Studien und Empfehlungen zu einer «wissenschaftlichen Betriebsführung» in der Rationalisierungsdebatte vor dem Ersten Weltkrieg gleichsam Kultstatus genoss, zugleich aber auch bis hinein in das sozial-liberal geprägte Bürgertum kritische Betrachtungen der sozialökonomischen Entwicklung provozierte. Selbst Friedrich Naumann, sonst ein begeisterter Befürworter des technischen Fortschritts mit dessen, wie er es sah, segensreichen Wirkungen auch für die Emanzipation der Werktätigen, vermutete kritisch als Ergebnis von Taylors Lehre das «*Ideal des normalen menschlichen Arbeitstieres:* Vorschriftsmäßig erzogen, genährt, bewegt, ausgerichtet».[326] Bis weit in die 1920er Jahre hinein beschäftigten sich Unternehmensleitung und Mitarbeiter bei Bosch immer wieder eingehend mit der Notwendigkeit fortschreitender Rationalisierung bei steigendem Wettbewerbsdruck, aber auch mit der Frage, wie denn die unerwünschten Nebenfolgen aufzufangen seien.

Der Taylorismus war nicht ursächlich für die fortschreitende Rationalisierung in Robert Boschs Unternehmen, aber er beschleunigte die unter Wettbewerbsgesichtspunkten unausweichlich erscheinende Entwicklung zu steigender Leistungsverdichtung, besonders über das Anziehen der «Akkordschraube» durch zeitliche Vermessung der Einzelschritte im Fertigungsprozess. Die Taylorisierung trug dazu bei, «dass die Arbeiter nicht für ein hohes Arbeitstempo belohnt wurden, sondern ein hohes Arbeitstempo erbringen mussten, um nicht weniger Lohn zu bekommen».[327]

Anders als die Mehrheit seiner Unternehmerkollegen hielt Robert Bosch die Entfaltung der Gewerkschaftsbewegung für «begrüßenswert».[328] Dies kontrastierte auffällig mit den politischen Überzeugungen der Reichsbürokratie besonders auch unter der Kanzlerschaft Bethmann Hollwegs. Gewiss war das Deutsche Kaiserreich mit seiner Sozialgesetzgebung seit Bismarcks Kanzlerschaft im internationalen Vergleich der Industriestaaten bahnbrechend. Zugleich aber war es der Regierung, einflussreichen Interessenverbänden und den Parteien rechts der Mitte in aller Regel darum zu tun, bei Schlüsselprojekten der sozialpolitischen Gesetzgebung, etwa bei der gescheiterten Einführung von Arbeitskammern (1908) oder der legislativen Ausgestaltung der in sich durchaus richtungweisenden Reichsversicherungsordnung (1911), den Einfluss der Gewerkschaften in den Gremien der Versicherungsträger zurückzuschneiden – oder gar nicht erst zu ermöglichen. Das geschah sehr zum Verdruss von Reformpolitikern wie Friedrich Naumann, der gerade im Amt des Arbeitersekretärs in den Versicherungsgremien ein vorzügliches Instrument der politischen Entradikalisierung sah.[329]

Kleinliche Bedenken standen Robert Bosch in seiner Zusammenarbeit mit den Gewerkschaften nicht im Wege. 94 Prozent der Belegschaft waren im Deutschen Metallarbeiter-Verband (DMV) organisiert, und er nutzte die kompakte Verhandlungsmacht des Verbandes, gleichsam im Vorgriff auf die in der Gegenwart geläufige Konzeption der Sozialpartnerschaft und gewiss im aufgeklärten Eigeninteresse, um zu verbindlichen Vereinbarungen bei konjunkturell unvermeidbarer Kurzarbeit, bei Entlassungen, bei Löhnen und Rationalisierungsmaßnahmen zu kommen.[330] Das Modell schien gut zu funktionieren, wenn der DMV gegenüber den Mitgliedern betonte, das in der Firma für die Belegschaft Erreichte sei «weit mehr als man bei anderen Firmen zu finden gewohnt» sei und lasse von den Beschäftigten erwarten, auch den entsprechenden Arbeitnehmerpflichten nachzukommen.[331]

Ein Blick auf die Entwicklung der Gewerkschaftsbewegung, auf Organisationsgrad, Streikintensität und Tarifverträge zeigt im reichsweiten Vergleich für Württemberg wie auch zum Teil für andere süddeutsche Bundesstaaten des Reiches eine bemerkenswerte Entwicklung hin zu Tarifverträgen, ferner eine weit unterdurchschnittliche Streikbeteiligung: Im Zeitraum 1899–1914 beteiligten sich in Württemberg von 1000 Arbeitern 44 an einem Streik (Reich: 100; Berlin: 218; Westfalen: 172).[332] Auch Stuttgart als industrieller Ballungsraum lag bei dieser Messgröße für die Konflikthaltigkeit der industriellen Arbeitsbeziehungen auffällig hinter vergleichbaren urbanen Zentren wie Düsseldorf, Frankfurt a. M., Leipzig oder Nürnberg.[333] Die Annahme liegt nahe, dass die «These vom besseren sozialen Klima in Süddeutschland»[334] ihren empirischen Gehalt auch der Unternehmenspolitik bei Bosch verdankt.

Auch atmosphärisch blieb Robert Boschs Haltung gegenüber der organisierten Arbeiterbewegung und ihren Exponenten in Württemberg entspannt. In der Presse wurde anspielungsreich vermerkt, dass Clara Zetkin, später Reichstagsabgeordnete der KPD, vor dem Ersten Weltkrieg eine Wortführerin des linken Flügels der Stuttgarter SPD, in seinem Haus aus- und eingehe.[335] In den höheren Gesellschaftskreisen der Landeshauptstadt wurde Bosch verdächtigt, bei einer Reichstagswahl das Scheitern eines bürgerlichen Kandidaten durch umfangreiche Spenden an dessen sozialdemokratischen Konkurrenten verursacht zu haben.[336] Dem «aus dem Rahmen Fallenden», wie er sich selbst jetzt sah, machte es von seinen Anschauungen her auch nichts aus, dem Stuttgarter Waldheim, einer Erholungs- und Schulungsstätte unter der Leitung von Friedrich Westmeyer, einem weiteren Exponenten der sozialdemokratischen Linken in Württemberg, «einige Tausend Mark» zuzuwenden.[337]

Auch die Familie blieb von solchen unkonventionellen, in der bürgerlichen Öffentlichkeit staunend beobachteten Verflechtungen nicht unberührt. Zwischen der jüngeren Tochter Paula und Friedrich Zundel, auch er ein begeisterter Anhänger sozialistischer Ideen – und immerhin der Ehemann von Clara Zetkin –, entspann sich eine Liebesbeziehung. Die Gastfreundschaft des Hauses Zundel-Zetkin genossen in diesen Jahren auch Rosa Luxemburg, August Bebel und der im Schweizer Exil lebende Lenin.[338]

Vor diesem atmosphärischen Hintergrund entfaltete sich 1913 für Robert Bosch ein «Erlebnis», das er im Rückblick «als eines der schlimmsten» in seinem Leben beschrieb.[339] Seit Herbst 1912 gab es Anzeichen für Spannungen mit dem Deutschen Metallarbeiter-Verband. Der Verband forderte angesichts steigender Lebensmittelpreise eine allgemeine Lohnerhöhung, was Robert Bosch mit dem Hinweis ablehnte, es sei nicht Sache des Unternehmens, die inflatorischen Wirkungen der von ihm scharf abgelehnten protektionistischen Agrarpolitik auszugleichen. Auch gelte es, die internationale Wettbewerbsfähigkeit des Unternehmens zu sichern.[340] Infolge konjunktureller Schwäche um die Jahreswende 1912/13 bewegte sich das Unternehmen auf eine Flaute zu. Es kam zu Entlassungen und, nach Verhandlungen mit dem DMV, zu Kurzarbeit, um den Beschäftigungsstand nach Möglichkeit zu halten.[341] Die Lage eskalierte im Januar 1913, als bei weiterhin schwachem Auftragseingang acht Arbeiter ihren Arbeitsplatz verloren, unter ihnen auch ein Vertrauensmann des DMV. Dies löste umgehend die Solidarisierung von Kollegen und die sofortige Arbeitsniederlegung in der betreffenden Abteilung aus. Weil Robert Bosch den Forderung des DMV, die Kündigungen zu widerrufen, nicht nachkam und weitere Kündigungen bei einer Fortsetzung des wilden Streiks androhte, verhängte die Gewerkschaftsführung eine «Betriebssperre», zunächst für die betreffenden Werke in Feuerbach, wenig später auch für das Hauptwerk in Stuttgart. Dies sollte bewirken, dass kein Arbeiter bei Bosch Beschäftigung suchen oder Überstunden leisten würde.[342] Darauf reagierte Robert Bosch, im Übrigen hier «nur leitend, nicht handelnd betätigt»,[343] mit einer Kündigung der bisher mit dem DMV ausgehandelten Abmachungen, veranlasste eine Lohnsenkung bei Hilfsarbeiterinnen, erklärte sich zu Verhandlungen mit der Gewerkschaft nach Aufhebung ihrer Betriebssperre bereit und kündigte die Einrichtung eines gewählten Arbeiterausschusses an.[344] Nach einer Einigung vor dem Stuttgarter Gewerbegericht, mit der die Gewerkschaft auch den neu zu wählenden Arbeiterausschuss akzeptierte, fand der Arbeitskampf ein vorläufiges Ende. Über die Befugnisse des Arbeiterausschusses kam es zu keiner einvernehmlichen Regelung. Robert Bosch war nicht bereit, eine Mitwirkung des Gremiums bei den

Akkordpreisen oder bei Entlassungen zu konzedieren, unbeschadet eines Beschwerderechts für betroffene Arbeiter. Nachdem die Gewerkschaft im Hinblick auf Bosch von sozialpolitischem «Schwindel» und «Klimbim» sprach[345] und neuerliche Lohnforderungen auf den Tisch legte, die Bosch mit Verweis auf die gewerbegerichtliche Einigung vom Februar ablehnte, verhärteten sich die Fronten zunehmend. Weitere Entlassungen, auch von Arbeitersekretären, steigerten die Spannungen. Als Ende Mai zwei Werkzeugmacher die Kündigung erhielten, legten deren Kollegen die Arbeit nieder, und auch die Schleifer, nicht gewillt, für die streikenden Werkzeugmacher einzuspringen, gingen in den Ausstand. Da der DMV wenige Tage zuvor beschlossen hatte, angesichts der schwierigen konjunkturellen Lage zunächst keinen Arbeitskampf zu riskieren, handelte es sich erneut um einen wilden Streik, an dem sich sechs Prozent der Belegschaft beteiligten. Jetzt reagierte Bosch mit einer Aussperrung, wohl wissend, dass das Unternehmen den Konflikt angesichts gut gefüllter Lager durchstehen konnte.[346]

Keine politische Konversion und eine liberale Enzyklopädie

Der Arbeitskampf beschäftigte die Presse und sorgte im Landtag für Debatten. Angesichts der ja auch in Gewerkschaftskreisen zuvor durchaus anerkannten und geschätzten lohn- und sozialpolitischen Ausnahmestellung des Unternehmens machte sich zunehmend Unverständnis in der Öffentlichkeit breit.[347] Zahlreiche Arbeiter, nach Boschs eigener Schätzung ca. 1800 von insgesamt 3700 vor der Aussperrung, kehrten jetzt in die Fabrik zurück.[348] Bosch hat diese Spaltung der Arbeiterschaft nicht begrüßt: «Als einzige Lehre aus dem Streik möchte ich nur das Folgende ziehen: Nach einem Streik einen Betrieb nur wieder aufmachen, nachdem in einer Werksversammlung die Belegschaft beschlossen hat, die Arbeit wieder aufzunehmen.»[349] Es blieb bei ihm ein Unbehagen über den «Zwiespalt» im Betrieb. «Streikbrecher» geschaffen zu haben, löste keinen unternehmerischen Triumphalismus aus.[350] Auch stellten die Zeitungsinserate zur Beendigung der Aussperrung klar: «Der bisherige Verdienst für die bei mir beschäftigten Leute wird nicht geschmälert.»[351] Die bisher von der Firma gezahlten Arbeitnehmerbeiträge zur Sozialversicherung sollten indes künftig einbehalten und in eine gesonderte Unterstützungskasse fließen.

Nichts deutete darauf hin, dass Bosch seine Grundauffassung aufgegeben hätte, es müsse bei gemeinsamer Betrachtung der gesamtwirtschaftlichen Daten und der Wettbewerbsposition des Unternehmens möglich bleiben, zu einem fairen Wettstreit um einen für beide Seiten akzeptablen Weg zu gelangen. Bei Wahlen gab er seine Stimme weiter der Sozialdemokratie, bei deren pragmatisch-reformistischen Repräsentanten er nach wie vor einen hinreichenden Vorrat an politischen Gemeinsamkeiten sah. Und er ignorierte Versuche, ihn jetzt, nach seiner von Spöttern für sicher gehaltenen politischen Konversion ins Lager lautstarker Reformgegner zu ziehen, Versuche, die begleitet wurden von höhnischen Kommentaren in der konservativen Presse über den «Sozialschwärmer» und den «eingeschriebenen Genossen».[352] Der 1904 gegründete Reichsverband zur Bekämpfung der Sozialdemokratie, der in der Lobbyszene des spätwilhelminischen Reiches im Ruf einer Filiale des schwerindustriell dominierten Centralverbands der deutschen Industrie stand, agitierte zunehmend für eine einschneidende Verschärfung der Streikgesetzgebung und sah jetzt die passende Gelegenheit, den Unternehmer als förderndes Mitglied in seine Bemühungen einzubinden, handelte sich jedoch im Juni 1913 umgehend eine Absage ein.[353]

Bisher hatte Robert Bosch im Unternehmerlager seine Unabhängigkeit demonstriert, indem er keinem Arbeitgeberverband beitrat. Vor der definitiven Beilegung des Konflikts am 26. Juli 1913 wurde er nunmehr Mitglied im Verband der Württembergischen Metallindustriellen, was der Gewerkschaft «nicht unangenehm» und für ihn selbst «formal zwingend» schien. Durch den streikbedingten Mitgliederschwund des DMV war der gewerkschaftliche Organisationsgrad in seinem Unternehmen dahingeschmolzen. Die Obleute der Gewerkschaft kamen für ihn als Verhandlungspartner im Betrieb nicht mehr ohne weiteres in Betracht. Vorteilhafter erschien ihm jetzt die Vertretung seiner Interessen durch einen Arbeitgeberverband.[354]

«Zwiespalt» bedeutete der Streik von 1913 nicht nur im Unternehmen. Auch die Familie war ratlos, ja gespalten, und der Vater sah sich gefordert, das Streikgeschehen mit den kritischen Töchtern zu diskutieren und seine Entscheidungen zu begründen. Das gelang wohl immerhin bei seiner älteren Tochter Margarete: «Ich habe jetzt doch wenigstens nicht auch im Hause zu gewärtigen, dass ich angegriffen werde.»[355]

Robert Bosch, 1886

Wie ein Brennspiegel hatte der Streik divergierende, am Ende nicht mehr friedlich vermittelbare Motive und Interessen zusammengezogen und es ist vielfach um eine überzeugende Gesamtbewertung gerungen worden. Aus der vormals handwerklich geprägten Werkstätte war ein weltweit agierender, inzwischen auch organisatorisch hochdifferenzierter Großbetrieb mit zusätzlichen Hierarchieebenen und Funktionen geworden. Durchblick und Durchgriff des Unternehmensgründers auf die immer weiter zerlegten Produktionsprozesse und das innerbetriebliche Kommunikationsgeschehen hatten sich verändert, ebenso wie die Zusammensetzung der Belegschaft. Die Interaktionsmuster waren also abstrakter, gleichsam entfremdeter geworden und dem täglichen Eingreifen des Unternehmers weithin entzogen. Durch Robert Boschs Äußerungen zog sich immer wieder der Vorsatz, es müsse möglich bleiben, gegensätzliche Standpunkte irgendwie in der direkten Kommunikation zu einem tragfähigen Ausgleich zu bringen, ein Motiv, das in den industriellen Konflikten später in der Weimarer Republik wiederholt auftauchen sollte. Insofern war der Streik von 1913 für ihn auch eine bittere Lernerfahrung: Er hatte es zunehmend mit gewerkschaftlich organisierter, auch in der außerbetrieblichen Öffentlichkeit gesellschaftspolitisch argumentierender Gegenmacht zu tun, nicht mehr mit einer überschaubaren betrieblichen Interessenvertretung, und zog deshalb die Konsequenz, einem Arbeitgeberverband beizutreten.[356]

Die im Unternehmen vorangetriebene Rationalisierung mit dem Ziel, die erreichte Spitzenstellung bei stabiler Konjunkturentwicklung zu festigen, wurde von der Gewerkschaft nicht pauschal abgelehnt. Allerdings ging es ihr darum, auf die konkrete Ausgestaltung von Rationalisierungsschritten durch Ausbau von Mitbestimmungsrechten Einfluss zu gewinnen. Denn immer witterte sie hinter dem Taylorismus eine Ideologie angeblich eherner Sachzwänge, in der Interessenkonflikte nicht mehr vorgesehen waren und mit der ihre Rolle in Lohnkonflikten durch Verweis auf wissenschaftlich ermittelte Daten entbehrlich gemacht werden sollte.[357] Es bleibt jedoch fraglich, ob der Arbeitskampf bei Bosch seine ausschlaggebende Ursache in einer ausgetüftelten Strategie der Unternehmensleitung hatte, zur rücksichtslosen Durchsetzung des Taylorismus die bisher erfolgreich eingespielten Mechanismen der Konfliktregulierung beiseite zu räumen, Vorformen einer zukunftsweisenden Sozialpartnerschaft aufs Spiel zu setzen und damit ganz ungeschminkt «die Herrschaftsverhältnisse des kapitalistischen Großunternehmens» brachial klarzustellen. Es ist auch nicht erkennbar, dass Robert Bosch «die zuvor noch gegebenen Kooperationsräume von Management und Arbeiterschaft» in seinem Unternehmen «als dysfunktional» gesehen und absichtsvoll verschlossen hätte.[358] Die Eskalation der Auseinandersetzung ging auf konkrete Einzelkonflikte, dann auf wilde Streiks im Betriebsalltag zurück, nicht auf einen gewerkschaftlich organisierten Proteststurm der Mitarbeiter gegen Rationalisierungsschritte. Entlassungen hatten im zeitlichen Vorfeld der wilden Streiks keine «Betriebssperre» nach sich gezogen. Und so beharrlich Robert Bosch während des Konflikts seinen unternehmerischen Entscheidungsspielraum unangetastet sehen wollte, so wenig neigte er dazu, etwa die desaströse Schwächung der Gegenseite nach der Streikniederlage durch Lohnsenkungen auszuschlachten,[359] wiewohl Lohnkürzungen nach einem gescheiterten Streik durchaus der Eigenlogik einer Rationalisierungsstrategie entsprochen hätten.

Der Streik hatte eben auch eine politische Dimension. Ursachen, Verlauf und Ergebnis spiegelten neben den bei Bosch zweifellos entstandenen Spannungen im Gefolge fortschreitender Rationalisierung auch Probleme wider, die weit über das konkrete Konfliktgeschehen hinausragten. Die Gewerkschaftsbewegung befand sich in den letzten Vorkriegsjahren in einer mehr als unübersichtlichen, ja prekären Lage. Der Ton zwischen den Arbeitsmarktparteien war rauer geworden. Führende Funktionäre sahen sich von den Arbeitgebern in einen «Ausrottungskampf» verwickelt, konfrontiert mit wiederholten Initiativen zur Verschärfung des Streikrechts.[360] Innerhalb der Gewerkschaftsbewegung tobte ein Kampf um den richtigen Weg: Sollte sie sich im Sinne von Rosa Luxemburg als verlängerter Arm einer zur Revolution entschlossenen Sozialdemokratie verstehen und mit dem politischen Massenstreik auf eine radikale Veränderung der Verhältnisse hinarbeiten – oder sollte sie sich weiterhin auf die Sicherung des Erreichten und eine reformbezogene Strategie der kleinen Schritte verlegen, nach Möglichkeit auch taktische Bündnisse mit sozialreformerischen Kräften des Bürgertums suchen?

Diese Auseinandersetzungen in der Partei und in den Gewerkschaften – im September 1913 mit einer Absage an den Massenstreik als politischem Kampfmittel beendet – fielen zeitlich mit dem Streik bei Bosch zusammen.[361] Befürworter des Massenstreiks in Stuttgart sahen die Chance, dass «der Kampf nicht auf die Firma Bosch beschränkt bleibt»[362], dass das Stuttgarter Unternehmen also gleichsam Modellfall und Ausgangspunkt für eine breit angelegte Streikbewegung werden könne. Diese Überlegungen wurden gewiss durch den hohen gewerkschaftlichen Organisationsgrad bei Bosch ebenso begünstigt wie durch den Umstand, dass die Vertrauensleute des DMV im Betrieb ungestört aktiv werden konnten. Im Landtag wurde sogar gemutmaßt, Bosch rekrutiere seine guten Leute nachgerade beim DMV. Etwas weiteres kam konfliktverschärfend hinzu: In den innergewerkschaftlichen Debatten kritisierten die Mitglieder und die mit ihnen direkt im Arbeitsalltag verbundenen Funktionäre der unteren Ebene die Basisferne der zentralistisch-bürokratisch verfassten gewerkschaftlichen Großorganisationen. Umgekehrt sah sich die zentrale Gewerkschaftsführung nicht als «Handlanger des Massenwillens», beschwor vielmehr «Anarchie» und «Sumpf» bei ungesteuertem lokalem Vorgehen.[363] Dementsprechend machte sich an der Basis Enttäuschung über das Dahinschmelzen klassenkämpferischer Positionen, bei den unteren Funktionären die Sorge um den Verlust von Akzeptanz und Gefolgschaft in den Betrieben breit. Dieser Antagonismus mit den innergewerkschaftlichen Alternativen – Stückwerkreform oder verschärfter Klassenkampf, überlagert von einem Hierarchiekonflikt – war in Stuttgart besonders ausgeprägt und war auch in der politisch organisierten Arbeiterbewegung nicht unbekannt. Während die württembergischen Sozialdemokraten betont reformistisch-kooperativ auftraten – immerhin, meinte Wilhelm Keil, herrschten durch die SPD-Politik im Königreich «vorteilhafte» Verhältnisse[364] – war die Hauptstadt mit ihren Ortsvereinen eine Hochburg der Radikalen.[365] «Wollen wir», hatte Friedrich Westmeyer – in der Partei der erklärte Gegner von Wilhelm Keil – auf dem sozialdemokratischen Parteitag 1910 ausgerufen, «wie bisher, fußend auf unseren alten grundsätzlichen Anschauungen in schärfster Opposition bleiben oder wollen wir uns dem Klassenstaat anpassen?»[366]

Während der Gewerkschaftsvorstand in Stuttgart und in anderen Bezirken zunächst deutlich von einem radikalen Vorgehen abriet, folgte die untere Funktionärsebene dem Druck kampfbereiter Facharbeiter und bekannte sich im Sinne Westmeyers zum Schulterschluss zwischen Gewerkschaften und Partei im Zeichen eines Kampfes zur «endgültigen Befreiung des Proletariats von körperlicher und geistiger Unterdrückung».[367] Durch ausgedehnte politische Schulungsarbeit und attraktive Freizeit- und Bildungsangebote, vor allem in dem von Friedrich Westmeyer begründeten Stuttgarter Waldheim, das ja kurioserweise von Robert Bosch finanziell unterstützt worden war, hatte die Stuttgarter SPD-Linke in der Arbeiterschaft des Unternehmens eine breite Anhängerschaft geworben. In der Stadt wurde sogar gemutmaßt, der Einfluss des linken Flügels der Stuttgarter SPD auf die Belegschaft bei Bosch gehe so weit, dass eine «radikale Clique dort ihr Domizil aufgebaut hatte und den parteipolitischen Radikalismus auf das gewerkschaftliche Gebiet übertrug».[368] Das mag eine interessengeleitete Überspitzung gewesen sein, aber es war nicht zu übersehen, dass im Streikverlauf die Kluft zwischen dem bremsenden Gewerkschaftsvorstand einerseits, den Funktionären an der betrieblichen Basis andererseits sich weiter vertiefte. In den Leitungsgremien des DMV wurde gewarnt, «dass mit dem Gefühl allein ernsthafte Arbeiterbewegungen nicht durchführbar sind»[369], während Robert Boschs Verhandlungspartner dem Unternehmer vorwarfen, die Belegschaft wie «Zuchthäusler»[370] und «willenlose Sklaven» zu behandeln.[371] Westmeyer zeigte sich überzeugt, «dass es zwischen Kapital und Arbeit keinen Frieden» geben könne, namentlich nicht bei der Firma Bosch, deren «Arbeiterfreundlichkeit Mittel zum Zweck war, nämlich zu dem Zweck, möglichst hohe Gewinne aus der Arbeiterschaft herauszupressen».[372] Wer das zu Ende dachte, musste folgern, dass sozialpolitisch aufgeschlossene Unternehmer die schlimmeren Feinde der Arbeiter waren als Unternehmer, die ihre Interessen ohne Rücksicht auf Verluste durchzusetzen bestrebt waren. Ideologiegeschichtlich waren mithin in diesem exemplarischen lokalen Konflikt Frontstellungen erkennbar, die auf die späterhin nicht mehr zu schließende Kluft in der organisierten Arbeiterbewegung selber, aber auch auf die damit verbundenen Grenzen bürgerlich-proletarischer Reformallianzen vorauswiesen. Und instinktsicher erfasste Robert Bosch die Logik der von Westmeyer propagierten Eskalation vorgeblich unaufhaltsamer Klassenkonflikte: «Der Unternehmer mit sozialem Verständnis störte ja nur.»[373]

Es bleibt sicherlich richtig, dass der Streik bei Bosch «nicht nur eine Ursache hatte».[374] Aber es spricht sehr viel für die Annahme, dass es ohne die ins Grundsätzliche gehende politische Überhöhung der Streikziele, ohne die parteipolitisch induzierte Radikalisierung von Teilen der Arbeiterschaft bei Bosch kaum zum Streik gekommen wäre. Im Anschluss an den Streik veröffentlichte Robert Bosch im Unternehmen eine Mitteilung, die versöhnend wirken und zugleich seine Grundhaltung in politisch geprägten betrieblichen Auseinandersetzungen markieren sollte: «Ich sehe mich zu der Erklärung veranlasst, dass es mir gleichgültig ist, ob die bei mir beschäftigten Arbeiter und Arbeiterinnen organisiert sind oder nicht und welcher Organisation sie angehören. Ich stehe auf dem Standpunkt, dass in dieser Hinsicht ein jeder tun und lassen kann was er für gut hält.»[375] Ob dieser Grundsatz, mit dem sich Bosch deutlich von zahlreichen Unternehmerkollegen abgrenzte, in der Praxis der jetzt erfolgenden Neu- und Wiedereinstellungen nach dem Streik vollauf beachtet wurde, blieb zwischen der Gewerkschaft, dem württembergischen Metallindustriellen-Verband und der Firma umstritten.

Wiederholt bescheinigte der DMV dem Unternehmer, dass er persönlich über mancherlei Vorgänge in seinem Hause, insbesondere über gewerkschaftsfeindliches Gebaren leitender Mitarbeiter «einseitig informiert» sei.[376] Auch beklagte die DMV-Führung, dass sich zwischen Facharbeitern einerseits, Meistern, Obermeistern und Kalkulatoren andererseits, die Robert Bosch nach ihren Erhebungen nahezu alle «aus ihrem Arbeiterstande» und auch «mit Vorliebe» aus den Reihen gewerkschaftlicher Vertrauensleute rekrutiert hatte, eine notorische «Feindschaft» herausgebildet hatte.[377] Auch diese von keiner Seite angestrebte Polarisierung im Gefolge innerbetrieblicher Differenzierung gehörte zu dem «Zwiespalt, der in der Belegschaft eingerissen war»[378] und zu den Lernerfahrungen der Kontrahenten. Es blieb, nach allem was wir sehen, Robert Bosch durchaus ernst mit seinem Vorsatz, seinem «bisherigen Verhalten meiner Arbeiterschaft gegenüber treu zu bleiben»[379] und es blieb bei «seiner prinzipiellen Aufgeschlossenheit gegenüber der Arbeiterbewegung»[380], wovon ihn auch sein Beitritt zu einem industriellen Interessenverband nicht abhalten sollte.

Robert Bosch neigte nicht dazu, ohne konkreten Anlass seine politischen Überzeugungen in die Öffentlichkeit zu tragen, wenngleich er das Zeitgeschehen mit hellwacher Aufmerksamkeit verfolgte – und dann eher indirekt in politische Richtungskämpfe eingriff. Dazu bot sich eine Gelegenheit, als Friedrich Naumann im März 1914 mit einem publizistischen Großprojekt an ihn herantrat. Die zunächst skeptischen Verleger Paul Siebeck und Walter de Gruyter, Inhaber des Georg Reimer Verlags, hatte Naumann überzeugen können, in dem inzwischen weit aufgefächerten Markt für politisch und weltanschaulich geprägte Sammelwerke ein liberal geprägtes Staatslexikon auf den Weg zu bringen, dessen Tenor er mit «deutsche Linke» umschrieb.[381] Der Entwurf des Inhaltsverzeichnisses ließ erkennen, dass Naumann, in bis zu 700 Artikeln zweibändig im Oktavformat, Verfassung, Recht, Kultur, Verwaltung, Wirtschaft und Außenpolitik im Sinne einer liberal-sozial grundierten, historisch-systematischen Inventur der gesellschaftlichen Wirklichkeit behandelt sehen wollte. Die Liste der anzusprechenden Autoren versammelte u. a. mit Gustav Stresemann, Ernst Bassermann von den Nationalliberalen, mit dem linksliberalen Staatsrechtslehrer Hugo Preuß, dem Soziologen Max Weber, mit den reformistischen bzw. revisionistischen Sozialdemokraten Eduard Bernstein, Albert Südekum, Eduard David und Carl Legien eine intellektuelle und politische Garde der Kräfte, die das Gemeinwesen im Zeichen der Naumannschen Blockkonzeption «Von Bassermann bis Bebel», also von den Nationalliberalen zu den Sozialdemokraten, reformistisch verändert sehen wollten – oder doch zumindest für einen solchen Weg gewonnen werden sollten.[382]

Der Projektfahrplan wurde im März 1914 von Friedrich Naumann und den Verlegern in Stuttgart verabschiedet. Wenig später trat Naumann an Robert Bosch mit einem Spendengesuch heran, das dieser nach Lieferung weiterer Details zu Inhalten, Umfang und Auflagenhöhe mit 5000 Mark quittierte.[383] Weitere Beiträge kamen von anderen liberalen Geldgebern: dem Berliner Bankier Julius Stern (4000 Mark), dem Direktor der Kolonialabteilung im Auswärtigen Amt Bernhard Dernburg (1000 Mark), dem Unternehmer James Simon (5000 Mark) und dem Hamburger Rechtsanwalt Carl Petersen (10 000 Mark).[384] Ein liberales Staatslexikon dieses Zuschnitts, mit einer geplanten Startauflage von 6000 Exemplaren, konnte gewiss kein agitatorisches Mittel zur Veränderung politischer Mehrheiten werden. Es war gedacht als geistige Plattform und gesellschaftspolitische Orientierungshilfe für bildungs- und besitzbürgerliche Sozialkreise, um durch Gegenöffentlichkeit einen literarischen Beitrag zu leisten zu einer Drehung der Machtverhältnisse im Reich in Richtung auf eine Reformkoalition der linken Mitte, denn das geplante Werk diene «der kommenden deutschen Linken».[385]

Man kann darüber streiten, ob die «Zeit der liberalen Enzyklopädisten» wirklich «vorbei» war.[386] In den letzten zwei Jahren vor Ausbruch des Ersten Weltkriegs sah das für die Beteiligten anders aus. 1913 – und dies gilt auch für die noch folgenden Monate bis zur Juli-Krise 1914 – war «das Jahr der disziplinierenden Wissensordnungen»[387], der Versuche, auch durch publizistische Anstrengungen Überblick und geistige Orientierung zu schaffen angesichts der allseits als dramatisch empfundenen Ambivalenzen der industriellen Moderne.[388] «Niemand», schrieb Robert Musil in seinem Roman «Der Mann ohne Eigenschaften» über das Zeitgefühl dieser Jahre, «wusste genau was im Werden war», denn «würde man jene Zeit zerlegt haben, so würde ein Unsinn herausgekommen sein wie ein eckiger Kreis, der aus hölzernem Eisen bestehen will, aber in Wirklichkeit war alles zu einem schimmernden Sinn verschmolzen».[389] Naumann, seine Mitautoren und Förderer wollten mit dem Projekt eines liberalen Staatslexikons in dieser Orientierungskrise ein Zeichen der staatsbürgerlichen Vernunft setzen. Das Vorhaben scheiterte nicht an mangelndem Willen oder fehlenden Mitteln. Als Robert Bosch am 13. Juli 1914 seine Spendenzusage an Naumann ausfertigte, steuerte auf der diplomatischen Bühne die Juli-Krise auf den Ausbruch des Ersten Weltkriegs zu. Zwei Wochen später war an eine Sammlung reformorientierter Stimmen unter der Parole «Von Bassermann bis Bebel» nicht mehr zu denken. Im August 1914 teilte Naumann den Mitautoren und Förderern mit: «Es versteht sich von selbst, dass wir jetzt, während der Staat um sein Leben kämpft, kein Staatslexikon schreiben können [...]. Wenn der Sturm vorbei sein wird, greifen wir aufs Neue zur gemeinsamen Arbeit, so Gott will und wir leben.»[390]

Kapitel 2

Der Große Krieg

Der bayerische Militärbevollmächtigte in der Hauptstadt, Karl Ritter von Wenninger, sah «überall strahlende Gesichter», als er sich am 31. Juli 1914 ins preußische Kriegsministerium begab, und notierte weiter: «Händeschütteln auf den Gängen; man gratuliert sich, daß man über den Graben ist.»[1] Was der Generalleutnant hier beobachtete, war die Erleichterung der Militärs über die Generalmobilmachung des Deutschen Reiches, die der Kaiser als Antwort auf die am gleichen Tage in Berlin eingetroffene Nachricht von der russischen Generalmobilmachung verkündet hatte. Damit war die Phase quälenden Wartens für die Offiziere beendet, der Erste Weltkrieg hatte begonnen. Und der Grund für die Erleichterung der Militärs war wohl weniger frivole Vorfreude auf einen Angriffskrieg. Erleichterung machte sich vielmehr breit, weil das Räderwerk der militärischen Planungen für den kommenden Zweifrontenkrieg gerade noch rechtzeitig in Gang gesetzt werden konnte, den die Militärs jetzt ohnehin für unabwendbar hielten.

Mobilmachung und Augusterlebnis

Robert Bosch, zu diesem Zeitpunkt noch nicht im Bilde über die russische Generalmobilmachung, kommentierte das dramatische Geschehen auf der internationalen Bühne in einem Brief an seine Frau: «Ich gebe an und für sich die Hoffnung noch nicht auf, dass es nicht zum Kriege kommt, wenngleich ich auch nicht verstehen kann, dass es nicht möglich gewesen sein soll, innerhalb der verflossenen 8 Tage Klarheit darüber zu schaffen, ob Österreich sich verpflichtet hat, keine Gebietserweiterung vorzunehmen, und Russland dazu zu bringen zu erklären, dass es nicht eingreife, wenn Ö. die Selbständigkeit Serbiens nicht vernichtet. Dass das nicht möglich war, ist gewiss bedenklich, und man kann wohl annehmen, d. h. es ist nicht ausgeschlossen, dass weder Ö. noch R. bestimmte Erklärungen abgeben, was natürlich ein bedenkliches Zeichen ist. Wenn Russland immer weiter mobilisiert, so muss sich Deutschland im eigenen Interesse schliesslich auf den Standpunkt stellen zu sagen, entweder ihr stellt ein oder wir fangen an.»[2]

Das war eine bis heute gültige Analyse der Lage und der verhängnisvollerweise unterlassenen Schritte zu einer Entspannung der explosiven Situation – und sie klang alles andere als kriegsbegeistert. Die vage Hoffnung, Österreich-Ungarn würde nach dem Attentat von Sarajevo allenfalls gegenüber Serbien, wo der Ursprung des Mordplans gesehen wurde, ein militärisches Exempel ohne weitergehende territoriale Ansprüche statuieren und damit ein militärisches Eingreifen Russlands vermeiden, diese Wunschvorstellung von einem «Halt in Belgrad» war bis hinauf zum Kaiser durchaus verbreitet. Selbst der österreichische Botschafter in London durchschaute die Absichten seiner Regierung nicht, die auf erhebliche territoriale Veränderungen auf dem Balkan nach einem Sieg über Serbien hinausliefen – zwar nicht direkt zugunsten der Doppelmonarchie selbst, wohl aber durch die Überlassung serbischer Gebiete an die südosteuropäischen Rivalen, um damit großserbischen Ambitionen den Garaus zu machen.[3] Dieses Kalkül ignorierte, dass Russland als Schutzmacht Serbiens ebenso wenig wie sein französischer Bündnispartner eine wie auch immer geartete «Zermalmung» des Balkanstaates zulassen würde. Damit würde ein großer Krieg unabwendbar, eine Entwicklung, die Robert Bosch sehr klar voraussah, ebenso wie die Möglichkeit, dass England dann in den Konflikt eingreifen und Deutschland sich folglich im Krieg gegen drei Großmächte befinden würde. Ihm blieb allerdings verborgen, dass die Reichsregierung das Vorgehen der Doppelmonarchie von Anfang an begünstigte, ja sogar beflügelte und erst im denkbar spätesten Abschnitt der Julikrise eher halbherzig zu dämpfen versuchte. Dahinter stand das ebenso machiavellistische wie von Fatalismus geprägte Kalkül, die neuerliche Balkankrise gleichsam als regionale Angelegenheit zu behandeln, sie zu «lokalisieren», dabei den letzten verbliebenen Bündnispartner zu stützen, den russischen Kriegswillen zu testen und im optimalen Falle die gegnerische Bündniskonstellation aufzusprengen. Diese Überlegungen der politischen Führung in Berlin, durch ein diplomatisches Spiel mit höchstem Risiko eine Neuformierung der europäischen Mächtekonstellation zu erzwingen – oder aber bei diesem «Sprung ins Dunkle» die militärische Konfrontation in Kauf zu nehmen – ist für die Zeitgenossen weithin hinter einem Schleier aus Desinformation verborgen geblieben.

Auf alle Fälle hätte Robert Bosch eine deutsche «Strategie des kalkulierten Risikos»[4] in der Julikrise 1914 nicht befürwortet, dazu dachte er zu ausgeprägt in Kategorien der grenzüberschreitenden Interessenverflechtung – wenngleich flüchtige Spuren der in den Führungsschichten tief verankerten Bedrohungsängste wegen der ungebremsten russischen Rüstungsanstrengungen auch in seinen Überlegungen nicht zu übersehen sind.

Wer Meinungsklima und Mentalitäten in Robert Boschs Lebenswelt im Europa der Vorkriegsjahre beschreiben will, stößt auf ein höchst ambivalentes Bild. Viele Militärs, insbesondere in den oberen Rängen der deutschen Streitkräfte, hielten einen kommenden Krieg nicht nur für unvermeidlich, sondern zum Teil auch für wünschenswert im Sinne einer «Reinigung» vermeintlich unübersichtlicher Verhältnisse, sodann zur Konservierung der bestehenden Ordnung, zur Mehrung des eigenen Prestiges und, gestützt auf sozialdarwinistische Ideen, zur moralischen und physischen Ertüchtigung der Nation. Doch diese Sicht war gemischt mit der Angst, dass ein großer europäischer Krieg alle Schrecken bisheriger Konfrontationen in den Schatten stellen und das Ende der monarchischen Ordnung herbeiführen würde. Stimmen aus dem Lager der Militärs erkannten jedoch hellsichtig und auch mit gewisser Enttäuschung, dass Bankiers und Unternehmer aus Vernunftgründen und rationalem Geschäftsgeist sich kaum für einen Krieg würden gewinnen lassen. Damit waren auch weltmarktorientierte Unternehmer wie Robert Bosch gemeint.[5] Außenpolitische Fragen von existentieller Bedeutung, die Frage «Krieg oder Frieden?», hatten ihn bisher nur am Rande berührt. Aber seine Grundhaltung war unzweideutig. Im Dezember 1912, vor dem Hintergrund einer neuerlichen Balkankrise, als Kriegsgerüchte in der Luft lagen, antwortete er einem Freund auf die Frage «Dann sind Sie also nicht für einen Krieg?»: «Ich bezahle lieber 10 Millionen Mark, wenn ich dadurch einen Krieg vermeiden kann.» Im Rückblick ging er noch weiter: «In Wirklichkeit schätze ich das, was ich durch den Krieg verloren, Absatz- und Entwicklungsmöglichkeiten, für mich wertvoller, als mein ganzes Vermögen betrug.»[6]

Das entsprach mentalitätsgeschichtlich den Grundhaltungen, wie sie der exzellent redigierte linksliberale «März» propagierte, eine politisch-literarische Wochenschrift, die der Unternehmer förderte, in deren Haltungen zu Fragen der inneren und äußeren Politik er sich wiedererkennen konnte. Conrad Haußmann, der führende, analytisch und rhetorisch überaus begabte linksliberale Reichstagsabgeordnete aus Stuttgart, hatte den jungen Theodor Heuss zum Redakteur des «März» gemacht. Der «März» war dem für seine Karikaturen bekannten «Simplicissimus» verwandt, sollte aber zurückhaltender, sachlicher auftreten. Ursprünglich sollte das Blatt unter dem Titel «Süddeutschland» herauskommen, eine deutliche Spitze zugunsten einer eigenständigen, nicht preußisch geprägten politischen Kultur. 1906 hatte Ludwig Thoma das Programm des «März» skizziert: «Wir haben keine kleinen Ziele und Absichten. Wir wollen in Politik, Literatur, Kunst und Wissenschaft alles sammeln, was in Süddeutschland etwas weiß und kann. Süddeutschland – nicht so wie man es in Berlin abgrenzt, sondern die alten süddeutschen Kulturländer, also Österreich und Schweiz [...] wieder in Deutschland einbegriffen. Tendenz: Nur Positives bringen und freiheitlich sein. Politisch keiner Partei dienen, aber ungefähr die Stimmung der guten 48er halten [...] Wir wollen alle süddeutschen Kräfte sammeln und zeigen, dass wir Kerle sind.»[7]

Eine Anzeige im «Simplicissimus» warb für den «März», der mit seinem Namen an die Revolution von 1848 erinnern sollte. Die Zeitschrift sollte darlegen, «was Deutschland nottut in dieser Zeit des Übergangs vom persönlichen Regiment zu gesicherten politischen Zuständen»[8]. Der «März» schrieb gegen alles an, was im Innern und nach außen konfliktverschärfend erschien. Als Förderer befand sich Robert Bosch im Schulterschluss mit dem Verband für internationale Verständigung, der dem notorisch Not leidenden Blatt 1913 mit einer Spende von 10 000 Mark unter die Arme griff.[9] Zum Profil des «März» gehörte das frühe Plädoyer für die deutsch-französische Verständigung, dem wir bei Robert Bosch als einem politischen Leitmotiv noch begegnen werden.

Es wäre unangemessen, den «März» zu einem Sprachrohr des Unternehmers und Mäzens Robert Bosch zu deklarieren. Für ihn ging es nicht um Lenkung von Medien, sondern um die Unterstützung politisch-literarischer Plattformen für den Austausch von Meinungen auf hohem Niveau, mit subtiler Hintergrundanalyse und zugespitzten Stellungnahmen. Diesem Selbstverständnis entsprach der «März», der die öffentliche Meinung im Sinne einer auf Frieden und Stabilität gerichteten Außenpolitik zu prägen versuchte. Anlässlich der großen Heeresvorlage vom Frühjahr 1913, die mit 119 000 Soldaten und 19 000 Offizieren den größten Rüstungsschub in der Geschichte des kaiserlichen Deutschlands bringen sollte, schrieb Conrad Haußmann «von Wahnsinn», von der Gefahr eines ungebremsten Wettrüstens und vom Versagen der Diplomatie.[10] Robert Bosch äußerte zeitlebens starke Vorbehalte gegenüber militärischen Denkfiguren. Dabei handelte es sich um einen funktionalen, aus Bürgerstolz gespeisten Antimilitarismus. Das Soldatische sollte sich auf das Notwendige, eben auf die Landesverteidigung beschränken, für die es unverzichtbar blieb, nicht aber auf Bereiche der Lebensführung übergreifen, in denen es nichts zu suchen hatte. Das lag in der Tradition eines zivilen Selbstbewusstseins, wie es im süddeutschen Bürgertum verankert war. Es war der Überschätzung militärischer Eigenschaften und Umgangsformen, wie sie Heinrich Mann in seinem «Untertan» und Carl Zuckmayer im «Hauptmann von Köpenick» angeprangert haben, schroff entgegengesetzt. Und dieses bürgerliche Selbstverständnis wurde sicherlich auch begünstigt durch den nüchtern-pragmatischen, bürgernahen Stil des in Stuttgart regierenden Monarchen, in wohltuendem Kontrast zu seinem Berliner Namensvetter.

Robert Bosch konnte sich auch auf Friedrich Naumann berufen, mit dem er sich im Weltkrieg in mehrfacher Hinsicht verbünden sollte. Naumann war, maßgeblich beeinflusst von Max Weber, zum Sprachrohr eines liberalen Imperialismus nationalistischer Gebärde geworden. Er hatte seine Hoffnungen um die Jahrhundertwende auf Kaiser Wilhelm II. gesetzt und auf eine wachsende Schlachtflotte als Instrument deutscher Weltmachtpolitik. Liberaler Imperialismus in dieser Variante bedeutete auch: Liberales Bürgertum und Sozialdemokratie sollten sich politisch zu einer Reformkoalition der linken Mitte zusammenschließen, der Kaiser sollte sich an die Spitze dieser Modernisierungsallianz setzen und das Reich aus seiner politischen Verkrustung herausführen. Friedrich Naumann erkannte erst spät die verheerenden Wirkungen, die das selbstherrliche und unberechenbare Gehabe des Monarchen auch in der Arena der internationalen Politik anrichtete, und damit das Illusionäre seiner politischen Visionen. Sein waches Interesse an wirtschaftlichen Zusammenhängen und technischen Innovationen sowie sein Plädoyer für offene Märkte, für Freihandel und

Austausch führten ihm auch die weltwirtschaftliche Verflechtung des Reiches, deren Chancen, aber auch deren Gefährdungen durch auftrumpfendes politisches Agieren vor Augen. Erstmals war 1913 der Begriff der «Entspannung» in seiner politischen Publizistik aufgetaucht; er nahm mit Conrad Haußmann an interparlamentarischen Begegnungen teil, lernte den französischen Sozialistenführer Jean Jaurès als Hoffnungsträger der französischen Arbeiterschaft kennen und diskutierte freimütig mit Vertretern der deutschen Friedensbewegung. Er gab sich im zeitlichen Vorfeld des Ersten Weltkrieges in seinen Publikationen patriotisch, aber man konnte ihm durchaus einen außenpolitischen Orientierungswandel bescheinigen.[11] Man muss dieses Umfeld im Auge behalten, wenn man politisches Denken und Handeln des Unternehmers und Stifters Robert Bosch im Ersten Weltkrieg deuten will, denn das Denken in «naumännischen» Kategorien, das ihm Theodor Heuss aus unmittelbarer Anschauung bescheinigte, hatte auch Folgen für seine Position gegenüber der Regierung Bethmann Hollweg im Weltkrieg im Zeichen des Burgfriedens. Denn Naumanns Sprachrohr «Die Hilfe» hatte schon anlässlich der großen Heeresvorlage von 1913 davor gewarnt, dass sich die Regierung unter maßgeblichem Druck außerparlamentarischer Agitationsverbände in eine wirtschaftlich und außenpolitisch bedenkliche Rüstungsplanung habe hineintreiben lassen.[12] Naumanns Warnungen waren eine Absage an populistische Politik und an die Indienstnahme nationalistischer Propaganda für die Durchsetzung von Rüstungsvorlagen im Reichstag. Damit waren politische Frontstellungen markiert, die später in der ausufernden Debatte über die deutschen Kriegsziele im Weltkrieg wiederkehrten und in denen Robert Bosch sich deutlich gegen alle Formen der antigouvernementalen Demagogie aussprechen sollte.

Wut und Mäßigung

Von einer irgendwie gearteten Disposition zum Krieg konnte also bei Robert Bosch bei Ausbruch der «Urkatastrophe» nicht gesprochen werden. Die kollektive Erinnerung und die Geschichtsschreibung haben lange das Bild eines alle Schichten der Bevölkerung erfassenden, euphorischen «Augusterlebnisses» gezeichnet. Inzwischen haben regionalgeschichtliche Untersuchungen diese Selbstbeschreibung korrigiert.

Sicherlich: Die Rede vom gemeinsamen «Augusterlebnis» war nicht reine Fiktion, aber die Stimmung variierte in Deutschland erheblich, je nachdem, um welche Region es sich handelte, und je nachdem, ob es sich um Angehörige des städtischen Bildungsbürgertums, um Studenten oder etwa um die Menschen auf dem Lande handelte. Für die Landbevölkerung bedeutete die Mobilmachung die Einberufung der arbeitsfähigen Männer mitten in der Erntezeit und die Requirierung der Pferde. In Stuttgart berichteten die Zeitungen: «Um halb 10 Uhr kehrte der König aus Friedrichshafen zurück. Ein Teil des Publikums jubelte ihm zu. Ein großer Teil blieb auch jetzt ruhig wie zuvor. Wir sahen keine Begeisterung für den Krieg.»[13] Das entsprach der Gemütslage von Robert Bosch, der schon vor der Ausrufung des Zustands der «drohenden Kriegsgefahr», die am Mittag des 31. Juli erfolgte, für den Fall eines britischen Kriegseintritts mit einer Hungersnot rechnete. Auch war sein Kalkül bezüglich irgendwelcher Kriegsziele des Deutschen Reiches ausschließlich von der Hoffnung bestimmt, dessen territoriale Integrität zu wahren: «Ich rechne vor allem damit, dass wir im Falle des Krieges den Feind nicht ins Land bekommen. Russland und Frankreich sollten wir wohl zurückhalten können. Anders ist es, ob wir im Fall des Eintretens Englands nicht Hungersnot kriegen.»[14] Das war in seiner Nüchternheit weit entfernt von Stimmungen, die sich im gebildeten Bürgertum ausbreiteten, die von einem erlösenden Gemeinschaftsgefühl und der Auflösung bürgerlicher Individualität in einem religiös-erhaben gestimmten Kollektiv sprachen.[15]

Unternehmer sahen das uneinheitlich. Die Beteiligung namhafter Industrieller, vor allem aus Kreisen der rheinisch-westfälischen Montanindustrie, an der bald ausufernden Kriegszieldiskussion hat lange den Blick auf nötige Differenzierungen und auf erhebliche kriegszielpolitische Spannungen im Lager der unternehmerischen Wirtschaft verstellt. Robert Bosch hatte sich eine führende Position in der württembergischen Industrie erarbeitet, der ein Krieg alles andere als willkommen war. Er war auf den Ausbruch eines europäischen Konflikts nicht vorbereitet, weder mental noch wirtschaftlich. Vor dem Krieg hatte er mit Naumann und Lujo Brentano, dem akademischen Lehrer von Theodor Heuss, im Lager der Freihändler und der Anwälte friedlicher Weltmarktverflechtung gestanden. Anhänger einer protektionistischen Außenwirtschaftspolitik sahen demgegenüber in einem abgeschirmten Binnenmarkt, namentlich für Getreide, nicht nur die unverzichtbare

Voraussetzung für die Konservierung der bestehenden Gesellschaftsordnung, sondern auch die Bedingung für eine erfolgreiche Kriegsführung mit ausreichender Nahrungsmittelversorgung durch geringstmögliche Abhängigkeit vom Ausland. Grundsatzfragen einer möglichen Kriegswirtschaft waren auf der Ebene des Reiches vor 1914 eher nachlässig behandelt worden. Erst im Herbst 1912 war beim Reichsamt des Inneren eine Ständige Kommission für die wirtschaftliche Mobilmachung eingerichtet worden, die jedoch keine strategische kriegswirtschaftliche Planung in Angriff nahm, sondern zunächst lediglich Umfragen und Erhebungen zum Arbeitsmarkt und zur Rohstoffversorgung startete.[16] Robert Bosch war am 13.5.1914 vom Staatssekretär des Inneren, Clemens von Delbrück, als externer Sachverständiger zu den Beratungen der Ständigen Kommission hinzugezogen worden.[17] Die Arbeit der Kommission am 26. Mai war durch Umfragen in den Betrieben vorbereitet worden. Erstmals wurde die württembergische Industrie, vertreten durch Bosch, in eine umfassende wirtschaftliche Kriegsvorbereitung offiziell hineingezogen. Doch die erarbeiteten Maßnahmenkataloge wurden dann vom Kriegsausbruch überrollt. Gewiss hatten die Dienststellen des Heeres für den Mobilmachungsfall Lieferverträge mit Unternehmen kriegswichtiger Branchen abgeschlossen. Von einer «übergreifenden wirtschaftlichen Kriegsvorbereitung mit dem Ziel, die volkswirtschaftliche Leistungsfähigkeit während eines Krieges oder gar eines lange andauernden Krieges zu erhalten», konnte jedoch keine Rede sein.[18] Man erwartete allgemein einen kurzen Feldzug, vielleicht von dreimonatiger Dauer.

Der Kriegsbeginn bedeutete für die Unternehmen im Lande zunächst vor allem Chaos, den Abbruch von Geschäftsbeziehungen und die von der Mobilisierung der Streitkräfte diktierte Beschlagnahmung des Eisenbahnnetzes und damit den Zusammenbruch eines verlässlichen kommerziellen Transportwesens. Soweit uns Stimmungen aus der Unternehmerschaft überliefert sind, lässt sich eine umfassende emotionale und geistige Mobilisierung, ein ausgeprägtes «Augusterlebnis» nicht erkennen. Zu spüren waren vielmehr tiefe Verunsicherung; zu lesen waren Aufrufe zur Besonnenheit, Klagen über Kohlenmangel, Transport- und Versandprobleme.[19] Nicht Kriegseuphorie und geistige Mobilisierung, auch kein Jubel über die durch den Krieg vermeintlich geeinte Nation, wohl aber antienglische Stimmungen lassen sich in der württembergischen Unternehmerschaft antreffen. Die Generalmobilmachung des Zarenreiches als auslösendes Moment für die deutsche Entscheidung zum Krieg trat jetzt etwas in den Hintergrund. Bestimmend für die Feindbild-Wahrnehmung wurde vielmehr die britische Bündnispolitik. Wütende Reaktionen löste die Entscheidung aus, sich in der Julikrise auf die Seite des französisch-russischen Bündnisses zu stellen, sowie der vermutete Neid auf den wirtschaftlichen Aufstieg des deutschen Reiches und die nach Kriegsausbruch verhängte britische Fernblockade, die Deutschland von lebenswichtigen Importen abschneiden sollte.

Auch Robert Bosch, dessen Unternehmen auf enge Kooperation mit britischen Partnern zurückblickte, wurde von dieser antienglischen Stimmung erfasst. Am 28. September 1914 schrieb er seinem Vertreter in Stockholm: «Wenn ich Ihnen jetzt ausspreche, dass ich die Überzeugung habe, dass wir die Überzahl unserer Feinde niederzwingen werden, so spreche ich damit das aus, was die allgemeine Überzeugung ist. Wir werden England und die Engländer im eigenen Land angreifen. Letzteres ist übrigens, um mich vollständig richtig auszudrücken, nicht jedermanns Überzeugung, denn es gibt Leute, die solche Sachen nicht überblicken können und die solches Vorgehen für unmöglich halten. Ich habe aber, wie gesagt, die Überzeugung, dass wir das machen werden, und dass wir es fertig bringen. Wenn wir aber den Fuß auf Englands Boden setzen, so glaube ich, dass der Friede nicht mehr ferne sein wird, denn wenn man den Engländern einmal beigebracht hat, dass sie nicht unantastbar sind, weil sie in England geboren sind, dann werden sie, die es nie für notwendig befunden haben, sich selbst verteidigen zu können mit den Waffen in der Hand, nach meiner Überzeugung recht schnell den Mut verlieren. Dass es uns sehr große Opfer kostet und namentlich auch an Menschen, ist außer allem Zweifel.»[20] Das klang zuversichtlich und angriffslustig, aber es war bezeichnend für die Informationslage eines Angehörigen der industriellen Führungselite, dass diese Überlegungen auf ganz falschen Voraussetzungen aufbauten. Denn um den 26. September, nach schweren Rückschlägen, war endgültig klar, dass der Feldzugsplan für eine rasche, siegreiche Beendigung des Krieges im Westen gescheitert war und dass sich die Illusion einer siegreichen Umfassungsschlacht in Frankreich, gar mit der heute grotesk anmutenden Perspektive eines Angriffs auf die britischen Inseln, in Luft aufgelöst hatte.

Die Vorstellung von einem kurzen Krieg und der baldigen Wiederkehr stabiler Verhältnisse war damit obsolet geworden. Was jetzt folgte, war ein mehrjähriger Stellungskrieg mit weitgehend unveränderbarem Frontverlauf im Westen, ein Abnutzungskrieg mit gigantischen Opfern an Menschen und Material ohne Aussicht auf einen strategischen Durchbruch. Dieser Formwandel des Krieges mit den damit verbundenen gesellschaftlichen Verwerfungen im Innern sollte im Weltbild von Robert Bosch tiefe Spuren hinterlassen und seine Haltung in der Frage der deutschen Kriegsziele prägen. Schon in dem zitierten Brief an seinen schwedischen Geschäftspartner waren seine kämpferische Entschlossenheit und illusionäre Zuversicht mit nachdenklichen Bemerkungen verknüpft. Zwar folgte er der offiziösen, von ihm mehr vermuteten als wirklich überblickten Linie der politischen Führung «dass Deutschland unter den jetzigen Umständen einen Frieden nur schließen werde, wenn es so weit gekommen ist, dass es Verhältnisse schaffen könne, welche Deutschland künftig unangreifbar machen». Dieser Einschätzung folgten allerdings unmittelbar Bemerkungen, die auf alles andere als einen zu diktierenden Siegfrieden vorausweisen: «Der Friedensschluss wird eine sehr schwere Sache sein. Es wird großer Bestimmtheit mit großer Mäßigung bedürfen, um dauerhaft gute Verhältnisse zu schaffen. Ich möchte sagen, ich bin froh, dass ich nicht die Friedensbedingungen zu stellen habe.»[21]

Der Vorsatz der «Mäßigung» sollte später in Stellungnahmen zu den deutsch-französischen Beziehungen in der Weimarer Republik wieder auftauchen. Mit ihm war im Krieg und später ein außenpolitisches Handeln umschrieben, das den Kontrahenten als Verhandlungspartner auf Augenhöhe wahrnimmt, ihn jedenfalls nicht aus einer latent oder tatsächlich hegemonialen Position niederhält, vielmehr seine legitimen Sicherheitsinteressen nicht ignoriert. Die Frage, wie man aus dem anhaltenden Gemetzel[22] herausfinden und zu einem erträglichen Frieden kommen könnte, beschäftigte Robert Bosch bis zum Ende des Kriegs.

Rund 82 Prozent seines Umsatzes hatte Boschs Elektrotechnische Fabrik 1913 mit Ländern gemacht, die jetzt Kriegsgegner waren, und 6 Prozent mit Kunden in neutralen Ländern, die fortan auch nicht mehr beliefert werden durften.[23] Einschneidende Auswirkungen hatte der Krieg für das Unternehmen auch in bisherigen Partnerländern selbst: Die Auslandsgesellschaften in Großbritannien und Frankreich wurden beschlagnahmt. Das neue Werk in Springfield in den Vereinigten Staaten hing in der Luft, weil Lieferungen aus Stuttgart untersagt waren. Das Zerschneiden dieser bisherigen Verbindungen hatte umgekehrt negative Folgen für die bisherigen Abnehmer in den Ländern der Alliierten, da sich die einschlägigen Unternehmen bisher nahezu ausschließlich mit Magnetzündern von Bosch eingedeckt hatten und nun versuchten, ihren Bedarf auf dem Umweg über neutrale, von Embargo-Vorschriften noch nicht erfassten Ländern zu decken.

Einschneidend war der Krieg auch für Beschäftigung und Aufbau der Belegschaft. Der «Kriegsstoß» – wie die abrupte Umstellung der Wirtschaft auf den Krieg genannt wurde – trieb die Arbeitslosigkeit in die Höhe, da nicht wenige Firmen sich zur Stilllegung gezwungen sahen.[24] Bei Bosch wurden 52 Prozent der Arbeiter mit der Mobilmachung zum Heer eingezogen. Er sah sich gezwungen, Angestelltenverhältnisse in kurzfristig kündbare Verträge umzuwandeln. Nicht nur das früher dominierende Auslandsgeschäft war weggebrochen, auch der Inlandsmarkt für Magnetzünder gab nur noch wenig her. Die Verhängung des Belagerungszustandes zog ein Fahrverbot für zivile Kraftfahrzeuge nach sich. Dem Unternehmer, dem Militarismus und Säbelrasseln stets verhasst waren, blieb kaum etwas anderes übrig, als sich zum Fabrikanten von Rüstungsgütern zu entwickeln: «Ich glaube», schrieb er seinem schwedischen Geschäftspartner Fritz Egnell Ende September 1914, «dass wir den Stamm von Arbeitern, welchen wir noch haben, allmählich beschäftigen können und zwar mit der Anfertigung von Zündapparaten für Flugzeuge und Luftschiffe».[25]

Der kriegsbedingte Strukturwandel der württembergischen Wirtschaft erfasste damit auch die Elektrotechnische Fabrik Bosch in ganzer Breite. Sobald die unmittelbaren Auswirkungen des Krieges verarbeitet waren, setzte für kriegswichtige Betriebe der Metallverarbeitung, des Maschinenbaus und der Elektrotechnik ein Boom ein. Der Umsatz bei Bosch sank 1914 vorübergehend auf 23,5 Mio. von 26,8 Mio. Mark 1913, um dann kontinuierlich bis 1917 auf 77,4 Mio. Mark anzusteigen und sich sogar im letzten Kriegsjahr noch bei 73,4 Mio. zu halten. Dementsprechend brach auch die Beschäftigungszahl von 5100 im letzten Friedensjahr auf 4080 (1914) ein, sackte weiter auf 3100 im folgenden Jahr ab, um dann bis 1918 auf fast 9000 Mitarbeiter anzuwachsen.[26]

Für Bosch war besonders bedeutsam, dass der Anteil des Kriegsmaterials an der Produktion von 0,3 % im zweiten Halbjahr 1914 auf fast

70% im Jahr 1917 anschwoll. In den Worten des Wirtschaftshistorikers Johannes Bähr: «Insgesamt war das Unternehmen durch den Krieg von einem exportstarken Kraftfahrzeugausrüster mit neuester Technik zu einem Hersteller von Massenware herabgesunken. Der Schwerpunkt der Produktion lag nicht mehr auf der Fertigung elektrotechnischer Zünder für Verbrennungsmotoren, sondern auf dem Bau pyrotechnischer Zünder für Minen, die in großen Stückzahlen gefertigt wurden.»[27] Bei Bosch wuchs der Anteil der Frauen an der Belegschaft, wie in allen rüstungsrelevanten Unternehmen, überproportional im Vergleich zum Durchschnitt der südwestdeutschen Betriebe.[28] Unter den Bedingungen der Kriegsproduktion war weniger der erfahrene Facharbeiter gefragt, sondern rasch angelernte Kräfte in großer Zahl, um den Anforderungen der Massenproduktion gerecht zu werden.

Im Jahre 1915 rechnete Robert Bosch ernsthaft mit der Möglichkeit eines Friedensschlusses und schrieb an den Leiter des Werkes in den USA: «Hier rechnen wir alle und sind fest davon überzeugt, dass wir einen günstigen Frieden erringen werden. Hoffen wir, dass dies bald der Fall sein wird.»[29] Für diesen Optimismus, begünstigt durch die weithin irreführende Kriegsberichterstattung und die Zensur, gab es indes keine Grundlage. Der Krieg erreichte gerade im Jahr 1915 ein bisher unbekanntes Ausmaß an Brutalität an den Fronten im Osten, auf dem Balkan und vor allem in Frankreich, wo es erstmals zum Einsatz von Giftgas kam.[30] Die Hoffnung auf einen günstigen Frieden war auch deshalb illusionär, weil der Chef der obersten Heeresleitung, General Erich von Falkenhayn, der politischen Führung schon im November 1914 signalisiert hatte, dass der entfesselte Zweifrontenkrieg militärisch nicht mehr zu gewinnen sei,[31] ohne dass daraus politische Konsequenzen gezogen worden wären.

Mit der Totalisierung des Krieges, seinem Übergreifen auf nahezu alle Lebensbereiche, wurde das Stuttgarter Unternehmen auch in die Entwicklung neuer Waffensysteme hineingezogen. Der Luftfahrtpionier Graf Zeppelin war noch vor dem Krieg mit dem Plan an Bosch herangetreten, für zivile Zwecke ein für Transatlantikflüge taugliches Luftschiff zu bauen, ein Vorhaben, für das man sich mit 500 000 Mark, der Hälfte der Projektkosten, engagieren wollte, aus dem jedoch durch den Ausbruch des Krieges nichts mehr wurde. Stattdessen entwickelte Graf Zeppelin nun den Plan eines Riesenflugzeugs für Langstreckenflüge, auch mit der Fähigkeit, feindliches Territorium in Europa zu bombardieren. Gustav Klein, der wohl erfolgreichste und begabteste Manager in der Führungsetage, begeisterte sich für das Vorhaben, an dem auch das Militär bald Interesse zeigte. Das Unternehmen war gehalten, Klein mit einigen Mitarbeitern zu Konstruktions- und Entwicklungsarbeiten für das Riesenflugzeug in eine eigens gegründete Entwicklungsgesellschaft abzuordnen. 1916 wurde die weitere Entwicklung nach Berlin verlegt. Bosch war an der Entwicklungsgesellschaft und an dem Nachfolgeunternehmen nicht gesellschaftsrechtlich beteiligt, finanzierte aber zunächst die Versuchsgesellschaft. Das 1916 als Langstreckenbomber gegen britische und französische Städte eingesetzte Flugzeug zeigte schon im Ersten Weltkrieg die Schrecken künftiger Luftkriegsführung auch über größere Distanzen, war aber noch nicht von kriegsentscheidender Bedeutung. Die Episode, von Robert Bosch nicht mit euphorischen Gefühlen begleitet, zeigt eindringlich, wie unter den Verhältnissen des Krieges aus der Verkettung von harmlosen Geschäftsbeziehungen im Frieden mit technischem Ehrgeiz, unternehmerischer Risikobereitschaft, getragen auch von der Überzeugungskraft begeisterter Pioniere, die Verwicklung in militärisch nutzbare Innovationen entstehen konnte.[32]

«Die Überzeugung, dass alles, was wir hatten gut war, hatte ich nicht. Im Gegenteil, ich wusste zu viel ‹von unserem System›, um glauben zu können, dass wir siegen würden.»[33] Diese Reflexion in den Lebenserinnerungen hatte auch eine innenpolitische Seite, man kann sie durchgehend auf seine Beobachtungen zur inneren Lage der deutschen Gesellschaft im Weltkrieg beziehen. Eine spontane Geste unmittelbar nach Ausbruch des Krieges war für sein Handeln bezeichnend. Robert Bosch, der sich selbstkritisch noch im hohen Alter einen überscharfen Blick für alltägliche, lebensweltliche Gegebenheiten und Ereignisse, einen «Genauigkeitsfimmel»[34] bescheinigte, für den er auch berüchtigt war, erkannte bei Kriegsausbruch, dass auch im Inland eine Welle der Not, der Entbehrung und des Leids heranrollte. Er suchte daher den Stadtschultheiß von Stuttgart auf und übergab ihm eine Barspende über 100 000 Mark. Man kann hier einen Funktionswandel im stifterischen Selbstverständnis sehen. War Stiften bisher gemeinhin auch mit symbolischer Repräsentation verknüpft, mit der Suche nach Anerkennung und dem Wunsch nach sozialer Geltung, so war das Spenden hier unmittelbar auf den Zweck bezogen, gleichsam ohne gesellschaftliches Beiwerk und die überkommene Erwartungshaltung, dass das freiwillige

Hergeben von Gütern mit dem symbolischen Kapital gesellschaftlicher Anerkennung vergolten wird. Dies ließ sich natürlich nicht wirklich unterbinden. Es sprach sich rasch herum, dass der Stuttgarter Unternehmer auch im Krieg – und jetzt erst recht – eine erste Adresse für allerlei Bittgesuche war.

Die Gesellschaft und ihre politischen Institutionen waren auf den Krieg, schon gar auf einen langen Krieg ebenso wenig vorbereitet wie die militärischen Instanzen. Der Krieg veränderte schlagartig den Alltag, die wirtschaftlichen Lebensgrundlagen und sodann die Sozialstrukturen in einschneidender Weise. Schon im unmittelbaren Vorfeld der Kriegserklärung kam es in vielen Städten zu einem Sturm auf die Banken und Sparkassen, denn die Sparer wollten ihre Guthaben in Sicherheit bringen. Mietzahlungen wurden ausgesetzt, Kriegserwartung und Generalmobilmachung, später die notorisch mangelhafte Versorgung führten zu Panikkäufen, zum Hamstern von Lebensmitteln und Gütern des täglichen Bedarfs sowie zu den dann schier endlosen Menschenschlangen vor den Einzelhandelsgeschäften, vom Berliner Volksmund «Polonaise» getauft.[35] Auch wenn diese Erfahrung der «panischen Massen»,[36] wie sie von zeitgenössischen Beobachtern genannt wurde, regional variierte, mit Unterschieden zwischen Stadt und Land, auch zwischen norddeutschen und süddeutschen Städten – Ungewissheit, Angst, die Erwartung einer sozialen Katastrophe und allgemeiner Orientierungsverlust waren weit verbreitet. Die Behörden versuchten, die aufgewühlten Menschen mit Verlautbarungen zu beruhigen. Die Sparkassen gingen dazu über, Höchstbeträge für Abhebungen festzulegen.[37] Einzelhandelsgeschäfte versuchten, dem Ansturm durch vorübergehende Schließungen Herr zu werden, oder gaben ihre Ware nur noch unter polizeilicher Aufsicht ab.[38] Das Phänomen der Massenpanik verschwand allerdings nahezu, als bis zum 4. August die Entscheidung zum Krieg unwiderruflich gefallen war.[39]

Bezogen auf das Vorkriegsniveau von 1913 stürzte das deutsche Bruttosozialprodukt im Weltkrieg um 60 Prozent ab, verbunden mit einem Verfall der Realeinkommen im Umfang von 30–40 Prozent. Die Industrieproduktion ging um 30 Prozent zurück.[40] In Württemberg, wo auch viele gewerblich Beschäftigte noch über landwirtschaftlich nutzbares Grundeigentum verfügten, war der Stadt/Land-Gegensatz schwächer ausgeprägt als in anderen Einzelstaaten des Reiches. Hier konnte die agrarisch gestützte Selbstversorgung den Absturz in Not und Hunger mildern. Auch war das württembergische Landtagswahlrecht etwa im Vergleich zu Preußen mit seinem anachronistischen Dreiklassenwahlrecht wesentlich demokratischer. Unzufriedenheit und Protest waren gedämpfter, politische und soziale Polarisierungen wurden weniger schroff ausgefochten als etwa in Berlin oder in den Industrieregionen des Ruhrgebiets.[41] Gleichwohl war die allgemeine Teuerung der Güter des täglichen Bedarfs auch in Württemberg ein beherrschendes Thema. Schon am 6. August 1914 meldete die «Schwäbische Tagwacht» in Stuttgart den spektakulären Anstieg der Mehlpreise um 50 Prozent.[42] Nach den Berechnungen des Statistischen Landesamtes erfasste der allgemeine Preisanstieg bis September 1914 alle wesentlichen Güter des täglichen Bedarfs, von den Lebensmitteln über einfachste Hygieneartikel bis zur Kohle. Der kumulierte Index für diese Güter zeigte bis 1917 einen Anstieg auf 180 (1914: 100).[43] Dabei war nicht berücksichtigt, dass sich auch in Württemberg, vorbei an allen staatlichen Preiskontrollen, ein blühender Schwarzhandel herausgebildet hatte, dessen Umfang auf ein Drittel des Marktvolumens geschätzt wurde.[44]

Die Behörden reagierten auf diese Entwicklung eher zögerlich und unkoordiniert. Erst im Januar 1915 gingen einzelne Städte in eigens aus versorgungspolitischen Gründen gebildeten Kommunalverbänden mit einer Brotkarte zur Rationierung über, ein System, das dann im Herbst 1916 flächendeckend ausgebaut wurde, den allgemeinen Niedergang der Grundversorgung, das von Robert Bosch vorhergesehene Hungern jedoch nicht mehr aufhalten konnte.[45] Auch das System staatlicher Zwangswirtschaft, von wirtschaftsfernen Ideologen mit großem rhetorischen Aufwand als «Staatssozialismus» und als Vorzeichen einer schichtenübergreifenden sozialen Versöhnung beschrieben und gefeiert, wird ihn kaum überzeugt haben.[46]

Die große Not und das Stiften

Das Unternehmen Bosch stellte sich rasch auf den Krieg ein und war nach dem «Kriegsstoß» den in mancher Hinsicht privilegierten «Kriegsindustrien» zuzurechnen. Wie andere südwestdeutsche Firmen der Metallverarbeitung, des Maschinenbaus und der Elektrotechnik verzeichnete Bosch ein erhebliches Wachstum bei Umsatz und Beschäftigung. Aber alle Indikatoren der sozialen und wirtschaftlichen Entwicklung des Landes und der tägliche Augenschein zeigten, dass die von der Rüstungskonjunktur erfassten Betriebe mit ihren Möglichkeiten, Zusatzrationen für die Beschäftigten zu organisieren, doch Inseln waren in einer weithin destabilisierten gesellschaftlichen Umwelt.[47] Das Ungleichgewicht in der Entwicklung kriegswirtschaftlich begünstigter und brachliegender Branchen zeigte sich etwa beim Wohnungsbau, der nahezu zum Erliegen kam, was nach dem Krieg und wegen der dann hochschnellenden Zahl der Eheschließungen zu einem dramatischen Wohnungsmangel führen sollte.[48] Der allgemeine Preisauftrieb bei Nahrungsmitteln lag in Württemberg zum Teil deutlich unter den Vergleichszahlen in Berlin, Frankfurt oder München.[49] Gleichwohl wurde die Versorgungslage auch in Südwestdeutschland zunehmend alarmierend. Nach den Berechnungen der amtlichen Statistik sanken etwa die offiziellen Monatsrationen bei den Grundnahrungsmitteln in bedrohlichem Umfang: Bei Brot zwischen 1914 und 1917 von 11 000 Gramm pro Person auf 4800, bei Fleisch von 5000 Gramm auf 600 bis 800, bei Butter von 400 bis 450 auf 150 Gramm.[50] Im Gegenzug entstand ein ausgedehnter Markt für allerlei Ersatzstoffe, womit «der Esstisch täglich zu einem Ort der Qual» wurde.[51]

Man wird kaum annehmen dürfen – jedenfalls ist dies nicht überliefert –, dass Robert Bosch mit seiner Familie von diesem dramatischen Abwärtssog in der alltäglichen Versorgung in erheblichem Maße betroffen war. Hinzu kam, dass rüstungsrelevante Unternehmen durch ihre Verbindungen zu militärischen Stellen für ihre Belegschaften Sonderzuteilungen an Lebensmitteln und andere Unterstützungsleistungen erwirken konnten.[52] Offensichtlich aber war für Bosch, dass die Behörden mit dem um sich greifenden Mangel überfordert waren. Erst im März 1915 entstand in Württemberg ein Landesausschuss für Kriegsinvalidenfürsorge, der mit Mittelzuweisungen aus dem Reichshaushalt und durch private Zuwendungen in der zweiten Hälfte des Krieges eine gewisse Wirksamkeit in der Versorgung der Kriegsbeschädigten entfalten konnte.[53] Berechnungen für das gesamte Reich nennen für Ende 1915 die Zahl von ca. 4 Millionen Familien, die auf staatliche Unterstützungszahlungen unterschiedlichster Art angewiesen waren.[54] Mangelernährung, Lebensmittelknappheit, Brennstoffmangel und sinkende Realeinkommen mussten das Phänomen der Kriegsgewinner umso empörender erscheinen lassen, je weiter der Krieg voranschritt und die Opferzahlen anstiegen. Aus württembergischen Ferienorten wurde von

Auseinandersetzungen berichtet, die sich aus der Notlage der Einheimischen und dem offen gezeigten Wohlstand angereister Kurgäste ergaben, die in der öffentlichen Wahrnehmung als Kriegsgewinnler erschienen.[55] Die Gewinne besonders aus lukrativen Rüstungsaufträgen trugen bis Kriegsende zu einer «Vergiftung der Atmosphäre» bei,[56] ohne dass der Gesetzgeber bereit und in der Lage gewesen wäre, im Wege der steuerlichen Abschöpfung hier gründlich Remedur zu schaffen.[57] Friedrich Ebert nahm bei Kriegsende Deutschland als ein «äußerlich zerlumptes Volk» wahr.[58] Dem entsprach im gesellschaftlichen Alltag die zunehmende Auflösung überkommener Normen, die Erosion des Erziehungswesens durch Schulschließungen, die Traumatisierung der Familien durch Abwesenheit, Tod oder Verwundung der Väter. Die um sich greifende Vernachlässigung der Kinder und Jugendlichen begünstigte bisher unbekannte Erscheinungsformen von Vandalismus, vom alltäglichen Diebstahl bis hin zur Bildung von Jugendbanden. Dem allseits reglementierenden, in der Realität jedoch oft machtlosen Interventionsstaat standen sozialer Protest, abweichendes Verhalten gerade bei Jugendlichen gegenüber, und damit drohte der gesellschaftlichen Ordnung allgemeiner Legitimitätsverlust: «*Gestohlen wird zur Jetztzeit bekanntlich alles; tatsächlich alles [...] Nichts, aber gar nichts ist sicher. Die ‹großen› Diebe betrügen den Staat um Hunderttausende... die kleineren Geister dieser Art müssen sich natürlich mit weniger bescheiden.*»[59]

Hier lag für Bosch ein Anknüpfungspunkt für stifterisches Handeln. Gewiss stand im Mittelpunkt seiner Überlegung, das Unternehmen durch den Krieg zu steuern und damit auch Beschäftigung zu sichern. Aber es trat etwas anderes hinzu: Der Krieg war nicht nur eine betriebswirtschaftliche Herausforderung, sondern hatte für Robert Bosch auch eine moralische Dimension. Es ist nicht anzunehmen, dass sich die Motive seiner Jugendbriefe, das Grübeln über Möglichkeiten des sozialen Ausgleichs unter den Bedingungen des Krieges verflüchtigt hätten. Das leidenschaftlich aufbrausende Temperament konnte sich bei gegebenem Anlass nicht nur auf betriebliche Mängel und technische Fehlleistungen richten, sondern sich auch über sinnlose Zerstörung empören, vor allem aber über menschliches Leid. «So schroff er erscheinen mochte und so unsentimental seine innere Art, es war in sie eine schier grenzenlose Mitleidensfähigkeit gegenüber unverschuldeter Not eingebettet.»[60]

Der Krieg war für Robert Bosch eine Wasserscheide in der Entwicklung stifterischen Handelns. Stiften und Spenden war nicht erst im wilhelminischen Deutschland, aber eben vor allem mit der Entfaltung der industriellen Gesellschaft besonders in den urbanen Zentren bei wohlhabenden Bürgern und Aristokraten deutlich ausgeprägt. Dabei überwog neben großen Dotationen für Bildende Künste, Erziehung und Bildung, Musik und Wissenschaft das Engagement für soziale Zwecke. Keineswegs war soziales Mäzenatentum nur eine Erscheinung der frühbürgerlichen Gesellschaft der ersten Hälfte des 19. Jahrhunderts, in der man noch annehmen mochte, der Massenarmut in erster Linie mit privater Mildtätigkeit begegnen zu können. Der schrittweise erfolgte Ausbau begrenzter staatlicher und kommunaler Daseinsvorsorge hatte privates Engagement weder verdrängt noch überflüssig gemacht. Stiften blieb auch im wilhelminischen Deutschland «*öffentlichkeitsbezogenes, kompensatorisches, zweckgerichtetes,* die Persönlichkeit des Mäzens hervorhebendes *repräsentatives* Handeln [...], mit dem strategischen Ziel, eine *eigene bürgerliche Standesehre* zu begründen.»[61] Stiften hatte aus der Sicht der bürgerlichen Führungsschichten in Wirtschaft, Staat und Verwaltung die Funktion, die Normen und Leitbilder einer im Prinzip gerechten bürgerlichen Gesellschaft zu stützen und vorzuleben, dem Anspruch auf soziale Inklusion zu entsprechen, den eigenen Wohlstand durch großzügige Gaben für die Allgemeinheit zu legitimieren. Nicht selten ging dies mit dem Anspruch an die Begünstigten einher, sich die Regeln bürgerlicher Lebensführung in den gestifteten Einrichtungen anzueignen und sich damit sozialer Kontrolle zu fügen. Dem entsprach in der Stiftungspraxis auch soziale Kontrolle in umgekehrter Richtung: In den Städten wurden nicht nur Listen großzügiger Spender geführt, sondern es wurden auch verdeckte Übersichten der Bürger angefertigt, die sich gemeinnützigem Engagement verweigerten.[62]

Der Krieg stellte stiftungswillige Bürger vor neue Herausforderungen. Jetzt ging es nicht mehr um sorgfältig planbare mäzenatische Projekte in einem stabilen Gemeinwesen, sondern um andere Formen, Fristen und Verfahren des Gebens. Schon wenige Tage nach Kriegsausbruch und den Gefechten bei Mulhouse trafen am 13. August 1914 in Stuttgart 500 deutsche und französische Verwundete ein. Robert Bosch ließ daraufhin in den soeben fertiggestellten Fabrikhallen des Unternehmens in Feuerbach Platz für ein Lazarett schaffen und stellte ein weiteres Gebäude für eine Gewerbeschule zur Verfügung, die ihrerseits bald für Lazarettzwecke geräumt werden musste.[63] Er kümmerte sich persönlich um Personal und Ausstattung des Lazarettbetriebs, dem jetzt die nach seinen üblichen Maßstäben fortschrittliche Gestaltung der Werkshallen im Hinblick auf Beleuchtung, Belüftung und Hygiene zu Gute kam.[64]

In der Landeshauptstadt wurde am 5. August ein städtischer Hilfsausschuss gegründet, eine Gemeinschaftsinitiative der Stadtverwaltung, des Bürgerausschusses und prominenter Honoratioren. Der Ausschuss sollte zunächst vor allem Hilfsmaßnahmen für die Familien der Soldaten organisieren und bündeln.[65] Nach der geltenden Rechtslage hatte die Ehefrau eines Soldaten Anspruch auf 9 Mark monatliche Unterstützung, ein Kind 6 Mark.[66] Gemessen am durchschnittlichen Jahresgehalt eines Facharbeiters der Metallindustrie von ca. 1600 Mark (1914) fiel auch die jährliche Witwenrente etwa eines gefallenen Unteroffiziers in Höhe von 500 Mark besorgniserregend niedrig aus – bei monatlichen Lebenshaltungskosten einer fünfköpfigen Familie im Jahr 1914 von 115 Mark und bei sprunghaft steigenden Lebensmittelpreisen nach Kriegsausbruch.[67] Es gelang dem Hilfsausschuss, die unzureichenden Unterhaltsleistungen deutlich anzuheben, sodass eine Frau mit vier Kindern durch ergänzende Leistungen der Stadt wenigstens auf 93 Mark monatlich kommen konnte.[68] Von September 1914 bis Oktober 1916 wuchs die Zahl der Unterstützungsempfänger in Stuttgart von 7500 auf ca. 50 000 Personen. 20% der Einwohner galten damit als unterstützungsbedürftig. Dies trieb wegen der unzureichenden Mittelzuweisungen des Reiches die Verschuldung der Landeshauptstadt bei Firmen, Privatleuten und Sparkassen bis Kriegsende auf den Betrag von ca. 46 Millionen Mark.[69] Allein die städtische Mangelverwaltung für Lebensmittel beschäftigte bis 1918 insgesamt 200 Mitarbeiter.[70] Die Einwohner wurden schon 1914 ermahnt, kein Weißbrot mehr zu verzehren. Der Brennstoffmangel veranlasste die Behörden, in den Wintermonaten öffentliche Wärmestuben einzurichten und zugleich die Stadtbäder saisonal zu schließen, mit verheerenden Wirkungen auf die alltägliche Hygiene.[71] Diese Erscheinungsformen des Mangels und andere Zeichen der allgemeinen Not wie das Barfußlaufen der Jugendlichen in Ermangelung erschwinglicher Schuhe fügte sich für Robert Bosch zu einem düsteren Panorama der Verelendung.

Auf seine Initiative hin wurde 1914 die «Kriegshilfe von Industrie und Handel in Württemberg» ins Leben gerufen, die er mit einer Anschubfinanzierung von 300 000 Mark ausstattete. Ein Spendenaufruf der

«Kriegshilfe» ergab eine Liste mit 54 Erstunterzeichnern aus Firmen der Württembergischen Industrie.[72] Dabei handelte es sich, wie auch bei Robert Bosch selbst, um Beiträge, die zusätzlich zu den betrieblichen Unterstützungsleistungen privaten und öffentlichen Wohlfahrtseinrichtungen zufließen sollten.[73] 1915 konnte die «Kriegshilfe» erstmals 200 000 Mark für die Kriegsinvalidenfürsorge in Württemberg bereitstellen,[74] ein Anliegen, das Robert Bosch durch die Einrichtung einer Übergangswerkstätte zur Wiedereingliederung von Invaliden ergänzte. Dieser Initiative folgten vier weitere Unternehmen bzw. gemeinnützige Einrichtungen, u. a. spezielle Werkstätten für Kriegsblinde. Hinzu traten Förderbeiträge der «Kriegshilfe» an die Ministerialverwaltung zur Unterstützung von Hinterbliebenen sowie Hilfen für Mittelständler, deren Unternehmen mit ihren Mitarbeitern kriegsbedingt vor Illiquidität oder Zusammenbruch standen.[75] Robert Bosch übernahm den Vorsitz der «Kriegshilfe» und übertrug die Prüfung und Auswahl von Anträgen und Gesuchen sowie die Verwaltung der Mittel seinem Sekretariat unter der Leitung von Hans Walz, der später sein Nachfolger in der Unternehmensführung wie auch in der Verfolgung seiner gemeinnützigen Ziele werden sollte.[76]

Stiftungsgeschichtlich handelte es sich hier nach Umfang und thematischer Breite um ein bahnbrechendes Engagement aus eigenem Antrieb. Zugleich lässt sich auch ein Trend zur Professionalisierung und Objektivierung der Vergabepraxis erkennen. Hilfsgesuche wurden systematisch geprüft, der Verwaltungsaufwand dabei in Grenzen gehalten. Dem allseits anerkannten Deutschen Roten Kreuz wurde eine Unterstützung verweigert, nachdem Robert Bosch erfahren hatte, dass hier dem angegebenen Defizit von 600 000 Mark ein Warenguthaben in gleicher Höhe gegenüberstand.[77] Bis 1919 konnte die «Kriegshilfe» insgesamt 2,5 Millionen Mark für kriegsbedingte Unterstützungsleistungen bereitstellen,[78] was auch zeigt, dass frühzeitiges Stiftungshandeln mit einer beträchtlichen Initiativförderung und durch den Einsatz gesellschaftlicher Verbindungen und des persönlichen Prestiges messbare Hebelwirkung erzeugen kann.

Eher beiläufig schrieb Robert Bosch 1921 in seinen Lebenserinnerungen: «Als nun der Krieg und mit ihm die Kriegslieferungen kamen, in welchen selbst Leute Geld verdienten, die von Erzeugung von Waren keine Ahnung hatten, drückte mich der Verdienst, den ich machte, während andere ihr Leben einbüßten. Ich fasste Ende 1916 den Entschluss, meinen Kriegsgewinn zu einer Stiftung für die Erbauung des Neckarkanals zu verwenden. Die Bedingungen stellte ich mit meinem Rechtsanwalt Paul Scheuing zusammen. Die Bedingung, dass der Staat ein Enteignungsrecht auf je ein km Tiefe auf beiden Kanalufern sich sichern müsste, ist auf mein Verlangen hineingekommen.»[79]

Verkehrspolitische Überlegungen und einzelne Bauprojekte zum Ausbau des württembergischen Wasserstraßennetzes lassen sich bis in die Zeit der Frühindustrialisierung zurückverfolgen. Noch vor dem Weltkrieg hatte das württembergische Innenministerium in einer Denkschrift den Ausbau des Neckars auf der Strecke Mannheim–Heilbronn für 1000-Tonnen-Schiffe empfohlen.[80] Für die Unternehmen des Landes waren mit einem solchen Vorhaben eine Senkung der Frachttarife, geringere Stromkosten durch Wasserkraftwerke an den geplanten Schleusen und damit eine Aufwertung der gewerblichen Infrastruktur verbunden, was der Verband württembergischer Industrieller 1913 noch einmal in einer Eingabe an die Staatsregierung unterstrichen hatte.[81] 1916 schaltete sich Robert Bosch in diese Planungen ein, indem er mit einem Stiftungsbeitrag von 5000 Mark im Namen des Industriellenverbandes dem Südwestdeutschen Kanalverein für Donau und Neckar e. V. beitrat.[82] Ende des Jahres folgte dann die Errichtung der Robert-Bosch-Kriegsstiftung mit einem Vermögen von 13 Millionen Mark. Das war die größte private Stiftung, die seit der Jahrhundertwende in Württemberg entstand. Der Stifter hatte sich wiederholt mit dem Verdacht auseinanderzusetzen, sich mit diesem Schritt der Besteuerung seiner Kriegsgewinne entziehen zu wollen. Man kann das ausschließen, denn die geltende Steuergesetzgebung sah vor, dass 80 Prozent des kriegsbedingten Vermögenszuwachses natürlicher Personen steuerlich erfasst werden sollten, wohingegen Robert Bosch ausdrücklich seinen gesamten Kriegsgewinn für gemeinnützige Zwecke bereitstellen wollte. Im Übrigen unterlag er der 1916 eingeführten Kriegsgewinnsteuer, die – wenngleich in bescheidenem Umfang – die Vermögen erfasste, die 90 Prozent über dem Vermögensbestand vom 1.1.1914 lagen.[83] Insofern darf man davon ausgehen, dass es ihm mit seiner Absicht durchaus Ernst war: «Ich will durch diesen Krieg um keinen Pfennig reicher werden.»[84]

Er verfolgte mit der am 25.12.1916 errichteten Robert-Bosch-Kriegsstiftung zunächst infrastrukturelle Entwicklungsziele im Land. Trotz des fortschreitenden Wirtschaftswachstums drohte das Land schon vor dem Krieg im interregionalen Vergleich mittelfristig zurückzufallen. Ein Anschluss Württembergs an die große Rheinwasserstraße durch Herstellung eines leistungsfähigen Schifffahrtswegs auf dem Neckar sollte diesen befürchteten Trend umkehren und darüber hinaus die Perspektive eröffnen, «die Neckarwasserstraße mit der Donau zu verbinden».[85] Bei den Verhandlungen im württembergischen Landtag zeichneten sich Fronten ab, die auch Robert Boschs Grundhaltung in der Vorkriegszeit bestimmt hatten. Konservativ-agrarische Gegner des Projekts bekämpften die Tendenz des Kanalvorhabens, die weitere Entwicklung des Landes zur Industrieregion zu fördern. Bosch befand sich somit in einer bürgerlich-sozialdemokratischen Allianz der Kanalbefürworter.[86] Erst nach dem Weltkrieg fiel dann die politische Entscheidung zum Baubeginn, nachdem sich Württemberg mit den ebenfalls involvierten Anrainern Baden und Hessen verständigt hatte. Die Inbetriebnahme des Neckarkanals sollte der Stifter nicht mehr erleben, da der Bauabschnitt Heilbronn–Stuttgart erst 1958 durch den damaligen Bundespräsidenten Theodor Heuss eingeweiht wurde. Aber er begleitete das Vorhaben auch in den 1920er-Jahre weiter, indem sein Unternehmen Aktien der 1921 gegründeten «Neckar-Aktiengesellschaft» erwarb. Diese Gründung war erfolgt, weil sich die Hoffnungen auf weitere Zustiftungen von privater Seite in den chaotischen Nachkriegsmonaten ebenso zerschlagen hatten wie eine substantielle Beteiligung des Reiches. Das von Robert Bosch gestiftete Vermögen wurde überdies in der Hyperinflation bis 1923 nahezu vollständig vernichtet.

Für den Stifter war diese Entwicklung in der Mitte des Weltkriegs nicht abzusehen. Absehbar war jeoch, dass der Baubeginn keinesfalls unmittelbar bevorstand und dass das Land als Empfänger der Stiftung die anfallenden Zinsen bis auf Weiteres dem Staatshaushalt einverleiben würde. Daher entschied Bosch, dass das Stiftungskapital dem Land erst zufließen sollte, «wenn mit dem Kanalbau von Heilbronn bis Esslingen unwiderruflich begonnen worden wäre – und zwar so, dass mit dem regelmäßigen Fortgang der Arbeiten gerechnet werden kann».[87] Bis dahin, so die stiftungsgeschichtlich durchaus innovative Klausel der Satzung, sollten die erheblichen Zinsen von 650 000 Mark der Stadt Stuttgart als «Robert-Bosch-Kriegsstiftung» zufließen. Auf diesem Wege ließ sich ein langfristiges Projekt zur Förderung der Infrastruktur mit der unmittelbar anstehenden Bewältigung kriegsbedingter Notlagen verknüpfen. Die Mittel der Kriegsstiftung waren für die Sozialfürsorge, für Erziehungs- und Bildungseinrichtungen, für das öffentliche Gesundheitswesen und «die Verschönerung der Stadt» bestimmt.[88] Diese Stiftung war nach ihrer juristisch filigran konstruierten Architektur und nach ihrer Vergabepraxis eine privat-gemeinnützige Allzweck-Stiftung von weitreichender Wirkung. Dem Stiftungsrat als Entscheidungsgremium gehörten neben seinem Vorsitzenden Robert Bosch Vertreter der Stadtverwaltung und des Gemeinderats an, ferner zwei weitere vom Stifter benannte Stuttgarter Bürger, womit auch die Grundstruktur einer Public Private Partnership gegeben war. Das geradezu Tüftlerische der gesamten Stiftungskonstruktion kam indes noch in weiteren Nebenstimmungen zum Ausdruck. Der Stadt Stuttgart als Empfängerin der Vermögenserträge wurden für das Ansammeln von Mitteln eine zeitliche Grenze gesetzt: Mit dem Jahr 1940 sollten alle Mittel verbraucht sein, um unerwünschte Thesaurierungseffekte auszuschließen. Gegenüber dem württembergischen Staat baute die Satzung insofern terminlichen Druck auf, als die Übertragung des Stiftungskapitals auf die Organe des Landes bis zum Jahresende 1926 vorgenommen werden musste. Damit wollte Robert Bosch dem Risiko einer endlosen Verschleppung des Kanalprojekts begegnen. Und für den Fall, dass der württembergische Staat sich schließlich nicht in der Lage sehen sollte, die Stiftung überhaupt anzunehmen, war ein gleichsam kaskadenartiges Weiterreichen des Stiftungsvermögens verbindlich vorgesehen. Das Geld sollte dann dem Deutschen Reich zur Bekämpfung von Volkskrankheiten zufließen – dies jedoch nur dann, wenn eine solche Stiftung an das Reich als gemeinnützig anerkannt würde. Andernfalls waren als schließliche Empfänger der Schwäbische Siedlungsverein e.V. Stuttgart und der Verein zur Förderung der Begabten e.V. vorgesehen. Was immer die jeweiligen gebietskörperschaftlichen Ebenen beschließen sollten: Das Stiftungsvermögen sollte am Ende für gemeinnützige, vor allem bürgernahe Fördervorhaben zur Verfügung stehen.

Fragen des Siedlungswesens und des Wohnungsbaus hatten den Unternehmer und Stifter schon lange beschäftigt, auch Grundfragen des Bildungswesens. Herkömmlicherweise stand im Zentrum stifterischer Aktivitäten die Stadt.[89] Sie war der Ort, wo karitative, schöngeistige oder bildungsbezogene Stiftungen Gemeinsinn zum Ausdruck bringen und wo Stifter Anerkennung und symbolisches Kapital anhäufen konnten. Bei Robert Bosch überschreiten die Stiftungsziele deutlich die kommunalen Grenzen. Die Verfügungen zur möglichen späteren Verwendung der Stiftungsmittel sind nicht mehr lokal oder regional gedacht, sondern auf gesamtstaatliche Herausforderungen gerichtet. Gleichzeitig verlieren im Falle Bosch die «narzisstischen» Motive[90] in der Suche nach sozialer Anerkennung und Statuserhöhung durch mäzenatisches Tun an Gewicht. Dass der Gemeinderat der Stadt Stuttgart im Januar 1917 einstimmig beschloss, ihm die Ehrenbürgerrechte zu verleihen, dürfte Bosch kaum geärgert haben. Bezeichnend war aber seine Weigerung, mit dem Oberbürgermeister die ästhetische Ausgestaltung der Urkunde zu erörtern, denn «die Sache sei ja jetzt erledigt und mit solchem Zeug fange er nichts an».[91]

Stiften gehörte für Robert Bosch in den Funktionskreis unternehmerischen Handelns – dies jedoch nicht im Sinne einer nur mäzenatischen Ergänzung, im Interesse zusätzlichen Prestigegewinns, der ja immer auch mittelbar verkaufsfördernd wirken und damit zur Kräftigung des eigenen Unternehmens beitragen kann. Vielmehr verstand er Stiftungen als Instrumente des gesellschaftlichen Wandels, aus bürgerschaftlicher Eigeninitiative und aus eigenem Recht, loyal, aber auch bei Bedarf bisweilen misstrauisch und kritisch gegenüber staatlichen Behörden als Verhandlungspartnern und Destinatären, immer aber mit einem Blick über den unternehmerischen Interessenhorizont hinaus und weiter angetrieben von dem Motiv seiner Jugendjahre, «dass alles geändert werden müsse». Die in der Geschichte des deutschen Bürgertums vielfach beobachtete Nähe zu staatlichen Autoritäten, seine Suche nach Halt und Protektion bei den Behörden, nach Nähe zum Hof des Landesherrn, nach Titeln und Orden, eine verbreitete Staats- und Militärlastigkeit, dieses Repertoire «bürgerlicher Schwäche»[92] findet bei Robert Bosch keine Anknüpfungspunkte. Seine bis ins Skurrile hinein reichende Weigerung, sich auf zeremonielle Gepflogenheiten staatlicher Institutionen einzulassen, konnte der staatlichen Bürokratie Kopfzerbrechen bereiten. Als Wilhelm II. von Württemberg seinen inzwischen berühmten Untertan bei einer Besichtigung der Bosch-Werke näher kennenlernen wollte, kam es zu ungewöhnlichen Komplikationen, denn Robert Bosch weigerte sich, den für Begegnungen mit dem Monarchen vorgesehenen Frack anzuziehen. Es war ihm offenbar unerträglich, in höfischer Verkleidung gemeinsam mit dem König seinen Mitarbeitern zu begegnen. Schließlich wurde die geplante Kleiderordnung auf den schwarzen Rock heruntergestuft. Bosch willigte in den Besuch des Königs ein, doch die Sache zerschlug sich dann, weil er erkrankte.[93]

Die Neckarkanal-Stiftung legte noch ein weiteres stifterisches Motiv frei. Noch in seinen Lebenserinnerungen machte Robert Bosch mit einem gewissen Stolz darauf aufmerksam, «dass der Staat [nach der Stiftungssatzung] ein Enteignungsrecht auf je ein km Tiefe auf beiden Kanalufern sich sichern musste, ist auf mein Verlangen hinein gekommen».[94] Damit spielte er auf bodenreformerische Interessen an, die ihn schon in Friedenszeiten umgetrieben hatten. Die Wohnungsfrage gehört zu den dringendsten Fragestellungen der bürgerlichen Sozialreform in der werdenden Industriegesellschaft. Es gab bereits in der ersten Hälfte des 19. Jahrhunderts philanthropische und genossenschaftliche Ansätze im Wohnungsbau. Allgemein galt aber zunächst im Selbstverständnis liberaler Sozialreformer die Devise, dass der Markt mit seinen Selbstheilungskräften innovativ und dynamisch genug sei, um schrittweise auch unterbürgerlichen Schichten bürgerliche Wohnformen zu erschließen. Erst nach 1890 nahm die sozialpolitische Debatte auch rund um das Wohnungsthema im Kaiserreich Fahrt auf. Staat und Kommunen griffen jetzt durch gesetzliche Vorgaben insbesondere in der Raumplanung und bei den Hygienestandards sowie mit Visitationen der vielfach menschenunwürdigen Arbeiterquartiere ein.

Staatliche Stellen bauten schon lange vor der Jahrhundertwende Wohnungen, jedoch für ihre Bediensteten. Von besonderem Gewicht wurde der Bau von Werkswohnungen insbesondere in den Regionen der Montanindustrie. Ihre Zahl lag schon vor der Jahrhundertwende bei über 140 000.[95] Robert Bosch lehnte, wie wir gesehen haben, den Bau von Firmenwohnungen für die Mitarbeiter seines Unternehmens nachdrücklich ab. Ideengeschichtlich befand er sich auf dem Gebiet des Wohnungswesens, damit eher untypisch für seine Unternehmergeneration, weiter in den Bahnen des frühliberalen Gesellschaftsbildes, das wirtschaftliche Eigenständigkeit und persönliche Unabhängigkeit privilegieren und fördern wollte.[96] Die Vergabe von Werkswohnungen wurde vielfach mit besonderen Anforderungen an die persönliche Lebensführung und mit politischem Wohlverhalten verknüpft, bis hin zu einem Verbot für Mieter, politisch unliebsame Zeitungen zu abonnieren. Die Tendenz zu einer dergestalt «zunehmend kasernenmäßigen Organisation des Unternehmens»,[97] gestützt auf ein verzweigtes System von «Wohlfahrtsfesseln» – so der Kampfbegriff der Gewerkschaften – war mit dem politischen Weltbild von Robert Bosch nicht zu vereinbaren.

In Stuttgart hatte der Unternehmer und Stifter die Realitäten der Wohnungswirtschaft unmittelbar vor Augen. Den massiven, durch das industrielle Wachstum befeuerten Wanderungsbewegungen – der Bevölkerungszuwachs in der Periode zwischen 1895 bis 1910 umfasste 100 000 Personen – standen in Stuttgart jährlich nur 650 freie Wohnungen gegenüber, mit einschneidenden Wirkungen auf die Mietpreise und der Folge, dass nicht selten in einem Arbeiterhaushalt über 40 Prozent des Familieneinkommens für eine Dreizimmer-Wohnung fällig waren.[98] 1910 war Robert Bosch dem «Verein für das Wohl der arbeitenden Klassen» beigetreten, der in Stuttgart als größte gemeinnützige Wohnungsgesellschaft zwischen 1903 und 1913 539 – und damit 50 Prozent aller von gemeinnützigen Trägern gebauten Wohnungen – fertigstellte, die gemietet oder nach einem neu entwickelten Mietkauf-Modell erworben werden konnten.[99] Mit dem Ausbruch des Kriegs zeigte der Wohnungsmarkt durch die Einberufungen an die Front zunächst Zeichen der Entspannung. Bald zeichnete sich jedoch eine ernste Krise ab. Die Zahl der Neubauten sackte dramatisch ab: Wurden 1912/1913 im Reich noch ca. 200 000 Neuzugänge auf dem Wohnungsmarkt verzeichnet, so wurde dieses Volumen während der gesamten Dauer des Krieges unterschritten.[100] Dieser «Zusammenbruch privater Bauproduktion» war Folge des kriegsbedingten Mangels an Bauarbeitern, der strategisch einkalkulierten Benachteiligung der Konsumgüterindustrie, fehlender Baustoffe und Kredite.[101]

Auch in Württemberg hatte sich unterdessen eine Kriegerheimstättenbewegung entwickelt, um für die heimkehrenden Soldaten im Sinne bodenreformerischer Bestrebungen erschwingliche Wohnungen bereitzustellen. Diese Engführung des Konzepts, das Schlagwort der «Kriegerheimstätte», stieß bei Robert Bosch auf Skepsis. Er betrieb deshalb die Gründung einer neuen Körperschaft, die als gemeinnütziger «Schwäbischer Siedlungsverein» Anfang 1916 ihre Arbeit mit dem Ziel aufnahm, nicht etwa nur für Soldaten, sondern, wie er formulierte, «allgemein für die minderbemittelten Volksklassen»[102] den Wohnungsbau anzukurbeln. Zum Gründungsvermögen von 1,5 Millionen Mark steuerte Bosch Kriegsanleihen im Wert von 1 Millionen Mark bei. In der Folge ging bis 1920 aus dem Siedlungsverein ein Netzwerk von zwanzig rechtlich selbständigen Tochtergesellschaften hervor, die ihrerseits in der Industrie, bei den Gemeinden und bei privaten Spendern Mittel einwerben sollten. An dem im März 1918 zusätzlich gegründeten Siedlungsverein Groß-

Stuttgart beteiligte sich die Robert Bosch AG neben anderen Firmen mit weiteren 10 000 Mark.[103] Immerhin brachte es der Siedlungsverein bis 1920 auf knapp 300 Neubauten, bis die wirtschaftlichen Turbulenzen der frühen Nachkriegsjahre auch die gemeinnützigen Wohnungsbaugesellschaften erfassten. 1922 versuchte Bosch, mit einem Darlehen und einer Spende, insgesamt 150 000 Mark, den Siedlungsverein zu retten.[104] Auch dieser Schritt führte nicht zu einer tragfähigen Sanierung des Vereins, der im wirtschaftlichen Chaos der Hyperinflation von 1923 seine Arbeit einstellen musste.[105]

Mit seinen Überlegungen zu Enteignung von Grundstücken am Ufer des geplanten Neckarkanals konnte Robert Bosch einen Erfolg verbuchen. Ein «Württembergisches Gesetz betreffend den Verkehr mit Grundstücken im Gebiet des Neckarkanals» von 1920 basierte auf den Bestimmungen der Stiftungsurkunde von 1916, nach der, mit deutlicher Frontstellung gegen die erwartete Bodenspekulation, «die Enteignung von unbebautem Gelände für Wohnbauzwecke [...] zu Gunsten des Staats, der Gemeinden und gemeinnütziger Vereine» zulässig sein sollte.[106]

Institutionen des Staates und der Kommunen einerseits, Stifter mit ihren Stiftungen andererseits stehen in einem unvermeidlichen Spannungsverhältnis. Stifter können staatliches Handeln nicht ersetzen, allenfalls ergänzen. Staatliche Stellen können und wollen sich nicht durch die Zusammenarbeit mit Stiftungen zu Entscheidungen treiben lassen, die im Wettbewerb konkurrierender Ansprüche überzeugend begründet und damit politisch legitimiert werden müssen. Öffentlich-private Partnerschaften können nur dann ergiebig sein, wenn ihre Interessen und deren Dynamik sie zu einer für beide Seiten fruchtbaren Kooperation zusammenführen. Eine genaue Betrachtung des stifterischen Engagements von Robert Bosch auf dem Gebiet des Wohnungswesens und der öffentlichen Infrastruktur belegt, dass er diese Problematik erkannt hatte und mit durchdachten Instrumenten Krisen und Defiziten des Gemeinwesens begegnen wollte, dabei spätere Interventionen des Staates vorwegnahm, dessen Handlungsspielraum jedoch nicht einengte, sondern allenfalls durch präzise vertragliche Dispositive die Gesetzgebung zu neuen Entwicklungen ermunterte.

Zur Krise in der Versorgung mit elementaren Gütern des täglichen Bedarfs und im Wohnungsbau kam im Weltkrieg der Verfall des schulischen Erziehungswesens hinzu. Nicht nur in Stuttgart wurden für

Kriegszwecke Schulgebäude beschlagnahmt. Mit der Einberufung vieler Lehrer zum Heeresdienst wurden Schulklassen zusammengelegt, Stundenpläne zurückgeschnitten. Kernfächer des gewohnten Unterrichts entfielen oder wurden durch patriotische Themen im Sinne der Stärkung der «inneren Front» ergänzt. Hinzu kamen verordnete «Kohleferien», um Kinder und Jugendliche nicht der klirrenden Kälte in unbeheizten Klassenzimmern auszusetzen. Vielfach musste der Unterricht im Freien stattfinden, wenn die Temperaturen es denn zuließen. Notprüfungen sollten die Schüler frühzeitig für die Einberufung freistellen. Neben dem Unterricht wurden sie zum Dienst in der «Jugendkriegshilfe» herangezogen, zu Hilfstätigkeiten beim Roten Kreuz und zu Sammelaktionen für Altmetall in den Städten und Bruchholz in den Wäldern.[107]

Fragen der schulischen Bildung und der betrieblichen Ausbildung haben Robert Bosch wiederholt beschäftigt, sei es, dass er die mäßige Qualität des Unterrichts in seiner Jugend beklagte, sei es, dass er die unprofessionelle und desinteressierte Anleitung seiner Ausbilder auf dem Weg zum technischen Handwerk kritisierte. Im Briefwechsel mit seiner Braut war in frühen Jahren schon die Forderung nach einer soliden Ausbildung auch für Mädchen aufgetaucht. Insofern war er für Fragen des Bildungswesens aufgeschlossen und für zusätzliches Engagement auf diesem Gebiet geradezu disponiert. Erste Überlegungen zur Förderung des Bildungswesens stellte er 1916 im Zusammenhang mit der Einrichtung der Robert-Bosch-Kriegsstiftung an, deren Erträge ausdrücklich auch dem Erziehungs- und Bildungswesen zur Verfügung stehen sollten.[108] Ihn beschäftigte die Frage, welche Normen, Werte und Inhalte in der irgendwann kommenden Nachkriegsgesellschaft vermittelt werden sollten. In seinen Überlegungen mischten sich Forderungen nach erweiterten Bildungschancen, nach Selbstbestimmung, dem Recht auf individuelle Entfaltung der Persönlichkeit, mithin die Betonung «gewisser unveräußerlicher Rechte»,[109] mit der Erwartung, dass sich durch Bildung auch ein Mehr an Überblick und Einsicht in gesellschaftliche Strukturen, Zwänge und Pflichten ergeben könne. Insofern war Robert Boschs Eintreten für mehr Bildung weder schwärmerisch noch indifferent gegenüber unterschiedlichen gesellschaftlichen Zielvorstellungen. Er verlor sich nicht, was ihm in seinen Jugendbriefen noch vorstellbar erschien, in Reflexionen zu einer Überwindung der Klassengesellschaft, sondern akzentuierte jetzt bildungsbezogene Argumente und

Maßnahmen auch zugunsten der Einhegung sozialer Ungleichheit. Ihm stand offenbar nicht nur das Bild des mündigen Staatsbürgers vor Augen, der ohne Indoktrinierung und Gesinnungszwang seine Aufstiegschancen erkämpft, sondern auch das Bild des Bürgers als Mitarbeiter und Marktteilnehmer, der sich über Bildung und Aufklärung zugleich auch nüchterne Kenntnis von knappen Ressourcen und überschaubaren Verteilungsspielräumen aneignet. Damit bewegte sich Robert Bosch durchaus in einem erklärtermaßen bürgerlichen Interessenhorizont. Dennoch war sein Plädoyer für die Förderung der Bildung keineswegs reine Arbeitgeberrhetorik und weit entfernt von patriarchalischer Bevormundung. Ihm war klar, dass die sozialen Verwerfungen des Krieges und jede denkbare Nachkriegsordnung neue Wege der Bildungsförderung nötig machten. Bitten um Ausbildungsbeihilfen hatten ihn schon in den Friedensjahren vor 1914 erreicht. Mitten im Krieg ging er jetzt einen neuen Weg und gründete gemeinsam mit Direktoren seines Unternehmens, seinem Anwalt Paul Scheuing und dem hoch angesehenen Professor für Maschinenbau an der Technischen Hochschule Stuttgart, Carl von Bach, den «Verein zur Förderung der Begabten» mit einem Startvermögen von 2 Millionen Mark in Kriegsanleihen, deren Kapital aus Kriegsgewinnen der Firma Robert Bosch bestand.[110]

Im Sinne einer typologischen Beschreibung des Stiftungshandelns und für die Entwicklung von Stiftungen der Begabtenförderung war das weitere Vorgehen exemplarisch und richtungsweisend. Der Verein zur Förderung der Begabten verstand sich nicht als Honoratiorengremium zur willkürlichen Verteilung von Beihilfen. Er machte mit einer aktiven Pressepolitik die Möglichkeit einer Bewerbung bekannt und schuf ferner ein Netz von Vertrauensleuten über die Stadtgrenzen hinaus. Für Bewerber außerhalb der württembergischen Landesgrenzen wurden aus rechtlichen Gründen im Rahmen einer besonderen Treuhandstiftung Fördermöglichkeiten geschaffen. Schließlich bemühte man sich um Transparenz und eine – möglichst wissenschaftlich abgesicherte – Verfeinerung der Auswahlkriterien.[111] Der Verein, in dem Robert Bosch selbst den Vorsitz führte, verstand sich auch als Katalysator zur Bündelung vergleichbarer Förderinitiativen. Erstmals kam hier die Überlegung auf, vorhandene Ausbildungsstiftungen und Begabtenförderungswerke listenmäßig zu erfassen, sie namentlich bekannt und damit zugänglich zu machen, schließlich Kooperationen zwischen Stiftungen in die Wege zu leiten. Das waren für den damaligen Entwicklungsstand des Stiftungswesens bahnbrechende Bemühungen. Sie zielten auf Professionalisierung, Öffentlichkeit der Fördertätigkeit, auf Senkung des Steuerungsaufwands durch Bündelung und Partnerschaft mit gleichgerichteten Bestrebungen.

Akzeptanz und Wirkung, innovatives Potential und Erfolge einer Stiftung gründen sich nicht allein auf ihre funktionale Effizienz. Der Verein zur Förderung der Begabten ging auch in der Bestimmung seiner Zielgruppen neue Wege. Bei den in der Startphase geförderten 27 Antragstellern waren Universitätsstudenten mit 13% auffallend gering vertreten. Ein etwas höherer Anteil entfiel auf Studierende der Technischen Hochschule. Ganz überwiegend waren die Stipendiaten, zwischen 14 und 26 Jahre alt, junge Leute, die eine technische Fachschule oder eine gewerbliche, zum Teil auch kunstgewerbliche Ausbildung anstrebten. Nimmt man hinzu, dass Robert Bosch diese Förderpraxis abrundete durch Spenden für Forschungsvorhaben an die «Württembergische Gesellschaft zur Förderung der Wissenschaften», dass dem Verein später eine Stiftung zur Förderung von Musikschülern beitrat, dann ergibt sich eine erstaunliche Bandbreite der Unterstützungsbemühungen. Damit wurde auf unkonventionelle Weise die herkömmliche Zielgruppe künftiger Akademiker in bildungsbürgerlichen Berufsfeldern erweitert und damit auch mehr Chancengerechtigkeit in der Bildungslandschaft angestrebt.[112] Auffällig war auch, dass die Ziele des Vereins dem damals von den militärischen Instanzen nachdrücklich geförderten Gedanken der Wehrertüchtigung der jungen Männer fernstanden. Insofern war diese Form der Begabtenförderung auch ein Zeichen für die Kontinuität zivilgesellschaftlicher Strukturen mitten im Weltkrieg.

Das galt auch für das Feld der Erwachsenenbildung. Ein Ansatz für konkrete Schritte war hier die Verbindung zwischen Hans Walz und Philipp Stein, dem Sekretär des Instituts für Gemeinwohl, das der Unternehmer und Stifter Wilhelm Merton in Frankfurt a. M. schon 1890 gegründet hatte.[113] Merton stand wie Robert Bosch für ein weltweit erfolgreich agierendes Unternehmen und hatte parallel zu seinem wirtschaftlichen Aufstieg einen veritablen gemeinnützigen Konzern für soziale und bildungsorientierte Ziele aufgebaut. Der Austausch zwischen seinem Mitarbeiter Philipp Stein und Hans Walz lag nahe, da ihre Chefs als Stifter auch methodisch verwandte Ziele verfolgten: die Systematisierung des Stiftens, die mittelschonende Bündelung von gemeinnützigen Initiativen, die Professionalisierung des Personals und die Sicherung von Nachhaltigkeit durch Beratung der Hilfesuchenden und durch Kontrolle der Ergebnisse.

Bosch betrachtete die Bildungslandschaft seinerzeit mit einiger Skepsis. Das lag nicht nur an seinem nahe liegenden Interesse, hochqualifizierte Facharbeiter und Techniker für sein Unternehmen zu gewinnen, was das Schulsystem in seinen Augen nicht hinreichend gewährleistete. Vor allem hegte er starke, wenngleich nicht öffentlich geäußerte Vorbehalte gegenüber dem hierarchischen Aufbau des Schulsystems und der monopolartigen Stellung des humanistischen Gymnasiums für viele künftige Führungspositionen und die freien Professionen. Noch in den späten 20er Jahren spendete er einem Zeitungsartikel in der sozialdemokratischen «Schwäbischen Tagwacht» mit dem Titel «Höhere Schulen garantieren keinen Aufstieg in Industrie und Handwerk» Beifall.[114]

Dabei wird man bei Robert Bosch nicht auf Affekte gegen eine gediegene klassische literarische Bildung stoßen, wohl aber – und dies war der demokratisch-egalitäre Kern seiner Haltung – auf Ablehnung des Berechtigungswesens, das Weiterqualifizierung und beruflichen Aufstieg weithin von formalen Bildungsabschlüssen abhängig machte und insofern in der Tendenz nicht Dynamik und Aufstiegsmobilität begünstigte, sondern in seinen Augen «Bildungshochmut» und eine quasiständische Privilegierung durch die hohe Selbstrekrutierungsquote des Bildungsbürgertums. In diesen Anschauungen traf sich Robert Bosch mit Theodor Bäuerle, den ihm Phillip Stein als Berater und Mitarbeiter für Bildungsfragen empfahl. Bäuerle hatte sich als Sohn eines Sattlermeisters zum Volksschullehrer hochgearbeitet, war Seminaroberlehrer und 1908 mit gerade 26 Jahren vom württembergischen Kultusminister in eine Kommission berufen worden, die Lehrpläne für Lehrerbildungsanstalten zu erneuern hatte. Da ab 1910 der erfolgreiche Abschluss der Volksschullehrerausbildung dem Abitur gleichgestellt wurde, konnte Theodor Bäuerle 1911/1912 an der von Merton geschaffenen Akademie für Sozial- und Handelswissenschaft in Frankfurt am Main Sozialökonomie, Sozialwissenschaften und Philosophie studieren. Der Vorsitz in einem evangelischen Arbeiterverein in Stuttgart lässt auch erkennen, dass er mit der gesellschaftlichen Programmatik Friedrich Naumanns in Berührung kam, der in den 90er Jahren Impulsgeber und Integrationsfigur für viele Vereine dieses Typs war.[115] Bäuerle verstand sich als entschiedener Sozialreformer. Zu seinen intellektuellen Schlüsselerlebnissen gehörten das Studium der Schriften von Johann Heinrich Pestalozzi und eine Begegnung mit Georg Kerschensteiner. Die reformpädagogischen Ideen Pestalozzis und die von Kerschensteiner propagierte polytechnische Erziehung, das Ideal der Persönlichkeitsbildung, die Abkehr von Zwang und Drill im Unterricht, die Hinwendung der Pädagogik zu den Talenten, Stärken und Interessen der Schüler, Anschaulichkeit des Unterrichts durch Exkursionen, die Schichten und Konfessionen übergreifende Grundschule, damals alles andere als selbstverständlich, die Einrichtung von Förderklassen – das waren im Umriss seine pädagogischen Ziele.[116]

Theodor Bäuerle trat nach der Revolution der linksliberalen Deutschen Demokratischen Partei bei. Für die bildungsbezogenen Überlegungen von Robert Bosch war er auch insofern ein kongenialer Berater und Partner, als er nachdrücklich dafür plädierte, die achtjährige Volksschule um eine ausgebaute dreijährige Fortbildungsschule zu ergänzen, womit er zu einem der Vordenker der Berufsschule wurde.[117] Ein Ansatzpunkt für erweiterte Bildungschancen war die Erwachsenenbildung, die im wilhelminischen Deutschland auf eine gewisse Tradition zurückblicken konnte. Neue Anregungen, Ideen und Ansätze gingen von dem dänischen Volkshochschulpionier Nikolai Grundtvig aus, der seit der Mitte des 19. Jahrhunderts in Dänemark ein Netz von Heimvolkshochschulen auf den Weg gebracht hatte. Für diesen Ansatz war zentral, die autoritätsbetonte Distanz zwischen Lehrenden und Lernenden abzubauen, Dialog, Austausch und gemeinsame Arbeit an praktischen Aufgaben in den Mittelpunkt zu stellen.[118] Bei den Trägern und Theoretikern der Erwachsenenbildung und auch des Bibliothekswesens im Kaiserreich entbrannte eine sehr grundsätzliche Kontroverse, die bis zum Ende der Weimarer Republik nicht wirklich zur Ruhe kommen sollte. Sollte man, wie die Angehörigen der «Neuen Richtung» schon vor dem Weltkrieg forderten, aktiv auf die Lernenden mit ihren Fragen, ihrem Bildungshorizont und ihren Orientierungsbedürfnissen zugehen und im dialogzentrierten Unterricht gemeinsame Antworten auch zu kontroversen Fragen der Zeit erarbeiten? Oder – dies war die Position der etablierten Träger der Erwachsenenbildung und des Büchereiwesens – sollte es vornehmlich um die Weitergabe akademischen Wissens durch Vortrag und Unterweisung an bildungsferne Zuhörer gehen? Hier waren gesellschaftspolitische Grundpositionen im Spiel,

Theodor Bäuerle, 1952

die ein Befürworter der von Grundtvig formulierten Idee eines partizipativen Unterrichtsgeschehens zugespitzt auf den Begriff brachte: «Die Volkshochschule verhält sich zur alten Volksbildung wie Genossenschaftssozialismus zur bürgerlichen Caritas.»[119] Theodor Bäuerle hatte als entschiedener Anhänger der «Neuen Richtung» in der Erwachsenenbildung gewiss kein elaboriertes gesellschaftliches Ordnungsbild nach den Maßstäben des modernen Verfassungsstaates entwickelt. Sein Plädoyer für durchlässige Bildungswege, für lebenslanges Lernen und dialogische Unterrichtsformen mischte sich unbekümmert mit ständischen Denkfiguren, aber auch mit der Metaphorik der sozialen Versöhnung, wie sie etwa in den Schriften Walther Rathenaus anzutreffen war.[120] Es gab zwischen ihm und Robert Bosch aber einen hinreichenden Vorrat gemeinsamer Ziele auf dem Weg zu einem breit gefächerten System andragogischer Initiativen, wobei der Unternehmer und Stifter allerdings kein Interesse daran zeigte, sich für den Aufbau eines besonderen Volkshochschulwesens für die Landbevölkerung zu engagieren. Es sei nicht die Aufgabe der Erwachsenenbildung, «die Menschen vollzutrichtern mit allen möglichen Dingen, die mechanisch gelernt werden, um ein Examen zu bestehen». Es ging ihm vielmehr um «die Zusammenhänge zwischen den geschichtlichen, wirtschaftlichen und rein menschlichen Dingen», schließlich um «die Fähigkeit, die Wirklichkeit zu sehen und dementsprechend zu handeln», denn Bildung mache «frei», auch gegenüber «Irrlehren».[121]

Am 1. Mai 1918 gründete Robert Bosch schließlich den «Verein zur Förderung der Deutschen Volksbildung», gemeinsam mit Hans Walz, mit seinem Anwalt und mit dem Stuttgarter Oberbürgermeister Lautenschlager. Der Vorstand unter Boschs Leitung bestellte Theodor Bäuerle zum Geschäftsführer und formulierte als Ziel die Förderung der pädagogischen Forschung auf dem Gebiet der Erwachsenenbildung, die Schulung geeigneter Dozenten, die Bündelung von gleichgerichteten Initiativen, sowie die Ausdehnung der Erwachsenenbildung auf Theater, Musik, Kino und Bildende Kunst.[122] Er finanzierte den Verein in sehr erheblichem Umfang, sorgte dafür, dass ihm nach dem Krieg das Restvermögen der «Kriegshilfe für Industrie und Handel» zufließen konnte, bestand im Übrigen aber darauf, dass die von ihm bereitgestellten Fördermittel in mindestens gleicher Höhe von Seiten des Staates ergänzt würden. Die wiederholt sehr prekäre finanzielle Lage des Vereins, der in der Republik mit der Einrichtung mehrerer Fachabteilungen einen expansiven Kurs verfolgte, und schließlich seine Zerschlagung unter der NS-Herrschaft sollten den Stifter später noch eingehend beschäftigen. Für die Position des Vereins und seines Gründers im politischen Meinungsspektrum der Republik war aufschlussreich, dass seine parlamentarischen Befürworter im württembergischen Landtag aus den Reihen der Sozialdemokraten und der Linksliberalen kamen.[123]

Kriegsgewinne für Stiftungen zu mobilisieren, das Handeln nach Kategorien der Normalität einer Bürgergesellschaft nicht aufzugeben und Strukturen zu schaffen, damit diese Normalität eine Chance hätte, war eine Sache. Dem Krieg einen Sinn zu geben oder ihn doch intellektuell irgendwie zu verarbeiten, sich einen informierten Überblick zu verschaffen und das Nachdenken über einen friedlichen Ausweg aus dem Grauen waren etwas anderes. Immer wieder tauchte in den Briefen von Robert Bosch an seine Frau und an einen schwedischen Geschäftsfreund die Friedensfrage auf. Im September 1914 hatte er seine Position abgesteckt: Der Friedensschluss würde «eine sehr schwere Sache». «Bestimmtheit» und «Mäßigung» zugleich seien erforderlich für einen stabilen Frieden.[124] Im August 1916 meinte er «von der Front» und «im Auswärtigen Amt» gehört zu haben, «dass der Krieg nicht mehr lange dauern werde». Aber weiterhin hielt er einen Friedensschluss für «schwierig».[125] Ein Jahr später rechnete er mit «Frieden noch in diesem Jahr», offenbar in der Annahme, dass Frankreich weitere Opfer an Soldaten nicht mehr verkraften könne und «die vollständige Anarchie in Russland» nach dem Sturz des Zaren auch im Osten den Frieden bringen würde.[126] Im November hatten sich seine Hoffnungen wieder zerschlagen. Jetzt mochte er an «eine rasche Beendigung des Krieges» nicht mehr glauben, klammerte sich aber zugleich an die Möglichkeit, der Friede könne «natürlich ebenso wohl über Nacht» kommen.[127]

Das war vor dem Hintergrund des längst erfolgten Kriegseintritts der Vereinigten Staaten illusionär, auch angesichts der chaotisch anmutenden Entscheidungsstrukturen in Berlin, des erratischen Verlaufs der Kriegszieldiskussion und der irreführenden Kriegsberichterstattung, die auch einem politisch gut vernetzten Unternehmer kaum einen Überblick über die militärische Situation ermöglichten. Kriegsgewinne in Stiftungen zivilgesellschaftlich fruchtbar zu machen, kann insofern auch als Versuch gelesen werden, bürgerliche Wertmaßstäbe, Rationalität und zukunftsgerichtetes Denken in einer denkbar irrationalen sozialen Umwelt in den erhofften Frieden hinüberzuretten. Der liberale Religionsphilosoph Ernst Troeltsch, gewiss ein leidenschaftlicher Patriot, aber doch nachdenklich und keineswegs dem Chauvinismus zugeneigt, sah im Weltkrieg mit seinen gesellschaftlichen und mentalen Folgen den Kollaps der vertrauten bürgerlichen Ordnung: «So zerbrechen auch uns heute alle rationellen Berechnungen. Alle Kurszettel und Kalkulationen, die Versicherungen und Zinsberechnungen, die Sicherstellungen gegen Unfälle und Überraschungen, der ganze kunstreiche Bau unserer Gesellschaft hat aufgehört, und über uns allen liegt das Ungeheure, das Unberechenbare, die Fülle des Möglichen.»[128]

Der Sinn und die Ziele des Krieges

Ein konkretes Kriegsziel war von Anfang an nicht wirklich auszumachen, und die politische Führung hat bis zum Ende des Krieges nie die Deutungshoheit über seinen Sinn errungen. Die Reichsleitung untersagte mit Ausbruch des Krieges die öffentliche Erörterung der Kriegsführung und der Kriegsziele. In der Innenpolitik hatte der Reichskanzler versucht, durch die Ankündigung eines Reformschubs den Erwartungen der Sozialdemokratie und der Gewerkschaften entgegenzukommen. Sich deren Loyalität zu sichern, schien im Zeichen des Burgfriedens für Politik und Kriegsführung überlebenswichtig. Diese im Dezember 1914 angekündigte «Neuorientierung» versprach zwar Verbesserungen in der rechtlichen Stellung der Sozialdemokratie und der Gewerkschaften und eine überfällige Korrektur schikanöser Gepflogenheiten, was sicher auch im Sinne von Robert Bosch war. Allerdings fehlte dem angekündigten Maßnahmenbündel das entscheidende Element: Die verbindliche Zusage, das preußische Landtagswahlrecht zu demokratisieren, das anachronistische Dreiklassenwahlrecht also durch Bestimmungen nach dem Vorbild des Reichstagswahlrechts (für Männer) noch im Kriege zu ersetzen.[129] Für Anhänger einer reformorientierten Politik im Sinne eines sozialen Liberalismus, wie sie Friedrich Naumann vor dem Krieg propagiert hatte, war diese Politik der halbherzigen Ankündigungen eine erhebliche Zumutung. Gleichwohl gab Naumann aus taktischen Gründen die Parole aus, innenpolitische Streitfragen im Kriege zunächst ruhen zu lassen. Sein geflügeltes Wort von einem «Programm des formlosen Vertrauens»[130] besagte, dass es jetzt nicht opportun sei, die Regierung mit offen vorgetragenen Reformforderungen unter Druck zu setzen.[131] Das entsprach Robert Boschs Einschätzung der politischen Lage. Bei aller Distanz zur Politik des Reichskanzlers war er doch bereit, ihm Glaubwürdigkeit und moralisch vertretbare Absichten zu bescheinigen.[132] Naumanns Bekenntnis zum Burgfrieden und damit zur inneren Geschlossenheit der Nation bedeutete indes keine Zustimmung zu anhaltender Reformverweigerung. Fragen der «Neuorientierung» in der Innenpolitik waren in der öffentlichen Debatte immer auch mit der Kriegszielfrage verknüpft. Jede Initiative zur Verfassungsreform und eine Lockerung der Zensurbestimmungen würden auch die Befürworter eines kompromisslosen Siegfriedens mit weitreichenden Annexionsplänen auf den Plan rufen und ihnen im politischen Massenmarkt wirkungsvolle Plattformen bieten. Demokratisierung konnte auch die Schleusen für bedenkenlosen Populismus öffnen. Naumann packte das Grauen angesichts der bedenkenlosen Agitation, die sich in einem «förmlichen Denkschriftenkrieg»[133] entlud: «Was die Eröffnung der Debatte über Kriegsziele anbelangt, so bin ich noch immer der Meinung, dass es besser ist, die Freigabe der Debatte weiterhin hinauszuschieben, und zwar nicht um Kritik und Besorgnis zu hindern, sich auszusprechen, sondern im Gegenteil, um die Fülle maßloser und übertriebener Projekte einigermaßen hemmen zu können. Wenn ich alleine schon denke, welche unglaublichen Vorschläge und Anträge teils an mich persönlich, teils an den Kreis unserer Partei herankommen, so würde ich es für ein Unglück halten, wenn alles dieses nun auch veröffentlicht werden dürfte. Die mühsam geschonte Haltung sämtlicher neutraler Staaten würde durch Freigabe der Kriegsziele sofort in Frage gestellt, denn es existiert bei uns eine tolle Leichtfertigkeit, die Landkarte verändern zu wollen und kleine Staaten als Untergebene zu behandeln.»[134] Robert Bosch, der in diesen Monaten im Austausch mit Naumann stand, schrieb in diesem Sinne an seine Frau: «In Wirklichkeit kann es sich doch nicht darum handeln, dass wir noch mehr erobern, als wir schon haben, dagegen haben die Engländer doch unsere Kolonien, und um diese wiederzubekommen, müssen wir eben Belgien wieder zurückgeben, wenn man auch gewisse Bedingungen stellen wird, die Vorkommnisse wie die letzten vermeiden sollen. Aber schwierig wird der Friedensschluss werden.»[135] Diese gemäßigte Haltung der Naumannianer war das Gegenteil einer Politik, die eine Freigabe der Kriegszieldiskussion, die Erweiterung der Parlamentsrechte mit «Großspurigkeit» in der Kriegszielfrage verknüpfte. Diese wachse «mit der Entfernung vom Kriegsschauplatz».[136] Das war eine Diagnose, die auf Gustav Stresemann gemünzt war, der die populistische Verbindung von Annexionismus und innerer Liberalisierung mit Nachdruck in der Führung der Nationalliberalen Reichstagsfraktion vertrat und dem der Stuttgarter Unternehmer bis in die Spätphase der Weimarer Republik wegen «seiner Vergangenheit» mit einem gewissen Misstrauen begegnete.[137]

Robert Bosch lag daran, mäßigend und aufklärend auf die Meinungsbildung in den Führungseliten einzuwirken, um Plattformen zu fördern, auf denen auch antagonistische Positionen ausgetauscht, die Debatten über den Sinn des Krieges, seine Ziele und die überfällige Reform des Reiches jenseits des Denkschriftenkrieges ausgetragen werden konnten. Dem Denkschriftenkrieg um die Kriegsziele, von dem er sich fernhielt, lag noch eine andere, im politischen Spektrum ungleich gewichtigere Interessenkonstellation zugrunde. Während Gustav Stresemann für einen Flügel der Nationalliberalen Partei stand, der Schritte zur Modernisierung des politischen Systems wie die Beseitigung des preußischen Dreiklassenwahlrechts mit einem aggressiven Programm weitreichender Annexionen verband,[138] also einen «Machtfrieden» mit inneren Reformen verknüpfte, ging es anderen Propagandisten eines Siegfriedens auf der Basis territorialer Ausdehnung um die Stabilisierung der bestehenden Ordnung. Hier wurde ein Siegfrieden nicht nur als Lohn militärischer Anstrengungen imaginiert, ein solcher Frieden mit imperialen Eroberungen sollte auch den inneren Reformstau gleichsam abblenden und soziale Gegensätze ein für alle Mal planieren. Alfred Hugenberg, dem Robert Bosch politisch denkbar fernstand,[139] benannte diesen Zusammenhang ganz unverblümt: «Denn wenn dieser Krieg für Deutschland nicht mit einem großen Erfolge, nicht mit einem großen Gewinn, nach allen Seiten ausläuft, der dem Volke diese großen Aufgaben stellt, dann werden die Verhältnisse nach dem Kriege noch weit schwieriger werden, als sie vorher je waren. Die Arbeiter, die aus dem Kriege zurückkommen, werden mit großen Ansprüchen an die Arbeitgeber herantreten, und wenn nicht auf der Grundlage eines großen Zuwachses an Gebiet und wirtschaftlicher Kraft auf dem Gebiete der Lohnfrage in weitherziger Weise verfahren werden kann, dann wird es zwischen Arbeitgebern und Arbeitnehmern einen fürchterlichen Kampf geben, der die größten Schäden im Gefolge haben wird. Denn der Wandel gewisser Arbeiterkreise in Bezug auf ihre nationalen Anschauungen beseitigt noch keineswegs die sozialen Gegensätze.»[140]

Eine Denkschrift der Wirtschaftsverbände vom März 1915 dokumentierte die kriegszielpolitischen Grundsätze des Zentralverbandes deutscher Industrieller, des Bundes der Landwirte als des Repräsentanten des Großgrundbesitzes, der nachträglich der Aktion beitretenden Christlichen Deutschen Bauernvereine, des Bundes Deutscher Industrieller und des Reichsdeutschen Mittelstandsverbands. Das war ein Bündnis, das schon vor dem Krieg als «Kartell der schaffenden Stände» in Erscheinung getreten war und schon im letzten Friedensjahr Forderungen anmeldete, die man als Kontrastprogramm zu einer sozial-liberalen Reformpolitik sehen kann. Vor dem Krieg eher ein «Papiertiger»[141] anachronistischen Zuschnitts, vertrat dieses Bündnis der Verbände jetzt in engem Schulterschluss mit dem Alldeutschen Verband einen ausufernden territorialen und wirtschaftlichen Wunschkatalog: die vollständige Beherrschung Belgiens, die Annexion französischen Territoriums an der Kanalküste, das strategisch wichtig Eisenerzbecken im französischen Lothringen, umfangreiche Reparationen sowie ein Kolonialreich in Mittelafrika.[142]

Aber auch die Wissenschaft fühlte sich berufen, in die Kriegszieldiskussion einzugreifen. Taktische Rücksichtnahme, wie sie Naumann vertrat, um die Regierung nicht zusätzlich unter Druck zu setzen und die Erwartungen in der Öffentlichkeit durch die Komposition umfangreicher Wunschkataloge nicht zusätzlich zu steigern, waren der Hochschullehrerschaft mehrheitlich fremd. Wenige Monate nach der Eingabe der Wirtschaftsverbände formulierten 1347 Professoren ähnlich aggressive Ziele, also ausgreifende Gebietsansprüche und koloniale Erwerbungen. Diese «Intellektuelleneingabe» mündete in eine offene Drohung an die Adresse der Regierung ein: «Ein Staatsmann, der ohne das mit Strömen deutschen Blutes gedüngte Belgien, ohne starke Grenzverschiebung nach Westen und Osten, ohne hohe Kriegsentschädigung, vor allem aber ohne die rücksichtsloseste Demütigung Englands heimkehrte, er müsste nicht nur schlimmste Unzufriedenheit der unteren und mittleren Klassen über den Steuerdruck, er müsste bis hoch in die führenden Kreise hinein eine Verbitterung erwarten, die den inneren Frieden gefährden würde, ja an die Grundfesten der Monarchie rühren könnte.»[143]

Dies war in der Tat das Dilemma: Die erklärte Absicht, am Ende des Krieges zum Status quo ante zurückzukehren, würde die Kriegsgegner ermutigen und die Euphorie maßgeblicher Führungsschichten und breiter Schichten des Volkes in sich zusammensacken lassen. Ein Bekenntnis zu einem Programm der Eroberungen würde umgekehrt den Burgfrieden sprengen und die Sozialdemokratie, aber auch erhebliche Teile des Linksliberalismus dazu treiben, ihre Loyalität gegenüber der politischen Führung aufzukündigen. Dies war nun auch der Wendepunkt, an dem Robert Bosch seine öffentliche Zurückhaltung in der

Kriegszielfrage aufgab. Gegen die «Intellektuelleneingabe» formierte sich Widerspruch in der akademischen Welt, die in eine Gegeneingabe einmündete, die es allerdings auf zunächst nur 90, später dann auf 141 Unterzeichner brachte. Ihre maßgeblichen Initiatoren waren Hans Delbrück, der Herausgeber der Preußischen Jahrbücher, Theodor Wolff, der Chefredakteur der Liberalen Berliner Zeitung, Bernhard Dernburg, vormals Staatssekretär des Reichskolonialamts, und der linksliberale Sozialökonom Lujo Brentano, eine Gruppierung, die aufschlussreich für die politische Grundorientierung von Robert Bosch im Weltkrieg ist.

Die als Delbrück-Wolff-Dernburg-Petition bekannt gewordene Eingabe beschwor zunächst die Prämissen des Burgfriedens: Deutschland sei «in den Krieg nicht mit der Absicht auf Eroberung gegangen, sondern zur Erhaltung seines von der feindlichen Koalition bedrohten Daseins, seiner nationalen Einheit und seiner fortschreitenden Entwicklung». Entschieden bekannten sich die Autoren «zu dem Grundsatz, dass die Einverleibung oder Angliederung politisch selbständiger und an Selbständigkeit gewöhnter Völker zu verwerfen» sei. Zwar wurden Grenzkorrekturen nicht vollständig ausgeschlossen, die Denkschrift betonte aber auch, dass solche sicherheitspolitischen Schritte nicht zu Annexionen «auf Umwegen» führen dürften.[144] Die Denkschrift, der sich Robert Bosch ohne Einschränkung anschloss,[145] war als Flankenschutz für den Reichskanzler gedacht, wurde ihm in gedruckter Form überreicht, durfte aber wegen der geltenden Zensurbestimmungen nicht veröffentlicht werden. Ihre Publikation erfolgte erst im Juli 1917, lange nachdem die Debatte über die Kriegsziele freigegeben worden war.[146]

Robert Bosch bewegte sich mit seiner Zustimmung zu den Zielen der Delbrück-Gruppe in einem Ideenkreis, den Max Weber als Mitunterzeichner der Eingabe wenige Monate später umrissen hat: «Jegliche Annexions- und Vergewaltigungspolitik an der Westgrenze führt uns in eine Verwicklung von Todfeindschaften, welche unsere Macht für die Lösung der Probleme des Ostens dauernd lähmen.»[147] Zu den Bedingungen eines Friedens im Osten hat sich Robert Bosch nicht direkt geäußert. Eine Konstante seines politischen Denkens war hier jedoch bündig benannt: Mochte der Krieg noch so erbittert ohne Aussicht auf baldigen Frieden andauern, nie dürfe politisches Handeln in eine Strategie der verbrannten Erde umschlagen und alle Brücken hinter sich abbrechen. Es ist offensichtlich, dass der Kriegszielstreit mit seiner

Preisgabe bürgerlich-liberaler Normen auf dem Feld der internationalen Beziehungen, seiner Agitation gegen eine vermeintlich zu schlappe Regierung, überhaupt die Entfesselung nationalistischer Emotionen und der Verlust von Augenmaß und Mäßigung gegenüber den europäischen Nachbarn bei Robert Bosch Spuren hinterlassen und ihn für spätere Anläufe zum Interessenausgleich und zur grenzüberschreitenden Verständigung geprägt hat. Ein gleichermaßen geopolitisch und sozialimperialistisch geprägtes Nachdenken über Räume, ihren Besitz oder ihre Annexion berührte ihn ganz offensichtlich nicht.[148] Als Unternehmer war er daran gewöhnt, Grenzen durch Exporte oder Auslandsinvestitionen zu überspringen. Als Liberaler stand er den Überlegungen der Annexionisten denkbar fern, zu deren Plänen immer auch gehörte, die Bevölkerung in eroberten Gebieten unter deutsche Herrschaft zu zwingen.

Publizisten und bis dahin international hoch angesehene Hochschullehrer entfesselten auch eine Debatte über den tieferen Sinn des Weltkrieges. Das ging einher mit einer symbolischen Dramatisierung eines besonderen deutschen Weges in die Moderne und der moralischen Abwertung der Nachbarvölker, kulminierend in der absurden, aber überaus einflussreichen Gegenüberstellung «deutscher Helden» und «englischer Händler».[149] Der technische Fortschritt, von nicht wenigen Intellektuellen vor dem Krieg als Ursache von Orientierungslosigkeit und gesellschaftlicher Instabilität betrachtet, für Robert Bosch der Motor für Wohlstand und sozialen Ausgleich, wurde für Werner Sombart in Ermangelung von rationalen Zielen jetzt zum Retter in einer geistigen Sinnkrise: «Die 42-cm-Mörser, die feldgrauen Uniformen, die Bomben werfenden und auskundschaftenden Apparate, die Unterseeboote haben uns wieder einen Sinn des technischen Fortschritts offenbar gemacht. [...] Alles, sage ich, was vorher sinnlos erschien, hat wieder Sinn und Bedeutung bekommen, seit sich sein Wert von einem höheren, einem für uns höchsten Werte ableiten lässt.»[150] Für Thomas Mann schmolz das Verhältnis zu den Nachbarn am Rhein auf den Gegensatz von französischer Zivilisation und deutscher Kultur zusammen.[151]

Auch die Geistlichkeit beider Konfessionen wurde nicht müde, in Predigten und durch eine anschwellende Flut von Broschüren den universalistischen, eben alle Nationen umspannenden Geist der christlichen Botschaft im nationalistischen Sinne auszudünnen und das Schicksal des Reiches exklusiv mit dem göttlichen Heilsplan zu verknüpfen. Es war charakteristisch für seine Zurückhaltung gegenüber jeglicher Emotionalisierung der öffentlichen Meinung, dass für Robert Bosch die Förderung einschlägiger Traktate nicht in Betracht kam. Als ihm der Stuttgarter Stadtpfarrer seine Ausarbeitung über «Die Größe der Gegenwart» zuleitete, begnügte er sich mit einer knappen Empfangsbestätigung durch sein Privatsekretariat.[152] Schon 1914 hat er einen Geschäftspartner wissen lassen: «Ich halte es nicht für zweckmäßig, als Kaufmann und namentlich als Kaufmann, der im Ausland Geschäfte machen will, öffentlich in Patriotismus zu machen. Die Vaterlandsliebe ist eine Sache, die sehr häufig mit dem Geschäft schwer zu vereinbaren ist, und ich halte es nicht für richtig, als Kaufmann nationale Leidenschaft anzustacheln [...] Wir wollen doch nach Friedensschluß wieder überall Geschäfte machen.»[153] Er wies aber auch Versuche zurück, Mäßigung und Besonnenheit als unpatriotisch zu diffamieren: «Es ist nicht richtig, wenn man jemand angreift und sein Deutschtum verdächtigt, wenn er einer anderen Ansicht zuneigt, als der, welche man selbst hat.»[154]

Nüchterne Beobachtung der politischen Landschaft war ihm indes nicht genug. Als Stifter war Robert Bosch bereit, seinen Beitrag zur Versachlichung der Debatte um Kriegsziele und innenpolitische Reformanstöße zu leisten. Warum sollte seine Devise, man müsse sich stets über gegensätzliche Interessen jenseits von Demagogie offen aussprechen können, nicht auch in politischen Streitfragen gelten? So knorrig, mitunter aufbrausend und brüsk er erscheinen mochte, zeitlebens blieb für ihn gerade auch in politischen Zusammenhängen das Motiv bestimmend, immer wieder nach Gesprächsfäden Ausschau zu halten und den Dialog nicht abzuschneiden. Mit seiner maßgeblichen Förderung entstand daher am 28. November 1915 in Berlin die «Deutsche Gesellschaft 1914». Kurzerhand kaufte er in Berlin das ansehnliche Pringsheimsche Palais in der Wilhelmstraße, stiftete die Mittel für die Innenausstattung und erklärte sich bereit, für Bewirtungskosten aufzukommen. Die Deutsche Gesellschaft 1914 war im Spektrum der Reichshauptstadt durchaus ein Novum, eine Art Ersatzinstitution für freie öffentliche Kommunikation, die unter den Bedingungen des Belagerungszustands, angesichts vielfach behördlich manipulierter Presseberichterstattung und der mit konspirativen Methoden betriebenen Kriegszielagitation weitgehend verzerrt oder gar planiert war. Sie war nicht die Vorform einer politischen Partei oder gar die Filiale eines Interessenverbandes. Sie knüpfte damit an eine frühliberale Tradition an, die für Räsonnement und freie Aussprache in einem geschützten Ambiente stand. Der Name knüpfte bewusst an das «Augusterlebnis» an, den Burgfrieden und das Versprechen klassenübergreifender Solidarität angesichts der äußeren Bedrohung und absehbarer materieller Not. Die «Aussprache von Mensch zu Mensch», die Walter Rathenau in einem Einladungsbrief als Zweck der neuen Gesellschaft umschrieb, sollte nicht «natürliche Gegensätze und Parteiungen aller Art [...] verschleiern», den Burgfrieden also ausdrücklich nicht als obrigkeitlich verordnete Gemeinschaft erhalten, sondern durch die Pluralität der Meinungen aus Politik, Wissenschaft und Kunst lagerübergreifend und aufklärend wirksam werden lassen.[155]

Bewusst war die Mitgliedschaft nicht an Ämter und Titel, sondern an Leistung und Sachverstand gebunden. Von Beginn an stand die Deutsche Gesellschaft 1914 Sozialdemokraten und Gewerkschaftern offen, in bürgerlich-aristokratisch geprägten Sozialkreisen der Hauptstadt durchaus ein Novum und Beleg für die Absicht der Gründer, die Milieugrenzen aufzuweichen und die politische Ausgrenzung der Arbeiterbewegung hinter sich zu lassen. Das galt in gleichem Sinne für die ganz selbstverständliche Inklusion zahlreicher jüdischer Mitbürger, in deutlichem Gegensatz zu dem im Weltkrieg offen demonstrierten Antisemitismus in der alldeutschen Agitation und bei militärischen Führungsstäben.[156] Schon im Frühjahr 1916 hatte die Gesellschaft 1200 Mitglieder, die nicht nur aus der Hauptstadt kamen. 600 weitere kamen bis 1917 hinzu.[157] Die Offenheit ihrer Struktur bescherte der Deutschen Gesellschaft bezeichnenderweise den Spott des Kaisers und der Konservativen, die in dieser Initiative nur «deutsche Vereinsmeierei» sowie «Eitelkeit und Wichtigtuerei» zu erkennen vermochten.[158] Die von Robert Bosch geförderte Deutsche Gesellschaft 1914, «eine Art Insel» zur «Förderung sozialer Interaktion zwischen den ‹nationalen› und den ‹unnationalen› Klassen bedeutete einen radikalen Bruch in der politischen Kultur Deutschlands», wie der amerikanische Historiker Jeffrey Verhey resümiert.[159] Sie wurde zum Sammelpunkt zahlreicher Unterzeichner der erwähnten Delbrück-Wolff-Dernburg-Denkschrift vom Juli 1915, bald aber auch zu einem bevorzugten Treffpunkt für Politiker, die in ihren Grundanschauungen mit Robert Bosch auf einer Linie lagen, und das sollte für die Verfassungsdiskussionen wichtig werden.

Schon wenige Tage nach Ausbruch des Kriegs hatte das Clubmitglied Eduard David vom rechten Flügel der Sozialdemokraten in seinem Tagebuch notiert: «Im Falle des Sieges, was wahrscheinlicher, gegenüber dem an der Spitze seines siegreichen Heeres zurückgekehrten *Hohenzollerkaiser* jeder Gedanke auf Revolution und Republik für unsere Lebenszeiten abgetan, also Modus vivendi mit der Monarchie notwendig. Neben der militärisch-nationalistischen Welle eine starke Welle demokratischer Gefühle; Anspruch der heimkehrenden Krieger auf staatsrechtliche Gleichberechtigung. Die preußische Wahlreform muss als Frucht gepflückt werden; um diesen Preis auch Konzessionen unsererseits an die monarchische Form. Parlamentarisch-demokratische Regierungsform unter monarchischer Spitze.»[160] Hier erscheint die Vision eines sozial-liberalen Reformwegs, wie ihn Friedrich Naumann vor dem Krieg unermüdlich vertreten hatte. Schon bei der Gründung der Deutschen Gesellschaft 1914 war diskutiert worden, der neuen Initiative den Namen «Politische Gesellschaft von 1915» zu geben, was auf einen wirklichen Neuansatz in der Innenpolitik verweisen sollte.[161] Der dann 1917 gebildete Interfraktionelle Ausschuss, eine Parlamentariergruppierung, die sich im Reichstag als Vorform der die Republik tragenden Weimarer Koalition aus Sozialdemokraten, Linksliberalen und katholischem Zentrum herausschälte und sich mit seiner Friedensresolution vom Juli 1917 zu einem «Frieden der Verständigung» und der «dauernden Versöhnung der Völker» bekannte,[162] bestand zu achtzig Prozent aus Abgeordneten, die als Mitglieder der Deutschen Gesellschaft 1914 in deren Räumen ihre politischen Ziele formulieren konnten. Conrad Haußmann, der mit Robert Bosch eng verbundene Führer der Württembergischen Linksliberalen, hatte im April 1917 bereits Umrisse und Programm einer entschiedenen Demokratisierung auf den Punkt gebracht: «Was geschaffen werden muss und von uns geschaffen werden muss, ist die Linke, die eine linksgerichtete Regierung stützen kann. [...] Also Hauptziel: Erleichterung der Bildung einer Linken, die gar nicht anders kann, als die Konsequenz aus ihrer Existenz zu ziehen [...]. Dem muss in der Fraktion, dem müssen Sie [gemeint ist Theodor Wolff] in der Presse vor Allem dienen, wissend, dass Verfassungsprogrammsätze, die sich wohl oder übel längst bekannter Formeln bedienen müssen, den Willen und die Phantasie des Volkes nach dem Weltkrieg weniger ergreifen, als die Erscheinung einer Fleisch und Blut gewordenen Linken, die Beweise volkstümlicher und staatsmännischer Zusammenarbeit gegeben hat.»[163] Nicht von ungefähr waren Conrad Haußmann und Robert Bosch auch die Gründer der Württembergischen Gesellschaft von 1918 in Stuttgart, die den lagerübergreifenden politisch-gesellschaftlichen Dialog auch in der Landeshauptstadt verankern sollte.

Die von Conrad Haußmann beschworene Formierung einer reformorientierten Mehrheit führte auch nationalliberale Mitglieder der Deutschen Gesellschaft 1914 zu der optimistischen Prognose, dass es gelingen müsse, Krone und Regierung unumkehrbar auf den Weg der Reform festzulegen. «Es ist» führte das Klubmitglied Paul von Schwabach im April 1917 aus, «sonnenklar, dass so oder so der Ruck nach links kommen wird, weil er kommen muss». Die Mittelparteien «könnten trotz Widerspruchs in ihren eigenen Reihen breite Volkskreise an sich ziehen, sogar aus dem konservativen Lager, wenn, was keineswegs aussichtslos ist, es glückt, die Krone zu gewinnen, indem man ihren Träger davon überzeugt, dass es für den Bestand der Monarchie vorteilhafter ist, mit dem Winde zu segeln, als einen aussichtslosen Kampf gegen die herrschende Strömung aufzunehmen.»[164] Schwabach schloss sich damit dem Tenor Friedrich Naumanns an, der ebenfalls Mitglied der Deutschen Gesellschaft 1914 war und an dem sich Robert Bosch auch in der Frage des Verfassungswandels orientierte.[165] Beide vertrauten darauf, dass ein evolutionärer Verfassungswandel mit dem Reichskanzler Bethmann Hollweg möglich sei. Naumann gab nach der Freigabe der Kriegszieldiskussion im November 1916 und angesichts verschärfter innenpolitischer Auseinandersetzung seine Zurückhaltung auf. Das «Programm des formlosen Vertrauens» war an eine Grenze gelangt. Er sprach jetzt, anknüpfend an eine für Linksliberale und Sozialdemokraten vielversprechende Grundsatzrede des Reichskanzlers, zugunsten einer «sozialen Monarchie»[166] von der «Unvermeidlichkeit der weiteren Demokratisierung».[167] In einem Brief an Bethmann Hollweg beschwor Naumann den zögerlichen Reichskanzler, die sofortige Einführung des Reichstagswahlrechts für den preußischen Landtag nicht länger zu verzögern.[168] In einer Aufsehen erregenden Reichstagsrede im Mai sprach er sich nun auch unzweideutig für einen Übergang zum parlamentarischen Regierungssystem aus. Das von Bismarck kunstvoll austarierte System einer monarchischen Kanzlerregierung stand und fiel ja mit den Verfassungsbestimmungen, die demokratisch legitimierte Parlamentarier von der Regierungsbank im Reich und in Preußen fernhalten sollten: Wer ein Ministeramt im Reich übernahm, musste sein Reichstagsmandat abgeben, und wer Verantwortung in der Regierung des Reiches trug, durfte nicht zugleich Mitglied des Bundesrats sein, dem Wortlaut der Verfassung nach der eigentliche Souverän des Reiches.[169]

Im Sommer 1917 bat das Reichsamt des Innern Friedrich Naumann im Vertrauen auf seine Formulierungsgabe um eine Denkschrift, die dazu beitragen sollte, «ausländischen Vorurteilen über Polizeistaat, Unfreiheit und Bevormundung» entgegenzuwirken.[170] Das Ergebnis, Naumanns vertrauliche Ausarbeitung über «die Freiheit in Deutschland»,[171] bewertete Robert Bosch als «klar und überzeugend».[172] Naumann unternahm hier den Versuch, «eine deutsche Freiheitslegende» zu entfalten,[173] indem er vor allem den evolutionären Weg der deutschen Verfassungsentwicklung, die beispielhafte Rechtsstaatlichkeit des Reiches betonte und den demokratischen Errungenschaften der Westmächte die Vorzüge des deutschen Interventionsstaates entgegenhielt. Gewiss wurde die Denkschrift damit auch Teil des Propagandakriegs, zielte sie doch besonders auf das Deutschlandbild in den neutralen Ländern, aber gerade deshalb ließ sich der Verfasser nicht zu aggressiven Tiraden gegenüber den politischen Ordnungen der Kriegsgegner hinreißen.[174] Mit seiner Denkschrift – und dies war bezeichnend für Akteure, die Reformwillen mit Loyalität verknüpfen wollten – saß Naumann, und mit ihm Robert Bosch, wenig später zwischen den Stühlen. Zu seiner Verärgerung verband der Reichskanzler Michaelis in einer Sitzung des Hauptausschusses des Reichstags seinen Dank an Naumann für die geleistete Arbeit mit höchst selektiven Zitaten aus dessen Schrift sowie mit der brüskierenden Feststellung: «Ich glaube, dass die Zeit jetzt nicht dazu da ist, um sich über Verfassungskämpfe, Änderung unseres Verfassungslebens eingehender zu unterhalten.»[175] Für Naumann und Bosch waren mit dieser Episode die Grenzen und Fallstricke qualifizierter Einflussnahme einmal mehr deutlich markiert worden.

Aber dass sich der Stuttgarter Industrielle in den Debatten um Frieden und Reformen – für einen Unternehmer im Weltkrieg untypisch – unmissverständlich positioniert hatte, sollte Folgen für seine politische Haltung und für seine Reputation in der Nachkriegszeit haben. Es ist schwer begründbar, ihm im Krieg eine geistige Nähe zu den «Ideen von 1914» zuzuschreiben, ebenso wenig der von Bosch sehr geschätzten Naumannschen Denkschrift über «Die Freiheit in Deutschland».[176] Was als «Ideen von 1914» kursierte, lief auf die hartnäckige Weigerung hinaus, in Deutschland eine parlamentarische Demokratie überhaupt zuzulassen. Die Verfechter dieser ideologischen Konstrukte priesen, wenn auch in unterschiedlichen Ausprägungen, eine spezifisch deutsche Sendung, verfestigten in ihren Traktaten vergängliche politische Konstellationen zu unverrückbaren Gegebenheiten und leiteten daraus Wesensbestimmungen ab, die die Überlegenheit der politischen und gesellschaftlichen Ordnung des Kaiserreichs belegen und damit den Status quo einfrieren sollten. Es ist schwer vorstellbar, dass sich Robert Bosch für diese kriegsbedingte Publizistik auch nur interessiert hätte. Nicht zufällig taucht der Begriff «Weltanschauung» oder ein anderes elaboriertes, philosophisch angereichertes gedankliches Gerüst in seinen überlieferten Äußerungen nirgendwo auf. Gewiss stößt man, wenig überraschend, auch bei ihm auf Gefühle des Grolls und der Verbitterung wegen des englischen Kriegseintritts auf der Seite der Entente. Aber daraus folgten keine Überlegungen, die in einen Kulturkrieg gegen das feindliche Ausland einmündeten. Das frühe Motiv in den Brautbriefen, dass sich die Maximen sinnhaften und ethisch verantwortbaren Handelns nicht durch Autoritäten verordnen lassen, sondern vielmehr Ergebnis der eigenen Reflexion sein müssen, hielt sich auch im Weltkrieg.

Der Deutsche Nationalausschuss

Mit der Unterstützung der Delbrück-Wolff-Dernburg-Petition hatte Robert Bosch Stellung bezogen. Er hatte erkannt, dass es im Streit um die Kriegsziele um den verbleibenden Handlungsspielraum der Regierung Bethmann Hollweg und damit letztlich um den Kopf des Kanzlers ging. Bethmann Hollweg versuchte, sich in seiner Reichstagsrede vom 5. Juni 1916 eindrucksvoll gegen die «Treibereien» annexionistischer Propagandisten zur Wehr zu setzen und sprach von «Piraten der öffentlichen Meinung», die den Burgfrieden weitgehend zerstört hätten. Dabei war er doch selbst schon im April vor dem Reichstag den hypertrophen Siegeserwartungen insofern ein Stück weit entgegengekommen, als er in recht allgemeinen Wendungen angekündigt hatte, dass bei einem Friedensschluss keine Rückkehr zum Status quo ante vorstellbar sei.[177] Aber dieser Vorstoß, dem sogar die Sozialdemokratie im Grundsatz nicht widersprach und mit dem der Kanzler, wohl entgegen seiner inneren Überzeugung, demonstrieren wollte, dass er ein «starker Mann» sei, war nicht wirklich geeignet, seine Position nachhaltig zu festigen. Hinter den Kulissen wurde deshalb auf Vorschlag von Matthias Erzberger und Ulrich Rauscher, einem Mitarbeiter der liberalen Frankfurter Zeitung, die Einrichtung einer regierungsnahen, offiziell aber selbstständigen Propagandazentrale gegen die alldeutsche Agitation in die Wege geleitet, in den Worten Erzbergers eine «umfangreiche Leibgarde der Regierung in der Kriegszieldiskussion».[178] Im Einvernehmen mit der Reichskanzlei und dem Auswärtigen Amt erschien Anfang Juli 1916 ein «Deutscher Nationalausschuss» auf der öffentlichen Bühne unter dem Vorsitz des für behutsame Reformen aufgeschlossenen Fürsten Wedel, des früheren Statthalters von Elsass-Lothringen. Zu den 20 Teilnehmern der Gründungsversammlung im Berliner Hotel Adlon gehörte neben zahlreichen Hochschullehrern und weiteren Industriellen auch Robert Bosch.[179] Sein Motiv zur Mitwirkung an der Initiative hatte er, wie wir sahen, in einem Brief an seine Frau umschrieben: «Der Friedensschluss wird ein recht schwieriges Stück Arbeit sein. Der Nationalausschuss will den Reichskanzler gegen die Leute unterstützen, die ihn der Wahlreform halber angreifen und zu Fall bringen möchten. Sie werfen ihm Schwäche vor, die alles aufs Spiel setze. In Wirklichkeit kann es sich doch nicht darum handeln, dass wir noch mehr erobern, als wir schon haben [...].»[180] Wenn er annahm, hier sei eine kraftvolle Aktion auf den Weg gebracht worden, die den Reichskanzler loyal unterstützen und die Stimmung in Richtung auf einen realistischen Friedensschluss und auf innere Reformen hin hätte drehen können, also etwa die öffentliche Meinung auf die von ihm für zwingend gehaltene Rückgabe Belgiens einzustimmen, dann liefen seine Hoffnungen letztlich ins Leere. Der Kanzler selbst setzte der Initiative enge Grenzen. Weder sollte der Deutsche Nationalausschuss Präzisierungen in der Kriegszieldiskussion öffentlich fördern, also etwa eine verbindliche Aussage zur Herausgabe Belgiens machen, noch war regierungsseitig erwünscht, dass aus seiner Mitte Forderungen zur innenpolitischen Neuorientierung kommen sollten: «Solange der Kampf an allen Fronten tobt, kann die Gestaltung eines die Zukunft des Reiches sichernden und seine Stärke mehrenden Friedens nur in allgemeinen Umrissen ohne Eingehen auf konkrete Forderungen und selbstverständlich ohne polemische Schärfe erörtert werden.»[181] Der Ausschuss war seiner Entstehung nach also eine von der Exekutive kontrollierte Initiative. Seine eigentümlich ambivalente Rolle beschrieb Ulrich Rauscher in der Gründungsphase: «Ein Komitee aus einflussreichen Persönlichkeiten werde «den Regierungsursprung der ganzen Angelegenheit völlig verdecken, da es sich als eine Organisation aus privater Initiative darstellt». Es wurde zwar «keinerlei gouvernementale Liebedienerei» angestrebt – das Programm sollte sich lediglich «nach allgemeinen Gesichtspunkten» richten, da ein «Regierungsprogramm» noch nicht spruchreif sei.[182]

Am 1. August sollten in 50 Städten Vorträge prominenter Persönlichkeiten stattfinden, um die Öffentlichkeit im Sinne der Regierung auf maßvolle Kriegsziele einzustimmen und die alldeutsche Propaganda zurückzudrängen.[183] Doch das Ergebnis der Kampagne fiel ernüchternd aus. Nur in Berlin und Leipzig erreichten Adolf von Harnack bzw. Friedrich Naumann ein größeres Publikum, in den anderen Städten waren die Auftritte der Redner nahezu bedeutungslos.[184] Unklare Zielsetzungen und die heterogene Zusammensetzung des Gründerkreises taten ein Übriges, um in der Öffentlichkeit ein diffuses Bild zu erzeugen. Das Spektrum der Redner umfasste Gegner einer Annexionspolitik, aber auch solche, die mit einer ernsthaften Neuorientierung in der Innenpolitik wenig im Sinn hatten. Auch kam, anders als Robert Bosch sich dies vorgestellt haben mag, hier keine Gruppierung von Industriellen zustande, die mit nüchternem Sinn für die Realitäten öffentlich für gemäßigte Kriegsziele und für innere Reformen Stellungen bezogen hätten. Im Gegenteil: Als der Theologe Adolf von Harnack in seiner Berliner Rede die «Herstellung einer deutschen Gemeinwirtschaft» forderte, den Blick auf Mängel im Wohnungswesen, bei Bildung und Gesundheit lenkte – Anliegen die für den Stuttgarter Stifter eine wichtige Rolle spielten – schließlich sogar die wirtschaftliche Profitsucht im Weltkrieg anprangerte, erklärten namhafte Industrielle umgehend ihren Austritt. Dieser Schritt, den Robert Bosch nicht mitvollzog, bedeutete das definitive Scheitern der Initiative. Der Ausschuss stellte noch vor Jahresende seine Arbeit ein.[185] Für die Naumannianer kam es sogar noch schlimmer. Gegen den Deutschen Nationalausschuss konstituierte sich schon am 13. Juli ein «Unabhängiger Ausschuss für einen deutschen Frieden», der bald zu einer rücksichtslosen Kampagne gegen den Reichskanzler überging und mit weitreichenden Annexionsplänen das ideologische Terrain für die Deutsche Vaterlandspartei vorbereitete, eine Entwicklung, die Robert Bosch mit «Groll» beobachtete.[186] Er blieb bei seiner Parteinahme gegen alldeutsche Propaganda und einen anzustrebenden Gewaltfrieden.

«Mitteleuropa»

Ähnliche enttäuschende Erfahrungen wie bei der Kriegszieldiskussion machte Robert Bosch mit den Mitteleuropa-Plänen, ein Konglomerat von Ideen, die bis heute, wenngleich unter sehr unterschiedlichen Vorzeichen, nicht aus der politischen Diskussion verschwunden sind.[187] Es ist unklar, ob Robert Bosch und Friedrich Naumann von dem sogenannten September-Programm des Reichskanzlers von 1914 Kenntnis hatten. Diese «Richtlinien» für einen kontinentalen Frieden, eher ein vorläufiger Entwurf aus den ersten Kriegsmonaten als bindendes Programm für die gesamte Dauer des Krieges, enthielt auch Überlegungen zu einem mitteleuropäischen Wirtschafts- und Zollverband unter deutscher Führung.[188] Immerhin tauchte in einer Denkschrift Naumanns für die Reichskanzlei vom November 1914 das Stichwort von einem «Mitteleuropäischen Verband» auf.[189] Der Zuschnitt dieser Denkschrift machte im Übrigen auch deutlich, dass Naumann in den ersten Monaten des Krieges hinter den Kulissen keineswegs als Anwalt einer Rückkehr zum territorialen Vorkriegszustand auftrat. Er verstieg sich in seiner Ausarbeitung zu der These: «Alle Versuche einer deutsch-französischen Annäherung scheitern am belgischen Staat, solange er existiert.»[190] Es folgten detaillierte Darlegungen zu einem Teilungsplan, über Gebietsaustausch und Kompensationen, die im Ergebnis den französischen Nachbarn einen «beachtlichen Bevölkerungsgewinn» in Aussicht stellten.[191] Dass Naumann zu diesem Zeitpunkt über das Selbstbestimmungsrecht Belgiens hinwegging, war eine für Robert Bosch wohl kaum hinnehmbare Prämisse, denn für ihn spielten Planungen zu einer Aufteilung Belgiens in keinem Stadium des Krieges eine Rolle.

In ihrer politischen Stoßrichtung lief Naumanns Denkschrift auf ein «mitteleuropäische[s] System von Staatsverträgen» hinaus, mit weitreichender Vereinheitlichung von Regelungen auf den Gebieten Außenwirtschaft, Währung, Verkehr und Wirtschaftsrecht.[192] Naumann trat im Oktober 1915 mit seinem Mitteleuropa-Buch an die Öffentlichkeit. Das Werk wurde, in mehrere europäische Sprachen übersetzt, zum größten Bucherfolg seit Bismarcks «Gedanken und Erinnerungen».[193] «Seine freundschaftliche Verehrung für Naumann», berichtet Theodor Heuss, «brachte Robert Bosch an die ‹Mitteleuropa›-Konzeption heran.» Was waren die Gründe? Naumann war schon 1915 zu der Einsicht gekommen, dass der Weltkrieg allenfalls mit einem Remis-Frieden enden könnte. Die Entente und die Mittelmächte hatten sich inzwischen in den Besitz territorialer Faustpfänder gebracht, für künftige Friedensverhandlungen ein strategisches Faktum, das alles Räsonieren über territoriale Veränderungen in das Reich der Spekulation verwies. Die völkerrechtswidrige britische Fernblockade und die von der Entente verfügte Beschlagnahmung deutscher Vermögenswerte in den gegnerischen Staaten sowie der Verlust der Kolonien taten aus Naumanns Sicht ein Übriges, um die Mittelmächte auf ihre kontinentale Basis zurückzuwerfen. Vor diesem Hintergrund formulierte er sein Programm eines dauerhaften Bündnisses zwischen dem Deutschen Reich und der österreichisch-ungarischen Monarchie, das er als «Völkerbund oder Wirtschaftsverband Mitteleuropa» beschrieb.[194] Territoriale Expansionen des Deutschen Reiches spielten in diesem Konzept keine Rolle, auch kolonialpolitische Ambitionen traten ganz in den Hintergrund. Naumann forderte im Hinblick auf das künftige Verhältnis zu den westslawischen Nationen, dass das schon vor dem Krieg weithin gängige Gerede von einem «Entscheidungskampf zwischen Germanen und Slawen» ein Ende habe.[195] Es gehe vielmehr um die «Herstellung eines großen duldsamen und tragfähigen mitteleuropäischen Staatengebildes».[196] Es fehle «noch die richtige innere Stellung zu den Zwischennationen auf deutscher Seite».[197] Diesem unter nationalitätenpolitischen Gesichtspunkten liberalen Grundton von Naumanns Buch entsprach auch, dass er antisemitischen Stereotypen eine Absage erteilte.[198] Als notwendige Folge der strategischen Einschnürung sah Friedrich Naumann eine umfassende Wirtschaftsgemeinschaft der Mittelmächte. Ein mitteleuropäischer Staatenbund solle zwar unter deutscher Führung entstehen, indes könne er «nur auf Verträge gleichberechtigter souveräner Staaten» gebaut werden.[199] Robert Bosch fühlte sich von dieser Vision angesprochen, auch wenn ihn der mitunter hymnische Ton, die bilderreiche Sprache und die suggestiven Formulierungen Naumanns kaum besonders begeisterten. Er war ja bekannt für seine mitunter spröde wirkende Wesensart, seine Fähigkeit, die Dinge geistig auf Distanz zu bringen, und sich ein möglichst leidenschaftsloses Urteil in der Sache zu bilden, bevor Entscheidungen getroffen wurden.

Sehr plastisch hat der Historiker Wolfgang Schieder die Überlegungen Friedrich Naumanns als Ausdruck eines «kontinental begrenzten Föderativimperialismus» charakterisiert.[200] Die deutsche Sozialdemokratie begegnete diesen Ideen mit einem «Gemisch aus Sympathie und

Reserve».²⁰¹ Aus der österreichischen Sozialdemokratie kamen sogar positive Reaktionen. Karl Renner hob hervor, dass Naumann über hergebrachte imperialistische Denkmodelle deutlich hinausgehe, denn «ganz anders als die deutschen Imperialisten» weise er «den Weg des Vertrags mit den Nachbarn», den Weg «redlicher Auseinandersetzung mit den österreichischen Nationen», den Weg «eines Bündnisses mit der Türkei».²⁰²

Robert Bosch durfte annehmen, dass das Mitteleuropa-Thema nicht zu einer weiteren Verhärtung innenpolitischer Frontstellungen beitragen würde und dass hier ein Kristallisationskern für eine zukunftsfähige Alternative zu einem Programm uferloser Annexionen entstanden war. Er trat deshalb dem Ende 1915 von Naumann ins Leben gerufenen Arbeitsausschuss Mitteleuropa bei, einer «Studiengesellschaft mit praktischen Zwecken», die die wirtschaftlichen Voraussetzungen nennen und eine Annäherung der Mittelmächte mit fachlich qualifizierten Gutachten untersuchen wollte.²⁰³ Zugleich verstand sich der Arbeitsausschuss als Gruppierung zur Unterstützung der Regierung Bethmann Hollweg, die in einem Promemoria vom 13. November 1915 der Doppelmonarchie ein Programm mit dem Ziel vorgelegt hatte, «die Verschmelzung» der Mittelmächte «zu einer wirtschaftlichen Einheit anzubahnen».²⁰⁴ Ernsthafte politische Beratung oder gar direkte Einwirkung auf die Entscheidungen der Exekutive aber waren, das sollte sich rasch zeigen, regierungsseitig für den Arbeitsausschuss Mitteleuropa nicht vorgesehen. Die obskure Informationspolitik der Regierung wurde für Naumann und seine Mitstreiter zu einer Quelle dauernden Ärgers.²⁰⁵ Von den erratischen, maßgeblich durch die Machtansprüche der OHL ausgelösten Richtungsänderungen der politischen Führung in der Frage der Zukunft Polens erfuhr der Arbeitsausschuss allenfalls nachträglich. Dabei war die polnische Frage für jedes dauerhafte Zusammenstehen der Regierungen in Berlin und Wien von existentieller Bedeutung. Die Eroberung Kongresspolens, das seit dem Wiener Kongress 1815 zum Zarenreich gehört hatte, warf für die Mittelmächte die Frage auf, welche Stellung dem polnischen Kernland künftig zugedacht war. Aber jede Lösung, die den polnischen Wünschen so weit wie nur irgend möglich entgegenkommen sollte, also entweder die Überlassung Kongresspolens an Österreich-Ungarn im Sinne eines trialistischen Umbaus der Doppelmonarchie oder eine Verselbständigung Polens als autonomes Königreich scheiterten an den letztlich unvereinbaren Zielen der Regierungen in Wien und Berlin ebenso wie an den Ansprüchen annexionistisch gestimmter Interessenverbände im Reich, die eine liberale Polenpolitik bis zum Ende des Krieges blockierten.[206] Eine «Politik der internationalen Großherzigkeit», wie sie Friedrich Naumann für Polen unermüdlich forderte, verlor aber vor allem auch für die von ihm Umworbenen sehr rasch an Boden und Attraktivität, denn spätestens mit der Friedensrede des amerikanischen Präsidenten Wilson vom 21. Januar 1917, mit der erstmals für die Polen die Chance der Wiedererrichtung eines souveränen Staates am Horizont auftauchte, wurden auch die konziliantesten Lösungsmodelle der polnischen Frage aus dem Lager der Mittelmächte zunehmend obsolet.[207] Was sich zunächst wie der Ausbruch aus einer engstirnigen Annexionspolitik ausnahm, erschien jetzt als imperiales Konzept zur Verhinderung nationalstaatlicher Emanzipation.

Dreierlei Konsequenzen musste Robert Bosch aus seinem Engagement in der Mitteleuropa-Frage ziehen. Zunächst: Das Regierungssystem des Wilhelminischen Reiches, dessen Leistungsfähigkeit er ohnehin kritisch sah, zeigte mit seiner Intransparenz auch wohlmeinend-loyalen Akteuren aus der Mitte der Bürgergesellschaft die Grenzen qualifizierter Mitwirkung und Einflussnahme auf. Sodann: Die Mitteleuropa-Diskussion hatte gezeigt, dass Bündniskonstellationen gegen die Dynamik wirtschaftlicher Interessen höchst fragwürdig waren, denn zu keinem Zeitpunkt verschwanden die Bedenken gegen eine engere wirtschafts-, zoll- und währungspolitische Bindung an die Doppelmonarchie, deren ökonomisches Potential im Vergleich zu den deutschen Vorkriegserfolgen auf den Weltmärkten eher nachrangig war. Insofern ist es im Grunde erstaunlich, dass ein Unternehmer, der wie Robert Bosch seinen Aufstieg den Erfolgen auf den Weltmärkten verdankte, sich auf den Mitteleuropa-Gedanken überhaupt eingelassen hat. Wir können als Motiv erkennen, dass er in Naumanns Konzept zeitweise einen Ausweg aus einer Lage sah, die Kurt Riezler, der politische Intimus des Reichskanzlers, im August 1916 auf den Punkt brachte: «Die alldeutsche Agitation geht weiter. Absolutes Tollhaus. Überall die wildesten Gerüchte. Kaiser trübsinnig, zu schwach, der Abdankung nahe.»[208] In dieser Lage konnte Mitteleuropa vielleicht als politisches Gegengift wirken. Schließlich: Für das politische Denken von Robert Bosch in Kategorien der grenzüberschreitenden Zusammenarbeit musste späterhin maßgeblich werden, dass ein noch so weich gezeichnetes, letztlich aber doch unübersehbar imperial gedachtes Ordnungsmodell nicht wirklich zukunftsfähig und friedensstiftend sein konnte. Sein späteres Engagement für die Paneuropa-Bewegung muss auch vor dem Hintergrund seiner Erfahrungen mit «Mitteleuropa» gesehen werden, dessen Aporien Kurt Riezler scharfsinnig auf den Punkt gebracht hat: «Ich bohre immer an einer deutschen Vorherrschaft über Mitteleuropa und alle kleinen Staaten unter dem Deckmantel einer Mitteleuropäischen Konföderation ohne Einbuße an deutscher Macht.»[209]

In der Mitteleuropa-Frage war Naumann mit seinen Förderern bei der Reichsleitung aufgelaufen. Versuche, zwischen dem von Robert Bosch mitgetragenen Arbeitsausschuss Mitteleuropa und der Exekutive ein transparentes Kooperationsverhältnis zu etablieren, verliefen enttäuschend: Naumann schrieb an Max Weber, wie Robert Bosch Mitglied des Arbeitsausschusses, «dass in einer für uns hier etwas peinlichen Weise die Zusage der Regierungsstellen nur langsam eingeholt werden konnte».[210] Schlimmer noch: Eine briefliche Intervention Naumanns bei Bethmann Hollweg, deutscherseits doch endlich durch eine verbindliche Lösung der polnischen Frage zugunsten der Doppelmonarchie Klarheit in der Zusammenarbeit mit Österreich-Ungarn zu schaffen, quittierte der Kanzler mit der bezeichnenden Marginalie, er habe Naumann «gebeten, die Angelegenheit vorläufig dilatorisch zu behandeln».[211]

Lohnte es sich also für Robert Bosch überhaupt noch, sich in politischen Fragen zu exponieren? Seine Spekulationen auf einen baldigen Frieden hatten in der offiziellen Politik kaum Anhaltspunkte. Weithin prägend für den politischen Diskurs des Jahres 1916 war die Auseinandersetzung um den uneingeschränkten U-Boot-Krieg. Die völkerrechtswidrige Blockadestrategie Englands mit ihren verheerenden Folgen für die Ernährungslage und die Rohstoffversorgung im Reich sollte mit einer nicht weniger völkerrechtswidrigen Seekriegsführung beantwortet werden. Der uneingeschränkte U-Boot-Krieg schloss die warnungslose Versenkung neutraler Schiffe ein, was früher oder später den Kriegseintritt der Vereinigten Staaten heraufbeschwören musste. Aber seit dem Kriegswinter 1915/16 erzeugte die U-Boot-Agitation in der deutschen Öffentlichkeit vielfach eine Art Erlösungshoffnung, insbesondere im Hinblick auf die sich weiter zuspitzende Versorgungslage. Max Weber sprach vom «frevelhaftem Gerede»[212] der Gelehrten, die sich lautstark für die Eskalation des Seekriegs einsetzten. Zweck des von

Friedrich Naumann, Max Weber und Robert Bosch unterstützten deutschen Nationalausschusses war es ja auch gewesen, der politischen Führung in der U-Boot-Frage den Rücken freizuhalten und Bethmann Hollweg nicht zu einem «Akt der Desperado-Politik» zu treiben, als den er selbst den Übergang zum uneingeschränkten U-Boot-Krieg sah.[213] Naumann warnte vor dem rücksichtslosen Einsatz der vermeintlichen Wunderwaffe, die «U-Boot-Propaganda» sei «unverantwortlich», und er resümierte: «Sobald die U-Boot-Kampagne anfängt, tu ich zwar bis zum Allerletzten meine Pflicht weiter, aber ich glaube dann nicht mehr an die Möglichkeit, dass Gott uns segnet, denn in der Idee, ein Weltreich von Jahrhunderten [das britische Empire, P. T.] mit technischen Apparaten zu stürzen, liegt historische Überschätzung, das was die Griechen Hybris nannten.»[214] Die von Robert Bosch unterstützten Befürworter eines nüchtern kalkulierenden, die Risiken des uneingeschränkten U-Boot-Krieges abwägenden Vorgehens mussten sich vorhalten lassen, dem Verfall des Reiches zuzuarbeiten.

Mit knapper Not konnte Bethmann Hollweg im Oktober 1916 eine Initiative der bürgerlichen Parteien im Reichstag zugunsten des uneingeschränkten U-Boot-Krieges noch abwehren. Auch das von der kaiserlichen Regierung im Dezember 1916 lancierte Friedensangebot an die alliierten Mächte, für das der Nationalausschuss die Atmosphäre vorbereiten sollte, brachte keine konkreten Ergebnisse. Dieser demonstrative Schritt der Regierung war keineswegs ein substanzloses diplomatisches Manöver, als das er in der historischen Forschung gelegentlich bewertet wird. Aber die Initiative war erst nach mühevollen Verhandlungen mit der Wiener Diplomatie zustande gekommen, spekulierte – was abwegig war – auf die Neutralität der Vereinigten Staaten auch für den Fall des Übergangs zum uneingeschränkten U-Boot-Krieg und enthielt keine Festlegungen in der Frage, mit welchen Vorschlägen denn das Deutsche Reich in Friedensverhandlungen einzutreten gedenke. Damit wurde auch die Chance verspielt, die Alliierten zu veranlassen, ihre ebenfalls nicht am Vorkriegszustand orientierten Kriegsziele zu offenbaren.[215] Bei Lichte betrachtet war dieses Vorgehen, das genaue Gegenteil dessen, was sich Robert Bosch unter der Einleitung von Friedensgesprächen vorstellte: Mit vorab möglichst klar beschriebenen Zielen in Verhandlungen hineinzugehen und dadurch auch den Gegner in die Lage zu bringen, Farbe zu bekennen und zu offenbaren, warum denn überhaupt noch weitergekämpft wurde.

In den politisch und militärisch maßgeblichen Führungsgruppen des Reiches war ein solches Denken in Kategorien eines mühsamen Verhandlungsfriedens jenseits der ausweglosen Alternative von Sieg oder Untergang nicht verankert. Das Denken in den Bahnen territorialer Herrschaft, für Robert Bosch erkennbar nicht relevant, die Schimäre eines Sieges, der nicht den Vorkriegszustand wiederherstellen, sondern das Deutsche Reich künftig rundum unangreifbar machen sollte, die maßlosen Ansprüche, von denen sich der Kanzler in seinen Vorbereitungen des Friedensangebots förmlich umzingelt sah – sich aus diesen Fesseln der Selbstüberschätzung zu befreien, ist der deutschen Politik und Kriegsführung letzten Ende nicht gelungen.[216]

Nach dem Scheitern der Friedensinitiative, die die Alliierten ohne ernsthafte Prüfung mit einer schroffen Ablehnung quittierten[217], schwoll die U-Boot-Agitation weiter an, der sich der Kanzler nicht mehr in den Weg stellen konnte. Die Ankündigung der Wiederaufnahme des uneingeschränkten U-Boot-Krieges zum 1. Februar 1917 zog den diplomatischen Bruch mit den Vereinigten Staaten und deren Eintritt in den Krieg am 6. April nach sich. Naumann charakterisierte die Stimmung angesichts dieser weltpolitischen Wende sehr eindrücklich: «Vorläufig findet man viel leichtsinnige Oberflächlichkeit, als ob man sich mit Worten beruhigen wollte.»[218] Für Robert Bosch hatte dieser Leichtsinn verheerende geschäftliche Folgen. Der Kriegseintritt der USA war eine weitere Station in der Abwärtsspirale der kriegsbedingten «Deglobalisierung». Nach dem Krieg trat dem Stuttgarter Unternehmen der einst in den USA gegründete Betrieb als «America. Bosch Magneto Corporation» (ABCM) mit der Parole «Bosch I am an American» als feindliches Unternehmen gegenüber.[219]

Friedensresolution und Kanzlersturz

Auch die im Sommer 1917 aus der Mitte einer neuen Reichstagsmehrheit formulierte Friedensresolution brachte den Frieden nicht wirklich näher. Sie zeigte aber immerhin für Bosch, dass er in Friedrich Naumann auf den richtigen Mann gesetzt hatte. Für diesen bestand zwischen der Friedensresolution und dem Mitteleuropa-Projekt kein Widerspruch, im Gegenteil. Er hoffte schon im März 1917 auf eine kommende Kooperation zwischen «Gesamtliberalismus, Zentrum und vaterländischer Sozialdemokratie».²²⁰ Letztere auf der Suche nach einem Weg aus dem Krieg und als wichtige Stimmen in der Debatte um Kriegsziele und Reformen zu stärken, dabei aber auch den Einfluss des radikalen Flügels der württembergischen Arbeiterbewegung zurückzudrängen, war für Robert Bosch ein wichtiges Anliegen. Es spricht für seine politische Unbefangenheit, dass er sich nicht nur zu seiner Wahlentscheidung zugunsten der Sozialdemokratie bekannte, sondern jetzt im Krieg der kriselnden «Schwäbischen Tagwacht», der in Stuttgart maßgeblichen sozialdemokratischen Tageszeitung, kurzerhand mit einem Darlehen über 60 000 Mark unter die Arme griff.²²¹

Am Zustandekommen der Friedensresolution des Reichstags hatte Friedrich Naumann maßgeblichen Anteil. Auf ihn und Conrad Haußmann ging ein Antrag in der Reichstagsfraktion der Fortschrittlichen Volkspartei zurück, mit dem die Linksliberalen sich zur interfraktionellen Zusammenarbeit unter Ausschluss der Konservativen bekannten.²²² Die am 6. Juli 1917 vollzogene Bildung des Interfraktionellen Ausschusses war eine «Wegscheide des Deutschen Parlamentarismus».²²³ Erstmals kam es hier zu einer parlamentarischen Mehrheitsbildung im Sinne Friedrich Naumanns, wenngleich jetzt – ganz anders als von ihm erwartet – auch unter Einschluss der katholischen Zentrumspartei, angeführt von Matthias Erzberger. Für die Naumannianer ging es mit dem Interfraktionellen Ausschuss darum, einer friedens- und reformgeneigten Regierung den «parlamentarischen Hintergrund» zu verschaffen.²²⁴

Die Friedensresolution, Ergebnis eines mühsamen Kompromisses, sprach von einem «Frieden der Verständigung und der dauernden Versöhnung der Völker», mit dem «erzwungene Gebietserweiterungen und politische, wirtschaftliche oder finanzielle Vergewaltigungen unvereinbar» seien.²²⁵ Der Text schloss also Veränderungen des Status quo der Vorkriegszeit nicht definitiv aus, war aber in seinem Grundtenor den Nationalliberalen nicht fordernd genug, weshalb sie das parlamentarische Bündnis wieder verließen. Die Friedensresolution war gleichwohl eine «Zäsur».²²⁶ Robert Bosch hatte als Unternehmer und fördernder Stifter im Hintergrund an dem Vorstoß keinen direkten Anteil. Wir wissen freilich, dass er nicht nur mit Friedrich Naumann zusammenarbeitete. Neben der Verbindung zu Hans Delbrück hatte er über den liberalen Historiker und Publizisten Walter Goetz, auch er ein bekennender Naumannianer, Zugang zu Kreisen, in denen es als ausgemacht galt, dass eine Politik der Faustpfänder, der Annexionen und der innenpolitischen Reformverweigerung keine Zukunft hatte.[227]

Für die politische Lage in Berlin war es entscheidend, dass der Reichskanzler sich nicht hinter die Friedensresolution stellte, obwohl die linksliberalen Parlamentarier um Friedrich Naumann gehofft hatten, ihn in der Friedensfrage auf ihre Seite ziehen zu können. In der preußischen Wahlrechtsfrage gelang dies auch, denn in einem eigens zusammengerufenen Kronrat erreichte der Kanzler mit einem dramatischen Appell im Sinne einer demokratisch erneuerten Monarchie den Durchbruch. Am 11. Juli unterzeichnete der Kaiser einen Erlass, nach dem die nächsten preußischen Landtagswahlen sich nach den Regeln des Reichstagswahlrechts vollziehen sollten.[228] Das war auch ein später Erfolg der publizistischen Bemühungen von Friedrich Naumann zugunsten einer schrittweisen Demokratisierung des Reiches. Bethmann Hollweg nützte der Erfolg in der Wahlrechtsfrage jetzt indes nichts mehr. Sein Rückhalt bei den Parteien des Reichstags war inzwischen auf die Unterstützung aus den Reihen der Linksliberalen zusammengeschmolzen. An der Spitze der Kanzlerfronde stand Gustav Stresemann, der seit langem rastlos an seiner Beseitigung arbeitete. Ausgelöst wurde der Sturz am Ende durch eine Drohung Hindenburgs, der den Kaiser ultimativ vor die Wahl stellte, sich entweder für ihn oder für den Kanzler zu entscheiden. Als er im Reichstag keine stabile Koalition zu seiner Unterstützung fand, reichte Bethmann Hollweg am 12. Juli sein Entlassungsgesuch ein.[229]

Von dem Kanzlersturz war Robert Bosch keineswegs begeistert, da er in Bethmann Hollweg einen Garanten gegen ein völliges Abgleiten in die politische Irrationalität sah.[230] Auch Naumann erkannte: «Die durch die Beseitigung Bethmann-Hollwegs [sic!] hervorgerufene innere Krise ist ein peinliches Schicksal, was wir mitten im Kampf zu übernehmen haben.»[231] Die politische Lage charakterisierte er als anhaltendes Führungsvakuum «mit bedrohlichen Folgen: Ein unfertiger und nicht regierungsfähiger Parlamentarismus», dem die Gefahr «einer noch bedenklicheren Militärdiktatur mit Revolutionsfolgen» gegenüberstehe.[232] Unfertig war der «Parlamentarismus» insofern, als dem Reichstag mit Georg Michaelis einmal mehr ein Beamter als Regierungschef präsentiert wurde, «wie man einen Gouverneur in eine Kolonie sendet».[233] Die Distanz des neuen Kanzlers zu den Zielen der Reichstagsmehrheit war deutlich zu erkennen, als Michaelis in der Abschlussdebatte des Reichstags über die Friedensresolution gegenüber den Parlamentariern ausdrücklich von «ihrer Resolution, wie ich sie auffasse» sprach.[234] Stellungnahmen und Forderungen aus der Mitte des Parlaments wurden von Michaelis mit einem gewissen Wohlwollen entgegengenommen, um ihnen sogleich die Spitze zu nehmen oder sie beliebig in die eigene Politik einzupassen.

Die Motive der Reichstagsmehrheit im Interfraktionellen Ausschuss beschrieb Naumann in einem Privatbrief sehr eindringlich: «Ich bin als alter Nationalsozialer schon vor der Erzbergerschen Rede von der Notwendigkeit eines solchen Schrittes überzeugt gewesen und habe in diesem Sinne auch mit den entsprechenden Reichsbehörden geredet. Das führe ich nur an, damit es nicht aussieht, als ob ich etwa nur mühsam einem auf mich ausgeübten Parteidrucke nachgegeben hätte, was in keiner Weise der Fall ist. Auch eingerechnet den unvermeidlichen Stimmungsdruck, den diese Resolution auf das Heer ausüben musste, halte ich sie bei meiner Kenntnis von Bundesgenossen und Neutralen für ein politisches Erfordernis, weil es eine Stelle geben muss, der das Ausland glauben kann, was es leider gegenüber der deutschen Reichsregierung nur in beschränktem Maße tat. Wir mussten ein offizielles Ende der alldeutschen Agitation nach außen hin statuieren, wenn diese nicht unsere unglaublich schwierige Weltlage noch vollends verderben sollte.»[235] Entscheidend sei für ihn gewesen, bekundete er öffentlich: «Das Eroberungsgeschwätz musste erledigt werden.»[236]

Das war leichter gefordert als getan. Die politischen Fronten zwischen Befürwortern eines Verständigungsfriedens und Anhängern eines Siegfriedens verhärteten sich mit der Friedensresolution nun erst recht. Von der Gründung des Unabhängigen Ausschusses für einen deutschen Frieden von 1916, die als Reaktion auf die von Bosch unterstützte Delbrück-Petition entstanden war, führte nun eine direkte Linie zu einer neuen, ungleich radikaleren politischen Gruppierung: Am 2. September 1917 konstituierte sich in Königsberg mit der Deutschen Vaterlandspartei eine populistische Sammlungsbewegung, der es gelang, mit ihren Parolen gegen einen angeblichen Verzichtfrieden im bürgerlichen Lager, namentlich bei den bisherigen Wählern der Nationalliberalen Partei, eine beträchtliche Anhängerschaft zu mobilisieren. Die neue politische Formation wollte gegen den «Wahnglauben» vorgehen, «die überwiegende Mehrheit des deutschen Volkes billige die Reichstagsentschließung, ein Wahn, den vor allem die Führer der Sozialdemokratie und die jüdische Großpresse der Öffentlichkeit zu suggerieren sich bemühen».[237] Robert Bosch verfolgte diese Entwicklung mit offenkundiger Verbitterung. Besonders empörte ihn, dass sich der jetzt im Ruhestand befindende Großadmiral von Tirpitz bereitfand, den Vorsitz der Deutschen Vaterlandspartei zu übernehmen, ausdrücklich unabsetzbar für die Dauer des Krieges.[238] Theodor Heuss hat von nicht mehr überlieferten «gelegentlich sehr kompakte[n] Worte[n]» berichtet, mit denen Bosch das Treiben des Großadmirals, ein erklärter Feind des gestürzten Reichskanzlers Bethmann Hollweg, kommentierte.[239] Ihm blieben jedoch auch in diesen heftigen Auseinandersetzungen Fragen des politischen Stils wichtig. Er trat deshalb der These entgegen, die in der Deutschen Vaterlandspartei jetzt gebündelte alldeutsche Agitation sei das Ergebnis einer von Kriegsgewinnlern finanzierten Zeitungskampagne, mit dem Ziel, die Verlängerung des Krieges zu sichern.[240] Das war eine realistische Diagnose und eine Warnung vor simplifizierenden Erklärungen. Die Deutsche Vaterlandspartei war keine Organisation am Gängelband der Industrie – wiewohl auch von ihr teilweise finanziert –, sondern eine am Ende untergehende, in sich sehr heterogene Sammlungsbewegung, die gegen alles stand, was eine reformwillige Koalition der linken Mitte auf ihre Fahnen geschrieben hatte. Hier zeigten sich Grundmotive seines politischen Denkens als unabhängiger Bürger: umsichtiges Abwägen von Erklärungsalternativen für zunächst undurchsichtige Zusammenhänge und machtpolitisches Gerangel, das Abblenden von Unterstellungen, genaues Hinschauen auf mögliche gesinnungsethische Hintergründe, Skepsis gegenüber vereinfachenden Zuspitzungen, Weigerung, sich mit unterkomplexen Deutungen zu begnügen – dann erst sich an Wertungen und Entscheidungen heranarbeiten.

Gegen die Vaterlandspartei formierte sich seit Ende Oktober 1917 der Volksbund für Freiheit und Vaterland. Hier fanden sich Politiker, Publizisten und Gelehrte zusammen, mit denen Robert Bosch in Kontakt stand, die er förderte oder mit denen er noch zusammenarbeiten sollte, darunter wieder Hans Delbrück, Walter Goetz, Bernhard Dernburg, Friedrich Naumann, der junge Theodor Heuss, die Brüder Max und Alfred Weber und die Gewerkschaftsführer Adam Stegerwald von der Christlichen Gewerkschaftsbewegung und Carl Legien, der Führer der sozialdemokratischen Freien Gewerkschaften. Auf der Basis korporativer Mitgliedschaften brachte es der Volksbund nominell auf vier Millionen Mitglieder, erreichte allerdings, anders als die Vaterlandspartei mit ihren starken Lokalverbänden besonders in Nordostdeutschland, keine wirksame regionale Tiefengliederung. In der ersten Mitgliederversammlung variierte der liberale Theologe Ernst Troeltsch ein Thema, das Friedrich Naumann immer wieder beschworen hatte: «Wir kennen überhaupt keine Vaterlandspartei, sondern nur ein allen Parteien gemeinsames Vaterland.»[241]

Sprecher des Volksbundes ließen keinen Zweifel an der Dringlichkeit demokratischer Reformen aufkommen. Carl Legien, der für das politische Engagement von Robert Bosch noch bedeutsam werden sollte, forderte recht eindeutig die Parlamentarisierung des Reiches.[242] Weniger eindeutig waren die Positionen des Volksbundes in der Kriegszielfrage. Während Hans Delbrück, ganz im Sinne Friedrich Naumanns, für den Kampf gegen die Vaterlandspartei «bis aufs Messer»[243] eintrat, fiel sein Kollege Friedrich Meinecke sogar hinter den Tenor der Friedensresolution zurück.[244] Mit anderen Worten: Dem Volksbund gelang es nicht, sich als wirklich kraftvolle und geschlossen auftretende Organisation gegen die «Ungeheuerlichkeiten» (Naumann) der Kriegszielbewegung zu positionieren.

Welche Chance hatte ein Frieden im Sinne der Reichstagsresolution nach der Juli-Krise? War es überhaupt noch tunlich und aussichtsreich, sich in innenpolitische Auseinandersetzungen zu stürzen? Der Einfluss der Reichstagsmehrheit auf die Regierungsgeschäfte blieb unter der Kanzlerschaft Michaelis' sehr begrenzt. Von einer «demokratischen auswärtigen Politik», für die Naumann im Herbst 1917 warb,[245] konnte keine Rede sein. Die Berufung von Parlamentariern aus den Reihen der Mehrheitsparteien – Sozialdemokratie, Linksliberale und Zentrum – in Reichsämter bzw. in das preußische Staatsministerium folgte regierungsseitig eher einer Strategie der fürsorglichen Umarmung als dem Modell einer parlamentarischen Monarchie. Die Schlüsselressorts für Außen- und Innenpolitik blieben der Mehrheit weiterhin verschlossen. Naumanns Kollege Gothein musste im August 1917 feststellen: «Die jetzige Zusammensetzung der neuen Regierung ist ein Hohn und ein Schlag ins Gesicht des Reichstages.»[246] Immerhin betrat mit Richard von Kühlmann jetzt ein Berufsdiplomat als neuer Staatssekretär des

Auswärtigen Amtes die Berliner Bühne, dem Präferenzen für eine gemäßigte Politik nachgesagt wurden. Robert Bosch kannte ihn aus einer Begegnung in Istanbul.[247] In einer Denkschrift für den Reichskanzler hatte Kühlmann noch vor seiner Ernennung dargelegt, dass in seinen Augen der Krieg mit militärischen Mitteln nicht mehr zu Ende gebracht werden könne. Zugeständnisse namentlich in der Frage der Zukunft Belgiens seien unausweichlich. Kühlmann war offenbar bereit, gegenüber dem Kanzler und der OHL für vergleichsweise realistische Ziele einzutreten und erschien insofern nahezu als Verbündeter, jedenfalls als vertrauenswürdiger Gesprächspartner.[248] Regierung und Reichstagsmehrheit standen vor der Aufgabe, zu der bereits im Juni angelaufenen päpstlichen Friedensinitiative Stellung zu nehmen. Für die Kurie war eine unzweideutige Äußerung der deutschen Regierung in der belgischen Frage der springende Punkt, um Gespräche zwischen den verfeindeten Lagern in Gang zu bringen. Der Vertrauensvorschuss, mit dem die Reichstagsmehrheit die diplomatischen Schachzüge Kühlmanns begleitete, zahlte sich allerdings nicht aus. Er wollte auf die päpstliche Friedensinitiative nicht direkt eingehen, sondern zog es vor, über geheime Kanäle eine Verbindung für bilaterale Verhandlungen mit Großbritannien zu installieren, was letztlich scheiterte. In seinen Konsultationen mit den Vertretern der Mehrheitsparteien war er bemüht, die belgische Frage, auf die es doch für die Kurie besonders ankam, auszuklammern. Richard von Kühlmann war alles andere als ein militaristisch geprägter Hardliner, durchaus ernsthaft bemüht, Anläufe aus der Sackgasse zu starten, jedoch nicht bereit, mit einer öffentlichen Verzichtserklärung in der belgischen Frage das Tor für Verhandlungen mit den Alliierten zu öffnen. Dies lag auch daran, dass weder der schwache Kanzler Michaelis noch er selbst die Richtlinien der Politik, namentlich in der Friedensfrage schlussendlich bestimmten. Denn jede Konzession in der belgischen Frage hätte vorausgesetzt, den Widerstand der militärischen Führung niederzukämpfen, die für eine Preisgabe Belgiens nicht zu gewinnen war, sondern weiter in Annexionsphantasien schwelgte. Die Chancen für die Aufnahme von Friedensverhandlungen standen aber auch schlecht, weil weder in London noch in Paris hierzu eine Bereitschaft erkennbar war. Die britische Regierung unterstützte uneingeschränkt das französische Kriegsziel der Wiedergewinnung Elsass-Lothringens, setzte auf die Einverleibung des deutschen Kolonialbesitzes und betrachtete einen Sieg über die Mittelmächte als unverrückbares strategisches Ziel und notwendige Voraussetzung für einen stabilen Frieden.[249] Vor allem aber geriet die deutsche Regierung weiter in die Defensive, nachdem der amerikanische Präsident im Januar vor dem Kongress seine «14 Punkte» für einen gerechten Frieden verkündet hatte. Wilsons Programm war offenkundig nicht identisch mit den Kriegszielen des britischen Empire, für Deutschland wurde indes deutlich, dass die territoriale Integrität des Reiches auch auf der Grundlage von Wilsons Programm nicht gewährleistet war.

Eine Denkschrift vor der letzten Offensive

Diese verfahrene Konstellation war Anlass für Robert Bosch, aus der Position des ungeduldigen Beobachters und aus dem Dunstkreis beklemmender Hintergrundgespräche herauszutreten. An der Westfront stand nach den Planungen der OHL jetzt unmittelbar eine letzte, vermeintlich alles entscheidende Großoffensive bevor. Bosch entschloss sich zu einem sehr ungewöhnlichen Schritt. Von einem Dialog mit der politischen Führung versprach er sich offensichtlich überhaupt nichts mehr. Vielmehr setzte er sich an die Spitze einer Gruppierung, die den für die kommende Offensive faktisch verantwortlichen General Ludendorff direkt anging. Die vierseitige Denkschrift vom 11.2.1918, entworfen von Alfred Weber, mitunterzeichnet von Friedrich Naumann, Ernst Jäckh, Anton Erkelenz, Adam Stegerwald und Carl Legien, repräsentierte eine sozial-liberale Gesinnungsgemeinschaft, die auch die sozialdemokratische und die katholische Arbeitnehmerschaft hinter sich wusste. Das war wichtig für die innenpolitische Stoßrichtung der Initiative. Nur das «Festhalten der organisierten und älteren Arbeiterschaft an ihrer Aufgabe» habe den im Januar vor dem Hintergrund des Berliner Munitionsarbeiterstreiks zu befürchtenden Zusammenbruch der Heimatfront noch verhindern können. Das war für einen Unternehmer eine bedeutungsvolle Klarstellung, Grundlage für Robert Boschs später vernichtendes Urteil über die Dolchstoßlegende.

Sodann konzentrierte die Eingabe alle realistischen Kriegszielüberlegungen auf die Sicherung der territorialen Integrität der Mittelmächte, «ein Kriegsziel, das wir ganz unabhängig von irgendwelchen Veränderungen unserer Grenzverhältnisse im Osten und Westen heimbringen können». Jede weitere Verlängerung des Krieges würde das Reich dem wirtschaftlichen Kollaps entgegentreiben, auch sei es illusionär, die «ins immer Riesenhaftere steigenden Finanzlasten» im Wege von späteren Reparationen wieder auszugleichen. Nicht eine militärische, sondern eine «politische Offensive» sei jetzt das Gebot der Stunde, nämlich «eine unzweideutige Erklärung über die zukünftige Wiederherstellung der Souveränität und Integrität Belgiens». Nur dieser Schritt sei geeignet, die britische Regierung in die Lage zu manövrieren, sich verbindlich über die Zukunft von Elsass-Lothringen äußern zu müssen, ja ihrer Bevölkerung glaubwürdig zu vermitteln, dass der Krieg wegen des französischen Kriegsziels der Rückgewinnung Elsass-Lothringens weitergeführt werden müsse. Ebenso wenig wie die Arbeiterschaft in Deutschland bereit sei, noch weiter für Eroberungsziele zu kämpfen, sei dies von der britischen Linken zu erwarten. «Militärische Schläge allein können eine Entscheidung nicht bringen.»[250] Erwartungsgemäß reagierte Ludendorff mit einer lakonischen Ablehnung und der schneidigen Zurechtweisung, es handele sich bei der bevorstehenden Offensive nicht um eine «Offensive des deutschen Generalstabes», sondern «die Offensive des deutschen Heeres und so auch die des deutschen Volkes» : Und diese werde «so Gott will» gelingen.[251]

Es war bezeichnend für die Führungskrise des Reiches und die Verblendung maßgeblicher Teile seiner Führungsschichten, dass erst eine informelle Initiative aus dem sozial-liberalen politischen Milieu mit einem Unternehmer an der Spitze den Mut fand, das für die militärische und politische Führung mehrheitlich bisher nicht Denkbare unmissverständlich auszusprechen, gewiss auch, weil die Januarunruhen gezeigt hatten, dass man Geduld und Opferbereitschaft der Arbeiterschaft nicht weiter überstrapazieren durfte.

Über den Krieg hinausdenken: Die Deutsche Hochschule für Politik

Nur zehn Tage nach der Eingabe an Ludendorff und noch bevor seine Ablehnung brieflich vorlag, startete Friedrich Naumann in der «Hilfe» eine Aufsatzserie «Vier Reden an junge Freunde». Man kann in dieser Publikation, neun Monate vor dem Ende des Krieges, auch den Subtext erkennen, dass Naumann an einen irgendwie siegreichen Ausgang des Krieges nicht mehr glaubte. Er lenkte den Blick seiner fiktiven Adressaten jetzt ausschließlich auf die überfällige «Neuorientierung» nach dem Krieg, wann und wie immer das Grauen auch enden mochte,²⁵² und er modellierte den Idealtyp des Politikers, dessen Altersgruppe die unausweichliche Neuorientierung der Politik tragen sollte. Die «Reden» waren zugleich die Gründungsdenkschrift für eine «Freie Deutsche Hochschule für Politik»,²⁵³ die jenseits der etablierten Bildungsinstitutionen die Qualifikationen und Erfahrungen für das politische Tagesgeschäft vermitteln sollte. Es ging Naumann «nicht um Beibringung von Gesinnungen, sondern um Erlernung von tatsächlichem Stoff»,²⁵⁴ nicht um die fragwürdige Begabung zur demagogischen Massensuggestion, sondern um die Fähigkeit, in sachkundiger Rede komplexe Sachverhalte anschaulich einer orientierungssuchenden Wählerschaft nahezubringen, um Entscheidungen auf diskursivem Wege heranreifen zu lassen, «Heldenverehrung»²⁵⁵ zu unterbinden ebenso wie «Schaumschlägerei der bezahlten Redezigeuner».²⁵⁶ Politische Talente sollten sich im peniblen Studium sozial-ökonomischer Befunde auf Wahlkreisebene entfalten, durch alltägliche Kärrnerarbeit an der Basis, gestützt auf organisatorische Fähigkeiten, die die Hochschule vermitteln sollte, denn: «Mitregieren beginnt im Ortsverein».²⁵⁷ Naumanns Konzept griff implizit seine Reformkoalition «Von Bassermann bis Bebel» wieder auf: «Der Freundeskreis, der eine freie politische Hochschule aufrichten will, besteht aus Mitgliedern der fortschrittlichen Volkspartei und der nationalliberalen Partei und unterhält auch gute Beziehungen zu gesinnungsverwandten Sozialdemokraten.»²⁵⁸

Die Planungen für eine neue politische Bildungsoffensive konnten an Bestrebungen aus der Vorkriegszeit anknüpfen, mit einem «Nationalverein für das liberale Deutschland» den gut ausgebauten politischen Bildungs- und Propagandainstrumenten der Sozialdemokratie, des politischen Katholizismus und den im Bund der Landwirte hocheffizient organisierten Agrariern eine vergleichbar schlagkräftige Formation zur Wiederbelebung der liberalen Idee entgegenzusetzen.²⁵⁹ Mit den Debatten um die Friedensresolution gewannen solche Überlegungen neue Aktualität. Friedrich Naumann beschwor den Hamburger Linksliberalen Carl Petersen, «dass das neue Institut vor Kriegsende auf die Füsse gestellt sein muss, wenn es zur rechten Zeit eingreifen soll; denn sofort mit der Rückkehr der Truppen wird ein großes Wettlaufen der Parteien anfangen, für das nach meiner Kenntnis die Rüstungen der Konservativen schon sehr mächtige sind».²⁶⁰

Friedrich Naumann teilte Max Weber tags darauf mit: «Die Parteischule beginnt zu schwimmen. Ich werde voraussichtlich das Geld zusammenbringen.»[261] Diese Zuversicht hatte ihren Grund in einer erheblichen Spendenzusage des Stuttgarter Industriellen, deren Umfang sich nicht mehr beziffern lässt: Robert Boschs Förderung zielte, ähnlich wie bei seinen Beiträgen für die Erwachsenenbildung, auf ein langfristiges Engagement zur Stärkung der politischen Bildung. Unmittelbar nach dem Zusammenbruch des alten Regimes nahm die von Naumann konzipierte «Staatsbürgerschule» in der von Schinkel erbauten «Alten Bauakademie» am Werderschen Markt in Berlin ihre Arbeit auf. Robert Bosch hatte den Kauf des Hauses ermöglicht.[262] Im Oktober 1920 wurde dann die Deutsche Hochschule für Politik offiziell eröffnet. Dreierlei war für die Initiative wichtig: Der Zugang zu dem für berufstätige Hörer zeitlich flexibel angelegten Lehrangebot, das von Hochschullehrern, Politikern, Publizisten und Verwaltungsführungskräften bestritten werden sollte, war nicht an die Hochschulreife oder an akademische Qualifikationen gebunden: «Irgendeine spezielle Vorbildung, irgendein Befähigungsnachweis wird nicht gefordert.»[263]

Sodann verstand sich die Deutsche Hochschule für Politik als nichtstaatliche Organisation, positionierte sich aber unzweideutig auf der Seite der neuen demokratischen Republik.[264] Dies sollte schließlich durch ein pluralistisch zusammengesetztes Dozententeam ermöglicht werden. Robert Bosch betonte den Vorrang «klarer Sachkenntnis und Sachlichkeit» in der Lehre und postulierte die Überparteilichkeit, die durch «die besten Köpfe aus allen Parteien ‹von Hoetzsch bis Hilferding› zur gemeinsamen geistigen Wiederaufbauarbeit» gesichert werden sollte, denn es fehlte in seinen Augen in Deutschland «an politisch geschulten Leuten».[265] Dies spricht für eine bemerkenswerte intellektuelle Unabhängigkeit. Denn weder war Bosch ein Freund der Deutschnationalen Volkspartei, die der brillante Osteuropa-Historiker Otto Hoetzsch im Reichstag vertrat, noch wird er sich politisch vollauf mit Rudolf Hilferding identifiziert haben, dessen Hauptwerk «Das Finanzkapital» 1910 das Gespenst einer «Diktatur der Kapitalmagnaten» an die Wand gemalt hatte. Aber in beiden Persönlichkeiten, in ihrer unbestrittenen Sachkompetenz wie auch in ihren moralischen Grundpositionen sollte er sich nicht täuschen: Otto Hoetzsch wurde als aufgeklärter Konservativer später von den Nationalsozialisten diffamiert und als Professor aus dem Amt gedrängt. Rudolf Hilferding, in seinen politischen Ämtern in der Republik ein bedingungsloser Anwalt des demokratischen Weimarer Staates, kam 1941, von der französischen Polizei an die Gestapo ausgeliefert, in Paris unter bis heute nicht geklärten Umständen ums Leben.

Das Platzen der «Seifenblase»

Die Verfechter eines Siegfriedens bauten die Januar-Streiks in das demagogische Gewebe der Dolchstoßlegende ein. Der Eintritt von Friedrich Ebert, Gustav Bauer und Philipp Scheidemann in die Streikleitung der Berliner Rüstungsarbeiter diente dem Zweck, die Initiative zu kanalisieren und zu einem möglichst raschen Ende zu bringen,[266] eine Strategie, die von Gegnern des späteren Reichspräsidenten in die Denunziation umgefälscht wurde, Ebert habe maßgeblich zur Destabilisierung der Heimatfront beigetragen und damit Landesverrat begangen.[267] Robert Boschs anhaltender Respekt vor Friedrich Ebert und seine dezidierte Ablehnung der Dolchstoßlegende hatte ihren Grund zweifellos in der Beobachtung der Januar-Streiks und in seiner Diagnose ihrer Ursprünge.

Württembergische Betriebe waren von der Streikwelle im Januar nicht betroffen.[268] Nach Einschätzung der Polizeibehörden lag dies auch an der vergleichsweise erträglichen Ernährungslage der Rüstungsarbeiter, deren Versorgung aus eigenen Nutzflächen im Umland der Stadt die kontinuierliche Absenkung der Lebensmittelrationen etwas abfedern konnte.[269] Diese Erklärung hatte einiges für sich, aber sie blieb unvollständig. Die Militär- und Polizeibehörden in Württemberg waren schon seit dem Spätsommer 1917 dazu übergegangen, durch Überwachung und Verhaftung eventuell subversiv tätiger Arbeiterführer und durch Ermittlungen in Betrieben, Gasthäusern und Arbeiterzügen die Kontrollschrauben anzuziehen.[270] Robert Bosch beobachtete die politische Entwicklung mit wachsendem Unbehagen. Unbeeindruckt von den zuversichtlichen Berichten der gelenkten Presse verschaffte er sich auf seinen Reisen, die ihn auch nach Wien führten, ein ungeschminktes Bild von der tatsächlichen Lage im Kriegsalltag.[271] Ihn plagten erhebliche gesundheitliche Probleme wegen einer Herzerweiterung. «Der Krieg», hatte er schon im Oktober 1917 an den Unternehmerkollegen Paul Reusch geschrieben, «nimmt uns eben doch alle sehr mit, wenigstens diejenigen, die mit dem Herzen bei der Sache sind und sich nicht bloß darüber freuen können, dass sie Kriegsgewinne machen. Hoffentlich geht die Sache nun bald ihrem Ende entgegen.»[272]

Seine Eingabe hatte, wie wir sahen, Ludendorff unbeeindruckt gelassen. Was Bosch gemeint hatte, durch eine politische Initiative noch verhindern, vielleicht hinauszögern oder schließlich gegenstandslos machen zu können, brach als «Michael-Offensive» am 21. März 1918 los. Sie brachte zunächst bemerkenswerte Durchbrüche, führte die deutschen Truppen sogar Ende Mai zeitweise bis auf 30 Kilometer an Paris heran – mit verheerenden Verlusten für die Alliierten –, musste jedoch im Juli abgebrochen werden, nachdem über 300 000 Soldaten auf deutscher Seite ihr Leben gelassen hatten.[273] Unermüdlich blieben die von der Zensur gegängelten, durch Pressekonferenzen irregeführten Zeitungen dabei, Pessimismus zu dämpfen und ein insgesamt positives Bild der militärischen Lage zu zeichnen. Dabei hatten sich die Befürchtungen skeptischer Beobachter, die vor der Offensive gewarnt hatten, längst bestätigt. Physische und psychische Erschöpfung, die hohen Verluste an Menschenleben und eine desolate Logistik straften alle Siegesparolen Lügen. Auch Naumann beschrieb die Lage in den düstersten Farben: «Was [...] geredet wird, von dem Bezwingen aller Gegner, das glaubt die Mehrzahl der Soldaten ja doch nicht. Das glaubt man weder im Offizierskasino noch bei den Truppen, im Offizierskasino tut man aber so, als müsste es von den Soldaten geglaubt werden.»[274] Dies stand unmittelbar im Zusammenhang mit dem Sturz Richard von Kühlmanns, der am 24. Juni 1918 im Reichstag, wenn auch recht behutsam, für einen Verhandlungsfrieden plädierte. Es blieb folgenlos, dass Naumann in einer aufsehenerregenden Reichstagsrede Kühlmann beisprang: Es sei kein Raum mehr für «Schönfärberei», es müsse möglich sein, die Dinge beim Namen zu nennen.[275] Aber solche Appelle konnten den Sturz Kühlmanns nicht verhindern. Auf Drängen der OHL und ohne jede Konsultation mit den Mehrheitsparteien wurde Kühlmann durch den hochkonservativen Admiral von Hintze ersetzt.[276] Der Öffentlichkeit konnte nicht bekannt sein, wie Ludendorff im Februar auf die Frage des Prinzen Max von Baden reagiert hatte, der wissen wollte, was denn im Falle eines Scheiterns der geplanten großen Westoffensive geschehen solle: «Dann muss Deutschland eben zugrunde gehen.»[277] Naumann hat die unverantwortliche Desperado-Politik des Generals erkannt und forderte im September seine Entmachtung: «Die Behandlung der Person Ludendorffs ist sehr wichtig. Dieser

Mann muss besonders angepackt werden. Politisch muss er aus der Führung heraus.»[278]

Zu diesem Zeitpunkt war die Niederlage der ausgezehrten Divisionen an der Westfront ausgemacht. Mitte Juli traten die Franzosen zu einer umfassenden Gegenoffensive an, der am 8. August eine weitere Offensive britischer Truppen folgte. Die deutschen Verbände, von diesem Gegenschlag überrascht, verloren schon am ersten Tag dieses Infernos 27 000 Mann, wovon 15 000 sich in Gefangenschaft begaben. Es war für militärisch geschulte Beobachter klar, dass die Front bei weiteren Angriffswellen nicht weiter gehalten werden konnte. Aber auch nach dem verheerenden Einbruch vom 8. August, später von Ludendorff selbst als «schwarzer Tag des deutschen Heeres» bezeichnet, tappte die reformwillige Reichstagsmehrheit weiterhin im Dunkeln, wurde der Interfraktionelle Ausschuss von den militärischen Instanzen über den Ernst der Lage nicht informiert. Abgeordnete der Mehrheitsparteien erfuhren am 14. September, dass die Wiener Regierung die Alliierten um Frieden bat, elf Tage später tat dies auch Bulgarien. Schon seit Monatsbeginn forderten die Mehrheitsparteien, endlich den Weg für eine reformorientierte Regierung mit parlamentarischer Mehrheit freizumachen und den Widerstand gegen eine Reform des preußischen Klassenwahlrechts durch die Auflösung des Abgeordnetenhauses beiseite zu räumen, aufs Ganze gesehen also die Umsetzung des Programms, das Naumann immer wieder gepredigt hatte. Doch diese Bemühungen, eine handlungsfähige, für die Alliierten glaubwürdige Regierung auf die Beine zu stellen, überkreuzten sich jetzt – für die Parlamentarier so nicht vorhersehbar – mit der Forderung aus dem Großen Hauptquartier, es solle unverzüglich eine parlamentarisch legitimierte Regierung gebildet und ein Waffenstillstandsersuchen an den amerikanischen Präsidenten Wilson auf der Grundlage seiner «Vierzehn Punkte» ergehen.[279] Keinesfalls also waren die Mehrheitsparteien mit ihren Reformforderungen Vollstreckungsgehilfen der militärischen Führung, die jetzt nicht mehr umhin konnte, den Offenbarungseid zu leisten. Das Drängen auf grundlegende Änderung der politischen Machtverhältnisse und auf innere Reformen war älter als der improvisierte Versuch der Krone und der OHL, das schon lange Überfällige jetzt als Wende aus staatsmännischer Einsicht zu inszenieren.[280] Aber die Ereignisfolge im September und Oktober 1918 drängte die Kräfte der Reform jetzt in die Rolle der «Konkursverwalter einer gescheiterten Politik».[281]

Die sich im Oktober überschlagenden Ereignisse kommentierte Bosch mit einer gewissen Erleichterung: «Es ist ganz merkwürdig, mich hat das Bewusstsein, dass wir eine schillernde Seifenblase haben, die dem Platzen nahe ist, und dass die überwiegende Mehrzahl des Volkes unsere Verhältnisse als gute und hoffnungsvolle ansah, diesen Sommer in einer Weise umgetrieben, dass ich manchmal nicht mehr wusste, was ich tun sollte. Heute, nachdem die Seifenblase geplatzt ist, bin ich verhältnismäßig ruhig geworden.»[282] Es spricht einiges dafür, dass der skeptische Unternehmer mit der «Seifenblase» auch auf die 8. Kriegsanleihe anspielte, die im Ergebnis – mehrfach überzeichnet! – im letzten Kriegsjahr trügerischen Optimismus signalisierte.

In diesen Wochen erreichte ihn die erwähnte Anfrage der Staatsbibliothek in Berlin, einen Text zu deren Autographensammlung beizusteuern. Seine Antwort ließ erkennen, dass er vom Tagesgeschehen nahezu völlig absorbiert war: «Es ist mir unmöglich, in der jetzigen Zeit mich mit solchen Dingen zu beschäftigen, sofern sie sich zu weit von den Tagesfragen entfernen.»[283] Wie wir sahen, antwortete er dennoch und leitete noch am gleichen Tag seine Zeilen an Conrad Haußmann weiter, der soeben als Staatssekretär ohne Geschäftsbereich in die Regierung des Prinzen Max von Baden eingetreten war, offensichtlich in der Absicht, seine kaufmännische Maxime auch dem jungen Reichskabinett nahezubringen, denn offenbar seien ja die von ihm eingeschlagenen Wege «durchaus nicht allgemein anerkannt, namentlich aber in der Politik bisher als ungangbar angesehen worden».[284] Im Hinblick auf die laufenden Waffenstillstandsverhandlungen plädierte er jetzt für Glaubwürdigkeit und Besinnung auf die reale Lage und erhob schwere Vorwürfe an die Adresse der inzwischen abgetretenen Regierungen wegen ihrer «Hinterhältigkeit mit dem Unterseebootkrieg». Seine Hoffnungen setzte Bosch jetzt auf den amerikanischen Präsidenten Wilson: «Heute bleibt uns nichts mehr übrig, als zu hoffen, dass Wilson tatsächlich als der ehrliche Mann sich zeigen wird, der uns den Völkerbund bringen wird, und der, wenn er dazu in der Lage ist, der größte Mann in der Geschichte sein wird.»[285] Die Idee einer multilateralen Dachorganisation, der Traum von einem grundlegenden Wandel in den zwischenstaatlichen Beziehungen sollte Robert Bosch fortan immer wieder beschäftigen, doch in den kommenden Monaten zerschlug sich die Hoffnung auf einen Wilson-Frieden.

Walther Rathenau hatte am 7. Oktober einen aufsehenerregenden Artikel «Ein dunkler Tag» publiziert und einer «Levée en masse» nach dem Vorbild der französischen Revolutionsarmeen von 1791 das Wort geredet: «Nicht im Weichen muss man Verhandlungen beginnen, sondern zuerst die Fronten befestigen.»[286] Von einer stabilisierten Front im Westen versprach sich Rathenau eine Stärkung der deutschen Position bei den Verhandlungen um einen Waffenstillstand. Solche Ideen zu einer letzten patriotischen Kraftanstrengung kursierten in diesen Tagen in unterschiedlichen Varianten. Sie waren selbst in der sozialdemokratischen Parteiführung anzutreffen.[287] Auch bei Robert Bosch finden sich Spuren im Sinne dieser Überlegungen, verzweifeltes Räsonnieren, was geschehen könne, wenn die von seinen politischen Vertrauten getragene Regierung mit ihren Verhandlungszielen bei den Alliierten auf Granit beißen würde. Und ihn empörte die Vorstellung, dass nun ausgerechnet eine von Sozialdemokraten und Linksliberalen mitgetragene Regierung, die die längst überfälligen Reformen des wilhelminischen Systems auf den Weg bringen wollte, bei den Alliierten auf kein Entgegenkommen zählen sollte: «Die neue Regierung, die wir uns selbst gegeben haben, hat unser Vertrauen und wenn man das Vertrauen dieser Regierung täuscht, so treibt man uns zum äußersten [...].»[288] Wenig später aber wurde ihm klar, dass «eine nationale Verteidigung großen Stils» unter den gegebenen Umständen illusionär war. Aber unabhängig von diesen Spekulationen nutzte er seinen Briefwechsel mit Conrad Haußmann, um seine politische Grundposition unmissverständlich zu markieren: «Ich will nicht verhehlen, dass ich sehr weit links stehe und dass ich eine weitergehende Revolutionierung, als wir sie jetzt erleben, nicht für unerwünscht halten würde.» Bosch sah durchaus die Gefahr einer fortschreitenden, politisch nicht mehr steuerbaren, durch das russische Vorbild angeheizten Radikalisierung. Gerade deshalb gehe es jetzt um «das Öffnen großer, weiter Sicherheitsventile». Vor allem deshalb kam es ihm darauf an, den mit den Oktoberreformen eingeleiteten Wandel unumkehrbar zu machen, eine Rückkehr zum Ancien Régime auszuschließen: «Kann man, ohne dass man den Kaiser wirklich beseitigt, durchkommen? Wird nicht die ganze Clique darauf rechnen, dass das Ganze nur eine ‹Episode› ist?»[289] Es sei angesichts der aussichtslosen Lage, schrieb er kurz darauf an Friedrich Naumann, «doch wohl angebracht, wenn man das große Friedenshindernis, den Kaiser, auf die eine oder andere Weise dazu bringen könnte, zu gehen». Dies könne doch der Reichstag nun aus eigenem Recht beschließen.[290] In dem Ziel, den Kaiser aus dem Amt zu drängen, war Naumann mit Robert Bosch einig, er rechnete sogar für den Fall, dass ein Thronverzicht weiter ausbliebe, mit einem Bürgerkrieg. Für einen behutsamen Regimewandel und das Konzept einer Regentschaft für den Enkel des Monarchen, unter politischer Ausschaltung des weithin verhassten Kronprinzen, sah Naumann «keine Chance mehr».[291] Wesentliche Ursachen für die jetzt bevorstehende Entwicklung bis zum Zusammenbruch des Kaiserreichs im November 1918 hat Bosch instinktsicher ausgemacht. Sein kritischer Blick richtete sich auf die Neigung der tragenden Eliten des Reiches, «die alten Götzen weiterzuverehren», denn selbst gemäßigte und in seinen Augen legitime, sogar von Industriellen befürwortete Reformforderungen der Sozialdemokratie wurden auch jetzt noch ohne Argumente abgeblockt.[292] Robert Bosch bilanzierte das Kaiserreich, die Versäumnisse seiner politischen und militärischen Führungsschichten in der Metaphorik des umsichtigen Unternehmers: «Was bei uns gefehlt hat, das war der gute Haushalter, der im Haus herumläuft und in jeden Winkel hineinsieht und hineinriecht, ob es nicht stinkt. Das wäre seinem Beruf gemäß der Kaiser gewesen.»[293]

Die historische Forschung hat dem deutschen Kaiserreich seine inneren Widersprüche vorgehalten: Der Gegensatz von Prozessen des Wandels und Initiativen der Erneuerung, eine demgegenüber stagnierende Verfassungsordnung, das Aufblühen einer bürgerlichen Kultur, das Bemühen um sozialen Ausgleich und demgegenüber zugleich die Abwehr von wachsenden Ansprüchen auf materielle Teilhabe und politische Partizipation. Der Auseinandersetzung mit diesen Widersprüchen ist Robert Bosch nicht aus dem Weg gegangen. Er hatte sich auch auf dem politischen Parkett einen Standort erarbeitet und galt jetzt als vertrauenswürdiger Anwalt überfälliger Reformanstrengungen. In der Agonie des Wilhelminischen Kaiserreiches machte er seiner Verzweiflung Luft: «Man ist bisher [...] bei uns immer zu spät gekommen. Kann man sich denn davon nicht endlich einmal frei machen?»[294]

Das Platzen der «Seifenblase»

Kapitel 3

In der Weimarer Republik

Dem untergehenden Kaiserreich trauerte Robert Bosch nicht nach. In seinen Lebenserinnerungen beschrieb er mit beißender Kritik gesellschaftliche Fehlentwicklungen und persönliche Eitelkeiten bei den herrschenden Eliten, bekundete Sympathie und Mitgefühl für Duldsamkeit und Opferbereitschaft der breiten Schichten der Nation, aber eben keine Verehrung für maßgebliche militärische Entscheidungsträger. Vor allem: Ihm war klar, dass die Urheber der Dolchstoßlegende[1] und ihre wirkungsmächtigen Propagandisten das Land und jeden konstruktiven demokratischen Neubeginn mit einer schweren Hypothek belasteten, Lernerfahrungen blockierten und zur dauernden Vergiftung der politischen Kultur beitrugen. Er hatte ja wachsende materielle und gesundheitliche Verelendung, die Hilflosigkeit der Behörden, offensichtlichen Gesellschaftszerfall wie auch Indifferenz der Begüterten gegenüber dem alltäglichen Leiden gesehen. Und er hatte auch das Gefälle in der materiellen Versorgung zwischen Offizieren und einfachen Soldaten und damit sehr handfeste Ursachen für die wachsende Demoralisierung in den Streitkräften mit Empörung kommentiert.[2]

Überhaupt schien es für ihn in den Tagen des Zusammenbruchs «Sache der Konservativen zu sein, immer auf's Ganze zu gehen und nichts zu lernen».[3] Dass jetzt die Verantwortung für die Niederlage auf die Industriearbeiterschaft und ihre politisch besonnen agierenden Führer, letztlich aber auch auf alle Befürworter eines Systemwandels abgewälzt werden sollte, erfüllte ihn mit bebendem Zorn. Im Grunde denunzierte die Dolchstoßlegende ja auch ihn selbst, denn spätestens seit der Eingabe an Ludendorff vom Februar 1918, in der er Verständnis für die Friedenssehnsucht der breiten Schichten bekundet hatte, musste er im militärischen Establishment als «Flaumacher» gelten: «Das deutsche Volk hat sich vier Jahre lang in einer Weise und mit einer Hingabe gewehrt, die einfach ans Unerklärliche geht. Dies umso mehr, als gerade die Führer die Person sozusagen immer vor die Sache stellten. Das Vorgehen der Ludendorff und Tirpitz ist deshalb umso niederträchtiger und es gehört eine unglaubliche Frechheit dazu, von einem Dolchstoß in den Rücken der Front zu reden.»[4]

Kein Systemwechsel ohne freie Wahlen

Die Revolution vom November 1918, beginnend mit der Weigerung der Matrosen, sich dem Befehl der Obersten Seekriegsleitung zur Inszenierung einer letzten heroischen, militärisch sinnlosen Seeschlacht gegen die britische Flotte in der Nordsee zu beugen, war für Robert Bosch keine schockartige Erfahrung, eher die erwartbare Implosion einer Herrschaftsordnung, deren «ältere Götzen» es in seinen Augen nicht vermocht hatten, das Land aus dem sinnlosen Gemetzel herauszuführen und rechtzeitig den Weg für eine zeitgemäße politische Ordnung freizumachen.[5]

In Württemberg konnte indes von einem seit langem heraufziehenden «Sturmwind» der Revolution, wie der führende liberale Publizist Theodor Wolff am 10. November im Berliner Tageblatt die Ereignisse in der Hauptstadt beschrieb, nicht wirklich die Rede sein.[6] Die politische Ordnung des Königreiches hatte in der Spätphase des Wilhelminischen Reiches vergleichsweise elastisch auf die Reformerwartungen von Linksliberalen und Sozialdemokraten reagiert. Erst 1917 hatte Conrad Haußmann, sekundiert von Wilhelm Keil, dem Sprecher der reformistischen württembergischen Sozialdemokraten, im Landtag einen Vorstoß zur Bildung einer demokratisch verankerten Regierung lanciert, also weg von einer reinen Beamtenregierung, hin zu einer Koalitionsregierung aus dem Parlament. Nach einem weiteren erfolglosen Anlauf im Mai 1918 kam die Parlamentarisierungsfrage in Stuttgart erst am 22. Oktober 1918 auf die Tagesordnung des württembergischen Kabinetts. Jetzt nahm die Verfassungsentwicklung spürbar Fahrt auf. Robert Boschs Diagnose vom 29. Oktober, man komme in Deutschland «immer zu spät»,[7] sollte sich indes auch für Württemberg als triftig erweisen. Die revolutionäre Welle mit spontanen Streiks und Massenkundgebungen hatte inzwischen auch den deutschen Südwesten erreicht. Zunächst hatte es noch so ausgesehen, als könne eine politische Wende im Wege schrittweiser Reformen bewerkstelligt werden; jetzt erwies sich dies als Trugschluss. Zeitlich parallel zu den Verhandlungen über eine Umbildung der Regierung in Richtung auf das parlamentarische System veranstaltete die württembergische USPD in Stuttgart eine erste Protestversammlung mit etwa 5000 Teilnehmern. Und es war offenkundig, dass die noch in der USPD aktiven Spartakisten, wenig später in der KPD organisiert, die Entwicklung in ihrem Sinne zu steuern gedachten, obgleich ein von ihnen konzipiertes revolutionäres Manifest bei den Demonstranten keine Mehrheit fand.[8] Inspiriert von den Berliner Ereignissen verteilten Aktivisten der revolutionären Bewegung seit dem 6. November in den Stuttgarter Betrieben Handzettel und forderten unter der Parole «Nieder mit dem Krieg, hoch die Republik» zu Demonstrationsstreiks auf.[9] Auffällig war, dass die Arbeiterausschüsse der einschlägigen Betriebe zum Teil geradezu genötigt werden mussten, die Arbeit niederzulegen.[10] Die Beschäftigten der Bosch-Werke lehnten es ab, sich einem geplanten Demonstrationszug anzuschließen.[11] Auf der folgenden Kundgebung wurde gefordert, die «neue scheinbare Volksregierung [die Berliner Regierung unter der Kanzlerschaft des Prinzen Max von Baden] müsse der Regierung der Arbeiter- und Soldatenräte Platz machen».[12] Schließlich erreichten die Demonstranten, dass eine Abordnung dem Innenminister ihre Forderungen vortragen konnte. In den Bosch-Werken erschienen bald «zwei jugendliche Arbeiter, angeblich Vertreter der neu gegründeten Arbeiterräte, und forderten die sofortige Einstellung des Betriebes, was die Werksleitung ablehnte. Dem Drängen des Arbeiterausschusses, der Gewalttätigkeiten der Demonstranten befürchtete, hat sie aber schließlich nachgegeben und etwa um vier Uhr nachmittags den Betrieb eingestellt. Der größere Teil der Arbeiter der Bosch-Werke ging sofort nach Hause, ein kleinerer Teil schloss sich den Demonstranten, die mehrmals um das Fabrikanwesen herumzogen, an. Etwa 15 Arbeiter, die die Fabrik verspätet verließen, wurden von den Demonstranten durchgeprügelt.»[13]

Unterdessen wandte sich Wilhelm Keil in der sozialdemokratischen «Tagwacht» entschieden gegen «planlose Demonstrationen», nachdem die Spartakisten am 4. November zum Generalstreik aufgerufen hatten.¹⁴ Noch war es denkbar, dass sich der politische Wandel in Württemberg in eher unspektakulärer Weise vollziehen würde. Die Regierung des Ministerpräsidenten von Weizsäcker war am 4. November zurückgetreten. Der Monarch gab am 8. November den Weg frei für ein parlamentarisch legitimiertes Kabinett.¹⁵ Inzwischen war jedoch die Lage in Stuttgart eskaliert, nachdem der Innenminister die «Rote Fahne», das Organ der Spartakisten, verboten und die Verhaftung von zwei Spartakusführern sowie von 16 Mitgliedern des Stuttgarter Arbeiter- und Soldatenrates angeordnet hatte.¹⁶ Die Strategie der mehrheitssozialdemokratischen Politiker, einen möglichst geräuschlosen Systemwandel im Schulterschluss mit reformorientierten Kräften in den bürgerlichen Parteien herbeizuführen, war damit zunächst obsolet. Wilhelm Keil erreichte beim Innenminister umgehend die Freilassung der Verhafteten. Reformistische Sozialdemokraten, mehr von den Ereignissen getrieben als von der Notwendigkeit revolutionärer Schritte überzeugt, setzten sich jetzt an die Spitze einer anschwellenden Protestbewegung, gemeinsam mit Vertretern der unabhängigen Sozialdemokratie, der Gewerkschaften und des Spartakus, dessen Einfluss indes nach Kräften zurückgedrängt werden sollte.¹⁷

Am 9. November versammelten sich in Stuttgart auf dem Schlossplatz etwa 100 000 Demonstranten unter der Parole «Für die soziale Republik». Damit waren die Würfel gefallen. Das in den gleichen Stunden, vor der Kulisse lautstarker Demonstrationen, im Wilhelmspalais vereidigte Kabinett machte am Tag darauf einer Provisorischen Regierung aus Vertretern der beiden Arbeiterparteien Platz. Aber anders als in Berlin war diese revolutionäre Konstellation nur eine kurzlebige Übergangslösung. Denn Wilhelm Keil, Robert Bosch politisch wahlverwandt, drängte jetzt erfolgreich auf eine bürgerlich-sozialdemokratische Regierungsallianz, die schon am 11. November ihre Arbeit aufnahm. Keil hatte den sozialdemokratischen Ministerpräsidenten Wilhelm Blos und seine Partner davon überzeugen können, dass die Basis der Regierung «durch Hereinnahme von Vertretern aller auf parlamentarisch-demokratischem Boden stehenden Parteien» verbreitert werden müsse.¹⁸

Dass die Sozialdemokraten früher als andernorts «auf einen kontrollierten Systemwechsel»¹⁹ setzten und nicht ohne bürgerliche Allianzpartner regieren wollten, diese reformistische Strategie, in der jetzt mitten in der Revolution auch die politische Handschrift Friedrich

Naumanns erkennbar wurde, wurde begünstigt durch eine landestypische Interessenkonstellation. Aber gewiss wurde die Entwicklung auch erleichtert durch ein noch mitten im Weltkrieg entstandenes Forum der lagerübergreifenden Kommunikation. Nach dem Vorbild der Deutschen Gesellschaft 1914 war im Sommer des letzten Kriegsjahres auf Initiative von Robert Bosch die «Württembergische Gesellschaft 1918» ins Leben gerufen worden. Ihm hatte hier offenbar eine Art informeller Think Tank vorgeschwebt. Auf Einladung des Unternehmers gehörte Wilhelm Keil zu den «Gründern des Klubs», der sich der «Pflege eines ungezwungenen Verkehrs zwischen Männern verschiedener Anschauungen» verschrieben hatte.[20] Mitglieder der württembergischen Gesellschaft tauschten sich spätestens seit Oktober 1918 über Dringlichkeit, Modalitäten und Ziele eines Systemwechsels aus. Mit wachem politischen Instinkt hatte Robert Bosch mit Wilhelm Keil, Conrad Haußmann und Friedrich von Payer Politiker in einem vorparlamentarischen politischen Netzwerk an einen Tisch gebracht, die beim Übergang zur parlamentarischen Demokratie eine tragende Rolle spielen sollten.[21]

Dass es auch in Württemberg für einen radikalen revolutionären Umbau keine demokratische Legitimation gab, sollten bald die Wahlen zur Landesversammlung am 12. Januar zeigen, die den gemäßigten Kräften, der Mehrheitssozialdemokratie, der Deutschen Demokratischen Partei als Nachfolgerin der württembergischen Demokraten und dem katholischen Zentrum, mit insgesamt 121 von 150 Mandaten einen eindeutigen Vertrauensbeweis bescherten.[22]

Robert Bosch, der seine Stimme wie gewohnt für die Sozialdemokratie abgab[23], konnte dieses Ergebnis wie auch die Wahl zur Nationalversammlung von Weimar mit Genugtuung aufnehmen, denn die Vision einer bürgerlich-sozialdemokratischen Reformkoalition, jetzt auch unter Einfluss des katholischen Zentrums, war Wirklichkeit geworden, wenn auch in einer denkbar schwierigen innen- und außenpolitischen Situation.

Die historische Debatte über Verlauf, Handlungsspielräume und Ergebnisse der deutschen Revolution von 1918/19 ist inzwischen abgekühlt. Allerdings ist sie nicht in einen allseits geteilten Forschungskonsens eingemündet. Noch immer hält sich bis in erfolgreiche Lehrwerke hinein die Auffassung, dass die Sozialdemokratie unter der Führung von Friedrich Ebert, in Württemberg unter dem prägenden Einfluss von Wilhelm Keil, ideenarm und allzu kompromissorientiert, versäumt habe, den Systemwechsel in revolutionärer Weise so weit voranzutreiben, bis die Machtbastionen der tragenden Eliten des alten Regimes durch eine «konsequente sozialdemokratische Reformpolitik» gleichsam implodiert wären.[24]

Nun wird auch bei näherem Hinsehen nicht recht deutlich, wie sich denn in den entscheidenden Monaten des revolutionären Geschehens eine «konsequente sozialdemokratische Reformpolitik» hätte vollziehen sollen. Wie hätte eine improvisiert gebildete vorläufige Regierung vorbeugende Strukturreformen rechtsstaatlich legitimieren sollen, bevor sie sich ein zweifelsfreies demokratisches Mandat erkämpft hatte? Jede gewaltfreie, aber entschlossene Politik demokratieverbürgender Eingriffe in die sozialökonomischen Strukturen im Vorgriff auf die Wahlen wäre auf die Duldung, im günstigeren Falle auf die Kooperationsbereitschaft derjenigen Vertreter des Bürgertums angewiesen geblieben, die – wie Robert Bosch – einen grundlegenden Wandel für unvermeidbar oder sogar für dringend überfällig hielten.[25]

Die nachholende historische Kritik an den Weichenstellungen der Revolution von 1918/19 tut also gut daran, auch nach gesellschaftspolitischen Zukunftsentwürfen im politischen und wirtschaftlichen Denken und Agieren reformbereiter bürgerlicher Kräfte und nach Belegen zu suchen für die Einschätzung möglicher Handlungsspielräume, in der subjektiven Wahrnehmung des Geschehens wie auch in der rekonstruierbaren konkreten Lebenswelt – oder anders gewendet: Welche gesellschaftliche Ordnung schwebte Robert Bosch in den Revolutionsmonaten vor und mit welchen Systementwürfen war dieses Ordnungsbild verträglich?

Der Demokratische Volksbund

In Berlin registrierte Gertrud Bäumer, die politische Weggefährtin Friedrich Naumanns, im November 1918 ein «Fieber der Organisation, der Interessenszusammenschlüsse, der Projekte, der Neuformulierung von Forderungen».[26] Damit war auch der Demokratische Volksbund gemeint, den Walther Rathenau ins Leben rief. In dem Gründungsaufruf meldeten Rathenau und die Mitunterzeichner den Anspruch auf politische Mitwirkung an den revolutionären Veränderungen und an der Neugestaltung des Gemeinwesens an. Es ging darum, wie Carl Friedrich von Siemens schrieb, namhafte Persönlichkeiten aus Politik, Wirtschaft, Wissenschaft und Medien «zusammenzuraffen» und «das Bürgertum zu sammeln»[27] für die Zusammenarbeit mit der Regierung der Volksbeauftragten unter Friedrich Ebert und ein eindeutiges Bekenntnis zur Republik abzulegen, deren Ausgestaltung einer freigewählten Nationalversammlung vorbehalten bleiben sollte: «Wir halten nicht zu dem Zertrümmerten, sondern zu dem Werdenden [...] Wir wollen mitwirken, dass die Wurzeln des geistigen und wirtschaftlichen Lebens im großen Wandel der Dinge, den wir gutheißen, nicht Schaden leiden, sondern neue Kraft gewinnen.»[28] Robert Bosch schloss sich Rathenaus Initiative umgehend an. Die Liste der Gründungsmitglieder umfasste mehr als 100 Personen, von denen viele, wenn auch keineswegs alle, schon im Weltkrieg für einen politischen Systemwechsel und für die reformorientierte Zusammenarbeit des liberalen Bürgertums mit der politisch organisierten Arbeiterbewegung eingetreten waren, darunter Friedrich Naumann und der Robert Bosch nahe stehende Historiker Walter Goetz. Auch Sozialdemokraten und Vertreter der christlichen Gewerkschaften sahen keine Probleme, sich dem bürgerlich geprägten Volksbund anzuschließen.[29]

Doch schon die Formel vom «Gutheißen» der Revolution erwies sich in den Debatten des Gründungskreises, an denen Robert Bosch aus der Ferne teilnahm, als politische Sollbruchstelle. Es war schwierig, letztlich illusorisch, wie es Rathenau vorschwebte, «die gesamte bürgerliche Intelligenz» auf der Grundlage einer klaren Absage an das zerbrochene Regime des Kaiserreichs «zu einer gewissen gemeinsamen Einstellung zu sammeln».[30] Nur «mit innerem Schmerze» hatte etwa der liberale Historiker Friedrich Meinecke, später ein bekennender «Vernunftrepublikaner», dem «Gutheißen» der Revolution zugestimmt.[31] Eine Klage, der sich Robert Bosch kaum anschließen mochte, denn nach seinem Urteil war das Land unter der Monarchie der Hohenzollern «verzweiflungsvoll schlecht geführt» worden.[32] Namhafte Wissenschaftler wie Albert Einstein und Franz Oppenheimer wandten sich aus Gründen, die der Nostalgie Meineckes entgegengesetzt waren, rasch wieder vom Demokratischen Volksbund ab.[33] Andere wie Max Webers Bruder Alfred wandten sich gegen die Mitarbeit von Industriellen wie Hugo Stinnes, der im Weltkrieg nicht gerade als Befürworter der Demokratie hervorgetreten war.³⁴ Jetzt versuchte Walther Rathenau in einer letzten Kraftanstrengung mit einem neuen Aufruf dem Volksbund ein schärferes gesellschaftspolitisches Profil zu geben und die Gruppierung auf seine Idee einer Kooperation mit der politischen Arbeiterbewegung festzulegen. In Rathenaus Entwurf tauchte jetzt die Forderung nach einem «sozialen Freistaat» auf, verknüpft mit der Absage an «Militarismus und Imperialismus, Feudalismus und Bürokratismus», der Verstaatlichung «geeigneter Betriebe», der Beschneidung ererbter Privilegien, und dem Anspruch auf «Arbeit und Bildung».³⁵ Robert Bosch, der aus Stuttgart den Richtungsstreit verfolgte, griff jetzt mit einem entschiedenen Votum in die Diskussion ein. Er unterstützte unmissverständlich Rathenaus Bemühen, das «Bürgertum zur Revolution herüberzuziehen»³⁶. Aus seiner Sicht gab es keine wirklich «ernsthaften Bedenken» gegen die «politisch-demokratischen Forderungen der Sozialdemokratie». Er begrüßte, dass der Volksbund den «durch die Revolution geschaffenen Zustand anerkannt» habe, aber das war ihm zu unverbindlich: «Das Bürgertum wird seiner im jetzigen Augenblick der Erfüllung harrenden geschichtlichen Aufgabe gerecht werden, wenn es anstatt die Sozialdemokratie zu bekämpfen, sich [...] auf die neue Zeit und ihre von Grund auf veränderten Gesichtspunkte einstellt.»³⁷ Ihm erschien es jetzt vordringlich, «die gemäßigten Kreise der Sozialdemokratie» zu unterstützen, die «ohne einen solchen Rückhalt vielleicht der Gefahr unterliegen, immer weiter nach links gedrängt zu werden, ja sogar dem Bolschewismus weichen zu müssen». Dies und das glaubwürdige Bekenntnis zur Republik ließe sich, so Robert Boschs Kernforderung, nur erreichen, wenn diese bürgerliche Erneuerungsbewegung «die Sozialisierung der Gesellschaft als Ziel aufstellt».³⁸

Das ging weit über das hinaus, was in den Kreisen des Demokratischen Volksbundes konsensfähig war. Die schwärmerische Formel vom «sozialen Freistaat» war bei der Zusammensetzung des Gründungskollegiums kaum mehrheitsfähig. Rathenau zog sehr rasch die Konsequenz und löste den Volksbund nur wenige Tage nach der brieflichen Intervention von Robert Bosch kurzerhand auf. Er kündigte noch Ende November eine neue Initiative an, einen «Freien Bund der Gesinnung», der «sozialen Idealismus ins Bürgertum» tragen und «ihn in der Arbeiterschaft, soweit sie zugänglich ist, bekräftigen» sollte³⁹, was Bosch ausdrücklich unterstützte.⁴⁰ Doch verlief auch dieser neue Anlauf im Sande. Der Demokratische Volksbund blieb ein flüchtiges Übergangsphänomen. Rathenau und Bosch standen mit ihrem Versuch, einen gesellschaftspolitischen Brückenschlag zu versuchen, am Ende nahezu allein.

Das Plädoyer für die «Sozialisierung der Gesellschaft» aus der Feder eines landesweit bekannten Industriellen war für die unternehmerisch geprägten Gründungsmitglieder des Demokratischen Volksbunds untypisch, ja provokativ. Der Begriff des Sozialismus, mit dem jetzt bei Robert Bosch in erstaunlicher Kontinuität wieder ein gedankliches Motiv der frühen Briefe auftauchte, bewegte sich in den Zeiten der revolutionären Neuorientierung auf einer Skala höchst unterschiedlicher Bedeutungsvarianten. Sie reichten vom Plädoyer für eine sozialstaatlich verfasste Ordnung im Sinne der bürgerlichen Reformtradition des 19. Jahrhunderts bis zur Theorie der vollständigen Vergesellschaftung der Produktionsmittel, sei es unter einer «Diktatur des Proletariats», sei es in einer evolutionären Fernperspektive, mit einer demokratisch legitimierten Regierung unter der zuversichtlich erwarteten Federführung der politischen Arbeiterbewegung. Im Demokratischen Volksbund sah Robert Bosch keine Alternative zur Neugründung von Parteien, sondern eine ergänzende Vereinigung, um der Neuformierung des politischen Lebens zusätzlichen Schub zu geben. Er kritisierte jede weitere «Zersplitterung und Verwirrung des Bürgertums» und setzte seine Hoffnungen jetzt ganz auf Friedrich Naumann, bei dem in seiner Sicht «die Bestrebungen zur Bildung einer wahrhaft sozialen bürgerlichen Partei» zusammenliefen. Für ihn war in diesen Wochen des Umbruchs der Liberalismus ohne programmatische Erweiterung «eine überwundene Lebensanschauung». Demgegenüber schwebte ihm für die Zukunft ein breites demokratisches Bündnis zur Überwindung des in festen Milieus segmentierten Parteiensystems vor: «Die Entwicklung zielt nach meiner Überzeugung mit Naturnotwendigkeit darauf hin, dass die Mehrheitssozialdemokratie und der sozial denkende Teil des Bürgertums sich später zu einer Regierungsmittelpartei vereinigen. Den rechten Flügel des Parlaments werden die früheren rechten Nationalliberalen und die Konservativen bilden, während auf der linken Seite die unabhängigen Sozialdemokraten und die Spartakisten stehen.»[41] Offen blieb in diesen Überlegungen die Rolle des katholischen Zentrums, das doch schon bisher für eine mehrheitsfähige Reformkoalition unentbehrlich gewesen war.

Räte, Sozialisierung und Betriebsverfassung

In Stuttgart hatte eine Räteversammlung unmittelbar nach dem Staatsumsturz einen fünfzehnköpfigen Aktionsausschuss gewählt, der fast vollständig von Anhängern des linksradikalen Spartakusbundes dominiert wurde. Damit schien sich zunächst ein rätedemokratisches Regierungssystem abzuzeichnen. Die Unübersichtlichkeit dieser Lage – hier eine provisorische Regierung, dort ein spontan entstandener Aktionsausschuss – beschrieb der amtierende sozialdemokratische Regierungschef in seinen Erinnerungen: «Die öffentlichen Gewalten hatten sich ganz von selbst so verteilt, dass bis zur Inkraftsetzung der von der Landesversammlung zu schaffenden Verfassung der Regierung die Exekutive, dem Arbeiter- und Soldatenrat die Kontrolle zufiel. Auf der Übereinstimmung dieser beiden Machtfaktoren beruhte vorläufig der Bestand des neuen Staatswesens.»[42] Unübersichtlich war die Lage auch insofern, als der Stuttgarter Aktionsausschuss sich nicht nur als politisches Spitzenorgan der Landeshauptstadt verstand. Er trat auch als oberstes Räteorgan für ganz Württemberg auf.[43] Diese labile Konstellation schien sich zu klären, als bei den Wahlen zum Arbeiterrat für Groß-Stuttgart bis zum 25. November die Mehrheitssozialdemokraten einen überzeugenden Sieg davontrugen, nachdem sich in den Stuttgarter Unternehmen bekannte Gewerkschaftsfunktionäre zur Wahl gestellt hatten.[44]

Doch die Rätebewegung blieb, auch wenn sie vielerorts auf lokaler Ebene eine für die Stabilisierung der Verhältnisse zunächst unentbehrliche Rolle spielte, für Robert Bosch ein Fremdkörper im politischen Getriebe. Mit nicht geringer Verblüffung nahm er die frei erfundene Zeitungsmeldung wahr, ein «Rat geistiger Arbeiter Deutschlands» habe ihn in seinen Zentralvorstand kooptiert.[45] Er verwahrte sich gegen diese Vereinnahmung, die ihren Grund darin hatte, dass man ihn für einen Gesinnungsgenossen mit rätedemokratischen Neigungen hielt, nachdem er eine Protesterklärung gegen die Ermordung von Rosa Luxemburg und Karl Liebknecht im Verlauf der Berliner Januarunruhen mitunterzeichnet hatte – ein Zeichen dafür, dass er politische Gewalt in jedweder Schattierung ablehnte.[46]

Auch in Stuttgart fand ein linksradikaler Putschversuch statt; auch hier kam es im Januar zu Ausschreitungen und Massendemonstrationen, der Besetzung von Zeitungsredaktionen und zu Versuchen, sich unter Berufung auf Rosa Luxemburg und Karl Liebknecht der politischen Exekutive zu bemächtigen und damit die anstehenden Wahlen zur verfassungsgebenden Landesversammlung doch noch gewaltsam zu verhindern. Der Putschversuch fand auch in Stuttgart mit sieben Toten und zahlreichen Verletzten ein blutiges Ende, nachdem regierungsloyale Truppen zum Gegenangriff übergegangen waren. Robert Bosch hat, soweit wir sehen, das putschartige Geschehen in Stuttgart nicht näher kommentiert. Für sein politisches Weltbild blieb charakteristisch, dass er «erregt über das Zerbrechen des Rechtswegs»[47], das er in der Liquidierung der Spartakusführer in Berlin durch Freikorpssoldaten sah, Gewalt in politischen Auseinandersetzungen eine Absage erteilte.

Robert Boschs Kritik an rätedemokratischen Gedankenspielen, mit denen er sich nach dem Staatsumsturz in Württemberg beschäftigte, zielte im Kern auf die Dysfunktionalität rätedemokratisch legitimierter Kontrollorgane des wirtschaftlichen Geschehens. Sie mussten in seinen Augen zu einer bürokratischen Aufblähung kontrollierender Instanzen führen, zu einer doppelgesichtigen Steuerung durch fachlich qualifizierte Führungskräfte einerseits und politische Mandatsträger andererseits: «Schon aus rein wirtschaftlichen Gründen kann nicht der Werktätige auch noch kontrollieren. Er muss produzieren. Die unproduktive Verwaltungsarbeit darf nicht zweimal geleistet werden, d. h. vom Kopfarbeiter zuerst und dann nochmals vom werktätigen Kontrolleur.»[48] Dies war in der Tat ein in der zeitgenössischen Debatte mit ihren pathetischen Postulaten verblüffend einfaches, aber sachlich triftiges betriebswirtschaftliches Argument. Bosch ging in seinen Erwägungen zum Teil noch weiter als die heutige rätekritisch nuancierte Geschichtsforschung. Bei vollständiger Kontrolle des betrieblichen Geschehens durch politisch agierende Arbeiterräte seien «russische Zustände», ja «Fabrikdiktatoren» die zwangsläufige Folge,[49] eine drastisch formulierte Prognose, die sich für das bolschewistische Regime in Sowjetrussland – und nicht allein für dieses – als überaus triftig erweisen sollte.[50] Dies war ein evidenter Befund aus eigener Anschauung und langjähriger betrieblicher Erfahrung. Es war aber auch ein elementares politisches Bekenntnis zur Gewaltenteilung. Immer wieder schimmert bei Robert Bosch die machtskeptische Denkfigur der schwäbischen Demokratie durch, nicht Macht zu fusionieren und zu konzentrieren, sondern sie einzuhegen, zu verteilen und damit eine innergesellschaftliche *Balance of Power* zu gewährleisten. Robert Bosch nahm nicht für sich in Anspruch, das Ringen um die Ausgestaltung der jungen Republik und ihre Entwicklungsalternativen auf der Grundlage systematischer Studien zu beurteilen, für die er nach eigenem Bekunden «wenig Lust und Zeit» hatte.[51] Die briefliche Korrespondenz nutzte er zur Klärung des eigenen Standorts: «Ich gebe mir nur gerne manchmal schriftlich Rechenschaft über meine Einstellung.»[52] Äußerungen zum Zeitgeschehen und zu grundsätzlichen Fragen der gesellschaftlichen Ordnung pflegte Robert Bosch mit dem Hinweis auf mögliche Kenntnislücken zu begleiten. So entschieden, mitunter aufbrausend er auftreten konnte – immer wieder schien in seiner Korrespondenz ein gleichsam Commonsense-gestützter Falsifikationismus durch, ein dialektisches Hin und Her der Argumente, die Ahnung, dass die Dinge vielleicht doch ganz anders sein könnten, als sie sich zeigen. Als Unternehmer und Stifter war Robert Bosch gewohnt, unter Risiko Vermutungen anzustellen und im Lichte begrenzter menschlicher Erkenntnisfähigkeit Entscheidungen zu treffen. Im politischen Argumentieren und Agieren nahm er in ähnlicher Weise eine selbstkritische, gerade auch die eigenen persönlichen Grenzen kritisch abwägende Haltung ein. Gewiss traute er sich vor dem Hintergrund seines kometenhaften unternehmerischen Aufstiegs einiges zu, aber doch eben nicht alles. Conrad Haußmann versuchte im Herbst 1919, ihn für das Amt eines Reichsministers für den Wiederaufbau der in Nordfrankreich und Belgien vom Krieg zerstörten Regionen zu gewinnen, als «technischer Organisator und Nichtparlamentarier», vor allem wegen seiner internationalen Erfahrung: «Deutschland» brauche «einen Mann, der Organisationskraft, Weltsprachenkenntnis und Richtung hat».[53] Umgehend lehnte Robert Bosch mit dem Hinweis auf mangelnde Fachkenntnis, fehlende Arbeitskraft und fremdsprachliche Gewandtheit ab. Eher könne er sich Walther Rathenau als Ministerkandidaten vorstellen – der auch im Mai 1921 in diese Position berufen wurde.[54]

Zurückhaltendes Abwägen und behutsames Vorgehen war auch Robert Boschs Devise in der Auseinandersetzung um die gesellschaftspolitische Orientierung des industriellen Verbandswesens. Die ihm angetragene Position eines Vorsitzenden des Verbandes Württembergischer Industrieller lehnte er ab, da er abgesehen von seiner «Nervosität» «keinerlei persönlichen Ehrgeiz» habe, sich verbandspolitisch zu exponieren.

Doch in der Sache war seine Haltung unmissverständlich: Es gehe vor dem Hintergrund der Auseinandersetzungen um das weitere Verhältnis der Arbeitsmarktparteien zueinander nicht an, sich arbeitgeberseitig «wie der junge Hund im Blumenbeet» aufzuführen.[55] Er verwahrte sich entschieden gegen das Ansinnen, dass «irgendein Unternehmerverband heute schärfere Saiten aufzieht». Gefragt seien jetzt Ruhe und Besinnung: «Bisher habe ich die Überzeugung, es ist gut gewesen, abzuwarten, bis auch im ruhigen Teil der Arbeiterschaft sich der Widerstand gegen den Bolschewismus regt.»[56] Bosch hielt jede Agitation gegen den Achtstundentag für widersinnig: «Der Achtstundentag kommt und er ist gut.» Jede Agitation gegen die junge Republik sei «genauso für das Chaos gearbeitet, wie es die Spartakisten tun» und verstelle die Chance der Unternehmer, im Dialog «in seinem Kreise einmal im Kleinen zu wirken».[57]

Für ihn ging es darum, sich den neuen Gegebenheiten illusionslos zu stellen, keinesfalls etwa demagogisch auf die Beschäftigten einzuwirken, vielmehr den «Unverstand der Masse der Industriellen» hinter sich zu lassen.[58] Robert Bosch konnte sich das Verdienst zurechnen, die Mäßigung des Unternehmerlagers durch seinen bestimmenden Einfluss selbst bewirkt zu haben: «Die Zurückhaltung des Verbandes Württembergischer Industrieller ist [...] von mir mit veranlasst. Gerade so wie der VWI dem Alldeutschen Drängen seiner Mitglieder [auf die Formulierung aggressiver Kriegsziele] nicht nachgab, grade so hat sich der Vorstand bisher bewusst zurückgehalten. Ich sage stets: «Meine Herren, halten Sie sich zurück!»[59]

Hintergrund des brieflichen Dialogs mit einem jungen, Rat suchenden Unternehmerkollegen war die Frage der Sozialisierung. Auf Drängen des Stuttgarter Arbeiterrates hatte der württembergische Arbeitsminister Lindemann eine Sozialisierungskommission gebildet, in der acht Vertreter der Industrie, unter ihnen Robert Bosch, dreizehn Delegierten der Arbeiterschaft gegenübersaßen. Die Kommission verständigte sich auf «Leitsätze», die im Arbeitsministerium entwickelt worden waren. Sie stammten aus der Feder von Fritz Elsas und beschrieben das «Wesen» der Sozialisierung dahingehend, «dass in der gesellschaftlichen Produktions- und Absatzorganisation nicht mehr das Profitinteresse des Privatkapitals ausschlaggebend ist, sondern Leitung und Wirtschaftsführung einzig und allein für die Gesellschaft und unter deren Mitwirkung erfolgt».[60] Zwar enthielten die Leitsätze einen umfangreichen Katalog von Branchen und Versorgungsbetrieben, die für eine mögliche Sozialisierung in Betracht gezogen wurden, aber entscheidend waren die aufgezählten Voraussetzungen der Machbarkeit: Da war zunächst die Klausel, dass die Vergesellschaftungsforderungen für die lokale und die bundesstaatliche Ebene nur auf Monopolbetriebe von Gewicht zielten. Sodann stellte das Papier alle denkbaren Schritte in Richtung Sozialisierung unter den Vorbehalt «einheitlicher Richtlinien für das gesamte deutsche Wirtschaftsgebiet» und der «Entschädigung der Privateigentümer». Vor allem aber markierten die Leitsätze gesamtwirtschaftliche «Schranken» einer denkbaren Sozialisierung, namentlich die internationale Wettbewerbsfähigkeit und die konjunkturellen Rahmenbedingungen, im Übrigen auch «die Einschätzung der persönlichen Tätigkeit des Unternehmers».[61] Dies war bei genauerem Hinsehen kein revolutionäres Manifest, sondern ein Diskussionspapier für einen «kontrollierten Systemwechsel», wie ihn die Mehrheitssozialdemokratie entschlossen zu Wege bringen wollte.[62] Die «Leitsätze» ließen die Absicht ihres linksliberal orientierten Verfassers erkennen, weshalb Robert Bosch sie unterstützte.[63] Ministerpräsident Blos musste schon Anfang März 1919 mitteilen, dass das Reich die Zuständigkeit für die Sozialisierungsfrage an sich gezogen hatte.

Robert Bosch bezeichnete sich noch im März 1919 als Sozialisten, aber was hatte es mit solchen Äußerungen des eher theoriescheuen Unternehmers und Stifters auf sich? Ging es ihm um rhetorische Konzessionen und temporäre Zugeständnisse zur Besänftigung revolutionsverdächtiger Massen? So lautete ja der Vorwurf derer, die bei jeder Verwendung des Sozialismusbegriffs durch bürgerliche Sozialreformer sinistre Verschleierungsabsichten und pure Ideologie am Werke sahen. Es ist ideengeschichtlich aufschlussreich, das Räsonnement von Robert Bosch mit der Bewertung der Revolution in Beziehung zu setzen, die Eduard Bernstein, der theoretische Kopf der sozialdemokratischen Revisionisten, wenig später vorlegte. Es war ja Bernstein gewesen, auf den Friedrich Naumann um die Jahrhundertwende seine Hoffnungen auf eine Entdogmatisierung der Sozialdemokratie im Interesse einer sozialreformerischen Allianz von Bürgertum und Arbeiterschaft gesetzt hatte.[64] Bernstein bündelte in seinen Betrachtungen Argumente gegen einen radikalen sozialökonomischen Umbruch, an denen sich bis heute jede Kritik an einer angeblichen «Restauration eines nur wenig veränderten Kapitalismus» abarbeiten muss.[65] Für Bernstein hatte Deutschland mit dem allgemeinen und gleichen Wahlrecht, das mit der Revolution auch für die Frauen galt, einen politischen Reifegrad erreicht, der jeden Aufruf zu einer «Diktatur des Proletariats» vollends obsolet machen musste. Auch konnte für Bernstein die junge Demokratie «die große, auf sie gefallene Last nur tragen, wenn sie erhebliche Teile des Bürgertums an ihrem Bestand und ihrer gedeihlichen Entwicklung interessierte».[66] Vor allem aber – und hier springt ein gedanklicher Gleichklang mit Friedrich Naumann ins Auge, der schon vor dem Weltkrieg, entgegen allem Sehnen nach einem revolutionären Systembruch, der marktwirtschaftlichen Ordnung eine verblüffende Fähigkeit zur Selbststabilisierung bescheinigt hatte[67]: Bernstein bemühte eine Analogie aus der Biologie, um festzustellen, dass auch der sozialökonomische Reifegrad der deutschen Gesellschaft ein Niveau erreicht habe, an dem jeder Versuch einer radikalen Systemveränderung abprallen musste: «Je weniger sie [die Organismen] ausgebildet sind, umso leichter vertragen sie Maßnahmen, die auf ihre radikale Umbildung abzielen. Je vielseitiger aber ihre innere Gliederung, je ausgebildeter die Arbeitsteilung und das Zusammenarbeiten ihrer Organe bereits sind, umso größer die Gefahr schwerer Schädigung ihrer Lebensmöglichkeiten, wenn versucht wird, sie mit Anwendung von Gewaltmitteln in kurzer Zeit in Bezug auf Form und Inhalt radikal umzubilden.[68]

Bosch unterhielt keine Korrespondenz mit Eduard Bernstein, aber die gedankliche Nähe ist auffällig. Bis ins hohe Alter identifizierte er sich mit der Politik Friedrich Eberts, auf dessen politisches Wirken Bernsteins Würdigung ja im Kern zielte: «Im Winter hatte, abgesehen von den Unternehmern, natürlich jedermann die Meinung, dass nur in der Sozialisierung der Wirtschaft Wiederaufbau stattfinden könne. Wenn ich sage, jedermann, so muss ich eine große Einschränkung machen: Die Führer der Sozialdemokratie waren auch gegen Sozialisierung und sie wurden immer mehr Gegner einer solchen, je mehr sie einsahen, dass aus der Revolution nur eine Lohnbewegung gemacht wurde. An 1. Stelle erlebte und erkannte das der 1. Präsident Ebert. Diesem Manne hat unser Vaterland in jener Zeit viel zu verdanken gehabt. Einen besseren Präsidenten hat Deutschland nicht erlebt.»[69]

«Sozialismus» war also für Robert Bosch keine Erlösungsformel, kein Plädoyer für eine Umwälzung der Eigentumsverhältnisse, wie dies die Jugendbriefe nahegelegt hatten, erst recht kein Votum gegen die parteienstaatlich verfasste Demokratie. Es handelte sich um «sozialethische Grundsätze», mit denen er an die Begrifflichkeit des Sozialismus anknüpfte, die Hoffnung auf eine Gesellschaft, die nicht vom «Evangelium der Gewalt», sondern vom «Interesse für die allgemeine Wohlfahrt» geprägt sein würde.[70] Er blieb auch unter dem Eindruck der Revolution der *Citoyen*, erkennbar bemüht, von unmittelbaren ökonomischen Interessen abzusehen und über den Rand der eigenen unternehmerischen Lebenswelt hinauszublicken.

Hans Walz bemühte sich in einer Aufzeichnung für seinen Chef um eine Präzisierung dessen, was Bosch gedanklich bewegte: «Die Sozialität und Solidarität nur *einer* Volksklasse ist noch kein Sozialismus. Dieser muss das ganze Volk in seiner Gesamtheit, zum Mindesten in seiner übergroßen Mehrheit umfassen. Der Schwerpunkt sozialistischer Entwicklung liegt im einzelnen Menschen: Von innen heraus durch eine geistige und seelische Revolution muss das Ideal des Sozialismus verwirklicht werden. Der Sozialisierung wichtigster und eigentlicher Gegenstand ist der Mensch. Haben wir erst eine wahrhaft sozialistische Gesinnung, so wird sie sich ohne Weiteres die ihr angemessenen sozialistischen Formen errichten. Sozialistische Formen zu schaffen ohne entsprechenden geistigen und seelischen Gehalt ist von vornherein zur Erfolglosigkeit verdammtes Bemühen.»[71] Es ist ideen- und mentalitätsgeschichtlich erhellend, nach den Wurzeln dieser Aufzeichnung zu suchen. Walz, philosophisch und theologisch überaus gebildet, verwendete Bausteine einer kantianisch inspirierten Sozialphilosophie, nach der nicht die anonyme Dialektik von Produktivkräften und Produktionsverhältnissen die in soziale Klassen eingeschmolzenen gesichtslosen Individuen vor sich her –und die gesellschaftliche Entwicklung vorantreiben. Sondern es geht um verantwortungsethisch motivierte Personen, die «nach den Geboten der praktischen Vernunft für das politische Miteinanderleben der Menschen in der modernen industriellen Arbeitswelt» einstehen.[72] Die Auseinandersetzung mit den ökonomischen Dogmen des Marxismus hat dem Industriellen bis ins hohe Alter keine Ruhe gelassen[73].

Robert Boschs Mahnung an die Adresse von Unternehmerkollegen, sich nicht «wie der junge Hund im Blumenbeet» zu gebärden[74] und nicht gegen den Achtstundentag zu agitieren[75], hatte einen handfesten Grund. Am 18. November 1918 war im Reichsanzeiger ein Abkommen veröffentlicht worden, das sich fortan mit den Namen des Industriellen Hugo Stinnes und des Vorsitzenden der Generalkommission der

Hans Walz, 1933

Gewerkschaften Carl Legien verband. Schon seit September 1918 hatten Arbeitgeber und Gewerkschaften angesichts der unausweichlichen Kriegsniederlage Gespräche über die kommende Demobilisierung aufgenommen. Während die Arbeitgeberseite bestrebt war, die Fesseln der kriegsbedingten bürokratischen Zwangswirtschaft abzustreifen, musste es den Gewerkschaften darum gehen, ihre in der Kriegswirtschaft hinzugewonnenen Kompetenzen und Handlungsspielräume zu bewahren. Sie wollten den Zugang zu den Großbetrieben und ihre gestärkte Rolle bei Auseinandersetzungen über Löhne und Arbeitsbedingungen im Rahmen einer Neuordnung der industriellen Arbeitsbeziehungen nach dem Kriege in dauerhaft verbriefte Rechte umsetzen. Die zu diesem Zweck gegründete Zentralarbeitsgemeinschaft von Arbeitgebern und

Gewerkschaften legte der noch amtierenden kaiserlichen Regierung sechs Tage vor der Revolution ihre Beschlüsse vor. Mit der Veröffentlichung durch die Regierung des Rates der Volksbeauftragten unter Friedrich Ebert wenige Tage nach dem Regimewechsel erhielt das Stinnes-Legien-Abkommen zwar noch keine Gesetzeskraft. Dass es jedoch in Wirtschaftsbetrieben im Besitz des Reiches den Rang einer Rechtsverordnung erhielt, mit Empfehlungscharakter für das gesamte Wirtschaftsleben, war ein klares Signal. An der Formulierung des Abkommens waren mit Walther Rathenau und mit Hans von Raumer, dem Geschäftsführer des Zentralverbandes der Deutschen Elektrotechnischen Großindustrie, Persönlichkeiten beteiligt, die Robert Bosch ideenpolitisch nahe standen. Das Stinnes-Legien-Abkommen, «eine Revolution der Arbeitgeber und Arbeitnehmer» (Gerald Feldman), machte Ernst mit Grundideen, die Robert Bosch wiederholt vertreten hatte: der gegenseitigen Anerkennung der Verbände als der berufenen Interessenvertretungen, wobei die Arbeitgeber sich verpflichteten, bisher geförderte arbeitgeberfreundliche «gelbe» Werkvereine preiszugeben. Es erkannte den Anspruch auf Wiedereinstellung der heimkehrenden Soldaten an, bekannte sich zum Tarifvertragsprinzip, zur Einrichtung von Arbeiterausschüssen und zum Achtstundentag. In Unternehmerkreisen war das Stinnes-Legien-Abkommen durchaus nicht unumstritten, wie Robert Bosch im Dialog mit seinen Kollegen feststellen konnte. Denn maßgebliche industrielle Interessenverbände fühlten sich durch das Vorgehen der Industrievertreter in der Zentralarbeitsgemeinschaft überfahren.[76]

Das Abkommen nahm Eckpunkte einer sozialpartnerschaftlich verfassten «institutionalisierten Kooperation zwischen Arbeitgeber- und Arbeitnehmerseite» vorweg[77] und ging im Übrigen weit über das hinaus, was in den ebenfalls vom Krieg schwer gezeichneten Gesellschaften Englands, Frankreichs und Italiens im gleichen Zeitraum versucht wurde.[78] Keineswegs erfolgte die Übereinkunft «gleichsam im Rücken der Revolution»,[79] um diese zu verhindern oder zu zähmen. Sondern sie war ein vorläufiger Basiskonsens im Sinne der Bewältigung der Kriegsfolgen und einer erst in Umrissen erkennbaren Neuordnung der industriellen Arbeitsbeziehungen. Dass die Beschlüsse der Zentralarbeitsgemeinschaft implizit auch als Votum gegen eine Sozialisierung und vor allem gegen rätedemokratische Modelle verstanden werden konnten, erschloss sich erst später.[80]

Schon vor der Unterzeichnung des Abkommens hatte Robert Bosch, für ihn eher ungewöhnlich, in öffentlicher Versammlung am 12. November in Stuttgart erklärt, dass die heimkehrenden Soldaten auf ihren Arbeitsplatz zurückkehren könnten.[81] Auf seiner Linie lag auch die im Reichsarbeitsamt unter Mitwirkung von gewerkschaftlichen und industriellen Verbandsvertretern entworfene Verordnung vom 23.12.1918, die das Tarifvertrags- und Schlichtungswesen, die Einrichtung obligatorischer Betriebsvertretungen der Arbeiter und Angestellten sowie die Einführung des achtstündigen Höchstarbeitstages auf eine rechtsverbindliche Grundlage stellen sollten.[82] So konfliktreich und krisenhaft sich das Verhältnis der Arbeitsmarktparteien in der kommenden Republik auch gestalten sollte – hier waren zunächst in der Tat im Vorgriff auf die verfassungsgebende Nationalversammlung Entscheidungen von epochalem Gewicht gefallen, die mit ihrem normativen Gehalt in Umrissen schon auf die Sozialverfassung der Bundesrepublik vorausweisen.[83]

Schon bald sollte Robert Bosch Gelegenheit haben, sich in die Debatten um die weitere Ausgestaltung des Betriebsverfassungsrechts einzuschalten. Die Verordnung war von Gustav Bauer, dem späteren sozialdemokratischen Reichskanzler, rasch in Kraft gesetzt worden, nachdem der in Berlin vom 16. bis 20. Dezember tagende Rätekongress sich mit großer Mehrheit für die parlamentarische Demokratie, für Wahlen zur Nationalversammlung und gegen ein Rätesystem ausgesprochen hatte. Doch es fehlte an präzisen Bestimmungen über die Rechte, Pflichten und Aufgaben der Arbeiterausschüsse. Noch waren Interessenvertreter der Arbeitnehmerseite nicht gegen unternehmerische Willkür geschützt. Hinzu kam, dass in den mit großer Härte ausgetragenen Arbeitskämpfen in Mitteldeutschland und im Ruhrgebiet im Frühjahr 1919 der Rätegedanke als syndikalistische, auf Wirtschaft *und* Politik zielende Alternative zu einer sozialreformerisch akzentuierten Ausgestaltung des Betriebsverfassungsrechts eine erhebliche Rolle spielte. Die Reichsregierung zeigte in Verhandlungen mit den streikenden Bergleuten insofern Entgegenkommen, als sie zunächst das Konzept von Betriebsräten für den Bergbau akzeptierte und im Mai 1919 in der Absicht einer «Kanalisierung der Rätebewegung»[84] den Entwurf eines Betriebsrätegesetzes auf den Weg brachte. Der Arbeitgeberseite ging der Entwurf zu weit. Sie befürchtete, dass sich Betriebsräte künftig tiefen Einblick in Betriebsgeheimnisse verschaffen könnten und verwarf die

Entsendung von Arbeitnehmervertretern in den Aufsichtsrat. Auf der anderen Seite kritisierten die Gewerkschaften, bei grundsätzlicher Zustimmung, eine allzu enge Bindung an den Betrieb – und damit eine Schwächung ihrer eigenen überbetrieblichen Rolle als Tarifvertragsparteien. Robert Bosch war als Mitglied der württembergischen Sozialisierungskommission mit der Frage künftiger Betriebsräte konfrontiert worden, noch während im Reichsarbeitsministerium am Entwurf für ein einschlägiges Reichsgesetz gefeilt wurde.[85] Ein Grundsatzpapier der Unternehmensleitung bei Bosch hielt wenige Tage später fest, «dass heute eine grundsätzliche Ablehnung der von Angestellten und Arbeitern geforderten Betriebsräte zwecklos wäre und die Lage verschärfen würde». Zwar wurden Bedenken nicht verschwiegen, dass mehr Transparenz gegenüber den Arbeitnehmervertretern auch «Umständlichkeiten und Nachteile» mit sich bringen könnten. Bestimmend aber war die Aussicht, dass das Unternehmen letztlich von der Einrichtung einer gesetzlichen Arbeitnehmervertretung profitieren würde: «Wir möchten uns andererseits der Hoffnung nicht verschließen, dass aus einem ehrlichen Zusammenarbeiten von Verwaltung und Angehörigenvertretung in den verschiedensten Richtungen auch erhebliche Vorteile für den Betrieb erwachsen können.»[86]

Diese Einschätzung trug Robert Bosch wenig später an das Präsidium des Reichsverbandes der Deutschen Industrie heran. Weder jetzt noch später trieb ihn die Furcht um, es handle sich bei der Einführung von obligatorischen Betriebsräten um «organisierten Bolschewismus».[87] Bosch erkannte, dass mit der gesetzlich geregelten Wahl von Betriebsräten der Weg frei werden könnte zu einer Verrechtlichung der betrieblichen Arbeitsbeziehungen. Er wollte an der Verantwortung und dem Entscheidungsrecht des Unternehmers in Fragen der Produktentwicklung, der Produktion und des Vertriebs keineswegs rütteln lassen, hielt aber ein «Mitbestimmungsrecht über innere Betriebsangelegenheiten» sowie bei der Einstellung und Entlassung von Arbeitern und Angestellten – nicht aber der leitenden – für sachgerecht. Sodann versuchte er, die im Gesetzgebungsprozess bald aufbrechenden erheblichen Konflikte um die Offenlegung von Bilanzen und Gewinn- und Verlustrechnungen von vornherein zu entschärfen. Sein Plädoyer erinnerte an den Geist der bürgerlichen Sozialreformer und das Postulat Friedrich Naumanns, aus Arbeitnehmern müssten Interessenten werden, wenn er schrieb: «*Als Kriterium für die Geschicklichkeit und den Takt des Unternehmers wird es stets zu betrachten sein, wie weit Aufschlüsse* [über Bilanzen und ihre Grundlagen] *gegeben werden.* Je weitgehender Aufschlüsse gegeben werden können, umso besser wird die Werksleitung ihre Arbeit gemacht haben, umso ersprießlicher wird die Zusammenarbeit sein und umso besser wird das Werk blühen.»[88] Vor allem aber rückte er die Auseinandersetzung um die Einführung von Betriebsräten in eine grundsätzliche Perspektive: «Der wirtschaftliche Wiederaufbau Deutschlands ist nach meiner festen Überzeugung nur in ersprießlicher Weise möglich, wenn ein Zusammenarbeiten zwischen Arbeitgeber- und Arbeitnehmertum stattfindet. Es ist also die grundsätzliche Kampfstellung zwischen diesen beiden zu beseitigen.»[89] Robert Bosch konnte sich auf seine Erfahrungen berufen, die er in seinem Unternehmen mit der Einrichtung von Arbeiterausschüssen schon vor dem Weltkrieg gemacht hatte.[90] Dies war im industriellen Verbandswesen ein Einzelvotum, seiner Zeit weit voraus. Namentlich der Gedanke, dass betriebliche Mitbestimmungsrechte und eine weitere Verrechtlichung der industriellen Arbeitsbeziehungen durch Konfliktentschärfung der Produktivität des Unternehmens dienlich sein können, fand in der Agitation des Reichsverbandes der Deutschen Industrie gegen den angeblich «so gefährlichen Gesetzentwurf» der Regierung kein Echo.[91]

Schon 1926 urteilte ein Kenner des inzwischen laufenden, durchaus wechselvollen und zum Teil konfliktreichen Lernprozesses von Arbeitgebern und Arbeitnehmern mit dem Anfang 1920 verabschiedeten Betriebsrätegesetz, was Bosch frühzeitig erkannt hatte: dass nämlich mit dieser «Magna Carta der innerbetrieblichen Mitbestimmung» (Heinrich August Winkler) der Unternehmensführung «statt der amorphen, unverantwortlichen und nicht verhandlungsfähigen Belegschaftsmasse nunmehr in dem Betriebsrat eine personal begrenzte und relativ verantwortliche Verhandlungsinstanz gegenübersteht».[92]

Zehn Jahre nach der Verabschiedung des Betriebsrätegesetzes stellte Ernst Fraenkel fest: «Die Geschichte eines Gesetzes ist mit dem Augenblick seiner staatsrechtlichen Sanktionierung nicht abgeschlossen, sondern erst in ihr entscheidendes Stadium getreten.»[93] Damit beschrieb der Vater einer modernen, westlichen Werten verpflichteten Politikwissenschaft im Rückblick eine Erfahrung, die Robert Bosch bereits im Herbst 1920 zum Anlass genommen hatte für eine grundsätzliche Betrachtung der industriellen Arbeitsbeziehungen und der politischen

Kultur. Der Kapp-Putsch vom Frühjahr hatte die Zerbrechlichkeit der jungen Republik bloßgelegt. Das von Bosch favorisierte bürgerlich-sozialdemokratische Bündnis in Gestalt der Weimarer Koalition hatte im Juni bei der ersten Reichstagswahl nach der Revolution seine Mehrheit verloren – und es sollte sie nicht wieder zurückerobern können.[94] Im Zusammenhang mit der Erzbergerschen Reichsfinanzreform, die mit dem föderal zersplitterten Einkommensteuersystem aufräumte und eine reichseinheitliche, von den betrieblichen Bezügen direkt abzuziehende Lohnsteuer vorsah, kam es im Spätsommer auch in den Bosch-Werken zu Arbeitsniederlegungen und Betriebsbesetzungen, initiiert von linkssozialistisch und kommunistisch orientierten Betriebsräten. Die Behörden ordneten daraufhin die Schließung der betroffenen Betriebe an, und Polizeikräfte riegelten die Werksgelände ab. Ein von radikalen Betriebsräten gegen das Votum der Gewerkschaften ausgerufener Generalstreik wurde alsbald wieder abgebrochen.[95]

Die Unternehmensleitung sah sich zu einer Klarstellung veranlasst: «Die Anerkennung ordnungsgemäß beschlossener Gesetze ist für jeden Staatsburger eines Kulturvolkes eine Selbstverständlichkeit, ob er mit ihrem Inhalt persönlich in jedem Einzelfall einverstanden ist oder nicht.»[96] Der Widerstand gegen Erzbergers Steuerpolitik musste aus der Sicht republiktreuer Kräfte insofern paradox erscheinen, als der Reichsfinanzminister sich mit ihr bei Sprechern der politischen Rechten den Ruf eines «konfiskatorischen Sozialisten» einhandelte.[97] Robert Bosch ließ sich durch diese Erfahrungen ebenso wenig von seiner Grundhaltung abbringen wie von der Tatsache, dass die kommunistische Linke in den Betriebsräten seines Unternehmens über erheblichen Einfluss verfügte und in den Betriebsräten der Robert Bosch A.G. und der Robert Bosch Metallwerke AG sogar die Vorsitzenden stellte.[98] Er hielt den «sogenannten führenden Schichten» vor, dass sie es «nicht verstanden haben, ein richtiges Verhältnis zu dem übrigen Volke zu gewinnen». Es sei nichts auszurichten mit der ängstlichen Haltung, jedes arbeitgeberseitige Entgegenkommen setze automatisch eine nie enden wollende Forderungsspirale in Gang. Vielmehr ging es für ihn jetzt darum, die gesetzlichen Grundlagen für ein konstruktives Miteinander in den Betrieben mit Leben zu erfüllen. Mit dem Betriebsrätegesetz verhalte es sich wie mit einer produktiven Lerngemeinschaft: «Bei einer solchen neuen Einrichtung müssen beide Teile erst ihre Erfahrungen machen, man muss sich gegenseitig erziehen, sich aneinander abschleifen.»⁹⁹ Dies setzte für ihn freilich auch voraus, dass die neue «Betriebsverfassung als Abbau nicht funktionaler Herrschaft ohne Souveränitätswechsel»¹⁰⁰ von den Beschäftigten anerkannt werde: «Der Betriebs*rat* kann nicht Betriebs*leitung* sein.»¹⁰¹ Er warb leidenschaftlich um Respekt und Vertrauen in kooperationswillige Unternehmer, namentlich in Süddeutschland, vor allem auch für Vertrauen in ihn selbst, «den bürgerlichen Philanthropen». Und er mahnte zugleich eine realistische Einschätzung des ökonomisch Möglichen an, denn für ihn blieb die zentrale Herausforderung «der Wettbewerb auf dem Weltmarkt»¹⁰², dem sich Unternehmensleitung, Betriebsräte und Gewerkschaften auf dem Boden einer Kultur «des schiedlich-friedlichen Verhandelns» gemeinsam stellen müssten.¹⁰³

Für Robert Bosch blieb ein zentrales Motiv, «dem Kapitalismus die Giftzähne» zu ziehen.¹⁰⁴ Zugleich blieb er davon überzeugt, dass eine zwar sozialstaatlich gezähmte, aber im Kern marktwirtschaftliche Ordnung noch nicht entbehrlich sei: «Der Kapitalismus hat sich noch keineswegs so über- und ausgelebt, d. h. entwickelt, dass wir ohne ihn durchkommen.»¹⁰⁵ Bosch pflegte in seiner Korrespondenz mit Gewerkschaftern, Unternehmern und Sozialreformern den Dialog über Revolution, Bolschewismusgefahr, Reform und Sozialisierung. Sehr viel klarer als noch unter dem unmittelbaren Eindruck des politischen Systemwechsels, als er noch recht unbefangen mit dem Sozialismusbegriff hantiert hatte, ging es ihm jetzt um eine «freiheitlich verstandene Wirtschaftsverfassung».¹⁰⁶ Und wichtig war ihm auch die Propagierung der Einsicht, dass jedweder Ordnungsentwurf für die junge Republik und ihre Sozialverfassung nicht ohne Qualifizierung und Führung zu denken war, wobei sich für ihn Führungsanspruch durch Befähigung und Leistung zu legitimieren hatten, das Hineinwachsen in Führungspositionen durch reale Aufstiegschancen «ohne Vorrechte der Geburt und des Besitzes» ermöglicht werden müssten.¹⁰⁷ «Ich habe», fasst er seine Reflexionen zusammen, «früher auch geschwärmt, heute überlege ich, wie ich nützen kann.»¹⁰⁸

Ein Leitmotiv seiner Reflexionen über Möglichkeiten und Grenzen einer sozialökonomischen Neuordnung nach dem Kriege war der «Grundsatz höchster Produktivität»¹⁰⁹ als der unabdingbaren Voraussetzung für die auch künftig zwingend notwendige Weltmarktverflechtung der deutschen Volkswirtschaft: «Während wir nun innerhalb Deutschlands die Arbeitskraft und auch die zweckmäßigste Arbeitsmethode ohne jegliches Zutun des Auslands, rein aus uns selbst heraus hervorzubringen vermögen, sind wir, was die Bereitstellung der Grundlagen unserer Arbeit, d. h. die Lieferung der Produktionsmittel (Rohstoffe, Hilfsstoffe, auch Maschinen) betrifft, in erheblichem Umfang auf das Ausland angewiesen.»[110] Mit exzellenten Produkten im «Wettlauf des Welthandels» zu bestehen sei auch künftig die Forderung des Tages, vor allem auch, um das bisher im internationalen Maßstab vergleichsweise hohe Niveau sozialstaatlicher Daseinsvorsorge zu halten.[111] Von diesen Überlegungen war ein ungewöhnlich ausführlicher Aufruf «Unsere Zukunft» inspiriert, mit der sich der Vorstand der Robert Bosch A.G. im Januar 1919 an die Mitarbeiter wandte.[112] Das Dokument war eine deprimierende Bilanz der Kriegsfolgen für das Unternehmen, verbunden mit einem Appell, das jetzt offensichtlich gemeinsame Interesse von Arbeitnehmern und Anteilseignern am Überleben der Firma und an ihrem beschäftigungssichernden Umbau in den Mittelpunkt zu stellen.

Das Unternehmen und die Kriegsfolgen

Das war leichter geschrieben als getan. Das Unternehmen stand finanziell vor einer schwierigen Situation. Überschüsse und Dividenden, auch Darlehen waren in rüstungswirtschaftlich bedingte Investitionen und in die Vorratshaltung von Kriegsrohstoffen und Halbfabrikaten geflossen. Mit einem Mal war die Nachfrage nach kriegsrelevanten Erzeugnissen weggebrochen. Den aufgeblähten Kapazitäten und den angehäuften Vorräten standen nicht genug Aufträge gegenüber. Einlösbar war die Zusage, die aus dem Krieg heimkehrenden früheren Mitarbeiter wieder einzustellen. 624 Arbeiter und Angestellte, darunter auch brotlos gewordene Boschler aus den enteigneten Auslandsgesellschaften, fanden wieder einen Arbeitsplatz. Zugleich schrumpfte die Belegschaft sehr beträchtlich. Bei Kriegsende beschäftigten die Robert Bosch A.G. und das Robert Bosch Metallwerk noch ca. 10 000 Personen, Ende 1919 verzeichnete die der Belegschaft präsentierte Statistik nur noch 6788 Beschäftigte.[113] Die Unternehmensleitung sah sich gezwungen, den Mitarbeitern unverblümt nahe zu legen, sich, wenn irgend möglich, nach anderen Arbeitsplätzen umzusehen. Frauen waren von der Entlassungswelle am stärksten betroffen. Zwar blieb die Zahl der weiblichen Beschäftigten 1919 noch deutlich höher als vor Ausbruch des Krieges, sank aber mit 2 700 Entlassenen um 60 Prozent![114]

Im Hause Bosch suchte man fieberhaft nach Möglichkeiten, mit neuen Produkten den Beschäftigungsstand zu stabilisieren. Füllfederhalter etwa, auch Schraubenschlüssel und Schreibmaschinen sollten die herkömmliche Produktpalette erweitern.[115] Einschneidend waren die Folgen des Weltkriegs für das Unternehmen vor allem auf dem vormals so wichtigen amerikanischen Markt. Bereits in der ersten Dezemberhälfte 1918 hatten die amerikanischen Behörden die konfiszierte Bosch Magneto Company kurzerhand zu einem Schleuderpreis an einen überaus dubiosen Bieter versteigert. Das amerikanische Werk, der Stolz des Unternehmens auf dem Weltmarkt, befand sich mit allen Patentrechten damit, wie die Werkszeitung schrieb, «in den Krallen des amerikanischen Adlers».[116] Die Enteignung des amerikanischen Besitzes und seine Überführung in eine America Bosch Magneto Corporation (ABMC) bedeutete auch den Verlust der Markenrechte. Die bisher so erfolgreiche, einprägsame Bildmarke, der Rote Teufel, musste durch ein neues Logo, den in der Grundform bis heute verwendeten Doppel-T-Anker ersetzt werden.[117]

Mit der Stabilisierung der politischen Verhältnisse in Württemberg und begünstigt durch die fortschreitende Abwertung der Mark im Zeichen der Inflation gelang bei Bosch Schritt für Schritt eine gewisse Konsolidierung. Der Beschäftigungsstand fiel bis 1924 nicht mehr hinter das mühsam erreichte Niveau von 1919 zurück.[118] Während andere Industrieländer von 1920 bis 1922 mit einer Depression zu kämpfen hatten und die Weltproduktion um 15 Prozent zurückging, erlebte das Deutsche Reich in diesem Zeitraum eine Hochkonjunktur mit einem Anstieg der Industrieproduktion um 20 Prozent.[119] Die Unternehmensentwicklung bei Bosch wurde von diesem Trend erheblich begünstigt, denn der im Zeichen der ungebremsten Inflation fortgesetzt sinkende Außenwert der Mark verschaffte auch den Bosch-Produkten auf den Auslandsmärkten erhebliche Wettbewerbsvorteile. Schon 1920 war das Unternehmen wieder bei einem Auslandsanteil von 50 Prozent des Umsatzes angekommen. Umgekehrt bewirkte der rapide Kursverfall der

Mark und die damit einhergehende Unerschwinglichkeit von Devisen nahezu eine Schließung des deutschen Binnenmarktes, was für Bosch den Absatz in Deutschland ankurbelte. Nicht wenige Unternehmen nutzten die turbulenten Inflationsjahre für spektakuläre Übernahmen, was dem Ansehen der marktwirtschaftlichen Ordnung alles andere als dienlich war. Robert Bosch hielt sich auf diesem Gebiet vollständig zurück. Erst lange nach Überwindung der Inflation wurde im Jahre 1926 die Übernahme der Stuttgarter Eisenmann Werke besiegelt, eines von Bosch stets respektierten Wettbewerbers.[120]

Nach und nach baute Bosch im Ausland sein Niederlassungsnetz wieder auf. In Großbritannien etwa, wo inzwischen vierzehn Wettbewerber unter Verwendung der Stuttgarter Konstruktionsprinzipien mit der Fertigung von Zündern begonnen hatten, war Bosch schon ab 1920 wieder mit einer Vertretung präsent. Im gleichen Jahr übernahm ein Ingenieur aus Paris die Vertretung auf dem französischen Markt, der bei einem Schutzzoll von 45 Prozent von außen nur schwer wieder zu erschließen war.[121] Robert Bosch reiste 1921 nach Brasilien und Argentinien, um diese für die Zukunft vielversprechenden Märkte zu erkunden.[122] Der langfristige Ertrag war die Gründung einer Tochtergesellschaft in Buenos Aires im April 1924.[123] «Mitte der 1920er Jahre», bilanziert Johannes Bähr die Summe dieser Anläufe zur Re-Globalisierung, «hatte Bosch ein dichteres Netz von Auslandsvertretungen als vor dem Ersten Weltkrieg.»[124] Man war in Stuttgart auch nicht gesonnen, den nordamerikanischen Markt nach der Enteignung der Bosch Magneto Company abzuschreiben. Nachdem die amerikanische Justiz eine Klage auf Rückerstattung abgewiesen hatte, bauten Vertriebsexperten des Stuttgarter Unternehmens mit der Robert Bosch Magneto Company (RBMC) eine neue Gesellschaft in den Vereinigten Staaten auf. Die jetzt wieder anlaufende Durchdringung der Märkte in den USA und in Kanada erfolgte über Großvertreter mit eigenen Montagehallen und durch ein Netz von Service-Stationen.[125] Nach dem Vorbild dieses «Expansionsfeldzuges»[126] überzog Bosch seit 1921 auch den deutschen Inlandsmarkt mit einem Netz von Service-Stationen, den nach dem Franchisesystem organisierten Bosch-Diensten, die bald auch auf den Auslandsmärkten auftauchten. Für die Reichshauptstadt war schon 1917 in Charlottenburg ein stattliches Geschäfts- und Verkaufshaus fertiggestellt worden, in dem 1922 bereits 160 Mitarbeiter tätig waren.[127]

Voraussetzung für die Wiederankurbelung des Auslandsgeschäfts und den Ausbau der Präsenz im Inland war die Erweiterung der Produktpalette. Das war dringend nötig, wollte man nicht riskieren, wegen der starken Konzentration auf die Zünderfertigung von einer wachsenden Schar von Wettbewerbern in die Enge getrieben oder gar überrollt zu werden. Bosch mauserte sich mit der Fertigung von Pumpen für die Motorschmierung, den «Ölern», mit den schon vor dem Krieg entwickelten, jetzt in Großserie gefertigten Scheinwerfern, dem neuen, bald legendären Bosch-Horn, das die Hupen, mit Gummiball «durch die Hand zum Aufschreien gebracht»,[128] ablöste, schließlich mit Scheibenwischern und Winkern zu einem technisch hochdifferenzierten, jetzt systemisch agierenden Kfz-Ausrüster.[129] Der damit beschrittene Weg vom Produkt- zum Systemanbieter war indes, wie sich zeigen sollte, noch keine Garantie für immerwährende Erfolge in einem komplexen internationalen Wettbewerbsumfeld.

Weichenstellungen für die Unternehmensverfassung

Unterdessen waren weitreichende Entscheidungen zur Entwicklung der Unternehmensverfassung gefallen. Bosch konnte zeitweise hoffen, dass der 1891 geborene Sohn einmal in seine Fußstapfen als Unternehmer treten würde. Der junge Robert zeigte wie sein Vater lebhaftes Interesse an naturkundlichen Phänomenen, wurde, obgleich immer wieder kränkelnd, Lehrling in der väterlichen Firma und nahm ein Studium an der Technischen Hochschule Stuttgart auf. Doch bald diagnostizierten die Ärzte bei ihm eine Multiple Sklerose. Schon 1913 musste er seine Ausbildung abbrechen und es begann eine lange Phase des quälenden Siechtums mit Kuraufenthalten und dem Bemühen vor allem der Mutter, das Leiden des Jungen durch hingebungsvolle Pflege zu lindern.[130] 1921 starb der Sohn an seiner unheilbaren Erkrankung.

Im Wissen um die Krankheit seines Kindes schrieb Robert Bosch 1912 seinem Neffen, dass er «doch einmal selbst eine Änderung in der Verfassung» seines «Geschäfts vornehmen» müsse, «um seinen Bestand über meinen Tod hinaus zu sichern».[131] Hinzu trat die Überlegung, dass die Rechtsform der Personengesellschaft im Erbfall gravierende steuerliche Auswirkungen haben würde. Gustav Klein, der wohl begabteste, durchaus charismatisch wirkende Manager, den Bosch sich als Nachfolger in der Unternehmensführung vorstellen konnte, drängte inzwischen mit seinen Kollegen auf eine Änderung der Unternehmensverfassung, auch im Sinne einer Kapitalbeteiligung des obersten Führungskreises.[132] Dabei spielte auch eine Rolle, dass die Führungsriege ausschließen wollte, dass das Unternehmen nach dem Ableben des Gründers in ein politisch anderes Fahrwasser geriet. Denn die beiden Töchter des Gründers hatten während des großen Streiks von 1913, zum Verdruss des Vaters, unverhohlen ihre Sympathie mit den Streikenden und mit den politischen Parolen von Clara Zetkin bekundet.[133] Bereits ausgearbeitete Konzepte zu einer neuen Unternehmensverfassung, die den Zielen und Ambitionen des engeren Führungszirkels ebenso gerecht werden sollten wie dem Willen des Gründers, wurden dann vor dem Weltkrieg nicht mehr weiterverfolgt. Als Gustav Klein im März 1917 bei einem Flugzeugunfall ums Leben kam, griff Bosch die Frage der Unternehmensverfassung wieder auf. Im Juni wurde die Firma in eine Aktiengesellschaft umgewandelt, an der der Gründer selbst 51 Prozent des Kapitals übernahm, während 49 Prozent von sechs Direktoren gezeichnet wurden, wobei er dem Führungskreis den Erwerb der Anteile teilweise mit Krediten ermöglichte.[134]

Robert Bosch zog sich mit der Übernahme des Aufsichtsratsvorsitzes der Form nach aus der operativen Führung seines Unternehmens zurück. Für jedermann aber blieb klar, dass bei strategischen Fragen alle Fäden der Entscheidungsfindung weiterhin bei ihm zusammenliefen. Er war ja dafür bekannt, dass er seinen Leuten Entfaltungs- und Entscheidungsspielräume öffnete, sie gleichsam an sehr langer Leine führte, und die Tüftler und Verkäufer zur Hochform auflaufen ließ – und sie auch denkbar gut bezahlte und damit richtiggehend reich werden ließ. Aber zugleich sollte er die prägende Identifikationsfigur bleiben, gewissermaßen das geistige Zentrum des Hauses. Und das wurde zunehmend bedeutsam, wenn es um Einmischungen in das Feld des Politischen ging. Hier sprach dann nicht ein reicher Anteilseigner, sondern weiterhin ein herausragender Industrieller, von dem man wusste, dass er sich vom Mechanikerlehrling zum Chef eines Weltunternehmens hochgearbeitet und dabei seine Herkunft nicht vergessen hatte. Damit wurde er unter den industriellen Köpfen seiner Zeit zu einer Ausnahmeerscheinung. Die unternehmensrechtliche Neuordnung enthielt im Übrigen eine Bestimmung, nach der 2 Prozent der von Robert Bosch gezeichneten Aktien nach seinem Tode von den bereits reichlich bedachten Vorstandsmitgliedern erworben werden konnten. Doch diese Konstruktion, «eine Art erweitertes Familienunternehmen»,[135] lief auf eine potentielle Besserstellung der Mitaktionäre bzw. ihrer Erben gegenüber den Nachkommen des Unternehmers hinaus und ließ vor allem auch offen, ob das Unternehmen auch in der ferneren Zukunft wirklich nach den Maximen des Gründers und auf der Basis einer von allen Vorstandsaktionären einmütig getragenen Strategie geführt würde. Offenbar hat Robert Bosch das Risiko eingehend reflektiert, dass die von ihm gewollte «relative Objektivierung»[136] irgendwann in eine objektive Entfremdung umschlagen könnte. Ab 1923 ging er dazu über, seinen Direktoren ihre Unternehmensanteile schrittweise wieder abzukaufen. Eine andere Disposition kam hinzu: Mit der Gründung der Aktiengesellschaft hatte sich auch die Frage der Trennung von Privat- und Firmenvermögen gestellt, weshalb sein Rechtsanwalt Paul Scheuing das Konzept einer Treuhandfirma für Vermögensverwaltung ausgearbeitet hatte. Die dann im März 1921 gegründete Vermögensverwaltung Bosch GmbH (VVB) sollte – und dies macht deutlich, dass es nicht mehr allein um die Regelung privater Vermögenswerte ging – langfristig alle Aktien der Robert Bosch GmbH an sich ziehen: «Unter den früheren Verhältnissen, d. h. um die Zeit nach dem Ersten Weltkrieg, war vorgesehen, dass Herr Bosch seine Anteile an der damaligen Robert Bosch A.G. nicht vererbt, sondern an die Vermögensverwaltung Bosch GmbH (VVB) überträgt, wogegen diese ihm bzw. seinen Erben den Kaufpreis in Raten zu bezahlen gehabt hätte. Weiter war gedacht, dass die Übertragung zu Lebzeiten des Herrn Bosch erfolgt und dass Herr Bosch als erster Geschäftsführer bestellt wird.»[137]

Robert Bosch hielt an der VVB 82 Prozent der Geschäftsanteile, der Rest verteilte sich auf Persönlichkeiten seines Vertrauens. Einstweilen lehnte die Gesellschafterversammlung einen Kaufvertrag ab, mit dem Bosch unmittelbar nach Gründung der VVB seinen gesamten Aktienbesitz an der Robert Bosch A.G. auf diese Treuhand-GmbH übertragen wollte.[138] Was immer die Gründe für das Nichtzustandekommen der Transaktion gewesen sein mögen, die Absicht des Unternehmers und Stifters war klar und wurde von Robert Bosch schriftlich konkretisiert: Die VVB sollte einmal das Entscheidungszentrum für die strategische Führung des Unternehmens einerseits, für die Verwirklichung seiner gemeinnützigen Anliegen andererseits werden: «Die Vermögensverwaltung Bosch GmbH [...] ist von mir errichtet worden, um in engster Zusammenarbeit mit mir die Verwaltung meiner gesamten Vermögenswerte, meiner wirtschaftlichen und sozialen Unternehmungen [...] auszuüben.»[139] Paul Scheuing, der sich als kongenialer juristischer Berater des Unternehmensgründers sah, hatte die für das stifterische Engagement und das Selbstverständnis von Robert Bosch richtungsweisenden Überlegungen schon früh umrissen, ihm gleichsam gedanklich entgegengearbeitet: «Weiter schwebt mir der Gedanke vor, dass in dieser Gesellschaft Ihre vielfachen gemeinnützigen Bestrebungen einen festen organisierten Mittelpunkt und einen dauernden finanziellen Rückhalt finden sollten. [...] Die Hauptsache wird sein, ob Ihnen der Grundgedanke sympathisch ist, der mir bei all diesen Bestimmungen vorgeschwebt hat und dahin geht, die Sicherung des gemeinnützigen Charakters nicht durch Anlehnung an irgendwelche Behörden zu erstreben, [...] sondern eine ständige Selbsterneuerung des aus den Gesellschaftern bestehenden Verwaltungskörpers vorzusehen in einer Weise, dass unberechtigte selbstsüchtige Bestrebungen tunlichst zurückgehalten werden, ohne dass dadurch die wünschenswerte Initiative und die Anpassung an veränderte Zeitverhältnisse lahmgelegt oder unzweckmäßig erschwert wird.»[140]

Neuansatz in der Unternehmenskommunikation

Weitreichende strukturbildende Entscheidungen fielen nach dem Ersten Weltkrieg bei Bosch auch auf dem Gebiet der Unternehmenskommunikation. Der große Streik von 1913 hatte deutlich gemacht, dass die Zeiten vorbei waren, in denen innerbetriebliche Konflikte auf dem Wege der direkten Aussprache von Angesicht zu Angesicht behandelt werden konnten. Die Fluktuation der Arbeitnehmer, der Ausbau der Unternehmensstrukturen und der Führungsebenen, die fortschreitende Zerlegung der Fertigungsprozesse, die damit einhergehende relative Anonymisierung des Einzelnen – all dies waren, wie wir gesehen haben, schon vor dem Krieg Elemente eines Strukturwandels hin zu abstrakteren, zunehmend flüchtigeren, konfliktanfälligeren sozialen Beziehungen. Nun musste ein Kommunikationsmedium her, um die Unternehmensziele, Qualitätsmaßstäbe, die Leistungsorientierung in den Betrieb hineinzutragen, ein gewisses Zusammengehörigkeitsgefühl zu stärken und die neu eingestellten Belegschaftsmitglieder mit diesen

Bosch-Werten bekannt zu machen – und zugleich eine Plattform auch für Konflikte und Kontroversen zu schaffen. Es lag nahe, eine Werkszeitung ins Leben zu rufen. Jedoch wollte Robert Bosch nicht grünes Licht geben, bevor ein geeigneter Kopf für diese neue Aufgabe in Sicht war. Eher zufällig machte Hugo Borst, seit 1900 im Unternehmen tätig und inzwischen Kaufmännischer Leiter, die Bekanntschaft von Otto Debatin, der als Redakteur einer naturkundlichen populärwissenschaftlichen Zeitschrift publizistische Erfahrungen und Erfolge vorweisen konnte. Auf Anregung von Borst legte Debatin schon 1916 erste Überlegungen zu einer Werkszeitung vor, denen Robert Bosch sofort zustimmte: «Wenn wir einmal eine Werkszeitung herausbringen sollten, dann wäre das der richtige Mann dafür.»[141] Die Überlegungen wurden nicht zügig in die Tat umgesetzt. Im Frühjahr 1918 reichte Debatin ein weiteres Konzept nach. Seine «Vorschläge für eine Zeitschrift der Arbeiterschaft der Robert Bosch A.-G.» stellte zunächst den «Fabrikstolz in der Arbeiterschaft» in den Mittelpunkt, enthielten einen Katalog von Themen und denkbaren Aufsätzen zur Unternehmensstruktur, zu den Produkten und Absatzwegen und zur Lohnentwicklung. Fehlen sollten aber auch nicht Unterhaltung, Bildung und Freizeitgestaltung. Die Werkszeitung sollte dabei nicht als Organ der Belehrung oder gar der Indoktrinierung daherkommen. Der Mitarbeiter sollte sich «als Ich, nicht als irgendeine Nummer» empfinden[142], als «eine vollwertige, für seinen Platz notwendige Persönlichkeit». Und er sollte erkennen können, dass firmenseitig «das Interesse für ihre Werksangehörigen auch über das rein Geschäftliche hinaus reicht». Dabei sollte die Belegschaft nicht mit Fragen aus den Gebieten Politik und Religion angesprochen werden, denn «keiner darf sich in seinen Ansichten verletzt fühlen».[143] Das Gebot der weltanschaulichen Neutralität war in der Welt der Werkszeitschriften nicht ganz neu. Anders verhielt es sich mit dem Vorschlag, der künftigen Zeitschrift ein stärker dialogisches Profil zu geben durch die Einführung eines «Sprechsaals», in dem Fragen und Antworten auch zu kontroversen Fragen platziert werden könnten.[144] Otto Debatin griff Formeln und Forderungen der reformpädagogischen Richtung aus der Erwachsenenbildung auf, mit der sich Robert Bosch immer wieder auseinandergesetzt hatte. Nicht zufällig entwickelte Debatin sein Konzept zeitgleich mit der Gründung des Vereins zur Förderung der Volksbildung in Stuttgart, dessen Vorsitz der Industrielle am 1. Mai 1918, dem anspielungsreich gewählten Gründungstag, übernahm.[145]

Als der «Bosch-Zünder», auf diesen beziehungsreichen Titel hatte man sich schließlich verständigt, im April 1919 zum ersten Mal erschien, steuerte er selbst als ersten seiner bald zahlreichen Namensbeiträge die Dokumentation seiner Geschäftsprinzipien für die Autographensammlung der Preußischen Staatsbibliothek bei: «Lieber Geld verlieren als Vertrauen.» Das sollte nach seinem Willen gleichsam die Grundmaxime der Unternehmensidentität nicht nur in der Kundenbeziehung, sondern auch für die Kommunikationspolitik im Unternehmen sein.[146]

Eine Inhaltsanalyse kann zeigen, dass die Redaktion und mit ihr die Unternehmensleitung das Konzept eines dialogorientierten Mediums mit beachtlicher Konsequenz in den Sattel gesetzt und weiterentwickelt hat. Der «Bosch-Zünder» wurde alsbald zum Organ einer Informations- und Debattenkultur, wie sie das von Robert Bosch gegen Kritiker verteidigte Betriebsrätegesetz im Grunde voraussetzte. Man kann nicht sagen, dass Differenzen zwischen Unternehmensleitung und Belegschaft, wie in der Regel bei Werkszeitungen üblich, hinter Beschwichtigungsformeln und Appellen zum Verschwinden gebracht wurden. Der «Bosch-Zünder» informierte stets, wie es das Betriebsrätegesetz vorsah, mit bemerkenswerter Ausführlichkeit und Präzision über die Geschäftsentwicklung.[147] Mit der Offenlegung der Fakten ging es Robert Bosch und seinen Direktoren offensichtlich darum, eine wahrheitsgemäße Lagebeschreibung des Unternehmens und damit die Grundlage für eine rational temperierte Auseinandersetzung über Lohnhöhe, Arbeitszeit und rationalisierungsbedingte Leistungsverdichtung zu liefern, in einem schwierigen, vor allem bis 1924 durch das Chaos der Inflation verdunkelten wirtschaftlichen Umfeld. Mit dem herkömmlichen Fabrikpatriarchalismus, bei Bosch ohnehin seit jeher verpönt, rechnete der «Bosch-Zünder» recht scharfzüngig ab: «Untrennbar verbunden mit den in diesem Geist gewährten Wohltaten ist die Klage über die Undankbarkeit der damit Bedachten. [...] Wo Dankbarkeit erwartet oder gar gefordert wird, ist Undankbarkeit manchmal verständlich. [...] Wer die Pflicht anerkennt, durch Wohlfahrtseinrichtungen eine Besserung der Lage anderer herbeizuführen, anerkennt dadurch, dass etwas nicht in Ordnung sei und gebessert werden müsse; dann aber sollte er nicht Anspruch auf dankbare Gesinnung erheben.»[148] Dem entsprach ein publizistischer Vorstoß zur Frage der innerbetrieblichen Hierarchie, eine Absage an «Titelarchitektonik» und die Gewohnheiten eines «Volkes mit senkrechter Einstellung».[149] Die Themen Führung, Vorgesetzte und

Untergebene waren eingebettet in kulturkritische Betrachtungen über «Lakai und Herrschaft».[150] Man verwahrte sich gegen Bildungshochmut und Standesdünkel, der dem aus der Arbeiterschaft an die Spitze des Reiches aufgestiegenen Friedrich Ebert entgegenschlug, dessen Karriere im «Bosch-Zünder» als beispielgebend gewürdigt wurde.[151]

Otto Debatin, seit September 1918 im Vorstandssekretariat angesiedelt, konnte damit ganz im Sinne von Robert Bosch indirekt politische Grundanliegen in die Belegschaft und die weitere Öffentlichkeit tragen. Mit einer 1923 erreichten Auflage von 13 000 monatlichen Exemplaren[152] war der «Bosch-Zünder» auch über das Unternehmen hinaus ein Medium von einem gewissen Gewicht. Debatin verstand sich auch als meinungsfreudiges *political animal*, als engagierter Staatsbürger, der neben seiner Position bei Bosch, sicherlich mit Billigung des Unternehmens, für deutsche und schweizerische Zeitungen schrieb. Im Krisenjahr 1923, das im Zeichen der französisch-belgischen Besetzung des Ruhrgebiets, dem Hitler-Putsch und der Hyperinflation stand, warnte Debatin frühzeitig vor einer «Gefahr durch den Faschismus».[153] Er zeigte Gespür für die Zerbrechlichkeit der jungen Republik und pries später im Zeichen ihrer relativen Stabilisierung das «Reichsbanner Schwarz-Rot-Gold», die Republikschutzorganisation der Sozialdemokratie, die er als «machtvolle Organisation entschlossener, zukunftsgewisser, begeisterter Republikaner» begrüßte.[154]

So weit konnte der Autor im «Bosch-Zünder» nicht ohne weiteres gehen, auch deshalb nicht, weil die Kommunisten im Betriebsrat über erheblichen Einfluss verfügten. Der «Bosch-Zünder» schlug sich von Anfang an auf die Seite der Demokratie. Jedenfalls schloss «die Ablehnung jeder einseitigen Beeinflussungsversuche» durch die Redaktion[155] das Bekenntnis zur Republik und zur Demokratie nicht aus – im Gegenteil: Nach dem Mord an Walther Rathenau bekundete Robert Bosch in einem auch vom Bosch-Zünder gedruckten Interview mit der Londoner «Financial Times», es sei gerade nach dem empörenden Anschlag auf den Minister von «lebenswichtiger Bedeutung», zur republikanischen Regierung zu stehen und ihr zum Erfolg zu verhelfen.[156]

Das passte zu einem mehrteiligen geschichtspolitisch akzentuierten Essay von Horst Schöttler, einem früheren Unternehmer, dessen Arbeit «Weltgeschichte in einer Stunde» der Bosch-Zünder im Sommer 1920 im Beiblatt den Lesern präsentierte. Die belletristisch formulierten Lektionen aus der Feder von Schöttler verarbeiteten markante historische

Umbrüche und langfristige Entwicklungen von der Antike bis zur Gegenwart als unaufhaltsame Geschichte der Freiheit. Unbefangen pries der Autor in einem nicht gerade englandfreundlichen politischen Umfeld die Entwicklung des britischen Parlamentarismus: «Eine Einrichtung, die zunächst mangelhaft war, die zeitweilig umgestoßen werden konnte, die jedoch den Keim der Unsterblichkeit in sich trug und im Verlauf der Jahrhunderte zur einzigen menschenwürdigen Spitze des Staatswesens ausgebaut wurde.»[157] Der Mensch, so Schöttler, sei schließlich «nicht als Untertan geboren».[158] Auch die Französische Revolution und die Gedanken von Jean-Jacques Rousseau hätten ihre tiefe geschichtliche Berechtigung gehabt. Die europäischen Revolutionen von 1848, wiewohl letztlich abgestoppt, hätten immerhin wenig später zur rechtlichen Verankerung von Freiheit und Gleichheit in der preußischen Verfassung geführt.[159] Als der Autor sich nach langen Ausflügen in die Weltgeschichte das Deutsche Kaiserreich vornahm, konstruierte er einen untergründigen Zusammenhang zwischen Innen- und Außenpolitik. Bismarck habe zwar im von ihm inszenierten Kulturkampf gegen die katholische Kirche und die Zentrumspartei sowie durch das Sozialistengesetz einer fortschrittlichen Innenpolitik im Wege gestanden. Die von ihm bestimmte Außenpolitik, die ausdrücklich nicht auf weitere Expansion zielte, habe indes eine «ruhige, friedsame Weiterentwicklung»[160] des Deutschen Reiches angestrebt. Das persönliche Regiment Wilhelms II., ungebändigt durch ein parlamentarisches System, habe das Land ins Abseits geführt. Ja, letztlich ließ der Essay die Lesart zu, dass das Reich von 1914 nicht etwa von neidischen Mächten umzingelt gewesen sei, sondern durch gravierende außenpolitische Fehlentscheidungen fahrlässig seine Selbstauskreisung heraufbeschworen habe.[161]

Von dieser Deutung, die schon sehr nah an Befunden der heutigen historischen Forschung operierte, führte der Weg direkt zu einer kritischen Gewichtung der Ursachen des Weltkriegs. Für den Autor war nicht daran zu rütteln, dass «kein freies Volk»[162] das österreichische Ultimatum an Serbien im Juli 1914 hätte annehmen können. Im Ergebnis attestierte der Essay dem Deutschen Reich «wahrlich nicht allein die Schuld»[163] am Ausbruch des Krieges. Aber er enthielt eine Gegenerzählung zur selbstgefälligen Stilisierung eines reinen Verteidigungskrieges. Und der Text war zugleich ein kritisches Narrativ, das sich gegen eine vermeintlich unausweichliche, ja sogar vielfach gefeierte politische

Sonderentwicklung in Deutschland wandte, ein Narrativ, das sich der Abgrenzung von der parlamentarisch-demokratischen Entwicklung der westlichen Nachbarn ebenso entgegenstellte wie einer vernebelnden, Revanchedenken und Ressentiments nährenden, die nüchternen Fakten ignorierenden Deutung der Vorgeschichte des Weltkriegs. Mit dieser im Stil harmlos-feuilletonistisch gehaltenen Darstellung der jüngeren deutschen Nationalgeschichte nahm der «Bosch-Zünder» Denkfiguren auf, denen wir bei Robert Bosch immer wieder begegnet sind und die tief in der politischen Gedankenwelt der süddeutschen Demokratie verankert waren: Das wache Misstrauen gegen autoritäre Herrschaftsformen, der Respekt vor den Errungenschaften anderer Nationen, die aufgeklärte Kritik an einem Sich-Festkrallen an historisch-politische Fiktionen und am Verleugnen von Schuld und Verantwortung. Insofern wurde der «Bosch-Zünder», wohl kaum ohne sein Wissen und Wollen, auch als (geschichts-) politisches Sprachrohr des Firmengründers in Stellung gebracht. Keine Frage, das noch junge Blatt sollte «Demokratie als politisches Leitbild» vermitteln[164], auch über die Orientierung stiftende Ressource der Geschichtsbetrachtung.

Das Interesse des Unternehmensgründers an Publizistik, Medien, Bildung und Literatur reichte immer schon weit über den Bedarf der eigenen Firma hinaus, war einerseits politisch geprägt, andererseits mit Motiven einer undogmatischen, liberal-demokratisch geprägten Volksbildung verknüpft. Dabei verstand sich Robert Bosch nicht als Medienunternehmer mit erwerbswirtschaftlichen Zielen. 1912 hatte er die seit 1910 erscheinende, bald in wirtschaftliche Nöte geratene «Lese», eine «literarische Zeitung für das Volk», so der Titel, erworben. Die «Lese» verstand sich als anspruchsvolles Literaturmedium, ließ namhafte Autoren aus dem In- und Ausland zu Wort kommen – unter ihnen Gerhart Hauptmann, Walt Whitman, Edgar Allan Poe, Henry D. Thoreau – und wollte mit einem auch kosmopolitisch akzentuierten Programm Brücken zwischen Bürgertum und Arbeiterschaft bauen.[165]

Von einigem Gewicht wurde Robert Boschs Engagement im Mediensektor auch in der Innenpolitik. Er hatte, wie berichtet, 1916 der sozialdemokratischen «Schwäbischen Tagwacht» mit einem Darlehen über eine finanzielle Krise hinweggeholfen. Inzwischen bestimmte mit Wilhelm Keil ein pragmatischer Reformismus die Zeitung, was Robert

Bosch sehr entgegenkommen musste.[166] Aber es finden sich keine Spuren für Versuche, auf die Redaktionspolitik des sozialdemokratischen Blattes Einfluss zu nehmen. Fördermittel stellte Robert Bosch in den Jahren der Republik auch für das theoretische Hauptorgan der reformistischen und revisionistischen Sozialdemokratie, die «Sozialistischen Monatshefte» bereit und bemühte sich, in Kreisen der Industrie weitere Mittel einzuwerben, gewissermaßen als Hintergrundstrategie im Interesse einer breiten politischen Allianz für eine reformbereite Mitte. Denn wenn in Kreisen der politisch organisierten Arbeiterbewegung mögliche Bündnispartner republiktreuer bürgerlicher Kräfte gewonnen werden konnten, dann gewiss in erster Linie im Umkreis der Sozialistischen Monatshefte.[167]

Dem entsprach die Strategie, dem ihm besonders verhassten alldeutsch-konservativen Medienmogul und späteren Steigbügelhalter Hitlers, Alfred Hugenberg, und seinem Presseimperium[168] den Weg nach Württemberg zu verlegen, indem Bosch zwischen 1917 und 1920 die Kapitalmehrheit an der Deutschen Verlagsanstalt (DVA) übernahm. Da die DVA 50 Prozent der Anteile des Stuttgarter Zeitungsverlags, Mutterhaus des Stuttgarter Neuen Tagblatts und der Württembergischen Zeitung, kontrollierte, stieg Robert Bosch mit dieser Akquisition zu einer Schlüsselfigur des Zeitungswesens in Südwestdeutschland auf.[169] Anders als Alfred Hugenberg, der sein Medienimperium zu einem Sturmgeschütz gegen die Weimarer Republik ausbaute, mischte sich Robert Bosch nicht in das journalistische Geschäft ein: «Direktiven sind von ihm nie ausgegangen».[170]

Unabhängige Plattformen der freien Aussprache und der Weiterbildung zu ermöglichen, belebte bei Robert Bosch auch das im bildungsbürgerlichen Wertekanon verankerte Prinzip der «Selbstfinanzierung der bürgerlichen Selbstkritik».[171] Zu den Traditionen bürgerlichen Mäzenatentums gehörte ja der möglichen Wirkung nach, dass die Produkte der geförderten Zeitgenossen sich kritisch gegen den richten konnten, der sie durch Gaben ermöglicht hatte. Man kann dieses Prinzip, das einmal in den Sattel Gesetzte sich frei entfalten zu lassen, bei Robert Bosch auch auf dem Gebiet der betrieblichen Weiterbildung registrieren. Zur Neustrukturierung des Unternehmens nach dem Weltkrieg gehörte auch der zügige Aufbau einer Werksbibliothek, die bis 1937 auf 8 000 Bände anwachsen sollte.[172] Und es war durchaus ungewöhnlich, aber bezeichnend, dass der Bestand der Bibliothek nicht nur Broschüren und Bücher zur betrieblichen Weiterbildung, zur Hygiene, zur literarischen Erbauung und zur sportlichen Entspannung in der Freizeit enthielt. Die Werksbibliothek nahm mit Texten der kommunistischen Autoritäten Marx, Engels, Lenin, Trotzki und Luxemburg auch Werke auf, die ausdrücklich nicht der Pflege eines betrieblichen Zusammengehörigkeitsgefühls im Sinne des Arbeitgebers dienten. Vielmehr folgte die Bibliotheksinitiative der Maxime, dass sich die Mitarbeiter selbst ihre eigene Meinung bilden sollten.[173]

Für Robert Bosch waren der «Bosch-Zünder» und die Einrichtung einer für sehr disparate politische Richtungen offenen Bibliothek Versuche, es anders zu machen als die «sogenannten führenden Schichten», denen er attestierte, sie hätten nicht das «richtige Verhältnis zu dem übrigen Volke».[174] Die Werkszeitung wurde zum Markenzeichen einer neuartigen betrieblichen Kommunikationspolitik nach innen und außen und mit ihren Beiträgen zur Umsetzung des Betriebsrätegesetzes auch zum Sprachrohr für einen sozialpolitischen Systemwechsel. Unter mediengeschichtlichen Gesichtspunkten war der «Bosch-Zünder» darüber hinaus auch eine Bastion der Sachlichkeit und der Anschaulichkeit. Politisch-weltanschaulich akzentuierte Beiträge bewegten sich in den Bahnen eines zivilisierten Diskurses. Robert Bosch selbst pflegte einen präzisen, bei Bedarf anschaulichen, den Leser direkt ansprechenden Stil. Auch deshalb fehlte im «Bosch-Zünder» der aggressiv getönte, ressentimentgeladene, zugleich agitierend-verschwurbelte Jargon, der sich rechts und links der Mitte in der Republik breit machte und das Terrain für politische Extremlösungen kommunikativ vorbereitete.[175]

Sozialpolitik in der Firma

Zeitgleich mit den Anfängen des «Bosch-Zünders» geriet für Robert Bosch auch wieder die Frage in den Blick, wie eine Beteiligung der Beschäftigten am Erfolg seines Unternehmens aussehen könnte. Zur Debatte stand der Vorschlag eines Unternehmerkollegen, für die Mitarbeiter neben dem Lohn eine Gewinnbeteiligung einzuführen. Robert Bosch brachte solchen Überlegungen grundsätzlich Sympathie entgegen, blieb indes bei seiner lang erprobten Devise, «den Arbeiter als einen gleichberechtigten Vertragsgegner» anzuerkennen, in den Mitarbeitern eben nicht Empfänger von Gratifikationen zu sehen.[176] Und dies bedeutete, wie er mit filigranen Argumenten darlegte, dass die Arbeiter über den Mechanismus der Gewinnbeteiligung in eine unberechenbare Lage geraten könnten. Umgekehrt hieß das nach seiner Prognose für die Geschäftsleitung, dass sie sich bis in Einzelvorgänge hinein Ansprüchen der Beschäftigten auf Mitentscheidung kaum würde entziehen können. Dies war kein Plädoyer gegen Prämien und Sondervergütungen, erst recht nicht gegen hohe Löhne, für die er reichsweit bekannt war, auch nicht gegen eine «konstitutionelle Ausgestaltung» der betrieblichen Beziehungen.[177] Aber es war klar, dass er hier nicht an seinem unternehmerischen Entscheidungsrecht und auch nicht an seiner Verantwortung rütteln lassen wollte. In seinen Augen mussten andere Instrumente her um sein gesellschaftspolitisches Credo mit Leben zu füllen: «Wir müssen [...] dem Kapitalismus die Giftzähne ausbrechen, wir müssen zeigen, dass wir jedem ein möglichst gutes Los zu schaffen versuchen, um das Leben für jeden, der arbeiten will, überhaupt lebenswert zu machen.»[178]

Ein Schritt in diese Richtung war die Einführung der Bosch-Hilfe. Angesichts der sozialen Verwerfungen im Gefolge von Krieg, Niederlage und Inflation rückte Robert Bosch von seinen bisherigen Grundsätzen in der betrieblichen Sozialpolitik ab. Hohe Löhne und gesundheitsverträgliche Betriebsstätten, die arbeitgeberseitige Übernahme der gesamten Beiträge zu den gesetzlichen Sozialversicherungen – das alles reichte jetzt nicht mehr aus. Rückwirkend zum 1. Oktober 1920 schuf das Unternehmen 1921 zunächst für seine Angestellten, noch nicht für die Arbeiter, eine Alters- und Hinterbliebenenversorgung in Form einer Lebensversicherung. Die Versicherungsbedingungen sahen vor, dass das Unternehmen einen zusätzlichen Betrag in Höhe von 5 Prozent des Jahreseinkommens an die Versicherungsgesellschaft abführte, wobei die Angestellten zusätzlich eigene Versorgungsbausteine beisteuern konnten. Die firmenseitig erbrachten Leistungen konnten bei einem Wechsel zu einem anderen Unternehmen nicht verfallen, womit der von Bosch perhorreszierte Effekt herkömmlicher Wohlfahrtseinrichtungen ausgeschaltet war.[179]

Wenig später entstand im Mai 1922 mit der Robert-Hilfe, zum Andenken an den im Jahr zuvor nach langer Krankheit verstorbenen Sohn des Unternehmensgründers, ein Versorgungswerk für Kinder von Werksangehörigen, die im Weltkrieg gefallen waren.[180] Mit wachsendem zeitlichen Abstand zum Krieg dehnte die Robert-Hilfe dann ihre Leistungen auf die Kinder erkrankter oder verstorbener Werksangehöriger aus. Originell und in der Sozialarbeit wegweisend war die Nominierung von Ehrenpaten aus der Belegschaft, die den vaterlos aufwachsenden Kindern als Ratgeber beistehen sollten und dafür verantwortlich waren, im Bedarfsfall bei der Fürsorgestelle des Unternehmens zusätzliche Hilfen anzufordern.[181]

Mit der Angestelltenhilfe, nach Einschätzung des Unternehmens vor dem Hintergrund einer «anhaltend kranken Weltwirtschaft» auf den Weg gebracht[182], leistete Bosch einen sichtbaren Beitrag zur Entlastung der inflationsgepeinigten Angestellten, deren angesparte Altersrücklagen sich im Zeichen der galoppierenden Geldentwertung in nichts auflösten. Aber die Hyperinflation fraß spätestens 1923 auch das Kapital der Bosch-Hilfe weg, und das Unternehmen sah sich 1925 veranlasst, nach der Einführung einer stabilen Währung die Versorgungsguthaben in vollem Umfang aufzuwerten.[183]

Es ist anzunehmen, dass der Einstieg in die betriebliche Altersversorgung über eine Angestelltenrente in der Arbeiterschaft Verdruss und Enttäuschung auslöste.[184] Wiewohl diese Differenzierung nicht unbedingt den Wertvorstellungen des Unternehmensgründers entsprochen haben dürfte, spiegelte sich darin auch die zeitüblich soziale Distanz zwischen den Beschäftigtengruppen. Der von den Angestellten besonders gerne kultivierte soziale Abstand, der seit der Vorkriegszeit auch die Sozialversicherungssysteme prägte, wurde auch bei der Werksverpflegung zelebriert: Die vom Unternehmen subventionierte «nahrhafte Friedenskost» wurde Arbeitern und Angestellten in getrennten, auch nach quasi klassenspezifischen Kriterien ausgestatteten Speisesälen gereicht.[185]

Mit der relativen Stabilisierung der wirtschaftlichen Lage im Zuge der Währungsreform – und nachdem das Unternehmen seine bislang schwerste, geradezu existenzgefährdende Krise im Jahre 1926[186] halbwegs überstanden hatte, konnten die Vorarbeiten zur Einführung einer Betriebsrente für *alle* Arbeitnehmer weiter vorangetrieben und 1929, mit rückwirkender Inkraftsetzung zum 1. Januar 1927, vollendet werden. Robert Bosch hatte selbst den Auftrag erteilt, das Betriebsrentenwesen im Unternehmen baldmöglichst gruppenübergreifend auszubauen.[187] Insofern machte er hier ernst mit dem «Teilen-Wollen», das er in seinen Lebenserinnerungen als Bürgertugend im aufgeklärten Eigeninteresse beschrieben hatte. Die Bosch-Hilfe für Arbeiter und Angestellte, mit ihren Alters- und Invalidenrenten, dem Witwen- und Waisengeld, setzte in ihrer Zeit sozialpolitische Maßstäbe: Ihre Leistungsanrechte begannen bei 20 Prozent des Lohns und konnten bis zum Renteneintrittsalter, nach 35-jähriger Betriebszugehörigkeit, auf 45 Prozent ansteigen. Dies war, in Anbetracht der in diesen Jahren noch keineswegs dynamischen Altersrenten, ein gewisses Sicherheitspolster – und dies vor allem in der bald einsetzenden Weltwirtschaftskrise mit ihren erheblichen Einschnitten in das ohnehin noch sehr weitmaschige soziale Netz. Die vom Unternehmen bereitgestellten Mittel wurden getrennt vom Betriebsvermögen als Stiftungsvermögen angelegt, was sie gegen zweckfremde Übergriffe sicherte, wie sie in den Versicherungszweigen der öffentlichen Hand üblich waren.[188] Andererseits wurde damit eine Finanzierungsressource des Unternehmens erschlossen, das aus dem Stiftungsvermögen verzinsliche Darlehen aufnehmen konnte.[189]

Kein Zweifel: Das Regelwerk war für die von Robert Bosch begründete Unternehmenskultur überaus typisch: Einerseits war die Bosch-Hilfe eine freiwillige Leistung mit spürbarer Wirkung auf den Unternehmensgewinn – und damit auch auf die persönliche Vermögenslage des Unternehmers. Zugleich erzeugte diese Form der betrieblichen Vorsorge Loyalität und Solidarität mit der Firma, die ihrerseits noch «eine Art Sparkasse» hinzugewann.[190] Der Bosch-Zünder konnte der Belegschaft mitteilen, dass die Sozialleistungen des Unternehmens pro Arbeitnehmer von 1914 bis 1927 von 83 auf 236 Mark und damit um das 2,8-fache gestiegen waren.[191]

Auf der Suche nach dem Frieden

Betriebsverfassung und Sozialpolitik im Unternehmen waren Säulen des Neuanfangs nach dem Krieg. Freiwillige soziale Leistungen wie auch stifterische Anstrengungen waren an den Erfolg der Firma gebunden, setzten voraus, dass das Unternehmen an seine exzeptionelle Weltmarktverflechtung in der Vorkriegszeit anknüpfen konnte. Damit geriet für Robert Bosch, einst selbst Pionier einer globalisierten Wirtschaft, nach dem Weltkrieg die Frage einer künftigen Friedensordnung in den Blick. In einem späteren Rückblick auf die außenpolitische Lage nach dem Waffenstillstand gab er zu erkennen, dass er sich schon früh

Überlegungen zu eigen gemacht hatte, die an die späterhin von Gustav Stresemann konzipierte Außenpolitik erinnerten: «Nun stand ich immer auf dem Standpunkt, dass wir machtlos waren, und dass wir klugerweise unsere Schwäche als unsere Stärke ausnutzen sollten. Dies entsprach aber nicht der Einstellung des Nordens. Man war der Überzeugung, Trotz, und sei es auch der eines Machtlosen, richte etwas aus.»[192] Mit der «Einstellung des Nordens» war die außenpolitische Haltung der Antipoden in der rheinisch-westfälischen Montanindustrie gemeint. Robert Bosch verfocht demgegenüber Positionen, die der Devise «Revision durch weltwirtschaftliche Verflechtung» (Manfred Berg) verpflichtet waren – soweit er sich denn überhaupt mit Revision im Sinne eines Rückgängigmachens der in Versailles diktierten Friedensbestimmungen näher auseinandergesetzt hat. Deutschland, nach der Niederlage militärisch bedeutungslos, sollte sich nach seinen Vorstellungen verständigungsbereit, zivilisiert-behutsam auf dem diplomatischen Parkett den mühseligen Weg zurück in den Kreis der Großmächte bahnen, gestützt auf sein zwar zeitweilig geschwächtes, aber immer noch sehr vielversprechendes ökonomisches Potential: «Für Deutschland gibt es nur Weltwirtschaft», eine bei Robert Bosch stets wiederkehrende Forderung, die zugleich eine Absage an Autarkieparolen aller Art war.[193]

Zunächst ging es 1919 um die Formulierung von Grundlinien: Wie sollte sich das Deutsche Reich im «Traumland der Waffenstillstandsperiode» (Ernst Troeltsch) gegenüber den Alliierten verhalten? Anfang Februar 1919 konstituierte sich im Hause von Max Weber in Heidelberg eine «Arbeitsgemeinschaft für Politik des Rechts», für die sich bald die Bezeichnung «Heidelberger Vereinigung» einbürgerte und für deren Arbeit Robert Bosch die Mittel bereitstellte.[194] Die Waffenstillstandsverhandlungen hatten bereits vermuten lassen, dass die Alliierten dem Deutschen Reich überaus harte Friedensbedingungen präsentieren würden, gestützt auf die Zuweisung der Alleinschuld am Kriegsausbruch. Prinz Max von Baden, der letzte kaiserliche Reichskanzler und Mitinitiator der Heidelberger Vereinigung, forderte eine umfassende Untersuchung der Kriegsursachen und der Verantwortlichkeiten in der Juli-Krise 1914 und wandte sich gegen eine einseitige, die deutsche Politik in seinen Augen voreilig belastende Publikation deutscher Akten.[195] Gut möglich, dass sich Robert Bosch besonders mit einer Schlüsselpassage in der auch von ihm unterschriebenen öffentlichen Erklärung der Heidelberger Vereinigung identifizieren konnte: «Auch wir stehen auf dem Standpunkt, dass nach dem Zusammenbruch des preußischen Systems Süddeutschland dank seiner demokratischen Tradition und der glücklicheren Überwindung seiner inneren Gegensätze eine erhöhte Verantwortung zufällt.»[196] Die öffentliche Wirksamkeit der Heidelberger Vereinigung im In- und Ausland war begrenzt. Die Arbeitsgemeinschaft war ein geradezu klassisches Beispiel von Gelehrtenpolitik. Als Erfolg konnte die Gruppierung allenfalls verbuchen, dass einige der Unterzeichner der Erklärung vom 3. Februar später in Versailles die deutsche Delegation bei den Verhandlungen mit der Entente beraten durften.[197]

Anders als Prinz Max von Baden, aber auch anders als Gelehrtenpolitiker vom Schlage Max Webers, der intellektuelle Wucht mit leidenschaftlichem Nationalismus verband, machte sich Robert Bosch über die Ausgangslage des Reiches nach dem Kriege keinerlei Illusionen. Das umstandslose Anknüpfen an die deutsche Großmachtrolle musste für den politisch nachdenklichen Bürger eine Chimäre bleiben. Die Fixierung auf den Vorwurf und die Widerlegung einer einseitigen deutschen Schuld an der Entfesselung des Kriegs schien ihm nicht wirklich zielführend. Gewiss hielt auch Robert Bosch die Politik der Sieger und den auf *allen* Seiten des politischen Spektrums der jungen Republik abgelehnten Frieden von Versailles für kapitale Fehler. Auch er war empört über dieses Diktat, schon allein wegen der unverdienten Bürde, die die Entente den Kräften der jungen Demokratie damit auferlegte. Nur ein ökonomisch leistungsfähiges und exportstarkes Reich wäre doch in der Lage gewesen, erhebliche Reparationen aus eigener Kraft aufzubringen – also ohne sich in einen volkswirtschaftlich überaus ungesunden Schuldenkreislauf einzuschleusen. Auch musste dem ökonomisch versierten Beobachter klar sein, dass die Zahlung großer Reparationssummen das in politischen Kreisen damals dramatisch unterschätzte Transferproblem aufwarf. Denn wie sollten große Devisenbeträge ohne florierende Exportwirtschaft überhaupt aufgebracht werden? Und welche sicherheitspolitischen Auswirkungen mochte wiederum eine dergestalt herbeigeführte Kräftigung der deutschen Volkswirtschaft auf das Mächtegleichgewicht im Nachkriegseuropa haben? Wie immer man es auch drehte: Eine boomende deutsche Exportwirtschaft war für die Produzenten in den Empfängerländern von Reparationen alles andere als attraktiv – und unter strategischen Gesichtspunkten für die Regierungen der Alliierten auch nicht, denn deutsche Exportstärke bedeutete immer auch, zumindest mittelbar, eine Stärkung potentieller Rüstungskapazitäten.

Doch Robert Bosch hütete sich, nach der Unterzeichnung des Vertrages in Versailles am 28. Juni 1919 nationale Leidenschaften aufzupeitschen. Der «Bosch-Zünder» sprach von den «uns aufgezwungenen Lasten», den «nach menschlichem Ermessen unerfüllbaren Bedingungen». Die zentrale Botschaft an den Leser war jedoch der Appell an die «schwäbische Dickköpfigkeit», der «Ruf tatkräftiger Mitarbeit», um wirtschaftlich gemeinsam wieder auf die Beine zu kommen. Demgegenüber fehlte der Verweis auf die sonst allenthalben beklagte nationale «Schande» ebenso wie die vielstimmig erhobene Forderung, die territorialen Bestimmungen des Vertrages mit ihren erzwungenen Gebietsabtretungen alsbald aufzurollen.[198] Mit einer vornehmlich gesinnungsethisch motivierten, immer auch auf nationalistische Gefühlsaufwallungen zielenden Politik war in den Augen von Robert Bosch nichts auszurichten. Ihm blieb jede Art der emotionsgeladenen Hingabe an ein Kollektiv, auch an die eigene Nation, denkbar fremd. Er kultivierte auch in Zeiten der nationalen Katastrophe bürgerlichen Stolz und geistige Distanz zu den Aufgeregtheiten der Tagespolitik. Für ihn ging es weniger um Fragen der nationalen Ehre, sondern um Wiederaufbau und Kriegsverhütung. In den Kreisen der Heidelberger Vereinigung, mit ihrer Debattenkultur eine für Robert Bosch ungewohnte Arena, hat er sich nach der Gründungsversammlung nicht weiter engagiert. Dies war auch dem Eindruck geschuldet, dass prominente Mitglieder der Arbeitsgemeinschaft wie etwa Max Weber unverdrossen die eigene Nation weiterhin als obersten Wert ihres politischen Koordinatensystems feierten – und dies buchstäblich ohne Rücksicht auf ethische Verluste: «Zur Wiederaufrichtung Deutschlands in seiner alten Herrlichkeit würde ich mich gewiss mit *jeder* Macht der Erde und auch mit dem leibhaftigen Teufel verbinden, wenn ich noch Politik triebe.»[199]

Für einen solchen Pakt war Robert Bosch zu keinem Zeitpunkt seines politischen Daseins zu haben. Im zeitlichen Umfeld der Heidelberger Initiative suchte er vielmehr das Gespräch mit dem organisierten Pazifismus und nahm an einer Konferenz in Bern teil, wo sich Vertreter der Friedensbewegung aus verschiedenen Ländern zusammenfanden. Ihm ging es bei seiner Suche nach einem politischen Standort in den politischen Wirren dieser Monate nicht um die Rekonstruktion imperialer Größe, sondern er wollte erkunden, wie sich denn das Staatensystem in die Bahnen einer gewaltfreien Entwicklung bewegen könnte. Aber seine Bilanz der Berner Pazifistenbegegnung fiel ernüchternd aus. Von einer wirklich *internationalen* Begegnung der Friedensfreunde konnte kaum die Rede sein. Ihm missfiel die berufsmäßige Geschäftigkeit der überwiegend deutschen Konferenzteilnehmer, das gesinnungsethisch unterlegte, kriegsschuldbezogene Gebaren und die fortlaufende Selbstbezichtigung der deutschen Delegation.[200]

Mit dem Publizisten Fritz Röttcher, der in Stuttgart für die Deutsche Friedensgesellschaft warb, entspann sich wenig später ein intensiver Briefwechsel, in dem sich Bosch mit erstaunlicher Offenheit Überlegungen zur inneren und äußeren Lage des Landes, vor allem auch zum organisierten Pazifismus von der Seele schrieb. Er machte keinen Hehl aus seiner Ablehnung des Versailler Vertragswerks, enthielt sich aber Invektiven gegen die alliierten Nationen. Das Räsonieren über die Kriegsschuldfrage, die doch die Gemüter in den Jahren der Republik so dauerhaft aufwühlte, hielt er für nahezu müßig, jedenfalls so lange ein grenzüberschreitender Dialog über Ursachen und politische Verantwortlichkeiten nicht in Sicht war.[201] Für abwegig und wirkungslos hielt er dementsprechend auch jede Form der einseitigen Schuldzuweisung oder gar der offensiven Selbstbezichtigung.[202] Es war gewiss eine authentische Selbstbeschreibung, wenn er von sich meinte, er sei «den pazifistischen Bestrebungen aufrichtig zugewandt». Die Deutschen müssten «Weltbürger werden», sie seien «bisher [...] noch nicht einmal Staatsbürger, sondern Subjekte gewesen, die zu regieren waren».[203] Der Pazifismus sei «etwas unbedingt Richtiges», schrieb er später, ja er sei wirklich «grundsätzlich Pazifist».[204] Dennoch kam eine aktive, fördernde Mitgliedschaft in pazifistischen Vereinigungen für ihn letztlich nicht in Betracht, denn er hegte starke Vorbehalte gegen vereinsmäßig agierende «Geschäftspazifisten»[205] und gegenüber dem Anspruch, mit einer als moralisch überlegen eingestuften subjektiven Werthaltung den konkreten Herausforderungen des Staatensystems zu Leibe zu rücken. Denn es reiche eben nicht, «beseelt vom reinsten Wollen zu sein» – was sich auf die Anfrage bezog, er möge eine Kandidatur des Pazifisten Friedrich Wilhelm Foerster für das Amt des Reichspräsidenten unterstützen.[206] Gefragt sei vielmehr die Fähigkeit, das politisch Gebotene nicht nur zu wollen, sondern auch umzusetzen: «Dann weiß ich nicht, ob ein Professor geeignet ist, die Reichsgeschäfte zu führen. Es ist ein Anderes, Systeme auszudenken, als die Menschen zu suchen, um sie durchzuführen.»[207] Robert Bosch hatte Respekt vor der reinen Gesinnungsethik des Pazifismus, aber er misstraute seiner demagogischen Verwertung und verbandsmäßigen oder gar sektenartigen Verfestigung. Er respektierte umgekehrt die Eigengesetzlichkeit des politischen Betriebs und weigerte sich, pazifistisch argumentierenden Zeitgenossen normsetzende Kompetenzen und einen privilegierten Zugang zu gelingender politischer Praxis zuzuschreiben.[208] Insofern war sein Verhältnis zum organisierten Pazifismus in der Weimarer Republik von kritischer Sympathie und partieller Identifikation geprägt. Im Dialog mit Fritz Röttcher beschrieb er sich mit einer einfachen Formel, in der er das für so viele seiner Zeitgenossen nicht miteinander zu Vereinbarende zusammenzog: «Ich bin Deutscher, bin aber Weltbürger, und als solcher Freihändler und Pazifist.»[209]

In der Spätphase der Weimarer Republik entwickelte sich zwischen Robert Bosch und Ludwig Quidde, dem geistigen Haupt des bürgerlichen Pazifismus, seit 1927 Träger des Friedensnobelpreises, eine Art geistiger Wahlverwandtschaft. Mit Quidde, so bekannte Bosch noch im Februar 1932, wolle er sich gerne einmal über «Demokratie und Abrüstungspropaganda [...] unterhalten». Er habe ihn «schon lange aus der Entfernung verehrt».[210] Das lässt erkennen, mit welcher Intensität er sich mit der Friedensbewegung auseinandersetzte. Nachdem Quidde 1933 von den braunen Machthabern ins Exil getrieben worden war, zögerte Robert Bosch nicht, den in seiner Notlage jetzt völlig isolierten Friedensaktivisten mit einem Geldbetrag zu unterstützen.[211]

War die Gründung der Heidelberger Vereinigung im Vorfeld der Verhandlungen in Versailles unmittelbar auf die bevorstehende Auseinandersetzung mit den Alliierten bezogen, so war die Deutsche Liga für Völkerbund (DLV), noch im Dezember 1918 ins Leben gerufen, auf langfristige, grundsätzliche Ziele einer neuen Außenpolitik – im Geiste der Verständigung – ausgerichtet. Noch im Oktober 1918 hatte Matthias Erzberger, der Gründungsvorsitzende der Liga, seit 1917 Exponent der reformorientierten Reichstagsmehrheit, mit seiner Schrift «Der Völkerbund. Der Weg zum Weltfrieden»[212] für Abrüstung und zwischenstaatliche Schiedsverträge geworben. Die neue Liga repräsentierte ein breites Spektrum von Persönlichkeiten, die für einen demokratischen Neuanfang standen, unter ihnen Friedrich Ebert, Philipp Scheidemann und Hugo Haase, aber auch, als Mitbegründer, Ernst Jäckh, mit dem sich Robert Bosch über Frieden und Pazifismus austauschte.[213] Zur Deutschen Liga für Völkerbund bekannten sich ferner prominente Völkerrechtler und Anhänger der Friedensbewegung; eine gewisse Nähe der DLV zum Gründerkreis der wenig später entstehenden Deutschen Demokratischen Partei war unübersehbar. Manche Mitglieder hatten ihr Interesse an der Völkerverständigung erst recht spät entdeckt, «die Annexionisten der ersten und die Wilsonianer der zwölften Stunde», wie die französische Humanité ironisch kommentierte.[214]

Robert Bosch stellte für die Deutsche Liga für Völkerbund umgehend einen Hilfsfonds von 300 000 Mark zur Verfügung, und damit das Dreifache der staatlichen Mittel, die die Regierung des Rates der Volksbeauftragten kurzfristig flüssig machen konnte.[215]

Freilich enthüllte die DLV, nimmt man ihre weitere Entwicklung näher in den Blick, die Paradoxien und Dilemmata eines entschiedenen Neuanfangs in den internationalen Beziehungen und damit auch die Unwägbarkeiten vorausschauenden stifterischen Agierens auf dem Gebiet der internationalen Beziehungen und der Völkerverständigung. Die DLV startete zunächst mit einem ansehnlichen Mitarbeiterstab und brachte es bald durch den Beitritt von Gewerkschaften, Beamten- und Angestelltenverbänden auf nahezu 9 Millionen korporativ angeschlossene Mitglieder. Das klang beeindruckend und suggerierte, dass hier eine Massenorganisation für internationale Verständigung entstanden sei. Aber die greifbare lokale Präsenz der Liga blieb überaus dürftig.[216] Die Doppelgesichtigkeit der Liga, einerseits so etwas wie der verlängerte Arm des Auswärtigen Amtes in Völkerbunds-Fragen, andererseits ein Zusammenschluss demokratisch-pazifistisch orientierter Völkerrechtler, ließ eine bündige Strategie für eine breit angelegte Mitgliederwerbung kaum zu. Der Liga konnten Interessierte nicht einfach beitreten, man konnte vielmehr nur nach den Regeln eines Clubs zum Mitglied ernannt werden.[217] Auch die im Januar 1919 in Aussicht genommene grenzüberschreitende Jugendarbeit im Sinne der Versöhnung, für Robert Bosch sicherlich ein besonderer Anreiz für sein Förderengagement, kam nicht recht in Gang.[218]

Unter dem Eindruck der von den Alliierten verkündeten Prinzipien eines Völkerbundes und im Zeichen der Entscheidungen der Pariser Vorortverträge geriet die DLV alsbald in eine schwere Krise. Was von überzeugten Pazifisten, prominenten Völkerrechtlern und engagierten Stiftern wie Robert Bosch als Vorhut auf dem Weg in eine Ära der friedlichen zwischenstaatlichen Zusammenarbeit verstanden und auch weiter als solche gegen Kritik verteidigt wurde,[219] erschien bald als illusionsbeladenes Übergangsphänomen. Denn das Vertragswerk von Versailles und der von den Alliierten geschaffene Völkerbund, den Deutschland anerkennen musste, von dem es aber einstweilen ausgeschlossen blieb,[220] ließ kaum etwas von dem erkennen, was die Förderer einer breiten Völkerbundsbewegung auf ihre Fahnen geschrieben hatten. «Versailles» erschien auch der DLV als Gewaltfrieden und der real existierende Völkerbund als «Sonderbund der Entente zur Sicherung der Kriegsergebnisse».[221]

Bis 1923, auf dem Siedepunkt der deutsch-französischen Nachkriegskonflikte, schmolz das Büro der Völkerbundsliga von 45 auf drei Mitarbeiter zusammen. Hinter den eindrucksvollen Zahlen korporativ angeschlossener Mitglieder standen sogar in den Hochzeiten der Liga nie mehr als 2000 eingeschriebene, vielfach nur säumig zahlende Personen, und die DLV geriet bald unter den bestimmenden Einfluss des Auswärtigen Amtes und seiner Finanzierung. Was sich für Robert Bosch anfangs wie eine Bürgerbewegung aus der Mitte der Gesellschaft ausgenommen hatte, mutierte in den Krisenjahren der Republik zu einem Anhängsel einer im Auswärtigen Amt verbissen verfolgten Revisionspolitik. Erst die Verständigungspolitik Gustav Stresemanns schuf Voraussetzungen für einen gewissen Gleichklang zwischen den ideellen Motiven der friedensbewegten Mitgründer der Liga und der offiziellen Außenpolitik, für die die DLV jetzt zur publizistischen Stütze werden konnte.[222] Mit Stresemanns Tod jedoch und der Neuorientierung der deutschen Außenpolitik, ihrer Hinwendung zu einem entschiedenen Revisionismus verlor die Liga wieder an Bedeutung. Sie wurde, für den verständigungspolitisch engagierten Stifter Robert Bosch so keineswegs vorhersehbar, «zu einer Propagandaorganisation für deutsche Revisionspolitik».[223]

Unbeeindruckt von den außenpolitischen Turbulenzen der jungen Republik und den Konjunkturen der öffentlichen Meinung, namentlich im Hinblick auf eine deutsche Völkerbundmitgliedschaft, verfolgte der «Bosch-Zünder» in Fragen der zwischenstaatlichen Beziehungen und der Friedenswahrung eine Linie, die die Handschrift des Unternehmers und Stifters erkennen ließ. 1923, im Jahr der Ruhrkrise, setzte sich das

Blatt mit dem Begriff der Nation auseinander. Es kam ein sozialdemokratischer Autor zu Wort, der im Sinne Friedrich Naumanns und nach dem Vorbild des französischen Sozialistenführers Jean Jaurès einen inklusiven, in den Deutungskämpfen dieser Jahre als «links» eingestuften Begriff der Nation umschrieb. Nie wieder dürfe die politisch organisierte Arbeiterbewegung von «bürgerlichen Chauvinisten» demagogisch mit Hilfe der Dolchstoßlegende aus der Nation hinausdefiniert werden. Auch sei es eine «grausame Verengung und Verzerrung des nationalen Gedankens», diesen mit «geistlosen antisemitischen Rüpeleien gegen jüdische Mitbürger» zu besudeln. Empörend sei auch «das Gehaben einer Gruppe, die die Begriffe national und sozial in schändlicher Weise» missbrauche, ein deutlicher Hinweis auf die 1923 zunehmend lauter agitierende Hitler-Bewegung.[224] Dies war eine Art ideenpolitische Grundlegung, um den Begriff der Nation schärfer im republikanischen Sinne zu konturieren. 1925 ließ der «Bosch-Zünder» einen bekennenden Konservativen zu Wort kommen, der – und dies war im Meinungsspektrum der Republik durchaus ungewöhnlich – einem «vernünftigen Pazifismus» seine Vereinbarkeit mit dem nationalen Gedanken bescheinigte.[225] Und ausdrücklich vermerkte der Autor, dass die auf «Befriedung der Beziehungen zwischen den Völkern gerichtete deutsche Außenpolitik» [also der von Stresemann vorangetriebene Ausgleich mit Frankreich] im Interesse ihrer Glaubwürdigkeit unbedingt auf eine solche Legierung von Nationalgefühl und Friedensliebe angewiesen sei. Um den Friedensgedanken zu popularisieren, ließ der «Bosch-Zünder» zur Abschreckung die Toten des Weltkriegs in einer imaginären Parade aufmarschieren: «Stellen wir uns einmal vor, dass die britischen Toten des Weltkriegs die Straßen hinabmarschieren, sagte einer in der New Yorker ‹Tribune›. Im Morgengrauen brechen sie auf, in Reihen zu zwanzig. Bis Sonnenuntergang marschieren sie ... und am nächsten Tag, und am nächsten, und am nächsten ... Zehn Tage lang marschieren sie vorbei. Noch elf Tage mehr marschieren die toten Franzosen. Die Russen brauchen das Tageslicht weiterer fünf Wochen. Zweieinhalb Monate würden die Toten der Alliierten brauchen, um an einem festen Punkt vorbeizumarschieren. Die Toten der Feinde würden ihrerseits mehr als sechs Wochen nötig haben. Vier Monate lang Menschen, gesunde Menschen, die im Krieg getötet wurden, vorbeimarschierend ... immerzu ... vier Monate lang ... in Reihen zu zwanzig ...»[226]

Dieses Narrativ vom nicht mehr zählbaren Leid in *allen* am Krieg beteiligten Staaten ergänzte eine Betrachtung von Maxim Gorki, «Der nächste Krieg», der die Führbarkeit von Kriegen als solche kritisch ins Visier nahm, indem er die Entwicklung von Massenvernichtungswaffen durch eine nicht mehr kontrollierbare Forschungspraxis beschrieb.[227] Dieser apokalyptischen Prognose schickte der «Bosch-Zünder» im gleichen Jahr satirischen Lesestoff zum Kriegserlebnis voraus. Der auch im «Simplicissimus» und in der «Weltbühne» publizierende Hans Reimann schilderte im Genre des Schelmenromans das Erlebnis der Mobilmachung im Sommer 1914 aus der Perspektive eines absichtsvoll tollpatschigen, ganz und gar unmilitärischen Ich-Erzählers, der mit stoischer Indifferenz gegenüber der Hektik und den Anforderungen des Truppendienstes den Aufbruch seines Regiments zur Farce macht. Hier wurde der Mythos vom Frontkämpfer, wie ihn zeitgenössische Erzählungen zelebrierten, gleichsam in seine Einzelteile zerlegt. Die Botschaft dieser literarischen Dekonstruktion war, dass der Einzelne durch politische Fehlentscheidungen in einen «Schlamassel» hineingezogen wurde, gegenüber dem er als «Außenseiter», korpulent und kurzsichtig, ein Recht auf «Melancholie» habe, ein Recht darauf, sich schlicht «unzweckmäßig» vorzukommen und zu verhalten.[228] Solche Beiträge ließen sich als Gegentexte zu den erfolgreichen Kriegstagebüchern früherer Frontoffiziere wie Ernst Jünger lesen.[229]

Wandel durch Annäherung und europäische Integration

Das Bekenntnis zu den Idealen einer friedlichen Staatenwelt war eine Sache – eine andere war, eine Vision und sodann einen durchsetzbaren Plan zu entwickeln, wie denn der anarchische Zustand der Nachkriegsära in ein entwicklungsfähiges Geflecht kooperationswilliger Akteure zu überführen sei. Letztlich ging es um das liberale Modell der Friedenssicherung und dessen Eckpfeiler: Wiedereingliederung Deutschlands in ein politisch und wirtschaftlich funktionsfähiges internationales System, Abbau der Handelsschranken und Umkehrung des Trends zur Desintegration der Weltwirtschaft, Abrüstung, Gewaltverzicht und Selbstbestimmung.[230] Die von Gustav Stresemann ab 1923 inaugurierte Politik der Entspannung in Europa und insbesondere gegenüber dem französischen Nachbarn, das Konzept eines «Wandels durch Annäherung»,²³¹ suchte der «Bosch-Zünder» zu unterstützen, obgleich Robert Boschs Verhältnis zu Gustav Stresemann immer kühl blieb. Er hatte ein gutes Gedächtnis für die annexionistischen Kriegszielforderungen und den pathetischen Nationalismus, mit dem Stresemann im Weltkrieg, also vor seiner Wende zum republikanischen Realpolitiker, hervorgetreten war.

Robert Bosch trieb offenbar die Frage um, wie denn aus der nach Westen gerichteten Verständigungspolitik, wie aus dem «Anfang einer neuen Friedensära», von dem Stresemann im September 1923 in Stuttgart vor Pressevertretern sprach, eine zukunftsfähige Struktur geformt werden könnte.²³² Sicherlich war Stresemanns Locarnopolitik ein von Robert Bosch lebhaft begrüßter Schritt in Richtung auf friedlichen Wandel und Gewaltverzicht, sie zielte auf eine Entpolitisierung der Reparationsfrage und war damit etwas qualitativ Neues gegenüber einer herkömmlichen, unilateralen Großmachtpolitik. Aber sie blieb dennoch Großmachtpolitik und sie blieb revisionistisch, setzte auf eine latente, mit wachsender Entspannung wieder deutlich hervortretende strukturelle ökonomische Überlegenheit des Reiches in Europa, die sich als Hebel einsetzen lassen sollte zur Durchsetzung revisionspolitischer Forderungen, eben um «den Dingen seit Versailles eine andere Wendung zu geben».²³³ Hinzu kam: Einstweilen war unübersehbar, dass die von Stresemann vorangetriebene Politik der Verständigung im Westen keine Entsprechung im Osten hatte – und in seinen Augen auch nicht bekommen sollte. Die Locarnopolitik begünstigte damit im Ergebnis auf dem Kontinent Zonen unterschiedlicher Sicherheit. Und alle Regierungen der Weimarer Republik hielten die von Stresemann postulierte – friedliche! – «Korrektur der Ostgrenzen»²³⁴ für notwendig. Insofern war die Kehrseite der «Zivilisierung» der zwischenstaatlichen Beziehungen im Westen deren «Verwilderung» im Osten, was in Polen auch durchaus erkannt wurde.²³⁵

Robert Bosch dachte in außenpolitischen Fragen nicht in den herkömmlichen Kategorien souveräner Machtstaaten. Offensichtlich interessierte ihn auch die mit dem Versailler Vertrag entstandene territoriale Problematik der deutschen Ostgrenze nicht näher. Die Denkfigur einer «autonomen Ostseite» des Reiches (Hans Rothfels), hinter der die Vorstellung stand, Deutschland habe einen quasi naturwüchsigen Anspruch darauf, in Mittel- und Osteuropa hegemonial ordnend aufzutreten, blieb ihm fremd. Frühe geistig-kulturelle Prägungen wie auch sein Agieren als global operierender Unternehmer trugen dazu bei, dass er sich erkennbar nicht mit Räumen, Grenzen und nationalen Zugehörigkeiten näher auseinandersetzte. Ihn interessierten keine völkisch imprägnierten Ordnungsphantasien zur territorialen Gestaltung der ethnisch durchmischten Zonen in Mitteleuropa, sondern ihn beschäftigten Lösungsvorschläge, die auf ein zivilisiertes Miteinander der Nationen zielten. Ihm ging es mithin um eine «Strategie der internationalen Verflechtung und Kooperation in einem liberalen System», nicht um eine «Strategie nationaler Behauptung durch präventive Schwächung des Gegners».[236]

Den Lesern des «Bosch-Zünders» wurde dementsprechend nicht das Bild eines durch die Bestimmungen des Versailler Vertrages exklusiv geschundenen, von Feinden umstellten Volkes vermittelt. Der «Bosch-Zünder» erging sich bei der Frage der Kriegsschuld nicht in sterilen Widerlegungsversuchen, sondern machte vielmehr darauf aufmerksam, dass der durch den Weltkrieg ausgelöste internationale Schuldenkreislauf zum Beispiel auch Großbritannien in ernste wirtschaftliche Bedrängnisse gebracht habe und lenkte damit die Aufmerksamkeit auf das Faktum des *kollektiven*, gemeineuropäischen Nachkriegsdesasters. Wie aber ließ sich aus dem Teufelskreis aus Reparationen, interalliierten Schulden, Revisionsansprüchen und Sicherheitsvorbehalten herausfinden?

Schon 1923 war erkennbar, dass sich Robert Bosch mit den europapolitischen Ideen des Grafen Richard Coudenhove-Kalergi auseinandergesetzt hatte. Der Bosch-Zünder brachte bemerkenswerterweise in Zeiten höchster internationaler Spannungen, in den Monaten der französisch-belgischen Besetzung des Ruhrgebiets, seinen Essay über «technische Weltwende», mit der Coudenhove-Kalergi die zeitgenössische Krise nicht auf die Funktionsstörungen des Staatensystems, sondern auf die unzureichende Entfaltung der Produktivkräfte zurückführte. Das mochte politisch naiv klingen, enthielt aber die Botschaft, «durch vernünftige Reformen» in Verbindung mit einem «Aufschwung der Technik» ließe sich das «soziale Elend» beheben.[237] Und vor allem sprach Coudenhove-Kalergi hier eben nicht von einer exklusiven deutschen Misere, sondern vom «Elend Europas». Später griff Hans von Raumer, leitender Funktionär des Zentralverbands der Elektrotechnischen Industrie und zeit-

weise Wirtschaftsminister, das Thema auf und stellte fest, dass die
«Rolle des Europäers als eines höheren Wesens» ausgespielt sei, nachdem der Kontinent 1914 nichts anderes getan habe, «als sich selbst zu zerstören». Daraus und aus dem Aufstieg konkurrierender Akteure im politisch-ökonomischen Weltgeschehen folge: «Die Zukunft der einzelnen europäischen Nationen kann nicht mehr durch Verschärfung der Gegensätze zu ihren Nachbarn, nicht durch eine noch so schwere Waffenrüstung, nicht durch Absperrung der Grenzen gegen Verkehr und Güteraustausch, sondern nur durch Zusammenarbeit wirtschaftlich, kulturell und politisch sichergestellt werden. Die Voraussetzungen in den Seelen der Nationen sind dazu gegeben, es gibt gute Europäer in allen Ländern und in großer Zahl, sie müssen sich nur dessen bewusst werden und danach handeln.»[238] Hier waren also im Bosch-Zünder um die Mitte der 20er Jahre Denkfiguren versammelt, die den politischen Diskurs über die Notwendigkeit europäischer Verflechtung und Integration bis heute prägen. Richard Coudenhove-Kalergi hatte 1923 in seinem Buch «Paneuropa» von der Unausweichlichkeit eines europäischen Zusammenschlusses gesprochen. Damit traf er einen Nerv der Zeit und sprach in den spannungsgeladenen europäischen Nachkriegsgesellschaften verbreitete Sehnsüchte nach Überwindung der nationalstaatlichen Zerrissenheit an. Seine zentralen Forderungen waren die langfristige Friedenssicherung durch politischen Zusammenschluss, die Steigerung der Wettbewerbsfähigkeit durch die Erleichterung des freien Güteraustauschs, die Stärkung der europäischen Defensivkräfte gegenüber einem befürchteten Expansionismus des bolschewistischen Sowjetsystems sowie die Überwindung der Grenzkonflikte und Minderheitenfragen durch fortschreitende europäische Integration. Nur so könne Europa glaubwürdig an seine Traditionen anknüpfen, Kreativität und Innovationskraft freisetzen und steigenden Wohlstand produzieren.[239]

Größer konnten die Wesensunterschiede eigentlich kaum sein: Hier der nüchtern kalkulierende, asketisch-bescheiden auftretende, prägnant, aber rhetorisch zurückhaltend formulierende Stuttgarter Unternehmer und Stifter, dort der mehrsprachige Aristokratenspross, Sohn eines österreichisch-ungarischen Diplomaten und einer Japanerin aus einer vornehmen Familie, der sich als Philosoph verstand, von Zeitgenossen gelegentlich auch als arrogant beschrieben wurde, der jedenfalls nicht im Verdacht falscher Bescheidenheit stand.

Robert Bosch schien überzeugt – und dies spricht für sein unkonventionelles Denken, die Bereitschaft, sich auf Überlegungen jenseits des eigenen Erfahrungshorizonts einzulassen –, dass sich hier zwei komplementäre Charaktere – «zwei Menschen, deren Entwicklungsgang ein so durchaus Verschiedener ist»[240] – getroffen hatten, die auf unterschiedlichen Lebenswegen zu verwandten politischen Schlussfolgerungen gekommen waren, zu der Überzeugung nämlich, dass für Europa ein neues Politikmodell auf der Tagesordnung stand, dass Zusammenschluss und behutsame Integration unausweichlich seien und dass Europa um ein funktionierendes deutsch-französisches Tandem gebaut werden müsse.[241] Bosch zögerte nicht, Richard Coudenhove-Kalergi und die von ihm gegründete Paneuropa-Union finanziell zu unterstützen – dies sei «für einen Europäer gut angelegtes Kapital».[242] Er formulierte in diesem Briefwechsel mit Coudenhove-Kalergi eine Sentenz, die sein stifterisches Handeln ebenso beschreibt wie eine auf Kompromiss und Interessenausgleich zielende Europapolitik: «Ich bin gespannt zu erfahren, was Sie unter praktischem Idealismus verstehen. Sie erinnern sich vielleicht meiner Definition: Der Idealist ist ein Materialist, klug genug, einzusehen, dass es nicht ihm allein gut gehen kann.»[243]

Robert Bosch befand sich mit dieser Einschätzung in Gesellschaft profilierter Vertreter der Parteien der Weimarer Koalition, unter ihnen Paul Löbe für die Sozialdemokratie, Erich Koch-Weser für die Deutsche Demokratische Partei, Wilhelm Marx und Joseph Wirth als ehemalige Reichskanzler für das Zentrum. Der Kreis der Befürworter und Förderer von Paneuropa reichte über die Weimarer Koalition hinaus auch in die rechtsliberale Deutsche Volkspartei hinein, mit Otto Hoetzsch sogar bis in die Reihen der aufgeklärten Konservativen in der Deutschnationalen Volkspartei und darüber hinaus, für die finanzielle Basis der Bewegung überaus wichtig, in die Welt der Hochfinanz.[244] Coudenhove-Kalergi machte keinen Hehl daraus, dass er primär in den politischen und wirtschaftlichen Eliten der europäischen Länder, weniger in den breiten Schichten, das gesellschaftliche Substrat für seine paneuropäische Bewegung sah. Aber er war zugleich frei – und dies musste sein programmatisches Denken für Robert Bosch attraktiv machen – von zeitüblichen Vorurteilen: Er trat etwa entschieden dem Antisemitismus entgegen, folgte hier der kosmopolitischen Tradition des Vaters, der zum Antisemitismus eine kritische Dissertation vorgelegt hatte.[245] Immerhin gelang es dem Grafen mit seinem elitenorientierten Konzept,

1927 den französischen Außenminister und zeitweiligen Ministerpräsidenten Aristide Briand für die Ehrenpräsidentschaft der Paneuropa-Union zu gewinnen, was die Anhänger der Paneuropa-Ideen in der Hoffnung bestärkte, das für die deutsch-französische Verständigung maßgebliche Tandem Briand und Stresemann ließe sich für eine umfassende politische Neuordnung Europas gewinnen. Im November des folgenden Jahres sprach Briand in der Tat gegenüber Coudenhove-Kalergi bei einem Empfang im Quai d'Orsay von der Einberufung einer paneuropäischen Staatenkonferenz[246]

Coudenhove-Kalergi war also zuversichtlich, dass die Überlegungen für eine institutionell verfasste europäische Zusammenarbeit nun endlich konkrete Gestalt annehmen würden. Anlässlich der Ratstagung des Völkerbundes im Juni 1929 in Madrid erörterte Briand mit Stresemann Fragen einer engeren europäischen Kooperation mit dem Ziel einer definitiven «Liquidierung des Krieges».[247] Eine «Fédération Européenne sollte entstehen, politisch, um den Frieden zu stabilisieren und vor allen Dingen wirtschaftlich, um sich vor der amerikanischen Übermacht zu schützen».[248] Dies passte zu den Argumenten für eine europäische Ordnung, wie sie Hans von Raumer schon 1925 im Bosch-Zünder skizziert hatte.[249]

Anfang September trat der französische Außenminister anlässlich der 10. Völkerbundstagung in Genf mit einer Grundsatzrede an die Weltöffentlichkeit und sprach von einem «Band der Solidarität», das es zwischen den Völkern Europas zu knüpfen gelte. Es waren politische, wirtschaftliche und ideelle Motive, die Briand zu seinem Vorstoß gebracht hatten,[250] der indes bei seinen Amtskollegen ein eher verhaltenes Echo auslöste. In der britischen Außenpolitik betrachtete man die Paneuropa-Ideen mit einem gewissen Interesse, von einer aktiven Mitwirkung des Vereinigten Königreichs konnte allerdings angesichts seiner weltumspannenden Interessen keine Rede sein. Die deutsche Diplomatie witterte den Versuch, die Nachkriegsverhältnisse im französischen Interesse definitiv festzuschreiben, und plädierte dementsprechend für die Priorität wirtschaftlicher und eben nicht politischer Kooperationsziele.[251] Die in Genf versammelten Außenminister verständigten sich auf den britisch-schweizerischen Vorschlag, Briand mit der Ausarbeitung eines Memorandums zu beauftragen.[252] Aus Sicht der Förderer und Befürworter von Paneuropa standen jetzt entscheidende Weichenstellungen bevor. Coudenhove-Kalergi wollte die Arbeitsergebnisse der französischen Diplomatie allerdings nicht abwarten und verfasste seinerseits einen «Entwurf für einen paneuropäischen Pakt», der in der Mai-Ausgabe der Zeitschrift «Paneuropa» erschien, unmittelbar im Vorfeld des Paneuropa-Kongresses, der vom 17. bis zum 20 Mai 1930 in Berlin stattfinden sollte. Damit wurde Robert Bosch, der als Förderer der Paneuropa-Bewegung an dem Berliner Kongress teilnahm und sich in den Dialog mit französischen Paneuropa-Befürwortern persönlich einschaltete,[253] Zeitzeuge einer dramatischen außenpolitischen Gemengelage und erkannte, was er mit seinen Förderanstrengungen auf dem Gebiet der Völkerverständigung ausrichten konnte. Mit Briand war vereinbart worden, dass sein Europa-Memorandum auf dem Berliner Paneuropa-Kongress der Öffentlichkeit präsentiert werden sollte. Der Kongress verabschiedete eine uneingeschränkt zustimmende Resolution und ein Dank- und Glückwunschtelegramm an den französischen Außenminister.[254] Aber es war offenkundig, dass das französische Memorandum hinter den Erwartungen und Vorschlägen der Bewegung zurückgeblieben war. Der von Coudenhove-Kalergi im Vorgriff auf Briands Memorandum verfasste «Entwurf für einen paneuropäischen Pakt» ging über Briand hinaus, war konkreter, indem er als Organe eines europäischen Staatenbundes einen Bundesrat, eine Bundesversammlung und ein Bundesgericht und damit in durchaus visionärer Weise den gewaltenteilig-föderativen Aufbau europäischer Strukturen einschließlich einer eigenen Exekutive in Gestalt eines Bundesamtes vorsah. Und er griff weit in die Zukunft: Der «Europäische Pakt» verwies bereits auf das für die spätere Entwicklung des europäischen Gedankens konstitutive Prinzip des freiwilligen Souveränitätstransfers.[255]

Aber weder das eine noch das andere hatte unter den obwaltenden Umständen eine reale Chance. Der von Robert Bosch befürwortete Schulterschluss zwischen Briand und der Paneuropa-Bewegung, ohnehin eine fragile Allianz, wurde deshalb gegenstandslos. Noch weniger konnte Coudenhove-Kalergi für seine weitergehenden Vorschläge Zustimmung erwarten. Die Diskussion über jede denkbare Variante einer föderativ geprägten europäischen Ordnung wurde politisch überlagert von den zentralen strategischen Zielen der Nachbarn am Rhein: dem französischen Wunsch, die Nachkriegsordnung im Interesse der Sicherheit zu stabilisieren, und den deutschen Ambitionen, dieselbe Ordnung zu revidieren. «Briands Memorandum lief mit seiner Unterordnung der wirtschaftlichen unter die politischen Probleme auf eine Stabilisierung des Versailler Status quo hinaus und drohte der deutschen Evolutionspolitik das revisionistische Standbein zu entziehen.»[256] Und dies musste erst recht für den paneuropäischen Verfassungsentwurf gelten. Die politische Großwetterlage hatte sich seit der ersten europapolitischen Initiative Briands im Sommer 1929 in Madrid gründlich verändert. Stresemann, der möglicherweise weiterhin Chancen und Vorteile der Briandschen Ideen für die deutsche Politik sorgfältig ausgelotet hätte,[257] war im Oktober 1929 gestorben.[258] Am 22. März 1930 brach die Große Koalition in Berlin auseinander. Auf sie folgte eine Serie von Präsidialkabinetten und damit die schrittweise Entparlamentarisierung der Reichspolitik und zugleich der Ausstieg aus der maßgeblich von Stresemann und seinem Staatssekretär Schubert geprägten «Weimarer Außenpolitik».[259] Carl von Schubert, einer der Architekten eines deutschfranzösischen Ausgleichs im Auswärtigen Amt, hatte noch für den «guten Kern» der Briandschen Ideen geworben, bevor er als Botschafter nach Rom gehen musste.[260] Und der deutsche Botschafter in Paris, Leopold von Hoesch, hatte geurteilt, in Briands Memorandum sei «das Beste des französischen Geistes der Nachkriegszeit konzentriert».[261] Von Stresemanns Nachfolger als Außenminister, Julius Curtius, von Heinrich Brüning als Reichskanzler und den nach einem umfangreichen Revirement in die Führungspositionen des Auswärtigen Amtes einrückenden Diplomaten war eine beherzte, prioritär auf Verständigung mit Frankreich und auf europäische Zusammenarbeit hin angelegte Politik nicht zu erwarten. Die Akzente der deutschen Außenpolitik verlagerten sich jetzt spürbar auf das Thema Revision. Welche Nuancen im Einzelnen auch immer die Urteilsbildung der Entscheidungsträger in Berlin geprägt haben mögen, für die Haltung der Reichsregierung gegenüber jeglichen deutsch-französischen Europa-Initiativen war der kühle Befund des neuen Staatssekretärs von Bülow kennzeichnend, es sei der «Zweck der ganzen Union» und damit des Memorandums von Aristide Briand wie überhaupt aller Modelle europäischer politischer Zusammenarbeit, «uns neue Fesseln anzulegen»;[262] ja, «die politische Diskussion über eine Union fédérale im Briandschen Sinne», hieß es in einer Denkschrift des Auswärtigen Amtes, könne «gar nicht unmissverständlich genug abgelehnt werden».[263]

Wenig später beschrieb Außenminister Curtius die Beschlusslage der

Reichsregierung mit der legendär gewordenen Formulierung, man habe dem Europa-Plan des französischen Außenministers ein «Begräbnis erster Klasse» bereitet.[264] Und dem entsprach die Bewertung der Paneuropa-Bewegung im Auswärtigen Amt, deren Förderung «nicht im deutschen Interesse» liege.[265]

Für den aufmerksamen Beobachter und namentlich für einen engagierten Förderer europapolitischer Initiativen wie Robert Bosch konnte kein Zweifel daran bestehen, dass es sich im Sommer 1930 in den deutsch-französischen Beziehungen wie auch in den europapolitischen Debatten um nichts weniger als einen «Wettersturz» (F. Knipping) handelte, an dem die deutsche Außenpolitik wesentlichen Anteil hatte.[266] So wie man Briand ins Leere laufen ließ, indem die Bearbeitung seiner Vorschläge einem ab Januar 1931 folgenlos tagenden Studienkomitee für die Europäische Union im Rahmen des Völkerbundes übertragen wurde, so hing jetzt auch die Paneuropa-Bewegung politisch in der Luft. Dass Coudenhove-Kalergi mit seinem Verfassungsentwurf vorgeprescht war, hatte bereits zu gewissen Spannungen mit Briand geführt. Nicht umsonst hatte der französische Außenminister von «allerhand Unheil» gesprochen, das von «privaten, unverantwortlichen Organismen» angerichtet werden könnte[267], wenn diese sich, wie die von Robert Bosch geförderte Paneuropa-Bewegung, allzu eifrig um Belange kümmerten, die nach dem Urteil des Außenministers bei den Regierungen allemal besser aufgehoben waren. Wir stoßen hier auf das geläufige Phänomen, dass Koordination und Konsens zwischen Regierungen und Initiativen aus der Mitte der Gesellschaft in der Außenpolitik selbst bei grundsätzlicher Übereinstimmung in den Zielen keineswegs selbstverständlich ist und für den privaten Förderer Risiken birgt.

Bosch resignierte trotz der Stagnation der europäischen Bewegung und der neuerlichen Verhärtung der deutsch-französischen Beziehungen indes nicht. Er unterzeichnete Anfang 1932 den Vorschlag an das Nobelkomitee in Oslo, man möge Richard Coudenhove-Kalergi den Friedensnobelpreis verleihen, gemeinsam mit seinem Neffen Carl Bosch, Hermann Bücher, Thomas Mann, Gerhart Hauptmann, Carl Severing und Wilhelm Solf[268]: «Wir glauben, dass ein wirtschaftlich und politisch immer mehr zerklüftetes Europa eine unabsehbare Gefahr für den Frieden der Welt bedeutet und dass die Lehre des Grafen Coudenhove-Kalergi von der Einheit und Zusammengehörigkeit Europas mehr denn je als eine ragende Friedensidee hervortritt, die mit aller Macht zu unterstützen die Aufgabe fortgeschrittener Geister ist.»[269] 1930 entstand unter maßgeblicher Beteiligung von Robert Bosch in Zürich eine «Pan-Europa-Fördergesellschaft» als gemeinnütziger Verein, um die Bewegung auf eine stabile Grundlage zu stellen. Ausdrücklich verstand sich die Gesellschaft als überparteiliche Initiative.[270]

Im Oktober 1932 verkündete Coudenhove-Kalergi auf dem Paneuropa-Kongress in Basel seinen Plan, in europäischen Ländern Europa-Parteien zu gründen. Nachdem die Versuche, über die Kommunikation der politischen und wirtschaftlichen Eliten die europäische Sache voranzubringen, keine überzeugenden Ergebnisse gebracht hatten, nachdem es ihm zwar gelungen war, «Apostel heranzubilden», nicht aber die «Massen» für die «europäische Einigung zu fanatisieren»[271], sollte jetzt der Weg der parteipolitischen Mobilisierung versucht werden. Die Programmatik der geplanten Partei erschien durchaus wegweisend, wenngleich nicht unbedingt für den historischen Augenblick: Ein europäischer Staatenbund sollte einen Zollverein bilden, sich eine gemeinsame Währung zulegen, Zölle und Handelsschranken abbauen und eine europäische Sozialpolitik auf den Weg bringen, die Gleichberechtigung der Geschlechter sicherstellen, die Minderheiten schützen und alle Kriegsschulden streichen.[272]

Hier wurde der Bauplan für eine Europäische Union skizziert, denn das Programm forderte nichts weniger als das Ende uneingeschränkter nationaler Souveränität im Zeichen der Kriegsverhütung und damit einen Paradigmenwechsel in der europäischen Politik- und Gesellschaftsentwicklung – und dies vor dem Hintergrund der Weltwirtschaftskrise, die ja ihre besondere Wucht vor allem durch die verheerende Renationalisierung der Wirtschaftspolitik in den betroffenen Staaten entfaltet hatte.[273] Es sprach für Robert Boschs Ansehen als ehrlicher Makler und moralische Instanz, dass Richard Coudenhove-Kalergi ihm den Vorsitz der geplanten Partei anbot, was der Stuttgarter Mäzen freilich aus persönlichen Gründen, wegen seines Alters und wegen zunehmender Schwäche seines Gehörs ablehnte. Vor allem aber hielt Robert Bosch den Weg der Parteigründung für verfehlt, «jedenfalls für außerordentlich fraglich». Vielmehr riet er zu einer Konzentration der europapolitischen Bemühungen auf die Nachbarländer am Rhein. Es gehe darum, zunächst in Deutschland und Frankreich «eine Volksbewegung in Gang [zu] bringen». Wenn beide Länder erst einmal den Anfang einer dauerhaften Kooperation im europäischen Geist gemacht hätten, würde dies eine Art Sogwirkung entfalten: «Wenn dann diese beiden mächtigsten Staaten Europas sich verständigt haben und erklären, wir sind bereit, mit jedem anderen europäischen Staat ein Abkommen zu treffen, und wenn sie dann weise genug sind, jedem den ihm nötigen Lebens- und Spielraum zu lassen, so wird das Gebilde sich rasch vergrößern.»[274] Im Grundsätzlichen war damit sein außenpolitisches Weltbild umschrieben, in dem wesentliche Elemente der europapolitischen Staatsräson der Bundesrepublik vorgezeichnet waren.

Im Dezember 1931 hatte er in diesem Sinne dem französischen Industriellen Louis Renault geschrieben, dass die «Verhältnisse» die europäischen Staaten «zwingen würden, [...] zu einer Einigung zu kommen: Damit will ich sagen, dass die Annäherung unserer beiden Nationen in logischer Konsequenz die Schaffung Paneuropas bedeuten würde – vielleicht ohne England».[275] Er bezog sich auf einen Dialog mit französischen Gesprächspartnern, die eine deutsch-französische Verständigung erst in 150 Jahren für denkbar hielten. Die Bemerkung zu England spiegelt Coudenhove-Kalergis Konzept, Paneuropa ohne Großbritannien und auch ohne die Sowjetunion zu formen.[276] Im Hinblick auf die UdSSR sprach er von der Notwendigkeit, Westeuropa müsse sich zusammenschließen «um Russland aufzumachen und zu liberalisieren».[277] Von einer irgendwie gearteten deutsch-russischen Sonderbeziehung mit anti-westlicher Spitze wollte Bosch nichts wissen.[278]

Es bleibt verblüffend, dass sich Robert Bosch auch angesichts der außerordentlich labilen politischen Großwetterlage nicht von seinem Kurs abbringen ließ. Er war davon überzeugt, dass die «Herbeiführung eines geeinigten Europas» unmittelbar auf der europäischen Agenda zu stehen habe, dass jedes Werben für dieses Ziel förderungswürdig sei[279] und dass Aristide Briand ernsthaft eine Verständigung mit Deutschland gewollt hatte.[280] Die Ablehnung des Briandschen Plans, das im Juli 1930 besiegelte «Begräbnis» seiner Visionen,[281] war ja nicht allein ein Desaster der Diplomatie, sondern Teil eines spürbaren, für kritische Zeitgenossen schockierenden Paradigmenwechsels der Politik und der öffentlichen Meinung. Der Stimmungswandel markierte den Beginn einer «nagenden Angst» in der französischen Öffentlichkeit angesichts eines Nachbarn, der zunehmend unberechenbarer zu werden schien.[282] Nicht umsonst sprach Pierre Viénot, einer der aufmerksamsten französischen Deutschlandkenner, von den «Incertitudes allemandes», die er in einem vielbeachteten Essay (1931) beschrieb.²⁸³ Die Verunsicherung, von Robert Bosch in seiner Briefkorrespondenz aufmerksam registriert, wurde auf der politischen Ebene zunächst am deutlichsten bei der im Sommer 1930 vollzogenen, um viereinhalb Jahre vorverlegten Räumung des Rheinlands durch französische Truppen. Dieser Erfolg der Stresemannschen Entspannungspolitik mündete paradoxerweise in eine Art außenpolitische Sprachlosigkeit, eine Art kognitive Dissonanz, die der deutsche Botschafter in Paris treffend analysierte: «Während wir die Rheinlandräumung als einen unter schweren Opfern erkauften und spät gewährten Akt der Gerechtigkeit ansehen und dabei leicht vergessen, wie unendlich weit wir noch vor wenigen Jahren von der Wiedererlangung der Freiheit am Rhein entfernt waren, stellt sich für die Franzosen die Preisgabe des linken Rheinufers dar als eine gewaltige, fast unbegreifliche Tat des Entgegenkommens. In weiten Kreisen empfindet man die Räumung des Rheinlandes fast wie ein Wunder.»²⁸⁴

Wie ein politisches Erdbeben wirkte sodann auch im europäischen Ausland und namentlich in Frankreich das Ergebnis der Reichstagswahl vom 14. September 1930, das die NSDAP zur zweitstärksten Partei nach der Sozialdemokratie anwachsen ließ. Die von Robert Bosch geschätzten Anwälte einer Verständigung mit Frankreich mussten sich von ihren innenpolitischen Gegnern auf der Rechten die naive Verkennung eines vermeintlich unwandelbaren französischen Expansionismus vorhalten lassen.²⁸⁵ Umgekehrt ermunterte der Wahlerfolg der Nationalsozialisten Spitzendiplomaten in Berlin zu einem Spiel mit dem Feuer: Den jetzt im Auswärtigen Amt tonangebenden Gegnern der Stresemannschen Entspannungspolitik, etwa Bernhard Wilhelm von Bülow und Ernst von Weizsäcker, war die braune Flut zunächst durchaus nicht unwillkommen, hoffte man doch, mit dem radikalnationalistischen Furor im Rücken auf der Bühne der Revisionspolitik ungleich fordernder als zuvor auftreten zu können.²⁸⁶ Denn die «innenpolitischen Wirrnisse», so meinte Staatssekretär von Bülow, sollten dem Land «außenpolitisch gar nicht schlecht bekommen».²⁸⁷

Von solchen Überlegungen führte ein kurzer Weg zum Desaster um das von der Regierung Brüning leichtfertig eingefädelte, im September am Veto des Internationalen Gerichtshofs in Den Haag gescheiterte Projekt einer deutsch-österreichischen Zollunion.²⁸⁸ Für die Befürworter einer paneuropäischen Verständigungspolitik wie Robert Bosch musste es wie Hohn wirken, dass die Reichsregierung dieses Vorhaben rhetorisch als Frucht einer europäischen Einigungsstrategie darstellte. Demgegenüber handelte es sich doch in Wirklichkeit darum, an Mitteleuropa-Pläne hegemonialen Zuschnitts anzuknüpfen.[289] Wie Richard Coudenhove-Kalergi[290] verwarf Robert Bosch diesen Schritt zu einer entschiedenen Renationalisierung der deutschen Außenpolitik mit ihrer unverkennbar antifranzösischen Spitze und dem Bestreben, über Österreich hinausgehend einen von Deutschland dominierten «mitteleuropäischen Wirtschaftsblock» zu formen.[291] Er hielt in nahezu axiomatischer Weise an seiner Überzeugung fest, die deutsch-französische Verständigung sei vordringlich und auch möglich und sie sei der Kern einer für ihn zwingend gebotenen europäischen Einigung.

Für ein Ende des «Dauerfranzosen»

Wenn man gemeinnützigem stifterischem Handeln die Eigenschaften zuschreibt, dort aktiv zu werden, wo der Staat noch nicht oder nicht mehr handeln kann – oder dort aktiv zu werden, wo staatliches Handeln besser unterbleiben sollte, dann ist dies im Hinblick auf Bosch in seiner Rolle in den Krisen Anfang der 30er Jahre geradezu mit Händen zu greifen. Dabei berief er sich auf die Mündigkeit und die Urteilskraft des politischen Durchschnittsbürgers. Das «Volk» – damit meinte er nicht, wie in jenen Jahren vielfach üblich, das biologische Substrat der Nation, sondern die Versammlung der einsichtsfähigen Citoyens – wolle den Frieden, sei aber eben allzu häufig Objekt obrigkeitlicher Manipulation: «Wenn erst einmal bei uns in Europa die Menschen so weit gekommen sind, dass sie sich von ihren Dynastien nicht mehr dumm machen lassen, dann werden sie umso weniger geneigt sein, einen Krieg anzufangen, denn ‹war does not pay› werden dann die Kapitalisten sagen, wenn es sich darum handelt, irgendwelche Mineralschätze [...] sich anzueignen. Die kapitalistischen Interessen werden sich bis dahin auf der ganzen Welt so ineinander verflochten haben, dass ein Krieg nicht mehr zu denken sein wird, aus kapitalistischen Gründen, und die dynastischen werden lange vorher schon erledigt sein.»[292] Deshalb schrieb er in diesem Sinne an Paul Reusch, es gelte im Hinblick auf die paneuropäischen Ziele die «Politik» zu «zwingen, den Willen des Volkes durchzuführen».[293] Hier gingen Freiheitspostulate, die ihren Ursprung in der bürgerlichen Demokratiebewegung in Württemberg hatten, eine zwanglose Allianz ein mit der Zuversicht, dass fortgeschrittene Industriegesellschaften, von allen Relikten vormoderner Herrschaft gereinigt, aus sich heraus in der Lage seien, Gewalt als Mittel zwischenstaatlicher Konfliktaustragung auszuschalten. Gewiss mutet die Annahme, das «Volk» sei als solches stets friedliebend, «Ehrgeiz oder Machtwille oder Leichtsinn der Regierenden» seien vielmehr die «Verursacher der Kriege»[294], heute geradezu naiv an. Denn erfolgreiche Demagogie in der politischen Arena setzt ja auf der Empfängerseite immer auch kollektive Aufnahmebereitschaft voraus. Aber sein Räsonnement bewog Bosch, nach anderen Wegen Ausschau zu halten, auf denen für die deutsch-französische Verständigung in einem zusammenwachsenden Europa geworben werden konnte.

1930 war Bosch Mitglied einer im Vorjahr auch in Stuttgart gegründeten Deutsch-Französischen Gesellschaft (DFG) geworden, und Hans Walz trat in den Vorstand der jungen Ortsgruppe ein.[295] Rasch entwickelte sich diese Vereinigung zu der nach Berlin und Frankfurt aktivsten Lokalorganisation der Deutsch-Französischen Gesellschaft. Im November 1929 war in der Landeshauptstadt ein eigenes Büro zur Vorbereitung einer württembergischen Landesgruppe eröffnet worden.[296] Wie auch andernorts war die DFG in Stuttgart mit ihren Veranstaltungen Treffpunkt und Netzwerk der regionalen Eliten, wobei in der Landeshauptstadt unter den 135 ordentlichen Mitgliedern Unternehmer, Manager, Kaufleute und Bankiers mit fast 60 Personen besonders stark vertreten waren.[297] Neben dieser ausgeprägt wirtschaftsbürgerlichen Verankerung war das thematische Spektrum der Veranstaltungen für die Wirkung der DFG charakteristisch: Es dominierten kulturmorphologisch-wesenskundliche Themen.[298] Im außenpolitischen Kommunikationsmuster der Zeit hatten ethnostereotypisierende Annahmen besonderes Gewicht, Betrachtungsweisen also, die einen zwingenden Zusammenhang zwischen Verhalten und ethnischer Herkunft konstruierten. Experten in Wissenschaft und Politik schrieben den Angehörigen anderer Nationen und Völker Eigenschaften zu, die sich wie tiefsitzende, anthropologisch verfasste Invarianten ausnehmen mussten. So spricht man heute mit Blick auf diese Konstellation auch vom Topos, von gleichsam gestanzten Denkfiguren, mit denen der Andere und das Fremde buchstäblich dingfest gemacht werden sollten. Solche Topik hatte immer auch die Funktion, das «Wesen» der eigenen Nation im

Kontrast zum Fremden gedanklich scharf zu fassen. Es ging also weniger darum, die eigene Identität als Ergebnis von Begegnung, Neugier, Dialog und Entwicklung zu bestimmen, sondern ausgehend von einem «Weltbildkern» (Eduard Spranger) die eigene wie auch die fremde «Seelenart» zu deuten.[299] Vorträge und Abhandlungen dieses Zuschnitts fixierten dementsprechend das Wesen des französischen Nachbarn in der Absicht, «den Geist der deutschen und der französischen Volkheit in ihren dauernden Wesenszügen zu erfassen».[300] Was sich heute als sprachliches und gedankliches Ungetüm ausnimmt, war für die Zeitgenossen gängige Kost aus der Feder selbst namhafter Autoren wie Ernst Robert Curtius und Friedrich Sieburg. Die mit Blick auf den französischen Nachbarn bemühten Schlüsselbegriffe lauteten Dekadenz, Esprit (vs. Geist), Zivilisation (vs. Kultur) und Spätkultur (vs. Dynamik). Das war nicht nur eitles Geplänkel im Feuilleton, denn die schroffe Gegenüberstellung vermeintlich ein für alle Mal fixierter Nationaleigenschaften, in der das «Wesen» der französischen Nachbarn oft als überfeinert und überaltert, gesättigt und kraftlos entschlüsselt wurde, ließ das Dynamische, Robuste, Zukunftsorientierte, das Tiefsinnige und den Respekt gebietenden Ernst des eigenen «Wesens» umso plastischer hervortreten.[301]

Diese literarisch-intellektuelle Szenerie mit ihrer publizistischen Ausstrahlung hinein in die Ortsgruppen der deutsch-französischen Gesellschaft liefert Anhaltspunkte dafür, warum Robert Bosch hier gleichsam ein frankreichbezogenes Gegenprogramm startete. Einerseits hatte sich bei den Paneuropa-Initiativen des Grafen Coudenhove-Kalergi gezeigt, dass diese Konzeption ihrer Zeit weit voraus, elitenzentriert und ohne breite gesellschaftliche Resonanz war. Andererseits fehlte es an grenzüberschreitenden Impulsen aus der Mitte der Gesellschaft, die über das bisher Erreichte, etwa im Jugendaustausch, im Wissenschaftsdialog, im Schülerbriefwechsel und in der Publizistik hinauswies.[302] Und es war alarmierend, dass deutsch-französische Dialogforen, wie das Deutsch-Französische Wirtschaftskomitee, gewissermaßen mit der Demontage der Locarno-Politik 1932 geradewegs vor dem Kollaps standen. «Noch nie seit der französischen Ruhrbesetzung», so hieß es in einem Bericht an die Reichskanzlei über die Stimmung der französischen Teilnehmer nach einem Treffen des Komitees im Oktober 1932 in Colpach, sei das deutsch-französische Verhältnis «so schlecht gewesen». Die französischen Gesprächspartner könnten nicht verstehen, warum in Deutschland militaristischer Geist preußischer Prägung wieder en vogue sei.[303]

Es war bemerkenswert, dass Robert Bosch im gleichen Sinne über die Verschlechterung der deutsch-französischen Kontakte reflektierte: «Es ist die soldatische Einstellung, die namentlich in Preußen die öffentliche Meinung macht, und die verhindert, dass wir über Dinge, die sicher unangenehm sind, und die keinem leichtfallen, eben einfach hinwegkommen.»[304] Das «Endziel für beide» – Frankreich und Deutschland – sei «doch das geeinigte Europa».[305]

Nach allem was wir wissen, ging es ihm darum, in der Publizistik und im öffentlichen Reden über das deutsch-französische Verhältnis zu einem «Ende des Dauerfranzosen» beizutragen, das der Romanist Fritz Schalk von seinen Kollegen im Sinne einer intellektuellen Läuterung gefordert hatte.[306] Es ging also darum, aufzuräumen mit Klischees und Stereotypen aus dem Umkreis der «Konservativen Revolution», die eine rationale, erfahrungsbezogene, das Konkrete in den Blick nehmende Auseinandersetzung mit dem Nachbarn verstellten. Wie wichtig dies für Robert Bosch war, zeigte der Umstand, dass er im Frühjahr 1932 an den im Milieu der Frankreich-Deuter als unkonventionellen Grenzgänger bekannten Paul I I. Distelbarth herantrat und ihn als Publizisten auf Honorarbasis unter Vertrag nahm.[307] Bis zum Jahresende festigte sich diese Zusammenarbeit so weit, dass Robert Bosch den rastlos tätigen Publizisten und Vortragsreisenden in Sachen deutsch-französische Verständigung fest anstellte. Anders als prominente Frankreich-Deuter seiner Zeit war Distelbarth kein Produkt der akademischen oder publizistischen Milieus und Zirkel seiner Zeit. 1879 in Nordböhmen als Sohn eines Kaufmanns geboren, hatte er schon in der Vorkriegszeit, während seiner Ausbildung zum Bankkaufmann, bei einem einjährigen Aufenthalt die französische Hauptstadt und den Alltag in der französischen Gesellschaft kennengelernt. In den Jahren der Republik versuchte er, die Erfahrung des Krieges erzählerisch zu bewältigen. 1931 wurde der Marburger Theologe Martin Rade, ein kritischer Sympathisant des sozialen Liberalismus Naumannscher Prägung, auf Distelbarth aufmerksam und sorgte dafür, dass er in Frankreich als Redner zu Themen der deutsch-französischen Beziehungen auftreten konnte. Ein Schlüsseltext für sein Selbstverständnis als Mittler in den deutsch-französischen Beziehungen war sein Aufsatz in der Christlichen Welt Anfang 1932, dem Leitmedium des deutschen Kulturprotestantismus. Distelbarth nahm sich hier die Kriegsschuldfrage vor und griff zustimmend die These des französischen Historikers Pierre Renouvin auf, demzufolge der berüchtigte Kriegsschuldartikel des Versailler Vertrages die Deutschen nicht moralisch disqualifizierte, sondern Rechtsgründe für Entschädigungsforderungen geltend machen sollte.[308] Solche Anläufe zur Dämpfung der Empörung mussten Robert Bosch überzeugen.

Der inzwischen in Frankreich hoch angesehene Distelbarth avancierte nun zu seinem «Vertrauensmann in den deutsch-französischen Dingen».[309] Seine Verbindung mit der internationalen Dachorganisation der Kriegsopferverbände und seine Auftritte als Kulturbotschafter verschafften ihm Zugang zu Großveranstaltungen im Nachbarland und die Möglichkeit, abseits vom hauptstädtischen Tagungstrubel in der französischen Provinz die Menschen direkt anzusprechen. Robert Bosch schätzte seine Aktivitäten außerordentlich und versuchte auch, ihn bei industriellen Kollegen als Gesprächspartner einzuführen. Er berief sich auf Distelbarts Beobachtungen und Berichte, wenn er an Paul Reusch schrieb: «Die Franzosen wollen Frieden, sie haben Angst vor uns und sonst nichts» und von «Hass gegen Deutschland» könne keine Rede sein.[310] Bosch war bestrebt, den Publizisten bei Außenminister von Neurath einzuführen, damit er diesem «die Stimmung in Frankreich» erläutern könne.[311] Er sah in ihm eine Ausnahmeerscheinung unter den Befürwortern einer deutsch-französischen Verständigung, der es zuwege brachte, am Rande der Reparationskonferenz von Lausanne, gemeinsam mit französischen Freunden aus den Kriegsopferverbänden von den Regierungschefs Herriot und von Papen empfangen zu werden. Distelbarth folgte in seinen publizistischen und laiendiplomatischen Aktivitäten einer einfachen Maxime zu dem vermeintlichen Abgrund zwischen Deutschland und Frankreich: «Erstens die Unterschiede zwischen uns sind viel mehr eingebildet als wirklich. Zweitens es gibt kein zweites Volk, dem sich die Franzosen so verwandt fühlen, wie das deutsche Volk.»[312] Ende 1932 versuchte der Publizist ganz offensichtlich ohne Vorahnung vom bevorstehenden Zusammenbruch der Republik, im Zusammenhang mit der Genfer Abrüstungskonferenz einen «moralischen Waffenstillstand» zwischen Deutschland und Frankreich ins Gespräch zu bringen. Er skizzierte den Entwurf eines deutsch-französischen Defensivbündnisses, in das beide Seiten ihre jeweiligen strategisch-technischen Potentiale und Kapazitäten einbringen sollten. Eine Verschränkung der Streitkräfte sollte durch den Austausch von Soldaten, die Ausbildung an den jeweils anderen Waffensystemen und eine Angleichung der organisatorischen Strukturen erfolgen.[313]

Was der von Robert Bosch mäzenatisch geförderte Anwalt der deutsch-französischen Verständigung hier mit kühnen Strichen skizzierte, nahm einiges vorweg von dem, was an integrierten militärischen Strukturen bis hin zu gemeinsamen deutsch-französischen Kampfverbänden später einmal politisch gewollt und auch umgesetzt werden sollte. Insofern waren solche Pläne weder laienhaft-naiv noch militärfachlich fragwürdig, doch waren sie politisch in Berlin durchaus unerwünscht. Außenminister von Neurath wies seine Mitarbeiter an, dem französischen Botschafter klarzumachen, «dass Herr Distelbarth auf eigene Faust seine Versöhnungsaktivitäten betreibt» – und damit wurde zugleich das Engagement seines Förderers für die deutsch-französische Verständigung entwertet.[314]

Boschs Sicht auf die internationalen Beziehungen blieb geprägt von den Erfahrungen eines global agierenden Unternehmens und der zweckrationalen Grundhaltung, dass Konflikt, Gewalt und Abgrenzung einer gedeihlichen Geschäftsentwicklung allemal schaden. Nahezu maßstabsbildend verkörperte Robert Bosch damit jenen Typus des modernen Unternehmers, der auf spekulative Schachzüge verzichtet, gewachsenes Vertrauen als unverzichtbares symbolisches Kapital aufbaut und pflegt, sich an vertragliche Vereinbarungen hält. Nur so blieb er, davon war er überzeugt, in der Lage, mitzuknüpfen an den «Fäden des globalen Marktes»[315]. Neben die verhaltenslenkenden Maximen – Vertrauen, Berechenbarkeit, Stetigkeit und Rationalität – trat die aufmerksame Betrachtung der geopolitischen Gegebenheiten, etwa die aus eigener Anschauung schon vor 1914 gewonnene Überzeugung vom nahezu unaufhaltsamen Aufstieg der USA zur ökonomischen Weltmacht[316] und das Wissen um das Potential der UdSSR, deren ökonomischer Irrweg aufmerksam beobachtet wurde, deren schlummernde Kräfte aber nicht verkannt wurden.[317] Dem Plädoyer für die Annäherung der europäischen Nationen und eine engere Verbindung zwischen Deutschland und Frankreich als Kern einer wie auch immer konstruierten europäischen Einigung lag insofern ein vielen Zeitgenossen geläufiges Interessenkalkül zugrunde.

Aber sein Interesse an internationaler Verständigung reichte über die Sicherung barrierefreier Märkte und gewaltfreier Interaktion aus pragmatischem Kalkül hinaus. Neben dem klassischen Kaufmannsmotiv «War does not pay» stand die Überzeugung, dass es in der internationalen Politik am besten zugehen sollte wie in der nationalen Arena der Klassen und Schichten: Die Durchsetzung der jeweils eigenen Interessen, die Maximierung von Marktmacht und staatlicher Souveränität, bedurften eines korrigierenden Widerlagers durch die Berücksichtigung der legitimen Interessen anderer.

Krise, Erneuerung und Zukunftssicherung im Unternehmen

Unabhängig von sozialethischen Reflexionen dieses Zuschnitts blieben für Robert Bosch und sein Unternehmen das Marktgeschehen und die betriebliche Entwicklung schwer kalkulierbare Größen. Die große Inflation mit ihrem Kulminationspunkt im Jahr der französischen Ruhrbesetzung hatten der deutschen Automobilindustrie und ihren Zulieferern vorübergehend eine Art Scheinblüte beschert, die tiefgreifende Strukturprobleme verdeckte. Der Währungsverfall verschaffte den Anbietern erhebliche Wettbewerbsvorteile auf den Auslandsmärkten und riegelte zugleich angesichts der Unerschwinglichkeit von Devisen den heimischen Markt gegen Importfahrzeuge weitgehend ab. Die Kraftfahrzeugdichte blieb in Deutschland im Vergleich zu Frankreich oder gar den USA immer noch auffallend gering. Der Besitz eines Personenkraftwagens «blieb ein Privileg wohlhabender Gruppen»[318]. Mit dem Ende der Inflation zog die Währungsreform den Schleier von der ökonomischen Wirklichkeit. Trotz zusätzlicher Einfuhrzölle war die jetzt einsetzende Exportoffensive der amerikanischen Hersteller überaus erfolgreich, vor allem im Marktsegment der in Großserie gefertigten bescheideneren Fahrzeugtypen, denen die deutschen Anbieter nichts entgegensetzen konnten. Dementsprechend gerieten die Produzenten hochwertiger Automobile jetzt unter Druck und in den Strudel eines bisher in dieser Heftigkeit unbekannten Konzentrationsprozesses. Während die Zulassungen ausländischer Fabrikate von 5 Prozent (1923) auf knapp unter 40 Prozent (1929) anstiegen, sank die Zahl der deutschen Anbieter von 65 (1024) auf 17 (1929)![319] Noch unter der schützenden Glocke der Inflation hatte Bosch versucht, sich auf die Marktsituation nach einer Währungssanierung einzustellen. Dazu gehörten die bereits 1922 anlaufenden Entwicklungsarbeiten auf dem Gebiet der Dieseltechnologie, wovon man sich den Durchbruch zu einem neuen Produktsegment von strategischem Gewicht versprach. Dazu gehörten

Fließfertigung: Magnetzünder, 1926

auch neue, einfachere und preisgünstigere Varianten des Magnetzünders und die verstärkte Umstellung auf Fließfertigung.[320]

Dennoch: Mit den deutschen Automobilfirmen geriet auch Bosch unter verschärften Wettbewerbsdruck, namentlich aus den USA. Was dem Unternehmen vor dem Weltkrieg mit seinem Triumphzug in den USA gelungen war, schafften jetzt amerikanische Anbieter in Europa. Gleichzeitig waren die deutschen Autobauer nicht länger bereit, die bisher üblichen Preise für Qualitätsprodukte aus dem Hause Bosch anstandslos zu zahlen. Mit spürbarem Unbehagen fügte sich der Unternehmensgründer in das wohl Unvermeidliche, nämlich jetzt auch Produkte anzubieten, die dem «bisherigen Grundsatz, nur das Allerbeste in Bezug auf Konstruktion und Ausführung auf den Markt zu bringen, nicht mehr entsprechen».[321] In dem gleichen Grundsatzartikel aus Anlass des 40. Firmenjubiläums räumte er auch ein, dass das Unternehmen in einer Krise steckte. In der Tat wurde die Firma ab Herbst 1925 von einem gesamtwirtschaftlichen Konjunktureinbruch erfasst, der für das Unternehmen und die Beschäftigten weitaus heftiger war als «ein kurzes rezessives Zwischentief».³²² Der interne «Jahresbericht 1926» verzeichnete den Rückgang der Beschäftigtenzahlen von 2295 im Januar 1926 auf 1493 im Dezember, die Entwicklung der Kurzarbeit und den Einbruch bei den Erzeugnissen, vor allem bei den Magnetzündern, um 30 Prozent.³²³

Robert Bosch sah sich mit genüsslich ausgestreuten Gerüchten konfrontiert, «dass das Haus Bosch bankrott sei, was interessierten Kreisen zufolge auch unausweichlich sei, wenn man solche Löhne bezahle».³²⁴ Mit Recht spricht Johannes Bähr, dem wir die bisher einzige überzeugende Untersuchung besonders dieser Phase der Unternehmensentwicklung verdanken, von einer «sozialen Katastrophe»³²⁵, von der auch Robert Bosch meinte, das Unternehmen habe dergleichen, «noch nicht durchzumachen» gehabt.³²⁶

Jetzt zeigte sich deutlich, dass das Fertigungsprogramm mit seiner nahezu vollständigen Fokussierung auf die Kraftfahrzeugtechnik auf Dauer hohe Risiken mit sich brachte. Bosch musste von seinen Ansprüchen und seinem Nimbus als weltweit führender Qualitätsanbieter abrücken und dazu übergehen, auf dem Gebiet der Motorzündung Lizenzprodukte zu fertigen, die mit eigenem Know-how angereichert und verfeinert wurden.³²⁷ Außerdem war man gezwungen, Fremdkapital aufzunehmen und eine Anleihe aufzulegen, freilich nicht, um Innovationen zu ermöglichen,³²⁸ sondern um sich finanziell über Wasser zu halten. Der Sicherung der Liquidität diente auch ein Kredit von Robert Bosch selbst an die Firma in Höhe von 10 Millionen Reichsmark.³²⁹

Und umgekehrt bescherte die Firma ihrem Gründer jetzt keine Dividende mehr. Die Krise von 1925/26 zählte gewiss zu den besonderen Zäsuren im Leben von Robert Bosch. Womit wir in der historischen Rückblende gemeinhin die – kurzen – Goldenen Zwanziger verbinden, das waren für den Unternehmer bei näherem Hinsehen düstere Zeiten, für die Firma ebenso wie für sein Privatleben. Der Tod des Sohnes im Jahre 1921 hatte Anna Bosch in anhaltende Depressionen gestürzt. Sie sah sich nicht in der Lage, als Ehefrau des unermüdlich agierenden Unternehmers und Stifters ihre repräsentative Rolle auszufüllen.³³⁰ Schon im Briefwechsel der Verlobten waren unterschiedliche Lebensentwürfe angeklungen, die sich wohl jetzt nicht mehr miteinander versöhnen ließen. 1926, im Jahr der schweren Unternehmenskrise, verständigten sich die Eheleute auf die Scheidung.³³¹

Die Krise von 1925/26 brachte den Bruch zwischen dem Gründer und den Vorstandsmitgliedern Hugo Borst, Hermann Bosch, Sohn des ältesten Bruders von Robert, und Otto Heins. Bis heute bleibt schwer verständlich, warum der Unternehmensgründer meinte, sich von den Managern trennen zu müssen. Zumindest Hugo Borst und Otto Heins, dieser im Amerikageschäft, jener als kaufmännischer Leiter, waren erfolgreich und hochrespektiert. Es spricht einiges dafür, dass ihr Chef hier einem Fehlurteil aufgesessen ist und sich mit einem allzu kritischen Seitenblick auf den großbürgerlichen Lebensstil und die mäzenatischen Ambitionen seines kaufmännischen Direktors in der unternehmerischen Ursachenanalyse verrannt hat.[332]

In der Folge wurde der Vorstand von elf auf sechs Mitglieder verkleinert, wobei sich das eigentliche Entscheidungszentrum jetzt in einen dreiköpfigen Lenkungsausschuss mit Hans Walz, Karl Martell Wild und Hermann Fellmeth verlagerte.[333] Für die Zukunft des Unternehmens, für seine betriebswirtschaftliche Führung, vor allem aber auch für seine Positionierung im politisch-gesellschaftlichen Raum, war diese personelle Weichenstellung von zentraler Bedeutung. Mit Hans Walz rückte ein gelernter Bankkaufmann zum primus inter pares des Vorstands auf, der seit 1912, zunächst als Leiter von Robert Boschs Privatsekretariat, dann als Mitglied des Aufsichtsrats, seit 1924 als Vorstandsmitglied das uneingeschränkte Vertrauen des Gründers genoss. Walz war mit den stifterischen Aktivitäten sowie mit den unternehmensrechtlichen Erwägungen bis in alle Einzelheiten vertraut. Als überzeugtes Mitglied der linksliberalen Deutschen Demokratischen Partei teilte Hans Walz, ein tief in seinem Glauben verankerter Protestant, hochgebildet und vielseitig belesen, die politischen Ideale seines Förderers.[334]

Eine Konsequenz der Krise von 1926 war auch die jetzt auf breiter Front vorangetriebene Rationalisierung. Ohne Straffung, Vereinfachung, Normung und Beschleunigung der Unternehmensfunktionen, vor allem der Fertigungsprozesse, würde das Unternehmen angesichts der mit schwindelerregenden Stückzahlen operierenden amerikanischen Wettbewerber wie der Ford Motor Company in einer arbeitsteiligen, hochkompetitiven Weltwirtschaft in eine bedrohliche Schieflage geraten.[335] Führungskräfte und Mitarbeiter beteiligten sich intensiv an der Rationalisierungsdebatte, die die Menschen ähnlich umtrieb wie spätere Generationen, die sich mit der Beschleunigung und der befürchteten

Dehumanisierung durch fortschreitende Automatisierung auseinandersetzten.[336] Rationalisierung bedeutete auch einen Strukturwandel der Belegschaft, mit einem Anstieg der Frauenarbeit, und die Einschränkung der Typenvielfalt in der Fertigung, über die Robert Bosch geklagt hatte: «Alle europäischen Firmen zusammengenommen bauen jährlich etwa 450 000 Wagen, Fabriken gibt es in Deutschland rund 50, man rechne dazu noch diejenigen der anderen europäischen Länder. Die meisten dieser Firmen wollen Sonderausführungen an ihren Einrichtungen haben. Und nun kommt der deutsche Fabrikant und verlangt von mir, ich solle ihm so billig liefern wie der Amerikaner.»[337] Der Kostendruck, der «über den Atlantischen Ozean» kam,[338] war real und nicht vom Management herbeigeredet, um Entlassungen zu begründen.[339] Die Rationalisierungen waren vielmehr als solche nicht ursächlich verantwortlich für Entlassungen, sondern erfolgten – relativ spät –, um das Unternehmen für den Wettbewerb zu kräftigen.[340]

Für die Zukunftssicherung der Firma war es von ausschlaggebender Bedeutung, dass sich der mehrjährige Investitionsaufwand in die Entwicklung einer technisch ausgereiften Dieseleinspritzpumpe ab Herbst 1927 mit dem Start der Fertigung auszuzahlen begann. Stationäre Dieselmotoren waren schon in den frühen 20er Jahren gebräuchlich. Fahrzeugdiesel mussten dagegen erst noch entwickelt werden. Eine Zeit lang sah es so aus, als würde Robert Bosch, unzufrieden mit dem Entwicklungstempo, sich für ein Lizenzprodukt, den sogenannten Acro-Dieselmotor entscheiden, was zu Konflikten zwischen Franz Lang, dem Erfinder dieses Motors, und den mit ihm gemeinsam tüftelnden Bosch-Technikern führte. Erst nachdem sich Lang im Streit von Bosch verabschiedet hatte, «entstand», so notierte die Festschrift zum 50. Firmenjubiläum Jahre später ohne weitere Ausführungen, «in verhältnismäßig kurzer Zeit die bekannte heutige Bosch-Einspritzpumpe».[341]

Robert Bosch habe, bescheinigte ihm seine Tochter, die «Firma zum zweiten Mal gegründet», denn in allen «Dieselmotoren» waren nach ihrer Beobachtung «unsere Pumpen und Düsen drin».[342] Das war insofern nicht übertrieben, als diese Basisinnovation aus eigener Kraft für Bosch jetzt erneut die Anwartschaft auf eine Führungsrolle im Weltmarkt begründete, ähnlich wie beim Durchbruch in der Magnetzünderentwicklung. Robert Bosch hat später seine Erfahrungen mit dem Erfinden neuer Technologien festgehalten und der Legende vom einsam tüftelnden Erfinder mit dem genial-blitzartigen Einfall widersprochen: «Ich habe nie eine Erfindung gemacht im landläufigen Sinne des Wortes. Eine Erfindung, nach deren Festlegung nämlich ich mehr oder weniger mühelos Geld machen konnte. Nie war es ‹ein guter Gedanke, eine Idee›, durch deren verhältnismäßig einfache Ausarbeitung mir Geld in den Schoß fiel. Es war vielmehr immer zunächst ein Überlegen, ein Versuche-machen, ein Verbessern, an dem immer auch andere mitarbeiteten. In größeren Betrieben arbeitet kaum einmal ein Mann an einer Erfindung allein. Was herauskommt ist das Werk mehrerer.»[343] Sein Nimbus im Unternehmen als weitsichtige, fürsorgliche, aber nicht patriarchalisch herrschende Führungsfigur hatte auch damit zu tun, dass er sich unverkrampft zu seinen Grenzen, zur Normalität betrieblicher Abläufe und zu Erfolgen als Ergebnis gemeinschaftlicher Anstrengungen äußern konnte.

Gut ein Jahrzehnt nach dem Ende des Weltkriegs analysierte eine Denkschrift für den Vorstand Lage und Zukunftsperspektiven der Firma in einem ständig rauer werdenden Wettbewerbsumfeld. Ende November 1929 fertiggestellt, hob das Papier erstaunlicherweise noch nicht auf die spektakulären Kursstürze an der New Yorker Börse vom Vormonat ab, sondern nahm die langfristigen Entwicklungstrends und die Wirkungen der schier unerschöpflichen Ressourcen US-amerikanischer Wettbewerber in den Blick. In Frankreich und Großbritannien, vor allem aber in den Vereinigten Staaten waren Bosch inzwischen «durch unüberwindliche Zollmauern» geschützte bzw. durch kriegsbedingte Enteignungen privilegierte Wettbewerber entstanden.[344] Die Lage in den kleineren europäischen Ländern nahm sich hingegen recht positiv aus.[345] Die Unternehmensleitung benannte einige Eckpunkte, an denen dringend etwas geändert werden müsse: Die «wissenschaftliche Bearbeitung des Marktes mit dem Ausbau von Marktanalysen», verknüpft mit «Systemen der Wirtschafts- und Konjunktur-Diagnose», müsse zügig bei Bosch Einzug halten. Es sei betriebswirtschaftlich kontraproduktiv, möglichst immer das Allerbeste vom Guten zu konstruieren. Vielmehr gehe es darum, die Produkte so zu optimieren, dass sie erkennbar besser als die der einschlägigen Wettbewerber waren – und eben auch noch bezahlbar. Ein «wirtschaftlich gar nicht erforderliches Maß an Leistung zu teuren Preisen», dieser hergebrachte Qualitätsgrundsatz sei «jetzt entthront».[346] An dieser Stelle forderte die Denkschrift offensiv eine

Kehre im Verhältnis von technischer und kaufmännischer Kompetenz und postulierte eine gewisse Entmachtung der Ingenieure: «Absurd wäre es aber, dem Techniker auch heute noch die ausschließliche Last der Verantwortung für Gegenwart und Zukunft der Firma aufbürden zu wollen.»[347] Fällig war jetzt: Der Aufbau eigener Produktionskapazitäten in Frankreich, England und den Vereinigten Staaten, im Grunde also die umfassende Reinternationalisierung des Unternehmens. Schon 1928 war der französische Industrielle Henri Comte de la Valette, eine bedeutende Figur der französischen Magnetzünderproduktion, mit dem Vorschlag an Bosch herangetreten, eine gemeinsame Fertigung in Frankreich aufzubauen. Man konnte an eine Lizenzpartnerschaft anknüpfen und wurde rasch handelseinig. Bosch erwarb eine 50-prozentige Beteiligung an der Société des Ateliers de Construcion La Valette, und in St. Ouen begannen 1929 die Bauarbeiten für eine neue Fabrikanlage, in der im August 1930 die Produktion anlaufen konnte.[348]

Die «eigene Wirtschaftskraft durch ein System von Fabrikniederlassungen, Beteiligungen, Verständigungen und Freundschaften» zu steigern,[349] gelang bald auch in Großbritannien, wo Boschs Marktanteil von 90 Prozent (1913) auf eine Nischengröße von 4 Prozent geschrumpft war.[350] 1931 einigte sich Bosch mitten in der Weltwirtschaftskrise mit dem britischen Marktführer Joseph Lucas Ltd., der sein Tochterunternehmen CA Vandervell Company Ltd. in ein Joint-Venture mit den Stuttgartern einbrachte, die 49 Prozent der Geschäftsanteile erwarben.[351] In England scheint Bosch kongeniale Geschäftspartner gefunden zu haben: «Unsere Freunde waren sehr großzügige Geschäftsleute und vertragstreu in vollem Umfang und Sinn des Wortes.»[352]

Selbstbewusst forderte das Memorandum vom November 1929 «einen gebührenden Teil am amerikanischen Markt».[353] Das war leichter geschrieben als getan, schien jedoch unabweisbar, um aus der Enge der europäischen Märkte auszubrechen und sich durch Größenwachstum an die preisliche Wettbewerbsfähigkeit der Amerikaner heranzuarbeiten. Robert Bosch hatte die Lage 1927 lakonisch beschrieben: «Ford kann 1,5 Millionen Zündvorrichtungen jährlich bauen, Chrysler braucht doch wenigstens 200 000. Deutschland braucht im Ganzen etwa 60 000 jährlich.»[354] In den USA war nach dem Krieg für Bosch eine heikle Situation entstanden. Die 1921 neu gegründete Vertriebsgesellschaft Robert Bosch Magneto Company mit 1,7 Mio. US-Dollar Jahresumsatz (1926) stand der America. Bosch Magneto Corporation (ABMC)

Robert Bosch, Automobilausstellung in Berlin, 1931

gegenüber, Nachfolger der einstigen US-Tochter, mit einem Jahresumsatz von 12,5 Mio. US-Dollar (1926). Auch wenn Bosch seinen US-Umsatz bis 1929 verdoppelt hatte, blieb die Situation unbefriedigend. Das begann sich zu ändern, als es dem amerikanischen Anwalt der US-Tochter von Bosch gelang, betrügerische Machenschaften im Zusammenhang mit dem Erwerb des vormaligen Bosch-Unternehmens im Dezember 1918 nachzuweisen. Umgekehrt verklagte die ABMC jetzt die amerikanische Bosch-Tochter wegen Verletzung der Markenrechte. Ein außergerichtlicher Vergleich sollte die Lage entschärfen, stand doch für die Stuttgarter die Verwendung der existentiell wichtigen Namensrechte «Robert Bosch» oder «Bosch» im angelsächsischen Raum auf dem Spiel.[355] Paradoxerweise war es die in diesen Tagen hereinbrechende Weltwirtschaftskrise, die Bosch ungeahnte Möglichkeiten eröffnete: «Was die Anwälte vor Gericht nicht erreichten, konnten jetzt die Investmentbanker erledigen»[356], nämlich für die RBMC bis zum Herbst 1930 eine Mehrheit von nahezu 80 Prozent des Aktienkapitals der ABMC zu erwerben. Mit der Fusion der vormals verfeindeten Firmen zur United America Bosch Corporation hatte Robert Bosch die Basis zurückerobert, um in Nordamerika wieder an die triumphale Vorkriegsentwicklung anzuknüpfen.

Dieser Durchbruch auf dem nordamerikanischen Markt vollzog sich vor dem Hintergrund einer Weltwirtschaftskrise, die auch bei Bosch alle bisherigen Einbrüche in den Schatten stellte. Schon Anfang 1929 blieb die saisonale Belebung des deutschen Automobilgeschäfts aus, und der übliche Herbstabschwung fiel ungewöhnlich stark aus, sodass ca. 20 Prozent der deutschen Jahresfertigung auf Halde produziert wurde. Das Volumen im Pkw-Geschäft sank von 1928 bis 1932 um 60 Prozent, die Fertigung von Lastkraftwagen um 72 Prozent. Dementsprechend fiel auch die Zahl der Beschäftigten in der Kfz-Branche um 62 Prozent.[357] Schon im Winter 1928/29 war die Zahl der Arbeitslosen auf ca. 3 Millionen gestiegen und lag damit bereits über dem maximalen Wert der Zwischenkrise von 1925/26. Bis Ende 1930 kletterte sie auf 4,4 Millionen und im Winter 1931/32 schließlich auf über 6 Millionen.[358] Ab Mitte 1930 wurde auch Bosch mit ganzer Wucht von der Krise erfasst, mit drastischen Umsatzeinbußen im Inland von 25 Prozent und immerhin noch 15 Prozent beim Auslandsumsatz. Doch anders als in der schweren Krise von 1926 versuchte das Unternehmen jetzt mit aller Kraft, Massenentlassungen – in diesen Monaten nahezu überall auf der Tagesordnung – durch Kurzarbeit zu vermeiden. Insgesamt war der Krisenverlauf bei der Robert Bosch A.G. eher atypisch, jedenfalls milder als bei vergleichbar großen Firmen auch in Württemberg. 1931 gelang es sogar, den Abbau von Arbeitsplätzen zu stoppen und gegen den gesamtwirtschaftlichen Trend bei den Beschäftigtenzahlen wieder etwas zuzulegen.[359]

Bosch trug in gewissem Umfang zu einer für Württemberg insgesamt charakteristischen Sonderentwicklung bei. Das Land war bekanntlich rohstoffarm, aber dafür war die Gewerbestruktur differenziert. Man hatte «mehrere, ja viele Eisen im Feuer». Vielfach hatten die Beschäftigten wegen der traditionellen Verknüpfung von Kleinlandwirtschaft mit gewerblicher Beschäftigung ein «Häuschen» und auch die sprichwörtliche Kuh im Stall. Die Industrie profitierte von ihrer mit langem Atem aufgebauten, inzwischen legendären Exportorientierung. Die Hälfte der 250 000 württembergischen Arbeiterfamilien sei noch immer «für den Export beschäftigt», notierte Reinhold Maier, Wirtschaftsminister in Stuttgart und Reichstagsabgeordneter der Deutschen Demokratischen Partei 1932 in der Vossischen Zeitung.[360] Zu den von Maier gepriesenen «Eisen im Feuer» gehörte auch der von Bosch entwickelte Fahrzeugdiesel, von dem sich das Unternehmen ein zukunftsfähiges Geschäftsfeld versprach, das man nach Überwindung der Krise mit einem qualifizierten Mitarbeiterstamm mit voller Kraft ausschöpfen wollte. Insofern war die Entscheidung für Kurzarbeit vor allem auch eine antizyklische, zu einer nachhaltigen Unternehmenspolitik passende Maßnahme.

Robert Bosch betonte dabei, dass die leitenden Angestellten über eine erfolgsabhängige Vergütung – je höher und einträglicher die Position, desto geringer der Festgehaltsanteil am Gesamteinkommen – angemessen an den Folgen der Krise beteiligt würden.[361] Der Sozialdemokrat Wilhelm Keil bescheinigte dem Unternehmer und Mäzen: «Er blieb ein besonderer Unternehmertyp mit großem sozialen Verständnis und weitem politischen Blick, der sich von der allgemeinen Unternehmenspolitik weit distanzierte.»[362] Bosch wollte auch in der Krise im Unternehmen sozialpolitische Zeichen setzen und in der Gesellschaft als Stifter präsent bleiben. Der 1921 eingerichteten Bosch-Hilfe stellte er aus Anlass seines 70. Geburtstages am 23. September 1931 eine halbe Million Mark zur Stärkung der Kapitalbasis zur Verfügung. Aus dem gleichen Anlass erhielt die Zentralleitung für Wohltätigkeit in Stuttgart eine Zuwendung von 200 000 Reichsmark. Schon im April 1930 war dort ein spezieller Bosch-Fonds für krisenbedingt entlassene Mitarbeiter eingerichtet worden. Jetzt wurden mit den zusätzlichen Mitteln eine Volksküche für Arbeitslose modernisiert und Lebensmittel- und Kleiderspenden bereitgestellt.[363]

1927/28, nach der einschneidenden Krise, war das Unternehmen mit neuen Produkten auf dem Gebiet des Automobilzubehörs auf den Markt gekommen.[364] Aber das war nicht genug. Es ging Robert Bosch und seiner Führungsmannschaft darum, «möglichst von den Autosachen wegzukommen oder, genauer ausgedrückt, noch andere Eisen in's Feuer zu kriegen».[365] Das Unternehmen habe sich der Erzeugung von elektrischen Haarschneidemaschinen und elektrisch beheizbaren Brennscheren zugewandt. Das klang zunächst wie eine kunterbunte Diversifizierung mit Nischenprodukten, aber es ging letztlich um neue Erzeugnisse, für deren Entwicklung man bereits technisches Know-how angesammelt hatte. Gemäß den Vorgaben der Denkschrift von 1929 wurden ein Marketing- und ein zentrales technisches Entwicklungsbüro eingerichtet, in dem die Ideen für neue Produkte zusammengeführt und geprüft werden sollten.[366] Neben der Konstruktion von Elektrowerkzeugen nach dem im Hause sogenannten Prinzip des «Elektromotors im Handgriff» betrat Bosch ab 1929 mit der Entwicklung eines Kühlschranks den zukunftsträchtigen Markt für elektrotechnische Hausgeräte. Das erste Modell tauchte 1933 auf der Leipziger Frühjahrsmesse auf. Von weitreichender Bedeutung für die Diversifizierung und die Beherrschung von Zukunftstechnologien war schließlich der Einstieg in die Rundfunk- und Fernsehtechnik, sowie die Technik für Filmprojektoren. Mit dem Kauf der Thermotechnikproduktion der Junkers & Co. GmbH wagte Bosch auch den Schritt über die Elektrotechnik hinaus.[367] Mit einer gewissen Genugtuung sprach man im Unternehmen noch Jahre später von einer «elastischen Geschäftspolitik», mit der die Firma durch die Weltwirtschaftskrise navigiert war.[368]

Für die Republik und die Völkerverständigung

Wie wir sahen, hat sich Robert Bosch als Leser, als kommentierender Zeitzeuge und als Stifter intensiv mit den internationalen Beziehungen auseinandergesetzt. Innenpolitische Streitfragen traten demgegenüber etwas in den Hintergrund, wenngleich er im Hinblick auf Grundpositionen in der inneren Politik alles andere als indifferent oder gar neutral blieb. Wir hatten auch gesehen, dass er «Bestrebungen zur Bildung einer wahrhaft sozialen bürgerlichen Partei» lebhaft begrüßte und der Zusammenarbeit mit der gemäßigten Sozialdemokratie das Wort redete.[369] Deshalb galt ihm Friedrich Ebert zeitlebens als der Garant eines Ausgleichs im Innern und zugleich als Repräsentant eines verantwortungsethisch grundierten Patriotismus mit Augenmaß. Als der Präsident 1925 verstarb, traf ihn die Kandidatur Hindenburgs für das Präsidentenamt «wie ein Schlag vor den Kopf».[370] In einem ungewöhnlich leidenschaftlichen Zeitungsartikel verurteilte der Unternehmer die Kandidatur des greisen Generalfeldmarschalls als «ein Verbrechen am deutschen Volk». Hindenburg werde von Gegnern der Demokratie vorgeschoben. Bosch rechnete mit Versuchen, das Rad der Geschichte zurückzudrehen, er befürchtete schwerwiegende Rückwirkungen auf die beginnende Verständigungspolitik mit Frankreich und die Bereitschaft der Amerikaner, sich mit Anleihen in der wirtschaftlichen Konsolidierung Europas im Zeichen des Dawes-Plans zu engagieren. Aber nicht nur das zerbrechliche Gewebe des internationalen Ausgleichs sah Robert Bosch mit der Kandidatur Hindenburgs gefährdet. Ihn trieb auch die Sorge um, dass die Arbeiterschaft, dank der Besonnenheit Friedrich Eberts mehrheitlich einigermaßen in das republikanische Gemeinwesen integriert, sich mit einem Staat unter der Präsidentschaft eines bekanntermaßen nicht von Republik und Demokratie begeisterten Feldmarschalls des untergegangenen Kaiserreichs nicht mehr identifizieren könnte: «Wird nicht die gesamte Arbeiterschaft in ihm die ständige Gefahr eines erneuten Auflebens des Junkertums sehen? Ist nicht für sie Hindenburg bei all seiner persönlichen Ehrenhaftigkeit die Verkörperung des verhassten Militarismus, wie er für sie mit dem Junkertum verquickt ist?

Die Arbeiterschaft, die sich in den Hoffnungen getäuscht sieht, die sie auf die Revolution, auf die Sozialisierung setzte, fing an, sich zu beruhigen. Sie sah wieder eine Besserung kommen. Sie hatte bisher einen aus ihren Reihen auf dem Präsidentenstuhl gehabt. Und was war es für ein Mann gewesen! Und nun soll die Hoffnung der Junker ein Soldat, und wenn er auch der Vornehmsten einer ist, auf seinen Platz!

Nein! Es ist unmöglich. Das deutsche Volk kann nicht so töricht sein. Es darf sich nicht seine Aufbaumöglichkeiten vermauern. Es darf nicht den inneren Frieden durch eine so unglückliche Wahl gefährden. Und doch, wie unpolitisch ist dieses Volk! Es denkt an allerhand, nur nicht an das Lebenswichtige. Es handelt nach Gefühlen. Es sieht gar nicht die harten Tatsachen.»[371]

Bosch war nicht vorbereitet auf diese Zäsur in der politischen Kultur der Republik. Zweifellos war die Wahl Hindenburgs ein Zeichen der inneren Zerrissenheit des Landes. Sein knapper Sieg über den von Bosch favorisierten ehemaligen Reichskanzler Wilhelm Marx (Zentrum), überhaupt erst ermöglicht durch die Taktik der Kommunisten, mit Thälmann als Zählkandidaten das republikanische Lager entscheidend zu schwächen, war unabweisbar «eine konservative Umgründung der Republik».[372] Später räumte Robert Bosch ein, dass Hindenburgs Amtsführung nach der Wahl seine schlimmsten Befürchtungen nicht bestätigt hatte: «Mit unserem Freunde Hindenburg habe ich eine ausgesprochen unglückliche Hand. In der Wahl zu der Periode, in welcher man mit Hindenburg einverstanden sein konnte, habe ich mich gegen ihn erklärt, und als ich mich auf seine Seite stellte aufgrund der guten Erfahrungen, musste ich in kürzester Zeit sehr schlechte Erfahrungen machen.»[373] In der Tat bescheinigte Bosch dem Reichspräsidenten damit im Rückblick eine verfassungskonforme Amtsführung, weshalb er sich 1932 für seine Wiederwahl einsetzte, eine paradoxe Situation und ein Symptom für die im Gange befindliche Auflösung der Demokratie von Weimar. Denn jetzt musste es den im «Hindenburg-Ausschuss» organisierten politischen Kräften darum gehen, den konservativen Reichspräsidenten gegen einen Kandidaten Hitler zu unterstützen. Diese Konstellation bewog ja auch die republiktreue Sozialdemokratie, für Hindenburg einzutreten.[374] Bosch unterstützte den «Hindenburg-Ausschuss», kritisierte aber das mangelnde Engagement der Parteien im Wahlkampf gegen Hitler, plädierte für «eine bessere Bearbeitung des flachen Landes», wo er, mit guten Gründen, den fruchtbarsten Resonanzboden für die Parolen der NS-Bewegung vermutete.[375] Anders als die im «Hindenburg-Ausschuss» zusammengefassten, überwiegend kritisch gegenüber Demokratie und Parlamentarismus eingestellten Kräfte aus Wirtschaft und Politik hielt Robert Bosch es für verfehlt, sich von den Parteien der Weimarer Koalition zu distanzieren, die doch in der Frontstellung gegen die Kandidatur Hitlers mit den gemäßigten Konservativen an einem Strang zogen.[376] Nach Lage der Dinge erschien ihm Hindenburg jetzt als die einzige Kraft, die verbliebenen Anhänger einer von ihm stets favorisierten Weimarer Koalition und die Vertreter eines gemäßigten Konservatismus, die der Hindenburg-Ausschuss zusammenführen sollte, als letzte Barriere gegen die anschwellende braune Flut zu mobilisieren.

Die «schlechten Erfahrungen» mit Hindenburg, von denen er im Juni 1932, nur zwei Monate nach dessen Wiederwahl sprach, spielte darauf an, dass die Interessen der ostelbischen Großagrarier bei dem Gutsbesitzer Paul von Hindenburg ein offenes Ohr fanden. Konkret ging es in diesen Monaten um eine geplante Notverordnung der Regierung Brüning, mit der das Reich zur Enteignung überschuldeter landwirtschaftlicher Großbetriebe und zur Ansiedlung von Bauern auf deren Ackerland ermächtigt werden sollte.[377] Das agrarromantisch-nationalistische, ja auch völkisch angetönte Motivbündel hinter den Siedlungsplänen[378] war dem Reichspräsidenten Hindenburg durchaus nicht unsympathisch; wohl aber war für den Großgrundbesitzer Paul von

Hindenburg ein Zwangsversteigerungsrecht der Exekutive inakzeptabel.[379] Deshalb war er für die Polemik der Agrarlobby aufgeschlossen, denn hier sei der «Agrarbolschewismus» am Werke, was Robert Bosch mit Ingrimm erfüllte: «Das Eintreten Hindenburgs für seine Standesgenossen in Ostpreußen hat mich sehr enttäuscht. Letzten Endes kann man nicht einer kleinen Anzahl von Menschen helfen auf Kosten des ganzen Volkes, namentlich, wenn diese Menschen auf ihre Art geholfen werden wollen [sic!], – eine Art, die sich eben mit dem Gemeinwohl des deutschen Volkes nicht verträgt.»[380]

Schon vor dem Weltkrieg hatte er sich mit dem Agrarprotektionismus kritisch auseinandergesetzt. Für ihn als Anbieter exportfähiger Fertigprodukte mit beachtlichen Erfolgen auf dem Weltmarkt und als in süddeutschen Traditionen verankerter Demokrat waren die Argumente der Sozialdemokratie und des Linksliberalismus überzeugend: Der Agrarprotektionismus diente nicht nur dem Schutz der landwirtschaftlichen Produktion gegen Weltmarktangebote, sondern stützte im Kaiserreich auch die ungebührlich starke Stellung der «Junker» in Behörden, Parlamenten und in den Streitkräften, Kräfte, die es nicht verstanden hatten, mit der Zeit zu gehen und sich dem ökonomischen Strukturwandel zu stellen. Genau dieses Zusammenspiel großagrarischer Interessen einerseits – ca. vier Prozent der agrarischen Grundbesitzer besaßen fast die Hälfte der landwirtschaftlichen Nutzfläche[381] – mit der Staatsspitze andererseits, sah er auch in der Spätphase der Weimarer Republik am Werke. Schon 1927 hatte er sich in der Deutschen Allgemeinen Zeitung mit der Lage der Landwirtschaft auseinandergesetzt.[382] Bosch beschrieb eindringlich den Mechanisierungsrückstand in der deutschen Landwirtschaft, ihre mangelnde Produktivität und die zu schwach entwickelte agrarwissenschaftliche Fundierung in der Praxis, ihre unzureichende Spezialisierung und schwache internationale Wettbewerbsfähigkeit. Er führte alle Argumente an, die die Freihändler schon immer zugunsten einer kraftvollen industriellen Weltmarktorientierung aufgeboten hatten. Dabei waren auch genuin politische Erwägungen im Spiel, denn Bosch versuchte zu verdeutlichen, dass Schutzzölle und Autarkiebestrebungen auf Kosten der Nachbarn im Osten das Reich außenpolitisch auf eine abschüssige Bahn führen mussten. Er warnte also recht frühzeitig vor einer Nationalisierung der Außenwirtschaftspolitik und damit vor Parolen aus dem Propagandaarsenal der extremen Rechten, was mit der wenig später hervorbrechenden Weltagrarkrise von brennender politischer Aktualität werden sollte.[383]

Das Eintreten für eine Modernisierung der deutschen Landwirtschaft hatte einen biographischen und unternehmerischen Hintergrund. Er habe, hielt Bosch in seinen Lebenserinnerungen 1921 fest, «Sachen unterstützt, für die wohl meine Abstammung verantwortlich zu machen ist.»[384] Damit spielte er auf seine Herkunft aus einer großbäuerlichen Familie an. Hinzu kam, dass er sich auch mit den Ergebnissen der zeitgenössischen agrarwissenschaftlichen Forschung auseinandersetzte. Der weltweit anerkannte Agronom Friedrich Aereboe war, wie wir aus der Briefkorrespondenz wissen, im Hause Bosch ein hochgeschätzter Gesprächspartner.[385]

1912 hatte Robert Bosch in Oberbayern Torfmoorflächen und Bauernhöfe gekauft und sich mit der Technik der Entwässerung der Moorflächen auseinandergesetzt,[386] ein Vorhaben, das letztlich scheiterte.[387] Aber er erweiterte die landwirtschaftliche Nutzfläche, kaufte Güter mit Wiesen, Weiden und Wäldern hinzu und machte aus dem Anwesen gleichsam ein Kontrastprogramm zu der von ihm kritisch beschriebenen ostelbischen Getreide- und Kartoffelwirtschaft. Er wollte zeigen, dass sich unter Anwendung der zeitgenössischen agrarwissenschaftlichen Erkenntnisse, durch Nutzung betriebswirtschaftlicher Erfahrungen aus der Industrie, auch durch die Anwendung der Instrumente einer modernen Absatzwirtschaft mit Marketing, Werbung und Markenschutz eine zukunftsfähige, rentierliche und nachhaltige agrarische Veredelungswirtschaft gestalten lasse.[388] Der Boschhof, mit dem in denkbar kurzer Zeit ein landwirtschaftliches Vorzeigeprojekt geschaffen werden sollte, hatte mit dem Einbruch der Weltwirtschaftskrise und unter den Zwängen der NS-Herrschaft kaum Gelegenheit, sich voll zu entfalten. Zweifellos betrieb Robert Bosch dieses ungewöhnliche Unternehmen nicht als Steckenpferd oder im Sinne einer wunderlichen Agrarromantik. Der Boschhof war weder «Luxusgut» noch «naive Weltverbesserung», sondern «eine hochpolitische Angelegenheit», nämlich ein Versuch zu zeigen, dass die industrielle Moderne mit ihren Herausforderungen auch der Landwirtschaft ungeahnte Chancen bieten konnte.[389]

Gewiss ist es richtig, die Geschichte der ersten deutschen Demokratie nicht verkürzend im Wissen um ihren Untergang – und damit im Sinne einer unausweichlichen Teleologie ihres Zusammenbruchs und ihrer

Auslieferung an den Nationalsozialismus zu betrachten.[390] Für aufmerksame Zeitgenossen wie Robert Bosch, der sich als Stifter und Unternehmer in der Republik immer wieder öffentlich zu Wort meldete, waren von Anfang an Zeichen der tiefgreifenden politischen und kulturellen Zerklüftung der Republik spürbar, Symptome und Manifestationen politischer Radikalisierung, sozialmoralische Desillusionierung ebenso wie der Immobilismus der vielfach noch im Lagerdenken des Kaiserreichs befangenen politischen Akteure und Parteien, vor allem ihre mangelnde Kompromissfähigkeit.[391] Die politischen Diskurse in der Republik waren reich an Untergangsprophetien, aber es gab auch Zukunftsoffenheit und Fortschrittsoptimismus. Das Zusammenleben in der Gesellschaft konnte, ähnlich den Interaktionsmustern in den zwischenstaatlichen Beziehungen, durch Ressentiments und Vorurteile, ja auch durch Hass und Gewaltbereitschaft gegenüber Andersdenkenden und Minderheiten vergiftet sein. Aber es gab auch couragierte Befürworter von Toleranz und Inklusion,[392] ebenso wie Anwälte pragmatischer Zuversicht und eines gelassenen Optimismus hinsichtlich der gesamtgesellschaftlichen Entwicklung. Robert Bosch war frei von allen fundamentalistisch-endzeitlich getönten Ideenkonstrukten. Er hielt nichts davon, «aus einer gewissen kurzsichtigen Romantik heraus» die Entwicklung der Technik «weltschmerzerisch [sic!] ... zu beklagen».[393] Das zielte auf einen Vortrag Oswald Spenglers im Deutschen Museum in München vom Mai 1931, in dem der überaus erfolgreiche Publizist mit prophetischer Gebärde einen angeblich zwangsläufigen Zusammenhang zwischen dem technischen Fortschritt und einer «verhängnisvollen Entzweiung zwischen Mensch und Weltall» behauptet hatte.[394] Gegenüber solchen überaus populären Verfallstheorien vertrat Bosch ganz unbeirrt seine robuste Version eines alltagstauglichen Commonsense: «Ich habe nie ein philosophisches Werk gelesen, ich weiß nicht, was unsere Philosophen über den Wert des Menschenthums sagen, ich stelle mich auf den Standpunkt, dass die Menschen da sind, dass ihre Aufgabe ist, die Naturkräfte sich zunutze zu machen und dass sie selbst sich zivilisieren, sich mit den anderen Lebewesen, ob Mensch oder Tier, auf einen möglichst vernünftigen Standpunkt zu stellen haben.»[395] Zu Boschs praktischem Rationalismus, seiner Skepsis gegenüber holistischen Deutungsangeboten, gehörten Warnungen, den Graben zwischen dem Tatsächlichen und dem Wünschenswerten nicht simplifizierend mit düsteren Untergangsprophetien oder aber mit griffigen Heilslehren aufzufüllen. Das war, wenn man so will, der intellektuelle Kern des nüchternen Republikanismus ebenso wie der Widerständigkeit gegenüber dem heraufziehenden Totalitarismus, die man ihm in der Historie gemeinhin zuschreibt.

Durch fördernde Mitgliedschaft stellte sich der Unternehmer und Stifter auch der Verpestung der politischen Kultur durch den Antisemitismus entgegen. Mit Hans Walz trat er im Januar 1926 der in Stuttgart neu gegründeten Ortsgruppe des Vereins zur Abwehr des Antisemitismus bei.[396] Stuttgart war in der Weimarer Republik keine Hochburg des Antisemitismus. Doch abwertende Stereotypen, diskriminierende Redensarten, völkisches Vokabular, verschleierte oder offene Exklusion jüdischer Mitbürger in Vereinen und Verbänden, mithin eine schleichende, besonders in Wahlkämpfen dann spürbare Infiltrierung des öffentlichen Diskurses durch judenfeindliches Gedankengut traf nicht auf die entschiedene Abwehr durch alle Parteien, durch die Organe des Staates oder durch Kirchen und Vereine. Vor allem die Sozialdemokratie und die linksliberale Deutsche Demokratische Partei als Trägerinnen des Weimarer Gründungskompromisses traten dem Antisemitismus entgegen.[397] Es gibt, soweit wir sehen, keine Abhandlung aus der Feder von Robert Bosch gegen den Antisemitismus oder gegen das Hantieren mit völkischen Kategorien, das sich seit den ausgehenden 20er Jahren mit steigender Tendenz in der Publizistik und in einschlägigen akademischen Disziplinen vernehmen ließ. Aber jedes vorurteilsfreie Reflektieren über Schwächen und Versäumnisse, auch das Benennen historischer Verantwortung gegenüber den unter christlichen Vorwänden Diskriminierten musste ihn überzeugen – ohne tiefere Beschäftigung mit theologischen Fragen oder gar mit der Schlüssigkeit rassenideologischer oder völkischer Propaganda. Für ihn ging es in der Bewältigung der Krise nicht um das geläufige «Pathos der Entscheidung und der radikalen Dichotomien»,[398] nicht um die Identifizierung von Sündenböcken einerseits und damit auch von Erlösergestalten andererseits. Er sah vielmehr in der Weltwirtschaftskrise den Anlass zu einer Art kollektiver Selbstbesinnung, statt der Beschwörung eines Entweder-Oder.[399]

Nach Möglichkeit parteipolitische Brücken zu bauen, Gegensätze abzumildern und befreundete Industrielle für die Unterstützung der Republik gleichsam anzuwerben, bestimmte auch immer erneut Robert

Das landwirtschaftliche Engagement: Der Boschhof, ca. 1926

Boschs Dialog mit Paul Reusch.[400] Er versuchte, dem streitbaren Unternehmerkollegen und Freund von der Ruhr eine finanzielle Förderung der Sozialistischen Monatshefte nahezubringen: «Die Zeitschrift steht als Vertreterin einer gemäßigten, in wirtschaftlicher Beziehung verständigungsbereiten sozialistischen Richtung über aller parteimäßig programmatischen Beschränkung auf einer sozusagen wissenschaftlichen Höhe und übt seit Jahrzehnten die geistige Führung in der Sozialdemokratie aus, trotzdem sie von radikaler Seite schon immer auf das Schwerste bekämpft worden ist.»[401] Aber dieses Plädoyer, mit dem Bosch an Friedrich Naumanns Postulat anknüpfte, die SPD müsse eine regierungsfähige Volkspartei werden und bürgerlich-liberale Kräfte sollten eine solche Entwicklung nach Kräften fördern, diese sozial-liberale Kernforderung stieß bei Reusch auf harten Widerstand. Seine Replik macht anschaulich, wie sehr sich Robert Bosch in einer Sonderrolle befand: «Trotz aller Mäßigung sind aber die Ziele, die mit der Zeitschrift verfolgt werden, abweichend von denen, die ich anstrebe, dass ich mir selbst untreu werden würde, wenn ich die Zeitschrift unterstützen würde.»[402] Bosch benannte den Graben, der ihn politisch von Reusch trennte, im Zusammenhang mit einem Streit über die Außenwirtschaftspolitik später recht deutlich: «Grundsätzlich unterscheiden wir uns ja wohl dadurch, dass du ‹national› gesinnt bist und ich einer der Schädlinge bin, die der Meinung sind, dass wir eine Nationalwirtschaft heute nicht treiben können, ohne unter den Schlitten zu kommen, dass wir mit der Weltwirtschaft so weit verbunden sind, dass wir uns in diese finden und uns ihr anpassen müssen.»[403]

Als bei den Reichstagswahlen vom Mai 1928 die linksliberale Deutsche Demokratische Partei, auf die er stets große Hoffnungen gesetzt hatte, nur 4,9 Prozent erhielt,[404] setzte sich Robert Bosch erneut mit Möglichkeiten eines breiten Regierungsbündnisses zur demokratischen Fundierung der Republik auseinander. Grundsätzlich hielt er jetzt eine Zusammenarbeit der liberalen Parteien, der Deutschen Volkspartei und der DDP angesichts ihres fortgesetzten Abstiegs in der Wählergunst für geboten. Dennoch betrachtete er in der Spätphase der Republik «als Angehöriger der Deutschen Demokratischen Partei»[405] eine Annäherung an die DVP Gustav Stresemanns immer noch mit Skepsis, weil nach seiner Einschätzung dabei «die soziale Auffassung noch mehr zu kurz kommen» müsse.[406] Vollends abwegig erschien ihm eine vollständige Fusion der liberalen Parteien wegen der ungeklärten Haltung der DVP zur republikanischen Staatsform: «Ich halte die Sache des Monarchismus für verspielt. Wenn aber immer wieder mit dem Feuer gespielt wird, so kann ich doch nicht mit Leuten, die diese Zündeleien lieben, an einem Strange ziehen, oder mindestens das nicht so zum Ausdruck bringen, wie es zum Ausdruck käme, wenn ich mich mit Leuten, die heute sich auf den Boden des Monarchismus stellen möchten, einen Aufruf oder eine Erklärung unterschreibe. Unser Heil liegt bei einer sozialen Demokratie, die auch Zustimmung und Zuzug aus den Arbeiterkreisen kriegen kann und unser Ziel muss sein, den sozialen Graben wenigstens zu verflachen, wenn wir auch nicht in der Lage sein werden, ihn einzuebnen.»[407]

Seine in der Gründungsphase der Republik formulierte Forderung galt auch in der Zeit der Präsidialkabinette: Eine liberale Partei der politischen Mitte könne nur glaubwürdig und lebensfähig sein, wenn sie «ohne jede Nebenabsichten» gegründet würde. Robert Bosch formulierte in diesem Zusammenhang eine politische Zeitdiagnose, die man als das Gegenteil der im Umkreis Hindenburgs entwickelten Strategie beschreiben kann, die auf die Liquidierung des Parlamentarismus und die Marginalisierung der Parteien hinauslief: «Wer eine solche Mittelpartei» – ließ er den Sprecher einer «Zentralstelle für bürgerliche Politik» wissen – «etwa gründen wollte in der Absicht, durch eine möglichst radikale Bekämpfung des ‹Marxismus› Erfolge zu erzielen, der wird schon große Fehler machen.» Bosch wandte sich in diesem Zusammenhang gegen die Annäherung zwischen der rechtsliberalen Deutschen Volkspartei und der republikfeindlichen bürgerlichen Rechten um Alfred Hugenberg und fuhr fort: «Die Sozialisten haben einsehen gelernt, dass sie große Fehler gemacht haben. Sie haben schon seit langer Zeit alles getan, was sie tun konnten, um die Fehler möglichst wiedergutzumachen, die sie gemacht haben. [...] Sie haben jedenfalls mehr zu einer Gesundung unserer inneren Zustände getan, als irgendwelche Heißsporne im deutschnationalen und nationalsozialistischen und volksparteilichen Lager. In der Politik kann man nur das Mögliche erreichen wollen und möglich ist nur eine langsame Besserung. Durch ein Niederschlagen der Arbeiterparteien ist eine Besserung aber nicht herbeizuführen.»[408]

Um die Stabilität der Republik, die Frontstellung gegen politischen Extremismus und um die Stärkung besonnener Kräfte ging es Robert Bosch auch auf dem Gebiet der Reparationspolitik. Das Regime der Reparationen und der interalliierten Schulden bei den Amerikanern, die Refinanzierung der deutschen Reparationszahlungen durch amerikanische Kapitalimporte nach Deutschland, durch Schulden also und nicht durch Exporterlöse, dieses Zahlungskarussell war keine gesunde Basis für die sozialökonomische Konsolidierung des Kontinents. Robert Bosch trat dennoch der Tendenz entgegen, die Reparationsregelungen und die mit ihnen verknüpfte Kriegsschuldfrage in den Dienst eines aggressiven Revisionismus zu stellen. Genau dies war ja ein Kernthema aus dem konservativen und rechtsradikalen Propagandaarsenal. Als im Juni 1929 in Paris der Young-Plan als neue reparationspolitische Übereinkunft unterschriftsreif war, erkannten politische Kräfte des rechten Spektrums im Reich die Gelegenheit zur politischen Polarisierung und eine Chance, die republiktragenden Parteien in die Enge zu treiben. Der Young-Plan sah vor, dass Deutschland bis 1988 Reparationszahlungen zu leisten hatte, im Rahmen eines variablen Schemas jährlicher Verbindlichkeiten. Neu gegenüber dem seit 1924 gültigen Dawes-Plan war der erhebliche Souveränitätsgewinn für das Reich, denn die ausländische Kontrolle der deutschen Finanzen sollte entfallen. Vor allem aber brachte die reparationspolitische Vereinbarung auch einen außenpolitischen Ertrag mit sich: Am 30. August 1929 konnte die Reichsregierung in Den Haag ein Abkommen über die vorzeitige Räumung des Rheinlands unterzeichnen. Immerhin sollte die parteiübergreifend als Schmach empfundene Rheinlandbesetzung durch alliierte Truppen zur Jahresmitte 1930, also fünf Jahre vor der im Versailler Vertrag vorgesehenen Frist, enden. Die mit dem Young-Plan angestrebte Versachlichung und Entpolitisierung der Reparationsfrage und die frühzeitige Revision des Versailler Vertrages in einem hochsensiblen sicherheitspolitischen Bereich waren Ergebnis einer umsichtigen Entspannungspolitik, die Robert Bosch nicht demagogisch zerredet wissen wollte.[409] Er zögerte deshalb nicht, gemeinsam mit republiktreuen Politikern und Intellektuellen dem «Reichsausschuss für das Deutsche Volksbegehren» gegen den Young-Plan entgegenzutreten. Dieses Bündnis eines radikalisierten Konservatismus mit der extremen Rechten charakterisierte der von Bosch mitunterzeichnete Aufruf als «Versuch schlimmster Volksverhetzung». Und es handelte sich ja auch um den – freilich einstweilen erfolglosen – Versuch, durch populistische Parolen die Republik aus den Angeln zu heben.[410]

Die politische Radikalisierung im Zusammenhang mit dem Young-Plan, der erdrutschartige Erfolg der Nationalsozialisten bei den Septemberwahlen 1930, die Auswirkungen der Weltwirtschaftskrise mit ihren sozialen Begleiterscheinungen im Innern und der um sich greifende Protektionismus auf der wirtschaftlichen Bühne[411] bewogen Robert Bosch, sich mit einer eigenen Veröffentlichung zu Wort zu melden. Seine Abhandlung über «Die Verhütung künftiger Krisen in der Weltwirtschaft», als Sonderdruck der Zeitschrift «Paneuropa» im Mai 1932 erschienen, schrieb er nicht mit dem Anspruch, eine stringente nationalökonomische Untersuchung oder ein Gutachten zur Beratung der politischen Exekutive vorzulegen. Bosch versammelte in seiner Schrift vielmehr Beobachtungen und Denkfiguren, die sein unternehmerisches Handeln untergründig bestimmten und von denen er annahm, sie eigneten sich auch als Diskussionsgrundlage zur künftigen Krisenprävention.[412] Im Zentrum seiner Überlegungen standen offene Märkte und dementsprechend eine Absage an eine autarkiebezogene Außenwirtschaftspolitik: «Wir müssen uns dem Freihandel hingeben.»[413] Ungebrochen war sein Zutrauen in die, bei kluger Nutzung, emanzipierende, jedenfalls ungeahnte Freiräume erschließende Wirkung der Technik. Ungebrochen war auch seine Überzeugung von der Notwendigkeit weiterer Arbeitszeitverkürzung und Rationalisierung. Schließlich formulierte er Überlegungen zur Senkung von Vertriebs- und anderen Transaktionskosten, um die erzeugten Güter bei künftig individuell sinkender Arbeitszeit und Entlohnung erschwinglich zu halten. Er hatte geringes Vertrauen in die Steuerungskompetenz des Staates, verwies kritisch auf den ineffizienten und mit Zwang verbundenen «Staatskapitalismus» der stalinistischen Sowjetunion.[414] Er forderte vielmehr eine Überprüfung der sozialen Sicherungssysteme. Dabei ging es ihm nicht um Beitragssenkungen oder Leistungskürzungen, sondern um mittelschonende Verwaltungsstrukturen der zuständigen Körperschaften.[415] In der Summe war Robert Boschs Abhandlung kein analytisches Meisterstück,[416] vielleicht sogar eine «merkwürdige Schrift»[417] und ein «Schwanengesang auf den Liberalismus»[418].

Aber man kann in dem Text auch den Versuch sehen, sich der Zerstörung der Republik und der Verhärtung der zwischenstaatlichen Beziehungen entgegenzustemmen. Nicht umsonst kreisten ja alle seine essayistisch vorgebrachten Einzelvorschläge um das Thema der deutsch-französischen Verständigung als Voraussetzung jeder politisch-wirtschaftlichen Konsolidierung einerseits, um die Überleitung des Klassenkampfes in zeitgemäße Formen der Konfliktregulierung andererseits. Alles was der Autor in einer Art persönlichem Brainstorming zusammentrug, war Ausdruck seines spezifischen Eigensinns: Ihm ging es darum, über die Krise hinaus zu denken und sich nicht mit kurzschlüssigen Gewaltlösungen abzufinden. Das wurde rasch deutlich, als die antagonistischen Lager in der Krise der späten Republik sich zu seinem Versuch äußerten. Nicht zufällig erkannte Max Cohen für die gemäßigte demokratische Linke: «Vom sozialen Gesichtspunkt aus hat er unbedingt recht.» Bosch habe «weit entfernt von jedem Eigeninteresse, seit jeher nur das Wohl des Ganzen im Auge gehabt» und nehme «aufgrund seiner großen persönlichen Erfahrung namentlich auch gegen Vorurteile im eigenen Lager Stellung».[419]

Aus diesem vermeintlich eigenen Lager war es ausgerechnet Paul Reusch, immer noch persönlicher Freund, aber doch politisch ganz anders positioniert, den Robert Bosch um eine Stellungnahme zu seiner Schrift bat. Zu seiner nicht geringen Überraschung[420] delegierte jedoch der Stahlbaron Lektüre und Kommentierung an den Leiter seiner volkswirtschaftlichen Abteilung, Karl Scherer, der sich in seinem Gutachten verbissen mit Boschs Apologie des Freihandels auseinandersetzte und dabei mit Argumenten zugunsten temporärer Erziehungszölle die eigentliche Stoßrichtung von Robert Bosch verfehlte. Denn auf den Grundgedanken, die regulative Idee von der internationalen Arbeitsteilung, der ökonomischen Verflechtung als Voraussetzung friedlicher Außenpolitik gerade in der spannungsgeladenen Atmosphäre der Weltwirtschaftskrise, ging er nicht ein. Sondern er malte die Risiken aus, die sich für die Souveränität und Sicherheit eines Landes ergeben könnten, das seine Montanindustrie zollpolitisch nicht zureichend schützt.[421] Boschs hoffnungsvollem Ausblick auf eine Abmilderung, ja ein schließliches Verschwinden des Klassenkampfes in einem sich fortgesetzt reformierenden Kapitalismus setzte Scherer ein Plädoyer für eine ganz andere Art der «Konfliktlösung» entgegen, das seine Ideenwelt und die seines Chefs ebenso kennzeichnete wie die doch ganz anders lautenden gesellschaftspolitischen Ordnungsvorstellungen des Adressaten seiner Kritik: «Aber der Klassenkampfgedanke, dessen Vertreter ja nicht nur die Kommunisten, sondern auch die Sozialdemokraten sind, wird meiner Überzeugung nach auch durch eine 30- oder 40-prozentige materielle Besserstellung der Arbeiterschaft nicht totzuschlagen sein. Die Kräfte, die an einer Aufrechterhaltung und einer Ausnutzung der Klassenkampfidee ein lebenswichtiges politisches Interesse haben, sind so stark und zielbewusst, dass ihnen mit irgendwelchen wirtschaftlichen Mitteln überhaupt nicht beizukommen ist. Diese Kräfte werden stets bewusst und planmäßig den Klassenkampfgedanken in Wort und Schrift nähren, wo sie können. Unterbunden werden kann das nur durch politische Mittel, dadurch, dass eine starke Regierung die Quellen der Verhetzung, im weitesten Sinn des Wortes genommen, rücksichtslos zudrückt, wie es etwas von Mussolini durchgeführt ist.»[422]

Und Robert Bosch kommentierte instinktsicher, mit welcher Ideenwelt er es hier zu tun hatte – seine Schlussmarginalie lautete: «N.S.D.A.P. Heil Hitler!»[423]

Hier prallten, einmal mehr, Welten aufeinander. Im März 1927 war die Landesgeschäftsstelle der NSDAP in Stuttgart mit einem Spendengesuch an Robert Bosch herangetreten. Die finanziell notorisch notleidende

Partei warb damit, dass sie «den Schutz des rechtmäßig erworbenen Eigentums auf ihr Programm geschrieben habe», raunte von linksradikalen Umsturzplänen und deren Finanzierung aus den «Kassen des reichen Judentums».[424] Als Bosch das Bittgesuch unbeantwortet ließ, reagierte die lokale NSDAP-Presse mit einer Kampagne und sprach von dem «in Geldsäcken versteinerten Herz» des Unternehmers.[425] Bosch spottete gegenüber Paul Reusch, durch einen Diktator könne man «wohl ein Volk regieren, nicht aber die Weltwirtschaft».[426]

Im Zusammenhang mit der Schrift über «Die Verhütung künftiger Krisen in der Weltwirtschaft» entstand im Frühjahr 1932 im Umfeld von Robert Bosch die Überlegung, den Unternehmer mit dem «Führer» der NS-Bewegung zu einem Meinungsaustausch zusammenzubringen. Hitler, so spekulierte man, könne dazu gebracht werden, sich mit Boschs Gedanken ernsthaft auseinanderzusetzen. Walther Mauk, der Güterverwalter der Boschhöfe, der im Mai 1932 «den Besuch Hitlers und seines landwirtschaftlichen Sachverständigen» erwartete, meinte, auf die Ausstrahlung des Unternehmensgründers setzend: «Die Gedanken, die Herr Bosch in seinem Aufsatz niederschrieb, gewinnen erst richtig an Gewicht, wenn der Leser Herrn Boschs Persönlichkeit kennt.»[427] Hier sollte offenbar dem demagogischen, aber noch für formbar gehaltenen braunen Agitator der erfahrene Unternehmensgründer in bekehrender Absicht gegenübergestellt werden. Auch er selbst glaubte wohl ernsthaft an die Möglichkeit, auf Hitler einwirken, ihn irgendwie zur Vernunft bringen zu können: «Er hat allerhand versprochen. Glauben Sie nicht auch, es wäre für ihn vielleicht erwünscht, wenn er eine Leitlinie hätte? Würden Sie es nicht für zweckmäßig halten, ihm meine Ausführungen vorzulegen?»[428] Aus dem geplanten Gedankenaustausch über Boschs Schrift wurde nichts. «Verständigung und Stillhalten» als Gegenentwurf zu einer radikalnationalistischen Gangart war die Forderung an die Regierenden, die er 1931 formuliert hatte.[429]

Dennoch kam es in der Folge, vermittelt von Walther Mauk und dessen Verbindungen zu Hitlers «Wirtschaftsberater» Wilhelm Keppler zu Gesprächen zwischen Robert Bosch, Hans Walz, Mauk und Keppler sowie anderen NS-Funktionären. Hinter diesen Kontakten stand Rudolf Heß, der darauf setzte, den Stuttgarter Unternehmer als führenden Industriellen für die Ideologie – und für eine finanzielle Förderung der NS-Bewegung gewinnen zu können. Demgegenüber versprach man sich im Umfeld des Unternehmers weiterhin einen gleichsam erzieherischen Einfluss auf die NS-Ideologen, denn es könne hilfreich sein, «wenn einflussreiche Mitglieder der NS-Partei [...] Gelegenheit bekämen, ihre extremen Ansichten durch die fundierten Auffassungen eines sozialen und liberalen Unternehmers und Demokraten wie des Herrn Robert Bosch zu korrigieren».[430] Dass davon keine Rede sein konnte, musste man in Stuttgart zur Kenntnis nehmen, als sich Hitler uneingeschränkt hinter die SA-Schergen stellte, die im schlesischen Potempa einen KPD-Sympathisanten auf bestialische Weise vor den Augen seiner Mutter zu Tode getrampelt hatten.[431]

Allerdings zeigte Boschs kritische Kommentierung der Ereignisse, dass er zu diesem Zeitpunkt noch nicht erkannt hatte, dass er es bei dem Führer der NS-Bewegung mit einer zu allem entschlossenen, bei Bedarf durch und durch verbrecherisch agierenden Persönlichkeit zu tun hatte, sondern geneigt war, Hitlers offen zur Schau gestellte Verachtung für den Rechtsstaat eher den Pressionen seiner Gefolgschaft zuzurechnen. Aber er blieb bei seiner grundsätzlichen Bewertung der NS-Bewegung: «Es ist aber ein Irrtum, wenn Sie meinen, dass die Art und die Leute um Hitler die richtigen Mittel sind, um uns bessere Zustände zu verschaffen. [...] Wenn er zum Beispiel verkünden lässt, wenn er an die Macht komme, dann gebe es Arbeit und Brot, so kennt er die Schwierigkeiten sicher nicht, mit welchen er es zu tun bekommt, oder es ist ihm nicht ernst m[it] seinen Versprechungen.»[432] Bosch erwartete von einer Regierungsübernahme der Nationalsozialisten «ein Durcheinander schlimmster Art». Hitler sei «als Führer sicher Ebert nicht gewachsen, die Verhältnisse» würden «schlimmer, nicht besser werden».[433] Wie für viele seiner Zeitgenossen, auch in der Arbeiterbewegung, war in der politischen Wahrnehmung von Robert Bosch eine Machtübertragung an die Nationalsozialisten die Geschichte ihrer dramatischen Unterschätzung.

Bosch kommentierte das innenpolitische Geschehen in diesen Monaten nur sporadisch. Gelegentlich schrieb er von sich, er sei inzwischen in einem Alter, das ihn berechtige, sich «von öffentlichen Angelegenheiten mehr und mehr zurückzuziehen, namentlich wenn diese Angelegenheiten auch von anderen und vielleicht besser erledigt werden können».[434] Im Mittelpunkt seines politischen Interesses stand die deutsch-französische Verständigung, von deren Gelingen er sich auch eine Entschärfung der innenpolitischen Krise versprach. Insofern war diese weitgehende Fixierung auf die Beziehungen der Nachbarn am Rhein keine gedankliche Flucht aus den Mühen der innenpolitischen Ebene. In der Innenpolitik könne er, so seine Einschätzung, allerdings «nichts helfen»[435], was er auch damit in Verbindung brachte, dass ihm der Blick hinter «die Kulissen» der Mächtigen in Berlin verwehrt blieb.[436]

Man kann vor diesem Hintergrund ausschließen, dass sich Robert Bosch an Versuchen beteiligte, den Reichspräsidenten für eine Kanzlerschaft Hitlers zu gewinnen. Auf eine Vorschlagsliste mit Namen von einflussreichen Industriellen, die sich mit einer Petition zugunsten Hitlers an Hindenburg wenden sollten, war sein Name durch Hitlers Wirtschaftsberater Keppler geraten, der sich gewisse Chancen auszurechnen schien, den schwäbischen Unternehmer für einen solchen Schritt zu gewinnen. Aber aus dem Plan wurde nichts. Robert Bosch hat zu keinem Zeitpunkt eine Petition zugunsten einer Kanzlerschaft Hitlers unterschrieben.[437]

Signale einer definitiven Zerstörung der Republik wie die verfassungswidrige Absetzung der Regierung in Preußen am 20. Juli 1932 bewertete Bosch kritisch, aber auch ratlos: «Ich kann mir gar nicht denken», meinte er mit einer etwas schematischen Sicht auf Preußen, «was die Herren im Osten und ihre Standesgenossen mit Hugenberg zusammen beabsichtigen. Soll es schließlich zur Militärdiktatur auch im Reich kommen? Wird sich's der Süden und das zweifellos zermürbte Volk gefallen lassen?»[438] Bosch bewertete die politische Konstellation in den Kategorien eines herkömmlichen Rechts-Links-Schemas, als Ringen zwischen den in die Defensive geratenen Trägern der demokratischen Republik einerseits, einem radikalisierten Konservatismus preußischer Observanz andererseits. Die NS-Bewegung als kommende Verkörperung eines veritablen Zivilisationsbruchs tauchte in diesem Bild nicht wirklich auf. Das Ergebnis der Reichstagswahlen vom 6. November 1932 mit den erheblichen Stimmenverlusten der NSDAP schien nahe zu legen, dass die braune Bewegung ihren Zenit inzwischen überschritten hatte. Man darf vermuten, dass Robert Bosch die Entwicklung mit Genugtuung aufnahm und sich in seiner Prioritätensetzung, der Konzentration auf außenpolitische Fragen, bestätigt sah. Im Dezember reiste er nach Paris, wo er in Graf Wladimir d'Ormesson, der für den einflussreichen «Temps» schrieb, einen aufgeschlossenen Gesprächspartner für seine deutsch-französischen Verständigungsbemühungen traf.[439]

Im Unternehmen wurde gegen Jahresende eine Trendwende zum Besseren wahrgenommen. Diese «Lichtblicke»[440] hatten eine reale volkswirtschaftliche Grundlage, denn ab Herbst 1932 folgte dem Tiefpunkt der Krise im Sommer allmählich ein gewisser Aufschwung, den sich später das NS-Regime als Erfolg zuschreiben sollte.[441] Man muss das Wahlergebnis vom November, die Hoffnungen auf eine Intensivierung des deutsch-französischen Dialogs und die relative Aufhellung der konjunkturellen Lage in Rechnung stellen, wenn man die nahezu hymnisch formulierte «Neujahrsbetrachtung» von Robert Bosch zum Jahreswechsel 1932/33 verstehen will. Nichts von dem, was wir im unmittelbaren zeitlichen Vorfeld der nationalsozialistischen «Machtergreifung» als politische Zeitwahrnehmung vermuten möchten, und keine Andeutung von dem, was sich hinter den Kulissen anbahnte, um die Republik endgültig zu zerstören, lässt sich aus diesem Zeitungsbeitrag heraushören. Er hielt es, wie wir noch sehen werden, für nahezu abwegig, dass Hitler noch eine Chance hätte, die Reichskanzlei zu erobern: «Wir haben unverkennbar eine seit Monaten sich allmählich steigernde Besserung unserer Wirtschaftslage.» Bosch sah «drei große Aktivposten: das Verschwinden der Reparationen, die endgültig erledigt sind, [...] die Bereitwilligkeit Frankreichs, uns in der Form einer Miliz eine neue Wehrverfassung zuzugestehen; die Anerkennung unserer Gleichberechtigung. Deshalb dürfen wir heute sagen: Nicht nur ein Silberstreifen ist am Horizont sichtbar geworden, sondern eine neue Morgenröte kündet sich für das Jahr 1933 an: Die Morgenröte einer besseren Zukunft eines geeinten und befriedeten Europa, eines allmählichen Wiederaufstiegs aus Elend und Not.»[442]

Kapitel 4

Diktatur, Aufrüstung und Widerstand

Die Machtübertragung

Robert Bosch feierte 1932 seinen 71. Geburtstag, war also nach zeitgenössischen Maßstäben ein Mann in sehr fortgeschrittenem Alter. In den Monaten vor und nach der nationalsozialistischen «Machtergreifung» häuften sich in der Briefkorrespondenz Bemerkungen über nachlassende körperliche Kräfte, auch eine zunehmende Schwächung des Gehörs. Er sei, hieß es im Hochsommer 1932, «abgearbeitet und abgesorgt. Mein alter Hirnkasten hält nichts mehr aus. Ich muss aufhören.»[1] Einige Monate später traute er sich keine Flugreise nach Berlin zu: «Fliegen will ich aber nicht, namentlich nicht in meiner heutigen körperlichen Verfassung. [...] Wer nicht mehr voll leistungsfähig ist, sollte sich zurückziehen. Wenn ich es nur fertigbrächte!»[2] In der Tat brachte er es nicht fertig, denn unverdrossen hing er weiter an seiner Vision einer deutsch-französischen Aussöhnung als Voraussetzung für ein befriedetes, politisch konsolidiertes und wirtschaftlich prosperierendes Europa. Boschs politisches Interesse konzentrierte sich in diesen Monaten überwiegend auf die Außenpolitik. Er las die umfangreiche Schrift von Carlo Sforza «Die feindlichen Brüder. Inventur der europäischen Probleme» und empfahl dieses Plädoyer für Völkerverständigung und Toleranz seinem Freund Reusch wie auch Theodor Heuss mit der aufschlussreichen Bemerkung, die «Mentalität des Preussen» sei immer noch «etwas ganz Besonderes».[3] Doch war die Auseinandersetzung mit außenpolitischen Fragen, den deutsch-französischen Konflikten, mit Paneuropa und der Weltwirtschaft keine gedankliche Flucht, kein Zeichen für den Verlust innenpolitischer Bodenhaftung und insofern auch nicht Symptom einer Verengung seines politischen Blickfeldes.[4] Sein Plädoyer für Völkerverständigung war nicht einfach gut gemeintes Werben für ein freundliches Miteinander, keine naive Verständigungsfolklore über die Grenzen hinweg. Sondern er erkannte, wie sehr innenpolitische Frontstellungen, namentlich die mit Demagogie und Härte durchgekämpften Interessen der ostelbischen Großlandwirtschaft und der Schwerindustrie, einem Ausgleich mit den Nachbarn im Wege stehen konnten. Nur die Überwindung sozialökonomischer «Rückständigkeit, wie sie der agrarische Osten hat», konnte in seinen Augen «Verständigung» und «sehr weitgehende Abmachungen» mit Deutschlands Partnern in der Welt in die Wege leiten.[5] Völkerverständigung blieb für ihn auf ihre innenpolitischen Bedingungen bezogen, und dies bedeutete immer auch ein Votum gegen radikale Parteien und politische Gewaltlösungen. Aus den so beschriebenen politischen Frontstellungen kann man unschwer die herkömmliche sozial-liberale Kritik an den Selbstblockaden politischer und sozialökonomischer Milieus in Deutschland herauslesen. Diese Sicht auf die Dinge blieb für ihn lange bestimmend, prägte indirekt sein politisches Urteil.

Indes: Mit den herkömmlichen Kategorien – hier Modernisierung, Weltmarktorientierung, gesellschaftlicher Kompromiss, dort Protektionismus, Bildung regionaler Wirtschaftsblöcke, schroff vorgetragene Klasseninteressen –, mit diesen bekannten Dichotomien, war die politische Realität spätestens seit den Reichstagswahlen vom September 1930 und die seitdem heranrollende braune Flut nicht begrifflich einzufangen. Hier zog etwas herauf, was politisch erfahrene Beobachter an Frontstellungen und Schlagworte aus dem Kaiserreich erinnern mochte, was der Mehrheit der Zeitgenossen aber bei Weitem noch nicht als etwas qualitativ Neues, als gewaltsame totalitäre Umformung der gesamten politisch-gesellschaftlichen Ordnung erschien. Otto Hintze, einer der herausragenden Historiker seiner Zeit, hat die im Januar 1933 als Zivilisationsbruch heraufdämmernde, in ihrer Tragweite noch kaum erkennbare Zäsur treffend-drastisch beschrieben, als er über Hitler schrieb: «Dieser Mensch gehört ja eigentlich gar nicht zu unserer Rasse. Da ist etwas ganz Fremdes an ihm, etwas wie eine sonst ausgestorbene Urrasse, die völlig amoralisch noch geartet ist.»[6]

Von den Machenschaften, die Hitler am 30. Januar 1933 ins Amt des Reichskanzlers hievten, erfuhr Robert Bosch nichts. Noch zum Jahresende hatte ihm Georg Escherich geschrieben: «Was die politische Lage anlangt, so kann ich nur hoffen, dass es die Regierung [des Reichskanzlers Kurt von Schleicher] fertig bringt, sich wenigstens so lange zu halten, bis wir aus dem Gröbsten heraus sind. Die Nazis planen zwar schon wieder einen Vorstoß, doch dürfte ihnen Schleicher aufgrund seiner politischen Erfahrungen im Umgang mit den Parteien taktisch überlegen sein.»[7] Von der Machtübertragung an Hitler erfuhr Robert Bosch nach dem Zeugnis seines Mitarbeiters Willy Schloßstein am 30. Januar 1933 über eine Meldung, die «der Draht», das Radio also, zu seiner nicht geringen Überraschung brachte.[8] In der Bosch-Führung rechnete man mit «einer kurzen Dauer des 1000jährigen Reiches». Aus Sicht des Führungskreises war, meinte Hermann Fellmeth später, «zu jener Zeit nicht vorauszusehen, welche Verbrechen mit der Zeit von der Partei und ihren Gliederungen begangen würden».[9] Jedenfalls war die Stimmung des Unternehmers und seiner leitenden Mitarbeiter angesichts der «Machtergreifung» alles andere als euphorisch. Es lohnt sich – wie schon beim Augusterlebnis von 1914 – dem subjektiven Erleben von Zeitzeugen nachzuspüren, um die variantenreiche Perzeption der «Machtergreifung» und damit das zu erschließen, was bei Robert Bosch und seinem Kreis *nicht* anzutreffen war: Die Hamburgerin Luise Solmitz etwa sah, wie nicht wenige ihrer Altersgenossinnen, in der Machtübertragung an Hitler eine Erlösung. Einen Fackelzug in der Hansestadt am 6. Februar 1933 zur Huldigung der «Machtergreifung» kommentierte die vormals im linksliberalen Milieu beheimatete Lehrerin mit den Worten: «Ein wunderbar erhebendes Erlebnis für uns alle. Göring sagt, der Tag der Ernennung Hitlers u. des nationalen Kabinetts sei gewesen wie 1914.»[10]

Und als die totalitären Züge des neuen Regimes und seine Verachtung für Rechtsnormen schon klar zutage lagen, verkündete die Leitung der Evangelischen Kirche in Preußen unverdrossen: «Die Osterbotschaft von dem auferstandenen Christus ergeht in Deutschland in diesem Jahr an ein Volk, zu dem Gott durch eine große Wende gesprochen hat. Mit allen evangelischen Glaubensgenossen wissen wir uns eins in der Freude über den Aufbruch der tiefsten Kräfte unserer Nation zu vaterländischem Bewusstsein, echter Volksgemeinschaft und religiöser Erneuerung.»[11] Ganz anders sah damals die Welt aus der Perspektive des schwäbischen Unternehmers aus. Robert Bosch, so bezeugten es seine leitenden Mitarbeiter unisono, hatte aus «seiner ablehnenden Haltung gegenüber dem Nationalsozialismus nie einen Hehl gemacht».[12] Und ebenso wenig wie es für ihn bei Ausbruch des Ersten Weltkriegs ein «Augusterlebnis» mit nationalen Versöhnungsphantasien gegeben hatte, gab es 1933 für ihn einen Anlass zu Erleichterung oder gar Begeisterung. In der Rückschau war das Jahr 1933 eine Zäsur mit schwer kalkulierbaren Langzeitfolgen, eine Zeit des Tastens, auch des Taktierens, gelegentlich aufkeimender Hoffnungen, das Regime würde doch noch seine vermeintlichen Kinderkrankheiten rasch auskurieren, sich irgendwie normalisieren. Anzutreffen war in seiner Korrespondenz zunächst auch noch die von der NS-Propaganda genährte Wenn-das-der-Führer-wüsste-Illusion, der Irrglaube, Hitler müsse nur seine rüpelhafte Gefolgschaft zur Räson bringen – und es würden bald Ordnung und innerer Friede herrschen.

Zunächst kursierten in Stuttgart Gerüchte von einer bevorstehenden Verhaftung des Unternehmers. Nach den Erinnerungen Hermann Fellmeths erhielt Bosch in der ersten Jahreshälfte 1933 «mehrmals einen Wink von befreundeter Seite, Stuttgart vorübergehend zu verlassen», da «in Parteikreisen der Gedanke erwogen werde, ihn in Schutzhaft zu nehmen».[13] Jedenfalls löste auch die fehlende Beflaggung der Bosch-Werke mit der Hakenkreuzfahne Unmut bei den Nationalsozialisten aus.[14] Abwegig waren die Befürchtungen einer bevorstehenden Verhaftung nicht, denn der mit ihm befreundete Georg Escherich geriet in der ersten Märzhälfte für einige Tage in Haft, vermutlich weil auch er sich 1932 für die Wiederwahl Hindenburgs zum Reichspräsidenten und damit gegen den Kandidaten Hitler engagiert hatte.[15] Der Unternehmer selbst hat seine Einschätzung und seine Empfindungen wegen einer möglichen Inhaftierung in einem eindringlichen Brief an Frank Rümelin niedergelegt,[16] den aus Württemberg stammenden Generalsekretär des von Robert Bosch unterstützten Deutsch-Französischen Studienkomitees: «Mich bedrückt unsere Lage sehr [...]. Ich habe wieder eine Herzerweiterung wie 1917 und bin deshalb hier [auf dem Boschhof]. Ich sehe die Not bei uns jeden Tag. Persönlich erhalte ich täglich Briefe und Bitten um Hilfe, um Geld oder Arbeit. Es ist nicht unmöglich, dass es einem meiner Freunde gelingt, mich in ein Konzentrationslager zu bringen, wenn auch nur auf kurze Zeit. Für meine Herzerweiterung wäre solche Aufregung natürlich nicht das Richtige. Aber in Zeiten wie den gegenwärtigen gelingt es manchem, sein persönliches Rachebedürfnis zu befriedigen. Ich selbst gehe jedenfalls nicht außer Landes, auch nicht auf die Gefahr hin, dass ich interniert werden sollte. Denn lange kann die Internierung nicht dauern [...] so müsste ich eben mein altes Herz eine weitere Belastungsprobe bestehen lassen, die übrigens durch die politische Lage sowieso nicht ausbleiben wird.»[17] Der Brief nach Paris kam aus Mooseurach, wohin er sich zurückgezogen hatte, ein Refugium, in dem er sich mit seiner Familie etwas sicherer fühlte als in Stuttgart. Das von seinen Mitarbeitern konspirativ vorbereitete Ausweichquartier auf dem schweizerischen Bodenseeufer nahm er nicht in Anspruch.[18]

Die in seinem Brief ironisch apostrophierten «Freunde», die württembergischen Nationalsozialisten und ihre deutsch-nationalen Verbündeten, waren nach dem 30. Januar in einen Siegesrausch verfallen. Seit den letzten Landtagswahlen im März 1932, die der NSDAP erdrutschartig einen Stimmenanteil von über 26%, demgegenüber der SPD – vor allem zugunsten der KPD – eine Stimmeneinbuße von nahezu einem Drittel beschert hatte, regierte in Stuttgart ein geschäftsführendes Kabinett unter dem Zentrumspolitiker Eugen Bolz. Weder fanden die Parteien jenseits von NSDAP und KPD zueinander, um den demokratischen Staat zu verteidigen, noch waren von der Regierung Bolz sichtbare Schritte zur Bekämpfung der Staats- und Wirtschaftskrise zu erwarten. Der Regierungschef beschränkte sich darauf, mit einer deflationistischen Haushaltspolitik nach dem Vorbild seines Parteifreundes Heinrich Brüning in Berlin die Krise zu überstehen.[19] Nach Hitlers Regierungsübernahme vertagte sich in Stuttgart der Landtag bis nach den vorgesehenen Reichstagswahlen. Zur letzten Sitzung des Parlaments am 31. Januar erschienen die NSDAP-Abgeordneten bereits vollzählig in Uniformen. Auch in Württemberg verschaffte die berüchtigte Reichstagsbrandverordnung den Nationalsozialisten den ersehnten rechtsfreien Raum, um rücksichtslos gegen politische Gegner vorzugehen. Zwar brachten die Reichstagswahlen vom 5. März 1933 der NSDAP mit 42 Prozent in Württemberg ein gegenüber den Zahlen im Reich leicht unterdurchschnittliches Ergebnis, aber gemeinsam mit den Deutschnationalen und dem Bauern- und Weingärtnerbund, den bald bedeutungslosen Verbündeten, reichte es allemal für die absolute Mehrheit. Nur wenige Tage nach der Wahl setzte Hitler im Wege des offenen Verfassungsbruchs in Stuttgart den SA-Obergruppenführer Dietrich von Jagow als Reichskommis-

Robert Bosch mit seiner zweiten Ehefrau Margarete und Sohn Robert 1931

sar ein, der unverzüglich die Führung der Polizei an sich zog. Nur drei Tage später, am 11. März, brach eine Verhaftungswelle los, bei der im ganzen Land Hunderte von Bürgern, namentlich Mitglieder und Funktionäre der KPD, in das improvisierte Konzentrationslager Heuberg bei Stetten am Kalten Markt verschleppt wurden. Am 15. März wurde der nationalsozialistische Gauleiter von Württemberg, Wilhelm Murr, von der neuen, dem württembergischen Landtag von Berlin aus im Wege der Gleichschaltung oktroyierten Mehrheit zum Staatspräsidenten gewählt.[20]

Man muss das Vorgehen der neuen Potentaten – nach Art von Rollkommandos bis in die kommunalen Selbstverwaltungsorgane hinein in kurzen Fristen die demokratischen Institutionen zu zerschlagen[21] – im Detail in den Blick nehmen, um zu verstehen, was Bosch im April mit Not und Bedrücktheit meinte. In Wilhelm Murr hatte er einen erklärten Todfeind vor sich, der ein Auge auf den Konzern, seine Unabhängigkeit und auf den demokratisch-eigensinnigen Gründer und Chef des Hauses geworfen hatte. Auch Robert Bosch konnte sich angesprochen fühlen, als der frisch installierte württembergische Staatspräsident auf einer Großkundgebung am Abend des 15. März jeder Opposition Gewalt androhte und dabei ausrief: «Wir sagen nicht: Aug um Aug, Zahn um Zahn; nein, wer uns ein Auge ausschlägt, dem werden wir den Kopf abschlagen, und wer uns einen Zahn ausschlägt, dem werden wir den Kiefer einschlagen.»[22] Das war, wie sich später im Zusammenhang mit dem von Robert Bosch initiierten und geförderten Verein für Volksbildung zeigen sollte, durchaus nicht nur brutale Rhetorik, sondern angekündigte Wirklichkeit.

Ein «Schutzwall» vor dem Unternehmen

Keine Frage, irgendwie mussten Robert Bosch und sein Führungskreis Stellung beziehen, sich ein Bild machen, Einwirkungsmöglichkeiten ausloten: «Es wurde dann zwischen ihm und seinen engsten Mitarbeitern beraten, welche Maßnahmen zweckmäßigerweise zu ergreifen seien, um die ständig drohende Verhaftungsgefahr für Herrn Bosch zu bannen und die sich daraus ergebenden schlimmen Folgen für seinen Betrieb zu vermeiden. In einem demokratisch regierten Land hätte man seine Bedenken ohne weiteres offen zeigen und gegen alles Ungesetzliche und Unrechtmäßige offen Widerstand leisten können. Was aber wäre denn bei der bestehenden Diktatur geschehen? Selbstverständlich wäre Herr Bosch und die gesamte Geschäftsführung sofort abgesetzt und verhaftet, das ganze Unternehmen beschlagnahmt und einem fanatischen Nazi unterstellt worden. Deshalb wurde der Entschluss gefasst, keinen offenen Widerstand zu leisten, sich zu tarnen und im geheimen dem System um so mehr Hindernisse in den Weg zu legen.»[23] Mit dieser Rückschau beschreibt Hermann Fellmeth, der bis 1945 mit Hans Walz und Karl Martell Wild das eigentliche Lenkungsgremium des Unternehmens bildete,²⁴ recht plausibel die Handlungsoptionen, wie sie im Hause Bosch gesehen wurden.

Dass der Pfad für diese Optionen, bei der unkalkulierbaren Entwicklung der politischen Rahmenbedingungen mit hellsichtigen Diagnosen ebenso wie mit Widersprüchen, Ungereimtheiten und Illusionen, auch mit kompromittierenden Konzessionen gepflastert war, kann im Nachhinein kaum überraschen. Zunächst schien es darum zu gehen, einen «Schutzwall» vor dem Unternehmen und seinem bei den braunen Machthabern als «liberalistisch» und demokratisch verschrieenen Chef und seine Hauptdirektoren hochzuziehen.²⁵ Gewisse Gefahren witterte man jetzt auch von Wehrmachtsstellen, die Bosch seine kritisch-abschätzige Haltung gegenüber dem «Geist von Potsdam» vorhalten konnten.²⁶ Die Unternehmensspitze sah sich jedenfalls «nach der Machtanmaßung Hitlers eigentlich von lauter innerdeutschen Feinden umringt» und in dieser Lage sei ihr «dringend geraten worden, dass, um unmittelbar drohende Gefahren von der Firma abzuwenden, wenigstens ein Teil der leitenden Männer die formale Zugehörigkeit zur Partei erwerben sollten».²⁷ Neben Hans Walz wurden in der ersten Jahreshälfte das Vorstandsmitglied Karl Martell Wild, der Personalleiter Otto Debatin und Willy Schloßstein, der Leiter von Boschs Privatsekretariat, in die NSDAP aufgenommen.²⁸ Hermann Fellmeth trat demgegenüber als förderndes Mitglied, mit einem Pflichtbeitrag von zehn Reichsmark, der SS bei, später dem nationalsozialistischen Kraftfahrcorps, nicht jedoch der Partei und ohne «einen Eid auf den Führer» zu leisten oder «weitere Verpflichtungen» einzugehen.²⁹

Es liegen keine Anhaltspunkte dafür vor, dass die engere Führungsgruppe des Unternehmens Begeisterung für das neue Regime empfunden hätte. Robert Bosch selbst und drei stellvertretende Mitglieder des Vorstands (Guido Gutmann, Max Rall und Erich Carl Rassbach) traten nicht der NSDAP bei.³⁰ Auch Gerüchte, dass die Partei über eine Kapitalbeteiligung Einfluss auf die Firma nehmen wolle, auch dieses für den auf seine Unabhängigkeit bedachten Unternehmer alptraumartige Szenario vermochte Bosch nicht vom Nutzen einer Parteimitgliedschaft zu überzeugen.³¹ Dennoch war es im Unternehmen mit der geistigen Hegemonie des vielbeschworenen «Bosch-Geistes» 1933 vorbei, denn immerhin bescheinigte die Personalabteilung im Rückblick 39 Angestellten in gehobenen Leitungspositionen, also direkt unter der Vorstandsebene, ausdrücklich ihre Nähe zum Nationalsozialismus.³²

Mit dem «Bosch-Zünder» hatte sich das Unternehmen auf dem Gebiet der Kommunikationspolitik eine Sonderstellung erarbeitet. Er war kein politisches Organ im engeren Sinne, pflegte aber einen republikfreundlichen Grundton. Nach der nationalsozialistischen «Machtanmaßung» (Hans Walz), spätestens mit der Reichstagsbrandverordnung vom 28. Februar 1933, die die Pressefreiheit aufhob, gerieten alle nicht NS-treuen Medien unter Druck. Die Redaktionen wurden aufgefordert, ihre Blätter fortan im Sinne der ideologischen Vorgaben der neuen Machthaber zu gestalten.[33] Das Regime ließ sich bei der Betriebspresse mit konkreten Eingriffen in die redaktionelle Freiheit zunächst erstaunlich viel Zeit, was vor allem mit unübersichtlichen Machtverhältnissen und Zuständigkeiten in dem rasch wuchernden polykratischen Herrschaftsgefüge des NS-Systems zu tun hatte.[34] Immerhin hielt es der für die Unternehmenszeitschrift verantwortliche Personalleiter Otto Debatin noch einen Tag nach den Reichstagswahlen vom 5.3.1933 für geboten, der nationalsozialistischen Hetze gegen die Errungenschaften der Republik von Weimar entgegenzutreten. Er wandte sich an Theodor Heuss, in seinen Augen einer der «wenigen Heerrufer der Demokratie, der auch Jüngeren etwas zu sagen hätte», mit seinem Anliegen: «Ich hätte zu gern, dass der ‹Bosch-Zünder› in einem seiner nächsten Hefte einen Aufsatz bringt ‹Das deutsche Volk in den letzten 14 Jahren›. Ich denke mir den Aufsatz ganz unpolitisch und unpolemisch; er soll nur einmal in gedrängter Form aufzählen, was auf kulturellem, technischem, wirtschaftlichem Gebiet in diesen 14 Jahren das deutsche Volk (nicht irgendwelche Regierungen) doch geleistet hat. Es ist, wie übrigens vor allem Ausländer immer wieder bestätigen, einiges mehr als ein ‹Trümmerhaufen›. Der ‹Bosch-Zünder› könnte an fünf Seiten für dieses Thema zur Verfügung stellen.»[35]

Theodor Heuss tat sich mit dem Angebot schwer, antwortete erst zwei Monate später und erbat Aufschub. Denn es erschien ihm, bei aller Gegnerschaft zur aktuellen Propaganda des Regimes, «fast noch zu früh», Stellung zu beziehen. Er wollte «in diesen sich überstürzenden Zeiten etwas Distanz zu den Dingen gewinnen».[36] In Heuss' Antwort mischten sich moralische Empörung wegen des nationalsozialistischen Terrors insbesondere gegen die jüdischen Mitbürger mit einer gewissen Verunsicherung seiner politischen Wertmaßstäbe – in gewisser Hinsicht aufschlussreich für die mentale Entwicklung auch des inneren Bosch-Kreises: «Ich sehe, wie in der gegenwärtigen Lage das Positive und das Negative miteinander kämpfen. Zu dem Negativen rechne ich das Unrecht, das heute um einiger jüdischer Literaten willen und wegen personalpolitischen Fehlgriffen der preussischen Regierung dem bürgerlichen und dem gelehrten Judentum angetan wird. Ich weiß, dass man in Revolutionen nicht sentimental sein darf, aber ich fürchte sehr, dass sich das wahllose Unrecht, was hier geschieht, moralisch und wirtschaftlich an uns rächen wird. Vielleicht ist das zu altmodisch; aber über die Kränkung des Rechtsgedankens, die dann noch mit einer Ideologie ausgestattet wird, komme ich menschlich nicht hinweg.»[37]

Unterdessen hatte Debatin, angesichts seines Angebots an Heuss vom März mehr als erstaunlich, eine deutliche Wende vollzogen. Im Vorfeld des 1. Mai war jetzt, in harter Frontstellung gegen den «Marxismus» aus seiner Feder zu lesen: «Denn auch der, der außerhalb der nationalsozialistischen Bewegung steht, das muss er ihr zuerkennen, dass sie etwas ganz Neues ist, dass sie wirklich von Anfang an eine wahre, klassenlose *Volksgemeinschaft* anstrebte und heute darstellt, wie wir sie in Deutschland noch nicht erlebt haben.» Und die «Arbeiter hätten doch am allerwenigsten von Adolf Hitler und dem Nationalsozialismus zu befürchten».[38]

Das konnte als Ergebenheitsadresse an das Regime gelesen werden, geschah nach einer späteren Behauptung von Hans Walz sogar im Einvernehmen mit dem Unternehmensgründer[39], ging aber über das Hochziehen eines «Schutzwalls» um Robert Bosch und sein Unternehmen erkennbar hinaus, war eine unaufgefordert gelieferte kompromittierende Konzession an das Regime. Über Motive und Interessen kann man bei Lage der Quellen nur spekulieren.[40] Möglicherweise überspielte er in diesen Monaten eine Art Angststarre mit offener Affirmation. Sein späterer Bericht «Über Haltung und Schwierigkeiten der Firma Bosch während der 12 Jahre Hitler-Regime» vermerkt die von den lokalen Machthabern erzwungene «Säuberung» der Werksbücherei, bei der «ganze Stöße vor zwei Zeugen verbrannt» werden mussten, darunter natürlich «Werke von Karl Marx, Engels, Lassalle, Bebel, Kautsky, Friedrich Wilhelm Foerster, Walther Rathenau, Lenin, Trotzki und vielen anderen damals verpönten Autoren».[41] Unverkennbar folgte Debatin dem Trend zu einem vorläufigen Arrangement mit dem braunen Regime, der auch im Lager der Gewerkschaften zu beobachten war, deren Führung sich vor dem 1. Mai der Illusion hingab, ihr Überleben durch eine «Verbeugung vor dem NS-Staat» zu sichern.[42] Jedenfalls war der Gleichklang mit dem «Bosch-Zünder» frappierend. Der am 28.4.1933 gebildete «Führerkreis der Vereinigten Gewerkschaften» ließ verlauten: «Die nationale Revolution hat uns einen neuen Staat geschaffen. Dieser Staat will die gesamte deutsche Volkskraft einheitlich zusammenfassen und machtvoll zur Geltung bringen.»[43] Ausgerechnet die Gewerkschaften formulierten jetzt eine Absage an «klassenmäßige Trennung» und «volksabgewandte Internationalität».[44] Wir werden noch sehen, dass Debatins Aufsatz, gemessen an den bisherigen Maximen der Unternehmenskultur bei Bosch ein politisch-moralischer Absturz, formuliert in einem Klima der Einschüchterung durch offenen Terror, keineswegs das letzte Wort bzw. von jetzt an die einzige geistig-politische Leitplanke für die Werkszeitschrift war.

Zu verstehen und treffend zu beurteilen, was genau sich im Deutschen Reich in der Phase der nationalsozialistischen Machteroberung abspielte, bereitete Robert Bosch nicht geringe Schwierigkeiten. Es gab bei ihm in der Tat «eine merkwürdige Unterschätzung des Nationalsozialismus», eine vielfach im Bürgertum weiterhin anzutreffende Neigung, das braune Regime für ein Übergangsphänomen zu halten, ja den eigentlichen politischen Gegner in den Kreisen eines radikalisierten Konservatismus zu vermuten. Er war ein erklärter Gegner des Pressezaren Alfred Hugenberg, der mit seinem Anhang in der Deutschnationalen Volkspartei Hitlers Ernennung zum Reichskanzler überhaupt erst ermöglicht hatte. In Hugenberg meinte er zeitweise das größere Übel der deutschen Politik zu erkennen, vor allem weil er in ihm den demagogischen Anwalt einer rabiat-einseitigen agrarischen Interessenpolitik sah. Er spottete noch nach Hugenbergs Sturz, den er hinter den Kulissen lebhaft befürwortet hatte,[45] über das «Trara mit dem Bauerntum».[46] Es sollte noch etwas dauern, bis er sich von dieser gravierenden Fehleinschätzung löste, sich nicht mehr mit Hitlers – schon bald politisch ausmanövrierten – konservativen Bündnispartnern auseinandersetzte, sondern keine Zweifel mehr am durch und durch verbrecherischen Charakter des Nationalsozialismus und seines «Führers» hatte – und dies auch aussprach.

In den Wochen nach der «Machtergreifung» hatte Bosch um Hitler einen Bogen gemacht. Jedenfalls zeigte er allein schon «aus Rücksicht auf die Arbeiterschaft» kein Interesse, mit Hitler zusammenzutreffen, der sich am 15. Februar zu einem pompös inszenierten Wahlkampfauftritt in Stuttgart aufhielt.[47] Diese Visite wurde jedoch zu einem propagandistischen Reinfall, weil es Anhängern der KPD gelang, das Rundfunkkabel zwischen Stadthalle und Telegrafenamt durchzutrennen.[48]

Im Zusammenhang mit einem Berlin-Aufenthalt im Februar wurde der Kontakt mit Hitlers «Wirtschaftsberater» Keppler wiederbelebt, der sich bei Göring für eine Einladung an Robert Bosch zu Hitler einsetzte. Bosch sollte sich am 20. Februar in Görings Amtssitz in Berlin einfinden, wo Hitler eine Rede vor Industriellen halten würde. Den Unternehmer, gesundheitlich nicht in guter Verfassung, erreichte die kurzfristig arrangierte Einladung denkbar spät. Nicht nur aus gesundheitlichen Gründen mochte er sich nicht kurzfristig mit dem Flugzeug in die Reichshauptstadt begeben. Er war kein Mann des rhetorisch gewandten Schlagabtauschs und der verbalen Auseinandersetzung vor Publikum. Er wusste um seine nervliche Reizbarkeit und seine unfreiwillige Neigung, sich bei sehr grundsätzlichen Fragen von seiner Leidenschaft für ein Thema emotional überwältigen und forttragen zu lassen. Das war ja neben fachlichen Gesichtspunkten ein entscheidender Grund gewesen, warum er nicht für politische Ämter zur Verfügung stand und warum er im industriellen Verbandswesen und im Zusammenhang mit seiner Mitgliedschaft im Vorläufigen Reichswirtschaftsrat nie das Scheinwerferlicht der Öffentlichkeit gesucht hatte. Bosch fehlte in seinen publizistischen Stellungnahmen und erst recht im direkten Dialog jedes Talent zur politischen Demagogie, zur bravourös eingefädelten rhetorischen Volte, eben weil es ihm nie darum ging, sein Gegenüber publikumswirksam zu sich herüberzuziehen. Seine Welt waren die nüchternen, schnörkellosen, aber gedanklich und empirisch gehaltvollen Diskurse. Deshalb lautete seine Antwort auf die Einladung «des Herrn Göring»: «Es dürfte aber auch nicht das sein, was ich mir als Erfolg versprechend vorstellen könnte, wenn ich heute in der zweifellos nicht kleinen Versammlung anwesend wäre: Wenn ich nicht in Rede und Gegenrede dem Herrn Reichskanzler meine schweren Sorgen und die Begründung derselben darlegen kann, in einer Besprechung mit Vielen richte ich sicher nichts aus, so bin ich notgedrungen, aber nicht ungern hiergeblieben.»[49]

«Gleichschaltung» und Illusionen

Die politische Lage, insbesondere die außenpolitische Orientierung der neuen Regierung blieb für Robert Bosch schwer durchschaubar. Ein politisches Spendengesuch des mit Franz von Papen befreundeten Diplomaten Kurt von Lersner beschied er abschlägig, weil ihm nicht klar war, worauf die Regierung Hitler/Papen hinaus wollte: «Für mich ist die erste Bedingung, dass Staatsmänner, welche ich unterstützen soll, für eine Verständigung mit Frankreich eintreten. Herr von Papen ist verständigungsbereit. Ist es aber Herr Reichskanzler Hitler? Ist es Herr Hugenberg? Wie wird künftig der Kurs sein? Auch hierüber möchte ich Gewissheit haben. Ich arbeite an der Verständigung mit Frankreich und werde mich entschließen müssen, für diese Verständigung auch erhebliche Mittel aufzubringen. Ich bin entschlossen, das zu tun, weil ich der Überzeugung bin, dass wir nur über eine Verständigung mit Frankreich und nur über ein geeinigtes Europa werden weiter bestehen können.»[50] Es musste Robert Bosch, gewiss auch wegen der von Hitler geschickt eingesetzten «Strategie grandioser Selbstverharmlosung» (Hans-Adolf Jacobsen), verborgen bleiben, dass sich dieser schon unmittelbar nach der «Machtergreifung» vor der Reichswehrführung unverblümt zum Kern seiner außenpolitischen Obsessionen geäußert hatte, auch um die Reichswehr hinter sich zu bringen. Es ging ihm um «Eroberung neuen Lebensraums im Osten u. dessen rücksichtslose Germanisierung».[51]

An Hinweisen auf den denkbaren Gang der weiteren Entwicklung mangelte es nicht. Es gab die Indizien der Gleichschaltungspolitik, die noch vor der Zerschlagung der politischen Parteien auf zivilgesellschaftliche Vereinigungen ebenso durchschlug wie auf traditionsreiche Publikationen des liberal gesonnenen Bürgertums. Das betraf die von Friedrich Naumann 1895 begründete Wochenschrift «Die Hilfe»[52], deren Redaktion jetzt unter Druck gesetzt wurde und von deren Förderung sich Robert Bosch unter den obwaltenden Umständen nur noch wenig versprach: «Die Zeitströmung geht nach einer ganz anderen Richtung und eine Einwirkung auf die Öffentlichkeit ist unter gar keinen Umständen möglich.»[53] Fast zwei Jahre später hatte Theodor Heuss mit seiner Bitte um Unterstützung für die notleidende «Hilfe» Erfolg: Hans Walz und Otto Debatin sagten doch noch eine Förderung zu, ohne Wissen des

Chefs, aber mit dessen stillschweigend vorausgesetztem Einverständnis.⁵⁴

Erfolgreich war das NS-Regime hingegen bei der Zerschlagung der «Vereinigung Carl Schurz», die 1926 unter dem Vorsitz von Bosch gegründet worden war, um «einen geistigen und kulturellen Austausch zwischen den Deutschen im Reich und den Deutschen in den Vereinigten Staaten herbeizuführen».⁵⁵ Ausdrücklich sollte sich die Vereinigung nicht etwa der Pflege eines «Auslandsdeutschtums» widmen und sich in inneramerikanische Angelegenheiten einmischen, sondern vielmehr «die bessere Verständigung zwischen den Vereinigten Staaten und Deutschland» fördern und Amerikaner mit deutschen Wurzeln darin bestärken, «ihrem neuen Vaterland zu dienen», vor allem auch, «die Sprache ihres Landes [zu] lernen». Auf dieser Grundlage warb die Vereinigung für den kulturellen Austausch zwischen Deutschland und den Vereinigten Staaten im Sinne der Völkerverständigung und wollte damit ein Zeichen setzen für eine liberal geprägte auswärtige Kulturpolitik.⁵⁶ Anton Erkelenz, Geschäftsführer der Vereinigung, der über den frühen Naumann-Kreis zum Linksliberalismus, später zur Sozialdemokratie gefunden hatte, wurde mit den in der nationalsozialistischen Gleichschaltungspolitik üblichen Methoden zunächst genötigt, regimetreue Persönlichkeiten in den Vorstand zu kooptieren, dann im April aus dem Amt gedrängt. Daraufhin sah sich auch Robert Bosch gezwungen, als Vorsitzender des Vereins zurückzutreten, eine weitere, diktaturbedingte Zäsur in seinem bürgerschaftlichen Engagement.

Ein weiteres Objekt dieses Engagements wurde Opfer der Gleichschaltung: die von Robert Bosch unterstützte, von ihm auch Unternehmerkollegen zur Förderung empfohlene Deutsche Hochschule für Politik in Berlin, von der er sich, wie wir sahen, einen geistigen Brückenschlag von der Sozialdemokratie bis zu den gemäßigten Konservativen und damit einen Beitrag zur Heranbildung demokratisch geprägter Nachwuchskräfte für ein politisch reformiertes Reich versprochen hatte. Am 1. April war es zu einer Unterredung zwischen Ernst Jäckh, dem Leiter der Hochschule, und Hitler gekommen. Das Treffen endete mit der Vereinbarung, dass Jäckh mit Reichspropagandaminister Goebbels über die Liquidierung der Hochschule verhandeln solle. Ein Vertrag besiegelte wenig später bei vergleichsweise milden Bedingungen hinsichtlich noch ausstehender Gehaltszahlungen an die jetzt zu entlassenden, politisch missliebigen Dozenten den Übergang der Hochschule in den Geschäftsbereich des Propagandaministeriums.[57] Ernst Jäckh vernichtete Akten und Korrespondenzen der Hochschule, um die bisherigen Mitarbeiter zu schützen. Und natürlich brach jetzt auch das Kooperationsgeflecht mit amerikanischen Stiftungen weg, die sich aus der Förderung der Hochschule umgehend zurückzogen.[58] Wieder war es bezeichnend für die Unübersichtlichkeit der Lage aus der Sicht von Robert Bosch und für das sich erst allmählich einstellende lähmende Entsetzen angesichts der Politik der braunen Regierung, dass Bosch jetzt noch an die Möglichkeit glauben konnte, Theodor Heuss, selbst soeben als Dozent der Deutschen Hochschule für Politik entlassen, könne Nachfolger des kaltgestellten Ernst Jäckh werden.[59]

Am 17. Mai 1933 trat Hitler vor den Reichstag und hielt eine aufsehenerregende Friedensrede, zog alle Register der Demagogie, erteilte militärischen Abenteuern zur Lösung existierender Konflikte eine Absage, simulierte «Verständnis [...] für die begründeten Lebensansprüche der anderen Völker» und steigerte sich in ein Bekenntnis zum Frieden hinein, das sich gedanklich durchaus mit Robert Boschs eigenen Auffassungen zu berühren schien und sich ganz anders anhörte als die Versatzstücke seines rassenideologischen Eroberungsprogramms, die er noch Anfang Februar der hohen Generalität präsentiert hatte: «Kein neuer europäischer Krieg wäre in der Lage, anstelle der unbefriedigenden Zustände von heute etwas Besseres zu setzen. Im Gegenteil, weder politisch noch wirtschaftlich könnte die Anwendung irgendeiner Gewalt in Europa eine günstigere Situation hervorrufen, als sie heute besteht. Selbst bei ausschlaggebendem Erfolg einer neuen europäischen Gewaltlösung würde als Endergebnis eine Vergrößerung der Störung des europäischen Gleichgewichts eintreten und damit so oder so der Keim für spätere neue Gegensätze und neue Verwicklungen gelegt werden.»[60]

Was Hitler hier als Regierungserklärung zur Genfer Abrüstungskonferenz vortrug, geriet ihm zu einer propagandistischen Meisterleistung und fügte sich in seine vorläufige Taktik ein, die einsetzende Aufrüstung gegen eine befürchtete präventive Militärintervention der Westmächte rhetorisch abzuschirmen.[61] Die Rede trug dazu bei, in Frankreich maßgebliche Stimmen, wenn auch nicht die gesamte öffentliche Meinung, von Hitlers vermeintlich friedlichen Absichten zu überzeugen.[62] Vor allem in London wurde sie mit einer gewissen Erleichterung aufgenommen.[63]

Auch die sozialdemokratische Reichstagsfraktion stimmte mehrheitlich, wenn auch in ihrer freien Entscheidungsfindung durch die von den Nationalsozialisten aufgezogene Drohkulisse erheblich beeinträchtigt, einer Resolution zu, mit der Hitlers Rede vom Reichstag gebilligt wurde.[64] Robert Bosch nahm Hitlers Rede als Zeichen für begründete Hoffnungen, die Regierung werde, allem radikalen Getöse ihrer Anhänger zum Trotz eine Politik der außenpolitischen Vernunft verfolgen: «In der Verständigungsfrage hat Hitler die richtigen Worte gefunden.»[65]

Mochte ihn die proklamierte Außenpolitik des Regimes einstweilen beruhigen, vielleicht sogar überzeugen – die Politik gegenüber den jüdischen Mitbürgern tat es nicht: «Wer findet sie in der Judensache?»[66] Spätestens seit der ersten Märzhälfte konnte Robert Bosch den Terror gegen jüdische Bürger vor der Haustür besichtigen. Noch vor dem am 1. April von der NSDAP-Kreisleitung gesteuerten und angeheizten reichsweiten «Abwehrboykott» war schon am 10. März in Stuttgart ein Boykott jüdischer Kaufhäuser inszeniert worden. Jüdische Mitbürger in exponierter gesellschaftlicher Stellung, etwa im Kulturleben der Landeshauptstadt, wurden auf offener Straße angegriffen und verletzt. Jüdische Mitarbeiter wurden von SA-Schlägern am Betreten ihrer Betriebe gehindert.[67]

Ein Opfer der Gleichschaltung wurde in der ersten Jahreshälfte 1933 auch Boschs Ansatz, «von unten her» über den von ihm geförderten Publizisten Paul H. Distelbarth Bewegung in die deutsch-französischen Beziehungen zu bringen, in beiden Ländern durch publizistische Beiträge und Begegnungen zu einem besseren Verständnis des Nachbarn beizutragen. Es ist kennzeichnend für die Handlungsspielräume unkonventioneller Akteure, die jenseits der diplomatischen Gleise etwa Neues versuchten, dass Distelbarth auch in der Republik, mindestens schon seit Anfang 1932 von der Württembergischen Politischen Polizei observiert und verdächtigt wurde, «sich neben seinen pazifistischen Tendenzen auch mit Landesverrat» zu befassen.[68] Der Publizist blieb für den Unternehmer und Stifter auch in den Wochen nach der «Machtergreifung» ein wichtiger Berater. Aus Paris berichtete er am 9. Februar über die «internationale Unruhe», die die Ernennung Hitlers zum Reichskanzler bei den Regierungen der europäischen Mächte ausgelöst hatte und empfahl «eine entscheidende Handlung» der Reichsregierung zur Beruhigung der Stimmung.[69] Bosch versuchte vergeblich, über Wilhelm Keppler bei Hitler einen Gesprächstermin für Distelbarth zu erwirken: «Herr Distelbarth ist der Meinung, dass jetzt der richtige Augenblick gekommen sei, wenn von deutscher Seite aus, und zwar von Hitler, ein Angebot über eine Verständigung mit Frankreich gemacht würde.»[70] Daraus konnte unter den obwaltenden Umständen kaum etwas werden. Einstweilen versuchte vielmehr Joachim von Ribbentrop, damals noch ein wenig einflussreicher außenpolitischer Berater Hitlers, über Gespräche mit Distelbarth sein eigenes politisches Netzwerk auszubauen, den Publizisten also gleichsam im Interesse des Reichskanzlers abzuschöpfen.[71]

Inzwischen ermittelte ein ganzer Pulk von Dienststellen gegen Robert Boschs Emissär – neben der Württembergischen Landespolizei die Reichskanzlei, das Auswärtige Amt und die Botschaft Paris, das Justizministerium sowie die Spionageabwehr der Reichswehr wegen Landesverrats.[72] Und wenige Tage nach einem Vortrag in Paris zum Thema «Est-il vrai qu'un abîme nous sépare» – trennt uns wirklich ein Abgrund? – im Palais Royal erfuhr er in der französischen Hauptstadt, dass gegen ihn ein Verfahren wegen Landesverrats eröffnet worden war. Zwei Wochen später veranlassten die Polizeibehörden eine Hausdurchsuchung seiner Wohnung bei Heilbronn sowie seines Büros in Stuttgart und sperrten seine Konten. Die Ermittlungen und Anschuldigungen gegen Distelbarth wurden vom Nachrichtendienst des Reichswehrministeriums mit einem Artikel über das Fliegerwesen der NSDAP, mit angeblichen Kontakten nach Polen und mit dem Verdacht auf Devisenvergehen begründet. Er hatte also gute Gründe, einstweilen in der französischen Hauptstadt zu bleiben und zu versuchen, den Kampf mit den Behörden von dort aus durchzufechten, und dies im Benehmen mit der Deutschen Botschaft.[73] Tragischerweise kam es über diese Entscheidung zum Bruch mit Robert Bosch, der von ihm jetzt verlangte, nach Deutschland zurückzukehren und sich den Behörden zur Aufklärung seines «Falles» zu stellen. Hier war übertriebenes Vertrauen in vermeintlich noch funktionierende rechtsstaatliche Prozeduren im Spiel, wahrscheinlich auch die Absicht, das Unternehmen und sich selbst gegen Ermittlungen abzuschirmen. Auszuschließen ist im Übrigen nicht, dass das harsche Vorgehen, so jedenfalls Distelbarths Andeutungen, seinen Ursprung in der Missgunst leitender Mitarbeiter im Hause Bosch hatte.[74] Der Publizist hielt es für «wahnsinnig», sich «freiwillig» in Deutschland einer Untersuchungshaft auszusetzen, denn ihm erschien eine «Verurteilung aus irgendeinem Grunde so gut wie sicher».[75] Im

Juli teilte Boschs Büro Distelbarth mit, dass die zuständigen Polizeibehörden den Verdacht auf Landesverrat nicht länger aufrechterhielten, sprach aber zugleich die Kündigung des Arbeitsverhältnisses aus, was noch ein juristisches Nachspiel hatte, das mit einem Vergleich endete.[76] Aber weder distanzierte sich Robert Bosch politisch von den gemeinsamen Zielen, noch verlor Distelbarth wegen des Zerwürfnisses den Respekt vor seinem bisherigen Förderer.[77] Während des laufenden Ermittlungsverfahrens intervenierte der Unternehmer brieflich bei Papen für Distelbarth wegen dessen Arbeit «im Sinne einer Verständigung mit Frankreich».[78]

Unmittelbar nach der «Machtergreifung» hatte Robert Bosch kein Interesse an einem Treffen mit Hitler gezeigt, jedenfalls nicht als Teilnehmer einer größeren Runde. Er setzte auf das persönliche Gespräch und das Gewicht seiner Argumente. Was «von unten her» nicht möglich war, nämlich erfolgreich für einen deutsch-französischen Ausgleich zu werben, wollte er auf Regierungsebene weiterverfolgen. «In Hitlers Umgebung», schrieb er Anfang September 1933 an Paul Reusch, wünsche man, dass ein Gesprächstermin zustande komme.[79] Bosch meinte, er könne vielleicht im direkten Gespräch in der Reichskanzlei «einen gewissen Eindruck» machen.[80] Doch das Gespräch mit Hitler am 22.9.1933 in der Reichskanzlei stand von der ersten Geste an für Robert Bosch unter einem schlechten Stern. Er hatte als selbstbewusster Bürger einen Gedankenaustausch mit dem Regierungschef gesucht, nicht aber als Bittsteller eine großspurig gewährte Audienz: «Dass Hitler mir durch eine Handbewegung das Wort gab [...], war mir nicht sympathisch.»[81] In diesem szenischen Detail waren wie in einem Brennspiegel die Haltungen und Überzeugungen des Unternehmers und des Agitators versammelt.

Im Rückblick urteilte ein enger Mitarbeiter von Robert Bosch, «irgendeine Beziehung» sei «durch diese Begegnung zwischen den beiden Männern nicht entstanden».[82] Bosch fühlte sich getäuscht, erkannte den Versuch, ihn zu manipulieren. Er wollte sich «nicht Brei ums Maul schmieren lassen»[83], zeigte also, anders als viele seiner Zeitgenossen – insbesondere auch im Offizierskorps – keine Neigung, vor einem vermeintlichen Charismatiker innerlich «Haltung» anzunehmen. Hitler muss diese Widerständigkeit gespürt haben. Als Bosch dessen hingeworfene Bemerkung, ihm schwebe die «Errichtung einer Monarchie» in

Deutschland vor, mit der Antwort quittierte, es sollte sich dann aber «um eine Monarchie nach englischem Muster», also um ein freiheitlich-parlamentarisches System handeln, sei «Hitler ans Fenster gegangen und habe mit den Fingern auf die Scheiben getrommelt».[84]

Es lag auf der Hand, dass auch die von Robert Bosch unterstützte Paneuropa-Bewegung von den Nationalsozialisten abgelehnt wurde. Hitler selbst hatte die Vision Richard Coudenhove-Kalergis – und damit auch Robert Boschs politisches Credo – als «Ideal aller minderwertigen oder halbrassischen Bastarde» diffamiert.[85] Noch am 28.1.1933 schlug der Industrielle den Grafen wegen seines «Programms zur Einheit und Zusammengehörigkeit Europas» erneut für den Friedensnobelpreis vor.[86] Als dieser im Oktober 1933 in der in Basel erscheinenden Zeitschrift «Der Schweizer Beobachter» zu einem scharf formulierten Aufsatz gegen Hitler ausholte, zuckte sein Förderer zurück und kappte ihre politischen Beziehungen: «Das Tischtuch zwischen den Befürwortern der Verständigung zwischen Deutschland und Frankreich und Ihnen», schrieb er erregt an Coudenhove-Kalergi, sei zerschnitten.[87] Bei aller Distanz gegenüber dem NS-Regime und seinem «Führer» gab sich Bosch noch immer der irrigen Hoffnung hin, die Außenpolitik des Reiches werde doch noch irgendwie in die Bahnen der Vernunft einmünden und der Gesprächsfaden zwischen den Regierungen in Paris und Berlin dürfe deshalb jetzt nicht durch kämpferische Zeitungsartikel beschädigt werden. Ähnlich wie die Befürworter einer Appeasementpolitik im Ausland erkannte Bosch noch immer nicht, dass Hitlers Strategie über den klassischen Revisionismus der Weimarer Außenpolitik mit zuvor undenkbarer Radikalität hinauswies. Insofern war die Politik des Täuschens und Verschleierns im Hinblick auf die politische Perzeption des Unternehmers durchaus erfolgreich, eine Politik, die Joseph Goebbels später so erläutert hat: «Bis jetzt ist es uns gelungen, den Gegner über die eigentlichen Ziele Deutschlands im Unklaren zu lassen, genau wie unsere innenpolitischen Gegner bis 1932 gar nicht gemerkt haben, wohin wir steuerten, dass der Schwur auf die Legalität nur ein Kunstgriff war.»[88] Dies macht verstehbar, warum Bosch im Oktober 1933, nur drei Tage bevor das Deutsche Reich die Genfer Abrüstungskonferenz brüsk verließ, dem Außenminister Konstantin von Neurath schrieb, Deutschland dürfe mit Frankreich nicht auf «einen neuen Gewaltfrieden» hinarbeiten. Vielmehr forderte er in der Diktion des guten Hausvaters:

«Der Michel muss die Marianne heiraten. Und wenn die Ehe eine gute werden soll, muss schon der Heiratsvertrag in liebenswürdiger Form abgeschlossen werden.»[89] Mit diesem legendär gewordenen Appell bewegte er sich keineswegs in der Sphäre rührseliger Versöhnungsträume. Dahinter stand bei ihm ein strategischer Befund, der für das deutschfranzösische Verhältnis schlechthin konstitutiv war – und es auch bleiben sollte: Wirtschaftlich und demographisch trennte die Nachbarn am Rhein ein Gefälle der Ressourcen und Potentiale. Diese Einsicht stand für Bosch stets im Hintergrund aller Überlegungen zu einem europäischen Zusammenschluss und deshalb lautete für ihn die Konsequenz – einmal mehr: «Alle Mäßigung in unseren Forderungen jetzt» und zwar «zum Segen der ganzen civilisierten Welt».[90] In Neurath sah Bosch den Vertreter einer maßvollen, berechenbaren Außenpolitik, obwohl der Außenminister doch in Wirklichkeit Hitlers Expansionskurs keinerlei Hindernisse in den Weg legte. Dessen Absichten liefen darauf hinaus, jede Verhärtung in den abrüstungspolitischen Positionen der anderen Mächte «zum wohlfeilen Vorwand» zu nehmen, «der Völkerfamilie den Rücken zu kehren».[91] Nur zwei Tage nach Boschs Intervention bei Neurath hatte Hitler im Kabinett mitgeteilt, der Völkerbund solle «allmählich zum Einschlafen gebracht» werden.[92] Mit der Antwort des Außenministers auf seine briefliche Intervention, einen Tag nach Hitlers Einlassung im Kabinett, traf den Unternehmer der blanke Hohn der Exekutive: «Sie können überzeugt sein, dass die von Ihnen [...] zum Ausdruck gebrachte Ansicht von uns allen geteilt wird. Über die Methoden, durch welche das Ziel erreicht werden soll, kann man verschiedener Meinung sein. Ich möchte heute nur ganz kurz sagen, dass auch die Entschlüsse, die gestern und heute von uns gefasst worden sind, dem von Ihnen gewünschten Zweck dienen sollen.»[93] Die Nebelwand, die das Regime zwischen Verlautbarungen und realer Politik weiter ausbaute, ließ Bosch – und nicht ihn allein – glauben, Hitler arbeite ernsthaft an einem Ausgleich mit Frankreich, ja sogar mit Polen. In einem Interview, das er einem Mitarbeiter des französischen Ministerpräsidenten Daladier gab, lehnte er sogar den Anschluss Österreichs ab. Kaum erstaunlich also, dass der Unternehmer im Dezember an Joachim von Ribbentrop schrieb, der ihm den Text des Interviews übersandt hatte, er sei «außerordentlich erfreut über das Vorgehen des Führers».[94]

Rüstungsboom und Vorbehalte

Die «Neue Morgenröte», die Robert Bosch in seiner Betrachtung zum Jahreswechsel 1932/33 prognostiziert hatte, ließ in der ersten Jahreshälfte nicht lange auf sich warten – soweit damit die wirtschaftliche Lage gemeint war. Beschäftigte die Robert Bosch AG Anfang 1933 8332 Arbeiter und Angestellte bei einer durchschnittlichen Wochenarbeitszeit von 45 Stunden, so wuchs die Belegschaft bis zum Jahresende auf 11 235 Personen bei einer durchschnittlichen Wochenarbeitszeit von jetzt 48 Stunden. Dies ging mit einer Steigerung der Lohnsumme um 6 Millionen Reichsmark einher. Zugleich zog der Reingewinn kräftig an, um 53 %, und damit mehr als doppelt so stark wie der Umsatz. Stolz konnte die Unternehmensleitung vermelden, dass der Kreis der Begünstigten der Bosch-Hilfe weiter gewachsen war und dass die Robert-Hilfe jetzt nicht mehr nur Kriegswaisen unterstützte, sondern auch weitere Kinder, die in einer prekären sozialen Lage aufwachsen mussten.[95]

1934 und in den Folgejahren stiegen Umsatz und Beschäftigung weiter zum Teil sprunghaft an. Allein 1934 kamen 3745 Mitarbeiter hinzu, bei einem gegenüber dem Vorjahr mehr als verdoppelten Reingewinn von 3,5 Millionen Reichsmark.[96] Es ist möglich, dass die Gewinnkurve sich in den folgenden Jahren etwas abflachte, denkbar ist aber auch, dass das Unternehmen stille Reserven anlegte, was den überlieferten Akten nicht mehr zu entnehmen ist.[97] Bei Bosch herrschte Vollbeschäftigung, die Anlagen waren ausgelastet, und das Unternehmen bewegte sich mit seinen Produkten und Preisen in einem wettbewerbsarmen Umfeld, hatte sich «eine nahezu monopolartige Stellung als Automobilzubehörfirma in Deutschland» erkämpft.[98] Der Boom war Folge der konjunkturellen Wende, die in der ersten Jahreshälfte 1933 unverkennbar war. Noch die Regierung Brüning hatte im Juni des Vorjahres 165 Millionen Reichsmark für Arbeitsbeschaffungsmaßnahmen bereitgestellt, ein Programm, das die Regierungen Papen (150 Millionen Reichsmark) und Schleicher (500 Millionen Reichsmark) ausgeweitet hatten. Erst verhältnismäßig spät lancierte die NS-Regierung im Juni 1933 ihrerseits ein Programm zur Arbeitsbeschaffung, das dem Volumen nach nicht erheblich über die Maßnahmen der Vorgängerregierungen hinausging.[99] Bei Bosch neigte man nicht dazu, von einem nationalsozialistisch induzierten «Wirtschaftswunder» zu sprechen. Und es gibt ja in der Tat die kontrafaktische These, dass der Aufschwung mit einem dann sich selbst tragenden Wachstum auch ohne wirtschaftspolitische Zutaten des Hitler-Regimes in Gang gekommen wäre, vor allem ohne die rüstungswirtschaftliche Verformung des Wachstums und die damit einhergehende neuerliche Zerstörung der Währung.[100]

Hans Walz sprach im Juli 1943 aus, was die wirtschaftsgeschichtliche Forschung für ausgemacht hält: «Ohne Aufrüstung und ohne Krieg hätten wir uns nach allem Ermessen bis jetzt zwar weniger stürmisch, dagegen aber besser und gesünder entwickelt.»[101] Im Rückblick auf das Jahr 1933 kam man bei Bosch allerdings nicht umhin, für den erfreulichen Geschäftsverlauf «Maßnahmen der Reichsregierung zur Förderung der Kraftfahrzeugindustrie» als Grund zu nennen.[102] Damit war das Gesetz vom 10. April 1933 gemeint, mit dem alle neu zugelassenen Personenkraftwagen von der Kfz-Steuer befreit wurden. Dies und die Gründung eines Unternehmens für den Bau von Reichsautobahnen im Juni 1933 brachten der deutschen Automobilindustrie und ihren Zulieferern zusätzlich zu dem sich jetzt auflösenden Nachfragestau einen unerhörten Boom.[103] Für den Autobahnbau konnte gezeigt werden, dass Ziele und Pläne keineswegs Ausdruck einer rational gesteuerten Wirtschafts- und Infrastrukturpolitik waren. Vielmehr war dieses Großvorhaben mit seinen Überinvestitionen, seiner mangelnden Passung zwischen Reichsbahn und Fernstraßennetz und den unkoordiniert vorangetriebenen Streckenbauvorhaben das «Resultat eines technischen Machbarkeitswillens, materialisiert in der Gestalt eines politischen Machtsymbols und flächendeckenden Repräsentationsbauwerks».[104]

Eine solche Bewertung trifft auf die steuerliche Begünstigung des Automobils nicht zu, war doch die hohe Besteuerung von Kraftfahrzeugen alles andere als wirtschaftspolitisch überzeugend, was Robert Bosch selbst anlässlich der Automobilausstellung im Februar 1933 unterstrich.[105] Und eine Fachzeitschrift der Automobilwirtschaft forderte, diesem «wichtigen und vorwärtsdrängenden Wirtschaftszweig durch besonders pflegliche Behandlung endlich den Start freizugeben».[106] Hitler hatte sich auf der Automobilausstellung im Februar 1933, die er in Vertretung des erkrankten Reichspräsidenten eröffnete, im Übrigen seine erste öffentliche Amtshandlung als Reichskanzler, propagandistisch wirkungsvoll und für die Industriellen überzeugend «zur Förderung dieser heute wohl wichtigsten Industrie» bekannt.[107] Fraglos erschien das Regime vielen Zeitgenossen auf dem Gebiet der Verkehrspolitik als willkommener Agent einer längst überfälligen Modernisierung. Über seine propagandistischen Inszenierungen, etwa die Schaffung eines nationalsozialistischen Kraftfahrkorps (NSKK), erschien das Regime vielen Zeitgenossen auf dem Gebiet der Verkehrspolitik und der Alltagskultur als Anwalt von Mobilität, Tempo, jugendlicher Sportlichkeit und zeitgemäßer Freizeitgestaltung.[108]

Die Pkw-Dichte erreichte zwar erst 1936 eine Größenordnung, die in Großbritannien und Frankreich schon ein Jahrzehnt zuvor gegeben war; das anvisierte Produktionsvolumen bei Personenwagen blieb um 50 Prozent hinter dem Plan.[109] Doch das Werben der Machthaber um ein «motorbejahendes Volk» war nicht erfolglos, denn der Pkw-Bestand stieg von 561 042 im Januar 1933 auf 1,3 Millionen am Anfang des letzten Friedensjahres.

Auch die Bosch-Gruppe profitierte von dieser Entwicklung, die etwa 1934 zu Lieferrückständen bei den Autoherstellern führte.[110] Für die Automobilindustrie war dies eine nahezu sensationelle Sonderkonjunktur, die das Wachstum im Hause Bosch erst richtig deutlich macht:

(1928 = 100)	1933	1934	1935	1936	1937
Kraftwagenproduktion	80,9	127,6	179,1	219,9	242,4
Industrieproduktion	65,5	83,3	95,8	106,7	116,8

(Quelle: Edelmann, Vom Luxusgut zum Gebrauchsgegenstand, S. 168.)

Das spektakuläre Wachstum eines Sektors, der sich doch von den Machthabern offenkundig nicht nur zur konjunkturellen Belebung und damit zur Steigerung ihrer Legitimität nutzen ließ, sondern eben auch im Sinne einer doppelten Agenda zur Vorbereitung militärischer Expansion, wirft die Frage auf, wieso Robert Bosch relativ lange dem «Führer» eine grundsätzlich friedensorientierte Außenpolitik zutraute. Geschäftspolitisch stellte sich die Frage, warum die Unternehmensleitung, auch hier gewiss im Sinne des Gründers, noch ein Jahr vor der Entfesselung des Zweiten Weltkriegs vom weiteren Wachstum der zivilen Pkw-Produktion ausging. Mit letzter Sicherheit lassen sich solche Haltungen und Entscheidungen kaum aufklären.[111] Aber man muss wissen, dass das Regime bis 1938 im Durchschnitt nur 7 Prozent der Produktionskapazitäten «aller deutschen Kraftfahrzeughersteller für militärische Zwecke beanspruchte».[112]

Besorgniserregend war aus der Sicht der Unternehmensleitung indes die schleichende Ent-Internationalisierung des Geschäfts. Der Auslandsanteil am Umsatz sank zwischen 1932 und 1938 von mehr als 50 auf kümmerliche 11,6 Prozent.[113] Hans Walz machte diese Entwicklung 1935 zum Gegenstand eines öffentlichen Vortrags in seiner Eigenschaft als stellvertretender Präsident des Württembergischen Industrie- und Handelstages und des Verbandes Württembergischer Industrieller. Er wies auf die spezifische Unternehmenskultur in der württembergischen Wirtschaft hin, in welcher der Staat keine nennenswerte Rolle spielte. In «weiser Selbstbeschränkung» habe er sich vielmehr nur gelegentlich, etwa auf dem Gebiet der technisch-gewerblichen Qualifizierung, in das «Eigenleben der Wirtschaft» eingeschaltet. Von der Unternehmenskultur wechselte er zur betrieblichen Personalpolitik. Es sei in seinen Augen nicht richtig, auch nicht «bei der Wahl der Vertreter im Auslande für die Zukunft in stärkerem Maße völkische Gesichtspunkte zu berücksichtigen», womit er couragiert die nationalsozialistische Rassenideologie ansprach.[114] Hans Walz unterstrich die starke «Abhängigkeit von der Entwicklung des *Welthandels*». Überhaupt kranke «die Wirtschaft an der Vergewaltigung durch die Politik». Deutlich war zugleich, dass auch das NS-Regime für ihn zu den Übeltätern gehörte.[115] Die Außenwirtschaftspolitik des Regimes mit ihren Bemühungen um Bilateralisierung, so konnte man dies verstehen, führe «nur tiefer in das Chaos hinein», der Kompensationshandel bedeute «ein atavistisches Zurücksinken in primitive Zeiten der Naturaltauschwirtschaft». Deshalb sei eine auf Verständigung und Ausgleich zielende Außenpolitik vordringlich und, so schloss der Vortrag: «Illusion und Selbstüberhebung waren noch nie geeignete Mittel, um Schwierigkeiten zu überwinden.»[116]

Hans Walz trug in die Öffentlichkeit, was der Unternehmensgründer selbst schon 1934 brieflich beleuchtet hatte: «Export zum Landesverrat zu erklären» sei «immer Blödsinn gewesen», und «eine zu Tode autarkisierte Wirtschaft» habe «keinen langen Atem mehr».[117] Robert Bosch blieb bei seinem liberalen Credo: «Wir können nur durch internationale Abmachungen die Weltwirtschaft wieder in Gang bringen. Der Grundstein ist die Verständigung mit Frankreich, die sehr schwierig ist. Heute mehr denn je, aber sie muss kommen.»[118] Aber er gab sich als Unternehmer und als Bürger keinen Illusionen zur Machtverteilung im NS-Regime hin: «Aber das A und das O ist ja, die Politik kommt vor der Wirtschaft.»[119] Damit erklärte Bosch frühzeitig, was die unternehmensgeschichtliche Forschung seitdem bestätigt hat.[120] Schon im Sommer 1933 meinte man im Führungskreis des Unternehmens, das Regime werde «rasch abwirtschaften»[121], es werde «sich von selbst bald totlaufen und mit großem Krach von innen heraus zusammenstürzen».[122] Willy Schloßstein zitierte später eine vernichtende Prognose des Gründers: «Sehen Sie sich doch bloß die Kerle an, was haben die denn gelernt. Die können doch nichts!»[123]

Bezogen auf das Unternehmen standen sein Gründer und die Vorstandsmitglieder und insbesondere Hans Walz mit seinen Stellungnahmen zu Weltwirtschaft, Wachstum und Marktverflechtung für ein Weltbild, das Max Weber, bis heute unübertroffen, auf den Begriff gebracht hat. Dabei muss man, um die gedankliche Nähe zu erkennen, probehalber die von Weber angeführte «religiöse Karitas» durch den politischen Voluntarismus des Hitler-Regimes und die Parolen der oktroyierten «Volksgemeinschaft» ersetzen: «Die Versachlichung der Wirtschaft auf der Basis der Marktvergesellschaftung folgt durchweg ihren eigenen sachlichen Gesetzlichkeiten, deren Nichtbeachtung die Folge des ökonomischen Misserfolgs, auf die Dauer des ökonomischen Untergangs nach sich zieht. Rationale ökonomische Vergesellschaftung ist immer Versachlichung in diesem Sinn, und einen Kosmos sachlich-rationalen Gesellschaftshandelns kann man nicht durch karitative Anforderungen an konkrete Personen beherrschen.»[124]

Es bleibt ein Leitmotiv in Boschs Korrespondenz wie auch in den Äußerungen seiner höheren Führungskräfte, dass mit einer marktenthobenen Ideologie des schieren politischen Wollens – vom verbrecherischen Kern der NS-Ideologie hier einmal abgesehen – kein Land zu regieren ist. Neben der moralischen Empörung über die Taten des Regimes sollten diese Gedanken auf dem kommenden Weg führender Köpfe des Hauses Bosch in den Widerstand eine wichtige Rolle spielen.

Die Marktausweitung für Kraftfahrzeuge und das damit ausgelöste Wachstum bei Bosch erforderten strategische Weichenstellungen. Eine sehr erhebliche Rolle spielte die Ankündigung eines «KdF»-Wagens mit der entsprechenden, bis zum Mai 1938 bei Bosch entwickelten elektrischen Ausrüstung.[125] Sollte man im Vertrauen auf eine Verstetigung des positiven Trends auf der Nachfrageseite die Kapazitäten für die Kraftfahrzeugausrüstung weiter ausbauen, sich vielleicht von anderen Produktlinien trennen – die erreichte Diversifizierung also wieder zurücknehmen? «Wir müssen uns darüber klar werden, ob wir die bisher eingeschlagene Geschäftspolitik fortsetzen wollen, nämlich, unsere teilweise monopolartige Stellung als Automobilzubehör-Firma in Deutschland weiter unter allen Umständen zu halten und zu verteidigen oder nicht.»[126] Der Führungskreis entschied sich für einen austarierten Wachstumspfad, die «Abhängigkeit von der Automobil-Industrie dürfe nicht zu weit gehen», denn man wollte nicht erneut in eine Art Monokultur hineinlaufen.

Hans Walz veranschlagte den voraussichtlichen Umfang fälliger Neuinvestitionen bei fortgesetzter Expansion auf etwa 3–5 Millionen Reichsmark jährlich für einen Zeitraum von ca. zehn Jahren. Der Ausbau der Kapazitäten machte neue Produktionsstätten in Crailsheim und Leonberg notwendig, Fabriken mit zusammen 3 000 neuen Arbeitsplätzen – eine erhebliche Herausforderung, weil man im Vorstand mit den «größten Schwierigkeiten» bei der «Beschaffung und Heranbildung von Arbeitskräften» rechnete.[127] Für die Einschätzung der politischen Stimmung im Sommer 1938 ist es aufschlussreich, dass in den Beratungen des Vorstands im Juni nicht einmal in Andeutungen das Risiko eines kommenden Krieges auftauchte. Doch setzte Görings Vierjahresplan-Behörde bald eine Verschiebung der Prioritäten von der Pkw- auf die Lkw-Produktion durch. Der Pkw-Absatz geriet von 1938 auf 1939 unter Druck, bevor er mit der Entfesselung des Krieges zusammenbrach.[128]

Die Entscheidung für weitere Expansion und vorausschauende Diversifizierung vom Sommer 1938 bekräftigte einen Kurs, den das Unternehmen in den Vorkriegsjahren konsequent verfolgte. Im Automobilsektor übernahm Bosch, eigentlich etwas ungewöhnlich, eine Beteiligung an dem hessischen Automobilhersteller Adler-Werke und sicherte sich im Gegenzug eine exklusive Stellung als deren Lieferant. Die Stuttgarter unternahmen aber in der Zukunft keine weiteren Versuche, sich zum Produzenten von Automobilen zu entwickeln.

Kompliziert und problematisch war die Expansion im Geschäft mit Fernsehern, wo es mit recht hemdsärmeligen Methoden gelang, schrittweise die ausschließliche industrielle Führung für sich in der Fernseh-AG (Fese) durchzukämpfen.[129] Von erheblichem Gewicht waren sodann die Entwicklung der Tochtergesellschaften für Gas- und Heizgeräte (Junkers & Co.), für Filmprojektoren (Eugen Bauer GmbH) und für Radioapparate (Idealwerke). Die Junkers-Werke, 1937 ergänzt durch die Übernahme der Askania-Werke AG, brachten es noch 1937 auf eine Exportquote von 44 Prozent, und auch Kino-Bauer sorgte für kräftige Devisenzuflüsse. Diese Geschäftsverläufe[130] waren der realwirtschaftliche Hintergrund für Robert Boschs Kritik an Propaganda und Praxis der autarkieorientierten Außenwirtschaftspolitik des Regimes.

Die Idealwerke, ein weiteres Kind der Diversifizierung bei Bosch, profitierten in gewissem Umfang von der seitens des Regimes mit großem Propagandaaufwand begleiteten Einführung des standardisierten, von allen Anbietern baugleich zu produzierenden Volksempfängers. Von 1933 bis 1937 wuchs der Anteil der Haushalte mit einem Radioapparat von ca. 25 auf 57 Prozent, wobei allerdings die Rundfunkdichte etwa in den USA, in Großbritannien, Schweden und Dänemark stets deutlich höher lag. Für die Bosch-Tochter Idealwerke, ab Dezember 1938 umbenannt in Blaupunkt GmbH, ging es um einen Inlandsmarktanteil von 10 Prozent (Ausland: 15 Prozent), worin auch hochwertigere Geräte enthalten waren. Der «Volksempfänger» selbst mochte Umsatz und Beschäftigung bringen, aber nur schwache Margen, denn sein Preis war – Paradefall einer staatlich manipulierten Wirtschaft – vom Reichspropagandaministerium diktiert.[131]

Auf den Auslandsmärkten spiegelten die Aktivitäten der Bosch-Gruppe weitgehend die vom NS-Regime forcierte Ent-Internationalisierung der ökonomischen Austauschbeziehungen, die – sofern die Beschreibung Autarkiepolitik zu pauschal erscheint – als sehr selektive «Abkoppelungspolitik» verstanden werden kann[132] und für Bosch darauf hinaus – lief, die für das Unternehmen konstitutive Ausrichtung auf einen möglichst barrierefreien wirtschaftlichen Austausch zurückzudrehen. Man kann sich unschwer vorstellen, was dieser Prozess für Robert Bosch, den bekennenden Freihändler und maßgeblichen Pionier der deutschen Exportwirtschaft bedeuten musste. Nur in Italien kam eine neue Beteiligung an einer Vertriebsgesellschaft mit einer Mailänder Partnerfirma zustande.[133] Demgegenüber gab Bosch, vermutlich gezwungenermaßen aus rüstungswirtschaftlichen Gründen, im Mai 1937 seine Beteiligung an der C.A.V. Bosch Ltd in Großbritannien auf. Bosch und der britische Partner, die Lucas-Gruppe in Birmingham, gingen künftig getrennte Wege.[134]

Auch die traditionsreiche Tochtergesellschaft Lavalette-Bosch und damit das Frankreich-Engagement wurden ein Opfer der politischen Zeitumstände, wenngleich es hier gelang, 60 Prozent des Aktienkapitals dieser Tochter auf eine Holding zu übertragen und bei der in Amsterdam ansässigen Bank Mendelssohn zwischenzulagern.[135]

Wirklich erfreulich entwickelten sich die Geschäfte vor dem Krieg auch nicht in den Vereinigten Staaten, wo die Firma Umsatzsteigerungen im Geschäft mit Radios, aber eben, bei einem harten Preiswettbewerb, keine Gewinne verzeichnen konnte, weshalb sich das Stuttgarter Unternehmen 1937 aus dem nordamerikanischen Radiomarkt zurückzog. Der Umsatz der amerikanischen Tochter UABC spiegelt diese erratische Entwicklung sehr plastisch: Er kletterte von 3,4 Millionen US-Dollar (1933) auf 9,2 Millionen US-Dollar (1937) und fiel dann wieder auf den Wert von 1933 zurück.[136] Das Zuliefergeschäft für die Automobilindustrie und für Landmaschinenhersteller lief weiter, war jedoch bei den Erträgen enttäuschend.[137] Von 1933 bis 1939 fiel der Auslandsanteil beim Umsatz der Bosch-Gruppe von 34,8 Prozent auf 9,3 Prozent[138] und führte damit einen Trend fort, der die Jahrzehnte vom Vorabend des Ersten Weltkriegs (Auslandsanteil bei Bosch: 88,7 Prozent im Jahr 1913) bis zur Entfesselung des Zweiten Weltkriegs prägte.

Die Bosch-Gruppe hat weder im Zusammenhang mit dem «Anschluss» Österreichs im März 1938 noch in dem im Herbst dieses Jahres vom Reich besetzten «Sudetenland» oder nach der Zerschlagung der «Rest-Tschechei» im Frühjahr 1939 durch Übernahmen oder mit neuen Tochtergesellschaften Beute gemacht. Allerdings war das Unternehmen bei Kriegsausbruch auch nicht einer unvermittelt hereinbrechenden Umstellungskrise ausgesetzt – im Gegensatz zur Entwicklung vor dem Ersten Weltkrieg –, da Bosch im Vorfeld des Krieges in wachsendem Umfang für Rüstungszwecke produzierte.[139]

Robert Bosch hat diese Entwicklung aus einer gewissen Distanz wahrgenommen. Aus dem operativen Geschäft hatte er sich weitgehend zurückgezogen. Immerhin feierte er 1936 seinen 75. Geburtstag. Schon 1934 finden sich verhaltene Resignation in politischen Grundsatzfragen und Gedanken an einen Rückzug ins Private: «Karl V. wurde Uhrmacher, warum soll ich nicht auch noch m[ein] Steckenpferd haben», schrieb er an seinen Freund Georg Escherich über seine Jagdleidenschaft.[140] Aber er war auch im hohen Alter geistig hellwach und schlagfertig. Er bewahrte sich die Fähigkeit, sich über Ungerechtigkeiten und Fehlentwicklungen kräftig aufzuregen, treffsicher Urteile abzugeben, kurzum – er hatte gute Gründe, sich, wie er 1940 selbstironisch schrieb, weiterhin einen «Genauigkeitsfimmel» zu bescheinigen.[141] «Ich Unglücklicher», hieß es wenig später, «habe den Ruf, Alles zu sehen», was seine Mitarbeiter gewiss gerne bestätigt hätten.[142] Der Rückzug aus der operativen Führung wurde formal dadurch besiegelt, dass Hans Walz nach dem am 20. Januar 1934 vom Regime verkündeten «Gesetz zur Ordnung der nationalen Arbeit» nach dem NS-Jargon zum «Betriebsführer» avancierte, eine Funktion, um die er sich nicht beworben hatte. Robert Bosch, der «Vater», wie ihn der «Bosch-Zünder» apostrophierte, blieb im Unternehmen präsent, soweit wir sehen, ohne seine Unentbehrlichkeit zu zelebrieren. Er hatte eine Führungsgruppe um sich versammelt und mit Entscheidungskompetenz ausgestattet. Es gibt keine Anhaltspunkte dafür, dass der Unternehmensgründer nach seinem Rückzug aus dem operativen Geschäft ein System zwar jetzt informeller, aber unvermindert rigider Kontrolle und angstbewehrter Herrschaft über den Vorstand errichtet hätte, wie dies gelegentlich bei «Patriarchen» bis heute anzutreffen ist. Die Führungsgruppe des Konzerns zeigte ein bemerkenswertes Maß an Geschlossenheit, geistiger und sachlicher Homogenität. Die Loyalität der obersten Führungskräfte gegenüber dem Gründer atmete Respekt, Dankbarkeit und gedankliche Wahlverwandtschaft – und dies hatte auch mit Bewunderung für eine diskret wirkende, nie pompös erscheinende Ausstrahlung zu tun, die nicht inszeniert, sondern ihm offensichtlich mit seiner Lebensleistung zugewachsen war. Die Geschlossenheit des Führungszirkels und seine Loyalität waren wichtige Voraussetzungen für die Positionierung des Konzerns im politischen Raum und für die Haltung gegenüber dem Regime. Sie wurden entscheidend dadurch begünstigt, dass bei Bosch der Typus des aufstrebenden «Funktionärs-Managers» oder des skrupellosen, nationalsozialistisch infizierten «Techniker-Unternehmers», wie ihn etwa Albert Speer verkörperte, in der Führungsebene keine Rolle spielten.[143]

Auch die im Dezember 1937 beschlossene Umwandlung der Robert Bosch AG in eine GmbH war ein Schritt, der den Gründer nicht in die operative Verantwortung zurückholte, aber doch ihm «diejenige geschäftsleitende Tätigkeit» bewahren sollte, «die ihm seither oblag». Der Hintergrund der gesellschaftsrechtlichen Änderung war ein im Januar 1937 erlassenes neues Aktiengesetz, das die Rolle des Vorstands gegenüber dem Aufsichtsrat erheblich stärkte. Das neue Gesetz war keine Erfindung der NS-Potentaten, sondern bewegte sich in den Bahnen gesell-

Robert Bosch auf der Jagd, 1941

schaftsrechtlicher Überlegungen aus der Zeit der Republik und erleichterte die Umwandlung in eine GmbH. Auch waren für den Wandel bei Bosch nicht die Sorge um die politische Unabhängigkeit gegenüber dem Regime bzw. Enteignungsdrohungen von besonderem Gewicht. Der Übergang zur Rechtsform der GmbH machte die 1917 beschlossene Umwandlung in eine Aktiengesellschaft und die Ausstattung der Direktoren mit großzügigen Aktienpaketen wieder rückgängig – damit auch das Risiko, dass dieser Aktienbesitz durch Erbfälle zersplitterte, ja dass überhaupt «unsachliche Einflüsse von Direktoren-Erben» das Unternehmen schädigen könnten.¹⁴⁴ Die einstige Vision, zur Leitung der Firma mit seinen Vorstandskollegen «eine Art von Familie zu bilden», war der Einsicht in die mögliche «Ich-Befangenheit, Unberechenbarkeit und Zwiespältigkeit des Menschen» gewichen.[145] Deshalb war er dazu übergegangen, die fraglichen Aktienpakete zurückzukaufen, sodass er schon bis 1927 «wieder uneingeschränkter Eigentümer der Firma» war.[146] Nun war er nach seiner zweiten Heirat wieder Vater geworden, es gab also wieder einen denkbaren Erben. Auf alle Fälle war mit der Umwandlung des Konzerns in eine GmbH eine Leitungsstruktur mit Robert Bosch als allein zeichnungsberechtigtem Geschäftsführer geschaffen. Das bedeutete nunmehr, dass auch im formalrechtlichen Sinne alle Entscheidungen auf den Gründer zuliefen bzw. bei ihm ihren rechtlichen Ausgangspunkt hatten. Damit waren für die weitere Zukunft die Voraussetzungen geschaffen, um die Firma als «Familienunternehmen im eigentlichen Sinne und der engeren Bedeutung des Wortes auszubauen».[147] Dies sollte nicht den Reichtum eines Clans sichern, sondern verweist auf die gemeinnützigen Ziele, die Bosch mit seinem unternehmerischen Handeln verknüpfte, denn an wen auch immer das Erbe übergehen würde, die Nachfolger sollten sich, so interpretierte Hans Walz die Absichten seines Chefs, «als verantwortungsbewusste Treuhänder zum Wohle einer weiteren Allgemeinheit betrachten».[148]

Der «Bosch-Zünder» kleidete diese Zäsur gegenüber der Belegschaft in die sibyllinische Formulierung: «Die Umwandlung bezweckte vor allem, die persönliche Verbundenheit der Gesellschafter durch Beschränkung der Verfügungsfreiheit über die Geschäftsanteile besser sicherzustellen, als dies in der Form der Aktiengesellschaft möglich ist, und damit die Einheitlichkeit der Geschäftsführung unabhängig vom Wechsel der Personen zu gewährleisten.»[149]

Das Wachstum des Unternehmens schrieben Robert Bosch und sein Führungsteam nicht dem NS-Regime zu. Der allmähliche Rückgang der Arbeitslosigkeit wurde bei Bosch nicht als Errungenschaft des «Führers» gefeiert. Alles spricht dafür, dass man im Bosch-Kreis die Tücken eines deformierten Wachstumskurses frühzeitig erkannte. Die reale Entwicklung des Lebensstandards in Deutschland gaben dem aufmerksamen, ökonomisch geschulten, politisch nicht fanatisierten Beobachter mit wachem Blick auch für das Wohlergehen der Mitarbeiter kaum Anlass zu besonderer Zufriedenheit. Für versierte Manager musste offenkundig sein, dass das Regime einen Kurs nach der Devise zu steuern versuchte, «so viel Butter wie nötig, so viel Kanonen wie möglich», ein Kurs, der in mehrfacher Hinsicht in eine Sackgasse führen musste. Dieser «Konflikt zwischen Aufrüstungsziel und Konsumentenwünschen»[150] bedeutete im Ergebnis, dass Wohlstand und Volksgesundheit in Deutschland sich im Zeitraum zwischen dem Ausbruch der Weltwirtschaftskrise und der Entfesselung des Zweiten Weltkriegs nicht wirklich signifikant verbesserten. Heute wissen wir, dass die Sterblichkeit in Deutschland zwischen 1932 und 1937 in den Altersgruppen vom 30. bis über das 60. Lebensjahr hinaus zunahm, die Kindersterblichkeit (5 bis 15 Jahre) sogar um 13,6 Prozent anstieg und dass das Reich im deutschenglischen Vergleich eine verheerende Bilanz bei den tödlich verlaufenden Infektionskrankheiten der 1- bis 15-Jährigen zu verzeichnen hatte.[151] Der alltägliche Augenschein wird dazu beigetragen haben, dass Robert Bosch sich im «Dritten Reich» zu einer bedeutenden Krankenhausstiftung entschloss.[152] Besonders genau konnte der Unternehmer und Stifter das erratische Agieren des Regimes auf dem Gebiet der Wirtschaft auf seinem Hof in Bayern verfolgen, wo er mit den Konflikten zwischen der Betriebsleitung und den Behörden konfrontiert wurde, insbesondere dem «Reichsnährstand».[153]

Hans Walz beschrieb in der Rückschau die Lage des Hauses Bosch als Belagerungszustand: «So waren wir nach der Machtanmaßung Hitlers eigentlich von lauter innerdeutschen Feinden umringt.»[154] Er sah das Unternehmen, für das er sich gleichsam rund um die Uhr verantwortlich fühlte, nicht nur von Feinden umstellt, sondern auch von einer feindlichen politischen Übernahme bedroht: «Nicht lange nach der Machtergreifung erhielten wir eine auch von anderer, sehr unterrichteter Seite bestätigte Mitteilung über eine Beratung im Hause der politischen Leitung der NSDAP beim württembergischen Reichsstatthalter, wonach die Partei darauf aus ging, sich früher oder später, mindestens aber nach dem Ableben des bejahrten Herrn Bosch, eine Kapitalbeteiligung und einen maßgeblichen Einfluß auf die Leitung der Firma zu erzwingen und die Firma als reinen Parteibetrieb mit aus der Partei einzusetzenden Leitungskräften führen zu lassen.»[155] Einiges deutete darauf hin, dass die NS-Führung in Berlin einem offenen Krieg gegen ein traditionsreiches, über die Region hinaus hoch angesehenes, vor allem für die Aufrüstungspläne unentbehrliches Schlüsselunternehmen zunächst lieber aus dem Weg ging.

Die NS-Bürokratie und die Politische Polizei vermeldeten «den zähen und langwierigen Kampf um die Seele des württembergischen Volkes»[156], da sich auch im November 1933 nach der Einschätzung der NS-Beobachter noch immer «Zellen einer liberalistisch-demokratischen Betrachtungsweise festgesetzt, fortentwickelt und [...] erhalten» hatten.[157] Während der «Kommunismus» durch Terror ausgeschaltet worden sei, entfaltete in Württemberg «der Liberalismus eine ernsthafte Betriebsamkeit».[158] Hier war indirekt auch, wie wir sehen werden, Robert Bosch angesprochen. Zwar gebe es in Württemberg kaum Exponenten «eines hochkapitalistischen Notabelnstandes», aber die «wenigen Vertreter einer damit verwandten geistigen und politischen Haltung» – und damit mussten politisch interessierte Unternehmer wie Robert Bosch gemeint sein – hätten «ihre politische Betätigung nie anders als auf demokratisch-parlamentarischem Wege betrieben». Es las sich wie eine Handlungsanleitung für die Aktivitäten von Bosch etwa auf dem Gebiet der Presse und der Volksbildung, wenn der Bericht, durchaus scharfsichtig, fortfuhr: «Ihre Überreste finden sich daher auch heute in den gleichen Gebieten, in denen sich die anderen liberalistischen Kräfte wieder zu regen beginnen. Beachtenswert sind jedoch grade diese Elemente wegen ihrer finanziellen Kraft. Es bestehen zahlreiche Anzeichen dafür, dass von dieser Seite Unternehmungen finanziert werden, die zwar nicht ohne weiteres als staatsfeindlich bezeichnet werden können, die sich jedoch in ihrem wesentlichen Sinn gegen den heutigen Staat richten. Hier sind besonders neben einer bestimmten Presse auch gewisse Vereinigungen, Institute und Großverlage im Auge zu behalten, deren Tendenz häufig sehr undurchsichtig ist.»[159]

1937 versuchte die Partei erneut, Robert Bosch für eine Mitgliedschaft zu gewinnen: «Ich bin gefragt worden, ob ich P. G. der N.S.D.A.P. werden wolle. Ich bin nie Mitglied einer politischen Partei gewesen und möchte dies auch weiter so halten.»[160] Umgekehrt scheint die Firma sich hartnäckig und mit gewissem Erfolg gegen jede Art von nationalsozialistischer Infiltration gewehrt zu haben, weil «wir», wie Otto Debatin Theodor Heuss wissen ließ, «in unserer Personalverwaltung nun einmal nichts mehr perhorreszieren als Protektion. Auch der Versuch ist in unseren Augen schon ein strafwürdiges Verbrechen», wobei die auffällige rhetorische Dramatisierung vermutlich für die mitlesende Zensur bestimmt war.[161] Später konnte Debatin Zeugen für seine Darstellung nennen, dass bei Bosch einiges unternommen wurde, um Nationalsozialisten aus dem Betrieb, vor allem aus der wegen ihrer Datenbestände hochsensiblen Personalabteilung herauszuhalten.[162] Mit dieser Politik handelte er sich später ein Verfahren vor dem Parteigericht ein, bei dem ihm die Begünstigung politisch missliebiger Bewerber, Sabotage des «Dienstbetriebs» der SS und die Einstellung von Kommunisten und jüdischen Lehrlingen vorgeworfen wurde. Es war einer Intervention von Robert Bosch selbst bei Gauleiter Murr zu verdanken, dass Debatin mit einer Verwarnung davonkam.[163] Der Parteieintritt von Hans Walz, Karl Martell Wild, Otto Debatin, der stellvertretenden Vorstandsmitglieder Gutmann, Rall und Roßbach sowie von Boschs Privatsekretär Willy Schloßstein – «selbst nicht arisch verheiratet»[164] – sollte aus Sicht des Führungskreises «die Nazi-Welle vor dem Hause Bosch zum Stehen [...] bringen».[165] Aber das schien nicht auszureichen, um die «innerdeutschen Feinde»[166] ruhigzustellen. Im Mai 1933 wurde Hans Walz Mitglied der SS. Mehrere Gründe waren dabei im Spiel. Im Vergleich zu den lokalen Parteigrößen und ihrem gewalttätigen Anhang, vor allem auch der pöbelhaft auftretenden SA, erschien die SS als das geringere Übel. Noch war nicht für alle Zeitgenossen erkennbar, dass sie sich zu einer monströsen Maschinerie des Massenmords und der umfassenden Kontrolle der Gesellschaft entwickeln würde. Zugleich umschmeichelten NS-Funktionäre wie Wilhelm Keppler führende Unternehmer und Manager, um sie über eine Mitgliedschaft in der SS an das Regime zu binden und als sachkundige Experten gegen die innerparteilichen Rivalen mit ihren wirren wirtschaftlichen Postulaten in Stellung zu bringen. Damit war das Ansinnen verbunden, die so gewonnenen Führungskräfte aus der Wirtschaft möchten für üppigen Spendenzufluss sorgen. Die Firma musste nach dem Bericht von Hans Walz «gleich den meisten Großfirmen z. B. der SS notgedrungen Geldbeiträge leisten. Deren Einforderung geschah oft in einer erpresserischen Dringlichkeit, die der freien Entscheidung eigenen Willens so gut wie keinen Spielraum ließ».[167] Als das Ansinnen an das Unternehmen herangetragen wurde, ein Mitglied des Vorstandes möge in die SS und damit in den wirtschaftlichen Beraterkreis um Keppler eintreten, bat Bosch Hans Walz, «im Interesse der Firma das persönliche Opfer zu bringen».[168] Gewiss verwickelte sich die Führungsgruppe bei Bosch mit diesem Schritt «in immer größere Widersprüche».[169] Der Keppler-Kreis mit seinen Unternehmern und Managern in SS-Rängen ging später im

«Freundeskreis des Reichsführers SS Himmler» auf, dessen Imperium innerhalb des NS-Systems unaufhörlich anschwoll, während Keppler, ohne Hausmacht im Rücken, marginalisiert wurde.[170] Hans Walz, dem seine «ganze Rolle immer höchst unangenehm» war[171], leistete keinen Eid auf Hitler, trug nie die vorgesehene Uniform und sollte später wegen seiner Anschauungen und wegen seiner ostentativen Gleichgültigkeit gegenüber dem «Freundeskreis» in eine nicht ungefährliche Auseinandersetzung mit dem Reichssicherheitshauptamt verwickelt werden.[172]

Einstweilen betrachtete man bei Bosch die SS-Mitgliedschaft von Hans Walz als einen weiteren Baustein für die angestrebte «Sicherheitsdeckung»[173] gegenüber den Zumutungen des Regimes. Im «Dual State» des Nationalsozialismus (Ernst Fraenkel) wucherte hinter der Fassade des formal noch irgendwie funktionierenden bürokratischen Anstaltsstaates der polykratische Dschungel improvisiert geschaffener, konkurrierender, häufig tief verfeindeter Instanzen. Aus diesem Gewebe traten dem Unternehmen Apparate gegenüber, die unverblümt Geldforderungen stellten und dafür «Schutz» gegen die Übergriffe von anderen Gebilden innerhalb des Herrschaftssystems versprachen.[174]

Vor diesem Hintergrund hatte sich eine höchst eigenartige Beziehung zwischen dem Bosch-Kreis und Gottlob Berger ergeben, vermittelt durch Theodor Bäuerle, den Geschäftsführer des Vereins zur Förderung der Volksbildung. Übel beleumundet wegen seines brutalen Vorgehens als «Sonderkommissar» in den Anfängen der NS-Herrschaft in Württemberg, war der SS-Mann nicht, wie erhofft, in eine Führungsposition in der regionalen NS-Hierarchie aufgestiegen. Der im Hause Bosch ebenso gefürchtete wie verachtete Gauleiter Murr blockierte die Karriere seines Konkurrenten. Die Informationen über die von Murr geplanten Machenschaften gegen den Bosch-Konzern wurden der Unternehmensleitung von Berger zugetragen. In dieser Konstellation wurde Berger aus der Sicht des Führungskreises bei Bosch zur «Sicherheitsdeckung gegenüber der politischen NS-Partei», der nach dem Urteil von Hans Walz «in ebenso entschlossener als anerkennenswerter Weise seine schützende Hand über die Familie und Firma Bosch» hielt.[175] Dass Berger das Vertrauen von Robert Bosch selbst gewann, lag an seinem Auftreten als bieder-bodenständiger Schwabe und daran, dass sein Vater wie Robert Bosch aus Albeck stammte. Umgekehrt sah Bosch in gründlicher Verkennung seiner Persönlichkeit in dem SS-Funktionär einen «irregeleiteten Menschen»[176] mit grundsätzlich guten Motiven, den man schon noch in die richtige Richtung lenken würde, der aber vor allem für politischen Schutz sorgen könnte – und der deshalb mit einem Monatssalär von 700 Reichsmark bedacht wurde. Die Beziehung zu Gottlob Berger, der im Umfeld von Himmler Karriere machte und es bis 1943 zum SS-Obergruppenführer und General der Waffen-SS brachte, sollte sich auf paradoxe Weise auszahlen, denn dieser, persönlich in die Verbrechen des Regimes in den eroberten Ländern verstrickt, sorgte in seiner lebenslangen Anhänglichkeit gegenüber Robert Bosch und seiner Firma später für Schutz und Rettung von Mitgliedern des Bosch-Kreises, die in den Staatsstreichversuch und das Attentat auf Hitler vom 20. Juli 1944 verwickelt waren.

Motive für den Widerstand

Robert Bosch hatte in seinen letzten Lebensjahren mit Hans Walz einen «Betriebsführer» an seiner Seite, der sich einerseits als Unternehmer verstand, andererseits aber nie einen Zweifel daran ließ, dass seine Position als faktischer Chef des Unternehmens abgeleitet war, und der eine nahezu symbiotische Loyalitätsbeziehung zum Gründer des Unternehmens unterhielt. Der «Betriebsführer» verstand sich bei aller intellektuellen Unabhängigkeit als Alter Ego des Gründers, und umgekehrt wusste Robert Bosch, dass er einen herausragenden Manager gewonnen hatte, dem er vertrauen konnte. In einem ungewöhnlich warmherzig formulierten Brief mahnte er ihn fürsorglich, seine Gesundheit zu schonen: «Tun Sie das dem Werk zuliebe, dem Sie in den letzten zwanzig Jahren mehr waren als ich selbst.»[177] Hans Walz schöpfte seine geistige Unabhängigkeit, seine Loyalität gegenüber dem Unternehmen, seinen Mitarbeitern und ihrem «Vater Bosch», seine Widerständigkeit gegenüber dem totalitären Regime sowie seine Urteilskraft aus einem theologisch gründlich reflektierten christlichen Glauben. Diese religiöse Fundierung seiner Lebensführung begründete das genuin Antitotalitäre in seinem politischen und unternehmerischen Agieren und damit auch entscheidende Schlüsselmotive für möglichen Widerstand. Walz bettete die weltliche Macht in einen gestuften Kosmos von Loyalitäten und machte auf eine Einsicht aufmerksam, die die Staatsrechtslehre und die Rechtsphilosophie (Ernst-Wolfgang Böckenförde) bis heute umtreibt:

Dass nämlich ethisch verantwortbares politisches Handeln auf Voraussetzungen beruht, die der Staat selbst nicht geschaffen hat – und die er auch nicht garantieren kann.

Das Ende der Freien Erwachsenenbildung und der unabhängigen Medien

Was es bedeutete, «von lauter innerdeutschen Feinden umringt» zu sein und damit Objekt der nationalsozialistischen Gleichschaltungspolitik zu werden, wie Hans Walz im Rückblick schrieb[178], ließ sich auf mehreren Feldern besichtigen. Da war zunächst die Volksbildung, für die sich Robert Bosch in der Weimarer Republik bevorzugt engagierte. Schon vor der «Machtergreifung» geriet der von ihm seit seiner Gründung unterstützte Verein zur Förderung der Volksbildung ins Visier der braunen Bewegung. Deren Presse schoss sich schon 1932 auf Theodor Bäuerle ein, den Geschäftsführer und führenden Kopf des württembergischen Volksbildungswesens. Die Polemik zielte auf den Einsatz des Vereins im freiwilligen Arbeitsdienst, für den die Regierung Brüning im Juni 1931 die rechtlichen Voraussetzungen geschaffen hatte, woraufhin in Württemberg unter der Federführung Bäuerles 255 «Lager» für junge Arbeitslose veranstaltet wurden. Dahinter verbargen sich freiwillige Aufenthalte der arbeitslosen Jugendlichen, in Gruppenmaßnahmen von 12- bis 20-wöchiger Dauer, wobei sechs Stunden täglich für körperliche Arbeit, etwa im Wegebau, vorgesehen waren. Der Rest des Tages galt Themen der Erwachsenenbildung, dem Sport und der gemeinsamen Freizeitgestaltung.[179] Immerhin brachte es dieser freiwillige Arbeitsdienst unter der Federführung Bäuerles in Württemberg bis Anfang 1933 auf über eine Million Teilnehmertage.[180] Für Robert Bosch und Theodor Bäuerle war klar, dass der freiwillige Arbeitsdienst nicht der vormilitärischen Ausbildung dienen sollte – ein Ziel, das die Nationalsozialisten mit der Einführung des Reichsarbeitsdienstes dann konsequent verfolgen sollten. Beide legten Wert darauf, dass die «Lagerleiter» nicht unter ehemaligen Soldaten und Offizieren der Reichswehr rekrutiert würden, denn es ging ihnen darum, «den Arbeitsdienst vor einer Militarisierung zu schützen».[181] 1932 kursierte das Gerücht, dass Bäuerle für die Position eines Reichsbeauftragten für die Schulung von Lagerleitern im Gespräch sei.[182] Daraufhin schrieb die nationalsozialistische

Breisgauer Zeitung: «Eine Beauftragung Bäuerles mit der geistigen Betreuung des gesamten Freiwilligen Arbeitsdienstes würde bedeuten, dass jede Hoffnung, im Arbeitsdienst allmählich Ansätze wirklich nationaler Erziehung zu gewinnen, begraben werden müsste. Die Folge wäre zweifellos, dass die Bäuerle nahestehenden liberalen und sozialistischen Kreise auch hier immer mehr Einfluss gewinnen würden.»[183]

Für Bäuerle war erkennbar, dass unter einem nationalsozialistischen Regime die Tage einer selbständigen, zivilgesellschaftlich getragenen Erwachsenenbildung gezählt wären. Zur Rettung eines eigenständigen Vereins zur Förderung der Volksbildung versuchte Bäuerle sich zumindest rhetorisch in durchaus kompromittierender Weise mit den neuen Herrschern zu arrangieren.[184] Es spricht einiges dafür, dass auch Bäuerle, wie Robert Bosch und seine Direktoren, den Nationalsozialismus zunächst für ein kurzlebiges, an seinen inneren Widersprüchen zwangsläufig bald scheiterndes Gebilde hielt.[185] Auch lehnte er den Antisemitismus als Kernstück des rassenideologischen Programms des Nationalsozialismus ab. Er war Mitglied im Verein zur Abwehr des Antisemitismus und der Paneuropa-Union und organisierte 1929 in Stuttgart ein öffentliches Religionsgespräch mit Martin Buber, das ebenso wie sein Briefwechsel die geistige Verbundenheit mit dem bedeutenden jüdischen Religionsphilosophen belegt.[186]

Dass keine rhetorische Konzession die neuen Machthaber beeindrucken und vor Übergriffen schützen konnte, zeigte im März 1933 der brutale Überfall auf Karl Adler. Der begabte jüdische Musiker und Leiter des Neuen Konservatoriums in Stuttgart, auch dies eine Einrichtung im Umkreis des von Robert Bosch gegründeten Volksbildungsvereins,[187] wurde von nationalsozialistischen Schlägern mit Stahlruten schwer misshandelt und gefährlich verletzt.[188] Die Nationalsozialisten erzwangen sodann Adlers Entlassung, woraufhin sich der Trägerverein des Konservatoriums selbst auflöste.[189] Mit weiteren Aktionen sollte der Verein zur Förderung der Volksbildung mürbe gemacht werden. Dazu gehörten eine Hausdurchsuchung der Stuttgarter Volkshochschule im März 1933 unter fadenscheinigen Vorwänden sowie im November eine Strafanzeige gegen Bäuerle und Robert Bosch wegen angeblicher Veruntreuung öffentlicher Gelder.[190] Versuche Bäuerles, durch Eingliederung in eine der konkurrierenden NS-Organisationen oder in das württembergische Kultusministerium dem Verein das Überleben zu sichern, waren illusorisch. Das Spektrum der Aktivitäten war Jahr für Jahr geschrumpft, Erscheinungsbild und Programm der Volkshochschule waren durch neue, politisch oktroyierte Mitarbeiter im Sinne der NS-Ideologie umgeprägt worden. Eine Denkschrift aus dem Februar 1936 dokumentierte, dass kaum noch Handlungsspielräume offen standen. Bäuerle hielt es deshalb für besser, «den Verein aufzulösen als ihn kümmerlich weiter vegetieren zu lassen».[191] Jetzt zog Robert Bosch die Konsequenzen im Sinne der von Bäuerle geforderten «klaren Lösung»[192]: Er war nicht bereit, die weitere Zerschlagung seiner Initiative und die von den NS-Behörden betriebene Entmachtung Bäuerles weiter hinzunehmen. In seinem Schreiben an die Vorstandsmitglieder des Vereins stellte er sich uneingeschränkt hinter den von seinen Gegnern im regionalen NS-Herrscherapparat fortlaufend angegriffenen, zuletzt wegen des Besitzes marxistischer Schriften denunzierten Bäuerle: «Unter diesen Umständen habe ich mich für meine Person entschlossen, mich von der Vereinsarbeit zurückzuziehen und auch die von mir und meiner Firma geleistete bisherige finanzielle Unterstützung nicht fortzusetzen.»[193]

Noch weitaus wichtiger war für die neuen Machthaber die Kontrolle der Massenmedien. Im März 1933 wurde zunächst die «Süddeutsche Arbeiterzeitung», das Organ der KPD in Stuttgart, verboten. Eine Woche später besetzten bewaffnete SS-Leute auch die Redaktion der sozialdemokratischen «Schwäbischen Tagwacht», ein republiktreues Traditionsblatt, das Robert Bosch im Weltkrieg mit einem Darlehen unterstützt hatte.[194] Die Zerschlagung der Presseorgane der organisierten Arbeiterbewegung war zugleich ein brutaler Enteignungsvorgang, auch zur persönlichen Bereicherung der tonangebenden Parteifunktionäre, und führte zu einer Stärkung der NS-Presse, die bislang in Württemberg «ein kümmerliches Winkeldasein» geführt hatte.[195] Bis Ende 1932 hatte es der «NS-Kurier» auf 17 000 Exemplare gebracht und lag damit immer noch weit abgeschlagen hinter der auflagenstärksten Tageszeitung in Stuttgart, dem «Stuttgarter Neuen Tagblatt» mit einer Auflage von 70 000 Exemplaren.[196] Hinter diesem traditionsreichen, demokratisch orientierten Blatt stand der Stuttgarter Unternehmer und Stifter, der nach dem Weltkrieg die Mehrheit in der Deutschen Verlagsanstalt (DVA) und über diese die Mehrheit am Stuttgarter Zeitungs-Verlag erworben hatte, ein Engagement, das er aus seinem Privatvermögen bestritt. Er hatte seinerzeit verhindern wollen, dass politisch ihm nicht sonderlich sympathische

Kräfte, wie etwa der Industrielle Hugo Stinnes, sich in der württembergischen Presselandschaft breitmachten. Bosch selbst publizierte gelegentlich Aufsätze im Stuttgarter Neuen Tagblatt, mischte sich jedoch nicht im Stile eines Medienmoguls in die Redaktionspolitik ein. 1934 stockte Robert Bosch seine Beteiligung an der DVA sogar noch auf und verfügte damit über 81,75 Prozent des Verlagskapitals.[197] Nach der Enteignung der SPD- und KPD-nahen Zeitungen mehrten sich auch die Signale für ein Vorgehen der Machthaber gegen die bürgerliche Presse. Gauleiter Murr und Gaupresseamtsleiter Weiß als Gesellschafter der nationalsozialistischen Verlagsgesellschaft ließen keinen Zweifel daran, dass sie ihr Presseimperium zügig arrondieren wollten. Weiß tauchte, mit einer Pistole bewaffnet und von weiteren bewaffneten Funktionären eskortiert, in den Verlagshäusern auf, um sie zur Abgabe von Geschäftsanteilen an die NS-Presse zu nötigen.[198] Davon ließ sich Robert Bosch offenbar zunächst nicht beeindrucken. Allerdings führten die fortgesetzten Attacken und Schmähungen zum Ausscheiden des demokratisch gesinnten Verlagsleiters Carl Esser im August 1933, der als «rotes Schwein» beschimpft wurde.[199] Einstweilen bremsten interne Konflikte der konkurrierenden NS-Instanzen das weitere Vorgehen der Machthaber. Auch die Furcht vor Popularitätsverlusten der Partei wegen der Vernichtung von Arbeitsplätzen durch Verlags- und Druckereischließungen mochte erklären, warum eine Attacke auf den «Sauladen» im Besitz der «Demokratenclique», wie der Stuttgarter Zeitungs-Verlag von seinen nationalsozialistischen Gegnern tituliert wurde, einstweilen ausblieb.[200] Es dauerte bis 1935 und verweist auf unterschiedliche Geschwindigkeiten und Methoden, mit denen die Machthaber ihre Gegner aus dem Weg räumten, bevor das Regime zu einem Schlag gegen Boschs Zeitungsbesitz ausholte. Max Amann, Präsident der Reichspressekammer und Reichsleiter der NSDAP für die Presse und damit der Architekt des nationalsozialistischen Presseimperiums, setzte im April 1935 eine Verordnung durch, nach der juristische Personen und mittelbar also damit auch Robert Bosch nicht weiter verlegerisch tätig sein durften.[201] Damit war seitens der Partei die Jagd auf den Stuttgarter Unternehmer und sein Presse-Engagement eröffnet. Zunächst versuchte Amann, seine «Lex Stuttgarter Tagblatt», von der man hinter vorgehaltener Hand sprach[202], mit dem Ansinnen einer je hälftigen Beteiligung am Stuttgarter Zeitungs-Verlag von Robert Bosch einerseits und einem nationalsozialistischen Pressetreuhänder andererseits durchzusetzen, was Bosch nach Konsultationen mit dem ebenfalls im Pressewesen engagierten Paul Reusch entschieden ablehnte.[203] Amann erhöhte daraufhin den Druck und schaltete Göring ein, der Robert Bosch telefonisch nach Berlin zitierte. Dem erpresserischen Vorgehen von Hitlers Paladin, der mit entschädigungsloser Enteignung drohte, wusste er nichts mehr entgegenzusetzen: «Nehmen Sie alles, es kommt gar nicht mehr darauf an, sperren Sie mich ein», soll er schließlich die Forderung Görings quittiert haben, seine Anteile zu verkaufen.[204]

Das Unternehmen, die «Nazi-Welle» – ein Jubiläum und der Bosch-Zünder

Die «Nazi-Welle vor dem Hause Bosch zum Stehen zu bringen»[205], mochte im Hinblick auf die Zusammensetzung des engeren Führungskreises gelungen sein. Im Hinblick auf die nationalsozialistischen Organisationen, die die Partei auf die Arbeitnehmer ansetzte, konnte davon nicht die Rede sein. Am 27. März 1933 verbot der Polizeikommissar für das Land Württemberg mit sofortiger Wirkung die Abhaltung von Betriebsratswahlen. Das Arbeitsgericht Stuttgart schob im Mai zur richterlichen Deckung dieses offenkundigen Rechtsbruchs die absurde Begründung nach, durch Betriebsratswahlen sei «Unruhe in den Betrieben» entstanden.[206] Die Betriebsräte der Robert Bosch AG, für deren gesetzlich verbürgte Einsetzung der Unternehmer selbst einst erfolgreich plädiert hatte und in denen er notwendige Partner und legitimierte Kontrahenten in den industriellen Arbeitsbeziehungen sah, wurden verhaftet und in das Konzentrationslager Heuberg verschleppt. Immer wieder, so berichtete die NS-Presse im Juli, sei es in den Werkstätten der Firma Bosch zu «Wühlereien von Kommunisten und anderen Elementen» gekommen, woraufhin im Zuge einer «großen Reinigungsaktion» 42 Arbeiter entlassen worden seien, womit die Zeit der «liberalistischen Wirtschaftsunordnung» vorbei gewesen sei.[207] Wie es zu diesen Entlassungen kam, ob sie in diesem Umfang und in welcher innerbetrieblichen Machtkonstellation sie vorgenommen wurden, lässt sich nicht mehr zweifelsfrei rekonstruieren. Alles spricht dafür, dass das Unternehmen keine politisch motivierten Kündigungen aus eigenem Antrieb ausgesprochen hat.[208]

Folgt man dem späten, durch Betroffene beglaubigten Bericht des Personalleiters Otto Debatin, dann versuchte man wenigstens, eine liberale Personalpolitik im Unternehmen durchzuhalten. Immerhin konnte er nach dem Krieg mit Einzelfällen glaubhaft belegen, dass das Unternehmen «verfemte Geistliche, Lehrer, Beamte, KZ-Häftlinge, Kommunisten, jüdisch Versippte» eingestellt und damit gezeigt hatte, dass sich mit Mut und Menschlichkeit Handlungsspielräume gegen den Zugriff des Regimes offen halten ließen und Willfährigkeit keineswegs alternativlos sein musste. Unter denen, deren soziale Existenz der NS-Terror zerstört hatte, die zum Teil weiter mit Schikanen oder Verfolgung rechnen mussten und dennoch bei Bosch unterkamen, befanden sich ein sozialdemokratischer Abgeordneter, der nach dem Ende der NS-Herrschaft als Ministerialrat im württembergischen Kultusministerium tätig wurde, sodann ein Lehrer, der als «Judenfreund» entlassen worden war, ein Mitglied der Katholischen Aktion und späteres Betriebsratsmitglied, nach zweieinhalbjähriger KZ-Haft, eine aus politischen Gründen entlassene Dozentin der Hochschule in Hohenheim, die nach ihrer Entlassung verelendet war, schließlich der als Kommunist 1935 von einer anderen Stuttgarter Firma fristlos entlassene Eugen Eberle, der nach dem Krieg bei Bosch zum Vorsitzenden des Gesamtbetriebsrats aufstieg.[209]

Nach der Beseitigung der Weimarer Betriebsverfassung, der Ausschaltung der Betriebsräte und der Zerschlagung und Enteignung der Gewerkschaftsbewegung stand der Unternehmensleitung mit der Deutschen Arbeitsfront (DAF) und der Nationalsozialistischen Betriebszellenorganisation (NSBO) ein in sich zerstrittenes Machtkonglomerat gegenüber. Schon im April 1933 war die NSBO den Freien Gewerkschaften gleichgestellt worden, und ihre lautstark agitierenden Funktionäre sahen sich als berufene Nachfolger der Gewerkschaften, traten militanter auf als die DAF und brachten es immerhin bis zum Mai 1933 im Reich auf 727 000 Mitglieder. Die NSBO verstand sich zeitweise nicht nur als Erbin der Freien Gewerkschaften, sondern übernahm auch zunächst deren Forderungen: Streikrecht, Tarifpolitik und Betriebsräte. Demgegenüber profilierte sich die DAF als klassenübergreifender Harmonieverband und Garant einer egalitär drapierten «Volksgemeinschaft». Den offenkundigen Antagonismus zwischen den beiden löste Hitler zeitgleich mit der Liquidierung der SA-Führung 1934 zugunsten der DAF auf, die ein Jahr später die vormals mit sozialrevolutionären Parolen auftrumpfende NSBO aufsaugen konnte.[210]

Mit beiden Organisationen hatten Robert Bosch und sein Führungskreis zunächst zu rechnen – und dies vor dem Hintergrund einer Stimmung in der Arbeiterschaft, die im Zuge der Festigung des NS-Regimes «der unkritischen Verhimmelung Hitlers verfallen» schien, wie man in der Exil-SPD befürchtete.[211] Über die Atmosphäre im Unternehmen berichtete der Werkzeugdreher Franz Grimminger von der «KPD-Opposition»: «Die NSBO-Leute sind bei uns schon vor Hitlers Machtantritt ein klein wenig in Erscheinung getreten, nur ohne Uniform. Nach dem 30. Januar sind die dann plötzlich in Uniform in den Betrieb gekommen, haben sich umgezogen, den blauen Anton in der Werkstatt getragen und dann in Uniform wieder rausgegangen. Die politische Diskussion im Betrieb wurde da sofort zurückhaltender. Man konnte sich ja nur noch auf Einzelne verlassen. Wie oft ist es denn vorgekommen, dass es in der eigenen Familie Denunzianten gab! Nur zum Kollegen, von dem man wusste, dass er noch ein anständiges Hemd hatte, konntest Du etwas sagen. Das durfte dann aber ein Dritter nicht hören und ein Vierter auch nicht. Betriebsversammlungen so wie früher gab es ja nicht mehr. Die Nationalsozialisten haben das natürlich nicht mehr zugelassen. Das hätte ja vielleicht in irgendeiner Form, wenn auch vielleicht ganz primitive, kritische Meinungsäußerung gegeben.»[212]

Möglicherweise wollten Robert Bosch und Hans Walz die Funktionäre der DAF und die regionale NS-Führung ruhigstellen und für die Zukunft aus dem Unternehmen heraushalten, indem sie sie kurzerhand zu einer Betriebsbesichtigung einluden, um zu zeigen, dass es bei Bosch keinen Bedarf an ideologisch grundierten Veränderungen gäbe.[213] Die Werkszeitschrift berichtete mit Fotos über den Besuch Robert Leys im Feuerbacher Werk. Betrachtet man die Reportage aus der Sicht einer Unternehmenskommunikation, die im Hause professionell ausgefeilt war, gibt es einige Auffälligkeiten. Der Text ging ausführlich auf die Begrüßungsansprache des Direktors Karl Martell Wild ein, der die «besondere Verbindung zwischen Herrn Bosch und seinen Mitarbeitern» hervorhob.[214] Und Wild fügte hinzu: «Auch heute noch ist es die Persönlichkeit seines Begründers, die unserem Werk sein besonderes Gepräge gibt.»[215] Das musste man auch so verstehen, dass das Unternehmen seinen Erfolg und die Mitarbeiter ihr Wohlergehen ausdrücklich nicht dem Regime, seinem «Führer» und seinen Satrapen verdankten. Für

Robert Bosch war jedenfalls ausgemacht, dass das Regime mit seinen ebenso pompösen wie gehaltlosen Parolen auf dem Gebiet der Sozialpolitik unglaubwürdig und entbehrlich war: «Nun betreibe ich seit Jahrzehnten schon eine soziale Tätigkeit. Ich habe vor mehreren Jahren schon den Grundstock zu einer Pensionskasse für nicht mehr arbeitsfähige Angehörige meines Werkes, und zwar für Angestellte und Arbeiter, gelegt. Wir beabsichtigen, auch in diesem Jahr wieder 1 Million diesem Fonds zuzuweisen. Wir bezahlen Löhne, die bis zu 30% über dem Tariflohn liegen und haben auf diese Weise 4 Millionen Mark mehr bezahlt im Laufe des Jahres, als der Tariflohn ausmacht. Die ‹Gleichschaltung› verlangt jetzt, daß wir auch noch unseren sämtlichen Arbeitern und Angestellten, mit welchen wir vielleicht gar nicht zufrieden sind, weil sie nichts leisten, oder aus sonstigen Gründen, entlassen kann man sie ja gar nicht so leicht, noch ein Christgeschenk geben müssen, obgleich wir sie lieber hinausjagen würden (um nicht mißverstanden zu werden, wir werden diesem Verlangen nicht entsprechen). Es muß eben alles gleichgeschaltet werden und der Führer der Arbeitsfront teilt uns dann mit, was wir zu tun hätten, um den sozialen Anforderungen gerecht zu werden, wobei ich doch für mich immerhin in Anspruch nehmen möchte, dass ich, der ich bald 50 Jahre Unternehmer bin, besser weiß, was meinem Werk und seinen Angestellten frommt. In erster Linie frommt den Arbeitern, wenn das Werk weiter sein Bestehen haben wird.»[216]

Der Unternehmensgründer hatte intern seine Einstellung lakonisch auf den Begriff gebracht, als er an Walz schrieb, dass seine eigenen «Verpflichtungen, moralische und lebenswichtige [...] denen gegenüber vorangehen» müssten, «die der Führer hat, und die ich gar nicht kenne».[217] Ein gewisser Höhepunkt in dieser Strategie der kalten Schulter waren die Feierlichkeiten zum 50. Firmenjubiläum und zum 75. Geburtstag des Gründers. Aus Anlass dieses Doppelfests brachte das Unternehmen eine fast 300-seitige Festschrift heraus, die neben Auszügen aus den Kindheits- und Jugenderinnerungen Robert Boschs einen Gang durch die Unternehmensgeschichte und ihre technologischen Errungenschaften bot. Nun war es im «Dritten Reich» erwünscht, in solchen Veröffentlichungen Erfolge und Aufschwünge möglichst immer auch mit der «Nationalen Revolution» in Verbindung zu bringen. Es gehört ja zum Wesen des Totalitären, Leistungen aus der Mitte der Gesellschaft propagandistisch zu konfiszieren, sie rhetorisch umzufunktionieren in

Errungenschaften und Durchbrüche des Regimes und seines «Führers». Wer nun anlässlich des Doppeljubiläums bei Bosch dergleichen erwartet hatte, wurde herb enttäuscht. In der Festschrift war vom Unternehmensgründer selbst und von denjenigen die Rede, die durch Kompetenz, Fortune und Erfahrung zum Unternehmenserfolg beigetragen hatten, wohingegen Staat und Partei mit ihren Würdenträgern nicht auftauchten. Wenn das Unternehmen denn eine soziale Umwelt und damit Stakeholder hatte, dann war es das «Schwabenland» und die «Weltwirtschaft».[218] Offenkundig knüpfte das einleitende Kapitel über «Technik und Wirtschaft in Württemberg» an die Rede von Hans Walz vom Vorjahr vor dem Württembergischen Industrie- und Handelstag an.[219] Mit «Württemberg und die Weltwirtschaft» war der Schlussakkord des Kapitels überschrieben, in dem vor dem Irrweg gewarnt wurde, «zu einem möglichst hohen Grad wirtschaftlicher Selbstgenügsamkeit zu gelangen».

Der Verfasser[220] holte sodann zu einem vernichtenden Urteil über die nationalsozialistische Wirtschaftspolitik aus: «Die durch ein System von Einfuhrkontingenten, Zollhemmungen, Währungsherabsetzung, Clearingabkommen u.dgl. zwangsweise hervorgerufene Form des Kompensationshandels bedeutete im Grunde genommen nichts anderes als ein Zurücksinken in die primitiven Zeiten der Naturalwirtschaft. Als vorübergehende Erscheinung mag dieser Zustand erträglich sein, in Notzeiten sogar unvermeidlich sein, auf die Dauer ist er im Verein mit einer geordneten Wirtschaft undenkbar.»[221] Eine Gesundung der wirtschaftlichen «Austauschbeziehungen im Sinne der internationalen Gegebenheiten der am Welthandel beteiligten Staaten», im Sinne einer vernünftigen Arbeitsteilung also, setzte «einen möglichst weitgehenden Ausgleich der außenpolitischen Spannungen voraus».[222] Hier war sie wieder: Die Vision des Unternehmensgründers vom Fortschritt durch Verständigung, Austausch, Handel und friedlichen Wettbewerb in einer arbeitsteiligen Weltwirtschaft. Während der «Völkische Beobachter» seltsamerweise «freudige Zustimmung» bei den Empfängern der Festschrift spürte,[223] hatten die NS-Potentaten in Stuttgart genauer hingeschaut. Der württembergische Gau-Presseamtsleiter vermisste im «NS-Kurier» den «Dank an den Führer und seine politischen Kämpfer, die die Voraussetzungen für diesen Tag freudigen Rückblicks für die Firma Robert Bosch geschaffen haben».[224] Es blieb den regionalen NS-Gewaltigen wenig mehr als ein Redebeitrag des Betriebszellenobmanns bei der Jubiläumsfeier, der seine kurze Ansprache «in einem dreifachen ‹Sieg Heil› auf den Führer ausmünden [ließ], der den letzten Aufschwung des Werkes und der deutschen Wirtschaft allein ermöglicht habe».[225] Diese Einlassung eines subalternen Funktionärs vermochte allerdings propagandistisch wenig zu bewirken. Die eigentliche Laudatio auf Robert Bosch hielt Hjalmar Schacht als Reichsbankpräsident und Wirtschaftsminister, der den «Führer» mit keinem Wort erwähnte.[226]

Das Verhalten der Unternehmensführung, so viel bleibt festzuhalten, war noch nicht Widerstand im Sinne einer eindeutigen Fundamentalopposition. Aber es war doch Resistenz, wenn man darunter Nonkonformität versteht, «die sich gegen bestimmte zwanghafte weltanschauliche, disziplinäre oder organisatorische Maßnahmen oder Zumutungen des NS-Regimes richtete».[227] Wenn man das NS-Regime mit Max Webers Begriff der charismatischen Herrschaft zu bestimmen versucht, dann verweist das Verhalten der Bosch-Führung im Zusammenhang mit dem Firmenjubiläum auf das Bestreben, Hitlers Herrschaft durch Ignorieren seiner «Leistungen» zu entzaubern. Während die regionale NS-Propaganda sich die Erfolgsgeschichte der Bosch-Gruppe als Beleg für das segensreiche Wirken des «Führers» nicht entgehen lassen wollte, legte es die Führung des Hauses auf die genau gegenläufige Strategie an. Hans Walz überbot in seiner Festansprache am 23. September das für die Parteibonzen empörende Spiel des Ignorierens und ging nach der Maßregelung der Festschrift in der NS-Presse zu einer Art Gegenoffensive über. Bezeichnenderweise hatten die Regierung in Stuttgart und die Gauleitung nach Erscheinen der Festschrift entschieden, die Jubiläumsfeier zu boykottieren, und lediglich einen Staatssekretär entsandt, dessen geplanter Redebeitrag entfiel. Vor ca. 8 000 Gästen in der Stadthalle von Stuttgart entfaltete Walz von Robert Bosch das Bild eines rastlos nach Innovationen strebenden Unternehmers, pries dessen «geniale Nüchternheit» und «besonnene Ruhe».[228] Auch das «Führertum», das Walz seinem langjährigen Chef bescheinigte, schmückte er mit den Werten Vertrauen und Liberalität aus, denn der Gründer lasse seinen erprobten Mitarbeitern «bei Übertragung voller Verantwortung eine fast unbegrenzte Freiheit der Bewegung»[229], erstrebe also aus wohlverstandenem Eigeninteresse keine monokratische Führung. Walz versäumte auch nicht, die Leistung einer starken, freilich «durch gerechten sozialen Ausgleich» ergänzten Wirtschaft[230] als «starkes Bollwerk gegen die Mächte der Verwilderung und Barbarei» zu unterstreichen.[231]

Mit Walz' Rede sowie mit der Festschrift zum Firmenjubiläum und zum Geburtstag des Unternehmensgründers wollte man Zeichen setzen gegen das Regime, dem Allmachtsanspruch des «Führers» und der Partei ein Ordnungsbild entgegensetzen, in dem sich Führung durch Leistung zu legitimieren hatte und in dem Rationalität, Umsicht, Respekt und Verantwortung gegen eine korrupte und machtgierige Herrscherclique standen. Hinzu kam, dass die Festtagsregie bei Bosch die Stadthalle in einer für das Regime besonders empörenden Weise ausgeschmückt hatte: Die Zuhörer blickten auf eine Bühne, an deren Wand das Firmenlogo zwischen den Initialen des Gründers strahlte, wohingegen die obligatorische Hakenkreuzfahne an der gegenüberliegenden Stirnwand, also «im Rücken der Gäste» aufgehängt war[232], wovon der «Bosch-Zünder» mit Photos und der spöttisch klingenden Bildunterschrift berichtete: «So [mit der Hakenkreuzfahne im Blick] sah der Chor [und eben nur dieser] den prächtig geschmückten Raum.»[233]

Dies alles wurde in der Partei sehr genau verstanden. Auf Drohungen der NSDAP-Kreisleitung hin spielten Walz und Wild den Ball auf denkbar schnoddrige Weise ins Tor der braunen Regionalpotentaten und hielten ihnen vor, dass die kritische Berichterstattung über die Jubiläumsfeierlichkeiten im Stuttgarter NS-Kurier bei «unserer Gefolgschaft sehr unliebsam empfunden wurde und damit manche Sympathie für die Bewegung beeinträchtigt haben dürfte».[234] Es gehörte Mut dazu, die Herrschaftsverhältnisse gleichsam umzukehren, denn die NS-Bonzen mussten lesen, dass es an ihnen war, im Hause Bosch dessen Belegschaft bei Laune zu halten.

Wenig später nahmen mehrere Dienststellen, darunter die Landesstelle von Goebbels' Propagandaministerium und die Politische Polizei unter dem späteren SS-Massenmörder Walter Stahlecker, Hans Walz' Rede genauer unter die Lupe, was in eine Untersuchung der Stuttgarter Vorfälle durch die Reichsleitung der NSDAP in München einmündete.[235]

Ein weiterer Konflikt mit der Partei kam Anfang 1937 hinzu, als Otto Debatin im «Bosch-Zünder» gegen einen hohen Funktionär der DAF-Reichsleitung Stellung bezog. Dieser hatte nach einem Zeitungsbericht gegen eine angeblich falsche Vorstellung vom «Musterbetrieb» polemisiert: Keineswegs sei eine Firma bereits ein solcher, wenn er «mehr oder weniger großartige Einrichtungen zum Wohle der Gefolgschaft geschaffen» habe. Dieses Prädikat sollte vielmehr solchen Unternehmen vorbehalten bleiben, die «eine vorbildliche Betriebsgemeinschaft aus nationalsozialistischer Haltung heraus» vorzuweisen hätten. Ohne eine solche Gleichschaltung und ideologische Imprägnierung – und damit war zweifellos der Bosch-Konzern gemeint – handle es sich um «Soziale Blender».[236] Debatin verwahrte sich gegen diese «Verunglimpfung», mit der «den Stiftern anerkennenswerter Einrichtungen Unrecht» geschehe.[237] Damit handelte er sich eine Verwarnung durch den Hauptbetriebsobmann der DAF ein.

Am 1. Dezember 1937 wurden Walz und Debatin daraufhin zu einer Besprechung mit fünf Funktionären der NSDAP, der DAF und der NSBO einbestellt. In der mit Härte geführten Auseinandersetzung beanstandete der Gauobmann der DAF, dass man bei Bosch «nach dem alten ‹Herr- und Knecht-System›» handle, denn die DAF-Funktionäre – «Betriebsobmänner» und «Vertrauensleute» – hätten in der Firma «nicht viel mitzureden» und sie seien auch «bei Herausgabe des Bosch-Zünders […] von der Mitwirkung überhaupt ausgeschaltet».[238] Dies war eine bizarre Frontstellung. Die NS-Funktionäre bemühten aus Gründen der ideologischen Selbsterhaltung mit der Herr-und-Knecht-Metaphorik eine traditionsreiche Denkfigur der Arbeiterbewegung, bedienten sich damit also aus dem geistigen Arsenal des unterdrückten Gegners. Dabei standen sie einem Unternehmen gegenüber, das sie sozialpolitisch nicht einholen oder gar überbieten konnten. Denn noch bei der Jubiläumsfeier hatte der Vorstand «riesigen Beifall» geerntet mit der Ankündigung, der «Bosch-Hilfe» und damit der Alten- und Hinterbliebenenversorgung eine Million Reichsmark zusätzlich zuzuführen und jedem Mitarbeiter, nach der Dauer der Werkszugehörigkeit gestaffelt, eine «Jubiläumsgabe» auszuzahlen.[239]

Hans Walz beteuerte zunächst in der Auseinandersetzung mit den Vertretern des Regimes die grundsätzliche Gesprächsbereitschaft des Unternehmens, wischte dann aber den sozialpolitischen Führungsanspruch der Partei und ihrer Ableger vom Tisch: «Die Firma Bosch habe schon etwas geleistet, als viele ihrer heutigen Verächter noch in den Windeln gelegen seien.»[240]

Im Übrigen, so Hans Walz, bleibe die Firma zwar gesprächsbereit, ein «Gang nach Kanossa» [sic] komme aber nicht in Frage und «sogenannte Berichterstatter» im Unternehmen, also Spitzel von Gestapo und SD, würde er «sofort hinausschmeißen».[241]

Möglicherweise fühlte sich Walz wegen seiner Parteimitgliedschaft und auch wegen seiner Mitgliedschaft im Freundeskreis Himmler sicher. Aber dennoch war der Auftritt vor den Parteifunktionären durchaus couragiert, war Zeichen eines Bürgerstolzes, dem die Funktionäre außer Drohungen nichts entgegenzusetzen hatten.[242] Nach dieser Erfahrung neigte man bei Bosch dazu, fortan, «wegen Lappalien wie z. B. schöner Worte in Veröffentlichungen, den auflauernden Parteiinstanzen keine Handhabe zu einem Einschreiten gegen die Unabhängigkeit des Hauses Bosch zu liefern».[243]

In gewisser Weise hatte der «Bosch-Zünder» diese Strategie bereits seit der «Machtergreifung» verfolgt. Betrachtet man das Hausorgan der Bosch-Gruppe über die Jahre der NS-Herrschaft, dann oszillierte die Redaktionspolitik zwischen einer gewissen Konformität einerseits und der Bewahrung ihrer Eigenständigkeit andererseits. Lange ging die Redaktion über das Ansinnen der DAF hinweg, sie solle ausdrücklich auf das Einvernehmen mit Leys Apparat hinweisen. Erst ab 1939, drei Jahre nach einer einschlägigen Verordnung des Reichsleiters Amann, erschien der «Bosch-Zünder» offiziell «im Einvernehmen mit dem Presseamt der DAF».[244] Schon im Sommer 1937 war Debatins Name kommentarlos aus dem Impressum verschwunden.[245] Einen erheblichen Eingriff musste die Werkszeitschrift hinnehmen, als Amann 1936 mit einer Verordnung dafür sorgte, dass das Beiblatt zum Bosch-Zünder nicht mehr erscheinen durfte. Mit dieser Maßnahme sollte nicht nur unliebsame Konkurrenz der NS-Blätter beseitigt werden. Es ging auch darum, feuilletonistische Beiträge mit politisch mehrdeutigen Anspielungen auszuschalten.[246] Der «Bosch-Zünder» veränderte im «Dritten Reich» deutlich sein Gesicht, seine «polemisch-kritische Stimme [kam] zum Schweigen».[247] Mehr noch: Debatin forderte die Belegschaft zum Eintritt in die DAF auf und kündigte 1935 an, die DAF-Mitgliedsbeiträge würden künftig vom Lohn abgezogen.[248] Allerdings konnte er später geltend machen, dass politischer Zwang ihm keine andere Wahl gelassen habe.[249]

Einerseits zeigt die detaillierte Lektüre, dass auch der «Bosch-Zünder» mit einem Fremdbeitrag weithin zeitübliche eugenische Thesen von einer «drohenden Verschlechterung der Rasse» aus seinen Spalten nicht gänzlich heraushielt.[250] Andererseits gab die Redaktion den Forderungen der DAF nicht nach, mit fremden oder gar mit eigenen Beiträgen in die antisemitische Hetze einzustimmen. Vieles spricht dafür, dass der zunehmende Anpassungsdruck das schrittweise Ausdünnen und die Verlängerung der Erscheinungsintervalle ausgelöst hat, womit der Gleichschaltungsdruck in gewissem Maße unterlaufen werden konnte.[251]

In den ersten Jahren des NS-Regimes nahmen Beiträge zum Thema Nationalsozialismus durchaus Raum ein. Doch bescheinigte ein für das Regime besonders aufgeschlossener Mitarbeiter dem «Bosch-Zünder», «nationalsozialistisches Gedankengut nur in homöopathischen Dosen» zu verabreichen.[252] Es war für die Taktik von Mimikry und Camouflage bezeichnend, dass Debatin auch dieser Denunziation mit dem rabulistischen Argument entgegentrat, der Bosch-Geist habe den Geist der «Volksgemeinschaft» schon vorweggenommen, bevor die NS-Bewegung überhaupt in Erscheinung getreten war. Keine Frage: Für den heutigen Leser wirken die Artikel zum Nationalsozialismus und die Hitler-Porträts befremdlich. Aber es handelte sich dabei nicht um inbrünstige und für das Regime überzeugende Treueschwüre. Repräsentativ stand für diese Taktik das willkürliche Montieren von Hitler-Zitaten, die, aus dem Zusammenhang gerissen, Hitler als Anwalt von Arbeitnehmerrechten und damit im Lichte eines Anspruchs erscheinen ließ, an dem der Leser ihn dann messen durfte. Zu dieser Mimikry gehörte auch das für ein nationalsozialistisch geschultes Auge nahezu groteske Verfahren, eine Abbildung des «Führers» im Gespräch mit jungen Arbeitern mit einem Hitler-Zitat, auf derselben Seite aber mit fünf Zitaten aus der Feder des Unternehmensgründers zu garnieren – und zwar mit Ausführungen aus den 20er Jahren, die ihn als Anwalt partnerschaftlicher Sozialbeziehungen im Unternehmen auswiesen.[253] Insofern hat das Urteil von Theodor Heuss Bestand, dass der «Bosch-Zünder» zwar keineswegs dem «objektiven Gesetz einer Mimikry» entging,[254] dass aber von einer erfolgreichen Gleichschaltung der Unternehmenszeitschrift nicht gesprochen werden kann.[255]

Eine neue Klinik

Während die Jubiläums- und Geburtstagsfeierlichkeiten von 1936 mit ihrer publizistischen Begleitmusik für Spannungen mit Vertretern des Regimes sorgten, fand eine neuerliche mäzenatische Entscheidung nahezu ungeteilten Beifall. Von Kindesbeinen an war Robert Bosch mit naturheilkundlichen Anschauungen in Berührung gekommen: «Schon mein Vater war Anhänger der Homöopathie. Ich bin vom Knabenalter an nie anders als homöopathisch behandelt worden. Ich bin gegen irgendwelche Arzneimittel sehr empfindlich und habe die Erfahrung gemacht, dass mich homöopathische Arzneimittel auch in tausendfacher Verdünnung stark beeinflussen.»[256] Seiner engeren Umgebung erschien der Unternehmensgründer als «fanatischer Naturmensch»[257], der Aufenthalt an der frischen Luft, das Wandern und Jagen waren für ihn Passion und Lebenselixier. Bis ins hohe Alter blieb er beweglich, lernte noch mit 67 das Golfspielen.[258] In seinen naturheilkundlichen Anschauungen, seiner Lebensführung und in seinen Grundsätzen als Bauherr lichtdurchfluteter, gut belüfteter Fertigungsstätten und Büros spiegelte sich so etwas wie Nachhaltigkeit als Widerlager zu einem unreflektierten und rücksichtslosen Ressourcenverzehr.

Aber dies geschah ohne Anspruch auf weltanschauliche Belehrung. Der Stifter dachte nicht in Kategorien heilbringender Lösungen. So überzeugt er von der Heilkraft der Homöopathie war, so wenig kam es ihm in den Sinn, einer medizinischen Methode Exklusivität zuzuschreiben. Für ihn selbst war der Heilerfolg naturheilkundlicher Methoden nie strittig, aber er verstieg sich nicht dazu, die herkömmliche Schulmedizin deshalb auszuschließen. Ihm ging es vielmehr darum, zwischen unterschiedlichen Heilmethoden Wettbewerb und gegenseitige Ergänzung zu ermöglichen: «Die alten [Ärzte] aber sind zuweilen so, dass sie selbst ihnen nahestehende lieber dahinsiechen lassen, als dass sie zugeben, dass die neuen Disciplinen den Sieg davongetragen haben.»[259] Nicht umsonst förderte Robert Bosch auch Forschungsprojekte der Allopathie und hier insbesondere Vorhaben der Krebsforschung.[260]

1901 war er in Stuttgart dem «Verein homöopathisches Krankenhaus e. V.» beigetreten. Er wollte dazu beitragen, «die empirischen Ergebnisse der homöopathischen Heilweise durch klinische Erprobung immer mehr ins Licht unzweifelhafter, jederzeit in die Praxis übertragbarer wissenschaftlicher Erkenntnisse zu rücken».[261] Vor dem Ersten Weltkrieg kamen die Planungen freilich nur schleppend voran und waren dann mit Kriegsbeginn zunächst obsolet. Immerhin entstand im August 1914, auch mit seinen Spenden, in Stuttgart ein homöopathisches Lazarett. Im Juni 1915 gründete der Stifter gemeinsam mit den tonangebenden homöopathischen Vereinigungen der Stadt die Stuttgarter Homöopathische Krankenhaus GmbH, für die er nahezu 70 Prozent des Kapitals aufbrachte. 1916 steuerte er aus den Kriegsgewinnen des Unternehmens weitere 2,6 Millionen Mark bei und sorgte damit für ein Stammkapital von 3 Millionen Mark. Im weiteren Verlauf des Krieges kamen die begonnenen Bauarbeiten zum Erliegen. Nach dem Krieg kam es wegen der inflationsbedingten Vernichtung des gestifteten Kapitals 1921 nur noch zur Eröffnung eines Interimskrankenhauses mit 70 Betten in 24 Krankenzimmern.[262] Für das stifterische Agieren von Robert Bosch war es aufschlussreich, dass er seine Geschäftsanteile an der Stuttgarter Homöopathischen Krankenhaus GmbH 1924 auf die Vermögensverwaltung Bosch GmbH übertrug und damit dokumentierte, dass die Förderung der Gesundheitspflege für ihn und für seine Nachfolger und Erben langfristig zentrales Gewicht in allen gemeinnützigen Aktivitäten haben sollte.[263] Damit rundete er sein mäzenatisches Engagement ab, das sich künftig auf den Achsen Bildung, Völkerverständigung und Gesundheit bewegen sollte.

1936 konnte der Stifter anlässlich seines Geburtstags und des Firmenjubiläums dem Vorstand des Unternehmens für den Beschluss danken, seine Krankenhausstiftung von 1916 mit einer Dotation von 3,5 Millionen Reichsmark für ein neues homöopathisches Krankenhaus auszustatten und ihm damit einen «langgehegten Wunsch» zu erfüllen.[264] Das stifterische Motiv, Rüstungsgewinne auf gemeinnützige Zwecke umzulenken, ließ sich auch beim Bau des Krankenhauses erkennen, wofür er mit seinem Unternehmen, über die Jubiläumsstiftung von 1936 hinausgehend, insgesamt 6,7 Millionen Reichsmark bereitstellte.[265]

Mit dem 1940 eingeweihten, auf 365 Betten ausgelegten Robert-Bosch-Krankenhaus entstand eine hochmoderne Klinik, als homöopathisches Krankenhaus das größte seiner Art in Deutschland, zugleich auch mit Röntgenabteilung und Operationssälen ausgestattet, also keineswegs exklusiv homöopathisch festgelegt, vielmehr bis in die Einzelheiten der baulichen Ausgestaltung dem «Konzept einer Verschmelzung von Alternativverfahren und moderner Schulmedizin verpflichtet».[266] Bis ins hohe Alter hielt Bosch an seiner undogmatischen Bewertung unterschiedlicher Heilmethoden fest: «Ich bin aber, ich möchte fast sagen, froh, dass ich durch meine schwere Erkrankung so viele Erfahrungen gemacht habe, dass ich bezüglich meines Krankenhauses mich auf den Standpunkt stelle, dass in diesem Krankenhaus nicht nur nach homöopathischen Grundsätzen geheilt werden soll, sondern es sollen alle Disziplinen angewendet werden, die sich bewährt haben. Für mich persönlich stehe ich auf dem Standpunkt, dass namentlich in akuten Fällen man zuweilen zu Spritzen, ja zum Messer wird greifen müssen, während ich allerdings für chronische Behandlungen [...] die Homöopathie vorziehe. Das ist die Ansicht eines Laien, und eine andere kann ich natürlich auch als solcher nicht haben.»[267] Das Engagement für die Homöopathie war auch keine Verbeugung vor dem NS-Regime, das das Schlagwort von einer angeblich «Neuen Deutschen Heilkunde» in Umlauf brachte. Im Nationalsozialismus erfuhren naturheilkundliche Verfahren eine Aufwertung, denn die Medizinfunktionäre des Regimes versprachen sich von einer Konvergenz unterschiedlicher Methoden eine Rationalisierung und Verbilligung des Gesundheitswesens, sowie durch Prävention und Gesundheitserziehung auch eine «Gesamtsanierung» des «Volkskörpers» im Sinne der völkischen Ideologie.[268] Offensichtlich lagen Welten zwischen einem politisch arglosen humanitären Engagement und einer ideologischen Indienstnahme des Gesundheitswesens im Zeichen der «totalitären Versuchung»[269]. Für Robert Bosch als Stifter war zu keinem Zeitpunkt der im «Dritten Reich» geführte «Selektionsdiskurs» maßgeblich, in dem das Wohl und die Würde des einzelnen Patienten, auf den es ihm doch immer ankam, hinter der Nebelwand völkischer Gemeinschaftsphrasen verschwanden.[270] Und in begrenztem Umfang konnte das gestiftete Krankenhaus im «Dritten Reich» sogar politisch Verfolgten Schutz bieten.[271] Die Klinik sollte nicht dem Regime helfen, sich im Glanz gesundheitspolitischer Errungenschaften zu sonnen, sondern war ein eigenständiger Beitrag eines selbstbewussten Bürgers zur medizinischen Versorgung. Das Interesse, aus einer deutlichen Distanz zum Regime stifterisch zu wirken, ließ sich später auch in dem Beitrag des Unternehmens zu der im November 1942 gegründeten «Fördergemeinschaft der Deutschen Industrie» erkennen, eine Initiative, mit der «möglichst unabhängig und fachbezogen» vor allem der wissenschaftliche Nachwuchs gefördert werden sollte.[272] Die durch Spenden der Robert Bosch GmbH im Umfang von 400 000 Reichsmark mitgetragene «Fördergemeinschaft» ermöglichte auch dem Ökonomen Ludwig Erhard, sich mit Fragen der Wettbewerbsordnung, der Währungsstabilisierung und der Nachkriegswirtschaft zu beschäftigen.²⁷³

Neben freiwilligem stifterischem Engagement gab es jedoch politischen Druck und das Bemühen der Unternehmensführung, «Rückversicherungen und Rückendeckung zu schaffen» gegen Bestrebungen, das Management durch «der Partei hörige Kreaturen zu ersetzen».²⁷⁴ Die «Adolf-Hitler-Spende», die zu den «mehr oder weniger erpressten Zuwendungen» an das Regime gehörte,²⁷⁵ kostete die Firma von 1933 bis 1944 über 1,7 Mio. Reichsmark.²⁷⁶ Den übrigen Spenden im Umfang von 553 000 Reichsmark für die NSDAP und parteinahe Organisationen standen – bei erheblichen, durch Kriegseinwirkung verursachten Lücken in den Aufzeichnungen – die Mittel für das Krankenhaus (6,5 Mio. Reichsmark), freiwillige Sozialleistungen (56 Mio. Reichsmark) und «Spenden an Kirchen und Juden» (600 000 Reichsmark) sowie «allg[emeine] Spenden» in Höhe von 900 000 Reichsmark gegenüber.²⁷⁷

Bosch und die jüdischen Mitbürger

In einer nach dem Krieg erstellten Übersicht verwies Otto Debatin auf weitere Beträge im sechsstelligen Bereich, die über die genannten «Spenden an Kirchen und Juden» hinaus ohne Belege «auf Veranlassung von Bosch» an ausgewanderte und hilfsbedürftige jüdische Mitbürger gezahlt wurden.²⁷⁸ In der Weimarer Republik waren Robert Bosch und Hans Walz in Stuttgart dem «Verein zur Abwehr des Antisemitismus» beigetreten.²⁷⁹ Walz war als tief gläubiger Protestant gedanklich nie in die Nähe des Nationalprotestantismus geraten, dem der Antisemitismus keineswegs fremd war. Vielmehr bekannte er sich zu einem sozialen Liberalismus kosmopolitischer Prägung und damit bis 1930 zur Deutschen Demokratischen Partei, der Partei Friedrich Naumanns, die von ihren politischen Gegnern vielfach wegen ihrer positiven Haltung gegenüber Juden geschmäht wurde. Robert Bosch bekannte sich ohne weitere theoretische Grundierung zu den universalistischen Werten seiner Jugendjahre. Der Gedanke, dass einer Person aufgrund rassistischer Zuschreibung negative Eigenschaften anhaften könnten, war ihm ebenso fremd wie jede verschwörungstheoretische Phantasie über Struktur und Verlauf sozialer Beziehungen, seien sie innerstaatlich oder grenzüberschreitend.

In Stuttgart setzten die antijüdischen Übergriffe und Ausschreitungen mit voller Wucht nach den Wahlen vom 5. März 1933 ein. Karl Adler, der charismatische Leiter des von Robert Bosch geförderten Konservatoriums, wurde, wie wir sahen, von SA-Schlägern auf offener Straße angegriffen. Der Vorfall war der Höhepunkt einer Hetzkampagne der Nationalsozialisten, die sich indirekt auch auf den Unternehmer und Stifter bezog. Schon vor der «Machtergreifung» war in der NS-Presse zu lesen gewesen, dass in Stuttgart durch die musikalische Volksbildung Schüler durch einen «zunächst unauffälligen Bolschewismus systematisch vom deutschen Wesen wegerzogen» würden.[280] Der Vorfall demonstrierte auch, dass die örtlichen Strafverfolgungsbehörden keine Anstalten machten, das Geschehen aufzuklären und die Täter zur Rechenschaft zu ziehen.[281]

Den vom NS-Regime am 1. April 1933 inszenierten Boykott jüdischer Geschäfte[282] verurteilte Bosch «schärfstens».[283] Am 7. April folgte mit dem «Gesetz zur Wiederherstellung des Berufsbeamtentums» der pseudolegale Ausschluss jüdischer Mitbürger aus dem Staatsdienst und, mit einem Gesetz gleichen Zuschnitts, aus der Rechtsanwaltschaft. Weitere Maßnahmen folgten gegen jüdische Schüler, Studenten, Ärzte und Zahnärzte.[284] Für den Kreis um Robert Bosch war klar, dass diese Kaskade diskriminierender Gesetze lediglich der Auftakt zu weiteren Schritten des Regimes gegen die jüdischen Mitbürger war. Jetzt versuchte Hans Walz im Namen und im Auftrag des Unternehmers in Berlin zu intervenieren. Bosch und Walz sahen zu diesem Zeitpunkt in dem Berater des «Führers» in Wirtschaftsfragen und späteren Staatssekretär Wilhelm Keppler den «höchsterreichbaren Ansatzpunkt zur Spitze der NS-Partei». Walz setzte Keppler im Beisein weiterer NS-Funktionäre auseinander, dass die vom Regime «inaugurierte Judenpolitik mit den fundamentalen Rechten der Menschlichkeit in Widerspruch» stehe und ersuchte Keppler, Hitler persönlich «diese Vorstellungen als tief ernstes Anliegen Robert Boschs zu Gehör zu bringen».[285] Es war absehbar, dass Walz bei Keppler nichts ausrichten konnte, ein jetzt offenbar nutzloser Kontakt in die NS-Führung, «Beziehungen», die man bei Bosch fortan lieber «hängenlassen» wollte.[286]

Insidern galt das Unternehmen im «Dritten Reich» als Zufluchtsstätte für Verfolgte des Regimes. «Ich wusste», bescheinigte der Leiter der Angestelltenabteilung des Stuttgarter Arbeitsamtes der Bosch-Gruppe nach dem Krieg, «dass man ihr politisch belastete Bewerber mit der nötigen Wärme empfehlen konnte».[287] Der Vorsatz, «die Naziwelle vor dem Hause Bosch zum Stehen zu bringen» bestimmte die Unternehmenskultur gerade auch im Umgang mit den jüdischen Mitbürgern. Anders als in staatlichen Institutionen, etwa in den Schulen und Universitäten, in der öffentlichen Verwaltung und namentlich auch im Justizapparat, gab es bei Bosch keine Neigungen, dem «Führer» bei der Ausgrenzung und Verfolgung vorauseilend «entgegenzuarbeiten» (Ian Kershaw). Trotz erheblicher Fluktuation und der Präsenz bekennender Nationalsozialisten in der Belegschaft überlebte ein verhaltensprägender Wertekanon in Abgrenzung gegenüber einer Unternehmensumwelt, in der Rechtlosigkeit und Denunziation prämiert wurden. Darin zeigte sich, wie Johannes Bähr resümiert, «wie stark ein Unternehmen auch unter den Bedingungen des Dritten Reiches von einer eigenen Kultur und dominierenden Persönlichkeiten geprägt sein konnte».[288]

Mit Erfolg wehrte sich die Unternehmensführung in der Folge gegen Versuche des Regimes, den «Bosch-Zünder» über allgemein gehaltene nationalsozialistische Propagandaphrasen hinaus auch für den Antisemitismus zu öffnen. Man stellte 1943 schließlich das Erscheinen «von heute auf morgen» ein, als von der Redaktion verlangt wurde, einen «die Juden beschimpfenden Artikel aus der Feder Robert Leys» abzudrucken.[289] Schon vorher waren Erscheinungsrhythmus und Heftumfang ausgedünnt und die Papierqualität ostentativ heruntergestuft worden – was übrigens nicht für ein Sonderheft aus Anlass des Todes von Robert Bosch galt! Auf Druck der Parteiinstanzen, sich für die antisemitische Hetze zu öffnen, reagierte die Unternehmensleitung mit dem Hinweis auf einen offensichtlich frei erfundenen Papiermangel.[290]

Im Sinne des Bekenntnisses des Gründers zur weltschaulichen Neutralität wurde im Unternehmen keine Personalstatistik mit Angaben zur Religionszugehörigkeit geführt. Die Detailanalyse zum Schicksal jüdischer Männer und Frauen bei Bosch ist auf eine «Aufstellung von Halbjuden und Juden, die in den letzten zwölf Jahren in der Robert Bosch GmbH in Beschäftigung standen bzw. noch stehen» angewiesen.[291]

Danach arbeiteten zwölf Mitarbeiter jüdischer Herkunft in den Fabriken, Verkaufshäusern und Bosch-Vertretungen. Hinzu kamen, nach den Begriffen der Nürnberger Rassegesetze, sogenannte Halbjuden. Charakteristisch für das Vorgehen der Leitungsebene in der «Judenfrage» war, dass der nach dem Krieg häufig als Opportunist charakterisierte Otto Debatin sich schützend vor den jüdischen Mechaniker Julius Landauer stellte, der die Hetze nationalsozialistischer Kollegen über sich ergehen lassen musste. Nach der Trennung vom Unternehmen im gegenseitigen Einvernehmen im Februar 1939 wollte die Personalleitung Landauer in der niederländischen Vertretung beschäftigen, was daran scheiterte, dass das Regime 1939 die Grenze zu den Niederlanden für jüdische Emigranten schloss. Landauer überlebte dennoch den NS-Terror. Sein Lebensweg bis zum Kriegsende lässt sich nicht mehr rekonstruieren. Immerhin ist belegt, dass die Firma seiner nichtjüdischen, aber eben als «jüdisch versippt» diskriminierten Ehefrau einen Arbeitsplatz als Kontoristin verschaffte.[292]

Weitere Einzelschicksale zeigen, dass Bosch weder in seinen Produktionsstätten noch in den Verkaufshäusern Kündigungen aus «rassischen Gründen» aussprach.[293] Dem Unternehmen wurde vielmehr vom Rassenpolitischen Amt der NSDAP in Stuttgart nachgesagt, bevorzugt «Mischlinge» einzustellen. Um diese «Halbjuden» vor der Verfolgung zu schützen, richtete die Firma einen «Nebenbetrieb» ein. Hintergrund war die Absicht der Gestapo, durch Vollzug einer Anordnung Himmlers vom Herbst 1944 die bei Bosch beschäftigten «Halbjuden» zu entlassen und der Organisation Todt als Zwangsarbeiter für besonders gefährliche Einsätze zu überstellen. Es war vorhersehbar, welchem Schicksal sie damit ausgeliefert werden sollten: der «Vernichtung durch Arbeit» im Angesicht der unausweichlichen Niederlage.[294]

Mit dem «Nebenbetrieb» ersann die Unternehmensleitung einen abgetrennten Schutzraum für ca. 30 bis 40 Personen, «Halbjuden» und «jüdisch versippte», die das Reichssicherheitshauptamt in Lager in Nord- und Mitteldeutschland abtransportieren wollte. Nach dem Krieg berichtete ein Mitarbeiter: «Als Maßnahmen eingeleitet wurden, diese Mitarbeiter zu sammeln und sie in Arbeitslager zu verschicken, haben wir sie bei Bosch in einem eigens zu diesem Zweck gegründeten Sicht- und Zerlegebetrieb beschäftigt und in das Arbeitsverhältnis übernommen. Nur auf diese Weise und durch unsere erhöhten Anforderungen nach Arbeitskräften konnten wir ihren wirksamen Schutz durchführen.»²⁹⁵ Erstaunlich war, dass diese Aktion unter den Augen des «Abwehrbeauftragten» Hugo Bühler vonstatten ging, der vor seiner Tätigkeit im Unternehmen bis 1938 in der Stuttgarter Gestapo-Zentrale tätig gewesen war und von dem sich Hans Walz eine gewisse Deckung gegenüber nationalsozialistischen Spitzeln im Unternehmen zu versprechen schien. Walz' Hoffnung war durchaus begründet, denn Bühler konnte nicht als überzeugter Nationalsozialist gelten. Er war Angestellter im Innenministerium gewesen, und hatte, nachdem die politischen Polizeien der Länder seit dem 1. Oktober 1936 in «Geheime Staatspolizei» umfirmiert wurden, dieses Vertragsverhältnis aufgelöst und im August 1938 bei Bosch die Stellung eines «Abwehrbeauftragten» übernommen. Diese Position musste auf Geheiß der Wehrmacht in allen rüstungsrelevanten Unternehmen eingerichtet werden. Eine akribische Analyse seiner Tätigkeit zeigt: «Keine einzige Aktivität Bühlers ist glaubhaft und nachprüfbar überliefert, die irgendjemandem zum Nachteil gereichte.»²⁹⁶ Folgt man dem Bericht des Personalleiters Debatin, dann zahlte Bosch den im Sicht- und Zerlegebetrieb tätigen Männern und Frauen «im Geheimen ihr Angestelltengehalt» weiter.²⁹⁷ Zu den Menschen, die unter diesen grotesken, aber durchaus schützenden Bedingungen bis zum Untergang des NS-Regimes Kriegsgerät zerlegten und zur Wiederverwendung sortierten, gehörte auch der Stuttgarter Buchhändler Konrad Wittwer. Die Bosch-Gruppe sei die einzige deutsche Rüstungsfirma gewesen, sagte Bühler nach dem Krieg, die «durch dieses originelle Mittel Mischlinge vor der Deportation rettete, Menschen, die sonst bei den schwierigen Arbeits- und Lebensbedingungen wenn nicht ihr Leben, so doch sicher ihre Gesundheit eingebüßt hätten.»²⁹⁸

Der aus seinem Amt als Leiter des Neuen Konservatoriums gedrängte Karl Adler wurde zunächst Mitbegründer einer Stuttgarter Jüdischen Kunstgemeinschaft, die ihre Aktivitäten in Bildung, Kultur und Musik in Zusammenarbeit mit dem Jüdischen Lehrhaus entfaltete, wo er bald eine führende Rolle spielte.²⁹⁹ Am 9. November 1938 wurde er in der «Reichspogromnacht» verhaftet. Nach acht Tagen wurde er wieder entlassen und hatte zu versichern, seinen Beruf als Musiker künftig nicht mehr auszuüben und sich jeder kulturellen Tätigkeit zu enthalten.³⁰⁰ Die Gestapo forderte jetzt den talentierten Organisator Karl Adler auf, eine «Mittelstelle» aufzubauen, die unter der vollen Kontrolle der Ge-

Robert Bosch und seine Mitarbeiter, 1936

stapo und des SD für die Beziehungen der verbliebenen jüdischen Gemeinde zu den NS-Dienststellen und für die Vorbereitung der Auswanderung bzw. die Vertreibung der jüdischen Mitbürger verantwortlich sein sollte.³⁰¹ Hier trat, als Vorspiel zu dem kommenden Völkermord, schon die Strategie zutage, Mitglieder der Jüdischen Gemeinde durch Drohung und Zwang zu Vollzugsgehilfen des Terrors zu machen. Weder die «Mittelstelle» selbst noch die in Stuttgart verbliebenen 4490 Juden verfügten über die erforderlichen Mittel, um das Land zu verlassen.³⁰² Es gehört deshalb zu den politisch-moralischen Entscheidungen im Hause Bosch, dass Hans Walz dem bedrängten Musiker bereits während seiner Gestapo-Haft beistand, indem er dessen Ehefrau mit Rat und Geldmitteln unterstützte. Karl Adler hat das Engagement von Walz, die Hilfe für die bedrängten Juden, später in einer Eidesstattlichen Erklärung beschrieben: «Hans Walz hat mir in den Jahren 1938–40 beträchtliche Summen übermittelt, die ich für jüdische und anti-Nazi-Zwecke verwenden sollte und die mir durch [...] Direktor Bäuerle und Baurat Fischer ausgehändigt wurden. Mit diesen Geldern unterstützten wir politische Häftlinge in Konzentrationslagern und Gefängnissen und nach ihrer Entlassung von dort, verhalfen politisch Gefährdeten zur Flucht über die Grenzen und halfen in vielen anderen politischen und charitativen Fällen. [...] Die von diesen Nazi-Stellen für die Jüdische Mittelstelle und Auswandererstelle genehmigten und schärfstens überwachten Gelder waren nur ein Bruchteil dessen, was von uns benötigt wurde. Zuschüsse von Juden waren unmöglich, weil deren Vermögen gesperrt waren. So waren die Zuwendungen von Herrn Walz die einzigen Gelder, mit denen die geschilderten illegalen Aufgaben durchgeführt werden konnten. Dutzende von Menschen wurden dadurch gerettet; viele davon befinden sich heute hier [in den USA].»[303]

Es ist ausgeschlossen, dass Hans Walz die Hilfe ohne Wissen und volles Einverständnis von Robert Bosch organisierte, wenngleich Einzelheiten dem hochbetagten Unternehmensgründer wohl erspart blieben.[304] Die zur Rettung Verfolgter bereitgestellten Gelder wurden unter waghalsigen Bedingungen mobilisiert, von Hans Walz einem ominösen Wohlfahrtskonto II des Unternehmens entnommen und von eingeweihten Führungskräften weitergeschleust. Die Verwendung der Gelder vollzog sich, wie Karl Adler im Rückblick schrieb, «under the nose of the Gestapo».[305]

Solidarität mit den bedrängten jüdischen Mitbürgern zeigte der oberste Führungskreis bei Bosch auch durch die Intensivierung der Kontakte mit dem Berliner Rabbiner Leo Baeck, der im «Dritten Reich» zur überragenden geistigen Führungspersönlichkeit der Juden in Deutschland wurde. Baeck versuchte, als Präsident der «Reichsvertretung der Deutschen Juden» durch Einwirkung auf die Behörden sowie durch Anrufung der Gerichte das Schicksal seiner Glaubensgenossen zu mildern. Der Kontakt zwischen dem Bosch-Kreis und Leo Baeck war vermittelt worden von Friedrich Jaffé, der als früherer Redakteur des von Bosch geförderten Stuttgarter Neuen Tagblatts im Hause Bosch kein Unbekannter war. Leo Baeck bekundete Interesse an Zusammenarbeit beim Schutz der Juden, weil ihm Hans Walz und seine engsten Mitarbeiter Willy Schloßstein und Albrecht Fischer als besonders vertrauenswürdige Gesinnungsgenossen erschienen. Der Dialog mit Walz, so Friedrich Jaffé nach dem Kriege, war Baeck besonders wichtig, weil ihm der Stuttgarter Manager und Autor «der berühmten Bosch'schen Denkschrift von 1933» bekannt geworden war, in der Walz, an die Adresse Hitlers, Görings und von Neuraths gefordert hatte, die Juden sollten eine führende Rolle beim Wiederaufbau des Landes spielen, «weil sonst Deutschland politisch und wirtschaftlich zusammenbrechen müsse».

Diese Denkschrift muss als verschollen gelten, doch der moralische Gleichklang zwischen Bosch und seinem Führungskreis einerseits und Leo Baeck sowie dem seit 1934 amtierenden Geschäftsführer und Vizepräsidenten der «Reichsvertretung der Deutschen Juden», Otto Hirsch andererseits, war gegeben. Man schloss «ein Gentlemen Agreement [...], nach dem die Herren der Firma Bosch für die Juden kämpfen sollten während unsererseits, falls dabei etwas passieren sollte, den Herren Walz, Fischer und Schloßstein Beistand geleistet werden sollte.»[306] Das war vor dem Hintergrund des nationalsozialistischen Terrors eine merkwürdig optimistisch klingende Übereinkunft. Die Episode belegt aber das Urteil des Direktors des nach dem Kriege gegründeten Leo Baeck Institutes in New York, der im Rückblick von einer «nun historisch gewordene[n] Freundschaft zwischen Leo Baeck und Robert Bosch» sprach.[307] Leo Baeck bescheinigte Hans Walz nach dem Kriege sein Engagement für die Rettung jüdischer Mitbürger: «In the year after 1933, when this was connected with a certain danger, Director Walz carried on and cultivated a cordial relationship to me. I was at that time President of the »Reichsvereinigung der Juden in Deutschland« (Reich's Association of the Jews in Germany) which comprised all Jewish Congregations and Organisations in Germany. Director Walz always endeavoured to assist me in the tasks which my duty brought, by giving his advice and, not rarely, his help. He also has given from time to time financial help to the Institution which I had to direct. Besides he tried to be of assistance to individual Jews or to support them, and so for many of them, it was at the end often due to him that a way to safety and liberty was found.»[308]

Auch die Hilfsgelder für Baeck, Hirsch und die «Reichsvertretung der Deutschen Juden» wurden über das Wohlfahrtskonto II im Unternehmen verbucht.[309] Erhebliche Zahlungen erfolgten darüber hinaus über ein Privatkonto, das der Unternehmer bei dem Bankhaus Mendelssohn & Co. in Amsterdam für den Fall eingerichtet hatte, dass er selbst mit seiner Familie auswandern müsste.[310] Der Teilhaber des Bankhauses, Fritz Mannheimer, wurde autorisiert, Geldmittel, die von Stuttgart nach Amsterdam transferiert wurden, «für die Unterstützung und Emigration von Juden» bereitzustellen, ein Verfahren, das in diesen Zeiten «einem todeswürdigen Verbrechen gleichgeachtet wurde».[311] Dabei handelte es sich um zahlreiche Einzelbeträge[312], die sich bis 1939 auf etwa 300 000 holländische Gulden bzw. eine halbe Million Reichsmark summierten.[313]

Mit der Entfesselung des Weltkriegs und der damit einhergehenden Eskalation des Terrors gegen die Juden wurden Versuche, «sich dem Hitlerschen Wahnsinn in der Judenfrage mit Mut entgegen [zu werfen]», nahezu unmöglich.[314] Auch für die in Stuttgart verbliebenen 2000 jüdischen Bürger galt jetzt eine nächtliche Ausgangssperre. Lebensmittelkarten wurden jetzt getrennt an Juden und an «arische Volksgenossen» ausgegeben, die Lebensmittelrationen für Juden drastisch gekürzt und ihnen eine Reichskleiderkarte verwehrt. Die Kontakte zwischen Walz, Schloßstein, Fischer einerseits, Baeck und Hirsch andererseits waren zunehmend von Verzweiflung und ohnmächtigem Entsetzen geprägt. Hans Walz kam später zu dem Schluss, «dass für irgendeine Aktion zu Gunsten der Juden beim besten Willen so gut wie kein Raum mehr vorhanden war».[315] Gleichwohl setzte die «Mittelstelle» in Stuttgart ihre Arbeit einstweilen fort, die konspirative Unterstützung durch Bosch ging weiter. Karl Adler schilderte später seinem Nachfolger in der Leitung der «Mittelstelle», wie dies vonstatten ging: «Wenn du ihn [Albrecht Fischer] gesprochen hast, wird er Dir wahrscheinlich erzählt haben, dass er es war, der mir verschiedentlich ansehnliche Geldbeträge von Walz für jüdische Zwecke übergeben hat. Wir haben diese Gelder teils für charitative [sic] Zwecke verwendet, und teils für anti-nazistische Aktivitäten, indem wir Leute aus Konzentrationslagern, politisch Gefährdete unterstützten und ihnen über die Grenze verhalfen. Walz hat auf diese Weise, ohne dass er sich dessen bewusst war, viele Menschenleben gerettet, und hat ohne viel Worte zu machen die wirksamste Anti-Nazi-Tätigkeit entfaltet.»[316] Die «Mittelstelle» wurde im Sommer 1943 mit der Württembergischen Kultusvereinigung der Jüdischen Bürger aufgelöst. Alfred Marx, zunächst Vertrauensmann der «Reichsvereinigung der Juden in Deutschland» wurde noch im Februar 1945 in das KZ Theresienstadt verschleppt. Nach der Befreiung wurde er Landgerichtsrat in Stuttgart.[317] Otto Hirsch wurde bereits 1941 verhaftet und, nachdem «eine dringliche Eingabe» aus dem Hause Bosch «an eine der höchsten Stellen»[318] erfolglos geblieben war, aus einem Gefängnis in

Berlin im Mai in das Konzentrationslager Mauthausen verschleppt, wo er einen Monat später unter nicht geklärten Umständen starb – wahrscheinlich von der SS ermordet.[319] Für die Stuttgarter Juden mehrten sich im Herbst 1941 die Anzeichen für den bevorstehenden Völkermord. Das Schicksal der Stuttgarter Chemikerin Martha Haarburger zeigt, dass Interventionen und Hilfen für jüdische Mitbürger hochriskant waren. Eine Stuttgarterin, die dem fast erblindeten jüdischen Rechtsanwalt Dr. Fleischer über die Straße geholfen hatte, wurde denunziert und in ein Konzentrationslager verschleppt. Fleischer wurde 1942 im Konzentrationslager Buchenwald ermordet.[320] Andererseits war zupackende Hilfe im Einzelfall keineswegs unmöglich. Martha Haarburger erhielt im November den «Befehl», sich zu einem «Arbeitstransport» nach Riga im Sammellager auf dem Killesberg einzufinden.[321] Der Aufforderung zu folgen, hätte den Weg in den Tod bedeutet, denn die nach Lettland deportierten Juden wurden nach ihrer Ankunft von SS-Schergen ermordet.[322] Der von einer Bekannten Haarburgers alarmierte Hans Walz sorgte dafür, dass sie dem Zugriff der SS entzogen wurde: «Hans Walz hat mir dann unter großen Schwierigkeiten eine Beschäftigung im Hause Bosch verschafft. Bis zu meiner Deportation konnte ich dort auf meinem Fachgebiet Farbenchemie für die Firma tätig sein. Solange ich bei Bosch arbeitete, wurde ich, durch die Firma bei Behörden angefordert, von einigen Transporten in den Osten zurückgestellt.

Die erwähnten «Schwierigkeiten» bedeuteten auch, dass Hans Walz von der Gestapo «peinlichst zur Rechenschaft gezogen» wurde über die Frage, wie er denn dazu käme, sich «so stark für die Juden einzusetzen».[323] Walz und der «Sicherheitsbeauftragte» Hugo Bühler wurden wegen ihres Einsatzes für Martha Haarburger daraufhin ins Reichssicherheitshauptamt einbestellt. Der Administrator des Holocaust, Adolf Eichmann, nahm sich persönlich des Vorgangs an und verfügte die Deportation Martha Haarburgers nach Auschwitz, woraufhin es Hans Walz gelang, erneut in das Räderwerk der Mordmaschinerie einzugreifen und zu erwirken, dass Martha Haarburger «in einen Transport nach Theresienstadt eingegliedert» wurde, was ihre «Rettung vor der sofortigen Vergasung» bedeutete.[324] Sie überlebte die Qualen in Theresienstadt[325] und leitete nach dem Krieg den 1925 von Robert Bosch gegründeten Hippokrates Verlag.[326]

Vergeblich setzte sich Hans Walz demgegenüber für die in Stuttgart überaus beliebte Ärztin Dr. Marga Wolf ein. Die Medizinerin, evangelisch getauft und erzogen, verlor 1933 wegen ihrer jüdischen Abstammung ihre Kassenzulassung, praktizierte dennoch weiterhin erfolgreich bis zu ihrer Verschleppung nach Theresienstadt im Juni 1943. Der wegen einer chronischen Erkrankung auf Medikamente angewiesenen Marga Wolf wurde die Mitnahme von Heilmitteln auf ihrem Leidensweg in das Konzentrationslager verboten, wo sie im Januar an den Folgen einer Lungenentzündung starb.[327]

Den in Einzelfällen erfolgreichen Versuchen der Unternehmensleitung, sich schützend vor die verfolgten jüdischen Mitbürger zu stellen, entsprach die Haltung gegenüber der vom NS-Regime forcierten Politik der «Arisierung» jüdischer Firmen und anderer Vermögenswerte. Felix Olpp, Mitarbeiter im Privatsekretariat des Unternehmers, erinnert sich: «Herr Bosch hat wiederholt auch mir gegenüber geäußert, er lehne es ab, sich an dem Unglück der Juden zu bereichern.»[328] An diese Maxime haben sich Robert Bosch selbst und, soweit wir sehen können, auch seine Führungskräfte, gehalten. Unternehmer, die weiter an den Gepflogenheiten ehrenhafter Kaufmannstraditionen festhalten wollten, hatten verschiedene Möglichkeiten. Sie konnten sich geschäftlicher Aktivitäten im Zusammenhang mit «Arisierungen» enthalten. Oder sie konnten darauf hinarbeiten, trotz behördlicher Beteiligung an der Kaufpreisfestsetzung einen fairen Handel zustande zu bringen, die Differenz zwischen offiziell festgesetztem und dem unter Bedingungen einer freiheitlichen Ordnung erzielbaren Preis irgendwie auszugleichen, sei es durch Taktieren bei der Bewertung zugunsten der Verkäufer, sei es durch Kompensationszahlungen hinter dem Rücken staatlicher Gutachter.[329]

In einem Falle kam es indes bei der Veräußerung von Geschäftsanteilen eines Großaktionärs zu einem Geschäft, das in Verlauf und Ergebnis hinter den von Bosch gesetzten Standards zurückblieb. Das Unternehmen teilte sich nach dem Ausscheiden eines britischen Partners (1935) je hälftig 75 Prozent des Aktienkapitals an der 1929 entstandenen Gesellschaft für Fernsehtechnik (FESE) mit der Zeiss Ikon AG. 25 Prozent der Aktien hielt mit Sigmund Loewe und seiner Radio AG D. S. Loewe ein Unternehmer, der als «Mischling ersten Grades» unter die Diskriminierungen der NS-Rassengesetze fiel. Die für die Bosch-Gruppe bei der FESE führenden Leitungskräfte Erich Carl Rassbach und Paul Goerz arbeiteten darauf hin, Loewe aus der gemeinsamen Gesellschaft hinauszudrängen, was mittels einer gegen ihn beschlossenen Kapitalerhöhung auch erreicht wurde. Da Sigmund Loewe nicht über die Mittel verfügte, um bei der Kapitalerhöhung mitzuhalten, verkaufte er seine Anteile an die beiden anderen Großaktionäre. Eine antisemitische Grundierung dieses Geschäftsverlaufs, der faktisch auf eine «Arisierung» hinauslief, kann man weder bei den beteiligten Managern noch in der Stuttgarter Unternehmenszentrale ausfindig machen. Die Absicht, die Zusammenarbeit mit Loewe in der FESE zu beenden, gab es bei dem Stuttgarter Unternehmen schon vor der Machtübertragung an die Nationalsozialisten. Bosch und Zeiss Ikon wollten unterbinden, dass aus dem gemeinsamen Unternehmen technisches Know-how in ein anderes Unternehmen abfloss, an dem Loewe ebenfalls Anteile hielt.[330] Aber dennoch: Der Squeeze-out gegen Loewe wurde durch die politischen Rahmenbedingungen begünstigt, wenn nicht überhaupt erst ermöglicht. Diese Rahmenbedingungen und die damit einhergehende relative Schutzlosigkeit des ausgebooteten Geschäftspartners hatten die bei Bosch verantwortlichen Manager offenbar ausgenutzt.[331]

Demgegenüber blieb die normative Komponente bei den anderen geschäftlichen Transaktionen im Kontext der Veräußerung vom Eigentum jüdischer Mitbürger bei Bosch nicht auf der Strecke. Akribische Einzeluntersuchungen aus unternehmensgeschichtlicher Sicht lassen den Schluss zu, dass die Vorgänge um die FESE vor dem Hintergrund der nationalsozialistischen Strategie der «Arisierung» der einzige Fall war, «bei dem die Robert Bosch GmbH» gegen den Willen und die Interessen des Verkäufers gehandelt hatte», also durchaus mit harten kaufmännischen Bandagen gekämpft hatte, wenngleich dies nicht mit rassistischen Begründungen drapiert wurde.[332]

Im Strudel der Kriegsökonomie

Hans Walz hatte im Juni 1935 vor der Deutschen Weltwirtschaftlichen Gesellschaft seinen vielbeachteten Vortrag über «Württemberg und die Weltwirtschaft» gehalten.[333] Was sich dem Titel nach wie ein Beitrag zur regionalen Standortpolitik ausnehmen mochte, war, wie wir sahen, bei näherem Zuhören ein Plädoyer gegen Autarkiebestrebungen und für «internationale Verständigung».[334] Dass die Rede auch der Belegschaft als Lesestoff im «Bosch-Zünder» geboten wurde,[335] konnte als Signal nach innen und außen verstanden werden: Bosch als traditionell weltmarktorientierter Konzern wollte sich nicht für eine «Ökonomie der Zerstörung» (Adam Tooze) einspannen lassen. Es war kein Zufall, dass in derselben Ausgabe des «Bosch-Zünders» im Sommer 1935 eine mehrseitige, aufwendig illustrierte Dokumentation eines Versöhnungstreffens mit französischen Gästen unter der Überschrift «Der Weg zum Frieden» erschien. Es handelte sich um französische Frontkämpfer aus dem Ersten Weltkrieg, die sich auf Einladung von Robert Bosch in Stuttgart aufhielten. Schon 1934 hatte der Präsident einer französischen Vereinigung von Kriegsversehrten 25 Kinder von Bosch-Mitarbeitern zu einem Erholungsaufenthalt nach Frankreich eingeladen.[336] Robert Boschs Gegeneinladung sollte ihn jetzt als «Freund und Vorkämpfer der Verständigung und Zusammenarbeit der Völker» zeigen.[337] Vor dem Hintergrund der überaus dramatischen Rüstungspolitik des Regimes, die mit der auch von den republikanischen Regierungen angestrebten Gleichberechtigung des Reiches im Kreis der Großmächte nicht zu begründen war, musste dies seltsam wirklichkeitsfremd klingen. Hitler hatte, wie wir sahen, bereits wenige Tage nach der Ernennung zum Reichskanzler in einer vertraulichen Rede vor der Reichswehrführung die Maske fallen lassen: Nicht allein um den «Kampf gegen Versailles» ging es, sondern um das strategische Fernziel: «Eroberung neuen Lebensraums im Osten u[nd] dessen rücksichtslose Germanisierung».[338] Die Aufrüstung stand ganz oben auf der Skala der politischen und wirtschaftlichen Prioritäten; 1933 wurde das Rüstungsbudget verdoppelt und stieg bis 1939 auf das 750-fache des Ausgangswerts im letzten Jahr der Weimarer Republik. Dies ging einher mit einer neuerlichen gigantischen Staatsverschuldung und damit der absehbaren Entwertung der Währung, deren Dimensionen erst mit der Währungsreform vollends deutlich wurden.[339] Hinzu trat mit der Entfesselung des Krieges die Ausplünderung der eroberten Nationen.[340]

Robert Bosch geriet mit seinem Unternehmen zwangsläufig in den Fokus der nationalsozialistischen Aufrüstungspolitik. Das Unternehmen mit seinen legendären Qualitätsprodukten war als Zulieferer von Zündanlagen für die Motorenfertigung für die Land- und Luftstreitkräfte von überragender technisch-strategischer Bedeutung und wurde gleichsam «automatisch mit Rüstungsaufträgen bedacht».[341] Sich aktiv gegen diese Entwicklung zu stemmen, war offenkundig illusorisch, zumal Instanzen der regionalen NSDAP auf Anlässe zu warten schienen, um in das Unternehmen hineinregieren – oder sich seiner sogar bemächtigen zu können. Eine Enteignung der Firma oder zumindest seine Entmachtung im Markt, durch das staatlich induzierte Hochziehen von Wettbewerbsfirmen, ausgestattet mit Zwangslizenzen von Bosch, wären nicht auszuschließen gewesen. Auf den Führungsetagen bei Bosch dominierte «abgesehen von einer grundsätzlich bedingten Einstellung gegen den Krieg» die Einschätzung, dass systematischer Widerstand gegen die Aufrüstung allenfalls zu folgenlosem «Heldentum» geführt hätte: «Hätten wir Verantwortlichen versucht, den Bosch-Betrieb für eine Mitarbeit an Rüstung und Krieg zu versagen, dann wären wir sofort der Gestapo ausgeliefert worden.» Eine andere Lagebeurteilung, schrieb der Geschäftsführer Hermann Fellmeth später, zeuge von «vollkommener Weltfremdheit und Nichtverstehenwollen der unter dem Nationalsozialismus gegebenen Verhältnisse».[342] Dass sich an den Überzeugungen des Unternehmensgründers seit dem Ersten Weltkrieg nichts geändert hatte, bestätigte Theodor Bäuerle: «Dass seine Firma auch in die Rüstungsproduktion einbezogen wurde, war Herrn Bosch ein großer Kummer. Er sagte mir einmal: ‹Es wäre mir lieber, ich würde mit zehn Leuten für den Frieden, als mit dreißig für den Krieg arbeiten›. Er litt seelisch und körperlich ungeheuer unter dem Krieg. Oft war er ganz niedergeschlagen und bedrückt. Er wusste von Anfang an, dass dieser Krieg verloren ging, und sagte oft, dass selbst ein gewonnener Krieg in keinem Verhältnis zu den Opfern stehe, die gebracht werden müssten.»[343]

Auf Geheiß des Regimes zu expandieren, dazu noch an betriebswirtschaftlich ungeeigneten, aber kriegswirtschaftlich opportunen Standorten, empfand Robert Bosch als empörenden Investitionszwang: «Auf Verlangen des Kriegsministeriums müssen wir in Berlin eine Ausweichfabrik errichten für den Fall, dass Stuttgart besetzt wird, dazu werden 3 Millionen Mark notwendig sein. Zur Autobahn Stuttgart–Ulm sollen wir 300 000 Mark geben. Und das neben den anderen vielen Dingen, die es gibt. Dabei kann ich doch auch nicht sagen, ich lass' den Boschhof schnappen, weil mich der jedes Jahr noch soundsoviel kostet, dank namentlich auch der vorzüglichen Agrarpolitik, die wir treiben, und die dem Getreidebauer [sic] hilft und den anderen in den Dreck drückt.»[344] Wohin die Entwicklung lief, konnten die Wirtschaftsprüfer 1940 testieren: Nur noch 14,3 Prozent des Umsatzes entfielen auf den Export. Alles übrige waren Rüstungsgüter (67 Prozent) oder «kriegswichtige Zulieferungen» (18,7 Prozent).[345]

Wie in einem Mikrokosmos lassen sich in der Entwicklung der Bosch-Gruppe die Wucherungen und Abgründe des nationalsozialistischen Rüstungsbooms mit seinen Nebenwirkungen erkennen. Robert Boschs briefliche Klage vom Dezember 1933 bezog sich auf eine Forderung von Görings Reichsluftfahrtministerium, im Umfeld der Reichshauptstadt eine Fabrik für die Fertigung von Zündern für Flugzeugmotoren zu errichten. Bosch stellte daraufhin einen rüstungswirtschaftlich erfahrenen Ex-General ein, der gemeinsam mit dem stellvertretenden Vorstandsmitglied Erich Carl Rassbach bis zum September 1934 die Verhandlungen über die Errichtung dieses Ausweichwerks zum Abschluss brachte. Zwei Jahre später konnte das neue Werk, das fortan als Dreilinden Maschinenbau GmbH (DLMG) firmierte, seinen Betrieb aufnehmen.[346] Es ist nicht überliefert, dass man bei Bosch mit Enthusiasmus an das Projekt heranging, aber das Vorhaben wurde unternehmensseitig auch nicht sabotiert. Der NS-Staat nahm Bosch in die Pflicht, federte zugleich durch entsprechende Vertragsklauseln das Risiko ab, während das Unternehmen die Finanzierung aus eigenen Mitteln bewerkstelligte.[347]

Nachdem der Firma mit der Entwicklung der Benzindirekteinspritzung für Flugzeugmotoren 1937 ein weiterer technischer Durchbruch gelungen war, stieg das Produktionsvolumen bei der DLMG rasant an und erzeugte bis 1941 einen Umsatz von 66,6 Mio RM.[348] Aber das reichte dem Reichsluftfahrtministerium nicht, da die Produktion hinter dem Bedarf der Luftwaffenrüstung zurückblieb. Jetzt zeigte sich die Kehrseite der rüstungswirtschaftlichen Verflechtung, als sich die verantwortlichen Manager bei Bosch unverhohlene Drohungen gegen das Unternehmen anhören und mit Sondereinsätzen und der Abordnung von Mitarbeitern aus Stuttgart an den DLMG-Standort Kleinmachnow bei Berlin Abhilfe schaffen mussten.[349] Die verlangte Kapazitätsausweitung ließ auch den Grundsatz der Selbstfinanzierung obsolet werden, denn jetzt schaltete sich das Reich als Kreditgeber für die DLMG ein, eine Entwicklung, die bei Bosch grundsätzliche Kritik an der kriegsbedingten Verformung der ökonomischen Entwicklung auslöste. Auf die Errichtung der DLMG folgte 1938 die Kapazitätsausweitung bei den Ideal-Werken (später Blaupunkt) mit der Errichtung einer zusätzlichen Fabrik in Berlin-Kreuzberg.[350]

Mit dem auch in der Heeresrüstung steil ansteigenden Bedarf an elektrotechnischen Gütern für Panzer und Militärfahrzeuge geriet Bosch weiter in den Sog der Militarisierung. Nach umständlichen Sondierungen entstand in Hildesheim ab 1938 die Elektro- und Feinmechanische Industrie GmbH (ELFI), die 1942 in Trillke-Werke GmbH umbenannt wurde und in der zweiten Kriegshälfte eine monopolartige Position bei der Fertigung elektrotechnischer Komponenten für Kampfpanzer erreichte. Die Trillke-Werke standen bei Bosch aber auch für eine Entwicklung, die sich der Unternehmensgründer und sein Führungskreis in der Entstehungsphase des NS-Regimes noch nicht vorzustellen vermochten. Das sogenannte Montan-Schema beseitigte die ursprüngliche Marktbeziehung zwischen Unternehmen und Staat, indem nunmehr die Armee das Unternehmen mit dem Bau von Produktionsstätten auf Kosten des Reiches beauftragte, die Bosch sodann von einer eigens hierzu errichteten staatlichen Trägergesellschaft zu pachten hatte,[351] ein kriegswirtschaftlicher Lenkungseingriff, der nicht nur im nationalsozialistischen Deutschland, sondern auch in den Volkswirtschaften der westlichen Alliierten zum Einsatz kam, um den Ausstoß von Rüstungsgütern anzukurbeln.[352]

Es ist nicht auszuschließen, dass die ungewöhnlich lange Planungsphase vor der Errichtung der Trillke-Werke eine Verzögerungstaktik der Firmenleitung war, die nicht gewillt war, sich immer tiefer in die staatswirtschaftlich geprägte Rüstungspolitik hineinziehen zu lassen und eine Anlage in staatlicher Regie zu errichten, die «für die Friedensfertigung nicht notwendig» gewesen wäre.[353]

Als weltweit tätiges Unternehmen musste Bosch daran gelegen sein, sein Auslandsvermögen im Falle militärischer Verwicklungen zu schützen. Noch waren die Erfahrungen des Ersten Weltkriegs präsent, mit dem die Firma den gesamten Auslandsbesitz verloren hatte. In der Schweiz bestanden schon vor der Machtübernahme der Nationalsozialisten zwei Holdinggesellschaften für Beteiligungen an Auslandsgesellschaften in europäischen Ländern, in Südamerika und in den Vereinigten Staaten. Weitere Aktien von Bosch an der amerikanischen Tochtergesellschaft waren im Besitz einer niederländischen Holding mit Sitz in Amsterdam und der ebenfalls dort ansässigen Tochtergesellschaft des Bankhauses Mendelssohn. Dessen Leiter Fritz Mannheimer vertrauten Robert Bosch und Hans Walz, obgleich der Bankier mit seinem opulenten Lebensstil und seinem spekulativen Geschäftsgebaren kaum zur Unternehmenskultur der Stuttgarter passte.³⁵⁴ Bosch strebte angesichts der mit hoher Wahrscheinlichkeit auf einen neuen Krieg zulaufenden Außen- und Rüstungspolitik des NS-Regimes seit dem Herbst 1936 an, die europäischen Auslandsbeteiligungen sicherheitshalber bei der Tochtergesellschaft von Mendelssohn zu deponieren. Bei einer aufsehenerregenden Rede Görings in Berlin erfuhr Hans Walz, dass das Regime seine Rüstungsanstrengungen weiter zu steigern gedachte. Göring forderte die anwesenden Unternehmer auf, durch Beleihung ihres Auslandsvermögens Devisen einzusammeln und an das Reich abzuführen.³⁵⁵ Tatsächlich verkaufte Bosch nunmehr seine Auslandsgesellschaften und lieferte die eingenommenen Devisen bei der Reichsbank ab. Zugleich sicherte sich das Unternehmen durch eine geheime Vertragsklausel mit Fritz Mannheimer ein Rückkaufsrecht. Die offiziell von Mannheimer erworbenen Aktienpakete sollten gleichsam nur geparkt und damit vor dem Zugriff möglicher Kriegsgegner einigermaßen geschützt werden. Der Auslandsbesitz sollte durch den «echten Verkauf» aber auch «politisch vom Inland völlig unabhängig» gemacht werden.³⁵⁶

Zwei Jahre später, nur wenige Wochen vor dem deutschen Angriff auf Polen, brach diese Konstruktion zusammen, als Fritz Mannheimer in Paris verstarb.³⁵⁷ Er hinterließ hohe Schulden, und die von ihm geleitete Bank musste Insolvenz anmelden. Doch gelang es Bosch, das Bankhaus der schwedischen Wallenberg-Gruppe für die in der Mendelssohn-Insolvenzmasse deponierten Geschäftsanteile zu interessieren: Deren Enskilda Bank (SEB) kaufte über ihre Holding Bosch-eigene Auslandsgesellschaften, wobei die Stuttgarter auch mit den schwedischen Partnern ein Rückkaufsrecht vertraglich festschreiben konnten.³⁵⁸

Auch die in der Schweiz angesiedelten Holdinggesellschaften wurden von der SEB übernommen, ebenso wie die bei einer niederländischen Holding, der Nakib, deponierten restlichen Anteile von Bosch an der American Bosch Corporation (ABC).³⁵⁹ Insgesamt befanden sich damit, abgesehen von der nach der französischen Kriegsniederlage zurückgekauften Beteiligung an Lavalette sowie von den Bosch-Gesellschaften in Prag und Mailand, dreizehn Auslandsgesellschaften in der Hand der Wallenbergs.³⁶⁰ Dass man in Stuttgart auf dem Höhepunkt von Hitlers kontinentaleuropäischer Machtentfaltung, vor dem Überfall auf die UdSSR, keine Anstalten machte, die Auslandsgesellschaften wieder selbst zu übernehmen, war ein politisches Signal. Weder ging man bei Bosch von einem baldigen Friedensschluss aus, noch hielt man in der Führungsetage einen Sieg des Deutschen Reiches und seiner Verbündeten für wahrscheinlich, ja für den Unternehmensgründer war er offensichtlich auch nicht erstrebenswert. Vielmehr verband Robert Bosch mit der Entfesselung des Krieges die Hoffnung, dass das Hitler-Regime alsbald hinweggefegt würde, denn er hatte schon im Herbst 1939 geschrieben: «Ich bin froh, dass der Krieg da ist. Nur so kriegen wir die Verbrecher los.»[361]

Nachdem Hitler den Vereinigten Staaten am 8. Dezember 1941 den Krieg erklärt hatte, kam die gesamte Konstruktion, mit der Bosch seine Auslandsbeteiligungen schützen wollte, ins Rutschen. Denn für die USA war die American Bosch Corporation ein Unternehmen von strategischem Wert. Washington verschärfte den Druck auf die schwedische SEB, die daraufhin bei Bosch den Verzicht auf sein Rückkaufsrecht erwirkte.[362] Aber das half nichts. Zwei Monate nach Boschs Tod im März 1942 beschlagnahmte die US-Regierung die American Bosch Corporation. Die ABC war aus US-amerikanischer Sicht ein Unternehmen im Besitz einer Bank im neutralen Ausland, mit verdächtigen Verbindungen nach Stuttgart und folglich ungeeignet als Lieferant der amerikanischen Streitkräfte, ein Unternehmen, das man als Feindvermögen einstufen musste.[363] Die Versuche des Stuttgarter Unternehmens, die Auslandsgesellschaften zu tarnen, gerieten bald noch tiefer in die Sackgasse. Nach den Erfahrungen mit der ABC wollten die Wallenbergs die Bosch-Auslandsgesellschaften aus ihrem Portfolio entfernen, was von Bosch durch Rückkäufe bewerkstelligt wurde. Auch die ABC-Aktien wollte Bosch von Wallenberg zurückkaufen, während die Schweden von der US-Regierung aufgefordert wurden, sie an amerikanische Interessenten zu veräußern. Für den Rückkauf beschaffte sich Bosch bei der Reichsbank Devisen und Gold im Gegenwert von nahezu sechs Millionen Schweizer Franken, wobei dieses Gold mit hoher Wahrscheinlichkeit aus geplünderten Nationalbanken eroberter Länder und auch von Juden stammte, denen man es in den Konzentrationslagern geraubt hatte.[364] 1944 gelang es, das kontaminierte «Bosch-Gold» in schweizerische Wertpapiere umzutauschen. Das Geschehen zeigt, in welche Aporien sich ein Unternehmen verstricken konnte, wenn es versuchte, seinen Auslandsbesitz zu retten, ohne sich selbst an Raubzügen zu be-

Im Strudel der Kriegsökonomie

teiligen. Im Ergebnis waren alle Schachzüge zur Sicherung des Auslandsvermögens vergeblich. Schon im Mai 1942 hatte die US-Regierung die amerikanische Bosch-Tochter ABC beschlagnahmt, und Bosch sollte mit dem Untergang des «Dritten Reiches» ein zweites Mal den gesamten Auslandsbesitz verlieren.[365]

Mit der Entfesselung des Zweiten Weltkriegs wurde Robert Bosch mit seinem Unternehmen weiter in die Rüstungsproduktion eingespannt. Was der Gründer als Zweck und Ziel unternehmerischen Handelns beschrieben hatte, nämlich qualitativ hochwertige Erzeugnisse auf dem jeweils höchsten Stand der Technik zu günstigen Preisen in einem sozialpartnerschaftlich geführten Unternehmen herzustellen, erschien jetzt definitiv obsolet. Es ist wenig zielführend, jedenfalls analytisch unergiebig, die Wirtschaftsordnung unter dem NS-Regime als reine Zentralverwaltungswirtschaft zu beschreiben. Triftiger erscheint es, das ökonomische System unter dem braunen Regime als staatlich gesteuerte Marktwirtschaft mit sektoral und branchenspezifisch variierender, insgesamt wachsender Lenkungsintensität in den Blick zu nehmen. Dabei handelte es sich nicht nur um behördliche Begehrlichkeiten im Sinne der Abführung von Spenden oder anders genannter Zwangsbeiträge, sondern es ging um die partielle Aufhebung der klassischen Unternehmerfunktionen durch eine neue Form der Risikoverteilung. Wie andere Unternehmen wurde die Firma Bosch zum Pächter staatlich finanzierter Anlagen mit einstweilen gesicherten Absatzchancen, gab aber eben auch ihre marktwirtschaftliche Autonomie auf und riskierte eine Aufblähung ihrer Kapazitäten in einer auf Rüstung und Autarkie getrimmten Branche. Umsatz und Gewinn stiegen, doch diese Entwicklung löste bei Bosch keine Begeisterung aus. Gegen die kriegswirtschaftliche Verformung offen vorzugehen, war kaum aussichtsreich. Robert Bosch hielt die staatlich angekurbelte Rüstungskonjunktur und die damit einhergehende betriebswirtschaftlich sachfremde Standortpolitik für verfehlt. Er war es gewohnt, Investitionsentscheidungen und Standortwahl nach unternehmerischem Ermessen und unter eigenem Risiko vorzunehmen, nicht einer Rüstungskonjunktur seine Erträge zu verdanken. Und ihm war geläufig, dass die Fokussierung auf militärische Güter auch irgendwann wieder zurückgedreht werden musste – und dies dann bei weitgehend verschlossenen Auslandsmärkten. Robert Bosch zog sich in dieser Lage auf die Losung zurück: «In erster Linie frommt es den Arbeitern, wenn das Werk weiter sein Bestehen haben wird.»³⁶⁶ Das klang resignativ, war aber eine realistische Situationseinschätzung. Am Beispiel des Flugzeugbauers Hugo Junkers ließ sich studieren, wie die braunen Machthaber mit einem nicht gefügigen Unternehmen umzuspringen pflegten: Unter der Drohung eines juristisch abwegigen Strafverfahrens wegen Landesverrats erpresste das Regime Hugo Junkers zur Abtretung seiner Aktienmehrheit an den Staat.³⁶⁷ Wenn ein Unternehmen sich dafür entschied, die eigene Existenz zu sichern, ergab sich eine Lage, die Manfred Genz nüchtern umschrieben hat: «Langfristig kann sich kein Unternehmen den vom Staat gesetzten Rahmenbedingungen entziehen. Es kann nicht nachhaltig gegen ein bestehendes System arbeiten, sondern muss sich arrangieren, wenn es seine wirtschaftliche Betätigung aufrecht erhalten will. Deshalb ist es in autoritären, diktatorischen Staaten unvermeidlich, dass die Wirtschaft in staatliche Maßnahmen, auch Unrechtsmaßnahmen, hineingezogen wird.»³⁶⁸

Unter den Bedingungen des Krieges sah sich Bosch gezwungen, die 1938 getroffene Entscheidung für ein neues Werk in Crailsheim, das für den zivilen Bedarf konzipiert gewesen war, zu revidieren.³⁶⁹ Anstelle von Crailsheim, wo nur die geplante Lehrwerkstatt und ein Vorwerk der Stuttgarter Betriebe entstanden, wurde Bamberg neuer Bosch-Standort. Hier übernahm man im September 1939 die Hallen einer stillgelegten Metallwarenfabrik und konnte im Februar 1941 die Produktion von Flugzeugzündkerzen aufnehmen, was laut einem verantwortlichen Ingenieur bei Bosch «auf Drängen des Reichsluftfahrtministeriums» erfolgte.³⁷⁰ Ebenfalls auf «Veranlassung» des Reichsluftfahrtministeriums, so der gleiche Bericht über die Verwicklung des Unternehmens in die Rüstung, erfolgte die Errichtung eines weiteren Außenwerks, diesmal bei Mulhouse im Elsass im Sommer 1940 durch eine eigens gegründete Tochtergesellschaft. Dabei handelte es sich um die Fabrikanlagen eines französischen Maschinenbauunternehmens, das von den deutschen Behörden beschlagnahmt worden war und nun Bosch zur Miete angeboten wurde. Allerdings vergingen zwei Jahre, bis das Werk wirklich «lief», da «man bereits mit den Baustoffen sehr knapp war».³⁷¹ Den vollen Ausbau der Anlage erlebte Robert Bosch also nicht mehr, doch schon vorher waren mit dem neuen Außenwerk im Elsass seine Träume von der Verständigung der Nachbarn am Rhein begraben worden.³⁷²

Im Strudel der Kriegsökonomie

Eine Expansion der Fertigungskapazitäten hinein in die besetzten Länder in Mittel- und Osteuropa fand demgegenüber nicht statt,[373] doch blieb das Unternehmen in den unterworfenen Ländern mit seinen Bosch-Diensten präsent. Man kann nur darüber spekulieren, was die dort tätigen Mitarbeiter von den Verbrechen der Wehrmacht und der SS mitbekamen. Es spricht einiges dafür, dass die Aktivitäten im engsten Führungskreis des Unternehmens zum Schutz von Juden und zum Widerstand gegen das Regime auch von Nachrichten beeinflusst waren, an die man durchaus herankommen konnte – wenn man es denn wirklich wollte.[374]

Die Einbindung des Unternehmens in die Kriegswirtschaft[375] bescherte Bosch ein sehr beträchtliches Umsatzwachstum (ca. 70 Prozent), wohingegen der Beschäftigungsstand, bezogen auf den gesamten Konzern mit seinen Tochtergesellschaften, zwischen 1940 und 1943 um ca. 36 Prozent anstieg.[376] Wie sehr sich seit Kriegsbeginn die Gewichte verschoben hatten, zeigte die Entwicklung bei der Tochtergesellschaft Blaupunkt, deren Umsatz 1941 zu 84 Prozent mit Rüstungsgütern erwirtschaftet wurde.[377] Was Robert Bosch von einem Krieg befürchtete, war Wirklichkeit geworden: Das Unternehmen war wieder dorthin geraten, wo es am Ende des Ersten Weltkriegs gestanden hatte. Und das Regime mit seiner Zerstörungskapazität hatte aus der Robert Bosch GmbH wieder ein nahezu gänzlich «nationales» Unternehmen gemacht, denn der Auslandsanteil am Umsatz lag von Kriegsbeginn bis zum Untergang des Reiches bei weniger als 10 Prozent.[378] Wie und woher der Wind in der Rüstungswirtschaft wehte, ließ sich 1943 deutlich erkennen. Auch die fortschreitende Verzahnung von rüstungsrelevanten Unternehmen und politischer Führung in den 1942 geschaffenen zwölf Hauptringen und 21 Hauptausschüssen[379] und die Mitgliedschaft des Unternehmens im «Ring elektrischer Ausrüstungen» gewährleistete keineswegs einen Gleichklang der Interessen zwischen Unternehmen und Staatsapparat. Noch bevor Alber Speer im Sommer 1944 für die gesamte Kriegswirtschaft zuständig wurde, forderte er das Stuttgarter Unternehmen ultimativ auf, seine Anstrengungen massiv zu verstärken: «Die Firma Robert Bosch nimmt sofort unter Einsatz aller zur Verfügung stehenden Kapazitäten und Mittel eine umfassende Ausweitung ihrer Kapazitäten vor, wobei ein wesentlicher Teil der neuen Kapazität im Osten des Reiches aufzubauen ist.» Der Minister ließ keinen Zweifel daran, dass er seine Ziele auch gegen und ohne Bosch durchzusetzen gedachte, indem er androhte, die Patente der Stuttgarter nötigenfalls anderen Unternehmen zur Verfügung zu stellen.[380] Die Errichtung einer Zweitfertigung «im Osten», nämlich im niederschlesischen Bielawa, im früheren Langenbielau, löste in der Unternehmensführung keine Begeisterung aus. Der Aufbau der neuen Anlage erforderte bis zum Frühjahr 1944 die Versetzung von ca. 800 Mitarbeitern sowie von 590 ausländischen Zivilarbeitern aus anderen Standorten des Unternehmens. In der neuen niederschlesischen Tochtergesellschaft der Robert Bosch GmbH wurden neben diesen Zwangsarbeitern auch KZ-Häftlinge eingesetzt.[381]

Ab Anfang 1944 erreichten die Bomben der Alliierten auch die Bosch-Werke. Von Februar 1944 bis zum Januar 1945 gab es fünf Angriffswellen mit erheblichen Zerstörungen. Die Fertigung wurde wie bei zahlreichen anderen Firmen zum Teil in unterirdische Stollen verlagert. Akten des Unternehmens und Kunstbesitz der Familie wanderten 1944 in Salzbergwerke. Es wurden insgesamt 74 Verlagerungsstandorte der Robert Bosch GmbH gezählt. Vor allem Betriebe der Textilindustrie wurden kurzerhand in Fertigungsstätten für Rüstungsgüter umgewandelt. Mit dem Vormarsch der Alliierten in West und Ost gingen die kriegsbedingt errichteten Tochterunternehmen im Elsass, in Hildesheim, Kleinmachnow und Berlin verloren. In Stuttgart konnten führende Manager der ortsansässigen Unternehmen, darunter auch Alfred Knoerzer von der Robert Bosch GmbH, gemeinsam mit dem Oberbürgermeister Strölin dafür sorgen, dass der zum fanatischen «Endkampf» entschlossene Reichsstatthalter Murr den «Nero»-Befehl Hitlers als Amoklauf gegen die deutsche Bevölkerung nicht umsetzen konnte. Der geschworene Feind des Unternehmens nahm sich nach Flucht und Verhaftung in Österreich das Leben. Am 24.4.1945 besetzten französische Truppen die württembergische Landeshauptstadt.[382]

Vieles spricht für die Auffassung, es habe sich beim Wirtschaftssystem des Nationalsozialismus schon vor 1939 um eine «Marktwirtschaft im vorgezogenen kriegswirtschaftlichen Ausnahmezustand» gehandelt,[383] wobei sich der Ausnahmezustand mit seinen administrativen Wucherungen, dem für das Regime typischen Ämterchaos und den brachialen Eingriffen politischer und militärischer Apparate mit ständig zunehmender Intensität auf allen Ebenen des ökonomischen Handelns breit machte. Für Robert Bosch und sein Unternehmen bedeutete dies, dass das Regime, auf die Produkte des marktführenden Herstellers von rüstungsrelevanten Gütern unbedingt angewiesen, sich einer Taktik von Zuckerbrot und Peitsche bediente. Zu seinem 80. Geburtstag war ihm die zweifelhafte Auszeichnung «Pionier der Arbeit» zuteil geworden.[384] Seit dem 1. Mai 1942 durfte sich das Unternehmen mit dem ebenso zweifelhaften Titel «Nationalsozialistischer Musterbetrieb» schmücken, eine Auszeichnung, um die sich die Firma nicht beworben hatte und die sie erst als 21. in Württemberg bzw. als 416. Betrieb im Reich erhielt[385].

Hans Walz, der sich bis zu seinem Lebensende als kongenialer gedanklicher Erbe und moralisch verpflichteter Treuhänder von Robert Bosch verstand, holte 1943, mehr als ein Jahr nach dem Tode des Unternehmensgründers, zu einer aufsehenerregenden Kritik des Regimes aus. Der als «Feuerbacher Rede» in die Geschichte eingegangene Vortrag vor Presseleuten, die sich auf einer behördlich inszenierten Rundfahrt zu namhaften Rüstungsbetrieben auch bei Bosch einfanden, führte bei den politischen Instanzen zu «heller Empörung».[386] Der bei Walz' Vortrag anwesende «Gauwirtschaftsberater» Walter Reihle sprang «mitten in der Rede» auf, stürmte aus dem Vortragssaal und kündigte dem von ihm herbeigerufenen Prokuristen Ernst Rogowski an, er werde sich «dieses Gebaren nicht länger bieten lassen».[387] Was war geschehen? Zweifellos wollten die Planer der Journalistenrundreise im Zeichen des nach der Katastrophe von Stalingrad von Goebbels proklamierten «totalen Krieges» die Bosch-Werke als besonders dynamische Rüstungsschmiede ins öffentliche Bewusstsein rücken und damit den Siegeswillen der weithin desillusionierten Bevölkerung befeuern.[388] Hans Walz ließ im Beisein von Mitarbeitern, denen er vertraute, an seiner Bewertung der NS-Herrschaft nie einen Zweifel, indem er ungeschminkt von «Verbrechern», «Verbrecherbande» und «Lumpen» sprach.[389] Vor den versammelten Pressevertretern kleidete er seine Haltung in Reflexionen grundsätzlicher Art und in unternehmensbezogene Rückblicke. Er siedelte die Geschichte des Hauses Bosch ausschließlich in der Sphäre unternehmerischer Entscheidungen an – und eben nicht im Dunstkreis «irgendwelcher zeit- oder konjunkturbedingter Entwicklung».[390]

«Auch der heutige Stand unseres Werkes ist höchstens in Hinsicht auf die forcierte Fertigungskapazität als Folge der seit etwa 1935/36 ins Dasein gerufenen Staats- und Kriegskonjunktur zu werten, im Übrigen aber hat diese Konjunktur mit ihren Folgeerscheinungen mehr negative als positive Wirkungen auf unsere Firmen ausgeübt. Ohne Aufrüstung und ohne Krieg hätten wir uns nach allem Ermessen bis jetzt zwar etwas weniger stürmisch, dagegen aber besser und gesünder entwickelt.»[391] Darauf folgte ein Rückblick auf die Unternehmensentwicklung und auf die Einbettung in den Weltmarkt. Bei den Kriegsgegnern des «Dritten Reiches», namentlich in Großbritannien, Frankreich und USA, seien vor dem Ersten Weltkrieg «glücklich gedeihende Fabriken» entstanden, ein «Netz von Vertretungen, Verkaufsniederlassungen und Fabrikationswerkstätten», doch sei durch «Krieg und Politik» diese «Blüte stolzer Hoffnung grausam zertreten» worden.[392]

Es gehörte für einen journalistisch geschulten Zuhörer wenig Phantasie zu der Lesart, dass der von Bosch in den Jahren der Weimarer Republik aus eigener Kraft bewerkstelligte Wiederaufstieg mit der neuerlichen Internationalisierung des Geschäfts nunmehr unter dem NS-Regime «grausam zertreten» worden sei. Jedenfalls ließ Hans Walz keinen Zweifel daran, dass die Republik die weitaus besseren Rahmenbedingungen für eine gedeihliche Entwicklung der Firma geboten hatte, denn es sei ein «Glück» für Bosch gewesen, dass es in Zeiten der Restrukturierung in den Zwanziger Jahren «keine staatliche Wirtschaftslenkung» gegeben habe.[393] Ganz entschieden setzte Walz den «eigenen wirtschaftlichen Hausverstand»[394] dem real existierenden Nationalsozialismus entgegen, dessen wirtschaftliches Gebaren er mit einem Seitenblick auf die «bolschewistische Staatswirtschaft»[395] präsentierte: «Schwierigkeiten der vorhin gekennzeichneten Art können von keiner anderen Wirtschaftsform ersprießlich gemeistert werden als von der freien Initiative eines selbstverantwortlichen, um seiner Existenz willen mit vollem Sachverstand und mit äußerster Tapferkeit sich wehrenden privatwirtschaftlichen Unternehmertums. Man hat in den letzten Jahren wiederholt den Satz hören können: Wenn die Unternehmerwirtschaft versagt, so muss eben eine andere Wirtschaftsform an ihre Stelle treten›. Ich möchte gerne wissen, welche; jedenfalls müsste eine bürokratisierte staatssozialistische Wirtschaft, vor dieselben Aufgaben gestellt, noch viel mehr versagen, als die privatkapitalistische. [...] Wenn einmal eine staatssozialistische Wirtschaft aus sich selbst heraus den Beweis erbracht haben wird, dass sie *außerhalb einer Staatskonjunktur* [im Orig. unterstrichen] und im Kampf mit dem Wirtschaftskönnen einer ganzen Welt unter widrigsten Umständen ebenso schöpferische Leistungen zu schaffen vermag wie die eigenständig privatkapitalistische Unternehmer-Wirtschaft, wird man sich eher unterhalten können.»[396] Im Lichte dieser Überlegungen beschrieb er die Rüstungsproduktion bei Bosch als eine dem Unternehmen aufgenötigte Verformung des wirtschaftlichen Geschehens und sprach von «den im Interesse der Wehrmacht erstellten Werken».[397] Deutlich auf Distanz ging der Manager deshalb auch zu «befehlshaberisch» daherkommenden Hinweisen aus dem Behördenapparat, welche Investitionen das Unternehmen auf Kosten der bewährten Strategie der Selbstfinanzierung vornehmen sollte, und prangerte in diesem Zusammenhang die uferlose Verschuldungspolitik des Regimes an.[398] An keiner Stelle sprach er von Feinden oder vom Sieg, vielmehr streute er «den Wiederaufbau der Export- und Friedenswirtschaft» als Zukunftsaufgabe ein, und statt einer Beschwörung des «Endsiegs» vernahmen die Hörer einen Hinweis auf «die berechtigten Erwartungen» einer starken Stellung des Unternehmens im Weltmarkt, die «der jetzige Weltkrieg» hoffentlich nicht zerstören würde.[399]

Die «Feuerbacher Rede» war eine ungewöhnlich mutige Standortbestimmung und aus der Sicht des Regimes eine für den Redner lebensgefährliche Ungeheuerlichkeit. Ordnungspolitisch wollte Walz klar Position beziehen für ein marktwirtschaftliches Modell, das für staatliche Lenkung zugunsten einer ruinösen Expansionspolitik keine Einfallstore bot. Und nimmt man das sozialpolitische Selbstverständnis und die Traditionen des Unternehmens hinzu, dann wird man die «Feuerbacher Rede» den wirtschaftspolitischen Vorstellungen der bürgerlichen Opposition gegen Hitler zurechnen dürfen, von denen ein Kontinuitätsbogen zur Sozialen Marktwirtschaft in der Bundesrepublik führen sollte.[400]

Noch immer für Frieden und Zusammenarbeit

Das desillusionierend verlaufene Gespräch mit Adolf Hitler im September 1933 hatte Bosch, bei aller Enttäuschung, nicht definitiv von dem Glauben abbringen können, Hitler wolle in Wahrheit den Frieden. Er verfolge, wenn auch durchaus robuster als die Kabinette der Weimarer Republik, eine Politik der Revision des Versailler Vertrages, sei aber alles in allem doch an einer Verständigung mit den europäischen Mächten, namentlich mit Frankreich interessiert. Was heute befremdlich, ja naiv anmutet, entsprach einer zeittypischen Wahrnehmung und demonstriert die Wirkung der Propaganda des Regimes. Robert Bosch blieb noch einige Zeit bei seiner insgesamt zuversichtlichen Einschätzung der nationalsozialistischen Außenpolitik. Er identifizierte sich mit den Thesen von Eugen Diesel, Sohn des Erfinders Rudolf Diesel, der mit seiner Schrift «Vom Verhängnis der Völker» ein Bekenntnis zum Frieden und zur Kooperation in der Staatengemeinschaft abgelegt hatte. Diesel schrieb in seinem Werk über eine «höhere europäische Ordnung», in der «reife und stolze Nationen [...] durchgereift und klar nebeneinander in Europa stehen».[401] Scharf polemisierte er gegen die «Imperialistische Utopie» und stellte ihr eine Charakterisierung gegenüber, in der Bosch sich wiedererkennen konnte: «Richtiges Nationalbewusstsein ist schweigsam und zeugt von sicheren Völkern und Menschen.»[402] Darin konnte Robert Bosch seine Ablehnung des pathetischen Imperialismus der Wilhelminischen Epoche wiedererkennen und seine Auffassung von horizontalen, eben nicht hegemonial zugerichteten Beziehungen der Nationen. Er meinte in der von der Zensur nicht behinderten Veröffentlichung des Buches sogar ein Zeichen für Mäßigung des Regimes sehen zu können: «Vor einem Jahr hätte es noch nicht erscheinen können, d. h. es wäre wohl verboten worden.» Es gehöre «in alle Sprachen übersetzt und in Millionen Stück unter's Volk gebracht». Und vor allem sah er in dem Opus «eine Unterstützung der Verständigungspolitik Hitlers».[403] Eine Würdigung an die Adresse des Autors lässt erkennen, dass Bosch in außenpolitischen Fragen den Glaubenssätzen der frühen württembergischen Demokratie die Treue gehalten hatte. Denn bei aller Zustimmung fehlte ihm «der Hinweis darauf, dass die Völker *früher* nie Kriege miteinander führten, abgesehen von den Kreuzzügen. Die Dynastien führten Kriege, nachdem es einmal Dynastien gab.»[404]

Er stellte sich offenbar weiterhin den Krieg als ein von verblendeten und ruchlosen Eliten inszeniertes Gemetzel manipulierter, aber eben gutgläubiger und friedliebender Massen vor. Diese tief in der Gedankenwelt des Pazifismus wie auch im Wahrnehmungshorizont überschaubarer, demokratisch verfasster Gemeinschaften verankerte Sicht ging bei ihm immer wieder einher mit einem nicht selten auch skurril-versteift anmutenden Antiborussismus. Es spricht etwas dafür, dass Robert Bosch zeitweise in dem Außenpolitiker Hitler bei allen sonstigen Vorbehalten, auch den einfachen Mann aus dem Volk sah, der, von vermeintlich preußischen Untugenden weitgehend unbelastet, der tiefen

Sehnsucht nach dauerhaftem Frieden zum Durchbruch verhelfen wollte. Ohne dauerhaften Horchposten in Berlin, ohne gründliche Vernetzung mit kundigen und kritischen Beobachtern der außenpolitischen Szenerie blickte Bosch aus einer verengten Perspektive auf den Lauf der Dinge. Dass Hitler im Januar 1934 ein deutsch-französisches Jugendtreffen in Berlin ermöglichte, dass er sich virtuos als ehemaliger Frontsoldat inszenierte und eine Abordnung französischer Veteranen des Ersten Weltkriegs ausgerechnet an Allerseelen, dem 2. November 1934, in Berlin empfing – diese und andere propagandistische Initiativen schienen Bosch eine gewisse Konvergenz der Anschauungen zu signalisieren.[405]

Dennoch: Zeichen der Skepsis und der Sorge lassen sich im Bosch-Kreis nicht übersehen. Das Ergebnis der Volksabstimmung über das künftige Schicksal des Saarlandes, seit 1919 unter französischer Verwaltung, mit 91 Prozent der Wählerstimmen für eine «Heimkehr» in das Reich, löste in Stuttgart keine Freude aus: «Herr Bosch und seine Leute» berichtete der Leiter seines Privatsekretariats im Rückblick, hätten «mit einem Stoß gegen das Regime durch diese Abstimmung» gerechnet.[406] Eine definitive Zäsur in Robert Boschs Bewertung der Hitlerschen Außenpolitik lässt sich zeitlich nicht leicht ausmachen. Während der Diktator zunehmend offensiver auf der internationalen Bühne agierte, sah sich Bosch als «absolut wirkungsloser, weil Einflussloser», der «sich das Politische sparen sollte».[407] Zu übersehen ist aber auch nicht: Nach 1938, als die überaus kritische Bewertung der Hitlerschen Politik für den Unternehmer längst feststand und er im Kreis seiner Mitarbeiter Hitler ohne Zögern als «Verbrecher» bezeichnete, gab es nach dem Zeitzeugenbericht von Theodor Heuss auch bei Robert Bosch «eine gewisse Bewunderung für die Kühnheit der deutschen Politik».[408] Es ist jedenfalls gut möglich, dass auch er, wie viele seiner Zeitgenossen in nahezu allen sozialen Klassen und politischen Lagern, das Treiben des Diktators in der internationalen Politik zumindest mit einer Mischung aus Entsetzen und Staunen beobachtete.

Mit der Wiedereinführung der allgemeinen Wehrpflicht im März 1936, mit der das 100 000-Mann-Heer auf eine Friedenspräsenzstärke von 500 000 Soldaten gebracht werden sollte, wurde für Robert Bosch offenkundig, dass Hitler die Bahnen einer friedlichen Außenpolitik verlassen hatte, dass er «aufrüste und damit den Weltfrieden gefährde» und dass es für die Westmächte an der Zeit sei, «Präventivmaßnahmen» zu ergreifen.⁴⁰⁹ Andererseits beklagte er sich bitter darüber, dass Frankreich nicht auf vermeintliche Avancen des Diktators eingegangen war und stattdessen im Mai einen Pakt mit der Sowjetunion unterzeichnet hatte. Er hielt es noch immer für prinzipiell möglich, Hitler durch multilaterale Abmachungen in einem System kollektiver Sicherheit zu bändigen, ihn also durch Allianzen und nach den Regeln des Völkerrechts zu binden. Ja, er formulierte in diesem Zusammenhang auch kritische Bemerkungen an die französische Adresse, machte seiner Verbitterung über den Versailler Vertrag Luft – Frankreich habe mit dem Vertragswerk «namenlose Schuld» auf sich geladen, das Nachbarland gleiche «einem Eisberg, schwimmend in einem warmen Meer», wie er in Anspielung auf die sich hektisch ablösenden Regierungen und die labilen Kräfteverhältnisse in der französischen Innenpolitik sarkastisch bemerkte.⁴¹⁰

Wenn Robert Bosch immer noch geglaubt haben sollte, in Hitler einen zwar gelegentlich irrlichternden, doch nicht auf militärische Konfrontation setzenden Politiker vor sich zu haben, dann belehrte ihn die Remilitarisierung des Rheinlandes im März 1936 eines Schlechteren. Dass die Westmächte den Bruch des Rheinpakts hinnahmen⁴¹¹, war für Bosch eine deprimierende Erfahrung, die in seinem engeren Führungskreis eine Art konspirative Privatdiplomatie auslöste, um Gesprächspartner in Paris von der «Notwendigkeit von Zwangsmaßnahmen der Westmächte» zu überzeugen.⁴¹²

Die briefliche Bemerkung vom September 1935, er sei ohne Einfluss auf den Gang der Dinge, klang müde und resigniert. Und Robert Bosch plagten, inzwischen war er 74 Jahre alt, tatsächlich allerlei Beschwerden: Gichtanfälle, zunehmende Schwäche des Gehörs und ein hartnäckiges Blasenleiden. Aber noch immer war er schlank und beweglich, noch immer ein passionierter Jäger und glänzender Schütze.⁴¹³ Er blieb bemüht, trotz aller altersbedingten Einschränkungen, neben der prüfenden Beobachtung seines Unternehmens und des Boschhofs, im Rahmen seiner Möglichkeiten auf den Gang der Dinge in der internationalen Politik Einfluss zu nehmen. Wir hatten gesehen, dass die Idee eines deutschfranzösischen Kerns in einem kooperativen europäischen Staatenbund die tragende Überlegung in seiner außenpolitischen Gedankenwelt war. Diese paneuropäische Konzeption ging über ein Geflecht bilateraler Verträge hinaus, zielte auf etwas grundsätzlich Neues, da Zusammenschluss notwendigerweise auch Souveränitätsverzicht und damit eine

Revision nationalstaatlicher Modelle implizierte. Hans Walz, dem nach seiner Erinnerung der Unternehmensgründer über seine Konzeption «im Laufe der Jahre spontan immer wieder aufklärende Mitteilungen gemacht» hatte, fasste im Rückblick Robert Boschs Sicht der Dinge bündig zusammen: «RB stellte sich Paneuropa in der organisatorischen Form eines Staatenbundes vor, der, auf föderativer Grundlage und der freien Zustimmung der Mitgliedervölker aufgebaut, nach Möglichkeit alle wichtigen Staaten Europas zu einem politischen Ganzen vereinigen sollte. Am Anfang aller auf dieses Ziel gerichteten Bemühungen sollte die grundlegende Bereinigung der jahrhundertealten Erbfeindschaft zwischen Frankreich und Deutschland stehen. Das Werk der Versöhnung und Verständigung zwischen diesen beiden bedeutenden Kulturnationen und Machtträgern des Kontinents sollte den Kristallisationskern bilden, um den sich kraft natürlicher Anziehung weitere europäische Staaten zu einer politischen Einheit zusammenfinden würden. Dieser vorausgehenden Vereinigung Deutschlands und Frankreichs mit der erwarteten Folge freiwilliger Anschlüsse wurde primordiale Bedeutung zugemessen.»[414]

Jede Europakonzeption wie auch ein Programm zur deutsch-französischen Zusammenarbeit muss immer auch die Frage nach dem Platz Großbritanniens beantworten. Für Robert Bosch gab es keine dogmatischen Gründe, das Inselreich aus seinem europäischen Bund herauszuhalten, auch wenn es zeitweilig «schwierig» erschien, das Vereinigte Königreich als «solitäre Weltmacht» mit seinen globalen Interessen und Risiken in einen europäischen Bund einzufügen.[415]

Man kann in der gedanklichen und persönlichen, von tiefer Sympathie und gemeinsamer Jagdleidenschaft geprägten Bekanntschaft, die sich in den 30er Jahren zwischen dem Stuttgarter Industriellen und dem britischen Politiker und Unternehmer Lord David Davies (1880–1944) entwickelte, einen Beleg für die Bestrebungen sehen, das Inselreich näher an die europäischen Dinge heranzuziehen und multilaterale Anstrengungen zur Stabilisierung der internationalen Beziehungen zu stärken. Lord Davies war der Spross einer walisischen Familie, Erbe eines gewaltigen Vermögens, das der Vater im Eisenbahnwesen und in der Kohleförderung und -vermarktung gemacht hatte und das der Sohn weiter zu mehren verstand, aber zugleich, wie sein deutscher Kollege, in erheblichem Umfang für gemeinnützige Zwecke im Gesundheitswesen, im

Wohnungsbau, im Bildungswesen – und eben auch für die Völkerverständigung einsetzte. David Davies, 1932 geadelt, machte zugleich eine politische Karriere als Unterhausabgeordneter der Liberalen und als zeitweiliger Mitarbeiter und politischer Weggefährte des Premierministers Lloyd George. Davies hielt den Versailler Vertrag für einen Fehler und gründete noch im Oktober 1918 eine «League of Nations Union» zusammen mit anderen liberalen Politikern. Wie sein deutscher Kollege setzte er sich in der britischen Kohleindustrie für einen Ausgleich zwischen den Arbeitsmarktparteien ein und zeigte ein «overwhelming interest in the maintenance of world peace».[416] Ohnmacht und Wirkungslosigkeit des Völkerbundes motivierten ihn 1932, mit der New Commonwealth Society (NCS) einen weiteren Anlauf zu nehmen, um mit einer neuartigen pressure group Einfluss auf die Außenpolitik zu nehmen.[417] Unter seiner Federführung entstanden Ableger der NCS in anderen englischsprachigen Ländern und auf dem Kontinent, auch in Deutschland. Bis 1936 konnte die NCS in England immerhin 50 Unterhausabgeordnete für eine eigene Parlamentariergruppe gewinnen, unter ihnen auch Winston Churchill, der 1936 die Präsidentschaft der britischen Sektion übernahm.[418] Lord Davies wurde, wie Winston Churchill, zum entschiedenen Gegner der Appeasement-Politik des Kabinetts Chamberlain und sprach dies auch in drastischer Form im britischen Oberhaus aus.[419]

Es war Ernst Jäckh, bis 1933 an der von Bosch geförderten Deutschen Hochschule für Politik in Berlin tätig, dann Emigrant in London, der die Verbindung zwischen Bosch und Davies hergestellt hatte.[420] 1934 übernahm der umtriebige Jäckh die Leitung eines in London eröffneten Instituts der NCS, das in der Art eines Think Tank Veröffentlichungen zur internationalen Politik auf den Markt brachte. Bosch glaubte, wie sein Privatsekretär Schloßstein sich erinnerte, «dem Frieden dienen zu können», indem er das Institut mit einem jährlichen Förderbeitrag von 10 000 US-Dollar co-finanzierte.[421] Ihm war bekannt, dass die Leiter der deutschen Sektion der NCS diese Position «im Auftrag der Partei» wahrnahmen[422], er war aber gleichwohl davon überzeugt, dass Davies mit seinem Programm auf dem richtigen Weg und hier ein stifterisches Engagement im Sinne der Völkerverständigung unbedingt nötig war. Denn die Forderungen der Gesellschaft, von Davies in seinem 1930 veröffentlichten, 1932 auch in deutscher Übersetzung erschienenen Werk «Das Problem des 20. Jahrhunderts. Eine Studie der internationalen Beziehungen» gebündelt, waren das Konzept für einen pragmatischen Pazifismus mit robustem Mandat: Was damals naheliegenderweise als utopisch belächelt wurde, verwies auf Regelungen und Instrumente, die wir heute von den Vereinten Nationen kennen, wenngleich in der Konzeption von Davies in ungleich entschiedenerer Ausprägung. Denn er entwickelte den Plan einer internationalen Polizeistreitmacht, einer von der Völkergemeinschaft mandatierten internationalen Eingreiftruppe mit dem Monopol auf moderne Offensivwaffen, nämlich Kampfflugzeuge, Panzer und U-Boote, die völkerrechtliche Bestimmungen und die Wahrung des Friedens bei Bedarf durch Gewaltanwendung durchsetzen sollte.[423]

Robert Bosch und Lord Davies waren sich offenbar in der Zielsetzung der Bekämpfung jedweder Form einer expansiven Außenpolitik und hinsichtlich der Bestrafung bei gewalttätigen Verstößen gegen das Völkerrecht einig. Davies bestätigte, er sei «in cordial agreement with your views», nachdem er Robert Boschs Abhandlung über «Die Verhütung künftiger Krisen in der Weltwirtschaft» «with the greatest interest» studiert hatte.[424] Bosch begab sich 1935 zu einem persönlichen Gedankenaustausch mit Davies nach Großbritannien und lud den englischen Partner 1936 nach Stuttgart und zu einem gemeinsamen Jagdausflug nach Pfronten ein.[425] Davies signalisierte auch, dass Präsident und Vizepräsident der französischen Gruppe der NCS, die vormaligen Minister Pierre Cot und Henry de Jouvenel, Interesse an einem Treffen mit Bosch geäußert hatten.[426] Gewiss waren dies alles Kontakte, Absprachen und Konzeptionen im Vorhof der großen Politik, ebenso wie der seltsame Plan des Unternehmensgründers, Henry Ford – nicht gerade ein entschiedener Gegner faschistischen Gedankenguts –, brieflich als Mitstreiter zu gewinnen und für die Gefahren eines «new race in armaments» zu sensibilisieren.[427]

Das beharrliche mäzenatische Engagement für Belange der Völkerverständigung und für den Frieden gerade auch in den Jahren der totalitären Bedrohung war für einen deutschen Industriellen ungewöhnlich. Bosch hatte sich auch im Alter die Fähigkeit bewahrt, über den Zaun zu blicken und das internationale System losgelöst von den tagesaktuell artikulierten Interessen des eigenen Landes in den Blick zu nehmen. Man ist versucht zu sagen, dass seine Maxime, der Idealist sei «ein Materialist, klug genug einzusehen, dass es nicht ihm allein gut gehen kann», für ihn auch in den Jahren der Hitler-Diktatur von Gewicht war.

Für die politische Polizei war ausgemacht, dass es in Württemberg Kräfte gab, die «wegen ihrer finanziellen Kraft», ihrer Undurchsichtigkeit und ihrer internationalen Verbindungen ein erhebliches Sicherheitsrisiko für das Regime darstellten.[428] Solche Lagebeobachtungen mochten auf Robert Bosch und seinen Führungskreis zielen. Zwar war es dem Regime Anfang 1936 gelungen, den Unternehmensgründer aus dem regionalen Zeitungswesen herauszudrängen. Aber deshalb blieb man im Hause Bosch in Sachen Presse und Publizistik nicht untätig. 1935 oder 1936 machte Hans Walz die Bekanntschaft von Rudolf Pechel, des Herausgebers und Chefredakteurs der «Deutschen Rundschau». Die Verbindung war von Carl Goerdeler vermittelt worden. Pechel war in der Weimarer Republik ein wortgewaltiger Publizist im Lager der Konservativen Revolution. Er vertrat elitäre, demokratiefremde Positionen, war also weit entfernt von Robert Boschs politischen Auffassungen,[429] wurde aber im «Dritten Reich» zum Kritiker der braunen Machthaber. Goerdeler überzeugte Walz mit seinem Urteil, dass Pechel «eine klare antinationalsozialistische Haltung» zeige, ja «geradezu als geistiges Widerstandszentrum in Deutschland fungiere».[430] Pechel entwickelte in der «Deutschen Rundschau» eine virtuose Technik, «dem System auf dem Leib [zu] rücken»[431], indem er mit der Unschuldsmiene des Literaten Hitler und den Nationalsozialismus mit keiner Silbe erwähnte, dafür aber bei seinen Ausflügen in die Geistesgeschichte durch die Kunst der Camouflage seine Leser mit vernichtenden Beschreibungen totalitärer Herrschaft versorgte. An die Gleichschaltung der Presse im «Dritten Reich» erinnerte Pechel etwa durch einen Essay über Victor Hugo in der Emigration, der über das Regime Napoleons III. schrieb: «Wo ist die Pressefreiheit, diese Ehre der französischen Nation, diese Fackel, welche alle Fragen an allen Punkten zu gleicher Zeit beleuchtete, dieser beständige Wecker des Volkes?»[432]

Ohne die regelmäßige Subvention aus dem Hause Bosch – monatliche Überweisungen von 1000 RM sowie die Abnahme von 1000 Exemplaren – hätte die «Deutsche Rundschau» kaum überleben können.[433] Es war erstaunlich, dass das Propagandaministerium gegen Pechel «trotz gelegentlicher Vorladungen [...] keine rechte Handhabe zum Eingreifen fand». Erst 1942 wurde die «Deutsche Rundschau» verboten und Pechel verschwand bis zum Kriegsende in einem Konzentrationslager.[434]

Solche finanzielle Transaktionen oder die Hilfe für jüdische Mitbürger ließen sich in diesem Ausmaß nur bewerkstelligen, solange der Unternehmensgründer und Hans Walz als «Betriebsführer» auf einen engeren Führungskreis zählen konnten, dessen Mitglieder ihre Grundüberzeugungen teilten und die notwendige Diskretion, auch die praktische Phantasie und Gewandtheit zu konspirativem Agieren mitbrachten. Robert Bosch war gewiss nie ein bequemer Unternehmenslenker gewesen. Er war bekannt für sein cholerisches Temperament, seine durchaus verstörende Impulsivität. Aber er galt auch als Industrieller, der sich nicht mit einer gefügigen «Gefolgschaft» umgab, sondern als Unternehmer wie auch als Stifter eigenständige Köpfe um sich versammelte. Treue und Ergebenheit, die etwa Hans Walz gegenüber Robert Bosch bis ins hohe Alter bekundete, waren keine Unterwerfung unter seinen Chef, dem er seine fulminante Karriere und auch persönlichen Wohlstand verdankte, sondern Zeichen einer tiefen Übereinstimmung in den Wertüberzeugungen und in den Führungsgrundsätzen. Ähnliches galt für das Direktoriumsmitglied Hermann Fellmeth, der als weltgewandter Kaufmann Gegner einer aggressiven Außenpolitik war.[435] Zum inneren Kreis gehörte auch Willy Schloßstein, der 1927 Nachfolger von Hans Walz als Leiter des Privatsekretariats von Robert Bosch wurde. Schloßsteins Ehefrau Bona war «Halbjüdin»; das Ehepaar musste folglich nach der «Machtergreifung» damit rechnen, irgendwann ins Visier der Verfolgungsmaschinerie zu geraten.[436] Zum engeren Kreis gehörten auch Albrecht Fischer, Paul Hahn und Theodor Bäuerle. Diese Männer hatten nach der «Machtergreifung» ihre berufliche Position verloren und wurden als Berater unter Vertrag genommen: Theodor Bäuerle war der Experte für Bildungsfragen.[437] Albrecht Fischer war ein versierter Verbandsfunktionär, analytisch begabt und in Stuttgart bestens vernetzt.[438] Im Zusammenhang mit dem Attentat auf Hitler am 20. Juli 1944 sollte er noch eine wichtige Rolle spielen. Schließlich Paul Hahn, der dem Unternehmer schon in den Auseinandersetzungen nach der Novemberrevolution in Württemberg begegnet war. Hahn wurde auf Empfehlung Albrecht Fischers 1935 als Berater eingestellt und sollte sich vor allem um den Bau des Homöopathischen Krankenhauses kümmern.[439] Hahn war ein ausgewiesener Sicherheitsexperte mit polizeilicher Praxiserfahrung, ohne Sympathie für den Nationalsozialismus. Als 1935 in Stuttgart wieder Gerüchte kursierten, die Partei werde bald etwas gegen Robert Bosch unternehmen, organisierte er auf der schweizerischen Seite des Bodensees ein Fluchtquartier, wohin man den Unternehmensgründer und seine Angehörigen im Notfall bringen könnte.[440] Ein definitiver Zeitpunkt, eine Kehre, von der an bei Robert Bosch und seinem engeren Kreis der Entschluss zum aktiven Widerstand gegen das NS-Regime unwiderruflich feststand, lässt sich in der historischen Rückblende nicht ohne weiteres bestimmen. Eher handelte es sich um einen gleitenden Übergang auf einer Skala, deren Markierungen von Unzufriedenheit und ernsthafter Sorge über blankes Entsetzen, mehr oder weniger versteckte Kritik bis hin zu Abscheu und schließlich zu der Zielsetzung reichten, den Diktator zu beseitigen.

Die Verbindung Bosch – Goerdeler

Theodor Bäuerle, bei Bosch seit 1936 als Berater für eine «Forschungsstelle für Arbeitskunde» sowie für die Stiftungen von Robert Bosch auf den Gebieten Bildung und Erziehung zuständig, kannte den Leipziger Oberbürgermeister Carl Goerdeler aus seiner Arbeit in der Volksbildungsbewegung in den Jahren der Republik.[441]

Soweit wir sehen, war es Goerdeler, der 1936 den Kontakt mit Theodor Bäuerle wiederaufleben ließ und ihn bat, eine Verbindung mit Robert Bosch und seinem Kreis herzustellen.[442] Gerhard Ritter hat in seiner bis heute wegweisenden Goerdeler-Biographie nachgezeichnet, wie dieser den Unternehmer eingeschätzt hat: «Der alte Bosch war ein völlig anderer Typ von Industrieführer als die Mehrzahl seiner Standesgenossen in Rheinland-Westfalen: Kein bloßer Geschäftsmann und Techniker ohne politischen Instinkt und politisch-historische Bildung, noch weniger ein großindustrieller Herrenmensch, sondern ein echt schwäbischer Demokrat und Volksmann, fest verwurzelt in den politischen Traditionen seiner Heimat.»[443] Goerdeler hat seine Bewunderung für Robert Bosch später in einem Aufsatz umschrieben: «Ein Mann von Charakter kann, wie alle großen Männer der deutschen Geschichte, nur für *Recht und Freiheit* eintreten, für Recht und Freiheit des Volkes. Was ein Volk als Recht für sich in Anspruch nimmt, muss es nach ehernen Gesetzen auch *anderen Völkern zugestehen*; sonst ist ein glückhafter Ausgleich nicht möglich.»[444] Es war bemerkenswert, dass dieses Hohe Lied auf die Freiheit und auf den Unternehmensgründer als ihren Anwalt in der von Bosch geförderten «Deutschen Rundschau» noch gedruckt wurde, während seit Juni 1941 in der UdSSR ein verbrecherischer Vernichtungskrieg tobte!

Im Sommer 1936 suchten Hans Walz, Albrecht Fischer und Theodor Bäuerle Goerdeler in Leipzig auf. Im Rückblick hat Hans Walz die Bilanz der vertraulichen Besprechungen als eine Art Pakt zum Sturz des Regimes beschrieben. Ob man diese frühe Richtungsentscheidung von ihrem Zeitpunkt her quellenkritisch bezweifeln sollte, kann weiter offen bleiben.[445] Unstrittig ist, dass Goerdeler zu diesem Zeitpunkt das NS-Regime ebenso wie Walz ablehnte, doch immer noch daran interessiert war, irgendwie von innen heraus, also durch dosierte Kooperation mit Machthabern des Regimes Veränderungen herbeizuführen, andererseits aber auch schon einige Wochen nach der «Machtergreifung» Hitler als «Verbrecher» bezeichnet hatte. Entscheidend ist, dass die Leipziger Begegnung der Beginn einer Partnerschaft wurde, die in den Widerstand gegen das Regime führte: «Die Unterredung ergab volle Übereinstimmung in allen wesentlichen Punkten, vor allem in der Erkenntnis, dass, sollte einer Fortsetzung der unheilvollen Politik Hitlers Einhalt geboten und sollte eine verderbliche Entwicklung für Deutschland wie für die übrige Welt hintangehalten werden, das nationalsozialistische Regime unbedingt beseitigt werden müsse. Wir waren uns weiter einig in dem Bewusstsein, dass ohne die Unterstützung bewaffneter Kräftegruppen aus der Wehrmacht jede Erhebung gegen das herrschende System mit allen Mitteln einer skrupellos gebrauchten Macht und Propaganda im Keime erstickt werden würde. Diesem Gedanken schlossen sich später alle an der Aktion Goerdeler irgendwie beteiligten Persönlichkeiten und Kreise, auch die der alten sozialistischen Arbeiterschaft, an. Es wurde abgesprochen, dass nicht allein in zivilen, sondern auch in militärischen Kreisen für den Gedanken eines Staatsstreichs geworben werden müsse. Goerdeler hatte gewisse Beziehungen zu militärisch ausschlaggebenden Persönlichkeiten bereits angeknüpft und erklärte sich bereit, sie weiter auszubauen.»[446]

Hans Walz blieb in einer Frage skeptisch. Dem tief gläubigen, vom Pazifismus geprägten kritischen Kaufmann war das soldatische Milieu und damit auch das Offizierskorps denkbar unheimlich geblieben. Die «große Zuversicht»[447], die Goerdeler im Hinblick auf die Handlungsfähigkeit der Generalität hegte, vermochte Walz nie zu teilen: «Ich war von Anfang an weniger optimistisch in der Frage einer aktiv-ausschlaggebenden Beteiligung militärischer Befehlshaber an dem vorgesehenen Aufstandsunternehmen, weil ich der hohen preußisch-deutschen Generalität zwar einen bis zur passiven Aufopferung der eigenen Persön-

Carl Goerdeler, 1943

lichkeit reichenden Gehorsam, aber keine aufgrund charaktervoller Entscheidung frei gewählte eigenverantwortliche Handlungsweise zutraute.»[448]

Goerdeler vertraute demgegenüber auf die Entschlossenheit des Generalstabschefs Ludwig Beck, dem «Führer», sollte er militärische Verwicklungen und damit einen europäischen Krieg inszenieren, rechtzeitig in den Arm zu fallen.[449] Offensichtlich glaubte er, Beck mit seiner kritischen Denkschrift vom Oktober 1935 zur bedrohlichen Lage von Wirtschaft und Staatsfinanzen überzeugt zu haben.[450] Er regte eine Intervention des Unternehmensgründers bei dem Kriegsminister Werner von Blomberg an. Bosch, so der Plan, sollte dem Generaloberst «die dringende Bitte vortragen, die weitere Aufrüstung einzustellen, weil dies unweigerlich zu einem neuen Krieg führen müsse».[451] Dass «der Respekt vor Robert Bosch einen starken Eindruck machen werde»[452] wie der notorisch optimistische Goerdeler annahm, war im Falle des dem «Führer» bedingungslos ergebenen Blomberg ganz abwegig. Blomberg ging bei der Unterredung mit dem Unternehmer Bosch am 16. September 1936 in Berlin[453] auf dessen Argumente mit keinem Wort ein und beendete das Gespräch mit dem Hinweis, er habe vom «Führer» den Auftrag erhalten, die Aufrüstung durchzuführen und er gedenke, diesen «Auftrag» auch auszuführen.[454] Der Versuch, zu einer Umkehr in der Rüstungspolitik aufzurufen, zeigt, dass der für sein Unternehmen einträgliche Rüstungsboom bei ihm aus genuin politischen Erwägungen, gewiss auch aus ethischen Gründen, auf Ablehnung stieß. Nichts deutet darauf hin, dass sich seine Haltung im Ersten Weltkrieg, mit Rüstungsgütern keine Erträge erwirtschaften zu wollen, geändert hätte. Bei Robert Bosch trat zu der politisch-moralischen Ablehnung militärischer Abenteuer die Einsicht in die strukturelle Schwäche des Deutschen Reiches gegenüber einer Koalition von Gegnern hinzu. Nicht umsonst gibt es aus dem Bosch-Kreis keine überlieferten Äußerungen zu einem möglichen Sieg des eigenen Landes. Alles spricht dafür, dass Robert Bosch nach der Entfesselung des Krieges die Niederlage für nicht abwendbar hielt.

Nach der gescheiterten Intervention bei Blomberg stellte sich die Frage, wie eine weitere Zusammenarbeit zwischen Bosch und Goerdeler aussehen könnte. Goerdeler genoss auch unter dem NS-Regime hohes Ansehen als Wirtschaftspolitiker und hatte 1934/35 die Aufgabe eines Reichskommissars für die Preisüberwachung übernommen. Er sah aber keine Chance, sich mit seinen dezidiert wirtschaftsliberalen, weltmarktorientierten Ordnungsvorstellungen gegen die inflatorische Politik des Regimes durchzusetzen. Sein Sachverstand war zunächst durchaus gefragt, aber seine von der Reichskanzlei angeforderte Expertise wurde ignoriert, wenn er auf «immer neue Löcher»[455] in der Versorgung mit Gütern des täglichen Bedarfs aufmerksam machte und sich – wie auch Hans Walz – dafür einsetzte, «die Wege für den Warenaustausch zwischen Deutschland und anderen Ländern wieder breit zu öffnen».[456] In Leipzig war der Oberbürgermeister zermürbt vom täglichen Kleinkrieg mit Parteistellen und auch deshalb auf der Suche nach einer neuen Aufgabe. Sie schien sich zunächst in der rheinisch-westfälischen Montanindustrie anzubieten, als Gustav Krupp von Bohlen und Halbach ihm eine Position in der Führung seines Konzerns anbot, allerdings nicht ohne vor einer definitiven Entscheidung Hitlers Zustimmung einzuholen. Der «Führer» wollte indes einen Mann dieses Kalibers nicht in einer exponierten Führungsposition in der rüstungssensiblen Schwerindustrie sehen.[457] Inzwischen hatte Goerdeler in einem weiteren Gutachten, diesmal im Auftrag Görings,[458] zu einer geradezu vernichtenden Analyse der rüstungsgetriebenen Wirtschaftspolitik des Regimes ausgeholt. Er forderte ein Ende der galoppierenden Staatsverschuldung, einen ausgeglichenen Haushalt, ein deutliches Umsteuern beim Rüstungstempo und eine weltmarktorientierte Außenwirtschaftspolitik.[459] Es war kaum überraschend, dass Göring die detaillierte Ausarbeitung als «vollständig unbrauchbar» zurückwies.[460] Damit war auch ein Versuch des Konzernerben Alfred Krupp hinfällig, Hitler doch noch für den Plan einer Verwendung Goerdelers in Essen zu gewinnen.[461]

Dass Goerdelers Denkschriften für die Reichskanzlei und für Göring im Gegensatz zur Politik des Regimes standen und brüsk verworfen wurden[462], musste sich in Parteikreisen herumsprechen. Es schwächte jedenfalls seine Position in Leipzig. Als noch amtierender Oberbürgermeister hatte er ausdrücklich eine von der regionalen NSDAP geforderte Entfernung des Mendelssohn-Bartholdy-Denkmals verboten. Sein Stellvertreter, der NS-Funktionär Haake, nutzte eine dienstliche Skandinavien-Reise des Stadtoberhaupts im November 1936, um Fakten zu schaffen und veranlasste den Abbau des Denkmals. Daraufhin trat Goerdeler von seinem Amt zurück, nachdem er vergeblich ultimativ gefordert hatte, das Denkmal wieder aufzustellen.[463]

Dieser Schritt «gegen die deutsche Kulturschande»[464], die Tatsache, dass er nicht an seinem Posten klebte und nach seinem Rücktritt bei seinem Erscheinen anlässlich eines Konzerts im Gewandhaus von Leipziger Bürgern mit Ovationen geehrt wurde,[465] all dies waren Beobachtungen, die den Bosch-Kreis in der Überlegung bestärkten, ihn für eine Zusammenarbeit zu gewinnen. Robert Bosch, Hans Walz und Carl Goerdeler vereinbarten im Januar 1937 in Berlin, anlässlich einer Geburtstagsfeier für den Reichsbankpräsidenten Hjalmar Schacht, ihren Gedankenaustausch fortzusetzen.[466] Das Treffen kam wenig später in Stuttgart zustande und mündete in «ein sehr freundschaftliches Verhältnis» ein.[467] Die mit einem Beratervertrag besiegelte Zusammenarbeit bedeutete, dass Goerdeler zunächst im Abstand von vier bis sechs Wochen, später sogar vierzehntägig bis wöchentlich zu Gesprächen nach Stuttgart reiste. Nach dem Rückblick von Albrecht Fischer, den diese Zusammenarbeit vor den Volksgerichtshof brachte, berichtete Goerdeler dem engeren Bosch-Kreis regelmäßig über die politische Lage, «ihre vermutliche Entwicklung, über die Absichten der Regierung auf dem Gebiet der Wirtschaft und über ihm bekannt gewordene Internas [sic] der Nazi-Größen».[468]

In der Tat: Nach außen sollte der frühere Oberbürgermeister «im Rahmen dieses Beratungsvertrags Behörden- und Geschäftsverbindungen im In- und Ausland wahrnehmen»[469], was auch geschah, nämlich indem er mit seinen guten Verbindungen zu den Wallenbergs in Stockholm den Verkauf von Bosch-Auslandsgesellschaften an deren Enskilda-Bank (SEB) begleitete.[470] Im Wesentlichen handelte es sich indes hier um eine «Tarnung als wirtschaftspolitischer Berater von Bosch»[471], die Goerdeler in die Lage versetzen sollte, sich vollauf «dem Ausbau seiner Oppositionsbewegung» zu widmen.[472] Eine zuverlässige Bilanz der Vergütung und der Mittel, mit denen Bosch den Beratervertrag ausstattete, ist wegen kriegsbedingter Quellenverluste schwierig. Die Schätzungen reichen bis zu einer Summe von insgesamt einer Million Reichsmark;[473] eine firmeninterne Aufstellung vom August 1945 kommt auf Zahlungen von 600 000 Reichsmark.[474] Der Historiker Joachim Scholtyseck geht von 700 000 Reichsmark aus, davon etwa 250 000 Mark Gehalt für Goerdeler und etwa 450 000 Reichsmark «für Verschwörungszwecke»[475], wobei Hans Walz, durch dessen Hände die Gelder flossen, hervorhob, dass es sich um Zahlungen des Unternehmens sowie aus dem Privatvermögen von Robert Bosch handelte.[476]

Betrachtet man die Zusammenarbeit mit Carl Goerdeler als Element einer Geschichte bürgerschaftlichen Engagements in Deutschland, dann wird offensichtlich, in welchem Maße der Unternehmensgründer gemeinnütziges Handeln nachgerade revolutioniert hat. War Stiften und Spenden bisher darauf bezogen, im Rahmen einer geltenden Rechtsordnung und oft auch im produktiven Dialog mit den Organen des Staates ergänzend, korrigierend oder Neues anstiftend wirksam zu werden, so ging es jetzt darum, eine als verbrecherisch erkannte politische Führung an der Durchsetzung ihrer Ziele zu hindern, sie zu ersetzen, gegebenenfalls auch zu beseitigen. Dass es darauf letztlich zulaufen sollte, belegt eine Äußerung des Unternehmensgründers im vertrauten Kreis seiner Familie über «den Führer»: «Ja, warum bringt denn den Kerle niemand um?»[477]

Eine typologische Betrachtung macht noch ein weiteres Moment sichtbar: Stiften und Spenden waren gemeinhin individuelle, einer Einzelpersönlichkeit zuschreibbare Vorgehensweisen, in der Regel mit der legitimen Absicht verknüpft, die eigene gesellschaftliche Geltung zu stärken und über den Tod hinaus in der kollektiven Erinnerung zu halten. Nimmt man das Stiften in den Blick, dann zeigen sich bei der Unterstützung von Widerstandsaktivitäten gegen den Nationalsozialismus auffällige Parallelen zu Boschs unternehmerischem Selbstverständnis. Weder betrachteten sich Robert Bosch und seine Mitstreiter als konzeptionelle Väter einer Widerstandsbewegung, noch war das Engagement gegen den Führerstaat Resultat einsamer Reflexion. Und weder sahen sich Robert Bosch oder Hans Walz als heroische Einzeltäter, noch erscheint widerständiges Tun des Stuttgarter Kreises als lineares, immer eindeutig zielgerichtetes Handeln. Es war vielmehr ein Kreis, der sich hier um den Unternehmensgründer als Spiritus Rector formierte, eine Gruppierung, die operativ in vollem Einverständnis mit dem Unternehmer und Stifter gesteuert wurde und die in den Widerstand hineinglitt, von außen beraten, gewiss auch in Fehleinschätzungen befangen und nicht selten zu ohnmächtigem Zuschauen verurteilt.

Wollen Stifter im Zusammenwirken mit Personen und Institutionen Veränderungen bewirken und politisch-gesellschaftliche Ziele verfolgen, dann ist selten eine lückenlose Identität der Ideen und Interessen zwischen den Beteiligten in einer solchen Förderpartnerschaft zu erwarten. Und eine solche Kooperation, die Honorierung eines Experten für die Arbeit an einem gemeinsamen Zweck, ist auch kein Dienstverhältnis. Insofern galt auch für Bosch und Goerdeler, woran der Historiker Michael Borgolte erinnert hat: «Das Verhältnis zwischen dem Stifter und seiner Stiftung beruht [...] nicht auf Befehl und Gehorsam.»[478] Das gilt es im Auge zu behalten, wenn man nach Gemeinsamkeiten und Unterschieden zwischen dem Bosch-Kreis und Goerdeler fragt. Robert Bosch und Carl Goerdeler waren temperamentvolle, durchsetzungsstarke, oft streitbar auftretende Persönlichkeiten. Der Unternehmer mit seinem Kreis und der in der preußischen Kommunalverwaltung aufgestiegene Verwaltungsjurist auf der anderen Seite kamen in ihren politischen Prägungen und Anschauungen von nahezu diametral entgegengesetzten Ausgangspositionen. Es ist kaum vorstellbar, dass sie sich in den Jahren der Republik politisch näher gekommen wären.[479] Goerdeler verkörperte von Herkommen, Habitus und politischem Standort genau das, was Robert Bosch – und mit ihm Hans Walz – für die Wurzel der Fehlentwicklungen der deutschen politischen Kultur hielten und was er mit seinem Kreis gewöhnlich quasi völkerpsychologisch in landsmannschaftliche Metaphorik verpackte, ganz so, als gäbe es eine nahezu anthropologisch verankerte Wahlverwandtschaft zwischen der Demokratie und dem Wesen des Schwaben, wohingegen ein Preuße nahezu naturwüchsig zum Autoritären, ja zur Staatsvergottung neige. Hans Walz hat die Unterschiede im Rückblick beschrieben: «Es muss [...] zum richtigen Verständnis auf einen grundlegenden Unterschied hingewiesen werden, der zwischen Carl Goerdeler einerseits und Robert Bosch mit seinem ganzen Kreis andererseits obwaltete. Goerdeler war Ostpreuße, deutschnational und naturgemäß viel preußischer in Veranlagung und Gesinnung als wir, die wir süddeutsch orientiert und demokratisch durch und durch, im Geist von Potsdam und vollends in dessen durch Hitler grotesk vergröberter Ausdrucksweise den Feind einer gedeihlichen Entwicklung Deutschlands sahen.»[480]

Carl Goerdeler, 1884 geboren, war der Spross einer Beamtenfamilie, erfuhr seine politische Sozialisation in behüteten Verhältnissen im Kaiserreich, war tief verwurzelt in seiner westpreußischen Heimat und «in der Tradition eines altpreußisch-konservativen Beamtentums».[481] Nach dem juristischen Studium entschied er sich für eine Laufbahn in der öffentlichen Verwaltung, wo er rasch eine beachtliche Karriere machte. Er wurde schon 1920 zweiter Bürgermeister in Königsberg und schließlich 1930 Oberbürgermeister in Leipzig. Als Offizier im Ersten Weltkrieg erlebte Goerdeler 1918/19 den Zusammenbruch der politischen Ordnung des Kaiserreichs, anders als Robert Bosch, als Katastrophe. Die «Dolchstoßlegende», wie wir sahen für Robert Bosch eine «Unverschämtheit», war für Goerdeler und seinen Bruder Friedrich 1919 eine überzeugende Erklärung des Zusammenbruchs: «Das deutsche Volk ist innerlich grauenhaft zusammengebrochen und liegt zerschmettert auf dem Boden, weil trotz einzigartiger und unvergesslicher Leistungen an der Front und in der Heimat jede innere und diplomatische Führung fehlte, weil es unserem Volke in seiner Mehrheit gebrach am richtigen politischen und nationalen Instinkte, weil weite Kreise moralischer Fäulnis anheim fielen dank der schon lange vor dem Kriege sich breit machenden materialistischen Lebensauffassung, weil der lange Krieg den überwiegenden Teil der wertvollen Volkselemente dahinraffte und zu viel Schund übrig ließ und weil gewissenlose Gesellen [...] zu eigensüchtigen Zwecken den Massenwillen in falsche Bahnen leiteten.»[482]

Es war insofern konsequent, dass sich Goerdeler, der seine parteipolitische Heimat im Kaiserreich noch bei den Nationalliberalen gesehen hatte, in der Republik der Deutschnationalen Volkspartei anschloss, wo er es bald bis zum Mitglied des Parteivorstands brachte. Den Obstruktionskurs des Vorsitzenden Alfred Hugenberg gegen die Republik nach 1927 wollte er allerdings nicht mehr mittragen.[483]

Sein außenpolitischer Fixpunkt war der deutsche Nationalstaat in einer möglichst hegemonialen Ausprägung, von daher plädierte er mit Vehemenz für eine Revision des Versailler Vertrages. Was für Bosch eine unkluge Fehlentscheidung der Siegermächte war, blieb für Goerdeler eine schmerzliche Wunde. Während für Robert Bosch die parteienstaatlich verfasste parlamentarische Demokratie von Weimar nicht zur Disposition stand und er sich ein politisches Bündnis zwischen der gemäßigten, reformorientierten Sozialdemokratie und dem Bürgertum wünschte, votierte Goerdeler noch 1929 für eine verselbständigte, nicht mehr an das Vertrauen der Parlamentsmehrheit gebundene Exekutive.[484] Keine Frage: Starke Führung – im Gegensatz zu fortschreitendem Ausbau von Partizipation – waren ein Thema, mit dem er sich ebenso leidenschaftlich auseinandersetzte wie mit den Großmachtambitionen des Deutschen Reiches, und er unterschied gerne zwischen dem «steilen, gefährlichen und mühevollen Kletterweg des Führers und dem Trampelweg der Herde».[485]

Goerdeler vertrat in der Wirtschafts- und Sozialpolitik strenge Positionen altliberaler Prägung, aus der Perspektive des Bosch-Kreises gleichsam vor-naumännische Grundsätze einer sich selbst regulierenden Marktökonomie, in deren Mittelpunkt ausschließlich die individuelle Leistung zu stehen hatte. Dieses gesellschaftspolitische Ordnungsbild, nicht frei von «sozialdarwinistischen Konnotationen»[486] mündete in der Spätphase der Republik bei ihm in eine deflationistische Wirtschaftspolitik im Sinne der Regierung Brüning ein, für die er als ausgewiesener Fachmann der öffentlichen Finanzen als Preiskommissar amtierte.⁴⁸⁷ Für Goerdeler war die Weltwirtschaftskrise eine fundamentale Strukturkrise im Gefolge der Versailler Friedensordnung, der man in seinen Augen unter keinen Umständen mit einer Politik des deficit spending zu Leibe rücken konnte, sondern durch einen Umbau der Sozialversicherung im Sinne des von ihm unablässig propagierten Leistungsgedankens.⁴⁸⁸

Demgegenüber ließ sich Bosch nicht auf eine rigide wirtschaftspolitische Dogmatik festlegen, sondern war, so erinnerte sich Hans Walz, durchaus geneigt, sich auf eine antizyklische Wirtschaftspolitik einzulassen: «Robert Bosch war im Übrigen mit Theodor Heuss einig in der Auffassung, dass die Weimarer Republik, um der sich in der Bevölkerung mehr und mehr ausbreitenden Unzufriedenheit und politischen Radikalisierung wirksam zu begegnen, herzhaft das finanzielle Wagnis einer umfassenden Arbeitsbeschaffung und Konjunkturankurbelung hätte eingehen sollen, anstatt unter dem Zeichen der monetären Deflation dem unheimlichen Abgleiten der gesamten deutschen Wirtschaftstätigkeit mit den zuletzt 5 bis 6 Millionen Arbeitslosen ohne intensive Gegenmaßnahmen den Lauf zu lassen.»⁴⁸⁹ Entsprechend begegnete Robert Bosch staatlichen Interventionen zur Sicherung der Daseinsvorsorge mit Gelassenheit und Pragmatismus, er wies sie nicht zurück – und vor allem hatte er im eigenen Unternehmen Sozialpolitik in paradigmatischer Weise installiert. Wirtschaft war für Goerdeler, der stets in der öffentlichen Verwaltung gearbeitet hatte und nie in einem Unternehmen, das, wie bei Bosch, als technisch hochmoderner Betrieb nur mit qualifizierten und angemessen motivierten Leuten funktionieren konnte – Wirtschaft also war für den Verwaltungsjuristen Goerdeler Kampf und Auslese, nicht wie für Bosch Wettbewerb und Kooperation. Während Goerdeler postulierte, «Wer einmal ungelernter Arbeiter ist, wird nur selten ein brauchbarer angelernter, vom gelernten ganz zu schweigen»⁴⁹⁰, förderte Robert Bosch die Berufsausbildung und die berufsübergreifende Erwachsenenbildung, da er von der grundsätzlichen Entwicklungsoffenheit jeder menschlichen Person überzeugt war und spekulativen Glaubenssätzen über die «Natur und die von ihr gesetzten Tatsachen» wenig abgewinnen konnte.⁴⁹¹

Goerdelers für uns heute befremdlich klingende Thesen vom Walten naturhafter Gesetze in Wirtschaft und Gesellschaft dienten auch dazu, den braunen Potentaten die Absurdität ihrer inflationistischen Wirtschaftspolitik vor Augen zu führen, ja ihnen gleichsam mit seinen Gutachten und Positionspapieren einzuhämmern, dass sie das Land unweigerlich in die Katastrophe führten. Aber es gab bei Goerdeler eine Nähe zu sozialromantischen Ordnungsvorstellungen, eine modernitätsskeptische Grundhaltung, derzufolge «Großstädte Menschen und Familien fressen, während das Land sie hervorbringt».[492]

Zugleich gab es aber zwischen Goerdeler und dem Bosch-Kreis einen hinreichend großen Vorrat an gemeinsamen Überzeugungen und Zielen. Hans Walz hat im Rückblick die Zwänge beschrieben, die eine lagerübergreifende Frontbildung gegen das NS-Regime unvermeidlich mit sich brachte: «Wie einst der Apostel Paulus den Juden ein Jude und den Griechen ein Grieche war, um beide für eine dritte Wirklichkeit zu gewinnen, so musste Goerdeler dem Konservativen ein Konservativer und dem Demokraten ein Demokrat sein, um beide zu Aktionen gegen Hitler zu bewegen. Er hatte zu allen politischen Persönlichkeiten, mit denen er gerade sprach, von ihrem Standpunkt aus Brücken der Verständigung zu schlagen, um sie für die geplante Aktion zu begeistern. Hatte er sich mit Nationalisten auseinanderzusetzen, so berief er sich gegebenenfalls auf den bei diesen sakrosankten Reichsfreiherrn vom Stein, der gegen den Absolutismus aufgetreten war und immerhin einer gewissen freiheitlichen Vertretung des Volks wenigstens auf ständischer Grundlage das Wort geredet hatte. Bei Abfassung von Denkschriften für hohe und höchste Militärpersonen hatte Goerdeler sich auf deren meist konservative politische Ansichten einzustellen, um begonnene Gespräche überhaupt fortführen zu können. Auf die Hilfe der Militärs war er ja grundlegend angewiesen. Vermöge seiner nahen Verbindung mit Beck war Goerdeler genötigt, zunächst auch auf manche Besonderheiten der politischen Überzeugungen dieses Mannes Rücksicht zu nehmen. [...] Es ist einleuchtend, dass Goerdeler, um sein Inneres nicht allzu deutlich bloßzustellen, des öfteren gezwungen war, sich besonders wenn er schriftliche Verlautbarungen abzugeben hatte, einer verschleiernden Ausdrucksweise zu bedienen. In Anbetracht der damaligen übermenschlichen Schwierigkeiten darf man an Goerdeler gerechterweise nicht den Maßstab von Idealvorstellungen moralischer Schulmeisterei anlegen.»[493]

Der Historiker wird diese Einschätzung des in moralischen Fragen stets besonders streng urteilenden Managers ernst nehmen müssen. Goerdeler hatte, bevor die Verbindung mit Bosch zustande kam, wiederholt Versuche unternommen, das Regime zu beeinflussen, mit den

Machthabern zu kooperieren, um sie ‹umzustimmen›, immer im Vertrauen auf die Kraft der Vernunft, von deren letztendlichem Sieg er lange überzeugt blieb. Die Kooperationsbereitschaft gegenüber der NS-Diktatur, der er seinen Rat angedeihen lassen wollte, machte ihn keineswegs zu einem naiven «Systemträger».[495]

Getarnte Geschäftsreisen, Anläufe und Paradoxien des Widerstandes

Schon 1934 hatte Goerdeler in einer Denkschrift zur Innenpolitik eine Garantie der Gewissens- und Meinungsfreiheit und ein Zurückdrängen der NSDAP aus hoheitlichen Aufgaben gefordert, wenngleich sich manches hier noch ziemlich verfänglich ausnahm, wie etwa die Forderung, die «Rassenpolitik» zu «konsolidieren», sie also nicht definitiv zu unterbinden![496] Näheren Aufschluss über seine Haltung zum NS-System gibt eine Denkschrift vom 1. Dezember 1937, die er auf einer seiner zahlreichen, von Bosch finanzierten Auslandsreisen in New York verfasste und einem Mann seines Vertrauens zur Verwahrung übergab, mit der Maßgabe, sie nur nach seiner Zustimmung oder nach seinem Tode zu veröffentlichen.[497] In diesem Text war Goerdelers Entwicklung zum Widersacher des NS-Regimes recht deutlich dokumentiert. Er warnte vor den «moralischen Gefahren dieses Systems»,[498] prangerte «Misshandlungen» und «Verleumdungen» politischer Gegner an,[499] «ein heilloses Durcheinander» in der inneren Verwaltung, die Willkürherrschaft der Gestapo[500] und den «Verfall der Rechtssicherheit».[501] Für Goerdeler befand sich Deutschland «in einem Zustande der Rechtlosigkeit, der moralischen Zersetzung, der wirtschaftlichen Phantasie und der finanziellen Leichtfertigkeit».[502]

Anschlussfähig für den Bosch-Kreis war auch Goerdelers Überzeugung, dass Deutschland einen europäischen Krieg nicht gewinnen könne[503] und dass die deutsche Außenpolitik die Interessen des Landes «unter Ausnutzung der gesamten Weltlage so weit wie möglich zunächst friedlich durchzusetzen» habe.[504] Robert Bosch wird die bedingte Geltung dieser Forderung – «zunächst» – kaum akzeptiert haben, aber klar war doch, dass Goerdeler sich nicht im Lager einer rabiaten Revisionspolitik mit militärischen Mitteln befand. Dazu passte sein Plädoyer für eine arbeitsteilige Weltwirtschaft und damit gegen Autarkiepläne.[505] Im Hinblick auf die nationalsozialistische Wirtschaftspolitik stellte er 1938 fest: «Wir machen seit fünf Jahren den Wahnsinn, immer Krieg zu führen. Wir bilden uns ein, das sei der Normalzustand; und viele werden nicht gewahr, dass wir in diesem Zustand vorzeitig unsere physischen und moralischen Kräfte, unsere materiellen Reserven erschöpfen.»[506] Goerdeler entwickelte nach 1936 Überlegungen zur Zusammenarbeit der europäischen Nationen, die ihn an Gedanken heranführten, die Robert Bosch schon lange bewegten: «Heute sind die europäischen Kulturstaaten in ihren Lebensinteressen so sehr verbunden, dass der Zeitpunkt für eine europäische Rechts- und Sozialordnung gekommen ist.»[507] Ohne Zweifel war bei Goerdeler ein gradueller Wandel vom glühenden Nationalisten zum Befürworter friedlicher Zusammenarbeit in Europa unübersehbar,[508] und Hans Walz hat diese Abkehr von einem «überspannte[n] Nationalismus» auf die Zusammenarbeit Goerdelers mit dem Bosch-Kreis zurückgeführt.[509] Dennoch: Zwischen Goerdeler und Robert Bosch mit seinem Kreis blieb ein untergründiger, letztlich nie offen ausgetragener Dissens. Goerdeler öffnete sich allmählich für europäische Zukunftsvisionen, hinterfragte aber nicht seinen Glauben an eine für Europa segensreiche Führungsrolle des Deutschen Reiches bei gleichzeitigem Zusammenwachsen der europäischen Nationalstaaten.

Wie der Bosch-Geschäftsführer Hermann Fellmeth beschrieben hat, gab es bei Robert Bosch und in seinem näheren Umfeld stets, neben den normativen Vorbehalten gegen Krieg und Gewalt, die kaufmännisch-rationale Sicht auf die Realität. *Beides* sorgte dafür, dass man im Hause Bosch nicht in den Kategorien eines ausdehnungsbedürftigen Imperiums dachte. Und es fehlte auch die bei den Vertretern des liberal-konservativen Widerstands um Goerdeler – und namentlich bei ihm selbst – ausgeprägte Neigung, Deutschland die Rolle einer Hegemonialmacht in Europa zuzuschreiben: «Wenn von anderen deutschen Industrien gesagt wird, sie hätten auf den Krieg hingewirkt, weil sie ihn nötig zu haben glaubten, so trifft das für Bosch auf keinen Fall zu. Die Bosch-Erzeugnisse dienten ausgesprochen der Friedenswirtschaft, in deren Rahmen sie jederzeit einen größeren Absatz versprachen, als ihn ein Krieg bieten konnte. Auch die Firma Bosch ging aus dem ersten Weltkrieg mit großen Verlusten im Ausland hervor und für sie wie für alle maßgeblich leitenden Männer galt hinsichtlich eines zweiten Weltkrieges das schon von mir selbst Gesagte. Sie waren sich klar darüber, dass er ihnen und ihrer Firma, auf die Dauer gesehen, von keinem Vorteil sein konnte, welchen Ausgang er auch nehmen würde. [...] Die verantwortlichen Leiter von Bosch, darunter ich selbst – durch ihre Stellung zu nüchterner realpolitischer Beurteilung der Dinge verpflichtet und ohne sie niemals an ihre Posten gelangt – wussten, wie jeder klar sehende Mensch, der die Machtmittel unserer Gegner kannte, dass der zweite Weltkrieg für Deutschland verloren sein musste, noch ehe er begonnen hatte, sie waren sich über seinen Ausgang und seine Folgen im Bilde. Diesen Krieg zu verhindern, das vermochten sie nicht, aber es wäre lächerlich, ihnen den Vorwurf machen zu wollen, sie hätten ihn in ihrem Teil mit heraufbeschworen, ihn gar gewollt!»[510]

In dem Beratervertrag, den Bosch mit Goerdeler geschlossen hatte, fehlte es an der sonst im Hause üblichen Präzision. Von einer Tätigkeit als Repräsentant und Berater des Unternehmens, der seine Beziehungen in Berlin zum kommerziellen Nutzen der Firma spielen ließ, konnte kaum die Rede sein. Weder akquirierte Goerdeler für das Unternehmen Aufträge, noch übernahm er gutachterliche Aufgaben. Bei all diesen Funktionen war Bosch mit ausgewiesenen Fachleuten im eigenen Hause gut versorgt. Allenfalls bei der Anbahnung von Kontakten, etwa mit dem Kölner Bankhaus Pferdmenges und daraufhin mit der Stockholmer Enskilda Bank der Wallenbergs, war Goerdeler behilflich. «Inoffiziell», dies war der Kern der Sache, «sollte der Vertrag ihm eine Basis und die erforderliche Bewegungsfreiheit für seine politischen Kontakte und Aktivitäten verschaffen.»[511] Ab Juni 1937 startete Goerdeler eine Serie getarnter Geschäftsreisen, deren Kosten zunächst auch teilweise von der Firma Krupp übernommen wurden.[512] Hierüber fertigte er jeweils umfangreiche Berichte an. Hier flossen volkswirtschaftliche Analysen und außenpolitische Lagebeurteilungen zusammen. Um überhaupt ungehindert reisen zu können – der für ihn zuständige NSDAP-Gauleiter von Sachsen hatte seinen Pass beschlagnahmen lassen –, wandte sich Goerdeler an Göring, den er vom Nutzen seiner geplanten Erkundungsreisen ins Ausland überzeugen konnte und der sich an den Berichten sehr interessiert zeigte. Diese Texte hatten keine konspirative Note, und Goerdeler wollte durch eindringliche Lagebeschreibungen vor einer Politik der militärischen Abenteuer warnen. Er schickte seine Berichte auch an die Reichskanzlei, in der Hoffnung, man würde sie dort auch Hitler selbst vorlegen. Weitere Adressaten waren Bosch, Schacht und die Generale von Fritsch, Beck, Halder und Thomas.[513]

Die strategische Quintessenz der Reiseberichte aus Großbritannien, Frankreich und Nordamerika war: Es gibt bei den Westmächten keine Neigung zu einer militärischen Auseinandersetzung mit dem Deutschen Reich. Vorhandene Differenzen ließen sich im Wege von Verhandlungen beilegen. Es sei Sache der deutschen Regierung, durch kluge Diplomatie mit den Demokratien des Westens ins Gespräch zu kommen. Großbritannien verfüge über Bündnisalternativen und man dürfe deshalb nicht glauben, «den Zeitpunkt für eine Verständigung einseitig [...] bestimmen» zu können, eine Einschätzung, die Robert Bosch als Bestätigung seiner Ansichten lesen konnte.[514] Hellsichtig prognostizierte Goerdeler nach seiner USA-Reise Ende 1937, dass die Vereinigten Staaten schrittweise aus ihrer isolationistischen Haltung herausdrängen, ihre gemeinsamen Interessen mit Großbritannien erkennen würden, das seinerseits «für die Erhaltung seines Empire unter allen Umständen kämpfen» werde.[515] Vor allem – und dies war eine unterschwellige Warnung an die Leser im Herrschaftsapparat in Berlin: Die USA und damit im Ergebnis eine «englisch-französisch-nordamerikanische Koalition»[516] waren nach Goerdelers anschaulich begründetem Urteil wegen der schier unerschöpflichen Rohstoffe und naturräumlichen Ressourcen des nordamerikanischen Kontinents unbesiegbar.

Es ist weder überliefert noch wahrscheinlich, dass Bosch und sein Kreis auf die Berichte, die Auswahl der Gesprächspartner in den besuchten Ländern oder auf die Gesprächstaktik Einfluss genommen hätten. Robert Bosch war der «Spiritus Rector» im Hintergrund,[517] der Goerdeler eine geschützte Plattform bot, von der aus er gegen das Regime agieren konnte. Während dieser gegenüber den deutschen Empfängern seiner Reiseberichte, ganz im Sinne des Unternehmers, die grundsätzliche Konzessionsbereitschaft der Westmächte hervorhob, warnte er in London, Paris und Washington seine Gesprächspartner vor einer Politik der Nachgiebigkeit gegenüber dem NS-Regime.[518] Immerhin gelang es ihm, in diesem Sinne in London, Washington und Paris Persönlichkeiten anzusprechen, von denen er sich eine Wirkung auf die Entscheidungsprozesse in der Deutschlandpolitik ihrer Regierungen versprach. Bei der Vermittlung von Kontakten war Bosch insofern hilfreich, als er eine Verbindung herstellte zwischen Goerdeler und dem früheren Leiter des Deutschen Studentenwerks, dem Pädagogen Reinhold Schairer, der 1933 nach England emigriert war und in London Kontakte zu britischen Diplomaten aufgebaut hatte.[519]

Von kaum zu unterschätzender Bedeutung für Goerdeler war eine persönliche Verbindung zu Arthur Primrose Young, einem englischen Ingenieur und Manager eines namhaften britischen Elektrokonzerns, auf den der Stuttgarter Industrielle 1935 im Zusammenhang mit seiner Begegnung mit Lord Davies in England aufmerksam geworden war. Young hatte mit «Forward from Chaos» ein Buch über Unternehmensführung und berufliche Bildung vorgelegt, das Robert Bosch besonders interessierte.[520] Young seinerseits bewunderte aus der Ferne den schwäbischen Unternehmer, den Erfolg seiner Firma und die Qualität ihrer Produkte.[521] 1936 besuchte Young ihn in Stuttgart und fühlte sich in seinem Urteil über Bosch bestätigt. Beide waren davon überzeugt, dass es über alle Gräben hinweg in der Politik gemeinsame Wege der Vernunft geben müsse. Beide gingen an politische Fragen mit ausgeprägten moralischen Maßstäben heran. Was Young später über sich schrieb, schien ihm auch für Robert Bosch zu gelten: die Fremdheit gegenüber einer «Welt der internationalen Intrige, widerwärtiger Politik, Geheimnistuerei und Furcht».[522] Reinhold Schairer machte Young auch mit Goerdeler bekannt, der im Juli 1937 auf Einladung des gut vernetzten Managers im National Liberal Club in London im kleinen Kreis seine Botschaft an das politische Establishment darlegen konnte. Young hat Goerdelers Auftritt in London festgehalten: «Goerdeler beeindruckte uns alle durch seine starke Persönlichkeit und seinen liebenswürdigen Humor; der prachtvolle moralische Mut dieses Mannes bestimmte sein ganzes Auftreten. Er ließ uns keine Zweifel darüber, dass Hitler und seine Trabanten großes Unheil anrichteten und in noch verstärktem Maße anrichten würden, wenn ihnen niemand Einhalt gebiete. Goerdeler meinte, dass Großbritannien hierzu in der Lage wäre, wenn es in den Verhandlungen mit Hitler und seinen Trabanten weit entschiedener auftrete. Mit größtem Ernst plädierte er für eine feste, entschlossene Politik gegenüber Hitler, die einzige, die dieser Mann verstehen würde und die ihn in der Verfolgung seiner verbrecherischen Ziele aufhalten könnte. [...] Jede Zweideutigkeit, jede beschwichtigende Geste würde als Schwäche ausgelegt, würde Hitler in seinem Größenwahn bestärken und die liberalen politischen Kräfte in Deutschland entmutigen, die sich keine Illusionen über das Hitler-Regime machten und die, wie Goerdeler uns versicherte, auf die Zusammenarbeit mit uns hofften, um gemeinsam eine Lösung für das Hitler-Problem zu finden.»[523]

Auf Vermittlung von Arthur P. Young wurde Goerdeler kurz darauf auch dem ständigen Unterstaatssekretär im Foreign Office, Sir Robert Vansittart, vorgestellt und konnte ihm seine dringende Empfehlung vortragen, sich auf keinerlei Kompromisse mit dem NS-Regime einzulassen.[524] Vansittart, später ein unerbittlicher Gegner Deutschlands, war von der Begegnung tief beeindruckt, Goerdeler sei «groß an Intelligenz und Mut und ein aufrichtiger Patriot»[525]. Der Vorstoß verpuffte dennoch, da es der britische Außenminister Eden ablehnte, Vansittarts befürwortendes Memorandum zu Goerdelers Vorstoß im britischen Kabinett überhaupt nur zur Sprache zu bringen.[526]

Carl Goerdelers Warnungen vor einer stetig wachsenden Radikalisierung des NS-Regimes wurden schon bald bestätigt. Anfang 1938 entließ Hitler den Reichskriegsminister von Blomberg und den Oberbefehlshaber des Heeres von Fritsch und nutzte dies zu einem radikalen Umbau nicht nur der militärischen Führungsstrukturen. Fortan war er mit der Auflösung des Reichskriegsministeriums und der Schaffung des Oberkommandos der Wehrmacht selbst auch tatsächlich – und nicht mehr nur im rechtlichen Sinne als Staatsoberhaupt – Oberbefehlshaber der Wehrmacht. Die von Goebbels nachträglich triumphierend ausgegebene Parole «weg mit dem alten Plunder!»[527] war auch das Leitmotiv für umfangreiche Revirements und weitere Entlassungen im höheren Offizierskorps, an der Spitze des Auswärtigen Amtes und im Reichswirtschaftsministerium.[528]

Es lässt sich nicht klären, ob Robert Bosch von der Besprechung Hitlers mit den Spitzen der Wehrmacht am 5. November 1937 in der Reichskanzlei Kenntnis hatte, zweifellos war aber Goerdeler, der noch kurz zuvor ein Gespräch mit den Generälen Beck und Fritsch über seine Reiseeindrücke geführt hatte, über das Treffen informiert.[529] Hitler hatte bei dieser Gelegenheit unverblümt seine kriegerischen Absichten offenbart, zunächst bezogen auf Österreich und die Tschechoslowakei, aber darüber hinaus hatte er auch grundsätzlich, unter Berufung auf die «Raumnot» der Deutschen, einen prinzipiell unbegrenzten Expansionskurs gefordert, wobei er die Möglichkeit einer Intervention Großbritanniens und Frankreichs und damit die Gefahr eines europäischen Krieges beiseite gewischt hatte.[530]

Das Revirement an der Spitze verschaffte dem Diktator mit der Auflösung des Kriegsministeriums den vollen Durchgriff auf die Streitkräfte. Robert Bosch hat die Tragweite der personellen und organisatorischen Weichenstellungen an der Spitze der Wehrmacht instinktiv verstanden und gedeutet. Arthur P. Young, der den Unternehmensgründer am 5. Februar 1938 in Stuttgart besuchte, hat dies festgehalten: «Bosch zeigte sich über die Nachricht aufs Tiefste bestürzt. Nie kann ich den Ton vergessen, als er, mit Tränen in den Augen, ganz erregt sagte: ‹Das bedeutet Krieg! Und alles, was ich in den letzten fünfzig Jahren hier aufgebaut habe, wird von Bomben zerstört werden.›»[531] Arthur P. Young zeichnete in der Erinnerung auch ein atmosphärisch sensibles Bild vom Ambiente im Hause Bosch. Dem englischen Besucher fiel wohltuend auf, dass die unmittelbare Lebenswelt des Unternehmensgründers gegen die ideologischen Zumutungen des NS-Regimes immun war: «Wir waren erstaunt, keinerlei Hinweise auf Bilder zu sehen, die für den Führer warben. Dafür stand stolz ganz allein für sich auf einem Sockel eine auffallend fein gearbeitete Büste Robert Boschs, eine warme Menschlichkeit ausstrahlend, welche, so schien uns, jeder Reglementierung trotzte. Bosch war damals wahrscheinlich der einzige Mann in Deutschland, der es sich leisten konnte, die von Goebbels' Propagandaapparat produzierten und in die Industriebetriebe und andere Tätigkeitsbereiche der Gesellschaft hineingeworfenen Werbematerialien einfach vom Tisch zu wischen.»[532]

Die Verbindung Bosch-Goerdeler sorgte dafür, dass sich der unübersichtliche Kreis der verstreuten Regimegegner in gewissem Maße zu einem Netz entwickeln konnte. Durch Goerdeler wurde etwa der ins Schweizerische Exil ausgewichene Theologe und Sozialpädagoge Friedrich Wilhelm Siegmund-Schultze an den Bosch-Kreis herangeführt. Siegmund-Schultze stand in Verbindung zu George Bell, dem Bischof von Chichester, der sich mit der Bekennenden Kirche solidarisierte, die NS-Rassenpolitik anprangerte und zum Ansprechpartner für deutsche Oppositionelle und Widerstandskämpfer wurde.[533] Siegmund-Schultzes Züricher Wohnung wurde zu einem «Treffpunkt zwischen Exilierten und Emissären des Widerstandes».[534] Zu dem Netz von Informanten und Akteuren der Konspiration gehörte auch Hans Ritter, der seit 1935 in der deutschen Botschaft in Paris als Mitarbeiter des Militärattachés eine geheimdienstliche Verbindung nach London aufgenommen hatte. Der aus Ludwigsburg stammende Ritter war ein glühender Antimilitarist und geschworener Gegner des NS-Regimes. Er verließ im Frühjahr 1938 seinen Posten in Paris und emigrierte in die Schweiz, wo

Hans Walz und Willy Schloßstein ihn wiederholt zu konspirativen Gesprächen aufsuchten.[535] Der innere Kreis um Robert Bosch verfügte damit über einen guten Informationskanal zu den Aktivitäten oppositioneller Kräfte und zu den Chancen und Grenzen eines Zusammenwirkens mit deutschen Exilanten in London gegen das NS-Regime.

Die nächste Reise Goerdelers im März/April 1938, zunächst nach Frankreich, dann nach England, stand unter keinem guten Stern. Sein Appell bei einer neuerlichen Unterredung mit Sir Robert Vansittart im Foreign Office, gegenüber dem NS-Regime eine unnachgiebige Haltung zu zeigen, lief bei seinem Gesprächspartner ins Leere. Ja, man ging in Whitehall auf Distanz und wollte mit den konspirativen Überlegungen zum Sturz der Nazi-Herrschaft nichts zu tun haben: «Was Sie da sagen, ist ja Landesverrat», soll Vansittart ausgerufen haben.[536] Das Gespräch mit Goerdeler musste darüber hinaus – und dies war für Robert Boschs Förderung der Widerstandsbewegung von entscheidendem Gewicht – in London den Eindruck hinterlassen, es bei den deutschen Oppositionellen mit einer höchst heterogenen Gruppe zu tun zu haben, möglicherweise mit Kräften, deren außenpolitische Ambitionen denen des «Führers» kaum nachstanden und allenfalls methodisch anders drapiert waren. Denn Goerdeler vertrat in seinem Gespräch mit Vansittart die Forderung, die sudetendeutschen Gebiete an das Reich abzutreten. Damit fiel er nicht nur der innerdeutschen Opposition in den Rücken, die doch Großbritannien zur Unnachgiebigkeit ermuntern wollte, schlimmer noch: «Auslieferung [der sudetendeutschen Gebiete] an Deutschland bedeutete praktisch Auslieferung an Hitler: Merkte er nicht, in welches Zwielicht er durch seine Zumutung an die englische Diplomatie sich selbst und die ganze Oppositionsbewegung rückte: Als handle es sich nur um eine andere Spielart desselben deutschen Imperialismus und unersättlichen Machtdrangs, den Hitler im Extrem verkörperte? Als wünsche man dessen außenpolitische Erfolge einzuheimsen, um ihn dann zu stürzen und bald darauf im Wesentlichen dasselbe außenpolitische Spiel von Neuem anzufangen?»[537] Goerdelers Mission in London wäre möglicherweise aussichtsreicher gewesen, wenn er in stärkerem Maße auf Ideen der grenzüberschreitenden Kooperation im Sinne von Robert Bosch zurückgegriffen und territoriale Ansprüche in den Hintergrund geschoben hätte.

Versuche des Bosch-Kreises, eine direkte Verbindung mit dem Foreign Office aufzubauen, verliefen im Sande. Die politische Großwetterlage ließ solche privaten Initiativen zu diesem Zeitpunkt auch als gegenstandslos erscheinen. Denn die britische Regierung war einstweilen nicht gesonnen, ihren Kurs einer Politik der Beschwichtigung gegenüber Hitler-Deutschland aufzugeben und auf entschiedene Eindämmung umzuschwenken. Goerdeler ließ in seinen Bemühungen, für eine Wende in der britischen Deutschlandpolitik zu werben, nicht nach. Am 6. August 1938 traf er sich mit Arthur P. Young in Ostpreußen, um eine weitere Botschaft an die britische Regierung zu übermitteln: In Deutschland sei die Bevölkerung gegen den Krieg, eben wie «die große Mehrheit der Generale», von Goerdeler als seine «Freunde» bezeichnet. Nötig sei jetzt «eine unzweideutige öffentliche Erklärung» aus London, dass die britische Regierung «notfalls vor Anwendung von Gewalt nicht zurückschrecken» werde, sollten die Verhandlungen zwischen der Prager Regierung und dem Sprecher der Sudetendeutschen nicht zu dem erhofften Ergebnis führen.[538] Es ist nicht auszumachen, ob diese Initiative im Detail, insbesondere im Hinblick auf «die Zukunft Mitteleuropas», mit dem Bosch-Kreis abgesprochen war. Immerhin meinte Vansittart, dem Young die Vorschläge Goerdelers übermittelte, dass «by supporting those proposals we can give impetus to the reasonable and liberal forces opposed to Hitler».[539] Ohnehin verlief der Vorstoß buchstäblich im Sande, weil Young nach dem Treffen mit Goerdeler zu einem Badeurlaub aufbrach und damit als Mittelsmann einstweilen nicht mehr zur Verfügung stand.[540]

Im August 1938 hatte Robert Bosch selbst Gelegenheit, sich in London im Gespräch mit Young über den Fortgang der Dinge zu informieren. Der eigentliche Zweck der Reise war ein Besuch des Ehepaars Bosch bei Lord Davies in Schottland, der inzwischen ein Vorwort zur englischen Ausgabe der Schrift über «Die Verhütung künftiger Krisen in der Weltwirtschaft» verfasst hatte.[541] Die Ideen von Davies für einen «New Commonwealth» und zur internationalen Zusammenarbeit hatte der Stuttgarter Industrielle stets unterstützt. Dazu gehörte auch eine engere Zusammenarbeit zwischen Großbritannien und den USA, die er, für einen deutschen Unternehmer unter dem NS-Regime und seiner Frontstellung gegen die Westmächte durchaus ungewöhnlich, uneingeschränkt begrüßte.[542] Vielleicht war es auch ein Ertrag dieser England-Reise, dass die Belegschaft der mit dem Stuttgarter Unternehmen freundschaftlich verbunden John Lucas Ltd. in Birmingham Ende September auf dem Höhepunkt der von Hitler inszenierten Sudetenkrise eine Botschaft an die «Freunde in der Bosch-Organisation» sandte: «Wir möchten Sie gerne bitten, mit uns zusammenzuarbeiten, damit eine Atmosphäre zwischen uns geschaffen wird, die über jeden Argwohn und Zweifel erhaben ist, und damit unsere Völker einander in Freundschaft und gegenseitigem Verstehen entgegenkommen können.» Auf diesen Friedensappell von Belegschaft zu Belegschaft antworteten die «Boschler» nach der Münchner Konferenz im gleichen Sinne.[543] Für kraftvolle gemeinsame Initiativen zur Völkerverständigung war indes die Zeit inzwischen abgelaufen.

Robert Bosch war in diesen Monaten passiver Beobachter des außenpolitischen Geschehens. Nach dem «Anschluss» Österreichs im März 1938 sah er weitere dunkle Wolken am Horizont heraufziehen. Er blieb irritiert wegen der passiven Haltung und der «Papierproteste» der Westmächte gegenuber der nationalsozialistischen Expansionspolitik[544] und rechnete auch nicht mit einem Engagement der Großmächte zum Schutz der Tschechoslowakei gegen einen deutschen Angriff,[545] eine Einschätzung, die mit der etwas resignierten Bemerkung einherging: «Wir gewöhnlich Sterblichen übersehen die Sachlage doch nicht genügend.»[546] Das galt in gewissem Umfang auch für Carl Goerdeler während der Sudetenkrise im Herbst 1938. Er zeichnete noch in der ersten Septemberhälfte gegenüber Arthur P. Young ein zuversichtliches Szenario: Im Grund könne Hitler gar nicht anders als letztlich doch den Frieden zu erhalten, wenn die britische Regierung vor dem unverzüglich einzuberufenden Parlament mit Klarheit Verhandlungen über alle «Lebensfragen Deutschlands» anböte, geknüpft an die Bedingung, dass die Reichsregierung sich zu dem Wunsch bekenne, «einen dauerhaften Frieden zu garantieren».[547] Sollte Hitler dennoch zum Krieg entschlossen bleiben, stünde die Generalität bereit, ihm in den Arm zu fallen.[548]

Von einer geschlossenen Widerstandsfront der deutschen Militärelite gegen Hitler, der verbürgten Bereitschaft der höheren Generalität, den «Führer» an militärischen Abenteuern zu hindern und ihn sogar nötigenfalls zu liquidieren, wie Robert Bosch dies ganz unverblümt schon früher gefordert hatte, konnte, wie wir wissen, nicht die Rede sein. Der Oberbefehlshaber des Heeres von Brauchitsch wich einer entschiedenen Stellungnahme aus und der Generalstabschef Halder hat zwar die Verschwörung gegen den Diktator zeitweise gefördert, sich aber nie an ihre Spitze gesetzt.[549] Die Ergebnisse der Konferenz von München am 29. und 30 September 1938 [550] waren für den Bosch-Kreis ein Desaster. Der Diktator hatte es geschafft, Großbritannien, Frankreich und Italien die Zustimmung zur Angliederung der sudetendeutschen Gebiete an das Reich abzutrotzen. Walz beschrieb im Rückblick die Wirkung dieser Wende: «Hitler stand vor der Partei und dem ganzen Volk als unerhörter Zauberkünstler groß da, der seinen Sieg auch darin auskostete, dass er die Generale feige Kerle nannte, die keinen Schneid hätten».[551] Goerdeler war nach der Erinnerung von Willy Schloßstein «furchtbar niedergeschlagen».[552] Was Hans Walz rückblickend resigniert feststellte – «die Menschen beten ja allerhand Götter an, vor allem aber den Erfolg»[553] – galt für Robert Bosch definitiv nicht. Im Kreis seiner engeren Mitarbeiter stellte er bündig fest: «Meine Herrâ, der Kerle isch a Verbrecher.»[554]

Robert Boschs Empörung über das Regime wird im Übrigen auch Nahrung erhalten haben durch die eindrücklichen Schilderungen Goerdelers zu den Judenverfolgungen: «Sehr bestürzt zeigte er sich über das Ausbleiben jeder stärkeren Reaktion in Presse, Kirche und Parlament der westlichen Demokratien auf die barbarische, sadistische und grausame Verfolgung von zehntausend polnischen Juden in Deutschland. Diese armen Geschöpfe werden wie wilde Tiere, mit Maschinengewehren hinter ihnen, über den Rhein in die Schweiz und über die polnische Grenze getrieben. Zehntausend dieser Menschen befinden sich in Verzweiflung.»[555]

Die «schwere Enttäuschung» nach dem ««Frieden von München»», wie Willy Schloßstein das Münchner Abkommen sarkastisch umschrieb, bewirkte indes im Bosch-Kreis keine Kapitulation vor den Ereignissen. Anfang Dezember entwarf Goerdeler nach eingehenden Konsultationen mit Hans Walz ein Memorandum für die britische Regierung. In seinen Gesprächen mit Arthur P. Young zeichnete er ein schonungsloses Bild der politischen Lage in Deutschland: «Wir müssen uns vergegenwärtigen, dass wir es mit Gangstern von der schlimmsten Sorte zu tun haben. Diese Leute sind Gewohnheitsverbrecher geworden. [...] Die Verfolgung der Juden wird mit noch größerer Grausamkeit weitergehen. Die Verfolgung der Christen wird verstärkt werden; der nächste Angriff wird dem Kapital gelten. Der Nationalsozialismus wird nicht ruhen, bis die Juden, das Christentum und der Kapitalismus vernichtet sind.»[556] Das Memorandum selber enthielt zukunftsweisende Vorschläge: England, Frankreich und Deutschland sollten «unverzüglich einen neuen Völkerbund» gründen, der alle Staaten zum Beitritt auffordern müsse. Deutschland strebe keine Hegemonie in Osteuropa an, was für ihn auch den ungehinderten Zugang zu den Märkten der mittel- und osteuropäischen Länder implizierte. Die Aufrüstung müsse «sofort aufhören», Schritte zur Abrüstung umgehend eingeleitet werden. «Die Zeit» meinte er zuversichtlich, sei «reif dafür, in Europa durch Kooperation Kriege auszuschließen».[557] Diese Ideen bewegten sich in den Bahnen der außenpolitischen Ordnungsvorstellungen, die uns bei Robert Bosch begegnen. Weniger paneuropäisch getönt lassen sich dagegen die Vorschläge im selben Memorandum an die britische Adresse zu einer zinslosen Anleihe in Höhe von bis zu sechs Milliarden Goldmark, zur Schaffung eines möglichst geschlossenen und möglichst entwicklungsfähigen Kolonialgebiets», vor allem aber zur «raschen Beseitigung des polnischen Korridors».[558] Diese Forderungen waren im politischen Weltbild von Robert Bosch nicht anzutreffen, der auf «deutsch-nationale und großdeutsche Aspirationen» nach dem Zeugnis von Hans Walz sogar «äußerst allergisch» reagierte.[559] In der gegebenen Situation war es im Sinne einer nachhaltigen Politik der Entspannung, wie sie doch mit den Völkerbunds- und Abrüstungsideen umrissen wurde, wenig zielführend, wenn nicht desaströs, im gleichen Atemzug Konzessionen zu verlangen, die unmissverständlich auf eine deutsche Großmachtposition zielten. Ihre Realisierung musste aus britischer Sicht zu einer Destabilisierung in Ostmitteleuropa führen.[560]

Für britische Augen musste das Memorandum die Gespenster der Wilhelminischen Ära zu neuem Leben erwecken. Für Vansittart, schon 1938 von der Position des Amtschefs im Foreign Office auf den nurmehr dekorativen Posten eines außenpolitischen Beraters der Regierung abgeschoben, aber immer noch wortgewaltig und meinungsbildend, war Goerdeler jetzt nur noch «ein Strohmann für deutsche militärische Expansion». Seinen Kollegen im Foreign Office riet er: «Schenkt Dr. Goerdeler kein Vertrauen – außer als einem gelegentlichen Informanten.»[561] Vansittarts Nachfolger als Amtschef des Foreign Office, Sir Alexander Cadogan, orakelte zunächst in seinem Tagebuch, bei den Vorschlägen, sollten sie denn Substanz haben, könne es sich um «the biggest thing of centuries» handeln. Er sah Goerdelers Zwangslage, gegenüber seinen «fellow conspirators» auf substantielle britische Zusagen verweisen können zu müssen.[562] Nach Beratungen mit dem Außenminister und dem Premierminister notierte er jedoch im Ergebnis: «The people must do their own job.»[563] Es bleibt in der Bilanz der Bemühungen im Krisenjahr 1938 der Befund, dass für die britische Perzeption die machtpolitischen Unterschiede zwischen den Ordnungsvorstellungen des liberal-konservativen Widerstands, wie sie präsentiert wurden – und der Außenpolitik Hitlers, wie sie sich bis dahin offenbart hatte, zu verschwimmen drohten, und dass also die außenpolitischen Ziele des liberal-konservativen Widerstands sogar als die größere Gefahr wahrgenommen werden konnten. Der Assistant Under Secretary of State im Foreign Office, Sir Orme Sargent, brachte diese Besorgnisse auf die für den späteren Betrachter absurd klingende Formel: «Eine offene und effiziente Militärdiktatur wäre möglicherweise gefährlicher als das gegenwärtige nationalsozialistische Regime, das mit finanziellen und wirtschaftlichen Unzulänglichkeiten aller Art zu kämpfen hat.»[564]

Die Zerschlagung der Tschechoslowakei im März 1939 und damit, nach dem «Anschluss» Österreichs im Jahr zuvor, die Auslöschung eines weiteren souveränen Staates ohne irgendwelche Gegenmaßnahmen der Westmächte löste im Bosch-Kreis Bestürzung aus, für den mit der «Erledigung» der «Rest-Tschechei», so der NS-Jargon, der «Krieg Hitlers [...] unvermeidlich geworden» war.[565] Während Goerdeler im britischen Regierungsapparat auf taube Ohren gestoßen war, konnte er zumindest mittelbar in Washington eine gewisse Wirkung entfalten. Unmittelbar nach dem deutschen Griff nach Prag reiste Young gleichsam als Emissär Goerdelers in die USA. Dank guter diplomatischer Vorarbeit durch Goerdelers Verbindungsleute, etwa des amerikanischen Generalkonsuls in Leipzig, Ralph Busser, kam ein Gespräch zwischen Young und dem Unterstaatssekretär im State Department, George S. Messersmith, zustande, dem leitenden Mitarbeiter für Deutschlandfragen des Außenministers Cordell Hull. Young konnte Messersmith ein Memorandum erläutern, in dem Goerdeler einen «Aktionsplan» entworfen hatte. Die Westmächte sollten eine Anerkennung der Annexion der Tschechoslowakei verweigern, ihre Botschafter aus Berlin abberufen und eine Abrüstungskonferenz einberufen, vor deren Zusammentreten Hitler sich verpflichten müsse, keine weiteren aggressiven Schritte zu tun und die «Freiheit der Tschechoslowakei» in «Übereinstimmung mit den Bestimmungen des Münchner Abkommens» wiederherzustellen.[566]

Tatsächlich wurde das Memorandum dem Außenminister zugespielt, der über den Vorgang auch zustimmend dem Präsidenten berichtete. Roosevelts «Friedensinitiative» vom 14. 4. 1939 war, nach allem was wir wissen, von Goerdelers Plädoyer für ein entschiedenes Auftreten der Westmächte gegenüber dem NS-Regime beeinflusst. Der Präsident sprach in einer weltweit verbreiteten Botschaft Hitler und Mussolini direkt an, forderte ein Ende der Aggressionen und Verhandlungen über strittige Fragen. Er zählte 31 Länder auf, gegenüber denen Hitler einen strikten Gewaltverzicht erklären sollte. Bekanntlich hat der «Führer» in einer virtuos inszenierten Reichstagsrede zwei Wochen später mit Spott und Zynismus Roosevelts Initiative beiseite gewischt und die Gelegenheit genutzt, um den deutsch-englischen Flottenvertrag und den polnisch-deutschen Nichtangriffs- und Freundschaftspakt aufzukündigen.[567]

Man mag rückblickend die Vergeblichkeit von Goerdelers Aktivitäten gegen das Regime beschreiben – für die Meinungsbildung in der Roosevelt-Administration scheinen seine Argumente dennoch hilfreich gewesen zu sein. Der US-Präsident nahm jetzt das Deutsche Reich als kommenden Kriegsgegner der Vereinigten Staaten in den Blick.[568] Das Ergebnis des öffentlichen Duells mit Hitler schwächte die einstweilen noch starke Front der Isolationisten in den Vereinigten Staaten und war ein Mosaikstein in der Vorbereitung der amerikanischen Nation auf die von Roosevelt als unvermeidlich betrachtete Auseinandersetzung mit den faschistischen Diktaturen. Man konnte jetzt wissen, auch in Deutschland, dass ein fortgesetzter Expansionskurs der Achsenmächte das Risiko eines amerikanischen Eingreifens in Europa mit sich bringen würde.

Im Mai 1939 präsentierte Carl Goerdeler in London erneut ein Verhandlungsangebot an Großbritannien und Frankreich, das in wesentlichen Punkten mit seinen Überlegungen vom Dezember des Vorjahres übereinstimmte.[569] Im Juni 1939 konnte Hans Ritter Malcolm Christie, dem Koordinator der Auslandsverbindungen des britischen Geheimdienstes, über ein Gespräch mit Hans Walz berichten. Robert Boschs rechte Hand hatte ihn wissen lassen, dass man «in gut informierten Kreisen Deutschlands» mit einem bevorstehenden Angriff auf Polen rechnete.

Walz ging mit seinen Kontakten, insbesondere zu Hans Ritter, ein hohes persönliches Risiko ein, mit ihm auch der Unternehmensgründer selbst. Wäre der Inhalt seiner Gespräche mit Ritter der Gestapo bekannt geworden, wäre Walz eine Anklage wegen Hoch- und Landesverrats sicher gewesen.

Einen messbaren Einfluss auf den Lauf der Dinge, auf das Verhalten der britischen Regierung, durfte sich der Bosch-Kreis im Sommer 1939 nicht mehr ausrechnen. Dem Unternehmer blieb der Kurs der Westmächte undurchschaubar und die Abschreckungswirkung der britischen Garantieerklärung für Polen zweifelhaft. Er meinte, «pflichtbewusste Staatsmänner des Auslandes» dürften nicht mit dem NS-Regime zusammenarbeiten und müssten die diplomatischen Beziehungen zum Reich «im Interesse des Weltfriedens» abbrechen, zumal sie weitaus genauere Kenntnis der «unheilvollen Taten des Regimes» hätten als die von der Propaganda verblendeten Deutschen selbst.[570]

Indessen hatten die Regierungen in London und Paris seit dem deutschen Griff nach Prag sehr wohl begonnen, ihre militärischen Planungen auf die Möglichkeit eines europäischen Krieges einzustellen. Großbritannien etwa hatte seine Produktion von Kampfflugzeugen kontinuierlich gesteigert, die Zahl der ausgelieferten Bomber und Jagdflugzeuge in den ersten sechs Monaten des Jahres 1939 gegenüber dem zweiten Halbjahr des Vorjahres mehr als verdoppelt.[571] Diese strategische Vorsorge im Schatten der Appeasementpolitik blieb deutschen Beobachtern weithin verborgen.

Trotz aller Rückschläge und Enttäuschungen ließ Robert Boschs Interesse an einer Kräftigung oppositioneller Bestrebungen nicht nach. Er blieb ein Mäzen des Widerstands. Im August 1939 kam es in Ebenhausen zu einer Begegnung mit Ulrich von Hassell, dem außenpolitischen Kopf des konservativ-liberalen Widerstands. Was für das Verhältnis Bosch-Goerdeler galt, traf in gleichem Maße auf eine Begegnung mit von Hassell zu: Der Unternehmer und der frühere Spitzendiplomat des Reiches kamen von höchst unterschiedlichen politischen Positionen her. Anders als für Robert Bosch galt für von Hassell in der Innenpolitik der Primat der Ordnung vor der Freiheit. Er war kein Freund der parlamentarischen Demokratie, sondern blieb ein Vertreter des konservativen Obrigkeitsstaates Bismarckscher Prägung. In der Außenpolitik blieb von Hassell stets bei seinen nationalen Idealen: Dass Deutschland zur Hegemonialmacht mit Weltgeltung berufen sei, unterlag für ihn nie einem Zweifel. Zugleich – und dies begründete eine gewisse Nähe zu Robert Bosch – verachtete er zutiefst das plebejische Gehabe der NS-Potentaten, entwickelte einen glühenden Hass auf das menschenverachtende Treiben der Machthaber und kommentierte mit Entsetzen den Bruch mit allen herkömmlichen rechtlichen Bindungen und moralischen Normen.[572] Nach dem ersten Treffen erkundigte sich Bosch bei seinem Freund Georg Escherich: «Ich lernte ihn bei einem Tee kennen [...]. Was ist das für ein Mann?»[573] Die folgende Auskunft Escherichs, der von Hassell «als einen aufrechten, durchaus anständigen Mann» beschrieb,[574] reichte für Robert Bosch, um den Diplomaten für konspirative Aktivitäten mit Geldmitteln auszustatten. Was, wie so vieles, zensurbedingt Robert Boschs Korrespondenz nicht zu entnehmen ist, vermittelt ein scharf gezeichnetes Portrait, das Ulrich von Hassell seinem Tagebuch anvertraute: «Alter Mann den Jahren nach; aber lebhaft, klug und energisch, guter Typ des Wirtschaftskapitäns seiner Generation. Man kann sich schwer vorstellen, dass unter heutigen Verhältnissen sich solche Persönlichkeiten entwickeln könnten. Er hält die Wirtschaftspolitik und überhaupt das Regierungssystem des Dritten Reiches für verderblich, die führenden Leute für im Grund unfähig und ohne sittliche Grundlage. In einer Besprechung mit Hitler 1933 hatte er einen sehr ungünstigen Eindruck. Er gibt zu, sich über die Lebensdauer eines solchen Systems getäuscht zu haben. Auf meine Frage, ob wir sehenden Auges in den Abgrund stürzen müssten, machte er Andeutungen über im Gange befindliche Bemühungen, für den Fall einer schweren Krisis eine Aufnahmeposition zu schaffen; er schien mir aber nichts wirkliches zu wissen und hatte eine geringe Meinung von den politischen Fähigkeiten der Armee und der Industrie, besonders der rheinisch-westfälischen, die zufrieden sei, wenn sie verdiene, und restlos auf Hitler hereingefallen sei. – Er hat großen Landbesitz und meinte, die Landwirtschaft ginge rapide zurück. – Einen Krieg würden wir beginnen in einer Lage, in der wir ihn 1918 hätten aufgeben müssen. Außerdem glaube er, nach vierzehn Tagen würde das ganze Volk rebellieren. Wie sich das ereignen sollte, wusste er auch nicht.»[575]

Wenn Robert Bosch auf 1918 anspielte, dann war damit das Eingreifen der USA in den Weltkrieg gemeint und die zu erwartende Wiederholung dieser Konstellation im Falle eines von Deutschland entfesselten neuerlichen europäischen Krieges. Vor allem aber blieb: Robert Bosch hatte offenbar noch immer unverwüstliches Urvertrauen in den Commonsense und den moralischen Kompass des «Volkes».

Im unmittelbaren Vorfeld des deutschen Überfalls auf Polen am 1. September 1939 nutzte Carl Goerdeler eine Reise nach Stockholm, um über den britischen Militärattaché mit Frank Ashton Gwatkin, dem Leiter der Wirtschaftsabteilung im Foreign Office, Verbindung aufzunehmen. Goerdeler reiste gemeinsam mit Karl Thomä, dem Justitiar der Robert Bosch GmbH. Nach außen wurde die Schwedenreise als Beratungstätigkeit im Zusammenhang mit dem Schutz der Bosch-Auslandsgesellschaften getarnt: «Offiziell», erinnerte sich Thomä, «sollte Dr. Goerdeler im Rahmen dieses Beratungsverhältnisses Behörden- und Geschäftsverbindungen im In- und Ausland wahrnehmen. Inoffiziell sollte ihm eine Basis und die erforderliche Bewegungsfreiheit für seine politischen Kontakte und Aktivitäten verschafft werden.»[576] Jetzt ging es Goerdeler und offensichtlich ja auch Bosch darum, buchstäblich in letzter Minute den Frieden zu retten, indem wieder an die Adresse der britischen Regierung die Aufforderung zu einer harten Haltung gegenüber Hitlers Kriegskurs ging: «Die Haltung des Generaldirektors [Hitler] wird schwächer. Bleiben Sie ganz fest. Kein Kompromiss. Ergreifen Sie die Initiative ausschließlich für eine umfassende Regelung unter strengen Bedingungen.»[577] Unter einer solchen «Regelung» verstand Goerdeler eine internationale Konferenz, deren Ergebnis einem abgerüsteten Deutschland «eine faire und gerechte Lösung» und der zerstörten Tschechoslowakei ihre Wiederherstellung auf der Basis des Selbstbestimmungsrechts bringen sollte.[578] Eine gewisse Widersprüchlichkeit zog sich auch hier durch die Warnungen Goerdelers. Jeden erfahrenen Diplomaten musste skeptisch machen, dass er vor dem unaufhaltsamen Expansionismus der deutschen Militärmaschine warnte, zugleich aber einmal mehr das Reich als ein überfordertes Gebilde am Rande des wirtschaftlichen Zusammenbruchs beschrieb. Skepsis musste auch seine notorisch optimistische Prognose auslösen, die Armee würde Hitler bei einem großen, über polnische Ziele hinausreichenden Krieg nicht folgen und dass dann mit einer Erhebung gegen das Regime zu rechnen sei.[579] Gut möglich, dass Robert Bosch diesen hochfliegenden Illusionen gelegentlich etwas abgewinnen konnte, dass Goerdeler ihn also im Vorfeld des Krieges in seinem Vertrauen auf das «Volk» zeitweise bestärkt hatte.

In den Tagen vor dem deutschen Überfall auf Polen ging der Unternehmer davon aus, dass die Entwicklung unaufhaltsam auf den Krieg zurollte.[580] Für einen Mitarbeiter seines Privatsekretariats «stand» bereits seit Juli «fest, dass der Überfall auf Polen sehr bald erfolgen» würde.[581] Der Unternehmensgründer wurde «von Tag zu Tag nervöser» und «litt ungeheuer unter den Ereignissen».[582] Der Führungskreis litt kaum weniger unter der Stimmung im Hause und ermutigte den verzweifelten Chef, Ablenkung auf dem Bosch-Hof zu suchen.[583] Hitlers Reichstagsrede vom 1. September 1939 hörte Robert Bosch im Radio und kommentierte die theatralisch-unverfrorene Begründung zur Entfesselung des Krieges[584] mit den Worten: «So, nun wissen wir wenigstens woran wir sind.»[585] Als Unternehmer mit präzisem Einblick in den Stand der Waffentechnologie machte er sich über das Gesicht des kommenden Krieges keine Illusionen und fiel auf das Märchen von den «Blitzkriegen» zu keinem Zeitpunkt herein. Ein neuerlicher Krieg, jetzt von einem verbrecherischen Regime vorsätzlich entfesselt, würde auch im Innern einen weiteren Schub der Brutalisierung auslösen: «Bei Kriegsbeginn schärfte Herr Bosch allen seinen Mitarbeitern ein, den Verfolgten des dritten Reiches stets zu helfen, koste es was es wolle, vor allem sollte den jüdischen Mitbürgern jede nur mögliche Unterstützung gewährt werden.»[586]

Gegenüber dem früheren württembergischen Staatspräsidenten Johannes Hieber formulierte Bosch eine Schlussfolgerung von bemerkenswerter prognostischer Kraft: «Ich bin froh, dass der Krieg da ist. Nur so kriegen wir die Verbrecher los.»[587] Er rechnete also, wie wir sahen, damit, dass der Krieg schon mit seiner Entfesselung verloren war, und wünschte die Niederlage herbei, damit seine Urheber gleichsam aus der Geschichte gefegt würden. Dabei bleibt offen, ob er noch an einen Erfolg der inneren Opposition glaubte oder die Befreiung des Landes von der Diktatur durch eine gegnerische Koalition erwartete. In jedem Fall leuchtet hier sehr früh das gedankliche Motiv der *Befreiung* von der NS-Herrschaft (Richard von Weizsäcker) auf, das sich spät, dann aber überzeugend als ein Leitmotiv der Erinnerungskultur in der Bundesrepublik Deutschland durchgesetzt hat.

Das militärische Geschehen beobachtete Robert Bosch mit einer gewissen Ratlosigkeit. Der «Sitzkrieg», die Passivität der Westmächte verblüfften ihn. Frankreich hätte, meinte er am 6. September, längst eingreifen und dem polnischen Verbündeten beistehen müssen, aber man habe in Frankreich «offenbar [...] keine Lust» zu kämpfen.[588] Er wunderte sich darüber, dass Großbritannien den französischen Bündnispartner nicht zu einem offensiven Vorgehen antrieb, und sprach von einem «Spiel, das die Engländer mit den Polen spielen».[589] Einen kurzen Krieg hielt er für wenig wahrscheinlich und sah sich zu einer Zuschauerrolle verurteilt: «Nun müssen wir eben stillhalten und sehen, was sich abspielt.»[590] Hitlers Danziger Rede vom 19. September, der ersten öffentlichen Stellungnahme nach dem Angriff auf Polen, brachte für Bosch keine Klarheit. Hitler warb um einen Frieden mit Großbritannien, nachdem er in Polen Fakten geschaffen hatte. Bosch sah England «in einer schwierigen Lage», das Land und sein Empire werde aber – damit sollte er recht behalten – «nicht sehr unterhandlungslustig sein».[591]

Noch im September reiste Carl Goerdeler nach Brüssel, offiziell im geschäftlichen Interesse der Robert Bosch GmbH, tatsächlich jedoch, um in politischen Gesprächen Möglichkeiten zur Beendigung des Krieges auszuloten.[592] In England, Frankreich und Belgien gut vernetzte Bekannte, darunter Reinhold Schairer, fädelten eine Privataudienz beim belgischen König Leopold III. ein, der ihn zu einer zweistündigen Unterredung empfing. Deutschland, so Goerdeler, sei reif für einen Regimewechsel, Hitlers Interesse sei es «die Welt zu beherrschen».[593]

Aber die Belgienreise brachte nicht mehr ein als Aufklärung über die Ziele des NS-Regimes und die existenzielle Bedrohung des Nachbarlandes. Der Eindruck, den Goerdeler bei seinen Gesprächspartnern hinterließ, war nicht sonderlich günstig. Der belgische Unternehmer Danni Heinemann, der das Memorandum dem Foreign Office übermittelte, respektierte Goerdeler als integren Hitler-Gegner, machte aber als überzeugter Paneuropäer auf Goerdelers prononciert nationale Gedankenwelt aufmerksam: «Als selbstloser Patriot sieht er die Dinge häufig durch die Brille des deutschen Nationalismus. [...] Er ist gegen Hitler, aber durch und durch Nationalist; im tiefsten Inneren bedeutet ihm Deutschlands Größe mehr als alles andere.»[594] Auch Goerdelers Versuche, in diesen Wochen über schwedische Kontakte – wieder unternahm er eine von der Robert Bosch GmbH getarnte Reise nach Stockholm – etwas für die Opposition gegen Hitler zu bewegen, waren aussichtslos.[595]

Im Rückblick tritt eine Konstante in Goerdelers Denken und Planen hervor. Er hielt an seiner Strategie fest, auf die Westmächte einzuwirken, um einen Regimewechsel zu ermöglichen. Die Kriegsgegner sollten einer Regierung nach Hitler Konzessionen auch territorialer Art machen, mögliche innenpolitische Wirren beim Übergang nicht militärisch ausnutzen. Er setzte sich nicht mit offiziellen Verlautbarungen der britischen Regierung auseinander, um einen Regimewechsel aus eigenem Recht und Antrieb zu erkämpfen, anstatt ihn von vorherigen Zusagen aus dem Ausland abhängig zu machen. Der britische Premierminister Chamberlain hatte in einer Rede am 12. Oktober, als Antwort auf Hitlers Rede vom 6. des Monats verdeutlicht, dass es den Westmächten nicht um einen erbarmungslosen Krieg gegen das Deutsche Reich gehe, im Gegenteil: «Wir beabsichtigen nicht, ein Deutschland von seinem berechtigten Platz in Europa auszuschalten, das in Freundschaft und Vertrauen mit anderen Nationen zusammenleben will. Wir meinen im Gegenteil, dass kein wirkungsvolles Heilmittel für die Leiden der Welt gefunden werden kann, das nicht Rücksicht nimmt auf die gerechten Ansprüche und Bedürfnisse aller Nationen.»[596] Mit guten Gründen hat schon Carl Goerdelers Biograph schlüssig geurteilt: «Das einzige, was Chamberlain damals tun konnte, um die deutsche Opposition zu ermutigen, hat er getan.»[597]

Carl Goerdeler war bereit, für seine Überzeugungen im Kampf gegen die totalitäre Diktatur sein Leben zu lassen. Aber Robert Boschs eigener, unverblümt geäußerter Imperativ, man möge den Diktator kurzerhand beseitigen und damit zielgerichtet das Regime liquidieren, stand nicht im Zentrum der Überlegungen Goerdelers. Wenn er von den Westmächten vor einem Sturz des Regimes Zusicherungen verlangte, den Deutschen nicht alles wieder zu nehmen, was Hitler inzwischen erobert hatte, spielten dabei, wie wir sahen, Legitimitätsüberlegungen eine wichtige Rolle: Nicht nur Goerdeler, auch andere Oppositionelle setzten sich immer wieder mit der Frage auseinander, unter welchen Bedingungen sie die für einen Umsturz unentbehrliche Armeeführung zu sich herüberziehen könnten, wenn in der Bevölkerung eine Rückkehr zu den Grenzen von 1937 im Falle eines Regimewechsels mehrheitlich gebilligt worden wäre. Darüber hinaus konnte sich der Bosch-Kreis in seiner Skepsis in Hinsicht auf die Aktionsbereitschaft der Generalität zum geschlossenen Widerstand gerade auch in der Phase der Auseinandersetzungen um ein Losschlagen im Westen einmal mehr bestätigt fühlen. Schlaglichtartig wurde dies deutlich, als Generaloberst von Brauchitsch, der Oberbefehlshaber des Heeres, am 5. November Hitler seine Bedenken zu der befohlenen Westoffensive vortrug: Eine Offensive werde wahrscheinlich wegen der mangelhaften Vorbereitung der Truppe in einem Desaster enden. Wie viele ältere Offiziere hatte Brauchitsch das Trauma der Marneschlacht von 1914 vor Augen. Doch Hitler schob das alles beiseite und stieß Drohungen aus gegen den «Geist von Zossen», womit der Dienstsitz des Generalstabs gemeint war, wo der «Führer» – zu Recht – ein Nest der Obstruktion gegen seine Pläne vermutete.[598] Als Generalstabschef Halder vom Ergebnis der Unterredung seines Vorgesetzten mit dem türenknallenden Diktator erfuhr, ließ er belastende Unterlagen umgehend vernichten.[599] Die Zögerlichkeit der Armeeführung, etwas gegen den Diktator zu unternehmen, hatte ihren Grund auch darin, dass man von einer nach wie vor sehr breiten Unterstützung in der Bevölkerung für Hitler ausging, vor allem aber von einer nahezu bruchlosen Loyalität der jüngeren Offiziere gegenüber dem «Führer».[600] Man ging auch im Bosch-Kreis davon aus, dass die Unterstützung eines entschiedenen Widerstands gegen das Regime durch jüngere Offiziere höchst unwahrscheinlich war.[601]

Robert Bosch plagten in diesen Monaten die Beschwerden des Alters. Der erhaltene Briefwechsel lässt erkennen, dass er diese recht tapfer und klaglos hinnahm. Seine Korrespondenz lässt auch erkennen, dass seine geistige Präsenz, sein filigranes Argumentieren in geschäftlichen Angelegenheiten nicht nachgelassen hatten. Er blieb auch in allgemeinen politischen und sozialökonomischen Fragen lernbegierig. Seine Tochter Gretel, promovierte Nationalökonomin, sandte ihm 1940 John Maynard Keynes' «Allgemeine Theorie der Beschäftigung, des Zinses und des Geldes» im englischen Original, woraufhin der Vater umgehend vermeldete, er habe «in dem Keynes [...] schon angefangen».[602] Er blieb ein begnadeter Naturbeobachter mit stupender Kenntnis der Tier- und Pflanzenwelt und bescheinigte sich, auch im hohen Alter selbstironisch, einen «Genauigkeitsfimmel» in der Beobachtung dessen, was in seinen Betrieben vor sich ging.[603]

Seine Teilnahme an den konspirativen Gesprächen mit Goerdeler wurde sporadischer. Zeitweise zog er sich wieder auf den Boschhof zurück, doch er blieb informiert über den Fortgang oppositioneller Bestrebungen. So wie sich die ungeschriebene Verfassung des Hauses entwickelt hatte, wäre es undenkbar gewesen, die aktive Opposition gegen das Regime über seinen Kopf hinweg zu unterstützen. Allenfalls verschonte man den Chef mit belastenden Einzelheiten; man habe, berichtete Theodor Bäuerle später, dem nervlich leicht erregbaren Chef «gar nicht sagen» dürfen, was sich konkret abspielte.[604] Die Aussichten der «Oppositionsbewegung» bewertete Robert Bosch kritisch und äußerte sich im Oktober 1939 gegenüber Willy Schloßstein «wieder einmal sehr abfällig über die Unfähigkeit der Militärs».[605]

Rückenwind für den Widerstand erwartete Robert Bosch auch nicht aus maßgeblichen Kreisen der Wirtschaft. Diese Einschätzung der politischen Orientierung der Unternehmerkollegen in der Schwerindustrie traf zu seinem Kummer auch auf den alten Freund Paul Reusch zu. Bei aller Ablehnung eines unkalkulierbaren militärischen Expansionskurses, für den auch der kühl rechnende Stahlbaron nicht zu gewinnen war – als Bundesgenosse gegen das Regime fiel Reusch aus. «In der Wirtschaft», erinnerte sich Hans Walz, «gab es nicht allzu viele Einsichtige, vor allem wenige, die mutig genug zu einer Opposition waren.»[606] Ulrich von Hassell, der versucht hatte, Reusch in das Lager der Opposition herüberzuziehen, verdanken wir die Schilderung einer ebenso bezeichnenden wie absurden Situation, die er nach seinem enttäuschenden Besuch bei Paul Reusch im Hause Bosch erlebte: Der Unternehmer «holte seinen ersten Direktor Walz, und beide setzten mir die fatale wirtschaftliche, vor allem finanzielle Lage auseinander. Sie sahen sehr schwarz: Durch den verbrecherischen Leichtsinn des Krieges höhlt sich Deutschland völlig aus und zerstört seine mühsam wieder errichteten Grundfeste. Besser kann man den Bolschewismus nicht vorbereiten. Bosch sagte selbst, er sei Techniker und kein Geschäftsmann, sprach angesichts der letzten, wie es scheint wirklich außerordentlichen Fliegererfolge mit Stolz von der Mitwirkung seiner Firma bei den siegreichen Messerschmitt-Apparaten, aber er sieht klar, wohin die Reise geht. Sein Direktor Walz machte einen ausgezeichneten klugen Eindruck. [...] Typisch für die Verlogenheit unserer Verhältnisse: Walz wurde zu einer Besprechung mit SS-Leuten herausgerufen. Als er zurückkam, trug er das SS-Zeichen im Knopfloch, das er rasch dafür angelegt hatte, um dann weiter mit voller Entschiedenheit über die unheilvolle Politik der Hitler-Regierung zu sprechen. Bosch und Walz wollen versuchen, meine Mitarbeit irgendwie zu verwerten.»[607]

Mit dem dramatischen Zusammenstoß des Oberbefehlshabers des Heeres mit seinem «Führer» am 5. November 1939 hatte, wie Walz zutreffend beschrieben hat, «die Entschlusskraft der Generalität einen unheilvollen Bruch erlitten». Für die Generalität kam es noch schlimmer, als Hitler die militärische Führungsspitze für den 23. November nach Berlin einbestellte. Er ließ keinen Zweifel an der «Notwendigkeit der Offensive»[608] und machte klar, dass er jeden Widerstand zögerlicher oder gar opponierender Offiziere zerschlagen würde.

Es war also einmal mehr klar, mit wem und mit welchen Risiken es die Opposition gegen das Regime und einer Ausweitung des Krieges zu tun hatte. Goerdeler war in der Reichshauptstadt zu gut vernetzt, um nicht mitzubekommen, was das höhere militärische Establishment hier nach nur vereinzeltem verstecktem Murren tatenlos über sich ergehen ließ, und mit größter Wahrscheinlichkeit wird er diese Dinge auch in Stuttgart zur Sprache gebracht haben.

Malcolm Graham Christie blieb in diesen Monaten Ansprechpartner und Verbindungsglied zwischen dem Londoner Foreign Office und oppositionellen Kräften in Deutschland. Für ihn waren – und dies lag wie Mehltau über allen konspirativen Ansätzen – die «Leitungen schlecht gelegt», die Opposition schien «in wasserdichten Zellen zu arbeiten», wenig günstige Voraussetzungen «einer klaren und verlässlichen Verbindung».[609] Solche Zustandsbeschreibungen waren auch bei oppositionellen Kräften im Generalstab des Heeres und bei hochrangigen Hitler-kritischen Truppenführern anzutreffen.[610] Zu dem vielfach beklagten Mangel an gegenseitiger Information traten ab Mitte November 1939 – und dies war entscheidend – Symptome für einen «unaufhaltsamen Zerfall der Verschwörung» an der Spitze des Heeres.[611] Dies war freilich, wenn man das Handeln des Generalstabschefs Franz Halder als einer Schlüsselfigur in den Blick nimmt, nicht einfach nur Indolenz oder dumpfe Hinnahme der Diktatur. Robert Boschs und Hans Walz' skeptischer Blick auf den Widerstandsgeist im Offizierskorps war zweifellos berechtigt. Der an sich einem Putsch keineswegs grundsätzlich abgeneigte Generalstabschef hatte es, von der Regimetreue nachgeordneter, vor allem jüngerer Offiziere abgesehen, mit einem entschlusslosen, zunehmend in Depressionen versinkenden Oberbefehlshaber zu tun sowie mit kommandierenden Generalen, denen, bei aller vereinzelten Kritik an Hitler, konkrete Schritte entschieden zu weit gingen oder die sich einfach arrangierten.[612]

Zu den Chancen und Risiken aller oppositionellen Neigungen und Schritte im Bosch-Kreis gehörte die zwischen Carl Goerdeler und Franz Halder ausgefochtene Kontroverse um die Machbarkeit eines Staatsstreichs. Während Goerdeler auf der Verantwortung der Generalität zum Losschlagen gegen das Regime bestand, pochte Halder darauf, dass er die keineswegs einheitlich denkende Armee nicht zum «Hausknecht» ziviler Widerstandsgruppen mit ungewissen Ergebnissen machen könne.[613] Wir wissen nicht, ob diese für jeden Staatsstreich existentielle Kontroverse jemals an den Bosch-Kreis herangetragen worden ist. Hans Walz hat einen solchen Schlag gegen das Regime in jedem Falle für nötig, zeitweise auch für durchaus möglich gehalten: «Solange noch eine genügend große Wehrmachtsgarnison mit Waffen in Berlin stand, war immerhin die Möglichkeit vorhanden, den nationalsozialistischen Spuk eines Tages zum Verschwinden zu bringen, indem ein beherzter Militärkommandant die Kroll-Oper umstellen und die darin versammelten Reichstagsgrößen der Partei samt ihren obersten Spitzen kurzerhand ausheben ließ.»[614]

Insgesamt wird man die Bedeutung der oppositionellen Bestrebungen im Bosch-Kreis ebenso wie der fortlaufenden Unterstützung Carl Goerdelers für das Geschehen auf der politisch-militärischen Bühne nicht zu hoch ansetzen dürfen. Immerhin konnte das Bosch-Umfeld bei gesprächsbereiten Partnern in London auf einen gewissen Vertrauensvorschuss bauen. Das lag auch daran, dass man sich im Foreign Office lange nicht von simplifizierenden Deutungsschemata lösen konnte. Danach stand im Herrschaftsgefüge des Dritten Reiches ein ruchlos-militaristisches Preußentum einem eher weltbürgerlich gesonnenen (süd-)deutschen Rest gegenüber. Dieses für die Entscheidungsprozesse in London nicht unerhebliche Schema wurde auch genährt von dem unermüdlich von der Schweiz aus konspirierenden Hans Ritter, der in seiner Korrespondenz Carl Goerdeler stets als Mann der alten preußischen Ordnung beschrieb, dem man mit höchster Vorsicht begegnen solle, wie es ihm überhaupt darum ging, mit künftigen Friedensregelungen in Deutschland den vermeintlichen preußischen Einfluss zurückzudrängen.[615] Diese grundsätzliche Wertschätzung «süddeutscher» Akteure begünstigte Hans Walz und Willy Schloßstein in ihren Bemühungen, über die Schweiz den Gesprächsfaden nach London weiter zu pflegen. Regelmäßig reiste Schloßstein unter geschäftlichen Vorwänden nach Luzern, informierte dort Hans Ritter über Goerdelers

Tätigkeit, sodass Ritter die Informationen an Christie weiterreichen konnte.⁶¹⁶

Aus der Verbindung Walz-Schloßstein-Ritter ergab sich auch eine gewisse Einflussnahme des Bosch-Kreises auf die Initiative des früheren Reichskanzlers Joseph Wirth. Der wie Ritter im schweizerischen Exil lebende frühere Zentrumspolitiker pflegte als entschiedener Gegner des Nationalsozialismus Kontakte zum Vatikan, arbeitete mit dem französischen Geheimdienst zusammen und war auf der Suche nach einer politischen Rolle.⁶¹⁷ Es war der mit dem Bosch-Kreis locker verbundene, im Londoner Exil konspirierende Erich Schairer, der zunächst das Foreign Office auf Wirth aufmerksam machte. Sodann ermunterte Hans Ritter den Exkanzler zu einem Brief an den britischen Premierminister Chamberlain. Der Premier, so Wirth in seinem Schreiben vom 24. Dezember 1939, möge öffentlich dartun, «dass England nicht in den Krieg gezogen sei, um das deutsche Volk wie einen Holzklotz mit der Axt zu zertrümmern, sondern um die Völker zu befreien, die Opfer der Aggression geworden seien».⁶¹⁸ Wirth betonte darüber hinaus die Qualitäten eines besseren, von ihm repräsentierten, für den Frieden ungefährlichen Deutschlands: «A clear and deep routed federalism in which the celebrated cultural power of South and West Germany, famous for science, art and religion as well as an administrative and political life, should come into their own, would be a significant ray of light in these unhealthy times.»⁶¹⁹ In dem Schreiben ließen sich durchaus Einflüsse aus Robert Boschs Umfeld ausmachen. Zwar gab es im Bosch-Kreis keinen dogmatischen Antiborussismus, da Hans Walz, Robert Bosch und seine Mitarbeiter anders als manche britische Deutschlandexperten den spezifischen, eben *nicht* «preußischen» Charakter der nationalsozialistischen Gewaltherrschaft inzwischen erkannt hatten. Aber der besondere Akzent auf den süddeutsch geprägten Traditionen der deutschen Kulturnation sollte britische Gesprächspartner von den Werten eines anderen Deutschland überzeugen. Immerhin: Zwar gab es auf diesen Brief keine schriftliche Antwort aus London. Aber für Eingeweihte ging Chamberlain in seiner Mansion-House-Rede vom 9. Januar 1940 auf die Opposition ein, indem er «das Streben der Alliierten nach einer im Wesentlichen humanen, gerechten und christlichen Regelung» hervorhob, was wohl auch als Botschaft an oppositionelle Kreise in Deutschland gedacht war.⁶²⁰ Dies war sehr behutsam formuliert, hielt aber aus der Sicht des Bosch-

Kreises die Tür zu einer friedlichen Einigung mit Großbritannien offen.

Am 10. Februar sprach Schloßstein erneut in Luzern mit Hans Ritter und überbrachte ihm Überlegungen Goerdelers. Ritter berichtete über das Gespräch an Christie am 11. Februar nach London. Wieder war die Rede von der wirtschaftlichen Schwäche des Reiches und von einem Kollaps der öffentlichen Stimmung für den Fall, dass Hitler eine Niederlage verantworten müsste. Ohne eine Bestätigung aus dem Generalstab für Goerdelers Thesen übermittelte Schloßstein, dass angeblich ein Putsch unter der Führung der Generalobersten Blaskowitz und von Witzleben bevorstehe. Beide waren für ihre Kritik an Hitlers Kurs und insbesondere an den verbrecherischen Aktionen der SS in Polen bekannt. Goerdeler selbst, so Schloßstein gegenüber Ritter, sei der Vertrauensmann der Armee und habe dergestalt ein robustes Mandat zu Verhandlungen mit der britischen Regierung.[621] Man kann nur darüber spekulieren, warum Goerdeler den Bosch-Kreis nutzte, um eine so ungesicherte Lagebeschreibung zu übermitteln. Wie auch immer, nach wie vor gab es im Foreign Office starke Bedenken gegenüber Goerdeler, in denen Hans Ritter die britische Seite noch bestärkte.[622]

Dennoch, Schloßsteins Mission in die Schweiz blieb nicht ganz ergebnislos. Am 11. Februar tauchte Christie zu Gesprächen mit Wirth in Luzern auf. Der frühere Reichskanzler kündigte, von Christie aufgefordert, einen Brief an den britischen Premierminister an und trat als Repräsentant des Widerstands auf.[623] Er verwies auf seine Verbindungen zu deutschen Industriekreisen, was Christie als Chiffre für den Bosch-Kreis verstand.[624] Wirth konnte also mit Anspielungen auf Bosch seine Glaubwürdigkeit gegenüber britischen Emissären steigern. *Ein* Ergebnis dieser konspirativen Unterredungen war, dass Chamberlain am 24. Februar in Birmingham in einer Rede gegen deutsche Weltherrschaftsambitionen Stellung bezog, zugleich aber, im Sinne der Verschwörer, sich gegen eine «destruction of any people» aussprach.[625] Ein weiteres, bisher so nicht für die Opposition erreichbares Ergebnis der Gespräche mit Christie waren Zusagen der britischen Seite, die im März 1940 vorlagen. Christie machte am 12. März 1940, abgestimmt mit Vansittart, in Lausanne den Altkanzler Wirth mit einem Dokument vertraut, in dem, dies betonte Christie, Zusagen steckten, hinter denen der Premierminister selbst stand. Kernaussagen waren genau jene Bedingungen, die der zivile Widerstand immer wieder als Voraussetzungen für einen erfolgreichen, von der Armee getragenen Regimewechsel genannt hatte: «1. Es wird die Versicherung abgegeben, dass die britische Regierung eine vorübergehende Krise, wie sie im Anschluss an eine Aktion der deutschen Opposition entstehen könnte, nicht militärisch zum Nachteil Deutschlands, etwa durch einen Angriff im Westen, ausnützen würde.

2. Die britische Regierung erklärt sich bereit, mit einer neuen deutschen Regierung, der sie ihr Vertrauen schenken kann, zur Sicherung eines dauerhaften Friedens zusammenzuarbeiten und Deutschland die erforderliche wirtschaftliche Hilfe zu gewähren.»[626]

Dass dies in dieser Form erreicht wurde, war sicher nicht das exklusive Verdienst des Bosch-Kreises, wurde aber doch durch die beharrliche Pflege eines Netzwerks im Exil und durch die politische Reputation der Stuttgarter begünstigt. Es ist nicht ohne Tragik und wirft ein Licht auf die Grenzen bürgerschaftlichen Engagements gegen das NS-Regime, dass der Bosch-Kreis mit Joseph Wirth auf den falschen Partner gesetzt hatte. Der versprochene Brief an den britischen Premierminister kam nie in London an, und britische Angebote verloren sich im Nebel seltsamer Machenschaften. Joseph Wirth hatte den früheren Reichswehrminister Geßler eingeschaltet, der die britischen Zusagen Goerdeler und dem früheren Generalstabschef Beck zuspielen sollte. Willy Schloßsteins Vermutung, dass Geßler ein doppeltes Spiel im Interesse des Auswärtigen Amtes unter Ribbentrop betrieben habe, hat viel für sich.[627] Er war jedenfalls, anders als von ihm behauptet, gewiss kein Vertrauensmann der deutschen Militäropposition. Bezeichnenderweise behauptete er nach dem Krieg, von dem gesamten Vorgang niemals etwas erfahren zu haben![628]

Robert Bosch war ins konspirative Geschehen nicht selbst involviert, wenngleich er über die Aktivitäten seiner Mitarbeiter informiert blieb. Er blieb bei seiner negativen Einschätzung jeglicher Siegeschancen und war überrascht wegen der langen Passivität der Westalliierten vor Hitlers Westoffensive am 10. Mai.[629] Am 28. März 1940 hatte er noch geschrieben: «An kriegerische Verwicklungen denkt man für die nächsten Wochen wohl kaum. Die zu fürchtenden Opfer an Blut werden anscheinend überall gescheut.»[630] Er wusste um das kommende Inferno, als der Krieg dann im Westen losbrach: «Der Krieg und vor allem die Furcht vor Luftangriffen macht mir zu schaffen, vor allem der Kinder wegen.

Aber natürlich lässt mich die Befürchtung der Luftangriffe auf mein Werk nicht los. Wir sind doch recht nah an der Westgrenze und der Angriff auf Freiburg ist doch recht sinnlos gewesen. So am hellen Tag, mitten in der Stadt, 22 Kinder umbringen ist keine Großtat.»[631]

Boschs Äußerungen zu den militärischen Erfolgen der Wehrmacht, für ihn eine «große Überraschung»[632], blieben distanziert. Kritisch kommentierte er, dass Belgien und Holland kurzerhand überrannt wurden, ohne dass Großbritannien und Frankreich den Ländern beigesprungen wären. Seine Reflexionen richteten sich schon Mitte Mai auf die Frage, ob die USA in den Krieg eingreifen würden und wie ein Friedensschluss zustande gebracht werden könnte. In der Korrespondenz dieser Monate tauchen auch bissige Bemerkungen über den britischen Gegner auf. Doch wenn er für die Briten das Prädikat «verkommen» wählte, dann richtete sich dies darauf, dass das Inselreich keine energischen Anstrengungen machte, um Holland und Belgien gegen den deutschen Überfall zu verteidigen, sich eben «nicht aufraffen» könne.[633]

Die militärischen Erfolge konnten seinem Urteil über das Regime auch im hohen Alter nichts anhaben. Als der Sohn des Unternehmerkollegen Gustav Krupp von Bohlen und Halbach nach einem Luftwaffenunfall starb und der Vater bei der Bestattung am Grab den Hitlergruß entbot, lautete Robert Boschs Kommentar schlicht und derb: «A(rsch)loch!»[634] Wo der Bosch-Kreis politisch stand, ließ sich auch an einem Manöver ablesen, das Willy Schloßstein zwei Tage vor dem deutschen Angriff im Westen gestartet hatte. Er suchte erneut Hans Ritter in Luzern auf, berichtete über Interna der inzwischen unter Hochdruck arbeitenden Rüstungsindustrie und kündigte an, mit dem immer wieder verschobenen Angriff auf die Niederlande und auf Belgien sei nun täglich zu rechnen.[635] Nach dem Krieg hat es eine quälende Debatte über die moralische Qualität solcher Nachrichtenübermittlungen gegeben, eine zum Teil mit Schuldzuweisungen an die Adresse oppositioneller Kräfte einhergehende Diskussion über «Landesverrat», der wir heute ohne Verständnis gegenüberstehen. Hans Oster, der seine führende Rolle im militärischen Widerstand mit dem Leben bezahlte, hat nach Bemühungen, die denen Willy Schloßsteins sehr ähnlich waren, gegenüber seinen niederländischen Offizierskameraden begründet: «Mein Plan und meine Pflicht ist es, Deutschland und damit die Welt von dieser Pest zu befreien»[636], ein Credo, das auch dem Bosch-Kreis zugeschrieben werden darf. Hinzu kommt, dass man sich wohl auch dort mit der im Widerstand erörterten «Rückschlagtheorie» befasst hatte. Sie besagte: Werden die von einem Überfall bedrohten Nachbarn rechtzeitig gewarnt, werden sie zu Präventivmaßnahmen greifen und dadurch entweder den Gegner abschrecken, den Angriff also vereiteln, oder eine Niederlage des Aggressors herbeiführen. In beiden Fällen, so auch das Goerdeler und von Hassell vertraute Kalkül, würde ein solcher «Rückschlag» Hitlers Genieanspruch[637] bei den Militärs und bei der Bevölkerung entzaubern und damit endlich einen Militärputsch zu seiner Beseitigung auslösen.[638]

Doch solche Überlegungen waren mit der Kapitulation der Niederlande und Belgiens und dem Einmarsch deutscher Truppen in die französische Hauptstadt schon am 14. Juni ein müßiges Planspiel.[639] Für Robert Bosch und seinen Führungskreis ergaben sich aus der französischen Niederlage und der Besetzung der «okkupierten Zone» erhebliche Gefahren. Schon nach der Besetzung der Niederlande hatte man Akten von Amsterdam nach Paris geschafft und in einem Hotel deponiert. In den Unterlagen befanden sich Belege über Finanztransaktionen im Zusammenhang mit der Sicherung jüdischen Eigentums und der Emigration jüdischer Mitbürger sowie Korrespondenzen mit Carl Goerdeler. Beides hätte sich zu einer tödlichen Gefahr auswachsen können, wäre die Gestapo, wie bei zahlreichen Emigranten in Paris, auch in diesem Fall fündig geworden. Robert Bosch beriet sich mit Hans Walz und Willy Schloßstein, was zu tun sei. Schloßstein stellte in Paris fest, dass das Gebäude mit den versteckten Unterlagen bereits von der Wehrmacht beschlagnahmt worden war, und schaffte es gleichwohl, «die zwei großen Pakete» mit Hilfe eines Schweizer Geschäftspartners beiseite zu schaffen.[640]

Mit dem Krieg im Westen trockneten auch die Kommunikationskanäle von Luzern nach London aus. Es war sinnlos geworden, noch Szenarien zur Verhinderung des Krieges und zu einem Regimewechsel zu erörtern. Immerhin berichtete Hans Ritter noch Ende Mai nach London über die Vertrauenswürdigkeit des Bosch-Kreises: «Auf jeden Fall haben wir mit diesen Leuten die tatsächlich besten Kreise der deutschen Opposition an der Hand. Ich will daher unter allen Umständen die Verbindung halten.» Am Abend des 10. Mai hatte der englische König Winston Churchill den Auftrag erteilt, eine neue Regierung zu bilden. Nicht nur die Appeasement-Politik war jetzt gescheitert und in den Augen der britischen Öffentlichkeit vollständig desavouiert. Mit der Berufung

Churchills («I felt as if I were walking with destiny»[641]) fiel die Entscheidung, die NS-Barbarei schonungslos niederzukämpfen. Mit Churchill setzte sich im britischen Regierungsapparat nicht die hasserfüllte Ideologie Robert Vansittarts von den unterschiedslos blutrünstigen Deutschen durch. Er steuerte einen mutigen Kurs der strategischen Entschlossenheit gegen Hitler, rational und emotionsarm, was ihn davor bewahrte, sich moralisch und rhetorisch auf das Niveau seiner geschworenen Feinde zu begeben. Aber für jeden Versuch deutscher Widerstandskreise, Fühler nach London auszustrecken, begann jetzt eine Phase des Schweigens, lange bevor der neue Premierminister im Januar 1941 die Weisung erteilte, auf Anfragen aus dem feindlichen Ausland «mit absolutem Stillschweigen [zu] reagieren».[642]

Dennoch, auch als nach der Besetzung Norwegens und dem Sieg über Frankreich Hitler im Zenit seiner Herrschaft stand, gingen im Bosch-Kreis konspirative Überlegungen weiter, Versuche zur «Sammlung aller Kräfte», wie Hans Walz rückblickend schrieb.[643] Mit dem Theologen und Sozialpädagogen Friedrich Siegmund-Schultze trat jetzt ein weiterer Akteur in den Gesichtskreis der Stuttgarter. Siegmund-Schultze teilte mit ihnen Anschauungen, Werte und Verbindungen zu oppositionellen Kräften. Er verstand sich wie Robert Bosch als Vorkämpfer für sozialen Ausgleich, für Frieden und Völkerverständigung. Dazu verbanden ihn mit Hans Walz ein entschieden christlich fundierter Pazifismus und die Ablehnung der Judenpolitik des NS-Regimes. Nach der «Machtergreifung» war Siegmund-Schultze ins Visier der Gestapo geraten und emigrierte im Juni 1933 in die Schweiz. Fortan wurde sein Domizil in Zürich zur Anlaufstelle von Immigranten und Schutzsuchenden aus dem Reich.

Vor seiner Emigration war er erstmals in Berlin Carl Goerdeler begegnet,[644] der regelmäßig Gast im Hause Siegmund-Schultzes in Zürich war. Ab Herbst 1938 war der Theologe über Goerdelers politische Ziele informiert und wurde von ihm in die konspirativen Aktivitäten einbezogen. Auch ein Treffen Goerdelers mit Arthur P. Young im Oktober 1938 fand in Siegmund-Schultzes Domizil in Zürich statt.[645] Nach Kriegsausbruch wurde sein Haus auch zu einer Informationsdrehscheibe für Hans Walz und Willy Schloßstein, die «etwa monatlich» anreisten.[646]

Nachdem 1940 die Versuche gescheitert waren, mit der britischen Regierung ins Gespräch zu kommen, erörterte Carl Goerdeler um Ostern 1941 mit Friedrich Siegmund-Schultze einen neuen Versuch. Wieder sollte es darum gehen, von der britischen Regierung eine Zusage zu erhalten, bei einem Staatsstreich gegen Hitler mögliche politische Wirren nicht militärisch auszunutzen und mit einer neuen Regierung nach Hitler einen fairen Frieden auszuhandeln. Mitglieder des Bosch-Kreises schafften Botschaften Goerdelers in die Schweiz, damit Siegmund-Schultze sie über seine Gewährsleute im anglikanischen Hochklerus an die britische Regierung herantragen konnte. Offen muss bleiben, in welchem Umfang der Bosch-Kreis über diese Zwischenträgerdienste hinaus im Detail über Goerdelers konzeptionelle Überlegungen unterrichtet war und auf sie einwirken konnte.[647] Am 30. Mai tauchte Willy Schloßstein bei Friedrich Siegmund-Schultze in Zürich auf und übergab einen Friedensplan zur Weiterleitung an die Regierung in London. Der Text trug – aus Sicht Siegmund Schultzes für die Erfolgsaussichten des konspirativen Manövers entscheidend – die Paraphe des Generalfeldmarschalls von Brauchitsch, der damit als Oberbefehlshaber des Heeres dem Plan Goerdelers den Segen der Wehrmacht zu geben schien.[648] Ob das Kürzel «B» tatsächlich Zustimmung und nicht lediglich Kenntnisnahme dokumentierte, muss offen bleiben. Mehr als Siegmund-Schultzes Überzeugung, Brauchitsch habe tatsächlich im Mai 1941, also wenige Wochen vor dem auch von ihm selbst verantworteten Überfall auf die UdSSR einen ausgereiften Putschplan an die britische Adresse ausdrücklich gebilligt, liegt uns nicht vor.[649] Starke Zweifel an einer ernsthaften Putschbereitschaft von Brauchitschs stellen sich bei näherer Betrachtung des zeitlichen Umfelds ein: Eine Woche nachdem Schloßstein das delikate Dokument nach Zürich gebracht hatte, erging aus dem Führerhauptquartier der berüchtigte Kommissarbefehl, dass sowjetische Politoffiziere nach einer Gefangennahme im geplanten Feldzug gegen die UdSSR umstandslos zu ermorden seien. Es ist nicht bekannt, dass die Heeresführung sich gegen diesen verbrecherischen Befehl im Rahmen eines rassenideologischen Vernichtungskrieges aufgelehnt hätte.[650]

Was waren die Eckpunkte des Friedensplans, auf den sich Goerdeler und Siegmund-Schultze verständigt hatten und für den der Bosch-Kreis Kurierdienste leistete? Das Dokument beschrieb in neun von fünfzehn Punkten Umrisse einer künftigen internationalen Ordnung, die von den Adressaten in London als durchaus zukunftsweisend bewertet werden konnten. Dazu zählte der «Abbau der Zollgrenzen», die «Einsetzung eines mit Vollmachten versehenen Weltwirtschaftsrats», die «Wiederherstellung des Rechts, Bestrafung der Schuldigen», allgemeine Rüstungsbegrenzung, Abrüstung und Rüstungskontrolle, schließlich die Einrichtung einer «regelmäßigen Konferenz der europäischen Staaten und entsprechender Zusammenschlüsse auf regionaler Basis».[651]

Zugleich listete der «Friedensplan» territoriale Bedingungen auf, die bei Goerdeler schon vorher aufgetaucht waren, und die auf die Grenzen des Deutschen Kaiserreichs vor 1914 hinausliefen, zuzüglich der Sicherung von Hitlers «Errungenschaften»: Österreich, die sudetendeutschen Gebiete, das Memelgebiet sowie die Rückgabe der deutschen Kolonien. Die Reichsgrenzen von 1914 bedeuteten im Klartext, neben einer erheblichen Revision der Grenze zu Polen, vor allem auch eine Bestätigung der neuerlichen Annexion von Elsass-Lothringen durch das Deutsche Reich. Aber konnte man ernsthaft annehmen, Großbritannien würde sich auf eine territoriale Konstellation einlassen, die erheblich über den deutschen Besitzstand von 1914 hinausging, auf eine kontinentale Hegemonialmacht mit kolonialem Anhang und mit einem neuerlich heruntergestuften französischen Nachbarn? Schon die Weiterleitung der Denkschrift nach London warf Probleme auf. Zunächst weigerte sich die britische Gesandtschaft in Bern, das Dokument überhaupt nur entgegenzunehmen, auch nicht lediglich zur Weitergabe an den Erzbischof von York. Erst sechs Wochen später, am 9. Juni, nahm sie es an, und erst am 23. August lag es im Foreign Office vor.[652] Es half nichts, dass Siegmund-Schultze in seinem Begleitbrief die Glaubwürdigkeit und die Integrität seiner deutschen Gesprächspartner – Goerdeler, Walz und Schloßstein – beschwor: «And I can witness about the leading men of the group for which I am speaking that they have always stood against Nazism, and hold their opinions unchanged during the two years of the war. They feel the deep concern to save Christian civilization from the disaster which is menacing it, if no peace of justice and goodwill can be freely negotiated.»[653]

Im Foreign Office erschienen Goerdelers Vorschläge völlig inakzeptabel.[654] Und diese naheliegende Ablehnung galt im Ergebnis nicht nur für die Denkschrift aus dem Umfeld des Bosch-Kreises. Als der britische Außenminister Eden den Premierminister um Erlaubnis bat, auf Kontaktversuche zur Anbahnung von Friedensverhandlungen, darunter auch der Vorschlag Goerdelers, wenigstens durch einen neutralen Mittelsmann reagieren zu dürfen, erhielt er die für den weiteren Verlauf maßgebliche und vielzitierte Direktive Churchills: «I am sure we should not depart from our policy of absolute silence. Nothing would be more disturbing to our friends in the United States or more damaging with our new ally, Russia, than the suggestion that we were entertaining such ideas. I am absolutely opposed to the slightest contact. If you do not agree, the matter should be raised before the War Cabinet sitting alone.»[655]

Damit gab Churchill auch die entscheidenden Stichworte zu der inzwischen veränderten strategischen Lage. Die Verkündigung der Atlantik-Charta vom 14. August 1941 hob die britisch-amerikanischen Beziehungen auf eine neue Ebene und ließ schon die Umrisse einer Weltordnung nach dem Krieg erkennen. Was bisher an Unterstützung hinter der Nebelwand der amerikanischen Isolationismus-Diskussion eingeläutet worden war, trat jetzt ins Licht der Weltöffentlichkeit. Der Präsident der Vereinigten Staaten von Amerika bereitete die Nation auf die Niederwerfung der faschistischen Diktaturen vor, und Großbritannien stand fortan nicht mehr allein. Dazu kam Hitlers Überfall auf die Sowjetunion, der klar machte, dass nach einem Sieg über Stalin das britische Empire an der Reihe wäre. Was hätte den britischen Premier daran hindern sollen, das Fenster für Verhandlungen auch mit besonnenen Kräften im Deutschen Reich zu schließen?[656]

Der Bosch-Kreis musste sich mit Churchills Direktive, künftig gegenüber Friedensfühlern absolutes Stillschweigen zu wahren, abfinden. Die außenpolitischen Handlungsoptionen des deutschen Widerstands waren erschöpft, nachdem Churchill im Anschluss an den deutschen Überfall auf die UdSSR im Juni Stalin ein Bündnis angeboten hatte. Fortan gab es nichts mehr zu verhandeln, und die Entwicklung steuerte auf die alliierte Formel von der «bedingungslosen Kapitulation» zu.[657] Robert Bosch erkundigte sich «täglich», erinnert sich Willy Schloßstein, «nach den neuesten Nachrichten der verbotenen Auslandssender und der Auslandspresse, welche der Abwehrbeauftragte Dr. Bühler selbst in der Kriegszeit auf einem besonderen Weg erhält und innerhalb des ihm nicht bekannten Verschwörerkreises zirkulieren lässt. Öfter fragt Herr Bosch: ‹Findet sich denn gar niemand, der Hitler und seinen Leuten endlich das Handwerk legt?›» Aber Spekulationen im Bosch-Kreis darüber, wie dies denn zu bewerkstelligen sei, führten zu nichts.

Illusorisch waren Gedankenspiele, rivalisierende Cliquen innerhalb des Regimes gegeneinander in Stellung zu bringen. Das gleiche galt für Hoffnungen auf geschlossenen Widerstand der Arbeiterschaft, die sich aus der Sicht des Bosch-Kreises «bei der gegenseitigen Bespitzelung» nicht «zu einem festen Abwehrkörper» formieren konnte.[658] Erst recht war nicht davon auszugehen, dass irgendeine entschlossene Widerstandsgruppierung in der Industrie zusammenfinden würde: «Herr B. stand mit seinen Anschauungen zunehmend allein. Verbindungen zur Schwerindustrie hatte er so gut wie keine mehr.»[659]

Von dem raschen Vormarsch der Wehrmacht in der Sowjetunion bis zum Zusammenbruch der Offensive vor Moskau im Winter 1941 ließ sich Bosch nicht besonders beeindrucken. Schon frühzeitig äußerte er die Hoffnung, der Krieg möge bald zu Ende gehen.[660] Geradezu gespenstisch mutete vor diesem Hintergrund das Geschehen um Robert Boschs 80. Geburtstag am 23. September 1941 an. Er wollte dem Trubel einer aufwendigen Feier in Stuttgart entgehen und zog sich nach Baden-Baden zurück. Anfang August schrieb er an seine Tochter: «Mein Leiden ist schon eine ziemliche Last und es gehört viel Humor dazu, trotzdem zu laufen.»[661] In NSDAP-Kreisen war entschieden worden, ihn aus Anlass seines Geburtstags zum «Pionier der Arbeit» zu ernennen[662] und ihn so mit seinem Unternehmen als propagandistisches Aushängeschild zu instrumentalisieren. Theodor Heuss erinnerte sich später an «eine etwas eigentümliche Atmosphäre», als der für seine Trunksucht berüchtigte Robert Ley als Leiter der Deutschen Arbeitsfront und die regionalen Parteigrößen mit Regimegegnern wie Carl Goerdeler im Brenner Parkhotel in Baden-Baden beieinander saßen, um den Jubilar zu ehren.[663] Mit einer gewissen Ironie ließ Robert Bosch die Ordensverleihung über sich ergehen[664] und war nach eigenem Bekunden «recht froh», als die Ehrung hinter ihm lag.[665]

Die Feierlichkeiten in Stuttgart mit einem «Betriebsappell», einem Konzert und Festansprachen boten Hans Walz Gelegenheit zu einer Laudatio auf den Jubilar. Wie bei früheren öffentlichen Reden nutzte er diese Gelegenheit, um auch vor der regionalen Parteielite die Distanz des Hauses zum NS-Regime erkennen zu lassen. Anders als bei solchen Anlässen gemeinhin üblich, spielten «Führer», «Gefolgschaft», «Volksgemeinschaft» und vor allem der inzwischen tobende Weltkrieg in Walz' Rede keine Rolle. So wie bei der Geburtstagsfeier fünf Jahre zuvor eine einzelne Hakenkreuzfahne im Rücken des Auditoriums angebracht und damit symbolpolitisch abgewertet worden war, so baute Hans Walz jetzt vor dem Auditorium aus Belegschaft, Parteiprominenz und Wehrmachtsoffizieren ein sprachlich fein ziseliertes Denkmal des Unternehmensgründers auf, hinter dem die politischen Zeitumstände, das Regime und der Erwartungshorizont seiner Führungsclique zum Verschwinden gebracht wurden. Es war diese Technik des rhetorischen Ignorierens, die die Regionalpotentaten der Partei schon fünf Jahre zuvor zur Weißglut gebracht hatte. Damit war die Bühne von den «Verbrechern», wie Walz die Parteibonzen intern gerne zu titulieren pflegte, gleichsam gesäubert und frei für den Auftritt seines Helden. Nicht Hitler, sondern Robert Bosch, den «Vater Bosch»[666], versicherte Walz «unserer unverbrüchlichen Treue». Kennzeichnend für den Jubilar sei seine «Schlichtheit» und zugleich, bei aller Bescheidenheit, die «weltumfassende Spannweite des Geistes», seine «soziale Gesinnung» und die «Fähigkeit zu exaktem und kritischem Denken». Natürlich fehlte bei Walz nicht die «überragende Bedeutung» des Unternehmens «in der gesamten Weltwirtschaft», die doch im Jargon des Regimes inzwischen überhaupt nicht mehr existierte. Überhaupt hob er das nachhaltige, Wachstum und Wohlstand schaffende Agieren des Unternehmensgründers hervor und es blieb auch hier dem Hörer überlassen, darüber nachzusinnen, was in Diktatur und Weltkrieg inzwischen aus all dem geworden war und noch zu werden drohte.

Aber Walz beließ es nicht bei der Beschreibung einer fulminanten Karriere. Er zeichnete seinen Chef auch als wachen Citoyen mit einem eigensinnigen, selbstbewusst erarbeiteten ethisch-moralischen Gerüst. Bosch verdankte demnach seine Erfolge ausdrücklich nicht irgendwelchen segensreichen Einflüssen und Einflüsterungen höherer Instanzen, sondern «er schuf sich seine Werte selber». Als solche benannte Walz: «Gerechtigkeit», «Freiheit» und «Menschenwürde» – und diese Werte waren das Fundament für die «Verantwortlichkeit des eigenen Gewissens» und die Absage an den «Anspruch brutaler Gewalt». Nach seinem unternehmerischen Selbstverständnis sei der Erfolg der Firma, auch wegen seiner besonderen sozialpolitischen Tradition, «über das privatkapitalistische Interesse hinaus längst zu einem Anliegen der öffentlichen Wohlfahrt geworden».[667]

Als eher beiläufig eingestreuten Hinweis im Zusammenhang mit den stifterischen Aktivitäten von Robert Bosch hielt Walz fest: «Auch die

Reize des Reichtums und der Wille zur Macht, unter deren rastloser Anstiftung die Menschen auf der Schaubühne des Daseins die meisten ihrer Torheiten und Verbrechen begehen, konnte in der lauteren Denkweise des Herrn Bosch keine Anhaltspunkte finden.»[668] Ohne Zweifel hatte Robert Bosch in Hans Walz einen Nachfolger, der sich als sein Treuhänder verstand und der mit überragender Formulierungskraft vor einem großen Auditorium ein Normengerüst zu entfalten verstand, das quer stand zum üblichen Propagandagetöse des Regimes. Es wäre eine begriffliche Überdehnung, wollte man Walz' Auftritt bei den Geburtstagsfeierlichkeiten für seinen Chef als Widerstandshandlung beschreiben. Aber der «Betriebsführer» verstand es auch hier, vor zahlreichen NS-Offiziellen, systematisch die Spielräume für einen Diskurs auszutesten, der im Kern dem NS-Regime diametral entgegengesetzt war.

Carl Goerdeler publizierte aus Anlass des Geburtstags in der von Robert Bosch geförderten, einige Monate später verbotenen «Deutschen Rundschau» ein Lebensbild, mit dem er den Industriellen als Anwalt der Völkerverständigung porträtierte. Bosch sei zwar ein leidenschaftlicher Patriot, etwa in seinem «Kampf gegen den Wahnsinn des Diktates von Versailles», aber er habe auch stets erkannt: «Ein Mann von Charakter kann, wie alle großen Männer der deutschen Geschichte, nur für Recht und Freiheit eintreten, für Recht und Freiheit des Einzelnen, für Recht und Freiheit des Volkes.» Es gehe, so führte Goerdeler weiter aus, immer auch darum, «die Interessen anderer Völker [zu] erkennen und *organischer Zusammenarbeit* freier Völker das Wort [zu] reden».[669]

Man muss auch solche Äußerungen nicht als Zeugnisse scharfer Regimekritik überzeichnen. Aber Hans Walz und Carl Goerdeler markierten auf je eigene Weise, wem ihre Loyalität *nicht* galt und welches Handlungsmodell für sie bestimmend war.

Der «Bosch-Zünder» veröffentlichte zum Abschluss der Geburtstagsfeierlichkeiten ein knappes Dankschreiben des Unternehmers an die Belegschaft, in dem Robert Bosch die Vorzüge «einer in sich geschlossenen großen Werksfamilie» beschrieb.[670] Die Werkszeitschrift brachte auch Fotos mit den regionalen NS-Funktionären, verpackte sie aber in die Botschaft vom «Vater Bosch» und seiner «Art, durchzustoßen durch alle Mauern und Zäune gesellschaftlicher Vorurteile und Dogmen zu einer freien Menschenbehandlung».[671] Die Redaktion schien peinlich darauf zu achten, dass bei der Ehrung des Industriellen keine Propaganda für den «Führer» und sein Regime heraussprang. Der «Vater Bosch» war eben kein Führer im Sinne der NS-Ideologie, sondern ein verantwortungsethisch agierender, sozialpolitisch aufgeschlossener Unternehmer und Stifter, der seine Erfolge seinen Leistungen, nicht jedoch der Förderung durch staatliche Institutionen verdankte. Er wurde hier mit der Bereitschaft gezeichnet, die Mitarbeiter nicht «durch Reglements einzuengen und sie sozusagen in der Furcht des Herren zu erziehen», sondern ihnen «freie Luft zum Atmen» zu geben.[672] Untermalt wurden solche Beschreibungen durch gesammelte Zitate von Robert Bosch, etwa die altliberale Devise: «Der Eckstein der Gerechtigkeit ist die Gleichheit vor dem Gesetz.» oder: «Wer aufrecht seinen Weg sucht, stets seinem Gewissen verantwortlich, dem dürfen wir unsere Achtung nicht versagen, er mag mit uns oder gegen uns gehen.»[673] Auch unter den Bedingungen des Kriegstotalitarismus zeigte der «Bosch-Zünder» mithin eine bemerkenswerte Kontinuität. Robert Bosch blieb, gleichsam als Kontrastfigur zum braunen Zeitgeist, ein selbstbestimmter Citoyen, kritisch und bei Bedarf widerborstig, seinem sozialen Umfeld auf gleicher Augenhöhe und mit Empathie zugewandt.

Hans Walz hat nach dem Krieg als der für den «Bosch-Zünder» letztlich verantwortliche «Betriebsführer» den publizistischen Eiertanz der Werkszeitschrift umschrieben: «Man kann sich heute bei manchen Gelegenheiten politischer Diskussion nicht genug tun in der drastischen Schilderung des unerhörten Drucks auf Leib und Seele, den das Gewaltregime ausgeübt hat und mit Recht. Man darf aber grade dann nicht in den Fehler verfallen, das System, das man solcherart als tückischen Teufel an die Wand malt, z.B. im Falle des Bosch-Zünders als zahmes Haustier darzustellen, dem man mit leichter Mühe eine Nase habe drehen können [...]. In den nachherigen Kämpfen mit der Partei, besonders auch anlässlich des Firmajubiläums 1936 entlud sich, wie bekannt, der ganze heillose Ärger der Partei darüber, dass man im Bosch-Zünder nicht genügend mit den Wölfen heulte. Welche machtpolitischen und seelischen Kämpfe damals auch auszustehen waren, kann nur der ermessen, der diese aufreibenden Zeiten an verantwortlicher Stelle selbst erlebt hat. Es ist ein billiges Unterfangen, jetzt nachträglich, nach überstandener Gefahr, auf bequemem Stuhl in behaglicher Stimmung den Bosch-Zünder daraufhin durchzublättern, an welcher

Stelle man etwa das vorgeschriebene öffentliche Ärgernis nehmen könnte.»[674]

Robert Bosch übte sich nach den Erinnerungen seines Privatsekretärs Willy Schloßstein im Herbst 1941 im engeren Kreis ungeschützt – nach dem zeitüblichen Jargon – in «Wehrkraftzersetzung». Der Krieg «sei doch längst hoffnungslos verloren».[675] Hermann Bücher wusste im Oktober zu berichten, Bosch sei «sehr nervös und aufgeregt» und ergehe sich «in endlosen Schimpfereien».[676] Im Dezember 1941 wurde der Industrielle ernsthaft krank. Willy Schloßstein versuchte ihn aufzumuntern mit der optimistisch gefärbten Nachricht, die Royal Air Force habe bisher Stuttgart und die Bosch-Werke wegen der tätigen Verwicklung des Bosch-Kreises in den Widerstand gegen das NS-Regime verschont. Daraufhin habe Robert Bosch tief bewegt geäußert: «Ich hätte nicht gedacht, dass mein Name im Ausland noch einen so guten Klang hat.»[677] In den ersten Monaten des Jahres 1942 wusste Carl Goerdeler dem Bosch-Kreis von einem geplanten Attentat auf Hitler zu berichten, das sich jedoch einmal mehr in nichts aufgelöst habe, nachdem Hitler wieder einmal seine Reisepläne geändert habe.[678] Welche konkreten Pläne Goerdeler gemeint haben könnte, bleibt ungeklärt. Wir wissen aber, dass in diesen Wochen der schweren Erkrankung des Unternehmensgründers Ulrich von Hassell in Paris mit dem Generalfeldmarschall von Witzleben, im Einvernehmen mit Goerdeler und anderen Vertretern des konservativen Widerstandes, Pläne für einen Staatsstreich diskutierte. Noch im März setzten eine ernsthafte Erkrankung Witzlebens und sein Abschied aus dem aktiven Dienst solchen vagen Plänen zu einem Putsch mithilfe der in Frankreich stationierten Besatzungstruppen ein Ende.[679]

Ein Staatsbegräbnis für den Unternehmer

Robert Bosch nahm bis in die letzten Lebenstage weiter Anteil an den konspirativen Aktivitäten seines Führungskreises. Willy Schloßstein brach im März zu einer weiteren Reise in die Schweiz auf, nicht ohne vorher seinem Chef «nochmals über die Lage» zu berichten. Aber es kam nicht zu den geplanten konspirativen Gesprächen, denn Schloßstein wurde nach Stuttgart an das Krankenbett des Unternehmensgründers im Marienhospital zurückgerufen. Eine nicht auskurierte Ohrenentzündung war inzwischen durchgebrochen. Robert Bosch starb in den frühen Morgenstunden des 12. März 1942.[680]

Das NS-Regime bewies auch im Zusammenhang mit Robert Boschs Tod einen Instinkt für den symbolischen Nutzen, den ihm die Inszenierung einer umsichtig choreographierten Totenfeier stiften konnte. Hitler selbst, der als verhinderter Künstler stets großen Anteil nahm an der Ausgestaltung solcher Begebenheiten, ordnete ein Staatsbegräbnis an. Neben die betriebliche Trauerfeier am 17. März trat am Tag darauf ein Staatsakt in der König-Karl-Halle des Landesgewerbemuseums in Stuttgart. Die Trauerfeierlichkeiten sollten, wie schon der Festakt zu Robert Boschs Geburtstag im Vorjahr, die inzwischen entwickelte zeremonielle Routine des Regimes voll zur Entfaltung bringen. Das galt nicht nur für das gewaltige Aufgebot uniformierter Funktionäre und Soldaten, für Blumenschmuck, Kränze, Hakenkreuz-Dekor und Feuerschalen auf schwarz drapierten Pylonen. Auch quantitativ hatte sich das NS-Regime bei der Inszenierung von staatlichen Totenfeiern zu neuen Größenordnungen aufgeschwungen. In Robert Boschs Lebenszeit in Kaiserreich und Republik fanden in Deutschland insgesamt acht nationale Totenfeiern statt. Das «Dritte Reich» brachte es demgegenüber bis zu seinem Untergang auf 70 zelebrierte Staatsbegräbnisse.[681] Totenfeiern sollten, zumal im Kriege, staatliche Macht anschaulich machen, die Nation wie in einem Pontifikalrequiem zur andächtigen Gemeinschaft zusammenschweißen, durch Propaganda Sinn stiften und den Verstorbenen als Glied der «Volksgemeinschaft» und zeitloses Vorbild erstrahlen lassen. Nicht zufällig zog Goebbels als Propagandaminister die zentrale Federführung für die Regie von Totenfeiern ab 1942 in seinem Ressort zusammen.[682]

Die Angehörigen des Verstorbenen empfanden die Begleitumstände der Trauerfeierlichkeiten als abstoßend. [683] Es war ja offenkundig, dass das Regime den «Vater Bosch» nach den Regeln einer professionellen Propagandamaschinerie noch im Tode zu instrumentalisieren versuchte. Die Gestapo, so erinnert sich Willy Schloßstein, observierte die Trauerfeierlichkeiten eingehend und notierte, dass «ein Teilnehmer die Hand zum deutschen Gruß nicht» erhob. Und Hans Walz, so wurde weiter vermerkt, nahm als oberster Repräsentant des Unternehmens demonstrativ in der dritten Reihe Platz.[684] An der Vereinnahmung des verstorbenen Industriellen und Stifters versuchte sich der aus Berlin angereiste Reichswirtschaftsminister Funk als Hauptredner. Der Un-

Robert Bosch, 1936

ternehmer war zu seinen Lebzeiten nie durch öffentliche Treuebekundungen zum Regime aufgefallen. Jetzt nutzte Funk den Anlass, um den für seine Ablehnung des Nationalsozialismus bekannten Industriellen nachträglich in das Große und Ganze des Herrschaftssystems einzubeziehen. Ausgerechnet die visionäre Kraft Görings habe den Unternehmer für das Werk des «Führers» gewonnen: «Die mitreißende Initiativkraft des Reichsmarschalls bei der Gestaltung des Vierjahresplanes hat auch Robert Bosch und sein Werk in dieses gewaltige Leistungswerk der deutschen Wirtschaft an hervorragender Stelle mit einbezogen.»[685]

Funk fuhr mit der Vereinnahmung fort, indem er Boschs soziale Gesinnung und seine schwäbische Herkunft hervorhob und ihn über diese Brücke rhetorisch an das Regime heranzog: Der Unternehmer habe durch das von ihm begründete besondere «Verhältnis zwischen Betriebsführer 'und Gefolgschaft» bewiesen, «dass wahrer Sozialismus und echtes Unternehmertum nicht nur keine Gegensätze, sondern eine Ganzheit» seien, «in deren idealer Verbindung erst die höchsten schöpferischen Kräfte und die besten Leistungen zu erwarten» seien.[686]

Hans Walz beschränkte sich direkt im Anschluss an die Rede des Ministers auf eine auffällig knappe und förmliche Ansprache und ging auf Boschs «Dienst an der Allgemeinheit» ein, nicht jedoch auf die politischen Deutungsversuche seines Vorredners.[687] Walz' eigentliche Replik auf Funk erfolgte vielmehr im Rahmen der anschließenden privaten Trauerfeier im Krematorium des Stuttgarter Pragfriedhofs. Bezeichnenderweise druckte der «Bosch-Zünder» diese Ansprache nur in erheblich gekürzter, einzelne Wendungen offenbar retuschierender Form ab. Das hatte gute Gründe, denn Hans Walz holte das Andenken des Verstorbenen gleichsam aus den Krallen der Propaganda zurück. Bosch erschien hier nicht mehr, wie bei Funk, als Glied einer braunen Kampfgemeinschaft, sondern als Prediger der Toleranz: «Aus Ehrfurcht vor dem *Leben* achtete er die Würde des Nebenmenschen, auch beim Andersdenkenden, ja selbst beim Gegner.» Anders als von Funk behauptet habe der «Sozialismus» mit dem «*Leben*» nichts gemein. Robert Bosch habe ihn vielmehr «schärfstens» abgelehnt, womit gewiss das ideologische Amalgam mit dem völkischen Radikalnationalismus des Regimes angesprochen war.[688] Überhaupt war das «*Leben*» in Walz' Ansprache der gedankliche Anker, um den sich alles drehte – dies freilich nicht im Sinne der zeitüblichen neuheidnisch-pseudogermanischen Beschwörung dunkel grollender Schicksalsmächte. Vielmehr stand das «*Leben*» hier als Chiffre für die geschichtlich-gesellschaftliche Wirklichkeit und ihre normativen Anforderungen an den Einzelnen. Und die Auseinandersetzung mit diesen Herausforderungen habe, so Walz, bei Bosch bedeutet, der «Forderung der Freiheit» zu entsprechen, auf die «lebensverkrampfenden Klassengegensätze» mit Sozialpolitik zu antworten und der «Verständigung unter den sich befeindenden Kulturvölkern» das Wort zu reden.[689]

Epilog

Zur Lebensbilanz und zum Nachleben von Robert Bosch gehören die Fortsetzung des Widerstands gegen das NS-Regime durch seinen engeren Führungskreis und zugleich die Verstrickung seines Unternehmens in das System der Zwangsarbeit im nationalsozialistischen Herrschaftssystem.

Zwangsarbeit bei Bosch und späte Entschädigung der Opfer

Die Beteiligung des Unternehmens an der Rüstungsproduktion lief nahezu zwangsläufig darauf hinaus, in den Mahlstrom dieser Gewaltgeschichte hineingezogen zu werden. Denn ohne «importierte» Arbeitskraft hätte Hitler seine aberwitzigen Pläne nicht in Angriff nehmen und die Wehrmacht personell und materiell nicht zu einer kriegsfähigen Maschinerie ausbauen können. Es gehört zu den besonderen Perversionen der deutschen Diktatur, dass das gleiche Gewaltregime, das den eigenen «Volkskörper» von «Gemeinschaftsfremden» reinigen und seiner angeblichen Raumnot durch Eroberungsfeldzüge abhelfen wollte, zugleich auch eine hohe Zahl Fremder zur Arbeit ins Reich holte, die überwiegende Mehrheit von ihnen unter Zwang. Insgesamt spricht man von knapp 13,5 Millionen Ausländern, Frauen und Männer, die das nationalsozialistische «Rüstungswunder» überhaupt erst ermöglichten und die steigende Zahl der Einberufungen aus den Belegschaften ausgleichen mussten.

Mit der Zuspitzung der militärischen Lage zur Jahreswende 1941/42 ging das Regime von der Strategie der Anwerbung formal freier «Fremdarbeiter» zu einem umfassenden System der Zwangsarbeit über. Hinter den nüchternen Gesamtzahlen verbirgt sich namenloses menschliches Leid, Verschleppung aus der Heimat, Ausgrenzung, Erniedrigung und Misshandlung, sexuelle Gewalt gegen die zur Arbeit gezwungenen Frauen, Hunger, Kälte und Schutzlosigkeit gegen Fliegerbomben. Mehrheitlich waren die von 1939 bis 1945 zur Arbeit gezwungenen Zivilarbeiter (8,43 Millionen), gefolgt von den Kriegsgefangenen (4,57 Millionen), sodann KZ-Häftlinge (1,55 Millionen) und sogenannte «Arbeitsjuden» (55 000). Die durchschnittliche Überlebensrate betrug 82 Prozent, bei den Kriegsgefangenen nur 70 Prozent, den KZ-Häftlingen 31 Prozent und den «Arbeitsjuden» 55 Prozent. Dies bedeutet, dass jeweils über eine Million KZ-Häftlinge und sowjetische Kriegsgefangene in diesem System ihr Leben verloren.[1] Bis in die äußere Kennzeichnung hinein war die Behandlung der Zwangsarbeiter ein Spiegelbild der nationalsozialistischen Rassenideologie. Sie fanden sich in einer perfide gestaffelten Hierarchie wieder, an deren unterem Ende KZ-Häftlinge und sogenannte Ostarbeiter aus der Sowjetunion standen, während ihre Leidensgenossen aus westeuropäischen Ländern in der Regel weniger grausamen Arbeitsbedingungen ausgeliefert waren.[2]

Es ist nicht anzunehmen, dass das Unternehmen Bosch sich diesem System folgenlos hätte entziehen können. Auch hier machte das Regime, wie der israelische Wirtschaftshistoriker Avraham Barkai schrieb, die Großunternehmen und insbesondere die rüstungsrelevanten Betriebe zu «sleeping partners».[3] Hätte ein für den Krieg wichtiges Unternehmen bei steigenden Produktions- und Lieferanforderungen und, infolge der Einberufungen, schrumpfender Stammbelegschaft den Betrieb zurückgefahren oder eingestellt, hätte dies mit sehr hoher Wahrscheinlichkeit Beschlagnahmung, Zwangsverpachtung oder gar Enteignung nach sich gezogen.[4] Die Drohungen der Rüstungsbürokratie, bei Bedarf Konkurrenzfirmen zwangsweise mit Bosch-Patenten auszustatten, sollte das Stuttgarter Unternehmen seine Kapazitäten nicht, wie gefordert, ausweiten, waren nicht einfach leeres Gerede.[5] Hans Walz gab nach dem Krieg zu Protokoll: «Die Zwangseinstellung von internierten Juden und von KZ-Häftlingen habe ich entschieden abgelehnt, dagegen konnte die Beschäftigung ausländischer Arbeitskräfte auf die Dauer nicht verhindert werden.» Eine Weigerung, die «durch das Arbeitsamt zugewiesenen ausländischen Arbeitskräfte» zu übernehmen, wäre als «Landesverrat geahndet worden».[6]

Schon ab März 1940 war man dort gehalten, dem zuständigen Rüstungskommando monatlich personelle Bedarfsmeldungen vorzulegen, Zwangsarbeiter also mit begründeten Kalkulationen förmlich zu beantragen.[7] Bereits nach dem Polen-Feldzug waren ab November 1939 Kriegsgefangene nach Stuttgart gebracht und in städtischen Betrieben, in der Landwirtschaft und in der Industrie, auch bei der Bosch-Gruppe, eingesetzt worden.[8] 1941 kamen ausländische Zivilarbeiter hinzu, nach dem Überfall auf die UdSSR im Herbst des Jahres auch aus den eroberten sowjetischen Gebieten.[9]

Die Geschichte der Zwangsarbeit im «Dritten Reich» ist nicht das Ergebnis einer langfristigen strategischen Planung. Vielmehr handelte es sich um einen widersprüchlichen, sprunghaft-chaotischen Prozess. Ausgelöst durch die Dynamik einer verbrecherischen Strategie der Eroberung, Ausbeutung und Vernichtung fremder Nationen geschah mit der «Hereinnahme» von «fremdvölkischen» Arbeitskräften etwas, was den staatlichen Rüstungsmanagern entgegenkam und von ihnen auch gefördert wurde und was demgegenüber die Rassenideologen im Sicherheitsapparat des Regimes irritierte und eine Kaskade von Unterdrückung, Terror und rassistisch motivierter Differenzierung in der Behandlung der Zwangsarbeiter auslöste.[10]

Aus der Überlieferung lässt sich keine exakte Gesamtzahl der bei Bosch beschäftigten Zwangsarbeiter ableiten. Die Berechnungen von Johannes Bähr, dem wir hierzu die fundiertesten Analysen verdanken, kommen auf 20 000 Frauen und Männer, die von 1939 bis zum Untergang des Dritten Reiches bei Bosch eingesetzt waren.[11] Damit befand sich das Unternehmen, jedenfalls nach einer Zählung vom August 1944, als besonders rüstungsrelevante Firma mit einem Anteil von ca. 33 Prozent deutlich oberhalb des für die gesamte deutsche Industrie nachgewiesenen Durchschnitts (25 Prozent).[12] Bei den neu gegründeten Tochterunternehmen ohne gewachsene Stammbelegschaft war der Anteil der Zwangsarbeiter auffällig höher als bei den Stammbetrieben. Sie kamen aus nahezu allen besetzten, eroberten oder «verbündeten» Ländern: der Sowjetunion («Ostarbeiter»), aus Frankreich, den Niederlanden und Belgien, Polen, Kroatien, Ungarn und Italien. Ein besonders dunkles Kapitel war die Ausbeutung von Häftlingen aus Konzentrationslagern in der Blaupunkt GmbH, den Siling Werken und bei der DLMG.[13] Naheliegenderweise wird aus den Einlassungen verantwortlicher Führungskräfte nach dem Kriege das ganze Ausmaß des Elends und des Leidens nicht deutlich. Vor allem dank der erschütternden Berichte von Überlebenden sind wir heute über das Alltagsschicksal der Frauen und Männer, die entrechtet und ausgebeutet wurden, im Bilde. Berichten über vergleichsweise erträgliche Behandlung und Bezahlung stehen Beschreibungen katastrophaler Zustände gegenüber. Erinnerungen an Gesten des Mitgefühls und an heimliche Hilfen muss man sadistischen Übergriffen und der Auslieferung von wegen «Sabotage» denunzierten Zwangsarbeitern an die Gestapo gegenüberstellen, um die grauenhafte Wirklichkeit einigermaßen einzufangen[14]. Wie in vielen anderen Betrieben kollabierte auch bei Bosch das traditionelle Gefüge überkommener Werte und Regeln. Der mit gutem Grund vielfach gerühmte Bosch-Geist wurde von Mitarbeitern verabschiedet, die der Begegnung mit Zwangsarbeitern das Erlebnis von Herrschaft, Aufstieg und Entlastung von wenig geliebten Tätigkeiten verdankten. Aber es ging nicht nur um Neid, Missgunst und Unmenschlichkeit von Einzeltätern in einem weithin rechtsfreien betrieblichen Raum, in dem unter den Bedingungen des Kriegstotalitarismus die dünne Schale der Zivilisation wegbrach.[15] Das Ressort Personalleitung unter Otto Debatin begünstigte durch Verlautbarungen die Ausgrenzung der Zwangsarbeiter, namentlich der «Ostarbeiterinnen» und «Ostarbeiter», aus der betrieblichen Gemeinschaft, und warnte, ganz im Geist der NS-Machthaber, vor Mitleid und Solidarisierung: «Die Haltung unserer deutschen Gefolgschaftsangehörigen den Russinnen gegenüber läßt zu wünschen übrig. Wir wissen selbst, die Verpflegung der Russinnen war in den ersten Wochen unzureichend, weil uns selbst nicht mehr Lebensmittel für sie zugewiesen wurden und was die Speiseanstalt hinausgeliefert hätte, hätte den deutschen Essensteilnehmern unserer Speiseanstalt entzogen werden müssen. Die Verpflegung der Russinnen ist jetzt nach Abwechslung und Menge durchaus genügend. Die Russinnen sind aber schon lange dahinter gekommen, daß sie durch Jammern und Klagen von der deutschen Gutmütigkeit profitieren. [...] Viele sind barfuß, ohne Schuhe und Strümpfe hierhergekommen. Weniger aus Armut, sondern weil sie bolschewistischen Einflüsterungen geglaubt haben, die ihnen weismachten, in Deutschland fehle es an Schuhen und es würde ihnen, den Russinnen, bei der Grenzüberschreitung gleich ihre Schuhe abgenommen werden. Die Russinnen werden bei uns anständig u[nd] gerecht behandelt. Sie werden sonntags in der Umgebung spazierengeführt u[nd] es werden ihnen im Lager sogar Filme gezeigt. Ob es deutsche Frauen u[nd] Mädchen im bolschewistischen Rußland ebenso gut hätten! Und wie in Rußland unsere deutschen Kriegsgefangenen behandelt werden, weiß niemand. Wir appellieren an die Denkenden unserer Gefolgschaft und bitten sie, auch ihrerseits dafür zu sorgen, daß deutsche Gutmütigkeit nicht in Würdelosigkeit ausartet.»[16]

Solche Verlautbarungen konnten als Lizenz zu Diskriminierung und Gewalt im betrieblichen Alltag verstanden werden, in Stuttgart wie in den Tochtergesellschaften, auch wenn Hans Walz berichtete, er habe die Weisung erteilt, «dass bei der Betreuung der Ausländer im Rahmen des Möglichen, besonders auch der Zuteilung von Nahrungsmitteln eher zu viel als zu wenig Fürsorge getrieben wurde. Die ausländischen Arbeiter seien ebenso gut zu behandeln wie die deutschen, aus allgemein menschlichen Gründen, wie auch im geschäftlichen Interesse, denn nur von gut behandelten, ordentlich verpflegten und zufriedenen Arbeitskräften könnten gute Leistungen erwartet werden.»[17]

Robert Boschs Nachfolger in der Unternehmensführung konnte als nachweislich mutiger Helfer für verfolgte jüdische Mitbürger für sich durchaus moralische Standfestigkeit in Anspruch nehmen. Das für uns in diesem Zusammenhang befremdliche betriebswirtschaftliche Argument zum Verhältnis von Leistung und menschenwürdiger Behandlung mag für ihn dazu gedient haben, die Führungskräfte mit zweckrationalen Gründen für akzeptables Handeln zu gewinnen. Auch liegen uns Aussagen von Zeitzeugen vor, die die moralische Integrität von Walz in der Tradition des Unternehmensgründers bekräftigen. Eine Krankenschwester erinnert sich: «Ich hatte auch von der Betriebsführung aus die Weisung, alle Gefolgschaftsangehörigen der Firma, gleichgültig, ob sie Deutsche, Ausländer oder Kriegsgefangene waren, sowohl medikamentös als auch ambulant gleich gut zu behandeln. Es durfte also Ausländern gegenüber in keiner Weise ein Unterschied gemacht werden.»[18]

Fraglich muss allerdings bleiben, welche faktische Wirkung gute Vorsätze in der betrieblichen Wirklichkeit dieser Jahre, namentlich in den von Stuttgart weit entfernten Produktionsstätten des Unternehmens entfalten konnten. Einerseits bestimmten die Willkürerlasse des Regimes maßgeblich das Leben und Leiden von Zwangsarbeitern, andererseits war die Unternehmensspitze, wollte sie im Rahmen des Möglichen Unrecht verhüten und den Werten und Überzeugungen des Gründers treu bleiben, auf einen ausgeprägten moralischen Konsens der Führungskräfte *aller* Ebenen angewiesen. Dass darauf auch bei Bosch nicht ohne weiteres Verlass war, zeigte die von Otto Debatin zu verantwortende Verlautbarung ebenso wie Fälle von Gewaltverbrechen gegen Zwangsarbeiter, etwa unter dem «Schreckensregiment»[19] in den niederschlesischen Siling-Werken, für das überführte Einzeltäter 1947 zur Verantwortung gezogen und rechtskräftig verurteilt wurden.[20]

Hans Walz versuchte nach dem Krieg, sich aus dem moralischen Dilemma der Zwangsarbeiterbeschäftigung mit der Behauptung herauszuhelfen, dass für die Bosch-Gruppe «alle ausländischen Zivilarbeiter (mit Ausnahme der Kriegsgefangenen) als freiwillige Arbeitskräfte anzusehen» gewesen wären.[21] Es liegt auf der Hand, dass Walz mit dieser nachträglich konstruierten Stellungnahme das Unrecht des verbrecherischen Zwangsarbeitersystems zu verdrängen suchte. Der christlich motivierte moralische Rigorismus indessen, der uns in vielen seiner Aussagen sehr glaubwürdig entgegentritt, lässt vermuten, dass ihm diese Verdrängung kaum gelingen konnte.

Es dauerte lange, bis das Unternehmen sich dazu durchrang, offensiv seine Vergangenheit aufzuarbeiten. Ab 1998 wurde die Frage einer Wiedergutmachung in der internationalen Öffentlichkeit leidenschaftlich diskutiert und deutsche Unternehmen sahen sich in den USA mit Sammelklagen konfrontiert. Hintergrund war eine verwickelte, für Entschädigungsansprüche besonders nachteilige Kette politisch-rechtlicher Entscheidungen. Faktisch fielen die Ansprüche der früheren Zwangsarbeiter nach dem Zweiten Weltkrieg durch die Netze der Reparationsregelungen zwischen der jungen Bundesrepublik Deutschland und den Siegermächten. Vor allem die Vereinigten Staaten hatten kein Interesse daran, im Zeichen des Kalten Krieges den jungen Staat als Rechtsnachfolger des Deutschen Reiches mit hohen Reparationsforderungen zu belasten, schon gar nicht zugunsten der Nachbarn im Osten des untergegangenen Reiches. Vielmehr sollte die Regelung der Reparationsfrage und damit auch mögliche Entschädigungsleistungen einem künftigen Friedensvertrag vorbehalten bleiben. Fortan vertraten deutsche Unternehmen, auch Bosch, den Rechtsstandpunkt, dass die Beschäftigung von Zwangsarbeitern im Zusammenhang mit Kriegshandlungen staatlich angeordnet gewesen sei und demzufolge nicht Gegenstand zivilrechtlicher Klagen werden könne. Insofern drehten sich die Dinge aus Sicht der Betroffenen im Kreise, denn die Unternehmen wie auch die Bundesregierung vertraten lange die Auffassung, dass betroffene Einzelpersonen keine Ansprüche geltend machen könnten, dass diese vielmehr gleichsam «von zwischenstaatlichen Reparationsansprüchen absorbiert worden waren».[22]

Dies bedeutete freilich nicht, dass Regierung und unternehmerische Wirtschaft nach dem Krieg keine Entschädigungsleistungen erbracht hätten. Die Bundesrepublik hatte bis Ende 2000, in Kaufkraft vom August dieses Jahres, 25 Milliarden DM «an reparationsähnlichen Zahlungen geleistet, die teilweise zur Entschädigung von ausländischen Zwangsarbeitern verwendet wurden».[23] Hinzu kamen bis zum Jahr 2000 277 Millionen DM an Entschädigungszahlungen namhafter Firmen an Zwangsarbeiter oder an sie unterstützende Organisationen.[24]

Eine überzeugende Regelung begann sich freilich erst mit der deutschen Wiedervereinigung abzuzeichnen, obwohl die Bundesregierung unter Helmut Kohl es ablehnte, die Frage aufzugreifen. Sie deutete den Zwei-plus-Vier-Vertrag von 1990 der Wirkung nach als eine Art Friedensvertrag, ohne neuerliches Wiederaufrollen der Reparationsfrage.[25] Doch zwei Jahre vor der Jahrhundertwende, noch vor der Bundestagswahl, nahm die öffentliche Diskussion um die Zwangsarbeiter im Dritten Reich und um ihre Entschädigung Fahrt auf, maßgeblich vorangetrieben durch Sammelklagen in den USA gegen deutsche Unternehmen. Noch als niedersächsischer Ministerpräsident hatte Gerhard Schröder, der kommende Bundeskanzler, bei einem Besuch in Warschau im Juni sein Interesse an einer zügigen Entschädigungsregelung erkennen lassen. Dies ging ein in die Koalitionsvereinbarung vom Oktober 1998. Die Regierung Schröder/Fischer strebte die Errichtung einer Bundesstiftung zur Entschädigung von Zwangsarbeitern im nationalsozialistischen Deutschland an.[26] An den jetzt beginnenden Verhandlungen war, neben Managern der Daimler-Benz AG und der Degussa AG, der Geschäftsführer und Arbeitsdirektor der Robert Bosch GmbH, Tilman Todenhöfer, maßgeblich beteiligt.[27] Eine Enkelin des Unternehmensgründers, Ise Bosch, setzte sich mit der moralischen Aufarbeitung der Zwangsarbeiterfrage auseinander und appellierte an den Vorsitzenden des Aufsichtsrats, Marcus Bierich: «Ich sehe keine andere Möglichkeit, als dass die Firmenleitung sich für eine historische Aufklärung einsetzt und möglichst effektive Zahlungen an die Betroffenen leistet. Und das möglichst zügig, weil bekanntlich die Betroffenen, so sie noch leben, alt bis sehr alt sind.»[28] Marcus Bierich und die Führung des Unternehmens mussten nicht zu einer kritischen Auseinandersetzung mit der Vergangenheit gedrängt werden. Sie ließen prüfen, ob sich die Firma «dem Problem ehemaliger Zwangsarbeiter bei Bosch stellen» sollte, ob Entschädigungen aus einem unternehmensübergreifenden Industriefonds oder aus einem Firmenfonds geleistet werden sollten. *Dass* Entschädigungen zu leisten waren, war jedoch nicht strittig. Im Übrigen konnte Bierich auf die von Joachim Scholtyseck verfasste grundlegende Untersuchung über Robert Bosch und den liberalen Widerstand verweisen, in der die Problematik der Zwangsarbeiter bei Bosch unter Nutzung der Firmenarchivalien wissenschaftlich behandelt wurde.[29]

Ab Februar 1999 wurden zwölf deutsche Unternehmen in der «Stiftungsinitiative der deutschen Wirtschaft» aktiv. Nach schwierigen Verhandlungen in den USA, an deren Ende die Rechtssicherheit für die deutsche Seite stand, wurden je zur Hälfte von Staat und Unternehmen, auch von der Robert Bosch GmbH, insgesamt 10 Milliarden DM für einen Stiftungsfonds zugesichert, sodass im August endlich ein «Gesetz zur Errichtung einer Stiftung, Erinnerung, Verantwortung und Zukunft» in Kraft treten konnte.[30]

Verschwörung, Scheitern und späte Ehrung

Hans Walz sah sich nach dem Tode des Unternehmensgründers nicht nur in der Pflicht, sich «ausschließlich der Führung seiner Firma zu widmen».[31] Er verstand unter dieser Aufgabe auch die Wahrnehmung eines politisch-moralischen Vermächtnisses, das auf die Beseitigung des NS-Regimes zielte. Anders als der Unternehmensgründer, der damit in einem handgreiflichen Sinne auch die physische Beseitigung des Diktators selbst gemeint hatte, plädierte Hans Walz im Sinne «eine[r] moralisch-reinigende[n] Wirkung auf das Rechtsbewußtsein im Gewissen des Volkes [...], Hitler mit seiner Umgebung im öffentlichen Prozessverfahren von *deutscher* Seite» abzuurteilen.[32] Walz unternahm auch nach dem Tode des Unternehmensgründers einiges, um ein Ende des Regimes möglich zu machen, indem er sich in der Schweiz konspirativ mit amerikanischen Diplomaten über den geplanten Sturz des Hitler-Regimes austauschte und bei seinen Gesprächspartnern um Vertrauen warb für die Absichten der konservativ-liberalen Verschwörer um Goerdeler. Walz verfolgte in seinen Gesprächen mit amerikanischen Diplomaten jedoch eine Linie, die sich von Goerdelers bisherigen Ideen erheblich unterschied: Anders als der lange in traditionellen Kategorien eines hegemonialen Machtstaats denkende Goerdeler verstieg sich Hans Walz nicht zu Versuchen, für den Fall eines erfolgreichen Regimewechsels bei den Alliierten territoriale Bestandsgarantien oder sonstige Zusagen des Wohlverhaltens im Hinblick auf bisherige Gebietsgewinne herauszuhandeln. Vielmehr vermochte Walz seinen Gesprächspartner, den in der Schweiz als Konsul der Vereinigten Staaten akkreditierten Maurice Altaffer, davon zu überzeugen, dass es ihm auf der Grundlage christlicher Wertüberzeugungen um die bedingungslose Beseitigung der Nazi-Herrschaft ging: «It does not appear that his movement is seeking or expecting assistance from abroad. The liquidation of the Nazi régime is regarded by them as an entirely internal affair which must be settled by the German people themselves before they can ask the rest of the world to receive them on a decent footing.»[33]

Freilich waren Walz' Bemühungen folgenlos, eher eine historische Fußnote von symbolischer Bedeutung. Die in Casablanca im Januar 1943 von den westlichen Alliierten formulierte Doktrin der bedingungslosen Kapitulation sollte nicht nur die Allianz mit der UdSSR gegen Hitler-Deutschland festigen. Sie bedeutete auch, dass für die Kräfte des Widerstands in Deutschland das Fenster der Möglichkeiten für Absprachen mit den Alliierten geschlossen war. Kontakte, wie Walz sie bis dahin gepflegt hatte, wurden von der amerikanischen Diplomatie fortan gemieden.[34]

Wie Robert Bosch selbst formulierte auch Hans Walz keine politischen Denkschriften. Ihr politisches Denken vermittelte sich über Entscheidungen, situative Stellungnahmen und Haltungen, die für Gesprächspartner im konspirativen Dialog erkennbar wurden. Insofern gehörte die «Feuerbacher Rede» vom Juli 1943 zu den wenigen Anlässen, bei denen Walz das Visier deutlicher öffnete. Der Bosch-Kreis verstand sein Handeln durchaus politisch im Sinne ausgeprägter Mitverantwortung für das Wohl und Wehe der Nation in einer moralisch unanfechtbaren gesellschaftlichen Ordnung und in einer auf Frieden und Verständigung gegründeten Völkergemeinschaft. Die Stuttgarter Gruppierung entwarf keine umfassenden Ordnungsentwürfe für eine Zukunft nach Hitler, sondern wirkte eher, dürfen wir annehmen, als Filter und Korrektiv für die vielfältigen Konzepte, die in den Widerstandsgruppierungen kursierten. Auffällig ist jedenfalls, dass Carl Goerdelers politisches Denken wachsende Konvergenz mit den Ansichten des Bosch-Kreises zeigte. Goerdelers selbstverständliche Annahme einer deutschen Führungsrolle bei einem angestrebten Zusammenwachsen der europäischen Nationalstaaten markierte eine gewisse Distanz zu Robert Boschs Paneuropa-Vorstellungen. Zwar unterstrich Goerdeler in seiner umfangreichen Denkschrift «Das Ziel» vom Herbst 1941, die von ihm ersehnte «Zusammenfassung» Europas dürfe «nicht roh und rücksichtslos durch Gleichschaltung erfolgen». Sie müsse vielmehr von der «Weisheit getragen» sein, die Bismarck bei der «Zusammenfassung Deutschlands» bewiesen habe.[35] Genau dies aber war zwischen ihm und dem Bosch-Kreis eine gedankliche Sollbruchstelle. Denn ebenso wenig wie einst die württembergischen Demokraten vor 1870 in paternalistischer Manier von einem weisen Staatsmann fürsorglich, aber eben doch bestimmend mit den Bürgern anderer deutscher Einzelstaaten in einem neuen Reich «zusammengefasst» werden wollten – ebenso wenig war anzunehmen, dass sich europäische Nationen einem deutschen Führungsanspruch in einem europäischen Staatenbund begeistert fügen würden. Nach dem Zeugnis von Hans Walz hat der Bosch-Kreis Carl Goerdeler in den Diskussionen um die künftige politische Ordnung durchaus zugesetzt und den «bisweilen gar herrischen Nationalisten»[36] näher an die Normen und Realitäten eines demokratischen Gemeinwesens herangezogen: «Wir verständigten uns mit Goerdeler dahin, dass in einem kommenden Deutschland die alles erdrückende Vorherrschaft Großpreußens irgendwie aufgehoben werden sollte, damit die gemäßigte, nicht auf militante Gewalt eingestellte Gesinnung anderer, insbesondere süddeutscher Reichsteile im Rahmen des Ganzen zu gebührender Geltung gelangen könne. Dr. Goerdeler erklärte seine Zustimmung umso bereitwilliger, als er, wie er sagte, den süddeutschen Geist als notwendiges Korrelat zum norddeutschen Bewusstsein hoch zu schätzen gelernt habe.»[37]

Diese, aus Sicht von Hans Walz, positive Bilanz des bisweilen kritischen Dialogs über die politische Zukunft zwischen Goerdeler und dem Bosch-Kreis fand ein gewisses Echo in einer Erklärung Goerdelers zur Atlantik-Charta vom 13. August 1942. Hier war von einem deutschen Führungsanspruch keine Rede mehr, sondern Goerdeler unterstrich gleich zum Auftakt seiner Erklärung, dass ein beständiger Friede nur möglich sei, wenn er den Nationen «Selbständigkeit und Ehre» lasse.[38] In seiner Denkschrift «Der Weg» vom April 1944 benannte Carl Goerdeler ungleich pointierter als zuvor politisch-gesellschaftliche Fehlentwicklungen der jüngeren deutschen Vergangenheit, prangerte einmal mehr die Barbarei des NS-Regimes an und reklamierte jetzt keinerlei deutschen Führungsanspruch in einem künftighin befriedeten Europa mehr.[39]

Unterschiedliche Zukunftsbilder im Hinblick auf Deutschlands Rolle in der internationalen Politik und eine denkbare politisch-gesellschaftliche Ordnung nach Hitler änderten nichts daran, dass Goerdeler in Robert Boschs Nachfolger und seinen Vertrauten – Theodor Bäuerle, Willy Schloßstein, Albrecht Fischer, Paul Hahn – dauerhaft verlässliche Unterstützung hatte. Dass das NS-Regime und der Krieg beendet werden müssten, war weder für Walz noch für Goerdeler strittig. Beide standen aber einem Attentatsplan lange ablehnend gegenüber – dies jedoch bei Goerdeler weniger aus Gründen eines christlich motivierten Pazifismus, wie ihn Hans Walz vertrat. Vielmehr war seine «Gewaltscheu»[40] mit der seltsam anmutenden Überzeugung verknüpft, man müsse und könne mit dem «Führer» reden, um ihn zu einer Umkehr zu bewegen. Einen Attentatsplan nahm Goerdeler erst hin, nachdem grundsätzlich putschbereite Generale wie von Kluge und Beck ihm die Unausweichlichkeit eines gewaltsamen Vorgehens gegen Hitler vorgehalten hatten.[41]

In die vorbereitenden Schritte, die zum Staatsstreichversuch und zu Stauffenbergs todesmutigem Bombenattentat führten, war der Bosch-Kreis nur mittelbar verwickelt. Der in Sicherheitsfragen versierte Paul Hahn plante einen detaillierten Fluchtweg für Goerdeler für den Fall, dass der geplante Staatsstreich scheitern würde.[42] Dabei wollte man auf das schon 1935 für eine eventuelle Flucht des Unternehmensgründers diskret erworbene Anwesen am Bodensee nahe der Schweizer Grenze zurückgreifen.[43] Hans Walz ließ zeitweilig gegenüber Goerdeler eine gewisse Bereitschaft erkennen, in einer von ihm geführten Regierung nach Hitler Verantwortung zu übernehmen: «Stellen Sie mich dahin, wo es am gefährlichsten ist.»[44] Doch nach dem Tod des Unternehmensgründers war für Walz klar, dass er für ein politisches Amt nicht zur Verfügung stehen würde, «da ich nach dem Willen Robert Boschs gehalten war, mich ausschließlich der Führung seiner Firma zu widmen, außerdem auch wenig Eignung zur Bekleidung eines Ministeramts in mir fühlte.»[45] Zu seinem Entsetzen musste Hans Walz feststellen, dass Goerdeler ihn dennoch ohne sein Wissen auf einer Ministerliste platziert hatte. Walz bestand darauf, dass sein Name wieder gelöscht würde. Zweifellos wäre sonst nach der Katastrophe des 20. Juli sein «Schicksal unausweichlich besiegelt» gewesen.[46]

Nachdem Hans Walz auch die Übernahme eines Ministeramts auf Landesebene abgelehnt hatte, trat Goerdeler an Albrecht Fischer mit dem Ziel heran, ihn für ein Amt zu gewinnen, das an die Stelle eines nationalsozialistischen Reichsstatthalters in Württemberg rücken sollte. Erst nach wiederholter Ablehnung erklärte sich Fischer schließlich bereit, für die akute Phase des geplanten Staatsstreichs im Wehrkreis V (Stuttgart) als politischer Beauftragter und ziviler Ansprechpartner der Verschwörer um Stauffenberg zur Verfügung zu stehen.[47] Die Liste mit den vorgesehenen politischen Beauftragten sollte noch am Abend des 20. Juli im Berliner Bendlerblock der Gestapo in die Hände fallen.[48] Schon 1942 hatte der Bosch-Kreis einen Vorgeschmack darauf bekommen, was zu erwarten war, wenn die Gestapo Witterung aufnahm. Theodor Bäuerle war verhaftet worden, nachdem ein als politisch verdächtig eingestufter junger Theologe im Verhör seinen Namen erwähnt hatte. Abwegig war die Verhaftung Bäuerles aus Sicht des Regimes durchaus nicht, denn der Student hatte nicht als einziger von einem getarnten, von Bosch und Walz gespeisten Konto ein Stipendium wegen seiner Zugehörigkeit zur Bekennenden Kirche erhalten.[49] Die Begleitumstände der Verhaftung Bäuerles waren auch eine Generalprobe für Schutzmaßnahmen, die im Juli 1944 erneut fällig werden sollten. Nach der Festnahme Bäuerles räumten Hans Walz, Willy Schloßstein und Bäuerles Sekretärin Marianne Weber verdächtige Unterlagen, darunter auch Papiere aus der Feder Goerdelers, aus Bäuerles Wohnung und Büro, um das ganze umgehend «verschwinden zu lassen».[50]

Vom Scheitern des Attentats auf Hitler erfuhr auch der Stuttgarter Bosch-Kreis am Abend des 20. Juli aus dem Radio. Goerdeler wurde zu diesem Zeitpunkt schon seit drei Tagen per Haftbefehl gesucht.[51] Noch Anfang Juli hatte er sich zu Gesprächen in Stuttgart aufgehalten, «zuversichtlich wie nie zuvor» hatte er gemeint, Deutschland werde in naher Zukunft «von der Hitlerei befreit» werden.[52] Noch in der Nacht auf den 21. Juli wurde Albrecht Fischer verhaftet.[53] Verhöre, denen Bäuerle, Fellmeth, Knoerzer und Olpp unterzogen wurden, brachten die Gestapo nicht weiter. Doch wurde auch Paul Hahn zwei Wochen nach dem Attentat festgenommen. Am 12. August fiel Carl Goerdeler nach einer Denunzierung in die Fänge der Gestapo.[54] Seine Verhaftung brachte den Bosch-Kreis zusätzlich in höchste Gefahr. Denn der politische Kopf der Verschwörung machte in den Verhören im Reichssicherheitshauptamt, der Terrorzentrale des Regimes in der Hauptstadt, «außerordentlich *weitgehende Angaben*, durch die u. a. zahlreiche Personen, die sich in wichtigen Stellungen des öffentlichen Lebens befinden, belastet» wurden.[55] Goerdeler verfolgte offenbar die Absicht, den Machthabern Tiefe und Breite der Widerstandsbewegung vor Augen zu führen, «der Wahrheit ans Licht zu helfen», ja sogar Hitler selbst dadurch zu einer «Umkehr» zu bewegen.[56] Allerdings verstand er es, in den Verhören immer wieder, falsche Fährten zu legen. Gut möglich, dass Hans Walz dieser Taktik verdankte, dass er nicht zu einem Verhör zitiert und dass auch seine Wohnung nicht durchsucht wurde,[57] obgleich doch die Gestapo in Stuttgart und Berlin erkannt hatte: «Nach Stuttgart liefen viele Beziehungen *GOERDELERS* (insbesondere *BOSCH*)».[58] Albrecht Fischer, Paul Hahn und Willy Schloßstein wurden in Berlin strengen Verhören unterzogen, wobei Paul Hahn als früherer Polizeioffizier die besondere Wut der Gestapo auf sich zog und gefoltert wurde, aber nichts preisgab.[59]

Hans Walz trat jetzt an Gottlob Berger heran, inzwischen SS-Obergruppenführer, Leiter des SS-Hauptamts und damit ein enger Mitarbeiter Himmlers, der durch seinen Einfluss die Freilassung Schloßsteins und für Fischer einen Freispruch im Verfahren vor dem Volksgerichtshof ermöglichte. Albrecht Fischer wurde jedoch nach dem Freispruch vor dem Volksgerichtshof Anfang Januar 1945 keineswegs entlassen, sondern in das KZ Sachsenhausen verschleppt.[60] Paul Hahn bezahlte seine Mitwirkung an der Verschwörung mit einer dreijährigen Zuchthausstrafe, ein relativ mildes Urteil, dank seiner versierten Verteidigungsstrategie. Er musste seine Strafe im Zuchthaus Brandenburg bis zur Befreiung durch die Rote Armee absitzen. Fischer wurde dank der Fürsprache Bergers am 3. April 1945 aus dem KZ entlassen, erneut eine glückliche Fügung, denn die SS ermordete noch in den letzten Wochen vor der Kapitulation zahlreiche Gefangene, die wegen einer Verwicklung in den Staatsstreichsversuch vom 20. Juli beschuldigt oder bereits verurteilt worden waren.[61]

Dass ausgerechnet Gottlob Berger als hochrangiger SS-General sich mit Erfolg für die bedrohten Mitglieder des Bosch-Kreises einsetzte, war seiner nahezu kindlich anmutenden Verehrung für den Unternehmensgründer geschuldet. Sein Vater hatte einst den Wehrdienst in der gleichen Einheit wie Robert Bosch absolviert. Einiges spricht dafür, dass Berger die tatsächliche Verwicklung von Robert Bosch, Hans Walz und der übrigen Mitglieder des Stuttgarter Kreises in den Widerstand gegen Hitler nicht wirklich durchschaut hat. Willy Schloßstein hielt im Rückblick die Intervention Bergers für überlebensentscheidend: «Ohne diese Hilfe wäre die gesamte Geschäftsleitung von Bosch gleich der vielen anderen Opfer des 20. Juli 1944 auch ums Leben gekommen und die Stadt Stuttgart könnte heute noch mehr Straßen nach den Namen dieser Opfer umbenennen.» [62]

Es bleibt grotesk und wirft zugleich ein Licht auf den polykratischen Instanzendschungel des Regimes, dass Walz und seine Kollegen ihr Überleben der Intervention eines hochrangigen Himmler-Vertrauten verdankten, der wegen seiner Verbrechen 1949 in Nürnberg zu 25 Jahren Haft verurteilt wurde. Zu dieser Paradoxie gehört auch, dass die Robert Bosch GmbH den bereits 1951 aus der Haft entlassenen Berger bis zu seinem Tode 1975 bei der versuchten Rückkehr in ein bürgerliches Leben unterstützte.[63]

Dass sich im Zusammenhang mit den Ermittlungen die SS-Mitgliedschaft von Hans Walz und seine Rolle im «Freundeskreis Reichsführer-SS» günstig auswirkte, ist sehr unwahrscheinlich. Denn Walz war wegen seiner ostentativen Gleichgültigkeit bei Terminen des «Freundeskreises» bei den verantwortlichen SS-Chargen in Ungnade gefallen. Unter erheblichen Druck geriet er, weil man ihn wegen seiner Beziehungen zu Juden und wegen seiner offen bekundeten religiösen Bindung für politisch unzuverlässig, ja als SS-Mitglied für untragbar hielt und deshalb ein Disziplinarverfahren gegen ihn eröffnete. Der «Fall» Walz wurde von der SS-Führung 1943 einstweilen zurückgestellt. Mit Rücksicht auf seine Stellung in der Rüstungswirtschaft sollte Aufsehen vermieden werden.[64]

Hans Walz' Rolle im Dritten Reich und die Frage ob und in welchem Maße er durch sein Verhalten dem Vermächtnis seines verstorbenen Chefs und damit dem «Bosch-Geist» treu geblieben war, sollte viele Jahre später noch einmal zur Diskussion stehen. Bis 1963 stand er an der

Spitze des Unternehmens. Die Inhaftierung vom Oktober 1945 bis zum September 1947, die für ihn zermürbende Auseinandersetzung mit der Verstrickung in das Regime bis zu seiner Entlastung im Entnazifizierungsprozess im Frühjahr 1948 hatten ihn sichtlich gezeichnet.[65] Von seiner Rolle im Widerstand gegen das NS-Regime und von seinen Bemühungen zum Schutz jüdischer Bürger machten er selbst und das Unternehmen in den Nachkriegsjahren kein öffentliches Aufheben. In den späten 50er Jahren kam die Vereinigung württembergischer Juden brieflich auf seine Rolle im Dritten Reich zurück: «Wir Juden aus Schwaben wissen, was Sie für uns in den Jahren des Hitler-Regimes getan haben; viele von uns verdanken Ihnen das Leben und wir werde nie vergessen, was Sie für uns taten.»[66] Hinter dieser Initiative stand maßgeblich der charismatische Karl Adler, der dafür sorgte, dass sich die wissenschaftliche Abteilung der Gedenkstätte Yad Vashem in Jerusalem mit dem «Fall» Hans Walz auseinandersetzte.[67] Walz reagierte in einer höchst charakteristischen Weise, in der deutlich wurde, dass er sich auch im Zusammenhang mit der Rettung jüdischer Mitbürger in der Kontinuität des Unternehmensgründers sah: «Ich habe damals spontan und ohne Furcht aus meines Gewissens innerstem Drang gehandelt, ohne daran zu denken, dass dieses Tun jemals öffentlich bekannt oder anerkannt würde. Für mein Gefühl würde des Guten wohl zu viel getan, wenn nun von offizieller jüdischer Seite noch zusätzlich eine publikatorisch möglicherweise weithin hallende Anerkennung ausgesprochen würde. Andererseits glaube ich dem wohlmeinenden Wunsch der verschiedenen Herren, mir durch die mir zugedachte Ehrung eine dankbare Gesinnung zu bezeugen, meine eigene gerechte Würdigung nicht versagen zu dürfen, zumal die geplante Aktion nicht mir allein, sondern ebenso dem Gedenken an den Vater Bosch zugute käme, in dessen Einvernehmen ich auch nach seinem Tode (März 1942) in dem bewussten Zusammenhang stets gehandelt habe [...] ich darf darauf hinweisen, dass mein damaliges Eintreten für Ihre verfolgten Glaubensbrüder an sich zunächst nichts mit Politik zu tun hatte. Was Robert Bosch und mich seinerzeit bewogen hat, war das Pflichtbewusstsein reiner Menschlichkeit.»[68] Im Januar 1969 entschied Yad Vashem, Hans Walz als «Gerechten der Völker» zu ehren. Der inzwischen hochbetagte und gesundheitlich angeschlagene Manager konnte die Baumpflanzung in der Gedenkstätte im Oktober 1972 nicht mehr miterleben.[69] Er starb im April 1974.

Hans Walz und die obersten Führungskräfte des Konzerns agierten vor dem Hintergrund einer Beziehung zum Unternehmensgründer, die von ungewöhnlich stabiler Loyalität geprägt war. Insofern konnte Robert Bosch darauf vertrauen, dass ein gewisses Ensemble von Überzeugungen, Werten und Zielen, eine Art geistiger Wahlverwandtschaft, vor allem auch im Hinblick auf seine «streng demokratische [...] Auffassung»[70], ihn überdauern würden.

Entscheidung für die Robert Bosch Stiftung

Zu diesen Werten und Zielen gehörte auch das lebenslange stifterische Engagement, das sich im Zeitraum 1910 bis 1942 in 27 einzelnen Stiftungen auf unterschiedlichen Förderungsgebieten, in zahlreichen Spenden und fördernden Mitgliedschaften, nicht zuletzt auch in der Unterstützung Carl Goerdelers und der Bemühungen zur Beseitigung des Hitler-Regimes konkretisierten.[71] Für Robert Bosch gehörten wirtschaftlicher Erfolg und Gemeinwohlorientierung zusammen und ihm lag viel daran, diese für seine Karriere so charakteristische Verknüpfung von Marktfordernissen und gesellschaftlicher Selbstverpflichtung in einer geeigneten Unternehmensverfassung und -kultur über seinen Tod hinaus institutionell auf Dauer zu stellen. Er dachte nicht an die Errichtung einer Stiftung bürgerlichen Rechts, der – zumal in den für seine testamentsbezogenen Überlegungen dann entscheidenden Jahren des NS-Regimes – eine höchstwahrscheinlich zerstörerische Schlüsselrolle zugewachsen wäre. Vielmehr übertrug er die Verantwortung für die langfristige Sicherung seines Lebenswerks den Gesellschaftern der Vermögensverwaltung Bosch, die er als Testamentsvollstrecker einsetzte. Wie erinnerlich, war diese Vermögensverwaltung als gemeinnützige Treuhand-GmbH schon im Frühjahr 1921 als «Mittelpunkt für die vielfachen gemeinnützigen Bestrebungen» des Unternehmers und Stifters gegründet worden.[72] Die Testamentsvollstrecker mussten innerhalb einer gesetzlichen Frist von 30 Jahren entscheiden, ob, zu welchem Zeitpunkt und zu welchen Konditionen die zunächst auf Robert Boschs Erben übergegangenen Geschäftsanteile am Unternehmen (86 Prozent) auf die Vermögensverwaltung Bosch übertragen werden sollten.[73] Eine alternative Möglichkeit war die Übertragung der unternehmerischen Führungsverantwortung auf Robert Bosch d. J., den

Sohn aus zweiter Ehe. Die Testamentsvollstrecker hatten also zu klären, wie in der Ausgestaltung des Vermächtnisses die unternehmerischen, familiären und gemeinnützigen Belange in eine lebensfähige Struktur gebracht werden sollten. Schon bei der Formulierung von Überlegungen zur Gründung der Vermögensverwaltung Bosch (1921) hatte der Anwalt des Unternehmers den gemeinsamen Gedankenaustausch bündig zusammengefasst.[74]

Drei Kerngedanken, niedergelegt noch im Ersten Weltkrieg, verdienen festgehalten zu werden: Die Freiheit von staatlicher Bevormundung zunächst, sodann ideelle und materielle Unabhängigkeit derjenigen, die künftig die gemeinnützigen Ziele von Robert Bosch weiterverfolgen sollten, schließlich die Sicherung von Handlungsspielräumen zur innovativen Fortentwicklung, zur Anpassung, für Robert Bosch ein Schlüsselwort, das schon in den Jugendbriefen auftaucht, und eben keineswegs die gefügige Hinnahme des Gegebenen meinte, sondern das kreative Eingehen auf neue Herausforderungen.

In den Jahren 1962 bis 1964 fielen die wesentlichen Entscheidungen zur künftigen Struktur des Hauses Bosch einvernehmlich zwischen der Familie und den Testamentsvollstreckern. Erwerbswirtschaftliche und gemeinnützige Ziele und Interessen des Unternehmensgründers sollten in der kommenden Verfassung gleichgewichtig verankert werden. Den Erben und den Testamentsvollstreckern fiel dabei auch die Aufgabe zu, denkbare Konflikte zwischen erwerbswirtschaftlichen und gemeinnützigen Zielen auszuschließen. Denn auch nach dem Willen des Gründers durfte eine Stiftung das Unternehmen in seiner notwendigen marktorientierten Dynamik nicht beeinflussen oder gar lähmen, noch durfte umgekehrt das Unternehmen eine Stiftung in ihrem gemeinnützigen Handeln beeinträchtigen – oder gar steuern wollen. Im Ergebnis übernahm die Vermögensverwaltung Bosch GmbH die zum Nachlass gehörenden Geschäftsanteile von 86 Prozent, nicht jedoch die Stimmrechte aus diesen Geschäftsanteilen und wurde damit frei, sich ausschließlich gemeinnützigen Aufgaben zu widmen. Im Gegenzug wurden diese Stimmrechte auf eine neu gegründete Steuerungsgesellschaft, die Robert Bosch Industrietreuhand KG, übertragen, die seitdem gegenüber der Robert Bosch GmbH die Eigentümerinteressen wahrnimmt. Robert Boschs Erben hatten diese Neuordnung überhaupt erst ermöglicht. Von ihnen erwarb die Vermögensverwaltung Bosch GmbH zwischen

1962 und 1964 die zum Nachlass Robert Boschs gehörenden Geschäftsanteile, wobei der Kaufpreis deutlich unter dem Verkehrswert lag, um die Lebensfähigkeit des Unternehmens ebenso wenig zu beeinträchtigen wie die Verwirklichung gemeinnütziger Bestrebungen. Die Erben verwendeten ihrerseits einen großen Teil des Verkaufserlöses für Spenden und Stiftungen.

Anhang

Dank

Mein Dank gilt dem Kuratorium und der Geschäftsführung der Robert Bosch Stiftung, die mich von operativer Verantwortung freigestellt und mir damit die Chance eröffnet haben, dieses Buch in akademischer Freiheit zu schreiben.

In den benutzten Archiven und Bibliotheken habe ich viel Unterstützung und Beratung erfahren. Stellvertretend danke ich dafür Dr. Kathrin Fastnacht und ihrem Team im Archiv der Robert Bosch GmbH.

Nadine Bolaños und Michaela Zange haben das druckfertige Manuskript hergestellt. Ihnen danke ich für ihre tägliche Ermutigung und ihren Einsatz.

Die Zusammenarbeit mit Detlef Felken, Alexandra Schumacher und Babette Leckebusch im Verlag C.H.Beck war ein besonderes Privileg. Ihnen danke ich für ihre Anregungen und ihre Geduld.

Dank schulde ich vor allem auch Gerd Krumeich, Dieter Langewiesche, Wolfram Pyta und Joachim Rogall. Sie haben die Entstehung des Buches mit Rat, Zuspruch und überaus hilfreicher Kritik begleitet.

Stuttgart, im Dezember 2016   Peter Theiner

Anmerkungen

Kapitel 1
Herkunft und Aufstieg

1. v. Hippel, Wirtschafts- und Sozialgeschichte 1800 bis 1918, S. 505 ff.
2. Thierer, Familie Bosch.
3. Grundlegend: Boelcke, Wege und Probleme des industriellen Wachstums.
4. v. Hippel, Wirtschafts- und Sozialgeschichte 1800 bis 1918, S. 518 f.
5. Boelcke, Industrieller Aufstieg, S. 289.
6. v. Hippel, Wirtschafts- und Sozialgeschichte 1800 bis 1918, S. 559; Boelcke, Industrieller Aufstieg, S. 290 ff; Langewiesche, Liberalismus und Demokratie, S. 50 f.
7. Wehler, Deutsche Gesellschaftsgeschichte III, S. 95; vgl. Langewiesche, Liberalismus und Demokratie, S. 52 f.
8. Langewiesche, Liberalismus und Demokratie, S. 65; v. Hippel, Wirtschafts- und Sozialgeschichte 1800 bis 1918, S. 508 ff.
9. Zit n. Medick, Leben und Überleben, S. 366 f.
10. Robert Bosch, Lebenserinnerungen (1921), RBA 1 014 006, S. 3.
11. Ebd., S. 5.
12. Hettling, Wertehimmel, S. 338.
13. Robert Bosch, Lebenserinnerungen (1921), RBA 1 014 006, S. 2.
14. Hoffmann, Die Politik der Geselligkeit, S. 46 ff.
15. Robert Bosch, Lebenserinnerungen (1921), RBA 1 014 006, S. 2.
16. Ebd.
17. Huber, Verfassungsgeschichte I, S. 33f; Nipperdey, Bürgerwelt und starker Staat, S. 344 ff.
18. Nipperdey, Bürgerwelt und starker Staat, S. 347; Langewiesche, Liberale und Demokraten in Württemberg, S. 19.
19. Zit. n. Langewiesche, Liberale und Demokraten in Württemberg, S. 20.
20. Ebd., S. 23.
21. Zit. ebd., S. 23.
22. Pfau, Politisches und Polemisches, S. 160.
23. Beobachter Nr. 290, 13. Dezember 1864; vgl. Runge, Volkspartei, S. 36.
24. Robert Bosch, Lebenserinnerungen (1921), RBA 1 014 006, S. 2.

25 Ludwig Pfau, Politisches und Polemisches, S. 152; s. auch Theodor Heuss, Ludwig Pfau. Umrisse (Separat-Abdruck aus «Patria», dem Jahrbuch der von Friedrich Naumann herausgegebenen «Hilfe»).
26 Robert Bosch, Lebenserinnerungen (1921), RBA 1 014 006, S. 1.
27 Osterhammel, Die Verwandlung der Welt, S. 1019 (Zitat), 1022.
28 Brandt, Entscheidung über die Nation, S. 8.
29 Heinrich Heine, Gesamtausgabe, Band 14/I, S. 57.
30 Robert Bosch, Lebenserinnerungen (1921), RBA 1 014 006, S. 2.
31 Heuss, Robert Bosch, S. 26.
32 Robert Bosch, Lebenserinnerungen (1921), RBA 1 014 006, S. 2.
33 Robert Bosch an J. Burkhardt, 5. Januar 1899, RBA 1 014 060.
34 Robert Bosch an Anna Kayser, 18. April 1885, RBI 013 137; vgl. Heuss, Bosch, S. 28, Bähr/Erker, Bosch, S. 20.
35 Robert Bosch, Lebenserinnerungen (1921), RBA 1 014 006, S. 3.
36 Ebd., S. 3.
37 Ebd., S. 4.
38 Ebd., S. 3.
39 Robert Bosch an Karl Hausmann, 2. Februar 1938. Es heißt hier weiter: «In Mathematik war ich immer sehr schwach. Das hat mich seinerzeit aus der Schule getrieben. Da ich in Logik eigentlich nicht so schwach bin, muss doch wohl die Schule oder besser die Lehrer daran Schuld gehabt haben.» Heuss, Robert Bosch, S. 29.
40 Robert Bosch, Lebenserinnerungen (1921), RBA 1 014 006, S. 4.
41 Heuss, Robert Bosch, S. 31.
42 Robert Bosch, Lebenserinnerungen (1921), RBA 1 014 006, S. 4.
43 Ebd.
44 Ebd.
45 Bähr/Erker, Bosch, S. 20.
46 Robert Bosch, Lebenserinnerungen (1921), RBA 1 014 006, S. 4.
47 Heuss, Robert Bosch, S. 35.
48 Lessing, Bosch, S. 22f; Heuss, Robert Bosch, S. 33f.
49 Robert Bosch, Lebenserinnerungen (1921), RBA 1 014 006, S. 5.
50 Ebd.
51 Osterhammel, Die Verwandlung der Welt, S. 451.
52 Robert Bosch, Lebenserinnerungen (1921), RBA 1 014 006, S. 6; Lessing, Bosch, S. 25.
53 Robert Bosch, Lebenserinnerungen (1921), RBA 1 014 006, S. 6.
54 Osterhammel, Die Verwandlung der Welt, S. 451.
55 Robert Bosch, Lebenserinnerungen (1921), RBA 1 014 006, S. 6.
56 Lessing, Bosch, S. 27 ff.
57 Robert Bosch, Lebenserinnerungen (1921), RBA 1 014 006, S. 7.
58 Ebd.
59 Ebd.
60 Ebd., S. 6; zum Wandel von Arbeit und Lebensführung auch Kocka, Geschichte des Kapitalismus, S. 99 ff.
61 Robert Bosch, Lebenserinnerungen (1921), RBA 1 014 006, S. 6; vgl. Lessing, Bosch, S. 29.
62 Robert Bosch, Lebenserinnerungen (1921), RBA 1 014 006, S. 7.
63 Ebd., S. 7.

64 Ebd.
65 Ebd.
66 von Bach, Technische Hochschule Stuttgart, S. 443 f.
67 Robert Bosch, Lebenserinnerungen (1921), RBA 1 014 006, S. 7.
68 Margarete Fischer-Bosch, Jugenderinnerungen an meinen Vater, S. 16.
69 Kaufmann, Gustav Jaeger, S. 40f; Heyll, Wasser, Fasten, Luft und Licht, S.96; Ellwanger/Meyer-Renschhausen, Kleidungsreform; Wörz, «Der neuen Welt ein neuer Rock»; Murmann, «In Wolle lebt sich's gesünder»; Jütte, Geschichte der alternativen Medizin.
70 Zit. nach Nipperdey, Arbeitswelt und Bürgergeist, S. 190.
71 Robert Bosch, Lebenserinnerungen (1921), RBA 1 014 006, S. 7 f.
72 Robert Bosch, Tagebuch von Rotterdam nach New York, S. 37.
73 Ebd., S. 40.
74 Robert Bosch, Lebenserinnerungen (1921), RBA 1 014 006, S. 7.
75 Ebd.
76 Ebd.
77 Robert Bosch, Thomas Alva Edison ist tot, MS vom 18. 10. 1931, RBA 1 014 703.
78 Robert Bosch, Lebenserinnerungen (1921), RBA 1 014 006, S. 7.
79 Ebd., S. 8.
80 Ebd.
81 Ebd.
82 Heideking, Geschichte der USA, S. 197.
83 Ebd. S. 199.
84 Winkler, Geschichte des Westens I, S. 941.
85 Heideking, Geschichte der USA, S. 198.
86 Robert Bosch, Lebenserinnerungen (1921), RBA 1 014 006, S. 8.
87 Robert Bosch an Anna Kayser, 1. Juni 1885, RBA 1 014 137.
88 Robert Bosch, Lebenserinnerungen (1921), RBA 1 014 006, S. 8.
89 Ebd., S. 8.
90 Voss, The Making of American Exceptionalism, S. 73.
91 Winkler, Geschichte des Westens I, S. 946f; Raeithel, Geschichte der Nordamerikanischen Kultur, II, S. 122; Fink, Workingmen's Democracy, S. 3 ff.
92 Fink, Workingmen's Democracy, S. 9 f.
93 Ebd., S. 8.
94 Ebd., S. 3.
95 Ebd, S. 4.
96 Winkler, Geschichte des Westens I, S. 947.
97 Nipperdey, Bürgerwelt und starker Staat, S. 297 f.
98 Robert Bosch an Anna Kayser, 21. März 1885, RBA 1 014 137.
99 Ebd.
100 Robert Bosch an Anna Kayser, 18. April 1885, RBA 1 014 137.
101 Robert Bosch an Anna Kayser, 9. November 1885, RBA 1 014 137.
102 Ebd.
103 Robert Bosch an Anna Kayser, 18. April 1885, Bl. 2, RBA 1 014 137.
104 Robert Bosch, Tagebuch von Rotterdam nach New York, S. 36.
105 Ebd., Robert Bosch an Anna Kayser, 18. April 1885, RBA 1 014137.
106 Robert Bosch an Anna Kayser, 9. November 1885, RBA 1 014 137.
107 Anna Kayser an Robert Bosch, 6. April 1885, RBA 1 014 137.
108 Anna Kayser an Robert Bosch, 12. August 1886, RBA 1 014 137.

109 Anna Kayser an Robert Bosch, 6. November 1885, RBA I 014 137.
110 Robert Bosch an Anna Kayser, 21. März 1885, RBA I 014 137.
111 Robert Bosch an Anna Kayser, 5. Mai 1885, RBA I 014 137.
112 Robert Bosch an Anna Kayser, 21. März 1885, RBA I 014 137.
113 Robert Bosch an Anna Kayser, 13. August 1886, RBA I 014 137.
114 Robert Bosch an Anna Kayser, 9. Dezember 1885, RBA I 014 137.
115 Nipperdey, Arbeitswelt und Bürgergeist, S. 684.
116 MWG I/19, S.512; vgl.grundlegend hierzu Schluchter, «Die Entzauberung der Welt», S. 11.
117 Robert Bosch an Anna Kayser, 10. Juli 1885, RBA I 014 137.
118 Ebd.
119 Ebd.
120 Ebd.
121 Max Weber, Wissenschaft als Beruf, MWG I/17, S. 104.
122 Heuss, Robert Bosch, S. 75.
123 Robert Bosch an Anna Kayser, 18. April 1885, RBA I 014 137.
124 Heuss, Robert Bosch, S. 75.
125 Robert Bosch, Lebenserinnerungen (1921), RBA I 014 006, S. 8.
126 Ebd.
127 Robert Bosch, Tagebuch von Rotterdam nach New York, S.25.
128 Heideking, Geschichte der USA, S. 207 ff; Winkler, Geschichte des Westens I, S. 938 ff.; Adams, die USA von 1900, S. 108 f., 202f; Berg, Geschichte der USA, S. 45 ff.
129 Robert Bosch, Lebenserinnerungen (1921), RBA I 014 006, S. 8.
130 Ebd., S. 9
131 Robert Bosch an Anna Kayser, 9. November 1885, RBA I 014 137.
132 Robert Bosch an Anna Kayser, 9. Dezember 1885, RBA I 014 137.
133 Ebd.
134 Ebd.
135 Robert Bosch an Karl Haußmann, 22. Oktober 1931, RBA I 014 054 013.
136 Robert Bosch, Lebenserinnerungen (1921), RBA I 014 006, S. 9.
137 Robert Bosch an Anna Kayser, 9. November 1885, RBA I 014 137.
138 Robert Bosch an Karl Haußmann, 17. September 1931, RBA I 014 054 11
139 Ebd.
140 Robert Bosch an Anna Kayser, 9. Dezember 1885, RBA I 014 137.
141 Robert Bosch an Anna Kayser, 13. Dezember 1885, RBA I 014 137.
142 Robert Bosch an Anna Kayser, 17. Juni 1886, RBA I 014 137.
143 Robert Bosch, Lebenserinnerungen (1921), RBA I 014 006, S. 9.
144 Robert Bosch an Anna Kayser, 16. April 1886, RBA I 014 137.
145 Robert Bosch an Anna Kayser, 17. Juni 1886, RBA I 014 137.
146 Boelcke, Wege und Probleme des industriellen Wachstums, S. 512 f.
147 Megerle, Württemberg im Industrialisierungsprozess Deutschlands, S. 129; s. zu den regionalen Verlaufstypen der Industrialisierung den Überblick bei Hahn, Die industrielle Revolution in Deutschland, S.102 ff.
148 Ebd., S. 131 ff.
149 Robert Bosch, Lebenserinnerungen (1921), RBA I 014 006, S. 9.
150 Ritter/Tenfelde, Arbeiter im Kaiserreich, S. 476.
151 Beobachter, 2. Februar 1887; vgl. Bähr/Erker, Bosch, S. 33; vgl. Heuss, Robert Bosch, S. 90.

152 Robert Bosch, Lebenserinnerungen (1921), RBA 1 014 006, S. 9.
153 Zit. n. Fastnacht/Kuhlgatz/Schmitt/Siegel, 125 Jahre, S. 34.
154 Robert Bosch, Lebenserinnerungen (1921), RBA 1 014 006, S. 9.
155 Ebd.
156 Bähr/Erker, Bosch, S. 37.
157 Ebd., S. 39.
158 Otto Fischer, Die Geschichte der Firma Bosch aus ihren Geschäftsbüchern, September 1942, RBA 1 003 062, S.28.
159 Leiner, Geschichte der Elektrizitätswirtschaft in Württemberg, S. 182.
160 Bericht über die Beleuchtung größerer Städte, zit. nach Leiner, Geschichte der Elektrizitätswirtschaft in Württemberg, S. 185.
161 Zit. n. Leiner, Geschichte der Elektrizitätswirtschaft in Württemberg, S. 187.
162 Ebd., S. 200 f.
163 Ebd., S. 213 ff.
164 Bähr/Erker, Bosch, S. 39.
165 Robert Bosch, Lebenserinnerungen (1921), RBA 1 014 006, S. 9.
166 Bähr/Erker, Bosch, S. 39.
167 Heuss, Robert Bosch, S. 103.
168 Honold, Persönliche Erinnerungen, BZ 9/1921, S. 235.
169 Robert Bosch, Lebenserinnerungen (1921), RBA 1 014 006, S. 12.
170 Ebd., S. 10.
171 Stürmer, Robert Bosch, S. 249.
172 Robert Bosch an Staatsbibliothek Berlin, 15. Oktober 1918, RBA 1 014 054 002.
173 Bähr/Erker, Bosch, S. 40; Heuss, Robert Bosch, S. 94 ff.
174 Bähr/Erker, Bosch, S. 43.
175 Ebd., S. 443.
176 Robert Bosch, Lebenserinnerungen (1921), RBA 1 014 006, S. 10 f.
177 Ebd., S. 11.
178 Ebd., vgl. Bähr/Erker, Bosch, S. 45f; Heuss, Robert Bosch, S. 122 ff.
179 Heuss, Robert Bosch, S. 123.
180 Ebd.
181 Bähr/Erker, Bosch, S. 46; Heuss, Robert Bosch, S. 121 f.
182 Bähr/Erker, Bosch, S. 47.
183 Helfferich, Deutschlands Volkswohlstand, S. 25; vgl. Mommsen, Bürgerstolz und Weltmachtstreben, S. 11; Herbert, Geschichte Deutschlands, S. 25.
184 Bähr/Erker, Bosch, S. 47.
185 Robert Bosch, Lebenserinnerungen (1921), RBA 1 014 006, S. 11; Fastnacht/Kuhlgatz/Schmitt/Siegel, 125 Jahre, S. 45; Bähr/Erker, Bosch, S. 48.
186 Robert Bosch, Lebenserinnerungen (1921), RBA 1 014 006, S. 11.
187 Ebd., S. 13.
188 Merki, Der holprige Siegeszug des Automobils, S. 40.
189 Bähr/Erker, Bosch, S. 47.
190 BZ 3/1920, S. 46 ff.
191 Robert Bosch, Lebenserinnerungen (1921), RBA 1 014 006, S. 12.
192 Honold, Wie entstand die Bosch-Lichtbogen-Zündung?, Bosch-Zünder 2/1921, S. 37.
193 Robert Bosch, Lebenserinnerungen (1921), RBA 1 014 006, S. 13.
194 Heuss, Robert Bosch, S. 141.
195 Bähr/Erker, Bosch, S. 664.

196 Wehler, Deutsche Gesellschaftsgeschichte III, S. 610.
197 Bähr/Erker, Bosch, S. 664.
198 Ebd., S. 52.
199 Gottlob Honold, Wie entstand die Bosch-Lichtbogen-Zündung?, Bosch-Zünder 2/1921, S. 44; vgl. Bähr/Erker, Bosch, S. 53.
200 Osterhammel/Petersson, Geschichte der Globalisierung, S. 63.
201 Nipperdey, Arbeitswelt und Bürgergeist, S. 275.
202 Robert Bosch, Lebenserinnerungen (1921) RBA 1 014 006, S. 14.
203 Ebd., S. 15.
204 Ebd.
205 Ebd.
206 Ebd., S. 14; vgl. Heuss, Robert Bosch, S. 148 ff; Bähr/Erker, Bosch, S. 55 ff.
207 Berghoff, Die Zähmung des entfesselten Prometheus?, S. 143 f.; ders., Vertrauen und soziales Kapital als Schlüsselkategorien der Wirtschaftsgeschichte, S. 30 ff.
208 Robert Bosch, Lebenserinnerungen (1921), RBA 1 014 006, S. 16.
209 Ebd. S. 15.
210 Ebd.
211 Ebd.
212 Merki, Der holprige Siegeszug des Automobils, S. 40.
213 Fastnacht/Kuhlgatz/Schmitt/Siegel, 125 Jahre, S. 50 ff.
214 Ebd., S. 53; Bähr/Erker, Bosch, S. 59.
215 Bähr/Erker, Bosch, S. 664.
216 Wehler, Deutsche Gesellschaftsgeschichte III, S. 610.
217 Bähr/Erker, Bosch, S. 75 ff.
218 Stürmer, Das ruhelose Reich, S. 68.
219 Wehler, Deutsche Gesellschaftsgeschichte III, S. 612.
220 Landes, Der entfesselte Prometheus, S. 259.
221 Mommsen, Bürgerstolz und Weltmachtstreben, S. 18.
222 Ebd., S. 21.
223 Mommsen, Bürgerstolz und Weltmachtstreben, S. 49; Wehler, Deutsche Gesellschaftsgeschichte III, S. 777.
224 Stenographische Berichte des Deutschen Reichstags 1890/92, S. 3307 (10. Dezember 1891); vgl. Torp, Die Herausforderung der Globalisierung, S. 181 f.
225 Stenographische Berichte des Deutschen Reichstags 1890/92, S. 3303 (10. Dezember 1891).
226 Torp, Die Herausforderung der Globalisierung, S. 192 ff.
227 Robert Bosch an Eugen Kayser, 19. Januar 1894, RBA 1 014 541 001.
228 Ebd.
229 Zit. n. Mommsen, Bürgerstolz und Weltmachtstreben, S. 171.
230 Koth, «Meine Zeit wird wieder kommen...», S. 63.
231 Winkler, Der lange Weg nach Westen I, S. 288; vgl. Nipperdey, Machtstaat vor der Demokratie, S. 563 ff.
232 Heuss, Robert Bosch, S. 101.
233 Robert Bosch, Lebenserinnerungen (1921), RBA 1 014 006, S. 22.
234 Ebd.
235 Ebd.
236 Robert Bosch, Lebenserinnerungen (1921), RBA 1 014 006, S. 22.
237 Zit. n. Winkler, Der lange Weg nach Westen I, S. 294.

238 Robert Bosch, Lebenserinnerungen (1921), RBA 1 014 006, S. 22.
239 Winkler, Der lange Weg nach Westen II, S. 296.
240 Scholtyseck, Robert Bosch und der liberale Widerstand, S. 30.
241 Robert Bosch, Lebenserinnerungen (1921), RBA 1 014 006, S. 22.
242 Gawatz, Wahlkämpfe in Württemberg, S. 285.
243 Langewiesche, Liberalismus in Deutschland, S. 217.
244 Tober, Deutscher Liberalismus und Sozialpolitik, S. 214.
245 Zit. nach Gawatz, Wahlkämpfe in Württemberg, S. 288.
246 Fenske, Endlich auf neuen Wegen, S. 65.
247 Keil, Erlebnisse eines Sozialdemokraten II, S. 413 und passim; vgl. zu Keil auch Mittag, Wilhelm Keil, S. 118 ff.
248 Heuss, Robert Bosch, S. 254.
249 Heuss, Naumann, S. 222. Walz berichtete später: «Robert Bosch hat sich von jeher zur liberalen, von aufrichtiger sozialer Gesinnung getragenen Demokratie bekannt. In dieser politischen Überzeugung empfand er weitgehende Übereinstimmung mit Friedrich Naumann, mit dem er im Hause von Ernst Jäckh, Berlin, einem gemeinsamen Freunde, des Öfteren zusammentraf. Im Zuge dieser Verbindung lernte Robert Bosch den jungen Theodor Heuss als politischen Schüler und Mitarbeiter Friedrich Naumanns kennen und schätzen.» Aufzeichnung von Hans Walz, 24. November 1967, RBA 1 013 131.
250 Robert Bosch an Theodor Heuss, 31. Dezember 1937, RBA 1 014 154 012.
251 Düding, Der Nationalsoziale Verein; Theiner, Sozialer Liberalismus und deutsche Weltpolitik, S. 53 ff.
252 Robert Bosch an Theodor Heuss, 31. Dezember 1937, RBA 1 014 154 012.
253 Langewiesche, Liberalismus in Deutschland, S. 221.
254 Theiner, Friedrich Naumann und der soziale Liberalismus im Kaiserreich, S. 74.
255 Friedrich Naumann, Der englische Staat. Nachwort zu: Paul Helbeck, Wie das englische Volk sich selbst regiert, Berlin 1912, S 159–163.
256 Lehnert, Lujo Brentano als politisch-ökonomischer Klassiker, S. 111 ff.
257 Theiner, Sozialer Liberalismus und deutsche Weltpolitik, S. 78.
258 Ebd., S. 163.
259 Naumann, Werke III, S. 502.
260 Ebd., S. 529. Siehe zur Wirkung Friedrich Naumanns jetzt auch Bacher, Friedrich Naumann und sein Kreis, Diss. Stuttgart 2015 (i.Ersch.).
261 Ritter/Tenfelde, Arbeiter im Kaiserreich, S. 417.
262 Heuss, Robert Bosch, S. 154; Prinzing, Der Streik bei Bosch, S. 38; Bähr/Erker, Bosch, S. 64 f.
263 Robert Bosch an den DMV, 26. April 1909, RBA 1 059 060.
264 Zit. n. Prinzing, Der Streik bei Bosch, S. 39.
265 Heuss, Robert Bosch, S. 159; Bähr/Erker, Bosch, S. 65 f.
266 Prinzing, Der Streik bei Bosch, S. 40 f.
267 Bähr/Erker, Bosch, S. 66.
268 Mulert, Erfolgsbeteiligung und Vermögensbildung, S. 5; s.neuerdings auch Zimmermann, Arbeiterschutz und Lebenswirklichkeit, die bei Bosch durchgängig einen «patriarchalischen Unternehmenstypus» (S. 219) erkennen will.
269 Prinzing, Der Streik bei Bosch, S. 42; Mulert, Erfolgsbeteiligung und Vermögensbildung, S. 25; Bähr/Erker, Bosch, S. 66; Urlaubsordnungen des Unternehmens aus den Jahren vor dem Ersten Weltkrieg in: RBA 1 059 028.

270 Zit. n. Prinzing, Der Streik bei Bosch, S. 43
271 BZ 12/1935, S. 242; vgl. Prinzing, Der Streik bei Bosch, S. 44.
272 Metallarbeiter-Zeitung 5, 1913, zit. nach Mulert, Erfolgsbeteiligung und Vermögensbildung, S. 11.
273 Bähr/Erker, Bosch, S. 63, S. 664 (Tabelle).
274 Ebd., S. 63; Heuss, Robert Bosch, S.211.
275 Bähr/Erker, Bosch, S. 63.
276 Mulert, Erfolgsbeteiligung und Vermögensbildung, S. 12.
277 Prinzing, Der Streik bei Bosch, S. 28.
278 Ebd., S. 30.
279 Zit. n. Heuss, Robert Bosch, S. 403; vgl. Bähr/Erker, Bosch, S. 64.
280 Robert Bosch, Sei Mensch und ehre Menschenwürde, S. 27.
281 Ebd., S. 26.
282 Heuss, Robert Bosch, S. 210.
283 Ritter/Tenfelde, Arbeiter im Kaiserreich, S. 414 ff.
284 Erklärung vom 28. März 1913, RBA 1 002 073.
285 Robert Bosch, Lebenserinnerungen (1921), RBA 1 014 006, S. 21.
286 Kocka, Bürgerlichkeit und Obrigkeitsstaat, S. 189; Nipperdey, Arbeitswelt und Bürgergeist, S. 389 ff.
287 Heuss, Robert Bosch, S. 493.
288 Robert Bosch, Lebenserinnerungen (1921), RBA 1 014 006, S. 20; Heuss, Robert Bosch, S. 174f; S. 495 ff.
289 Kraus, Jüdisches Mäzenatentum im Kaiserreich, S. 41.
290 Heuss, Robert Bosch, S. 176.
291 Zit. n. Heuss, Robert Bosch, S. 178.
292 Hepp, Avantgarde, S. 159 ff.; Campbell, Der Deutsche Werkbund, S. 113; Schwartz, Der Werkbund, S. 31 ff., Nipperdey, Arbeitswelt und Bürgergeist, S. 736; Hardtwig, Kunst, liberaler Nationalismus und Weltpolitik.
293 Nipperdey, Arbeitswelt und Bürgergeist, S. 733.
294 Naumann, Werke VI, S. 297 (i. Original kursiv).
295 Karl Schmidt-Hellerau an Else Meissner, 27. März 1917, Werkbundarchiv, D909.
296 Karl Schmidt-Hellerau an Else Meissner, 5. Oktober 1917, Werkbundarchiv, D915.
297 Protokoll der Vorstandssitzung des Deutschen Werkbundes vom 3. November 1916, S. 20, Karl-Ernst Osthaus-Archiv, D704.
298 Müller, Das Robert-Bosch-Haus, S. 23.
299 Ebd., S. 51 ff.
300 Heuss, Robert Bosch, S. 180.
301 Pfetsch, Zur Entwicklung der Wissenschaftspolitik in Deutschland, Tabelle 2.
302 Wehler, Deutsche Gesellschaftsgeschichte III, S. 1228.
303 Nipperdey, Arbeitswelt und Bürgergeist, S. 589; s. auch Rebenich, Theodor Mommsen und Adolf von Harnack.
304 Ritter/Tenfelde, Arbeiter im Kaiserreich, S. 475; vgl. auch Stiftungen aus den Jahren 1350-1911, S. 75; Boelcke, Millionäre in Württemberg, S. 85 ff., bes. S. 89.
305 Robert Bosch an das Rektorat der Königlich Technischen Hochschule, 26. November 1910, zit. n. Allmendinger, Struktur, Aufgabe und Bedeutung der Stiftungen von Robert Bosch, S. 225.

306 Allmendinger, Struktur, Aufgabe und Bedeutung der Stiftungen von Robert Bosch, S. 227.
307 Stiftungsurkunde bei Allmendinger, S. 34 (Anhang).
308 Frankfurter Zeitung vom 1. Dezember 1910; vgl. Allmendinger, Struktur, Aufgabe und Bedeutung der Stiftungen von Robert Bosch, S. 226.
309 Burchhardt, Wissenschaftspolitik im Wilhelminischen Deutschland, S. 157.
310 Ebd., S. 65.
311 Heuss, Robert Bosch, S. 183.
312 Scholtyseck, Robert Bosch und der liberale Widerstand, S. 74 f.
313 Robert Bosch, Lebenserinnerungen (1921), RBA 1 014 006, S. 22.
314 Fest, Die großen Stifter, S. 11 f.
315 Allgäuer, Die linke und die rechte Hand, S. 129.
316 S. oben, S. 34 f.
317 Hettling/Hoffmann, Der bürgerliche Wertehimmel, S. 338.
318 Heuss, Robert Bosch, S. 184.
319 Ullmann, Das Deutsche Kaiserreich, S. 169f; Theiner, Sozialer Liberalismus und deutsche Weltpolitik, S. 169 ff.
320 Ullmann, Der Bund der Industriellen, S. 76 und 304 (Anm. 308 f.).
321 Mielke, Der Hansa-Bund, S. 79 f.; S. 34 ff.
322 Robert Bosch an «Hansa-Bund» für Gewerbe, Handel und Industrie, Württembergisches Landeskomitee, 21. Dezember 1909, RBA 1 010 059.
323 Zit. nach Mielke, Hansa-Bund, S. 37.
324 Ebd., S. 42.
325 Bähr/Erker, Bosch, S. 63.
326 Hilfe, XIX. Jg., Nr. 28, 10. Juli 1913, S. 438 (im Original kursiv); vgl. Theiner, Sozialer Liberalismus und deutsche Weltpolitik, S. 158.
327 Bähr/Erker, Bosch, S. 67; vgl. auch Homburg, Anfänge des Taylorsystems, S. 182 ff.
328 Robert Bosch, Lebenserinnerungen (1921), RBA 1 014 006, S. 22.
329 Theiner, Sozialer Liberalismus und deutsche Weltpolitik, S. 166f; Mommsen, Bürgerstolz und Weltmachtstreben, S. 380 ff.
330 Bähr/Erker, Bosch, S. 68.
331 Prinzing, Der Streik bei Bosch, S.81.
332 Boll, Arbeitskampf und Region, S. 403.
333 Ebd., S. 406.
334 Ebd.
335 Heuss, Robert Bosch, S. 211.
336 Robert Bosch, Lebenserinnerungen (1921), RBA 1 014 006, S. 22.
337 Ebd.; s. a. Westmeyer, Das Stuttgarter Waldheim.
338 Zundel, «Es muss viel geschehen!», S. 26 ff.
339 Robert Bosch, Lebenserinnerungen (1921), RBA 1 014 006, S. 21.
340 Prinzing, Der Streik bei Bosch, S. 6.
341 Ebd., S. 7.
342 Prinzing, Der Streik bei Bosch, S. 7; vgl. Bähr/Erker, Bosch, S. 68.
343 Robert Bosch, Lebenserinnerungen (1921), RBA 1 014 006, S. 23.
344 Prinzing, Der Streik bei Bosch, S. 7.
345 Ebd.
346 Bähr/Erker, Bosch, S. 69.
347 Sitzungen des Württembergischen Landtags vom 6. Juni, 7. Juni, 10. Juni 1913,

Protokolle, S. 1443, S. 1457–1461, S. 1483–1485, S. 1494–1498, S. 1508f; vgl. auch Prinzing, Der Streik bei Bosch, S. 12.
348 Robert Bosch, Lebenserinnerungen (1921), RBA 1 014 006, S. 24.
349 Ebd.
350 Ebd.
351 Zit. n. Heuss, Robert Bosch, S. 218.
352 Heuss, Robert Bosch, S. 221.
353 Ebd., S. 222; s. zu diesem Verband auch Saul, Staat, Industrie, Arbeiterbewegung, S. 283 ff; Grießmer, Massenverbände und Massenparteien, S. 140 ff.
354 Robert Bosch, Lebenserinnerungen (1921), RBA 1 014 006, S. 24; Robert Bosch an Anna Bosch, 18. Juli 1913, RBA 1 014 137.
355 Robert Bosch an Anna Bosch, 19. Mai 1913, RBA 1 014 137.
356 Bähr/Erker, Bosch, S. 72.
357 Prinzing, Der Streik bei Bosch, S. 50.
358 Homburg, Anfänge des Taylorsystems, S. 193.
359 Bähr/Erker, Bosch, S. 71.
360 So etwa Adolf Braun, zit. n. Prinzing, Der Streik bei Bosch, S. 93; S. 94, Anm. 12 mit zahlreichen Belegen; s. a. Mommsen, Bürgerstolz und Weltmachtstreben, S. 381 ff.; Saul, Staat, Industrie und Arbeiterbewegung, S. 314 ff.
361 Prinzing, Der Streik bei Bosch, S. 121.
362 F. Westmeyer, Schwäbische Tagwacht, 4. Juni 1913; vgl. Prinzing, Der Streik bei Bosch, S. 118.
363 Correspondenzblatt der Freien Gewerkschaften, 1911, S. 6f; vgl. Prinzing, Der Streik bei Bosch, S. 99.
364 Wilhelm Keil in der Schwäbischen Tagwacht, 17. August 1907; vgl. Prinzing, Der Streik bei Bosch, S. 109; Mittag, Wilhelm Keil, S. 75 ff.
365 Nipperdey, Machtstaat vor der Demokratie, S. 616.
366 Zit. n. Prinzing, Der Streik bei Bosch, S. 109.
367 Betriebsversammlung der Firma Bosch, Schwäbische Tagwacht, 14. März 1913.
368 Stuttgarter Neues Tagblatt, 22. November 1913.
369 DMV, Geschäfts-Berichte über das Jahr 1913 I, S. 278.
370 N. N. an Robert Bosch, 14. Mai 1913, RBA 1 059 046.
371 Schwäbische Tagwacht, 22. Mai 1913.
372 Schwäbische Tagwacht, 4. Juni 1913.
373 Robert Bosch, Lebenserinnerungen (1921), RBA 1 014 006, S. 22.
374 Bähr/Erker, Bosch, S. 713.
375 Zit. n. Deutscher Metallarbeiter-Verband. Geschäfts-Berichte über das Jahr 1913, S. 189.
376 Deutscher Metallarbeiter-Verband. Geschäfts-Berichte über das Jahr 1913, S. 181.
377 Ebd., S. 165.
378 Robert Bosch, Lebenserinnerungen (1921), RBA 1 014 006, S. 24.
379 Zit. n. Deutscher Metallarbeiter-Verband, Geschäfts-Berichte über das Jahr 1913, S. 181.
380 Bähr/Erker, Bosch, S. 73.
381 Protokoll einer Besprechung Walter de Gruyter/Friedrich Naumann vom 10. Februar 1914, BArch, NL Naumann 26, Bl. 165.
382 Müller, Im Zeitalter der Sammelwerke, S. 194 ff.
383 Robert Bosch an Friedrich Naumann, 17. Juni 1914; Friedrich Naumann an

Hugo Borst, 20. Juni 1914; Robert Bosch an Friedrich Naumann, 13. Juli 1914, BArch, NL Naumann, Band 26.
384 Friedrich Naumann an Bernhard Dernburg, 11. Juli 1914, BArch, NL Naumann 25; vgl. Müller, Im Zeitalter der Sammelwerke, S. 194.
385 Zit. nach Heuss, Naumann, S. 323.
386 Müller, Im Zeitalter der Sammelwerke, S. 207.
387 Hübinger, Das Jahr 1913 in Geschichte und Gegenwart, S. 179. Hübinger konstatiert für 1913 eine auffällige Bündelung neuer Kompendien (ebd. S. 180) zur «kulturellen und wissenschaftlichen Selbsterfassung der Moderne» (ebd., S. 179); vgl. auch Dipper, Max Weber, Ernst Troeltsch und die ‹Entdeckung der Moderne›, S. 95 ff.
388 Herbert, Geschichte Deutschlands, S. 42 ff.
389 Musil, Der Mann ohne Eigenschaften, 1. Band, S. 55; vgl. Mares/Schott, 1913 – Annäherungen an ein Jahr der Möglichkeiten, S. 10.
390 Zit. nach Heuss, Naumann, S. 324; vgl. auch Naumann an Bankhaus Delbrück, 16. November 1914, Nachlass Naumann 26, Blatt 143; Friedrich Naumann an Robert Bosch, 12. September 1914, RBA 1 014 055 001.

Kapitel 2
Der Große Krieg

1 Schulte, Neue Dokumente zu Kriegsausbruch und Kriegsverlauf, S. 140; vgl. zu dieser Szene auch Clark, Die Schlafwandler, S. 705.
2 Robert Bosch an Anna Bosch, 31. Juli 1914, RBA 1 014 137; eine überzeugende aufschlussreiche Analyse der Hintergründe und der russischen Perzeption der Julikrise bei Lieven, Towards the Flame, S. 313 ff.
3 Canis, Der Weg in den Abgrund, S. 658 f., 664; s. auch Krumeich, Juli 1914, S. 64 ff.
4 Hillgruber, Riezlers Theorie des kalkulierten Risikos; Krumeich, Juli 1914, S. 79 ff.
5 Afflerbach, The Topos of Improbable War in Europe before 1914, S. 169.
6 Robert Bosch, Lebenserinnerungen (1921), RBA 1 014 006, S. 26.
7 Ludwig Thoma an Conrad Haußmann, 06. Mai 1906, HStA Wü Q1/2 Bü 254; vgl. Burger, Theodor Heuss als Journalist, S. 126.
8 Zit. nach Burger, Theodor Heuss als Journalist, S. 127.
9 Ebd., S. 135.
10 März, 1913, S. 343.
11 Theiner, Sozialer Liberalismus und deutsche Weltpolitik, S. 195 ff.
12 Ebd., S.220.
13 Zit. n. Verhey, Der «Geist von 1914» und die Erfindung der Volksgemeinschaft, S. 109.
14 Robert Bosch an Anna Bosch, 31. Juli 1914, RBA 1 014 137.
15 Siehe Marianne Weber, Lebensbild, S.567; vgl. Kaesler, Max Weber, S. 738.
16 Hopbach, Unternehmer im Ersten Weltkrieg, S. 11.
17 Clemens von Delbrück an Robert Bosch, 13. Mai 1914, HStA Wü E150 Bü. 1330, Nummer 278, vgl. Hopbach, Unternehmer im Ersten Weltkrieg, S. 14.

18　Hopbach, Unternehmer im Ersten Weltkrieg, S. 13.
19　Ebd., S. 33 ff., Krumeich, Juli 1914, S. 54 ff.
20　Robert Bosch an Fritz Egnell, 29. September 1915, RBA 1 014 057.
21　Ebd.
22　Hierzu umfassend: Ziemann, Gewalt im Ersten Weltkrieg.
23　Heuss, Robert Bosch, S. 260.
24　Bähr/Erker, Bosch, S. 81; Robert Bosch, Lebenserinnerungen, RBA 1 014 006, S. 26: «Zunächst stand alles still. 52 unserer Angestellten mußten binnen kurzer Zeit ins Feld.»
25　Robert Bosch an Fritz Egnell, 28. September 1914, RBA 1 014 057.
26　Fastnacht/Kuhlgatz/Schmitt/Siegel, 125 Jahre Technik fürs Leben, S 59 f., 202 f.
27　Bähr/Erker, Bosch, S. 82.
28　Zahl der Angestellten und Arbeiter vom 11. Juli 1911 bis 11. März 1918, RBA 1 007 001; vgl. Bähr/Erker, Bosch, S. 82.
29　Robert Bosch an Otto Heins, zit. nach Heuss, Bosch, S. 63; vgl. Bähr/Erker, Bosch, S. 81.
30　Kielmansegg, Deutschland und der Erste Weltkrieg, S. 89 ff.
31　Mommsen, Die Urkatastrophe Deutschlands, S. 47.
32　Bähr/Erker, Bosch, S. 83 f.; Heuss, Robert Bosch, S. 263 ff.; Robert Bosch, Lebenserinnerungen (1921), RBA 1 014 006, S. 27.
33　Robert Bosch, Lebenserinnerungen (1921), RBA 1 014 006, S. 26.
34　Robert Bosch an Walther Mauk, 4. Juli 1940, RBA 1 014 088; zur Spende an die Stadt: Heuss, Robert Bosch, S. 257.
35　Verhey, Der «Geist von 1914», S. S. 86 ff.; Hirschfeld/Krumeich, Deutschland im Ersten Weltkrieg, S. 119, 133; Kohlhaas, Chronik der Stadt Stuttgart, S.121 ff.
36　Verhey, Der «Geist von 1914», S. 86.
37　Ebd., S. 87.
38　Ebd., S. 89.
39　Ebd.
40　Wehler, Deutsche Gesellschaftsgeschichte IV, S. 70.
41　v. Hippel, Wirtschafts- und Sozialgeschichte 1800 bis 1918, S. 782.
42　Scheck, Zwischen Weltkrieg und Revolution, S. 35.
43　Ebd., S. 36.
44　Weller, Staatsumwälzung, S. 43 ff.
45　Mommsen, Die Urkatastrophe Deutschlands, S. 94; Ullmann, Das Deutsche Kaiserreich, S. 238.
46　Nolte, Die Ordnung der deutschen Gesellschaft, S. 69 ff; Hoeres, Krieg der Philosophen.
47　Ullmann, Das Deutsche Kaiserreich, S. 241.
48　v. Hippel, Wirtschafts- und Sozialgeschichte 1800 bis 1918, S. 777.
49　Scheck, Zwischen Weltkrieg und Revolution, S. 36.
50　Mai, Kriegswirtschaft und Arbeiterbewegung in Württemberg, S 409.
51　Chickering, Freiburg im Ersten Weltkrieg, S. 252.
52　Chickering, Das Deutsche Reich und der Erste Weltkrieg, S. 136.
53　Groddeck, Kriegsfürsorge, S. 11 ff.
54　Hirschfeld/Krumeich, Deutschland im Ersten Weltkrieg, S. 126.
55　Scheck, Zwischen Weltkrieg und Revolution, S. 37.
56　Kielmansegg, Deutschland und der Erste Weltkrieg, S.202.

Anmerkungen

57 Ullmann, Das Deutsche Kaiserreich, S. 243; ders., Steuerstaat, S. 88 ff.
58 Zit.n.Mommsen, Die Urkatastrophe Deutschlands, S. 131;
59 So ein Verleger aus Süddeutschland, zit. n. Chickering, Das Deutsche Reich und der Erste Weltkrieg, S. 181; zur Lebenssituation in den Familien: Daniel, Arbeiterfrauen in der Kriegsgesellschaft, S.151 ff; 215 ff; aus einer biographischen Perspektive auf das Bildungsbürgertum: Demm, Else Jaffé-von Richthofen, S.118 ff;
60 Heuss, Robert Bosch, S. 257.
61 Schulz, Mäzenatentum und Wohltätigkeit, S. 243.
62 Ebd., S. 251.
63 Kohlhaas, Chronik der Stadt Stuttgart, S. 118.
64 Heuss, Robert Bosch, S. 258 f.
65 Kohlhaas, Chronik der Stadt Stuttgart, S. 116 f.
66 Die staatlichen und kommunalen Fürsorgeeinrichtungen während des Krieges, HStA Wü E170/1736; vgl. Allmendinger, Struktur, Aufgabe und Bedeutung der Stiftungen von Robert Bosch, S. 128; S. ferner Mai, Kriegswirtschaft und Arbeiterbewegung in Württemberg, S. 393; Kocka, Klassengesellschaft im Krieg, S. 12 ff.
67 Strölin, Lage der Arbeiterklasse und des Mittelstands, S. 8; vgl. Allmendinger, Struktur, Aufgabe und Bedeutung der Stiftungen von Robert Bosch, S. 128.
68 Kohlhaas, Chronik der Stadt Stuttgart, S. 119.
69 Ebd., S. 147.
70 Ebd., S. 177.
71 Ebd., S. 186 f.; vgl. auch Chickering, Freiburg im Ersten Weltkrieg, S. 249 ff.
72 Heuss, Bosch, S. 258; Allmendinger, Struktur, Aufgabe und Bedeutung der Stiftungen von Robert Bosch, S. 130 ff.; Hopbach, Unternehmer im Ersten Weltkrieg, S. 99.
73 Stadtarchiv Stuttgart, Akten Sozialamt, 342 – 343.
74 Allmendinger, Struktur, Aufgabe und Bedeutung der Stiftungen von Robert Bosch, S. 130.
75 Ebd., S. 130 f.
76 Hopbach, Unternehmer im Ersten Weltkrieg, S. 99.
77 Allmendinger, Struktur, Aufgabe und Bedeutung der Stiftungen von Robert Bosch, S. 131.
78 Ebd.
79 Robert Bosch, Lebenserinnerungen (1921), RBA I 014 006, S. 31.
80 Denkschrift über die Kanalisierung des Neckars von Mannheim bis Heilbronn, Stuttgart 1910; Wolff, Kanalprojekte, S. 84.
81 HStA Wü, E152B/46.
82 Allmendinger, Struktur, Aufgabe und Bedeutung der Stiftungen von Robert Bosch, S. 90.
83 Ebd. S. 98; Ullmann, Steuerstaat, S. 92.
84 Geschichte des Hauses Bosch, Verkaufsorganisation, RBAI 029 003, S. 5.
85 Denkschrift über die Kanalisierung des Neckars von Mannheim bis Heilbronn, Stuttgart 1910, S. 9 f.
86 Schwäbische Tageszeitung, Stuttgart, 11. Januar 1917; Allmendinger, Struktur, Aufgabe und Bedeutung der Stiftungen von Robert Bosch, Anlage I, S. 19.
87 Stiftungsurkunde der Robert-Bosch-Kriegsstiftung, III/1., ebd., Anlage I, S. 15.

88 Ebd., S. 14.
89 Kraus, Zur Geschichte von Stiftungswesen, S. 412.
90 Ebd., S. 403.
91 Heuss, Robert Bosch, S. 271.
92 Nipperdey, Machtstaat vor der Demokratie, S. 395; s. auch Kocka, Bürgerlichkeit und Obrigkeitsstaat, S. 189.
93 Sauer, Württembergs letzter König, S. 232.
94 Robert Bosch, Lebenserinnerungen (1921), RBA 1 014 006, S. 31.
95 Ritter/Tenfelde, Arbeiter im Kaiserreich, S. 610; Zimmermann, Wohnungsfrage, S. 155 ff.
96 Mulert, Erfolgsbeteiligung und Vermögensbildung, S. 22 ff.
97 Gall, Krupp, S. 234.
98 Westmeyer, Wohnungselend, S. 9; vgl. auch Sauer, Großstadt, S. 41 ff; Lenger, Großstädtische Eliten vor den Problemen der Urbanisierung, S. 174 ff; ders., Metropolen der Moderne.
99 Allmendinger, Struktur, Aufgabe und Bedeutung der Stiftungen von Robert Bosch, S. 122.
100 Zimmermann, Sozialer Wohnungsbau, S. 59 f.
101 Ebd.
102 Heuss, Robert Bosch, S. 273.
103 HStA Wü, E151 DII 98; vgl. Allmendinger, Struktur, Aufgabe und Bedeutung der Stiftungen von Robert Bosch, S. 117.
104 HStA Wü, E151 DII/98, Bl. 120; vgl. Allmendinger, Struktur, Aufgabe und Bedeutung der Stiftungen von Robert Bosch, S. 121.
105 Allmendinger, Struktur, Aufgabe und Bedeutung der Stiftungen von Robert Bosch, Anhang, S. 19.
106 Stiftungsurkunde, III, 1, zit. n. Allmendinger, Struktur, Aufgabe und Bedeutung der Stiftungen von Robert Bosch, Anlage III, S. 15.
107 Kohlhaas, Chronik der Stadt Stuttgart, S. 167; Chickering, Freiburg, S. 478 ff.
108 Allmendinger, Struktur, Aufgabe und Bedeutung der Stiftungen von Robert Bosch, Anlage III, S. 14.
109 Ebd., S. 174.
110 Ebd., S. 205.
111 Ferdinand Stäbler, Verein «Förderung der Begabten e. V. Stuttgart», in: Die Volksschule 79. Jg, 1919, Nummer 18, S. 232.
112 Allmendinger, Struktur, Aufgabe und Bedeutung der Stiftungen von Robert Bosch, S. 209 f.
113 Roth, Merton, S. 101.
114 Heuss, Robert Bosch, S. 231.
115 Pache, Bäuerles Beitrag, S. 26; Schmitt, Bäuerle, S. 17 ff.; Theiner, Sozialer Liberalismus und deutsche Weltpolitik, S. 27 f.
116 Schmitt, Bäuerle, S. 25; siehe zum Hintergrund auch Deist, Militär und Innenpolitik.
117 Schmitt, Bäuerle, S. 31.
118 Röhrig, Erwachsenenbildung, S. 461.
119 Zit. ebd., S. 468; vgl. auch Pache, Bäuerles Beitrag, S. 22 ff.; Schmitt, Bäuerle, S. 42 ff.
120 Pache, Bäuerles Beitrag, S. 28 f.
121 Zit. n. Heuss, Robert Bosch, S. 553.

122 Allmendinger, Struktur, Aufgabe und Bedeutung der Stiftungen von Robert Bosch, S. 177.
123 Ebd., S. 189.
124 Robert Bosch an Fritz Egnell, 28. September 1914, RBA 1 014 057 002.
125 Robert Bosch an Anna Bosch, 10. August 1916, RBA 1 014 137.
126 Robert Bosch an Anna Bosch, 20. August 1917, RBA 1 014 137.
127 Robert Bosch an Fritz Egnell, 29. November 1917, RBA 1 014 057 006.
128 Zit. n. Leonhard, Die Büchse der Pandora, S. 240.
129 Mommsen, Bürgerstolz und Weltmachtstreben, S. 624; Huber, Deutsche Verfassungsgeschichte V, S. 129 ff.
130 Theiner, Sozialer Liberalismus und deutsche Weltpolitik, S. 225 ff.
131 Friedrich Naumann an Wilhelm Kolb, 06. Juli 1915, BArch, NL Naumann 310, Bl. 86; vgl. Theiner, Sozialer Liberalismus und deutsche Weltpolitik, S. 228.
132 Heuss, Robert Bosch, S. 256.
133 Mommsen, Bürgerstolz und Weltmachtstreben, S. 619.
134 Friedrich Naumann an Richard Schwemer, 20. August 1915, BArch, NL Naumann 310, Bl. 103; vgl. Theiner, Sozialer Liberalismus und deutsche Weltpolitik, S. 230.
135 Robert Bosch an Anna Bosch, 10. August 1916, RBA 1 014 137.
136 Hilfe, 08. Juni 1916, S. 373.
137 Briefliche Äußerung v. 1927, zit. nach Heuss, Robert Bosch, S. 471.
138 Kolb, Stresemann, S. 40 ff; Pohl, Stresemann, bes. S. 198; Wright, Stresemann, S. 73 ff.
139 Heuss, Robert Bosch, S. 288.
140 Nach dem Bericht des Generals v. Gayl an v. Valentini, 23. Juni 1915, zit. n. Boelcke, Krupp und die Hohenzollern, S. 245; vgl. Hagenlücke, Vaterlandspartei, S. 51; Mommsen, Bürgerstolz und Weltmachtstreben, S. 627.
141 Nipperdey, Machtstaat vor der Demokratie, S. 750.
142 Hagenlücke, Vaterlandspartei, S. 49 ff.
143 Zit. n. Mommsen, Bürgerstolz und Weltmachtstreben, S. 629.
144 Text ebd. S. 762 – 763.
145 Heuss, Robert Bosch, S. 286.
146 Preußische Jahrbücher 169, 1917, S. 306 f.
147 MWG I/15, S. 58 und 61.
148 S. hierzu die grundlegende Untersuchung von Ulrike Jureit, Das Ordnen von Räumen; Willke, Atopia. Studien zur atopischen Gesellschaft.
149 Zit. n. Lenger, Sombart, S. 219.
150 Ebd., S. 247.
151 Münkler, Der Große Krieg, S. 222.
152 Schreiben an Eduard Lamparter, 13. Januar 1917, Landeskirchliches Archiv Stuttgart, D24.
153 Brief vom 03. Oktober 1914, zit. nach Heuss, Bosch, S. 261.
154 Robert Bosch an Kommerzienrat S. Seligmann, 3. Oktober 1914, RBA 1 014 134 001.
155 Schreiben Walter Rathenau, undatiert, BArch, ZSg. 1-E/71.
156 Sieg, Judentum; Judenzählung, in: Enzyklopädie Erster Weltkrieg, S. 599 f.
157 Mitgliederverzeichnis in: BArch, ZSg. 1-E/70 (18).
158 Zit. n. Sösemann, Verfall des Kaisergedankens, S. 153.
159 Verhey, Der «Geist von 1914» und die Erfindung der Volksgemeinschaft, S. 273.

160 Matthias/Miller, Das Kriegstagebuch des Reichstagsabgeordneten Eduard David, S. 15; vgl. Sösemann, Verfall des Kaisergedankens, S. 156.
161 Sösemann, Politische Kommunikation, S. 640.
162 Herbert, Geschichte Deutschlands, S. 151 f.
163 Zit. n. Sösemann, Politische Kommunikation, S. 643.
164 Schwabach, Aus meinen Akten, S. 311.
165 Heuss, Robert Bosch, S. 286.
166 Huber, Verfassungsgeschichte V, S. 136.
167 Hilfe, 8. März 1917, S. 152.
168 Theiner, Sozialer Liberalismus und deutsche Weltpolitik, S. 259.
169 Kielmansegg, Deutschland und der Erste Weltkrieg, S. 452.
170 Reichsamt des Innern, Nachrichtenstelle an Naumann, 21. Juli 1917, BArch, NL Naumann 10 Bl. 40; vgl. Theiner, Sozialer Liberalismus und deutsche Weltpolitik, S. 266.
171 Naumann, Werke II, S. 445 ff.
172 Heuss, Robert Bosch, S. 285.
173 Naumann, Werke II, S. 454.
174 Theiner, Sozialer Liberalismus und deutsche Weltpolitik, S. 266.
175 Der Hauptausschuss des Deutschen Reichstags, III. Band, S. 1680; s. auch Becker, Georg Michaelis, S. 428 f.
176 Siehe aber Bähr/Erker, Bosch, S. 86.
177 Huber, Verfassungsgeschichte V, S. 235.
178 Denkschrift Erzberger vom 11. April 1916, in: BArch, Akten der Reichskanzlei, R43, Nr. 2448, Bl. 3.
179 BArch, Akten der Reichskanzlei, R43, 2448, Bl. 102 f.
180 Robert Bosch an Anna Bosch, 10. August 1916, RBA I 014 137.
181 Bethmann Hollweg an den Deutschen Nationalausschuss, 18. Juli 1916, BArch, R43/2448, Bl. 158 f.
182 Ulrich Rauscher an Unterstaatssekretär Wahnschaffe 02. Juni 1916, BArch, R43/2448, Bl. 58.
183 Rednerliste ebd., Bl. 126 f.
184 Hagenlücke, Vaterlandspartei, S. 78.
185 Schwabe, Wissenschaft und Kriegsmoral, S. 118; Nottmeier, Harnack, S. 432 ff.
186 Heuss, Robert Bosch, S. 288.
187 Theiner, «Mitteleuropa»-Pläne im Wilhelminischen Deutschland, S. 128 ff., ders., Mitteleuropa – historisch, S. 141 ff.; Jaworski, Die aktuelle Mitteleuropa-Diskussion in historischer Perspektive, S: 529 ff.; Mommsen, Mitteleuropaidee und Mitteleuropa, S. 94 ff; Stern, Bethmann Hollweg und der Krieg, S. 27 ff; Roth/Röhl, Aus dem Großen Hauptquartier, S. 102 ff.
188 Kielmansegg, Deutschland und der Erste Weltkrieg, S. 220.
189 Naumann, Werke IV, S. 448.
190 Ebd., S. 447.
191 Ebd.
192 Ebd., S. 448 f.
193 Heuss, Naumann, S. 363.
194 Naumann, Werke IV, S. 460.
195 Ebd., S. 467.
196 Ebd.
197 Ebd., S. 483.

198 Ebd., S. 563.
199 Ebd., S. 741.
200 Naumann, Werke IV, S. 388 (Einführung).
201 Miller, Burgfrieden und Klassenkampf, S. 228.
202 Karl Renner, Wirklichkeit oder Wahnidee? Der Kampf 11/1915, S.19; zit.n. Theiner, Sozialer Liberalismus und deutsche Weltpoltik, S.246.
203 Protokolle des Arbeitsausschusses Mitteleuropa in: BArch, NL Naumann 29.
204 Mommsen, Mitteleuropaidee und Mitteleuropapläne, S. 232.
205 Mommsen, Max Weber und die deutsche Politik, S. 237; Theiner, Sozialer Liberalismus und deutsche Weltpolitik, S. 249.
206 Kielmansegg, Deutschland und der Erste Weltkrieg, S. 551 ff., bes. S. 575.
207 Ebd., S. 562 f.
208 Riezler, Tagebücher, S. 369; s.auch Jarausch, Die Alldeutschen und die Regierung Bethmann Hollweg. Eine Denkschrift Kurt Riezlers, S. 452 ff.
209 Riezler, Tagebücher, S. 253.
210 Friedrich Naumann an Max Weber, 24. Januar 1916, BArch, NL Naumann 106, Bl. 63; vgl. Theiner, Sozialer Liberalismus und deutsche Weltpolitik, S. 249.
211 Bethmann Hollweg an Friedrich Naumann, 13. November 1917, BArch, NL Naumann 146, Bl. 2-5.
212 Zit. n. Schwabe, Wissenschaft und Kriegsmoral, S. 100.
213 Mommsen, Bürgerstolz und Weltmachtstreben, S. 655.
214 Friedrich Naumann an Gottfried Traub, 12. Oktober 1916, BAK, NL Traub 66, Bl. 22.
215 Mommsen, Die Urkatastrophe Deutschlands, S. 73; Soutou, French War Aims and Strategy; umfassend ders., L'or et le sang.
216 Kielmansegg, Deutschland und der Erste Weltkrieg, S. 434; s. jetzt Afflerbach, «...eine Internationale der Kriegsverschärfung und der Kriegsverlängerung...», bes. S. 247.
217 Afflerbach, «... eine Internationale der Kriegsverschärfung und der Kriegsverlängerung...», S. 250.
218 Naumann, Werke IV, S. 447.
219 Bähr/Erker, Bosch, S. 92.
220 Hilfe, 22. März 1917, S. 186.
221 Heuss, Robert Bosch, S. 287; Mittag, Wilhelm Keil, S. 131 ff.
222 Theiner, Sozialer Liberalismus und deutsche Weltpolitik, S. 262.
223 Leonhard, Die Büchse der Pandora, S. 739.
224 Hilfe, 12. Juli 1917, S. 453.
225 Zit. n. Winkler, Der lange Weg nach Westen I, S. 350.
226 Herbert, Geschichte Deutschlands, S. 152.
227 Weigand, Goetz, S. 166 ff.
228 Huber, Verfassungsgeschichte V, S. 306; Kielmansegg, Deutschland und der Erste Weltkrieg, S. 461.
229 Mommsen, Die deutsche öffentliche Meinung, S. 435.
230 Heuss, Robert Bosch, S. 288.
231 Friedrich Naumann an Max Bahr, 27. Oktober 1917, BArch, NL Naumann 310, Bl. 227.
232 Friedrich Naumann an Gottfried Traub, 09. Oktober 1917, BArch, NL Naumann 310, Bl. 227; vgl. Theiner, Sozialer Liberalismus und die deutsche Weltpolitik, S. 269.

233 Hilfe, 16. August 1917, S. 520.
234 Winkler, Der lange Weg nach Westen I, S. 351.
235 Naumann an Ludwig Curtius, 20. August 1917, BArch, NL Naumann 310, Bl. 139 f; vgl. Theiner, Sozialer Liberalismus und deutsche Weltpolitik, S. 264.
236 Naumann, Werke V, S. 594.
237 Zit.n.Hagenlücke, Vaterlandspartei, S. 158.
238 Ebd., S. 164.
239 Heuss, Robert Bosch, S. 288.
240 Hans Walz an Ernst Jäckh, 16. März 1916, RBA I 014 148.
241 Von deutscher Volkskraft. 2. Veröffentlichung des Volksbundes für Freiheit und Vaterland, Gotha 1818; zit. n. Hagenlücke, Vaterlandspartei, S. 366.
242 Hagenlücke, Vaterlandspartei., S. 366 f.
243 Ebd., S. 368.
244 Ebd., S. 367.
245 Naumann, Werke II, S. 518.
246 Sitzung des Interfraktionellen Ausschusses, 21. August 1917, S. 134.
247 Robert Bosch an Anna Bosch, 2. April 1917, RBA I 014 137.
248 Mommsen, Bürgerstolz und Weltmachtstreben, S. 761.
249 Soutou, Die Kriegsziele, S. 37 ff.
250 Denkschrift, RBA I 014 053 001; s. auch Ursachen und Folgen 2, S.245 ff. und Alfred Weber, Politische Theorie und Tagespolitik (1903-1933), S.212 ff; vgl. Demm, Ein Liberaler, S. 236 ff.
251 Ludendorff an Robert Bosch, 22. Februar 1918, RBA I 014 053 002.
252 Naumann, Werke V, S. 734.
253 Ebd., S. 710.
254 Ebd.
255 Ebd., S. 715.
256 Ebd., S. 720.
257 Ebd., S. 727.
258 Ebd., S. 732.
259 Link, Nationalverein.
260 Friedrich Naumann an Carl Petersen, 13. Juli 1917, Staatsarchiv Hamburg, NL Carl Petersen.
261 Friedrich Naumann an Max Weber, 18. Juli 1917, BArch, Nachlass Naumann 106, Bl. 39..
262 Allmendinger, Struktur, Aufgabe und Bedeutung der Stiftungen von Robert Bosch, S. 239.
263 Zit. n. Missiroli, Die Deutsche Hochschule für Politik, S. 30.
264 Gay, Die Republik der Außenseiter, S.62 ff.
265 Robert Bosch an Paul Reusch, 18. Dezember 1922, RBA I 014 103 005.
266 Mommsen, Bürgerstolz und Weltmachtstreben, S. 794.
267 Mühlhausen, Friedrich Ebert, S.93f; Witt, Ebert, S. 169 ff.
268 Mai, Arbeiterbewegung in Württemberg, S. 370.
269 Ebd., S. 371.
270 Ebd., S. 368.
271 Robert Bosch an Friedrich Naumann, 1. Juli 1916, RBA I 014 055 004,
272 Robert Bosch an Paul Reusch, 11. Oktober 1917, RBA I 014 103 001.
273 Mommsen, Bürgerstolz und Weltmachtstreben, S. 799 ff.; Leonhard, Die Büchse der Pandora, S. 827.

274 Friedrich Naumann an Harms, 1. Juli 1918, BArch, NL Naumann II, Bl. 149.
275 Naumann, Werke V, S. 614.
276 Huber, Verfassungsgeschichte V, S.501 ff; Theiner, Sozialer Liberalismus und deutsche Weltpolitik, S. 276 f.
277 Zit. n. Nebelin, Ludendorff, S. 408.
278 Der Interfraktionelle Ausschuss I, II, S. 542.
279 Pyta, Hindenburg, S.331 ff; Nebelin, Ludendorff, S. 462 ff.
280 Leonhard, Die Büchse der Pandora, S. 876; Ullmann, Das Deutsche Kaiserreich, S. 261.
281 Albertin, Liberalismus und Demokratie, S. 248.
282 Robert Bosch an Conrad Haußmann, 24. Oktober 1918, RBA 1 014 054 004.
283 Robert Bosch an Staatsbibliothek Berlin, 15.Oktober 1918, RBA 1 014 054 002; s. oben, S.48 ff.
284 Robert Bosch an Conrad Haußmann, 15. Oktober 1918, RBA 1 014 054 001.
285 Ebd.
286 Zit. n. Leonhard, Die Büchse der Pandora, S. 880.
287 Geyer, Insurrectionary Warfare, S. 479.
288 Robert Bosch an Conrad Haußmann, 15. Oktober 1918, RBA 1 014 054 001.
289 Robert Bosch an Conrad Haußmann, 24. Oktober 1918, RBA 1 014 054 003.
290 Robert Bosch an Friedrich Naumann, 29. Oktober 1918, RBA 1 055 005.
291 Friedrich Naumann an Robert Bosch, 04.November1918, RBA 1 055 006.
292 Robert Bosch an Conrad Haußmann, 25. Oktober 1918, RBA 1 054 005.
293 Ebd.
294 Robert Bosch an Friedrich Naumann, 29.Oktober 1918, RBA 1 055 005.

Kapitel 3
In der Weimarer Republik

1 Barth, Dolchstoßlegenden und politische Desintegration, S. 321 ff.
2 Robert Bosch an Conrad Haußmann, 25. Oktober 1918, RBA 1 014 054 005.
3 Robert Bosch an Conrad Haußmann, 24. Oktober 1918, RBA 1 014 054 003.
4 Robert Bosch, Lebenserinnerungen (1921), RBA 1 014 006, S. 28.
5 Robert Bosch an Conrad Haußmann, 25. Oktober 1918, RBA 1 014 054 005.
6 Schildt, Der lange November, S. 226; Winkler, Hitlers Schatten, S. 51.
7 Robert Bosch an Friedrich Naumann, 29. Oktober 1918, RBA 1 014 095 005.
8 Kolb/Schönhoven, Regionale und lokale Räteorganisationen in Württemberg, S. XLIX.
9 Ebd., S. LI.
10 Ebd.
11 Bericht der Stuttgarter Polizeidirektion vom 6. November, HStA Wü, E150 I 2051; vgl. Kolb/Schönhoven, Regionale und lokale Räteorganisationen in Württemberg, S. LI.
12 Bericht der Stuttgarter Polizeidirektion vom 6. November, HStA Wü, E150 I 2051.
13 Ebd.

14 Mittag, Wilhelm Keil, S. 165.
15 Menzinger, Verfassungsrevision und Demokratisierungsprozess, S. 178.
16 Scheck, Zwischen Weltkrieg und Revolution, S. 132.
17 Mittag, Wilhelm Keil, S. 169 f.
18 Keil, Erlebnisse II, S. 93.
19 Mittag, Wilhelm Keil, S. 173.
20 Keil, Erlebnisse II, S. 14.
21 S. die Mitgliedsliste der Württembergischen Gesellschaft 1918 in BArch, NL Payer 12, Bl. 104-107; s. ferner Robert Bosch an Friedrich von Payer, 17. Januar 1918, ebd. Bl. 103 f. mit Anregungen zur Mitgliederstruktur und Zusammensetzung der Gesellschaft.
22 Sauer, Württemberg in der Weimarer Republik, S. 80.
23 Robert Bosch, Lebenserinnerungen (1921), RBA 1 014 006, S. 22.
24 Kolb, Internationale Rahmenbedingungen, S. 279; ders./Schumann, Die Weimarer Republik, S. 172f; ferner Pohl, Obrigkeitsstaat und Demokratie, S. 52 u. 56.
25 S. die Überlegungen zur Politik Kurt Eisners bei Pohl, Obrigkeitsstaat und Demokratie, S. 61 ff.
26 Hilfe, 28. November 1918; vgl. Albertin, Liberalismus und Demokratie, S. 29.
27 Carl Friedrich von Siemens an Walther Rathenau, 25. November 1918, Walther Rathenau, Briefe 1914-1922, Nr. 2108, S. 2030 f.
28 Deutsche Stimmen, 24. November 1918; vgl. Albertin, Liberalismus und Demokratie, S. 30.
29 Albertin, Liberalismus und Demokratie, S. 30.
30 Walther Rathenau an Carl Friedrich von Siemens, 26. November 1918, Rathenau, Briefe 1914-1922, Nr. 2109, S. 2032.
31 Meinecke, Straßburg, S. 258; vgl. Barth, Volksbund, S. 256.
32 Robert Bosch an Fritz Röttcher, 7. September 1920, RBA 1 014 147 008.
33 Barth, Volksbund, S. 257.
34 Ebd., S. 256 f.
35 Der Entwurf in RBA 1 014 059 003; vgl. Kessler, Rathenau, S. 270; Volkov, Rathenau, S. 192 f.
36 Walther Rathenau an Arthur Holitscher, Rathenau, Briefe 1914-1922, Nr. 2100, S. 2026.
37 Robert Bosch an Walther Rathenau, 21. November 1918, RBA 1 014 059 002.
38 Ebd.; s. hierzu auch Walther Rathenau an Alexander Moscherosch, 25. April 1919, Rathenau, Briefe 1914-1922, Nr. 2296, S. 2163.
39 Walther Rathenau an Robert Bosch, 27. November 1918, Rathenau, Briefe 1914-1922, Nr. 2113, S. 2037.
40 Robert Bosch an Rathenau, 12. Dezember 1918, RBA 1 014 059 006; vgl. Rathenau, Briefe 1914-1922, Nr. 2144, S. 2954.
41 Robert Bosch an Adolf Damaschke, 30. Dezember 1918, RBA 1 014 434 006.
42 Blos, Von der Monarchie zum Volksstaat I, S. 30; vgl. Kolb/Schönhoven, Regionale und lokale Räteorganisationen, S. LIX.
43 Kolb/Schönhoven, Regionale und lokale Räteorganisationen, S. LIX.
44 Ebd.
45 Heuss, Robert Bosch, S. 321.
46 Ebd.
47 Ebd.

48   Robert Bosch an Fritz Röttcher, 27. Juli 1920, RBA 1 014 147 007.
49   Ebd.
50   Zur Verträglichkeit von Rätewesen und parlamentarischer Demokratie immer noch grundlegend: Ritter, «Direkte Demokratie» und Rätewesen, bes. S. 302 ff.
51   Robert Bosch an Fritz Röttcher, 31. Dezember 1919, RBA 1 014 147 001.
52   Robert Bosch an Fritz Röttcher, 7. September 1920, RBA 1 014 147 008.
53   Conrad Haußmann an Robert Bosch, 13. Oktober 1919, RBA 1 014 059 009.
54   Gall, Rathenau, S. 226.
55   Robert Bosch an Egon Lilienfein, 6. Februar 1919, RBA 1 014 049 007.
56   Ebd.
57   Robert Bosch an Egon Lilienfein, 10. Februar 1919, RBA 1 014 049 009.
58   Ebd.
59   Ebd.
60   HStA Wü, E 135 Bü 85; vgl. Cordes, Krieg, Revolution, Republik, S. 240 f.
61   Ebd.
62   Mittag, Wilhelm Keil, S. 173.
63   Elsas, Auf dem Stuttgarter Rathaus, S. 93; s. auch Thierfelder, Fritz Elsas, S. 95 f.
64   Theiner, Sozialer Liberalismus und deutsche Weltpolitik, S. 65 ff.
65   Scheck, Zwischen Weltkrieg und Revolution, S. 261, in seiner vernichtenden Kritik am Revolutionsverlauf in Württemberg.
66   Bernstein, Die deutsche Revolution, S. 268.
67   Theiner, Sozialer Liberalismus und deutsche Weltpolitik, S. 157.
68   Bernstein, Die deutsche Revolution, S. 237
69   Robert Bosch, Bilanz, 10. Juni 1936, S. 4, RBA, Robert Bosch, Aufsätze 1912-1942. Die Kritik an der Entwicklung der Sozialisierungsforderung hin zu einer Lohnbewegung deckte sich mit Äußerungen aus dem Gewerkschaftslager. Dort hielt man «Sozialisierung» für «eine Spekulation auf den Egoismus». Vgl. Milert/Tschirbs, Die andere Demokratie, S. 139.
70   Robert Bosch an Wilhelm Eggert, 27. März 1919, RBA 1 014 339 004.
71   Aufzeichnung, 18. Juni 1919, RBA 1 013 241.
72   Lübbe, Politische Philosophie in Deutschland, S. 113.
73   Robert Bosch, Karl Marx und «Die Industrie», 5. Juli 1940, RBA Robert Bosch, Aufsätze 1912-1942.
74   Robert Bosch an Egon Lilienfein, 6. Februar 1919, RBA 1 014 049 007.
75   Robert Bosch an Egon Lilienfein, 10. Februar 1919, RBA 1 014 049 009.
76   Milert/Tschirbs, Die andere Demokratie, S. 128 f.; s. auch den Brief der Geschäftsleitung der Carl-Zeiss-Werke Jena an Robert Bosch zu den Spannungen in den Industrieverbänden vom 5. Februar 1919, RBA 1 014 051 001.
77   Feldman/Steinisch, Industrie und Gewerkschaften, S. 25.
78   Ebd. S. 24.
79   So Wirsching, Die Weimarer Republik, S. 6.
80   Milert/Tschirbs, Die andere Demokratie, S. 128 f.
81   Heuss, Robert Bosch, S. 301.
82   Milert/Tschirbs, Die andere Demokratie, S. 131; Plumpe, Betriebliche Mitbestimmung, S. 40.
83   Vgl. Huber, Deutsche Verfassungsgeschichte V, S. 868.
84   Plumpe, Betriebliche Mitbestimmung, S. 41.

85 Vorschlag der Sozialisierungskommission vom 24. April 1919 betr. Betriebsräte, RBA 1 014 339 001.
86 Ebd., Bl. 2.
87 So der linksliberale preußische Handelsminister Fischbeck im August 1919; zit. nach Plumpe, Betriebliche Mitbestimmung, S. 42; vgl. Milert/Tschirbs, Die andere Demokratie, S. 157.
88 Robert Bosch an das Präsidium des Reichsverbandes der Deutschen Industrie, 29. April 1919, RBA 1 014 051 003, im Orig. unterstrichen.
89 Ebd.
90 Vgl. Bähr/Erker, Bosch, S. 95.
91 Mitteilung des RDI vom 11. Oktober 1919, zit. n. Wolff-Rohé, Der Reichsverband der Deutschen Industrie, S. 137.
92 Brigl-Matthiaß, Das Betriebsrätesystem in der Weimarer Republik, S. 244; vgl. Milert/Tschirbs, Die andere Demokratie, S. 166.
93 Fraenkel, Zehn Jahre Betriebsrätegesetz in: Die Gesellschaft 7, 1930, S. 117, zit. n. Plumpe, Betriebliche Mitbestimmung, S. 51.
94 Winkler, Von der Revolution zur Stabilisierung, S. 343 ff.
95 Bähr/Erker, Bosch, S. 94 f.
96 Bosch-Zünder 8/1920, S. 164; vgl. auch Stolle, Arbeiterpolitik im Betrieb, S. 178 ff.
97 Winkler, Weimar, S. 110.
98 Bähr/Erker, Bosch, S. 95.
99 Bosch-Zünder 9/1920, S 188.
100 Milert/Tschirbs, Die andere Demokratie, S. 165.
101 Bosch-Zünder 9/1920, S 188.
102 Ebd. S. 189.
103 Ebd.
104 Robert Bosch an Fritz Röttcher, 31. Dezember 1919, RBA 1 014 147 001.
105 Robert Bosch an Fritz Röttcher, 24. Februar 1920, RBA 1 014 147 002.
106 Robert Bosch an Wilhelm Eggert, 27. März 1919, RBA 1 014 339 004.
107 Robert Bosch zu den heutigen Wirtschaftskämpfen, Bosch-Zünder 9/1920, S. 187; s. a. Robert Bosch an Fritz Röttcher, 27. Juli 1920, RBA 1 014 147 006 und 7. September 1920, RBA 1 014 147 008.
108 Robert Bosch an Fritz Röttcher, 31. Dezember 1919, RBA 1 014 147 001.
109 Anlage zum Schreiben an Wilhelm Eggert, 27. März 1919, RBA 1 014 339 007, lt. Robert Bosch «aus der Zeit, als ich unmittelbar nach der Revolution mich mit der Frage der Sozialisierung für mich persönlich auseinandersetzte».
110 Ebd.
111 Ebd.
112 Unsere Zukunft, 23. Januar 1919, RBA 1 832 067.
113 Ebd., S. 7.
114 Stolle, Arbeiterpolitik, S. 320.
115 50 Jahre Bosch, S. 29.
116 Bosch-Zünder 1/1919, S. 14.
117 50 Jahre Bosch, S. 257 ff; Robert Bosch GmbH, Der Weg zum Global Player, S. 18; Bähr/Erker, Bosch, S. 92.
118 Bähr/Erker, Bosch, S. 665.
119 Wehler, Deutsche Gesellschaftsgeschichte IV, S. 244.
120 Bähr/Erker, Bosch, S. 100.

121 Heuss, Robert Bosch, S. 342; Bähr/Erker, Bosch, S. 96.
122 Heuss, Robert Bosch, S. 360 f.
123 Robert Bosch GmbH, Der Weg zum Global Player, S. 20; Bähr/Erker, Bosch, S. 96.
124 Bähr/Erker, Bosch, S. 96.
125 Hermann Waker, Meine Jahre bei Bosch, S. 17 ff., RBA 1 832 018.
126 Ebd. S. 18.
127 Worbs, Funktionalität und Repräsentation, S. 8 ff.; Geschichte des Hauses Bosch, Verkaufsorganisation, RBA 1 029 003.
128 Heuss, Robert Bosch, S. 347.
129 Ebd., S. 341 ff.; Bähr/Erker, Bosch, S. 98.
130 Heuss, Robert Bosch, S. 242 f.
131 Robert Bosch an Hermann Bosch, 27. Februar 1912, RBA 1 014 278.
132 Heuss, Robert Bosch, S. 242.
133 Zundel, «Es muss viel geschehen», S. 22.
134 Heuss, Robert Bosch, S. 276; Bähr/Erker, S. 88, bes. zu den gesellschaftsrechtlichen Schritten.
135 Bähr/Erker, Bosch, S. 89.
136 Heuss, Robert Bosch, S. 276.
137 Hans Walz an Willy Schloßstein, 28. November 1947, zit. n. Werner Schaubel, Untersuchung über die Zweckbestimmung der VVB und RBTV, 5. März 1959, S. 49, RBA 1 001 289; vgl. Bähr/Erker,Bosch S. 91.
138 Bähr/Erker, Bosch, S. 90.
139 GFRRBSG/Archiv der Robert Bosch Stiftung, Gesellschaftervertrag VVB/RBSG, Bosch, Robert: Richtlinien für die Vermögensverwaltung Bosch GmbH vom 19. Juli 1935, S. 1.
140 GFRRBSG/Archiv der Robert Bosch Stiftung, Memorandum/Entwicklung, Rechtsanwalt Dr. Scheuing an Robert Bosch, am 12. September 1917.
141 Zit. n. Heuss, Robert Bosch, S 313, Das Konzept für die Werkszeitschrift wie auch die private und redaktionelle Korrespondenz Debatins verbrannten beim Luftangriff auf Stuttgart am 26. Juli 1944, s. dazu Knellessen, Otto Debatin, BZ 3/1994, S. 10; vgl. Michel, Von der Fabrikzeitung zum Führungsmittel, S. 149.
142 Vorschläge für eine Zeitschrift der Arbeiterschaft der Robert Bosch A.-G., RBA 1 832 067, S. 2.
143 Ebd. S. 5.
144 Ebd., S. 6.
145 Schmitt, Theodor Bäuerle, S. 57 ff.
146 BZ 1/1919, S.1.
147 S. etwa BZ 3/1920, S. 41–45.
148 Otto Debatin, Wohlfahrtseinrichtungen, BZ 1/1923, S. 2–5; vgl. Michel, Von der Fabrikzeitung zum Führungsmittel, S. 159.
149 Fritz Kuechner, Was ist Demokratie? BZ 5/ 1919, S. 91.
150 Ebd. S. 89.
151 Ebd. S. 92.
152 BZ 6/1923, S. 129.
153 Michel, Von der Fabrikzeitung zum Führungsmittel, S. 153.
154 Zit. ebd.
155 Zum Geleit, BZ 1/1919, S. 1.

156 BZ 9/1922, S. 209–213.
157 BZ 5/1920, S. 109.
158 Ebd., S. 11.
159 Ebd., S. 132.
160 Ebd.
161 Ebd.
162 Ebd., S. 134.
163 Ebd.
164 Bähr/Erker, Bosch, S. 104.
165 S. etwa Henry D. Thoreau, Lektüre, Die Lese, 9, 1910, S. 1; S. Robert Bosch und die Presse, RBA 1 014 787 002, S. 3 f.
166 Robert Bosch und die Presse, RBA 1 014 787 002, S. 5.
167 Ebd., S. 6; s. unten S.335.
168 Wehler, Deutsche Gesellschaftsgeschichte IV, S. 478.
169 Robert Bosch und die Presse, RBA 1 014 787 002, S. 6; Willy Schloßstein, Einstellung des Herrn Robert Bosch und seiner Mitarbeiter zum Nazi-Regime, BAK N 1186, S. 3; Andreas Richter, Robert Bosch stieg in den 20er Jahren ein. Seine Beteiligung an der DVA und den Zeitungen, Stuttgarter Zeitung, 12. September 1995 (Sonderbeilage), S. 31.
170 Heuss, Robert Bosch, S. 466.
171 Lepsius, Zur Soziologie des Bürgertums und der Bürgerlichkeit, S. 168.
172 Bähr/Erker, Bosch, S. 105; Freiwillige Leistungen der Robert Bosch A.-G. für ihre Gefolgschaft, Oktober 1937, S. 9, RBA 1 043 002; s. auch BZ 10/1937, S. 181 f.
173 S. die Listen zu den Neuerwerbungen im BZ, passim.
174 Robert Bosch zu den Wirtschaftskämpfen, BZ 10/1920, S. 185.
175 S. dazu Mergel, Parlamentarische Kultur, bes. S. 411 ff.
176 Robert Bosch, Von Vergangenheit, Gegenwart und Zukunft, BZ 10/1926, S. 223 umfassend und vergleichend zu den industriellen Beziehungen in der Republik: Weber, Gescheiterte Sozialpartnerschaft, zu Bosch S. 245, 904.
177 Robert Bosch an Graudenz Bayer, 15. April 1919, RBA 1 014 015 002.
178 Robert Bosch an Fritz Röttcher, 8. November 1920, RBA 1 014 147 011.
179 Mulert, Erfolgsbeteiligung und Vermögensbildung, S. 26; Robert Bosch GmbH, Sozialpolitik bei Bosch, S. 15 ff; BZ 11/1921, S. 289; Bähr/Erker, Bosch, S. 106.
180 Robert Bosch GmbH, Sozialpolitik bei Bosch, S. 23; BZ 5/1922, S. 109.
181 BZ 5/1922, S. 109.
182 BZ 3/1921, S. 69.
183 Heuss, Robert Bosch, S. 408.
184 Bähr/Erker, Bosch, S. 106.
185 Unsere Speisehalle in Feuerbach, BZ 2/1921, S. 55 ff., hier: S. 58; vgl.dazu grundlegend: Kocka, Angestellte: Begriffs- und Sozialgeschichte.
186 Siehe unten.
187 BZ 8/1927, S.170; BZ 12/1927, S.265.
188 Preller, Sozialpolitik, S. 468.
189 Die Verzinsung wurde auf 6 Prozent festgelegt, musste jedoch angehoben werden, wenn die Dividende des Unternehmens diesen Wert überstieg. Mulert, Erfolgsbeteiligung und Vermögensbildung, S. 27; Bähr/Erker, Bosch, S. 107; Robert Bosch GmbH, Sozialpolitik bei Bosch, S. 16 ff; Heuss, Robert Bosch, S. 409.

190 Heuss, Robert Bosch, S. 409.
191 BZ 3/1928, S. 61; Mulert, Erfolgsbeteiligung und Vermögensbildung, S. 18; s. auch: Freiwillige Leistungen der Robert Bosch A.-G. für ihre Gefolgschaft, BZ 10/ 1937, S. 181 f. und die Ausarbeitung vom Oktober 1937, RBA AIIIb/109/1.
192 Zit n. Heuss, Robert Bosch, S. 327.
193 BZ 12/ 1931, S. 286.
194 Albertin, Liberalismus und Demokratie, S. 212 ff; MWG I,16, S. 518; Luckau, The German Delegation, S. 46 ff.
195 Prinz Max von Baden, Völkerbund und Rechtsfriede. Vortrag, gehalten am 3. Februar 1919 bei der Gründung der «Arbeitsgemeinschaft für Politik des Rechts» (Heidelberger Vereinigung), Preußische Jahrbücher 175, Heft 3, 1919, S. 295-320.
196 Für eine Politik des Rechts, MWG I/16, S. 525.
197 Luckau, The German Delegation, S. 51; Machtan, Prinz Max von Baden, S. 488; Zum Friedensvertrag neuerdings: MacMillan, Die Friedensmacher.
198 Jetzt erst recht! BZ 5/1919, S. 73.
199 MWG I/16, S. 271; vgl. Mommsen, Max Weber, S. 345 f; Langewiesche, Nation bei Max Weber.
200 Heuss, Robert Bosch, S. 329.
201 Robert Bosch an Fritz Röttcher, 25. Januar 1921, RBA 1 014 147 013.
202 Robert Bosch an Fritz Röttcher, 7. Februar 1921, RBA 1 014 147 017.
203 Robert Bosch an Fritz Röttcher, 31. Dezember 1919, RBA 1 014 147 001.
204 Robert Bosch an Fritz Röttcher, 25. Januar 1921, RBA 1 014 147 013.
205 Robert Bosch an Fritz Röttcher, 31. Dezember 1919, RBA 1 014 147 001.
206 Robert Bosch an Fritz Röttcher, 10. April 1920, RBA 1 014 147 004.
207 Ebd.
208 Dazu grundlegend Schluchter, Wertfreiheit und Verantwortungsethik.
209 Robert Bosch an Fritz Röttcher, 27. Januar 1921, RBA 1 014 147 014; vgl. Krumeich, Versailles, 1919. Der Krieg in den Köpfen, S. 140 ff.
210 Robert Bosch an Ludwig Quidde, 8. Februar 1932, Stadtarchiv München, Nachlass Quidde/6.
211 Robert Bosch, Privatsekretariat an E. de Neufville, 28. März 1933, zit. n. Holl, Ludwig Quidde, S. 557.
212 Berlin 1918.
213 Wintzer, Deutschland und der Völkerbund, S. 48.
214 Zit. nach Dülffer, Vom Internationalismus zum Expansionismus, S. 253 f.
215 Ebd., S. 253; Heuss, Robert Bosch, S. 331; zur weiteren Finanzierung s. Wintzer, Deutschland und der Völkerbund, S. 185 f.
216 Dülffer, Vom Internationalismus zum Expansionismus, S. 25 f.
217 Winzer, Deutschland und der Völkerbund, S. 48.
218 Ebd., S. 145.
219 Robert Bosch an Fritz Röttcher, 27. Januar 1921, RBA 1 014 147 014.
220 Winzer, Deutschland und der Völkerbund, S. 150.
221 So z. B. der in der Liga engagierte Nationalökonom Moritz Julius Bonn, zit. n. Dülffer, Vom Internationalismus zum Expansionismus, S. 254.
222 Ebd., S. 260.
223 Ebd., S. 266.
224 Erich Roßmann, Nation und Arbeiter, BZ 2/1923, S. 44. ders., Ein Leben für Sozialismus und Demokratie.

225 Arnold Zeller, Nationalgefühl, BZ 9/1925, S. 218.
226 Parade der Toten, BZ 4/1924, S. 91.
227 Maxim Gorki, Der nächste Krieg, BZ 4/1924, S. 89.
228 BZ 2/1924, S. 47.
229 In Stahlgewittern, 1920.
230 Grundlegend und prägnant: Niedhart, Internationale Beziehungen 1917-1947, S. 33; Krüger, Die Außenpolitik der Republik von Weimar, S. 207 ff.
231 Schöllgen, Deutsche Außenpolitik I, S.134 ff.
232 Rede Stresemanns in Stuttgart vor Pressevertretern, in: Elz, Quellen zur Außenpolitik der Weimarer Republik 1918-1933, S. 79.
233 Rede Stresemanns vor der Arbeitsgemeinschaft Deutscher Landsmannschaften in Groß-Berlin am 14. Dezember 1925, ADAP B, Teil 1, S. 730; vgl. Niedhart, Internationale Beziehungen 1917-1947, S.59.
234 Stresemann an den ehemaligen Kronprinzen, 7. September 1925, in: Elz, Quellen zur Außenpolitik der Weimarer Republik 1918-1933, S. 108.
235 Hildebrand, Das vergangene Reich, S. 463.
236 Niedhart, Internationale Beziehungen, 1917-1947, S. 35.
237 BZ 7/1923, S. 170.
238 Hans von Raumer, Wir Europäer, BZ 11/1925, S. 266.
239 Conze, Richard Coudenhove-Kalergi, S. 15 ff.; Holl, Coudenhove-Kalergi und seine Vision, S. 20 ff.; Pernhorst, Das paneuropäische Verfassungsmodell, S. 98 ff.; Ziegerhofer, Botschafter Europas, S. 75 ff.; Duroselle, L'Idée d'europe dans l'histoire, S.272 ff.
240 Robert Bosch an Richard Coudenhove-Kalergi, 23. Juli 1923, CCHLDG, Moskau. Ich danke Anita Ziegerhofer für die Möglichkeit der Einsichtnahme in diese in Moskau schwer zugängliche Quelle.
241 Schöberl, Es gibt ein großes und herrliches Land, S. 79 ff.
242 Zit. n. Heuss, Robert Bosch, S. 473.
243 Robert Bosch an Richard Coudenhove-Kalergi, 23. Juli 1923, CCHLDG Moskau.
244 Holl, Coudenhove-Kalergi und seine Vision, S. 22 f.; Ziegerhofer, Botschafter Europas, S. 106 ff.
245 Holl, Coudenhove-Kalergi und seine Vision, S. 17.
246 Ziegerhofer, Botschafter Europas, S. 149.
247 Zit.n. Knipping, Deutschland, Frankreich und das Ende der Locarno-Ära, S. 84.
248 ADAP, B. Band XII, Nr. 19; Aufzeichnung vom 11. Juni 1929.
249 S. oben, S. 214 f.
250 Knipping, Deutschland, Frankreich und das Ende der Locarno-Ära, S. 85.
251 Ebd., S. 86; Rödder, Stresemanns Erbe, S. 113 ff.
252 Coudenhove-Kalergi, Ein Leben für Europa, S. 174; Knipping, Deutschland, Frankreich und das Ende der Locarno-Ära, S. 87 f.
253 Paneuropa 5, 1930, S. 205.
254 Ziegerhofer, Botschafter Europas, S. 162.
255 Pernhorst, Das paneuropäische Verfassungsmodell, S. 121.
256 Rödder, Stresemanns Erbe, S. 114.
257 Knipping, Deutschland, Frankreich und das Ende der Locarno-Ära, S. 89.
258 Kolb, Stresemann, S. 116 ff.
259 Pyta, Hindenburg, S. 555 ff; Krüger, Die Außenpolitik der Republik von Weimar, S. 507 ff.

260 Aufzeichnung Schuberts, 1. August 1929, ADAP, B, Band XII, S. 300; vgl. Krüger, Carl von Schubert und die deutsch-französischen Beziehungen, S. 94.
261 Hoesch an AA, 20. Juni 1930, ADAP, B, Band XV, Nr.90, S.210; vgl. Rödder, Stresemanns Erbe, S. 115.
262 B. von Bülow an von Weizsäcker, 21. Mai 1930, ADAP, B, XV, Nr.39, S.93.
263 ADR Brüning, Band 1, Nr. 40, Aufzeichnung des Auswärtigen Amtes über Briands Europa-Memorandum. 26. Mai 1930, S. 162; vgl. Graml, Bülow, S. 86.
264 ADR Brüning, Band 1, Nr. 68; Ministerbesprechung vom 8. Juli 1930, S. 283; vgl. Knipping, Deutschland, Frankreich und das Ende der Locarno-Ära, S. 160.
265 Auswärtiges Amt, Politik 4, Akten betreffen die Paneuropäische Union, 5. Mai 1930 (von Bülow), zit. nach Schöberl, Es gibt ein großes und herrliches Land, S. 294.
266 Krüger, Die Außenpolitik der Republik von Weimar, S. 528.
267 Hoesch an AA, 15. Juni 1930, ADAP B, Bd. XV, Nr. 143.
268 Holl, Coudenhove-Kalergi und seine Vision, S. 28.
269 Erich Koch-Weser, an Det norske Sturtings Nobelkomité, Oslo, 23. Januar 1932, zit. nach Holl, Coudenhove-Kalergi und seine Vision, S. 29.
270 Ziegerhofer, Botschafter Europas, S. 112; Schöberl, Es gibt ein großes und herrliches Land, S. 54 f.
271 Georg Bernhard, Chefredakteur der Vossischen Zeitung an Richard Coudenhove-Kalergi, o. D. (20. April 1932), zit. nach Ziegerhofer, Botschafter Europas, S. 438.
272 Ziegerhofer, Botschafter Europas, S. 439.
273 Hesse/ Köster/ Plumpe, Die Große Depression, S. 53 ff; S. 78 ff.
274 Robert Bosch an Richard Coudenhove-Kalergi, 12.Juli 1932, zit. nach Heuss, Robert Bosch, S. 474; vgl. zu den Quellen Ziegerhofer, Botschafter Europas, S. 440, Anm. 2020.
275 Robert Bosch an Louis Renault, 25. Dezember 1932, RBA 1 014 188 001.
276 S. auch Ziegerhofer, Botschafter Europas, S. 111.
277 Zit. n. Heuss, Robert Bosch, S. 473.
278 S. auch Scholtyseck, Einleitung, in: Robert Bosch und die deutsch-französische Verständigung, S. 46.
279 Robert Bosch an Paul Reusch, 24.Oktober 1932, Robert Bosch und die deutsch-französische Verständigung, S. 157.
280 Robert Bosch an Walther Mauk, 16. April 1932, Robert Bosch und die deutsch-französische Verständigung, S. 122. Briands Europa-Initiative war inzwischen zu den Akten genommen worden.
281 Knipping, Deutschland, Frankreich und das Ende der Locarno-Ära, S. 142.
282 Ebd., S. 142.
283 Viénot, Ungewisses Deutschland, bes. S. 219 ff.
284 Botschafter von Hoesch an Auswärtiges Amt, 25. Juli 1930, ADAP, B, Band XV, Nr. 160, S. 385f; vgl. Belitz, Befreundung mit dem Fremden, S. 211; Winkler, Weimar, S. 382.
285 Hagspiel, Verständigung zwischen Deutschland und Frankreich, S. 479 ff.
286 Krüger, Die Außenpolitik der Republik von Weimar, S. 517.
287 Zit. nach Hildebrand, Das vergangene Reich, S. 521; vgl. Krüger/Hahn, Der Loyalitätskonflikt, S. 384.
288 Winkler, Weimar, S. 429; Rödder, Stresemanns Erbe, S. 186 ff.
289 Frommelt, Paneuropa oder Mitteleuropa, S. 73 ff.

290 Ebd., S. 77 f.
291 Robert Bosch an Paul Reusch, 6. Juli 1932, Robert Bosch und die deutsch-französische Verständigung, S. 139.
292 Robert Bosch an Richard Coudenhove-Kalergi, 1928, zit. nach Heuss, Robert Bosch, S. 476.
293 Robert Bosch an Paul Reusch, 6. Juli 1932, Robert Bosch und die deutsch-französische Verständigung, S. 139.
294 Zit. n. Heuss, Robert Bosch, S. 476.
295 Belitz, Befreundung mit dem Fremden, S. 418 f.; Bock, Deutsch-Französische Gesellschaft, S. 72.
296 Bock, Deutsch-Französische Gesellschaft, S. 72.
297 Belitz, Befreundung mit dem Fremden, S. 417.
298 Ebd., S. 423.
299 Bock, Tradition und Topik, S. 480.
300 Wechssler, Esprit und Geist, S.V; vgl. Bock, Tradition und Topik, S. 480 f.
301 Bock, Tradition und Topik, S. 482 ff.
302 Belitz, Befreundung mit dem Fremden, S. 445 ff.; Thiemann, Deutsch-französische Jugendbeziehungen.
303 ADAP, B, Band XXI, Nr. 134, S. 284; vgl. Belitz, Befreundung mit dem Fremden, S. 214; zum Deutsch-Französischen Studienkomitee Müller, Europäische Gesellschaftsbeziehungen, S. 81 ff.
304 Robert Bosch an Paul Reusch, 21. Oktober 1932, Robert Bosch und die deutsch-französische Verständigung, S. 155.
305 Ebd. S. 154.
306 Bock, Tradition und Topik, S. 485.
307 Distelbarth, Das andere Frankreich, S. 27 (Einleitung von H. M. Bock); s. auch Skor, «Brücken über den Rhein», S.75 ff.
308 Paul Distelbarth, Muss die Kriegsschuldlüge die deutsch-französischen Beziehungen für immer vergiften?, in: Die Christliche Welt 2, 1932, S. 78–84; vgl. Bock, Das andere Frankreich, S. 22; Allain, Pierre Renouvin und der Versailler Vertrag, bes. S. 264.
309 Heuss, Robert Bosch, S. 362.
310 Robert Bosch an Paul Reusch, 3. Juni 1932, Robert Bosch und die deutsch-französische Verständigung, S. 131; Bosch verteilte das Werk eines italienischen Liberalen an Freunde und Briefpartner: Carlo Sforza, Die feindlichen Brüder. Inventur der europäischen Probleme, Berlin 1932; Distelbarth, Das andere Frankreich, S. 31 (Einleitung)
311 Robert Bosch an Paul Reusch, 3. Juni 1932, Robert Bosch und die deutsch-französische Verständigung, S. 131.
312 Paul Distelbarth, Der Abgrund zwischen Deutschland und Frankreich, in: ders., Das andere Frankreich, S. 331.
313 Entwurf eines Präliminarvertrages zu gegenseitiger Hilfeleistung zwischen Deutschland und Frankreich, in: Distelbarth, Das andere Frankreich, S. 333 f.
314 Reichsaußenminister von Neurath, 6. Januar 1933, in: Akten der Deutschen Botschaft in Paris, PA/AA, zit. nach Distelbarth, Das andere Frankreich, S. 30.
315 Dejung, Die Fäden des globalen Marktes, S. 18 ff.
316 Siehe Otto Fischer, Eindrücke von New York, BZ 6/1925, S. 148–151; 7/1925, S. 172–174; 8/1925, S. 195–197.
317 BZ 10/1923, S. 235 f. mit Reiseeindrücken aus der RSFSR.

318 Merki, Der holprige Siegeszug des Automobils, S. 111.
319 Flik, Automobilindustrie und Motorisierung, S. 74.
320 Bähr/Erker, Bosch, S. 116.
321 Robert Bosch, Von Vergangenheit, Gegenwart und Zukunft, BZ 10/1926, S. 223.
322 Wehler, Deutsche Gesellschaftsgeschichte IV, S. 252.
323 Jahresbericht 1926, RBA 1 003 461.
324 Robert Bosch, Von Vergangenheit, Gegenwart und Zukunft, BZ 10/1926, S. 222.
325 Bähr/Erker, Bosch, S. 117.
326 Robert Bosch, Von Vergangenheit, Gegenwart und Zukunft, BZ 10/ 1926, S. 222.
327 Bähr/Erker, Bosch, S. 119.
328 Heuss, Robert Bosch, S. 120.
329 Bähr/Erker, Bosch, S. 120.
330 Robert Bosch an Anna Bosch, 13. August 1924, RBA 1 014 137. Aus Sorge um den seelischen Zustand seiner Frau wagte Robert Bosch nicht mehr, mit ihr über bevorstehende Auslandsreisen zu sprechen. S. auch die Aufzeichnung «Bilanz» vom 10. Juni 1936, RBA, Robert Bosch, Aufsätze 1912-1942, S. 4, mit Vorwürfen gegen den behandelnden Arzt, der nicht wahrgenommen habe, dass er «unter den bestehenden Verhältnissen zugrunde gehen musste».
331 Heuss, Robert Bosch, S. 479.
332 Heuss, Robert Bosch, S. 44; Bähr/Erker, Bosch, S. 121-124; Geissler, Hugo Borst 1881-1967.
333 BZ 4/1927, S. 83.
334 Kißener, Hans Walz; Scholtyseck, Robert Bosch und der liberale Widerstand, S. 73 ff.
335 Der Daseinskampf der deutschen Automobilindustrie, BZ 9/1925, S. 211-213.
336 S. etwa: Mechanisierte Industrie-Arbeit – Muss sie im Gegensatz zur freien Arbeit Mensch und Kultur gefährden? BZ 7/ 1924, S. 145 f. und ferner Bosch-Zünder 8/1925, S. 177 ff.
337 Robert Bosch, Lage und Löhne, BZ 1/1927, S. 1-3, hier: S. 2; vgl. auch: Vereinheitlichung für Autozubehör, BZ 10/ 1929, S. 218.
338 Robert Bosch, Massenherstellung und Qualität, BZ 9/1927, S. 200.
339 So Stolle, Arbeiterpolitik im Betrieb, S. 199 f.
340 Bähr/Erker, Bosch, S. 126.
341 50 Jahre Bosch, S. 148.
342 Fischer-Bosch, Jugenderinnerungen an meinen Vater, S. 29.
343 Robert Bosch, Vom Erfinden, 1932, RBA, Robert Bosch, Aufsätze 1912-1942.
344 Denkschrift vom 28. November 1929, RBA 1 002 080, S. 32.
345 Ebd., S. 33.
346 Ebd., S. 34.
347 Ebd., S. 33.
348 75 Jahre Bosch, S. 69; Bähr/Erker, Bosch, S. 136.
349 Denkschrift vom 28. November 1929, RBA 1 002 080, S. 46.
350 Bähr/Erker, Bosch, S. 137.
351 BZ 4/1931, S. 74; S. 124 f.; 75 Jahre Bosch, S. 70.
352 75 Jahre Bosch, S. 70.
353 Denkschrift vom 28. November 1929, RBA 1 002 080, S. 35.

354 Robert Bosch, Lage und Löhne, BZ 1/1927, S. 2.
355 Friedensvertrag zwischen Robert Bosch A.G. und America. Bosch Magneto Corporation, BZ 12/1929, S. 267.
356 Bähr/Erker, Bosch, S. 139.
357 Flik, Automobilindustrie und Motorisierung, S. 77; Edelmann, Der Umgang mit dem Rückstand, S. 46.
358 Zusammenfassend: Spoerer/Streb, Neue deutsche Wirtschaftsgeschichte, S. 85; Tooze, Sintflut, S. 607 ff.
359 Detailliert und grundlegend dazu Bähr/Erker, Bosch, S. 140 ff.
360 Reinhold Maier, Warum geht es den Schwaben besser, Vossische Zeitung, 25. Dezember 1932, dort auch die Zitate; s. a. Preiser, Die Württembergische Wirtschaft als Vorbild, S. 78 ff.; Megerle, Württemberg im Industrialisierungsprozess, S. 180 ff.
361 Wir Arbeiter und die Wirtschaftskrise, BZ 11/1931, S. 259.
362 Keil, Erlebnisse eines Sozialdemokraten II, S. 414.
363 Württembergische Jahrbücher für Statistik und Landeskunde 1930/31, Stuttgart 1932, S. XVI; Allmendinger, Struktur, Aufgabe und Bedeutung der Stiftungen von Robert Bosch, S. 136 f.
364 75 Jahre Bosch, S. 62.
365 Robert Bosch an Max Fischer, 5. April 1928, RBA 1 014 566.
366 Bähr/Erker, Bosch, S. 148.
367 75 Jahre Bosch, S. 66.
368 Ebd., S. 64.
369 Robert Bosch an Adolf Damaschke, 30. Dezember 1919, RBA 1 014 434 006.
370 Robert Bosch, Zur Kandidatur Hindenburgs, Stuttgarter Neues Tageblatt, 21. April 1925.
371 Ebd.
372 Winkler, Weimar, S. 284.
373 Robert Bosch an Georg Escherich, 17. Juni 1932, RBA 1 014 063 011.
374 Pyta, Hindenburg, S. 678 ff.; Winkler, Weimar, S. 454; Georg Escherich an Robert Bosch, 16. Juni 1932, RBA 1 014 063 010.
375 Robert Bosch an Georg Escherich, 16. März 1932, RBA 1 014 063 001; ferner Robert Bosch an Georg Escherich, 31. März 1932, RBA 1 014 063 003.
376 Robert Bosch an Carl Duisberg, 31. März 1932, Bayer Werksarchiv; s. zur politischen Gesamtkonstellation vor allem Jones, Hindenburg and the Conservative Dilemma, bes. S. 238.
377 Winkler, Weimar, S. 467.
378 Merkenich, Grüne Front gegen Weimar, S. 282 ff.
379 Pyta, Hindenburg, S. 695.
380 Robert Bosch an Kurt Hahn, 20. September 1932, RBA 1 014 574 005.
381 Wehler, Deutsche Gesellschaftsgeschichte IV, S. 276.
382 Robert Bosch, Wo drückt der Schuh?, RBA, Robert Bosch, Aufsätze 1912–1942.
383 Merkenich, Grüne Front gegen Weimar, S. 247 ff.
384 Robert Bosch, Lebenserinnerungen (1921), RBA 1 014 006, S. 29.
385 S. das einflussreiche Lehrbuch «Agrarpolitik» von Aereboe (1928).
386 Robert Bosch, Lebenserinnerungen (1921), RBA 1 014 006, S. 29.
387 Heuss, Robert Bosch, S. 511.
388 Hierzu grundlegend Erker, Der Boschhof, bes. S. 68 ff.

389 Erker, Der Boschhof, S. 307.
390 Peukert, Die Weimarer Republik, S. 266; grundlegend dazu immer noch Nipperdey, 1933 und die Kontinuität der deutschen Geschichte.
391 Pyta, Die Weimarer Republik, S. 73 ff; Herbert, Geschichte Deutschlands, S. 223 ff.
392 Peukert, Die Weimarer Republik, S. 149.
393 Robert Bosch an Lili du Bois-Reymond, 25. Oktober 1932, RBA 1 014 056 005, Bl. 2.
394 Oswald Spengler, Der Mensch und die Technik, Beitrag zu einer Philosophie des Lebens, München 1931, S. 35; vgl. Felken, Spengler, S. 177 ff.; Rohkrämer, Eine andere Moderne?, S. 285 ff.
395 Robert Bosch an Lili du Bois-Reymond, 25. Oktober 1932, RBA 1 014 056 005, Bl. 2 f.
396 Abwehr-Blätter, Mitteilungen aus dem Verein zur Abwehr des Antisemitismus 36, 1926, S. 24; Suchy, Verein; Zeiß-Horbach, Verein zur Abwehr.
397 Ulmer, Antisemitismus in Stuttgart, S. 199 ff., S. 331 ff.
398 Graf, Die Zukunft der Weimarer Republik, S. 165.
399 Ebd., S. 169.
400 Bähr, Robert Bosch – Paul Reusch – Jürgen Ponto, S. 307 ff.
401 Robert Bosch an Paul Reusch, 29. Oktober 1923, RBA 1 014 104 005.
402 Paul Reusch an Robert Bosch, 4. Oktober 1923, RBA 1 014 104 006.
403 Robert Bosch an Paul Reusch, 29. Oktober 1923, RBA 1 014 104 005.
404 Winkler, Weimar, S. 67, S. 334.
405 Robert Bosch an August Weber, 11. Juni 1928, RBA 1 014 636 002.
406 Ebd.
407 Bosch an August Weber, 2. Juli 1928, RBA 1 014 636 003.
408 Robert Bosch an Dr. Gudell, 6. April 1932, RBA 1 014 573 002.
409 Krüger, Die Außenpolitik der Republik von Weimar, S. 476 ff; Winkler, Weimar, S. 347 ff.
410 Aufruf «An das deutsche Volk», BArch R 43-I/1891, Bl. 93; s. a. Wein, Antisemitismus im Reichstag, S. 271 ff.
411 Hesse/ Köster/Plumpe, Die Große Depression, S. 92 ff.
412 Später setzte sich Robert Bosch mit den Arbeiten von John Maynard Keynes auseinander. Robert Bosch an Margarete Bosch, 28. Mai 1940, RBA 1 014 006.
413 Robert Bosch, Die Verhütung künftiger Krisen, S. 4.
414 Ebd. S. 19.
415 Ebd. S. 15.
416 Bähr/Erker, Bosch, S. 144.
417 Heuss, Robert Bosch, S. 438.
418 Scholtyseck, Robert Bosch und der liberale Widerstand, S. 96.
419 Max Cohen, Der Weg ist frei, Sozialistische Monatshefte 38, 1932, S. 660–666, hier: S. 665.
420 Robert Bosch an Paul Reusch, 1. April 1932, RBA 1 014 112 012.
421 Ausarbeitung Dr. Scherer, S. 4, RBA 1 014 112 009.
422 Ebd., S. 8.
423 Ebd.; vgl. auch Scholtyseck, Robert Bosch und der liberale Widerstand, S. 95.
424 BZ 3/1927, S. 64.
425 Ebd.
426 Robert Bosch an Paul Reusch, 10. Februar 1932, RBA 1 014 112 001.

427 Walther Mauk an Otto Debatin, 19. Mai 1932, RBA 1 014 079 016.
428 Robert Bosch an Walther Mauk, 4. Mai 1932, Robert Bosch und die deutsch-französische Verständigung, S. 123.
429 Robert Bosch, Hat das arbeitsamste Volk Europas Grund zu verzweifeln (1931), RBA, Robert Bosch, Aufsätze und Aufzeichnungen 1912–1942; s. auch Robert Bosch in BZ 12/1931, S. 286: «Für Deutschland gibt es nur Weltwirtschaft.» (i. Orig. kursiv)
430 Hans Walz an Schreiber, 7. Juli 1964, RBA 1 013 073; vgl. Scholtyseck, Robert Bosch und der liberale Widerstand, S. 103.
431 Robert Bosch an Walther Mauk, 21. September 1932, Robert Bosch und die deutsch-französische Verständigung, S. 150; Robert Bosch an Walther Mauk, 27. September 1932, ebd. S.151 f.
432 Robert Bosch an Walther Mauk, 7. Mai 1932, ebd. S.126.
433 Ebd. S. 127.
434 Robert Bosch an Paul Umbreit, 7. Juli 1930, RBA 1 014 190 005.
435 Robert Bosch an Georg Escherich, 3. Januar 1933, Robert Bosch und die deutsch-französische Verständigung, S. 163.
436 Robert Bosch an Kurt Hahn, 20. September 1932, RBA 1 014 574 005; vgl. Scholtyseck, Robert Bosch und der liberale Widerstand, S. 109.
437 So das überzeugende Ergebnis der eingehenden Untersuchung der Quellen von Scholtyseck, Robert Bosch und der liberale Widerstand, S. 110 ff.
438 Robert Bosch an Georg Escherich, 21. Juli 1932, RBA 1 014 063 014.
439 L'Huillier, Dialogues franco-allemands, S. 124.
440 Schloßstein, Einstellung des Herrn Robert Bosch und seiner Mitarbeiter zum Nazi-Regime, BAK N 1186, 85a, S. 4.
441 Hesse/Köster/Plumpe, Die Große Depression, S. 76; Spoerer/Streb, Neue deutsche Wirtschaftsgeschichte, S. 114 ff.
442 Robert Bosch, Zur Jahreswende, Fränkischer Kurier, 31. Dezember 1932, hier zit. nach Bosch-Jubiläums-Ausstellung, Katalog, 1986, S. 64.

Kapitel 4
Diktatur, Aufrüstung und Widerstand

1 Robert Bosch an Georg Escherich, 20. Juli 1932, Robert Bosch und die deutsch-französische Verständigung, S. 142.
2 Robert Bosch an Wilhelm Keppler, 20. Februar 1933, ebd., S. 177.
3 Robert Bosch an Theodor Heuss, 3. Januar 1933, ebd. S. 166; s. a. Robert Bosch an Paul Reusch, 3. Januar 1933, ebd. S. 165.
4 Scholtyseck, Robert Bosch und der liberale Widerstand, S. 117.
5 Robert Bosch an Paul Reusch, 6. Juli 1932, Robert Bosch und die deutsch-französische Verständigung, S. 139.
6 Zit. n. Friedrich Meinecke, Die deutsche Katastrophe, S. 11.
7 Georg Escherich an Robert Bosch, 28. Dezember 1932, RBA 1 014 063 026.
8 Schloßstein, Einstellung des Herrn Robert Bosch und seiner Mitarbeiter zum Nazi-Regime, BAK, N 1186, 85a, S. 1.

9 Hermann Fellmeth, Meine Haltung gegenüber der NSDAP, 23. Januar 1947, RBA I 013 0060, S. 1 f.
10 Bajohr/Meyer/Szodrzynski, Bedrohung, Hoffnung, Skepsis, Tagebuch Luise Solmitz, S. 154.
11 Zit. n. Scholder, Die Kirchen, S. 299; vgl. zum Ganzen Wirsching, «Mehrheitsgesellschaft», hier bes. S. 13 f.
12 So etwa Hermann Fellmeth, Meine Haltung gegenüber der NSDAP, 23. Januar 1947, RBA I 013 0060, S. 1.
13 Hermann Fellmeth, Meine Haltung gegenüber der NSDAP, 23. Januar 1947, RBA I 013 0060, S. 1; s. a. Schloßstein, Einstellung des Herrn Robert Bosch und seiner Mitarbeiter zum Naziregime, BAK, N 1186, 85a, S. 4.
14 Schloßstein, Einstellung des Herrn Robert Bosch und seiner Mitarbeiter zum Nazi-Regime, BAK, N 1186, 85a, S. 4.
15 Scholtyseck, Robert Bosch und der liberale Widerstand, S. 119.
16 S. Müller, Europäische Gesellschaftsbeziehungen, bes. S. 277 ff. zu Rümelins Tätigkeit.
17 Robert Bosch an Frank Rümelin, 12. April 1933, zit. n. Heuss, Robert Bosch, S. 566 f.
18 Willy Schloßstein an die Spruchkammer Stuttgart, 20. Juli 1947, S. 4, S. 12, RBA I 013 109; vgl. Bähr/Erker, Bosch, S. 170.
19 Sauer, Württemberg in der Weimarer Republik, S. 120 ff.
20 Sauer, Württemberg in der Zeit des Nationalsozialismus, S. 234 ff; Sauer, Wilhelm Murr, S. 209 ff; ders., Wilhelm Murr, Hitlers Statthalter, S. 30 ff.
21 Stuttgart: Müller, Stuttgart zur Zeit des Nationalsozialismus, S. 35 ff; Sauer, Württemberg in der Zeit des Nationalsozialismus, S. 249 f.
22 Vossische Zeitung, 16. März 1933, Abendausgabe, zit. n. Scholtyseck, Robert Bosch und der liberale Widerstand, S. 119; vgl. Sauer, Wilhelm Murr, Hitlers Statthalter, S. 37 f.
23 Hermann Fellmeth, Meine Haltung gegenüber der NSDAP, 23. Januar 1947, RBA I 013 060, S. 1.
24 Bähr/Erker, Bosch, S. 125.
25 Hermann Fellmeth, Meine Haltung gegenüber der NSDAP, 23. Januar 1947, RBA I 013 060, S. 1.
26 Ebd., S. 2.
27 Ebd.
28 Bähr/Erker, Bosch, S. 171.
29 Hermann Fellmeth, Meine Haltung gegenüber der NSDAP, 23. Januar 1947, RBA I 013 0060, S. 3.
30 Bähr/Erker, Bosch, S. 171.
31 Robert Bosch an Paul Reusch, 5. August 1947, RBA I 014 118 005.
32 Otto Henne, Vertraulicher Bericht an die Direktion, 15. April 1947, vgl. Bähr/Erker, Bosch, S. 173; s. a. Eberle/Grohmann, Die schlaflosen Nächte des Eugen E., S. 161 ff., bes. S. 163, nach deren Angaben bei 302 von 417 erfassten «Angestellten in Vorgesetztenstellung», mithin bei 73 Prozent von einer Mitgliedschaft in NSDAP, SA oder SS auszugehen wäre, während bezogen auf die Gesamtbelegschaft von einem Mittelwert von 19 Prozent auszugehen ist, Bähr/Erker, Bosch, S. 173. Eberle war 1945-1952 Vorsitzender des Betriebsrats.
33 Grüttner, Das Dritte Reich, S. 341 f.; Sauer, Württemberg in der Zeit des Nationalsozialismus, S. 255 ff.

34 Michel, Von der Fabrikzeitung zum Führungsmittel, S. 274 ff.
35 Otto Debatin an Theodor Heuss, 6. März 1933, RBA 1 014 156 007.
36 Theodor Heuss an Otto Debatin, 6. Mai 1933, RBA 1 014 156 008.
37 Ebd.
38 Otto Debatin, Zum 1. Mai, Bosch-Zünder 4/1933, S. 49-51, hier: S. 51.
39 Scholtyseck, Robert Bosch und der liberale Widerstand, S. 122.
40 Bähr/Erker, Bosch, S. 172.
41 Otto Debatin, Robert Bosch GmbH und NSDAP, o. D., RBA 1 010 065, S. 3.
42 Schneider, Unterm Hakenkreuz, S. 89.
43 Zit. ebd.
44 Ebd.; s. a. grundlegend Winkler, Der Weg in die Katastrophe, S. 907 ff.
45 Scholtyseck, Robert Bosch und der liberale Widerstand, S. 125 f.
46 Robert Bosch an Walther Mauk, 3. Oktober 1933, Robert Bosch und die deutsch-französische Verständigung, S. 200.
47 Robert Bosch an Walther Mauk, 12. Februar 33, RBA 1 014 081 006.
48 Müller, Stuttgart zur Zeit des Nationalsozialismus, S. 39.
49 Robert Bosch an Wilhelm Keppler, 20. Februar 1933, Robert Bosch und die deutsch-französische Verständigung, S. 177.
50 Robert Bosch an Kurt von Lersner, 8. März 1933, RBA 1 014 590 001.
51 Curt Liepmann, Aufzeichnungen über eine Rede Hitlers vor der Reichswehrführung, 3. Februar 1933, in: Kiessling, Quellen zur deutschen Außenpolitik 1933-1939, S. 31.
52 Theiner, Sozialer Liberalismus und deutsche Weltpolitik, S. 40 ff.
53 Robert Bosch an Theodor Heuss, 16. März 1933, RBA 1 014 154 011.
54 Hess, «Die deutsche Lage ist ungeheuer ernst geworden», S. 117 f.
55 Robert Bosch an Anton Erkelenz, 15. März 1926, RBA 1 014 123 002.
56 «Zur Pflege des deutschen Geisteslebens in den Vereinigten Staaten. Deutsch-Amerikanische Vereinigung Karl Schurz». Denkschrift als Anlage zum Schreiben Robert Bosch an Anton Erkelenz vom 15. März 1926, RBA 1 014 123 003.
57 Missiroli, Die Deutsche Hochschule für Politik, S. 46.
58 Ebd., S. 44.
59 Aufzeichnung Hans Walz, 24. November 1967, RBA 1 013 131; vgl. Scholtyseck, Robert Bosch und der liberale Widerstand, S.591, Anm. 31; Heuss, Fragment von Erinnerungen aus der NS-Zeit, S. 4.
60 Kiessling, Quellen zur deutschen Außenpolitik 1933-1939, S. 52.
61 Hildebrand, Die Frankreichpolitik Hitlers, S. 602, 613.
62 Fabry, Mutmaßungen über Hitler, S. 183 ff.
63 Mühle, Frankreich und Hitler, S. 89.
64 Schneider, Unterm Hakenkreuz, S. 110.
65 Robert Bosch an Georg Escherich, 26. Mai 1933, Robert Bosch und die deutsch-französische Verständigung, S. 185.
66 Ebd.
67 Müller, Stuttgart zur Zeit des Nationalsozialismus, S. 283 f.
68 Bericht des Politischen Landespolizeiamtes Stuttgart an das Staatsministerium Stuttgart vom 21. Februar 1934, in: Akten Botschaft Paris, in: PA/AA, RAV Paris 568/1, S.1.
69 Paul Distelbarth: Bericht über die Lage in Frankreich, unveröffentlichtes Manuskript vom 9. Februar 1933, in: Akten der Deutschen Botschaft in Paris, PA AA, R 30185.

70 Robert Bosch an Walther Mauk, 10. Februar 1933, Robert Bosch und die deutsch-französische Verständigung, S.175.
71 Distelbarth, Deutschland, Frankreich und Europa (1939), in: ders., Das andere Frankreich, S. 390.
72 Bock, Ein Anwalt alternativer Frankreich-Sicht, S. 36.
73 Ebd., S. 36 f.; Robert Bosch und die deutsch-französische Verständigung, S. 85.
74 Bock, Ein Anwalt alternativer Frankreich-Sicht, S. 40.
75 Brieffragment Distelbarth im PA/AA, zit. n. Robert Bosch und die deutsch-französische Verständigung, S. III.
76 Bock, Ein Anwalt alternativer Frankreich-Sicht, S. 39.
77 Distelbarth, Deutschland, Frankreich und Europa, S. 381, in: ders., Das andere Frankreich, S. 381.
78 Robert Bosch an Franz von Papen, 15. Mai 1933, PA AA, R 301 85, weitgehend zit. in: Robert Bosch und die deutsch-französische Verständigung, S. 86 ff. (Einleitung).
79 Ebd; vgl. hierzu und zum folgenden auch Scholtyseck, Robert Bosch und der liberale Widerstand, S. 127 f.
80 Robert Bosch an Hermann Bücher, 9. September 1933, zit. nach Heuss, Robert Bosch, S. 569.
81 Robert Bosch an Walther Mauk, 3. Oktober 1933, Robert Bosch und die deutsch-französische Verständigung, S. 199.
82 Schloßstein, Einstellung des Herrn Robert Bosch und seiner Mitarbeiter zum Nazi-Regime, BAK, N 1186, 85a, S. 6.
83 Ebd.
84 Ebd.
85 Zit. n. Conze, Richard Coudenhove-Kalergi, S. 48.
86 Robert Bosch an Norske Stortings Nobelpreis Komité, 28. Januar 1933, RBA 1 014 653 001.
87 Robert Bosch an Richard Coudenhove-Kalergi, 23. Oktober 1933, zit. n. Heuss, S. 591.
88 Goebbels vor Vertretern der Presse, 5. April 1940, zit. n. Hillgruber, Deutschlands Rolle in der Vorgeschichte der beiden Weltkriege, S. 76; ders., Hitlers Strategie, S. 14 und grundlegend Hildebrand, Die Frankreichpolitik Hitlers.
89 Robert Bosch an Konstantin von Neurath, 11. Oktober 1933, RBA 1 014 597 001.
90 Ebd.
91 Hildebrand, Das vergangene Reich, S. 584.
92 Hitler am 13. Oktober 1933 im Kabinett, zit. n. Hildebrand, Das vergangene Reich, S. 584.
93 Konstantin von Neurath an Robert Bosch, 14. Oktober 1933, RBA 1 014 064 041; zum Hintergrund auch Lüdicke, Constantin von Neurath, S. 341 ff.
94 Robert Bosch an Joachim von Ribbentrop, 7. Dezember 1933, RBA 1 014 605 001; zum Hintergrund Mühle, Frankreich und Hitler, S. 113 f.
95 Bericht des Vorstands über das 17. Geschäftsjahr, BZ 3/1934, S. 41 f.
96 Bericht des Vorstands über das 18. Geschäftsjahr, BZ 3/1935, S. 45–48.
97 Bähr/Erker, Bosch S. 156.
98 Geschäftsführersitzung vom 8. Juni 1938, RBA 1 002 088.
99 Spoerer/Streb, Neue deutsche Wirtschaftsgeschichte, S. 106; Buchheim, Das

NS-Regime und die Überwindung der Weltwirtschaftskrise in Deutschland, S. 388 f.
100 Wehler, Deutsche Gesellschaftsgeschichte IV, S. 710.
101 Hans Walz, Feuerbacher Rede, 12. Juli 1943, RBA 1 013 024; dazu unten mehr.
102 Bericht des Vorstands über das 17. Geschäftsjahr, BZ 3/1934, S. 41.
103 Buchheim, Das NS-Regime und die Überwindung der Weltwirtschaftskrise, S. 389 f.
104 Kopper, Modernität und Scheinmodernität, S. 408.
105 Robert Bosch, Das Auto für das ganze Volk, BZ 3/ 1933, S. 36.
106 Zit. n. Edelmann, Vom Luxusgut zum Gebrauchsgegenstand, S. 157.
107 Ebd., S. 158.
108 Herf, Reactionary Modernism, S. 189 ff; Bavaj, Die Ambivalenz der Moderne im Nationalsozialismus,
109 Edelmann, Vom Luxusgut zum Gebrauchsgegenstand, S. 167; Merki, Der holprige Siegeszug des Automobils, S. 40.
110 Edelmann, Vom Luxusgut zum Gebrauchsgegenstand, S. 163.
111 Bähr/Erker, Bosch, S. 161.
112 Henning, Kraftfahrzeugindustrie und Autobahnbau, S. 228.
113 Bähr/Erker, Bosch, S. 157.
114 Hans Walz, Württemberg und die Weltwirtschaft, in: Weltwirtschaft VI, 1935, S. 112.
115 Ebd. S. 113.
116 Ebd. S. 114.
117 Robert Bosch an Mühlenpfordt, 21. Mai 1934, RBA 1 014 594 002.
118 Ebd.
119 Ebd.
120 Plumpe, Unternehmen im Nationalsozialismus, S. 255.
121 O. Debatin, Robert Bosch GmbH und NSDAP, RBA 1 010 065, S. 3.
122 Schloßstein, Einstellung des Herrn Robert Bosch und seiner Mitarbeiter zum Nazi-Regime, BAK, N 1186, 85a, S. 5.
123 Ebd.
124 Max Weber, Wirtschaft und Gesellschaft, MWG I/22-2, S. 379. vgl. Plumpe, Unternehmen im Nationalsozialismus, S. 259.
125 Mommsen/Grieger, Das Volkswagenwerk und seine Arbeiter, S. 53 ff.
126 Protokoll der Vorstandssitzung am 8. Juni 1938, RBA 1 002 088.
127 Ebd.; vgl. Bähr/Erker, Bosch, S. 160 f., mit einer umfassenden Analyse der Strategieberatungen.
128 Edelmann, Vom Luxusgut zum Gebrauchsgegenstand, S. 196 f.
129 Bähr/Erker, Bosch, S. 162.
130 S. etwa Bericht des Vorstands über das 20. Geschäftsjahr, BZ 3/1937, S. 43.
131 Grüttner, Das Dritte Reich, S. 254; König, Volkswagen, Volksempfänger, Volksgemeinschaft, S. 25 ff.
132 Tooze, Ökonomie der Zerstörung, S. 114; Herbst, Das nationalsozialistische Deutschland, S. 160.
133 Bericht des Vorstands über das 19. Geschäftsjahr, BZ 3/1936, S. 46.
134 Bähr/Erker, Bosch, S. 164; Geschäftsbericht, BZ 3/1938, S. 44.
135 Karl Thomä, Aufzeichnung vom 5. November 1940, RBA 1 011 107, S. 7; Bähr/Erker, Bosch, S. 164; Scholtyseck, Robert Bosch und der liberale Widerstand, S. 420.

Anmerkungen

136 Bähr/Erker, Bosch, S. 588, Anm. 63.
137 America. Bosch Corporation, 21. Dezember 1939 (Abschrift des Berichts Dr. Fischer), RBA 1 011 081.
138 Fastnacht/Kuhlgatz/Schmitt/Siegel, 125 Jahre Bosch, S. 203.
139 Bähr/Erker, Bosch, S. 165.
140 Robert Bosch an Georg Escherich, 26. Dezember 1934, Robert Bosch und die deutsch-französische Verständigung, S. 217.
141 Robert Bosch an Walther Mauk, 4. Juli 1940, RBA 1 014 088.
142 Robert Bosch an Walther Mauk, 9. Juli 1940, RBA 1 014 088.
143 Plumpe, Unternehmen im Nationalsozialismus, S. 250.
144 Hans Walz, Denkschrift über den Kaufpreis von Geschäftsanteilen der Robert Bosch GmbH (November 1956), RBA 1 013 026, S. 10.
145 Ebd.
146 Ebd., S. 11.
147 Ebd., S. 12.
148 Ebd.
149 Geschäftsbericht 1937 der Robert Bosch GmbH, BZ 3/1938, S. 41.
150 Spoerer/Streb, Neue deutsche Wirtschaftsgeschichte, S. 146.
151 Ebd., S. 144 f.
152 S. unten.
153 Robert Bosch an Walter Mauk, 4. Juli 1940, RBA 1 014 088; vgl. Erker, Der Boschhof, S. 128 ff.
154 Hans Walz, Beilage zum Fragebogen: Kurze Darstellung der Beziehungen zu NSDAP und SS, S. 2, RBA 1 013 033.
155 Ebd., S. 1 f.; ähnlich: Hans Walz, Mitteilung an Herrn Schreiber/PSH wegen «Freundeskreis», 7. Juli 1964, RBA 1 013 073.
156 Lagebericht – geheim, abgeschlossen am 30. November 1933, BArch Koblenz R 43II/1374, S. 2.
157 Ebd., S. 8.
158 Ebd., S. 9.
159 Ebd., S. 23.
160 Robert Bosch an Paul Reusch, 5. August 1937, RBA 1 014 118 005; ähnlich: Robert Bosch an Georg Escherich, 5. August 1937, RBA 1 014 068.
161 Otto Debatin an Theodor Heuss, 19. Februar 1937, RBA 1 014 156 012.
162 Otto Debatin, Robert Bosch GmbH und NSDAP, RBA 1 010 065, S. 6.
163 Ebd., S. 7.
164 Schloßstein, Einstellung des Herrn Robert Bosch und seiner Mitarbeiter zum Nazi-Regime, BAK, N 1186, 85a, S. 5.
165 Ebd.
166 Hans Walz, Beilage zum Fragebogen: Kurze Darstellung der Beziehungen zu NSDAP und SS, RBA 1 013 033, S. 2. Vogelsang, Der Freundeskreis Himmler, S. 168.
167 Ebd., Anlage, S. 8.
168 Ebd. S. 3.
169 Bähr/Erker, Bosch, S. 172.
170 Vogelsang, Der Freundeskreis Himmler, S. 52 ff.
171 Hans Walz, Beilage zum Fragebogen: Kurze Darstellung der Beziehungen zu NSDAP und SS, RBA 1 013 033, S.3.
172 Scholtyseck, Robert Bosch und der liberale Widerstand, S. 458 ff.

173 Walz an Schreiber, 7. Juli 1964, RBA 1 013 073.
174 Hans Walz, Beilage zum Fragebogen: Kurze Darstellung der Beziehungen zu NSDAP und SS, RBA 1 013 033, S. 3.
175 Walz an Schreiber, 7. Juli 1964, RBA 1 013 073.
176 Scholtyseck, Robert Bosch und der liberale Widerstand, S. 162.
177 Robert Bosch an Hans Walz, 12. November 1940, Staatsarchiv Ludwigsburg EL 902/20 Bü 87568.
178 Hans Walz, Beilage zum Fragebogen: Kurze Darstellung der Beziehungen zur NSDAP und SS, RBA 1 013 033, S. 2.
179 Pache, Bäuerles Beitrag, S. 66 f.
180 Theodor Bäuerle, Denkschrift über die Lage des Vereins zur Förderung der Volksbildung, RBA 1 811 081.
181 Theodor Bäuerle an Robert Bosch, 7. Juli 1932, RBA 1 014 041 007.
182 Pache, Bäuerles Beitrag, S. 69.
183 Breisgauer Zeitung, 28. Dezember 1932, zit. n. Pache, Bäuerles Beitrag, S. 70.
184 Schmitt, Theodor Bäuerle, S. 76.
185 Scholtyseck, Robert Bosch und der liberale Widerstand, S. 134.
186 Waller, Das jüdische Lehrhaus in Stuttgart, S. 277 f.
187 Pache, Bäuerles Beitrag, S. 38.
188 Richert, Karl Adler, S. 47; Karl Adler, Eidesstattliche Erklärung, 22. Juli 1946, New York, RBA 1 013 039 (Kopie); Zelzer, Weg und Schicksal der Stuttgarter Juden, S. 172 f.
189 Schmitt, Theodor Bäuerle, S. 80; Entschließung der Mitgliederversammlung des Konservatoriums vom 10. Mai 1933 mit einer Würdigung der Arbeit Karl Adlers, LBI New York Karl Adler Collection; ferner das «Dienstzeugnis» für Adler vom 30. 10. 1940, ebd.
190 Pache, Bäuerles Beitrag, S. 92; Schmitt, Bäuerle, S. 81.
191 Theodor Bäuerle, Denkschrift über die Lage des Vereins zur Förderung der Volksbildung, RBA 1 811 081, S. 7.
192 Ebd., S. 9.
193 Robert Bosch an die Vorstandsmitglieder des Vereins zur Förderung der Volksbildung, 10. Juni 1936, RBA 1 043 023/5. Siehe auch Karl Adler an Robert Bosch, 31. Dezember 1936, LBI New York, Karl Adler Collection.
194 Müller, Stuttgart zur Zeit des Nationalsozialismus, S. 113.
195 Sauer, Württemberg in der Zeit des Nationalsozialismus, S. 253.
196 Müller, Stuttgart zur Zeit des Nationalsozialismus, S. 112.
197 Andreas Richter, Robert Bosch stieg in den Zwanzigern ein, Stuttgarter Zeitung, 12. September 1995, S. 31; Hale, Presse in der Zwangsjacke, S. 205 ff.
198 Müller, Stuttgart zur Zeit des Nationalsozialismus, S. 113; Bechtle, Die nordwürttembergische politische Presse 1930-1949, S. 121.
199 Hale, Presse in der Zwangsjacke, S. 207.
200 Ebd., S. 207; Müller, Stuttgart zur Zeit des Nationalsozialismus, S. 115; Scholtyseck, Robert Bosch und der liberale Widerstand, S. 134.
201 Müller, Stuttgart zur Zeit des Nationalsozialismus, S. 116; Hale, Presse in der Zwangsjacke, S. 208; Bechtle, Die nordwürttembergische politische Presse.
202 Schloßstein, Einstellung des Herrn Robert Bosch und seiner Mitarbeiter zum Nazi-Regime, BAK, N 1186, 85a, S. 9.
203 Hans Walz an Paul Reusch, 2. August 1935, RBA 1 014 116 001; Reusch an Bosch,

4. August 1935, RBA 1 014 116 002. Reusch riet Bosch: «Ich beabsichtige nicht, auf derartige Vorschläge einzugehen und kann Dir nur empfehlen, ebenfalls fest zu bleiben.»
204 Andreas Richter, Robert Bosch stieg in den Zwanzigern ein, S. 31; Scholtyseck, Robert Bosch und der liberale Widerstand, S. 153 f.
205 Schloßstein, Einstellung des Herrn Robert Bosch und seiner Mitarbeiter zum Nazi-Regime, BAK, N 1186, 85a, S. 5.
206 Fidler, Arbeiterbewegung in Stuttgart 1933, S. 78.
207 Ebd. S. 80.
208 Bähr/Erker, Bosch, S. 173.
209 Otto Debatin, Robert Bosch und NSDAP, RBA 1 010 065, S. 7 f.
210 Smelser, Robert Ley, S. 121 ff.; Mai, NSBO; Wehler, Deutsche Gesellschaftsgeschichte IV, S. 736 ff.; Mason, Arbeiterklasse und Volksgemeinschaft, S. 78 ff.
211 Zit. n. Wehler, Deutsche Gesellschaftsgeschichte IV, S. 737.
212 Zit. n. Fidler, Arbeiterbewegung in Stuttgart 1933, S. 77; vgl. Scholtyseck, Robert Bosch und der liberale Widerstand, S. 138.
213 Walz und Wild an Mergenthaler, 21. November 1933, HStA Wü, E130B, Bü 1794.
214 BZ 3/1933, S. 174.
215 Ebd., S. 174 f.
216 Robert Bosch an Walther Mauk, 22. Dezember 1933, Robert Bosch und die deutsch-französische Verständigung, S. 204.
217 Robert Bosch an Hans Walz, 24. April 1936, zit.n.Heuss, Robert Bosch, S. 597.
218 50 Jahre Bosch, S. IX.
219 Hans Walz, Württemberg und die Weltwirtschaft.
220 Hans Walz oder ein von seinem Vortrag inspirierter Mitarbeiter, nicht Robert Bosch selbst – so Scholtyseck, Robert Bosch und der liberale Widerstand, S. 168.
221 50 Jahre Bosch, S. 8.
222 Ebd.
223 Stimmen zu unserem Jubiläumsband «50 Jahre Bosch», BZ 10/1936, S. 231.
224 NS-Kurier, 23. September 1936; vgl. Scholtyseck, Robert Bosch und der liberale Widerstand, S. 170.
225 NS-Kurier, 23. September 1936.
226 Ebd.
227 Broszat, Zur Sozialgeschichte des Widerstands, S. 300: vgl. Grüttner, Das Dritte Reich, S. 523.
228 BZ, 10/1936, S. 222.
229 Ebd., S. 223.
230 Ebd.
231 Rede Hans Walz, RBA 1 039 001 005.
232 Otto Debatin, Robert Bosch GmbH und NSDAP, RBA 1 010 065, S. 103.
233 BZ 10/1936, S. 221.
234 Walz und Wild an Kreisleiter Mauer, 3. Oktober 1936, HStA Wü, E 140, Bü. 164.
235 Scholtyseck, Robert Bosch und der liberale Widerstand, S. 173.
236 Otto Debatin, Soziale Blender, BZ 3/1937, S. 52.
237 Ebd., S. 52.
238 Bericht über die Besprechung zwecks Beilegung der Differenzen zwischen der Firma Robert Bosch A.G. Stuttgart und der Deutschen Arbeitsfront am 1. De-

zember 1937 vorm. 9 ½ Uhr auf der Gauleitung der NSDAP, Stuttgart, Staatsarchiv Ludwigsburg, PL 502/20 (NS-Kreisleitung Stuttgart), Bü 96.
239 NS-Kurier, 23. September 1936; BZ 9/1936, S. 206.
240 Ebd.
241 Ebd.
242 Ebd.
243 Debatin, Robert Bosch GmbH und NSDAP, RBA 1 010 065, S. 10.
244 Michel, Von der Fabrikzeitung zum Führungsmittel, S. 303.
245 Ebd.
246 Ebd.
247 Heuss, Robert Bosch, S. 579.
248 BZ 8/1935, S. 158; vgl. Michel, Von der Fabrikzeitung zum Führungsmittel, S. 311.
249 Michel, Von der Fabrikzeitung zum Führungsmittel, S. 315.
250 BZ 3/1934, S. 55–58.
251 Debatin, Sie haben mitgeholfen, S. 145; vgl. Michel, Von der Fabrikzeitung zum Führungsmittel, S. 305.
252 Otto Debatin, Der Bosch-Zünder wird getadelt, BZ 6/1935, S. 114.
253 BZ 10/1933, S. 163.
254 Heuss, Robert Bosch, S. 580.
255 Theodor Heuss an die Zentralspruchkammer/ Berufungskammer, 24. Mai 1949, RBA 1 013 115; vgl. Michel, Von der Fabrikzeitung zum Führungsmittel, S. 309, S. 315 f.
256 Robert Bosch, Lebenserinnerungen, RBA 1 014 006, S. 38.
257 Felix Olpp, mündl. Auskunft, 4. Dezember 1995, zit. n. Faltin, Homöopathie in der Klinik, S. 74.
258 Heuss, Robert Bosch, S. 533.
259 Robert Bosch an Georg Escherich, 26. April 1937, RBA 1 014 068; vgl. Faltin, Homöopathie in der Klinik, S. 70.
260 Allmendinger, Struktur, Aufgabe und Bedeutung der Stiftungen von Robert Bosch, S. 153.
261 Hans Walz, zit. in: Stuttgarter Zeitung, 13. Dezember 1957, S. 21; vgl. Allmendinger, Struktur, Aufgabe und Bedeutung der Stiftungen von Robert Bosch, S. 152, Anm. 631.
262 Allmendinger, Struktur, Aufgabe und Bedeutung der Stiftungen von Robert Bosch, S. 154 ff.
263 Richtlinien für die Stuttgarter Homöopathische Krankenhaus GmbH, 31.05.1941, RBA 1 058 026.
264 Robert Bosch dankt dem Vorstand, BZ 10/1936, S. 217.
265 Allmendinger, Struktur, Aufgabe und Bedeutung der Stiftungen von Robert Bosch, S. 160.
266 Faltin, Homöopathie in der Klinik, S. 84.
267 Brief von 1939, zit. n. Heuss, Robert Bosch, S. 537.
268 Faltin, Homöopathie in der Klinik, S. 54 f.
269 Peukert, Die Weimarer Republik, S. 236.
270 Peukert, Das Janus-Gesicht der Moderne, S. 81 ff.
271 Faltin, Homöopathie in der Klinik, S. 58.
272 Pohl, Zur Zusammenarbeit, S. 533.
273 Ebd., S. 518, 529.

274 O. Debatin, Robert Bosch GmbH und NSDAP, RBA 1 010 065, S.5.
275 Ebd., S. 5.
276 Ebd., S. 3.
277 Ebd., S. 5.
278 O. Debatin, Robert Bosch GmbH und NSDAP, RBA 1 010 065, S. 5.
279 Siehe oben, S. 310.
280 Zit. nach Richert, Karl Adler, S. 46.
281 Ebd., S. 47.
282 Müller, Stuttgart zur Zeit des Nationalsozialismus, S. 283 f.
283 Schloßstein, Einstellung des Herrn Robert Bosch und seiner Mitarbeiter zum Nazi-Regime, BAK, N 1186, 85a, S. 5.
284 Longerich, Hitler, S. 317.
285 Hans Walz an LBI, 16. Juni 1967, RBA 1 013 046 1, Bl. 2. Siehe auch Hans Walz an Thekla Sänger-Mey, 01. Dezember 1952: «Als [...] engster Vertrauter des im Jahre 1942 verstorbenen Herrn Robert Bosch [...] habe ich zu jener Zeit im Einvernehmen mit Herrn Bosch in Berlin versucht, bei einem der ersten Berater Hitlers gegen die alle Begriffe der Menschlichkeit grausam verletzende Judengesetzgebung Sturm zu laufen. Als Herr Bosch und ich [...] uns davon überzeugen mußten, dass wir das Übel im Ganzen nicht zu verhindern vermochten, beschlossen wir, es im einzelnen nach Möglichkeit zu lindern.» LBI New York, Karl Adler Collection.
286 Walz an LBI, 16. Juni 1967, RBA 1 013 046, Bl.3; s. ferner: Walz, Beilage zum Fragebogen: Kurze Darstellung der Beziehungen zur NSDAP und NS, RBA 1 013 036 1, S. 24.
287 Bescheinigung Adolf Lauer, 20. Februar 1948, RBA 1 013 039.
288 Bähr/Erker, Bosch, S. 183.
289 Hans Walz an LBI, 16. Juni 1967, RBA 1 013 046.
290 Michel, Von der Fabrikzeitung zum Führungsmittel, S. 305.
291 Aufstellung von Juden mit Halbjuden, die in den letzten 12 Jahren in der Robert Bosch GmbH in Beschäftigung standen bzw. noch stehen, 20. September 1945, RBA 1 013 068,
292 Debatin, Robert Bosch GmbH und NSDAP, RBA 1 010 065, S. 9; vgl. dazu detailliert Bähr/Erker, Bosch, S. 185 und S. 597, Anm. 12.
293 Bähr/Erker, Bosch, S. 185.
294 Debatin, Robert Bosch GmbH und NSDAP, S. 9, RBA 1 010 065; vgl. Beate Meyer, «Jüdische Mischlinge». Rassenpolitik und Verfolgungserfahrung, S. 237 ff.
295 Eidesstattliche Erklärung von Heinrich Luckau, 8. Februar 1948, RBA 1 012 003; vgl. Scholtyseck, Die Firma Robert Bosch und ihre Hilfe für Juden, S. 204.
296 Gerhard Taddey, Zwischen Widerstand und Gestapo. S. 455 ff.
297 O. Debatin, Robert Bosch GmbH und NSDAP, RBA 1 010 065, S. 9.
298 Tätigkeitsbericht Hugo Bühler, Staatsarchiv Ludwigsburg, EL902/20; Az.37/6/17185.
299 Waller, Das Jüdische Lehrhaus in Stuttgart, S. 154 ff.
300 Richert, Karl Adler, S. 62.
301 Müller, Stuttgart zur Zeit des Nationalsozialismus, S. 307.
302 Ebd., S. 286, 296.
303 Karl Adler, Eidesstattliche Erklärung in Sachen Hans Walz, New York, 22. Juli 1946, RBA 1 013 039 (Kopie).

304 Hans Walz an Thekla Sänger-May, 1. Dezember 1952, LBI New York, Karl Adler Collection.
305 Karl Adler in einem Brief an Alfred Marx vom 23. November 1945, zit. im Brief von Alfred Marx an Martha Haarburger, 6. Februar 1946, RBA 1 013 034 3 (Abschrift); s. auch: Willy Schloßstein, Eidesstattliche Erklärung, Stuttgart, 4. März 1947, RBA 1 013 039, S. 3: «Herr Walz hob zu Lasten des Wohlfahrtskontos II Beträge in bar ab und händigte sie Herrn Adler teils unmittelbar teils mittelbar aus. Weiter verbrachten Herr Walz und ich für Herrn Adler Wertsachen ins Ausland.»
306 Eidesstattliche Erklärung von Friedrich Jaffé, 29. Oktober 1947, La Paz, Bolivien, RBA 1 013 039 2.
307 Fred Grubel an Hans Walz, 19. Mai 1970, RBA 1 013 046 1.
308 Leo Baeck, to whom it may concern, London, 3. Juli 1946, RBA 1 013 039 (Kopie).
309 Eidesstattliche Erklärung Willy Schloßstein, 4. März 1947, RBA 1 013 039.
310 Ebd.
311 Hans Walz an Leo Baeck Institute New York, 16. Juni 1967, RBA 1 013 046.
312 Eidesstattliche Erklärung von Friedrich Jaffé, La Paz, Bolivien, 29. Oktober 1947, RBA 1 013 039 2
313 Hans Walz an LBI New York, 16. Juni 1967, RBA 1 013 046. Nach der Eidesstattlichen Erklärung Schloßsteins vom 4. März 1947, RBA 1 013 039, lautete das Ergebnis: «Die Verfügungen des Herrn Dr. Mannheimer über Privatmittel des Herrn Bosch zu Gunsten bedürftiger Juden erreichten bis Frühjahr 1939 etwa eine halbe Million holl. Gulden.» Nimmt man die Unterstützungszahlungen für verfolgte und emigrierende jüdische Mitbürger aus dem Hause Bosch zusammen, ergibt sich bis 1940 ein Gesamtbetrag von 1,2 Mio. Reichsmark. S. Stellungnahme zur Frage der Zwangsarbeiterentschädigung, Stand 20. August 1998, RBA 1 012 037; vgl. Bähr/Erker, Bosch, S. 188.
314 Eidesstattliche Erklärung Friedrich Jaffé, La Paz, Bolivien, 29. Oktober 1947, RBA 1 013 039 2.
315 Hans Walz an LBI, New York, 16. Juni 1967, RBA 1 013 046 1, S. 4.
316 Karl Adler an Alfred Marx, 18. Mai 1946, RBA 1 013 039 1.
317 HStA Wü, Findbuch Q3/12 zum Nachlass Alfred Marx.
318 Zelzer, Weg und Schicksal der Stuttgarter Juden, S. 279.
319 Sauer, Für Recht und Menschenwürde, S. 48.
320 Müller, Stuttgart zur Zeit des Nationalsozialismus, S. 409; Zelzer, Weg und Schicksal der Stuttgarter Juden, S. 307.
321 Zelzer, Weg und Schicksal der Stuttgarter Juden, S. 232.
322 Hoppe/Glass, Die Verfolgung und Ermordung der europäischen Juden durch das nationalsozialistische Deutschland 7, S. 56 f.
323 Hans Walz, Beilage zum Fragebogen: Kurze Darstellung der Beziehungen zur NSDAP und SS, RBA 1 013 033, S. 5; s. a. die Erklärung von Bona Schloßstein, Ehefrau von Willy Schloßstein und Cousine Martha Harburgers, vom 2. Februar 1946, RBA 1 013 034 3.
324 Martha Haarburger, zit. n. Zelzer, Weg und Schicksal der Stuttgarter Juden, S. 231; Hugo Bühler, Tätigkeit bei der Firma Bosch GmbH, Staatsarchiv Ludwigsburg, EL902/20 Bü97890.
325 Zelzer, Weg und Schicksal der Stuttgarter Juden, S. 233 ff. (Erlebnisbericht Martha Haarburgers).
326 Faltin, Homöopathie in der Klinik, S. 78.

327 Bericht in der Stuttgarter Zeitung vom 27. Januar 1965, zit. n. Susanne Rueß, Stuttgarter jüdische Ärzte während des Nationalsozialismus, S. 325 f.
328 Felix Olpp, Unser unvergesslicher Herr Bosch, RBA 1 014 003, S. 14a.
329 Spoerer/Streb, Neue deutsche Wirtschaftsgeschichte, S. 193 f.
330 Steiner, Ortsempfänger, Volksfernseher und Optaphon, S. 229 ff.
331 Bähr/Erker, Bosch, S. 191 f.
332 Ebd., S. 192.
333 S. oben, S 278.
334 Walz, Württemberg und die Weltwirtschaft, S. 14.
335 BZ 7/1935, S. 133-135.
336 BZ 10/1934, S.206 ff.
337 BZ 7/1935, S. 135 f.
338 Curt Liebmann, Aufzeichnung über eine Rede Hitlers vor der Reichswehrführung, 3. Februar 1933, in: Kiessling, Quellen zur deutschen Außenpolitik, S. 31.
339 Wehler, Deutsche Gesellschaftsgeschichte IV, S. 698 f.
340 Spoerer/Streb, Neue deutsche Wirtschaftsgeschichte, S. 202 ff.; Aly, Hitlers Volksstaat, S. 100 ff.; Volkmann, Die NS-Wirtschaft in Vorbereitung des Krieges, S. 45 ff.; Mazower, Hitlers Imperium, S. 247 ff.
341 Bähr/Erker, Bosch, S. 193.
342 Hermann Fellmeth, Meine Haltung gegenüber der NSDAP, 23. Januar 1947, RBA 1 013 060, S. 7.
343 Theodor Bäuerle an Margarete Bosch, 22. November 1945, HStA Wü, Nachlass Theodor Bäuerle Q1/21, Bü460; vgl. Scholtyseck, Robert Bosch und der liberale Widerstand, S. 356; ähnlich: Willy Schloßstein, Einstellung des Herrn Robert Bosch und seiner Mitarbeiter zum Nazi-Regime, BAK N1186, 85a, S. 8; so auch Dr. Eva Madelung, Robert Boschs jüngste Tochter, in einem Gespräch mit dem Verfasser am 14.12.2016 in München.
344 Robert Bosch an Walther Mauk, 22. Dezember 1933, Robert Bosch und die deutsch-französische Verständigung, S. 204.
345 Bericht der Deutschen Reichstreuhand AG (DRT) über die bei der Robert Bosch GmbH vorgenommene Prüfung des Jahresabschlusses zum 31. Dezember 1940, S. 53. RBA 1 003 093; vgl. Bähr/Erker, Bosch, S. 195.
346 Bähr/Erker, Bosch, S. 195 f.
347 Vertrag zwischen dem Reichsluftfahrtministerium und der RB AG, Stuttgart, 16. August 1934/3. September 1934, RBA 1 606 003.
348 Bähr/Erker, Bosch, S. 198.
349 Hermann Bauer, Bosch und seine Beteiligung an der Rüstung, RBA 1 013 062, vgl. Bähr/Erker , Bosch, S. 198.
350 Bähr/Erker, Bosch, S. 197.
351 Overesch, Bosch in Hildesheim, S. 73 ff.
352 Streb, Das nationalsozialistische Wirtschaftssystem: Indirekter Sozialismus, gelenkte Marktwirtschaft oder vorgezogene Kriegswirtschaft?, S. 76.
353 O. Debatin, Robert Bosch GmbH und NSDA, RBA 1 010 065, S.15; Overesch, Bosch in Hildesheim, S. 54, der Hans Walz als treibende Kraft hinter einer Verzögerungstaktik benennt. Dazu eher skeptisch: Bähr/Erker, Bosch, S. 604, Anm. 46.
354 Schoeps, Das Erbe der Mendelssohns, S. 216 ff; Bähr/Erker, Bosch, S. 203; Scholtyseck, Robert Bosch und der liberale Widerstand, S. 230 ff.
355 Aktennotiz Willy Schloßstein, 21. November 1947, RBA 1 013 039.

356 Ebd.
357 Schoeps, Das Erbe der Mendelssohns, S. 320.
358 Bähr/Erker, Bosch, S. 204; Scholtyseck, Robert Bosch und der liberale Widerstand, S. 293.
359 Bähr/Erker, Bosch, S. 205.
360 Bericht Thomä, 5. November 1940, RBA 1 011 107, S. 5 ff.; vgl. Bähr/Erker, Bosch, S. 205.
361 Robert Bosch an Johannes Hieber, zit. n. Heuss, Bosch, S. 612; s. auch Bähr/Erker, Bosch, S. 205.
362 Scholtyseck, Robert Bosch und der liberale Widerstand, S. 425.
363 Bähr/Erker, Bosch, S. 205.
364 Excerpt from documents pertaining to the gold transactions, RBA 1 104 019 001, S. 21; vgl. Bähr/Erker, Bosch, S. 206; Scholtyseck, Robert Bosch und der liberale Widerstand, S. 426.
365 Bähr/Erker, Bosch, S. 207.
366 Robert Bosch an Walther Mauk, 22. Dezember 1933, Robert Bosch und die deutsch-französische Verständigung, S. 204.
367 Budraß, Flugzeugindustrie und Luftrüstung in Deutschland 1918–1945, S. 320 ff.
368 Manfred Genz, Die Verstrickung von Unternehmen in Unrechtsstaaten. S. 204; vgl. Streb, Das nationalsozialistische Wirtschaftssystem, S. 68.
369 Glasbrenner, Arbeit und Rüstung, S. 95.
370 Hermann Bauer, Bosch und seine Beteiligung an der Rüstung, RBA 1 013 062.
371 Ebd.
372 Bähr/Erker, Bosch, S. 208 f.
373 Hermann Bauer, Bosch und seine Beteiligung an der Rüstung, RBA 1 013 062.
374 S. etwa den eindrucksvollen Bericht von Robert Spaemann, Über Gott und die Welt. Eine Autobiographie in Gesprächen, Stuttgart 2012, S. 40, der über seine Erlebnisse als 14-Jähriger schreibt: «Bald darauf verschwanden die Leute mit dem Stern. Sie wurden in den Osten deportiert. Das Gerücht wurde ausgestreut, sie würden dort Arbeitseinsatz für die Kriegsindustrie machen. [...] Ich glaubte dem Gerücht nicht. Und ich habe dann wie ein Agent Informationen gesammelt, in erster Linie indem ich Soldaten, die aus dem Osten zum Heimaturlaub kamen, ausfragte, ob sie nicht in Polen Juden gesehen hätten und was sie darüber erzählen konnten. Nach einem halben Jahr wusste ich Bescheid. Ich wusste, dass sie vergast wurden.» S. auch Peter Longerich, «Davon haben wir nichts gewusst!», S. 201 ff.
375 Zu den Eingriffen des Regimes in Arbeitsmarkt und Arbeitsverträge, zu den Erfahrungen der Beschäftigten: Schneider, In der Kriegsgesellschaft, S. 157 ff.
376 Bähr/Erker, Bosch, S. 210.
377 Ebd.
378 Ebd., S. 210, S. 666 (Tabelle).
379 Schneider, In der Kriegsgesellschaft, S. 195.
380 Der Reichsminister für Bewaffnung und Munition an die Geschäftsführung der Robert Bosch GmbH, 3. März 1943, RBA 1 013 064; vgl. Bähr/Erker, Bosch, S. 211.
381 S. unten, S. 394 ff.
382 Müller, Stuttgart zur Zeit des Nationalsozialismus, S. 518 ff.
383 Streb, Das nationalsozialistische Wirtschaftssystem, S. 83.
384 Overesch, Bosch in Hildesheim, S. 20.

385 Otto Debatin, Robert Bosch GmbH und NSDAP, RBA 1 010 065, S.12 f.; Overesch, Bosch in Hildesheim, S. 21.
386 Otto Debatin, Robert Bosch GmbH und NSDAP, S. 11, RBA 1 010 065.
387 Willy Schloßstein, Einstellung des Herrn Robert Bosch und seiner Mitarbeiter zum Nazi-Regime, BAK N1186, 85A, S. 27; vgl. auch Scholtyseck, Robert Bosch und der liberale Widerstand, S. 366.
388 Kallis, Der Niedergang der Deutungsmacht, S. 220 ff.; Longerich, Goebbels, S. 542 ff.
389 Eidesstattliche Erklärung von Maria Kollmar, 15. März 1948, RBA 1 013 036.
390 Rede des Herrn Hans Walz, gehalten am 17. Juli 1943 vor deutschen Pressevertretern im Sitzungssaal der Robert Bosch GmbH, Stuttgart, Militärstraße 4, Bl.1, StL EL902/20 Büg3826.
391 Ebd., Bl. 1.
392 Ebd., Bl. 2.
393 Ebd.
394 Ebd.
395 Ebd., Bl. 3.
396 Ebd., Bl. 3; vgl. auch Scholtyseck, Robert Bosch und der liberale Widerstand, S. 365.
397 Ebd., Bl. 6.
398 Ebd.
399 Ebd., Bl. 4.
400 Rüther, Der Widerstand des 20. Juli auf dem Weg in die Soziale Marktwirtschaft, S. 21 ff.
401 Eugen Diesel, Vom Verhängnis der Völker, S. 266.
402 Ebd. S. 225.
403 Robert Bosch an Georg Escherich, 20. Juli 1934, RBA 1 014 065 018.
404 Robert Bosch an Eugen Diesel, 27. Juli 1934, zit. n. Heuss, Bosch, S. 611.
405 Wilhelm von Schramm, Hitler und die Franzosen. Die psychologische Vorbereitung des Weltkriegs 1933 – 1939, Mainz[2] 1980, S. 57; Hildebrand, Die Frankreichpolitik Hitlers, S. 616 f.; Skor, «Brücken über den Rhein», S. 202 ff.
406 Schloßstein, Einstellung des Herrn Robert Bosch und seiner Mitarbeiter zum Nazi-Regime, BAK, N 1186, 85a, S. 8.
407 Robert Bosch an Georg Escherich, 19. September 1935, RBA 1 014 066 037, Bl. 2.
408 Heuss, Robert Bosch, S. 608.
409 Schloßstein, Einstellung des Herrn Robert Bosch und seiner Mitarbeiter zum Nazi-Regime, BAK, N 1186, 85a
410 Robert Bosch an Georg Escherich, 19. September 1935. RBA 1 014 066 037; s. zum Hintergrund: Duroselle, La décadence,
411 Graml, Europas Weg in den Krieg, S. 90f; Steiner, The Triumph of the Dark, S. 100 ff.
412 Schloßstein, Einstellung des Herrn Robert Bosch und seiner Mitarbeiter zum Nazi-Regime, BAK, N 1186, 85a, S. 10.
413 Robert Bosch an Georg Escherich, 22. Januar 1940, RBA 1 014 071 001 sowie der weitere Briefwechsel zwischen den Freunden und mit Walther Mauk.
414 Aufzeichnung von Hans Walz vom 25. September 1968, RBA 1 013 241.
415 Ebd.
416 Jones, The Peacemaker: David Davies, S. 21; alle Angaben zu Davies nach dieser exzellenten Studie.

417 Ebd., S. 25.
418 Ebd.
419 Ebd., S. 28.
420 Jäckh, Weltsaat, S. 118 ff.
421 Schloßstein, Einstellung des Herrn Robert Bosch und seiner Mitarbeiter zum Nazi-Regime, BAK, N 1186, 85a, S. 8; Scholtyseck, Robert Bosch und der liberale Widerstand, S. 181.
422 Robert Bosch an Georg Escherich, 19. September 1935, RBA 1 014 066 037.
423 Jones, The Peacemaker: David Davies, S. 24.
424 Lord Davies an Robert Bosch, 21. Dezember 1934, National Library of Wales, Lord Davies of Llandinam Papers, file BII/3.
425 Robert Bosch an Lord Davies, 26. August 1936, National Library of Wales, Lord Davies of Llandinam Papers, file BII/3.
426 Lord Davies an Robert Bosch, 21. Dezember 1934, National Library of Wales, Lord Davies of Llandinam Papers, file BII/3.
427 Robert Bosch an Henry Ford, 27. Mai 1935, RBA 1 014 567 001.
428 Lagebericht, Geheim, BArch Koblenz, R43II/1374 fol. 120-162, hier: S.131.
429 Mauersberger, Rudolf Pechel.
430 Walz, Beilage zum Fragebogen, RBA 1 013 036 1, S.30.
431 Ebd.
432 Pechel, Napoleon der Kleine, S.171.
433 Pechel, Deutscher Widerstand, S. 289.
434 Walz, Beilage zum Fragebogen, S. 20 f., RBA 1 013 036 1; s. a. Pechel, Deutscher Widerstand, S. 22.
435 S. das Spruchkammerverfahren gegen Hermann Fellmeth, Staatsarchiv Ludwigsburg, EL902/20 Bü93826 sowie Hermann Fellmeth, Meine Haltung gegenüber der NSDAP, RBA 1 013 060.
436 S. die Erklärung von Bona Schloßstein vom 2. Februar 1946, RBA 1 013 034 3: «Als Halbjüdin habe ich an dem Schicksal der israelitischen Bevölkerung in Deutschland unter dem Nazi-Regime lebhaften Anteil genommen. Die Mehrzahl meiner israelitischen Verwandten, darunter auch meine Halbbrüder, wurden von den Nazis ermordet.» Siehe zum Lebensweg von Willy Schloßstein seine Aufzeichnung vom 20. Juli 1947, RBA 1 013 109.
437 Schmitt, Bäuerle.
438 Heuss, Robert Bosch, S. 222, 600.
439 Ebd., S. 544; BZ 5-6/1940, S. 50 f.
440 Schloßstein, Einstellung des Herrn Robert Bosch und seiner Mitarbeiter zum Nazi-Regime, BAK, N 1186, 85a, S. 8.
441 Schmitt, Bäuerle, S. 96; Pache, Bäuerles Beitrag, S. 101.
442 Albrecht Fischer, Erlebnisse vom 20. Juli 1944, S. 122; Ritter, Goerdeler, S. 157.
443 Ritter, Goerdeler, S. 157.
444 Carl Goerdeler, Robert Bosch. Robert Bosch in Stuttgart wird am 23. September 80 Jahre alt, in: Deutsche Rundschau, Oktober 1941, S. 24.
445 Bähr/Erker, Bosch, S. 205.
446 Hans Walz, Meine Mitwirkung an der Aktion Goerdeler, S. 99 f.
447 Ebd.
448 Ebd., S. 100.
449 Müller, Beck, S. 219.
450 Goerdeler, Politische Schriften und Briefe 1, S. 387 ff.

451 Schloßstein, Einstellung des Herrn Robert Bosch und seiner Mitarbeiter zum Nazi-Regime, BAK, N 1186, 85a, S. 10.
452 Fischer, Erlebnisse vom 20. Juli 1944, S. 122.
453 Heuss, Robert Bosch, S. 600.
454 Schloßstein, Einstellung des Herrn Robert Bosch und seiner Mitarbeiter zum Nazi-Regime, BAK, N 1186, 85a, S. 10.
455 Goerdeler, Politische Schriften und Briefe 1, S. 391.
456 Ebd., S. 400.
457 Ritter, Goerdeler, S. 157.
458 Ebd., S. 80.
459 Goerdeler, Politische Schriften und Briefe 1, S. 411 ff; vgl. Krüger-Charlé, Carl Goerdelers Versuche der Durchsetzung einer alternativen Politik, S. 386 f.
460 Ritter, Goerdeler, S. 82.
461 Krüger-Charlé, Carl Goerdelers Versuche der Durchsetzung einer alternativen Politik, S. 403, Anm. S. 52; vgl. Scholtyseck, Robert Bosch und der liberale Widerstand, S. 209.
462 S. auch Ritter, Goerdeler, S. 465 f., Anm. 27 zu den Reaktionen Hitlers.
463 Ritter, Goerdeler, S. 86 f.; Meyer-Krahmer, Goerdeler, S. 141 ff.; s. auch das Schreiben Goerdelers an den Reichsstatthalter Mutschmann vom 23. November 1937, Politische Schriften und Briefe 1, S. 96 ff.
464 Ritter, Goerdeler, S. 87.
465 Meyer-Krahmer, Carl Goerdeler, S. 145.
466 Ritter, Goerdeler, S. 158 und S. 482, Anm. 2; Goerdeler, Politische Schriften und Briefe 2, S. 1233 («Rechenschaftsbericht» Goerdelers vom Januar 1945).
467 Goerdeler, Politische Schriften und Briefe 2, S. 1233.
468 Fischer, Erlebnisse vom 20. Juli 1944, S. 124.
469 Karl E. Thomä, Erinnerungen an die Zusammenarbeit mit Dr. Carl Goerdeler, o. D. (1974), RBA 1 013 178, S. 1.
470 Ebd., S. 2; Bähr/Erker, Bosch, S. 204.
471 Schloßstein, Einstellung des Herrn Robert Bosch und seiner Mitarbeiter zum Nazi-Regime, BAK, N 1186, 85a, S. 12.
472 Ebd., S. 12.
473 Allmendinger, Struktur, Aufgabe und Bedeutung der Stiftungen von Robert Bosch, S. 146.
474 Zahlungen an H. Dr. Goerdeler, 24. August 1945, RBA 1 013 082.
475 Scholtyseck, Robert Bosch und der liberale Widerstand, S. 224.
476 Walz, Meine Mitwirkung an der Aktion Goerdeler, S. 107.
477 So die Erinnerung von Eva Madelung, zit. n. Susanne Preuß, Warum bringt denn den Kerle niemand um, FAZ.net, 16. August 2011.
478 Michael Borgolte, Stiftung, Staat, S. 31.
479 S. dazu auch die Beobachtungen von Scholtyseck, Robert Bosch und der liberale Widerstand, S. 211.
480 Walz, Meine Mitwirkung, S. 100.
481 Gillmann, Die Europa-Pläne Carl Goerdelers, S. 80; Ritter, Goerdeler, S. 21 ff.
482 Memorandum, vom Oktober 1919, zit. n. Markschies, Goerdeler, S. 148.
483 Ritter, Goerdeler, S. 38 f.
484 Carl Goerdeler, Mehr Macht dem Reichspräsidenten!, in: Politische Schriften und Briefe 1, S. 200 ff.; vgl. Gillmann, Die Europapläne Carl Goerdelers, S. 81.

485 Carl Goerdeler, Mehr Macht dem Reichspräsidenten!, in: Politische Schriften und Briefe 1, S. 201.
486 Rüther, Der Widerstand des 20. Juli auf dem Weg in die Soziale Marktwirtschaft, S. 366.
487 Markschies, Carl und Friedrich Goerdeler, S. 153.
488 Rüther, Der Widerstand des 20. Juli auf dem Weg in die Soziale Marktwirtschaft, S. 366; vgl. dagegen Scholtyseck, Robert Bosch und der liberale Widerstand, S. 338.
489 Hans Walz, Notiz vom 24. November 1967, RBA 1 013 131.
490 Zit. nach Rüther, Der Widerstand des 20. Juli auf dem Weg in die Soziale Marktwirtschaft, S. 366.
491 Goerdeler, Politische Schriften und Briefe 1, S. 414.
492 Zit. nach Rüther, Der Widerstand des 20. Juli auf dem Weg in die Soziale Marktwirtschaft, S. 367.
493 Hans Walz, Gedanken zur politischen Zielsetzung von Carl Goerdeler, 16. Mai 1968, RBA 1 013 043.
494 Das Taktieren Goerdelers bezog Hans Walz rückblickend auch auf den Antisemitismusvorwurf an die Adresse Goerdelers: «Hatte Goerdeler sich gegenüber extremistisch gerichteten Persönlichkeiten z. B. über die Judenfrage zu äußern, so musste er unter Betonung des Prinzips der Menschlichkeit vielleicht wohl oder übel auf das Aushilfsmittel des numerus clausus hinweisen, obwohl er persönlich von der Wirkungslosigkeit einer solchen Maßnahme von vornherein überzeugt war. Oder er erging sich zur Judenfrage in irgendwelchen theoretischen Erwägungen, die darauf berechnet waren, vorerst einmal die Notwendigkeit zur Erleichterung der prekären Lage der Juden plausibel erscheinen zu lassen.» Ebd.; s. hierzu auch Hoffmann, Carl Goerdeler, Gegen die Verfolgung der Juden.
495 So Reich, Goerdeler, passim.
496 Politische Schriften und Briefe Carl Friedrich Goerdelers 1, S. 368.
497 Ritter, Goerdeler, S. 167.
498 Krause, Goerdelers Politisches Testament, S. 19.
499 Ebd., S. 25.
500 Ebd., S. 29.
501 Ebd., S. 37.
502 Ebd., S. 42; vgl. Markschies, Carl und Friedrich Goerdeler, S. 166, für den Goerdelers Politisches Testament seine Gegnerschaft zum Nationalsozialismus nach seinem Rücktritt vom Amt des Leipziger Oberbürgermeisters unmissverständlich dokumentiert.
503 Politische Schriften und Briefe Carl Friedrich Goerdelers 1, S. 672.
504 Ebd., S. 685.
505 Ebd., S. 495 ff.
506 Politische Schriften und Briefe Carl Friedrich Goerdelers 2, S.712.
507 Ebd., S. 688.
508 Rüther, Der Widerstand des 20. Juli auf dem Weg in die Soziale Marktwirtschaft, S. 371.
509 Hans Walz, Gedanken zur politischen Zielsetzung von Carl Goerdeler, RBA 1 013 043, S. 1.
510 Hermann Fellmeth, Meine Haltung gegenüber der NSDAP, 23. Januar 1947, Staatsarchiv Ludwigsburg EL902/20, Büq3826 S. 7.

511 Karl E. Thomä, Erinnerungen an die Zusammenarbeit mit Dr. Karl Goerdeler, RBA 1 013 178.
512 Ritter, Goerdeler, S. 159; Hans Mommsen, Carl Friedrich Goerdeler im Widerstand gegen Hitler, Politische Schriften und Briefe, Carl Friedrich Goerdelers I, S. XLIII. Die Auffassung, Goerdelers «Abwendung» vom NS-Regime habe sich erst im Verlauf des Jahres 1939 vollzogen (ebd., S. XLVII), ist nicht haltbar.
513 Politische Schriften und Briefe Carl Friedrich Goerdelers, S. 160
514 Ebd., S. 539.
515 Ebd., S. 587.
516 Ebd., S. 588.
517 Scholtyseck, Robert Bosch und der liberale Widerstand, S. 226.
518 Gillmann, Die Europapläne Carl Goerdelers, S. 85.
519 Bosch kannte Schairer seit Mitte der Zwanziger Jahre; Robert Bosch an Reinhold Schairer, 1. Februar 1926, RBA 1 014 618; Ritter, Goerdeler, S. 166; Scholtyseck, Robert Bosch und der liberale Widerstand, S. 228.
520 Robert Bosch an Walther Mauk, 6. September 1935, RBA 1 014 083 016.
521 Young, Die «X»-Dokumente, S. 12.
522 Young, Across the Years, S. 17; vgl. Klemperer, Die verlassenen Verschwörer, S. 413, Anm. S. 151.
523 Young, Die «X» Dokumente, S. 26.
524 Colvin, Vansittart in Office, S. 153.
525 Geheimer Bericht Vansittarts an das Foreign Office vom 6. Juli 1937, zit. n. Klemperer, Die verlassenen Verschwörer, S. 91.
526 Colvin, Vansittart in Office, S. 154; Young, Die «X»-Dokumente, S. 27; vgl. Scholtyseck, Robert Bosch und der liberale Widerstand, S. 234.
527 Goebbels, Tagebücher, 8. Mai 1938, zit. n. Grüttner, Das Dritte Reich, S. 498.
528 Longerich, Hitler, S. 570.
529 Ritter, Goerdeler, S. 169.
530 Besprechung in der Reichskanzlei vom 5. November 1937, «Hoßbach-Protokoll», in: Kiessling, Quellen zur Deutschen Außenpolitik, S. 164-171, Zitate: S. 165.; s.dazu jetzt grundlegend Pyta, Hitler, S. 269 f.
531 Young, Die «X»-Dokumente, S. 34.
532 Ebd. S. 33.
533 Grotefeld, Friedrich Siegmund-Schultze, S. 299 ff.
534 Klemperer, Die verlassenen Verschwörer, S. 69.
535 Klemperer, Die verlassenen Verschwörer, S. 70; Schlie, Kein Friede mit Deutschland, S. 166 f.; Scholtyseck, Robert Bosch und der liberale Widerstand, S. 236 ff.
536 Hans Walz, Meine Mitwirkung an der Aktion Goerdeler, S. 106.
537 Ritter, Goerdeler, S. 171; s. auch Klemperer, Die verlassenen Verschwörer, S. 92 f.
538 Young, Die «X»-Dokumente, S. 51 f.
539 Memorandum Vansittarts vom 9. August 1938, zit. nach Scholtyseck, Robert Bosch und der liberale Widerstand, S. 245.
540 Young, Die «X»-Dokumente, S. 71.
541 Ebd., S. 70.
542 Robert Bosch an Lord Davies, 20. Dezember 1937, National Library of Wales, Lord Davies of Llandinam Papers, File B13/3.
543 BZ, 10/1938, S. 185.
544 Robert Bosch an Georg Escherich, 20. März 1938, RBA 1 014 069 008.

545 Ebd.
546 Ebd.
547 Young, Die «X»-Dokumente, S. 87.
548 Ebd., S. 88.
549 Hartmann, Halder, S. 114 f.
550 Recker, Die Außenpolitik des Dritten Reiches, S. 19 ff.
551 Walz, Meine Mitwirkung an der Aktin Goerdeler, S. 107.
552 Schloßstein, Einstellung des Herrn Robert Bosch und seiner Mitarbeiter zum Nazi-Regime, BAK Koblenz, N 1186,85a, S. 13; s. auch Walz, Meine Mitwirkung an der Aktion Goerdeler, S. 106.
553 Walz, Meine Mitwirkung an der Aktion Goerdeler, S. 107.
554 Zit. nach Felix Olpp, Unser unvergesslicher Herr Bosch, RBA 1 014 003 001, S. 12.
555 Young, Die «X»-Dokumente, S. 153 f.
556 Ebd.,S. 168.
557 Ebd., S. 171 f.
558 Ebd., S. 170 f.
559 Walz, Gedanken zur politischen Zielsetzung von Carl Goerdeler, RBA 1 013 043, S. 1.
560 Graml, Die außenpolitischen Vorstellungen des deutschen Widerstandes, S. 25 ff; Wendt, Konservative Honoratioren – eine Alternative zu Hitler?, S. 360 ff.
561 Notiz von Robert Vansittart, 7. Dezember 1938, zit. nach Sidney Aster, Carl Goerdeler und das Foreign Office, in: Young, Die «X»-Dokumente, S. 261 f.
562 The Diaries of Sir Alexander Cadogan, S. 128.
563 Ebd., S. 129; s. auch Klemperer, Die verlassenen Verschwörer, S. 115.
564 Notiz von Sir Orme Sargent, 12. Dezember 1938, zit. nach Klemperer, Die verlassenen Verschwörer, S. 115.
565 Walz, Meine Mitwirkung an der Aktion Goerdeler, S. 108.
566 Young, Die «X»-Dokumente, S. 193.
567 Moltmann, Franklin D. Roosevelts Friedensappell vom 14. April 1939, S. 92; s. auch Klemperer, Die verlassenen Verschwörer, S. 117; MacDonald, The United States, Britain and Appeasement, 1936–1939, S. 151: «The American peace initiative of 14. April was strongly marked by Goerdeler's influence and was clearly designed to undermine Hitler's domestic position.»
568 Schwabe, Weltmacht und Weltordnung, S. 108 f.
569 Politische Schriften und Briefe Carl F. Goerdelers 2, S. 766 ff.
570 Schloßstein, Einstellung des Herrn Robert Bosch und seiner Mitarbeiter zum Nazi-Regime, BArch, N 1186, 85a, S.14.
571 Steiner, The Triumph of the Dark, S. 773.
572 Schöllgen, Ulrich von Hassell, bes. S. 151, 154, 161, 168 f.
573 Robert Bosch an Georg Escherich, 17. August 1939, RBA 1 014 070 032.
574 Georg Escherich an Robert Bosch, 19. August 1939, RBA 1 014 070 032.
575 Die Hassell-Tagebücher 1938–1944, 11. August 1939, S. 107 f.
576 K. E. Thomä, Erinnerungen an die Zusammenarbeit mit Dr. Karl Goerdeler, RBA 1 013 178, S. 1.
577 Zit. nach Klemperer, Die verlassenen Verschwörer, S. 134.
578 Ebd., S. 134.
579 Ebd., S. 136.
580 Robert Bosch an Georg Escherich, 9. August 1939, RBA 1 014 070 031.

581 Felix Olpp, Aufzeichnung vom November 1982, RBA 1 014 003 001, S. 14.
582 Ebd.
583 Ebd., S. 15.
584 Longerich, Hitler, S. 683 f.
585 Felix Olpp, Aufzeichnung vom November 1982, RBA 1 014 003 001, S. 16.
586 Ebd., S. 16.
587 Zit. nach Heuss, Robert Bosch, S. 612; s. auch Theodor Bäuerle an Margarete Bosch, 22. November 1945: «Er wusste von Anfang an, dass dieser Krieg verlorenging, und sagte oft, dass selbst ein gewonnener Krieg in keinem Verhältnis zu den Opfern stehe, die gebracht werden müssten.» HStA Wü, Nachlass Bäuerle, Q1/21 Bü 460.
588 Robert Bosch an Georg Escherich, 6. September 1939, RBA 1 014 070 035.
589 Robert Bosch an Georg Escherich, 12. September 1939, RBA 1 014 070 039.
590 Robert Bosch an Georg Escherich, 6. September 1939, RBA 1 014 070 035.
591 Robert Bosch an Georg Escherich, 20. September 1939, RBA 1 014 070 042.
592 Walz, Meine Mitwirkung an der Aktion Goerdeler, S. III, auch zur Ermöglichung der Reise durch das Unternehmen.
593 Memorandum Goerdelers vom September 1939, zit. nach Schlie, Kein Friede mit Deutschland, S. 61.
594 Zit. nach Schlie, Kein Friede mit Deutschland, S. 61.
595 Scholtyseck, Robert Bosch und der liberale Widerstand, S. 296.
596 Ebd., S. 241.
597 Ritter, Goerdeler, S. 241.
598 Hoffmann, Widerstand, Staatsstreich, Attentat, S. 177; Ritter, Goerdeler, S. 249.
599 Müller, Das Heer und Hitler, S. 522.
600 Ritter, Goerdeler, S. 249; Hoffmann, Widerstand, Staatsstreich, Attentat, S. 180.
601 Walz, Meine Mitwirkung an der Aktion Goerdeler, S. 104 f.
602 Robert Bosch an Gretel Bosch, 28. Mai 1940, RBA 1 014 019 006. Es heißt hier weiter: «Er ist für mich etwas schwierig zu lesen, mein geringer Wortschatz und meine vom Alter bedingte schlechtere Auffassungs- und Verständnisfähigkeit sind daran auch beteiligt.»
603 Robert Bosch an Walther Mauk, 4. Juli 1940, RBA 1 014 088.
604 Robert Bosch. Persönliche Erinnerungen von Theodor Bäuerle, RBA 1 014 001; vgl. Scholtyseck, Robert Bosch und der liberale Wiederstand, S. 298.
605 Schloßstein, Einstellung des Herrn Robert Bosch und seiner Mitarbeiter zum Nazi-Regime, BAK, N 1186, 85a, S. 15a.
606 Hans Walz, Meine Mitwirkung an der Aktion Goerdeler, S. 112.
607 Die Hassell-Tagebücher 1938–1944, S. 149; zur SS-Mitgliedschaft von Hans Walz, s. u. S. 288 f.
608 Halder, Tagebuch I, S. 131.
609 So Christies Bilanz am 19. Februar 1940, zit. nach Klemperer, Die verlassenen Verschwörer, S. 148 f.
610 Müller, Das Heer und Hitler, S. 502.
611 Ebd., S. 546.
612 Müller, Das Heer und Hitler, S. 543, 565.
613 Ebd., S. 556; s. auch S. 566.
614 Hans Walz, Meine Mitwirkung an der Aktion Goerdeler, S. 110.

615 Schlie, S. 166 f.
616 Ebd., S. 164.
617 Ebd., S. 165; Klemperer, Die verlassenen Verschwörer, S. 149 ff.; Scholtyseck, Robert Bosch und der liberale Widerstand, S. 308.
618 Zit. nach Klemperer, S. 150.
619 Zit. nach Scholtyseck, Robert Bosch und der liberale Widerstand, S. 308.
620 Zit. nach Klemperer, Verschwörer, S. 150.
621 Scholtyseck, Robert Bosch und der liberale Widerstand, S. 311.
622 Ebd., S. 313 f.
623 Schlie, mit Deutschland, S. 175.
624 Scholtyseck, Robert Bosch und der liberale Widerstand, S. 314.
625 Times, 26. Februar 1940; vgl. Scholtyseck, Robert Bosch und der liberale Widerstand, S. 314.
626 Zit. nach Ritter, Goerdeler, S. 258.
627 Schlie, Kein Friede mit Deutschland, S. 179.
628 Ritter, Goerdeler, S. 507, Anm. 49.
629 Robert Bosch an Georg Escherich, 18. April 1940, RBA 1 014 071.
630 Robert Bosch an Georg Escherich, 28. März 1940, RBA 1 014 071 008.
631 Robert Bosch an Georg Escherich, 14. Mai 1940, RBA 1 014 071 020.
632 Robert Bosch an Georg Escherich, 5. Juni 1940, RBA 1014 071 025.
633 Ebd.
634 Aufzeichnung von Carl Friedrich, 26. Januar 1947, RBA 1 014 048.
635 Scholtyseck, Robert Bosch und der liberale Widerstand, S. 323.
636 Zit. nach Hoffmann, Widerstand, Staatsstreich, Attentat, S. 219.
637 Pyta, Hitler, S. 241 f.
638 Müller, Das Heer und Hitler, S. 572; Die Hassell-Tagebücher 1938–1944, 6. November 1939, S. 135: «Sei der Widerstand gegen den Befehl und entsprechendes Handeln nicht zu erreichen, so müsse der Film zunächst abrollen und der erste Rückschlag zum Handeln benutzt werden. Allerdings sei dann die Chance, einen anständigen Frieden zu bekommen, erheblich geringer [...].»
639 Longerich, Hitler, S. 723 ff.; Pyta, Hitler, S. 289 ff.
640 Schloßstein, Einstellung des Herrn Robert Bosch und seiner Mitarbeiter zum Nazi-Regime, BAK, N 1186, 85a, S. 17; vgl. auch Scholtyseck, Robert Bosch und der liberale Widerstand, S. 651, Anm. 228, 229.
641 Zit. nach Kielinger, Churchill, S. 237.
642 Klemperer, Die verlassenen Verschwörer, S. 190.
643 Walz, Meine Mitwirkung an der Aktion Goerdeler, S. 112.
644 Grotefeld, Siegmund-Schultze, S. 300.
645 Ebd., S. 301.
646 Eidesstattliche Erklärung Siegmund-Schultzes für Willy Schloßstein, 30. November 1946; Eidesstattliche Erklärung Siegmund-Schultzes für Hans Walz, 30. November 1946, EZA 626.
647 Schloßstein, Einstellung des Herrn Robert Bosch und seiner Mitarbeiter zum Nazi-Regime, BAK, N 1186, 85a, S. 18.
648 Klemperer, Verschwörer, S. 199.
649 Schlie, Kein Friede mit Deutschland, S. 281; 437, Anm. 28.
650 Hoffmann, Widerstand, Staatsstreich, Attentat, S. 310; Müller, Der zweite Weltkrieg, S. 132 f.; Ritter, Goerdeler, S. 323: «Halder hat damals (nach seinem

eigenen Bericht) seinen Oberbefehlshaber bestürmt, mit ihm gemeinsam den Dienst zu quittieren – allerdings vergeblich.»

651 Friedensplan Goerdelers, Zur Übermittlung an die britische Regierung bestimmt, vom 30. Mai 1941, Ritter, Goerdeler, Anhang V, S. 585.
652 Klemperer, Die verlassenen Verschwörer, S. 199; Schlie, Kein Friede mit Deutschland, S. 281 f.; Conway, Between Pacifism and Patriotism, S. 101; Scholtyseck, Robert Bosch und der liberale Widerstand, S. 335.
653 Siegmund-Schultze an Erzbischof Temple, 24. Juli 1941, zit. n. Conway, Between Pacifism and Patriotism, S. 101 f.
654 Klemperer, Die verlassenen Verschwörer, S. 199.
655 Zit. nach Conway, Between Pacifism and Patriotism, S. 101.
656 Schöllgen, Geschichte der Weltpolitik, S. 18 f.; Schwabe, Weltmacht und Weltordnung, S. 115 f.; Winkler, Geschichte des Westens III, S. 952 f.
657 Kettenacker, Die britische Haltung zum deutschen Widerstand, S. 59.
658 Willy Schloßstein, Betrifft Einstellung des Herrn B. und seiner Firma zum Nazi-Regime (überreicht durch Ludwig Kaiser Stuttgart 15. September 1945), BAK, N 1166 (Nachlass Ritter, Band 131); vgl. Scholtyseck, Robert Bosch und der liberale Widerstand, S. 655, Anm. 309.
659 Schloßstein, Betrifft Einstellung des Herrn B. und seiner Firma zum Nazi-Regime (überreicht durch Ludwig Kaiser Stuttgart 15. September 1945), BAK, N 1166 (Nachlass Ritter, Band 131); vgl. Scholtyseck, Robert Bosch und der liberale Widerstand, S. 338.
660 Stadtarchiv Stuttgart, NL Strölin, Nr. 39, Tagebuch, S. 533 f.
661 Brief vom 6. August 1941, zit. nach Heuss, Bosch, S. 617.
662 Bähr/Erker, Bosch, S. 619, Anm. 3.
663 Heuss, Robert Bosch, S. 615.
664 Olpp, Unser unvergesslicher Herr Bosch, RBA 1 014 003 001, S. 22.
665 Robert Bosch an Walter Mauk, 29. September 1941, RBA 1 014 089 019.
666 BZ 12/1941, S. 87.
667 Festansprache des Betriebsführers Hans Walz, BZ 12/1941, S. 88-92.
668 Ebd., S. 91.
669 Carl Goerdeler, Robert Bosch, Deutsche Rundschau 68, 1941, S. 20-25, Zitat: S. 24.
670 BZ 12/1941, S. 82.
671 Egon Braun, Vater Bosch, BZ 7-9/ S. 66.
672 Ebd.
673 BZ 7-9/ 1941, S. 62.
674 Aufzeichnung von Hans Walz vom 26. Mai 1948, RBA 1 013 037.
675 Willy Schloßstein, Einstellung des Herrn Robert Bosch und seiner Mitarbeiter zum Nazi-Regime, BArch N 1186, 85a, S. 19.
676 Hermann Bücher an Paul Reusch, 15. Oktober 1941, RWWA 130 - 400 101 290 /6.
677 Schloßstein, Einstellung des Herrn Robert Bosch und seiner Mitarbeiter zum Nazi-Regime, BAK, N 1186, 85a, S. 20.
678 Ebd., S. 20.
679 Hoffmann, Widerstand, Staatsstreich, Attentat, S. 319.
680 Schloßstein, Einstellung des Herrn Robert Bosch und seiner Mitarbeiter zum Nazi-Regime, BAK, N 1186, 85a, S. 355.
681 Ackermann, Nationale Totenfeiern in Deutschland, S. 29 S. 240 ff.
682 Ebd., S. 463.

683 Bähr/Erker, Bosch, S. 248.
684 Schloßstein, Einstellung des Herrn Robert Bosch und seiner Mitarbeiter zum Nazi-Regime, BArch Koblenz, N 1186, 85a, Aufzeichnung Hans Walz vom 26. Mai 1948, RBA 1 013 037; vgl. Scholtyseck, S. 349 u. 657, Anm. 353.
685 BZ, Sonderheft, 12. März 1942, S. 12.
686 Ebd.
687 Ebd., S. 13 f.
688 Hans Walz, Rede im Krematorium bei der Beisetzung von Robert Bosch am 18. März 1942, RBA 1 013 241 1, S. 2.
689 Ebd.

Epilog

1 Spoerer, Zwangsarbeit unter dem Hakenkreuz, S. 253; vgl. auch Müller, Der Zweite Weltkrieg, S. 286.
2 Spoerer, Zwangsarbeit unter dem Hakenkreuz, S. 89 ff.; Herbert, Fremdarbeiter.
3 Barkai: Das Wirtschaftssystem des Nationalsozialismus S, 23; vgl. Spoerer, Zwangsarbeiter unten auf dem Hakenkreuz, S. 234.
4 Spoerer, Zwangsarbeit unter dem Hakenkreuz, S. 238.
5 Bähr/Erker, Bosch, S. 211; Scholtyseck, Robert Bosch und der liberale Widerstand, S. 363.
6 Aufzeichnung Hans Walz vom 28. Juli 1948, RBA 1 013 036 1, S. 22.
7 Bähr/Erker, Bosch, S. 219.
8 Müller, Stuttgart zur Zeit des Nationalsozialismus, S. 411 ff.
9 Herbert, Fremdarbeiter, S. 158.
10 Ebd., S. 403 ff.
11 Bähr/Erker, Bosch, S. 223.
12 Ebd., S. 225; grundlegend sind die quantitativen Analysen von Herbert, Fremdarbeiter, S. 571 f.
13 Bähr/Erker, Bosch, S. 225; Sprenger, Groß-Rosen. Ein Konzentrationslager in Schlesien, S. 86.
14 Das Leiden polnischer Frauen in einem KZ-Außenlager in einer Werkshalle der DLMG und das gegenüber den Zwangsarbeitern (nicht einheitlich) unmenschliche Verhalten dokumentieren eindringlich: Ewa Czerwiakowski/Angela Martin (Hrsg.), Muster des Erinnerns, Berlin 2005. Dass Joachim Scholtyseck die «Verwicklung des Unternehmens in das nationalsozialistische Terrorsystem [...] herunter» spiele (ebd., S. 26), ist unzutreffend. S. ferner Angela Martin, Ich sah den Namen Bosch. Polnische Frauen als KZ-Häftlinge in der Dreilinden Maschinenbau GmbH, Berlin 2002, mit einem eindringlichen Vorwort von Wolfgang Benz: Zwangsarbeit im NS-Staat, ebd. S. 11 ff.
15 S. hierzu auch die anthropologischen Reflexionen von Jörg Baberowski, Räume der Gewalt, Frankfurt a. M. 2015, S. 133.
16 Aushang am Schwarzen Brett im Werk Feuerbach am 11. August 1942, zit.

nach: Eberle, Sieben Jahre offensiver Kampf gegen das Kapital, S. 160; vgl. Scholtyseck, Robert Bosch und der liberale Widerstand, S. 380; Bähr/Erker, Bosch, S. 233.
17 Aufzeichnung Hans Walz vom 28. Juli 1948, RBA 1 013 036 1, S. 22.
18 Ebd.
19 Bähr/Erker, Bosch, S. 230 f.
20 Siehe hierzu die Ermittlungsergebnisse in: Spruchkammer Stuttgart, Kammer VII, Aufgliederung der Spruchbegründung zum Verfahren Langenbielau, 22.09.–24.10.1947, Staatsarchiv Ludwigsburg EL 902/20; Bü 78 868.
21 Aufzeichnung Hans Walz vom 20. Juli 1948, RBA 1 013 036 1, S. 22.
22 Spiliotis, Verantwortung und Rechtsfrieden, S. 38; vgl. Bähr/Erker, Bosch, S. 234.
23 Spoerer, Zwangsarbeit unter dem Hakenkreuz, S. 245.
24 Ebd., S. 248.
25 Spiliotis, Verantwortung und Rechtsfrieden, S. 37.
26 Schöllgen, Gerhard Schröder, S. 475.
27 Spiliotis, Verantwortung und Rechtsfrieden, S. 49.
28 Ise Bosch an Marcus Bierich, 10. Dezember 1998, RBA 1 016 182 001.
29 Marcus Bierich an Ise Bosch, 17. Dezember 1998, RBA 1 016 182 001.
30 Spiliotis, Verantwortung und Rechtsfrieden, S. 274 ff.; Spoerer, Zwangsarbeit unter dem Hakenkreuz, S. 249; Schöllgen, Gerhard Schröder, S. 476.
31 Hans Walz, Meine Mitwirkung an der Aktion Goerdeler, S. 119.
32 Ebd.
33 Maurice Altaffer in einem «Memorandum» vom 18. Dezember 1942, zit. n. Scholtyseck, Robert Bosch und der liberale Widerstand, S. 401, dem wir auch in diesem Zusammenhang vorzügliche Quellenfunde verdanken.
34 Schwabe, Weltmacht und Weltordnung, S. 128 f.; Hildebrand, Das vergangene Reich, S. 789 f.
35 Politische Schriften und Briefe Carl Friedrich Goerdelers 2, S. 890.
36 Scholtyseck, Robert Bosch und der liberale Widerstand, S. 440.
37 Hans Walz, Meine Mitarbeit an der Aktion Goerdeler, S. 101.
38 Carl Goerdeler, Erklärung zur Atlantik-Charta, 13. Dezember 1942, zit. n. Lipgens, Europa-Föderationspläne der Widerstandsbewegungen 1940–1945, S. 143.
39 Politische Schriften und Briefe Carl Friedrich Goerdelers 2, S. 950 ff.; S. zu den Europavorstellungen Goerdelers auch Rogall, Goerdeler, S. 526 ff.
40 Fest, Staatsstreich, S. 222.
41 Ritter, Goerdeler, S. 365.
42 Fischer, Erlebnisse vom 20. Juli 1944 bis 8. April 1945, S. 128.
43 Schloßstein, Einstellung des Herrn Robert Bosch und seiner Mitarbeiter zum Nazi-Regime, BArchN 1186,85a, S. 8.
44 Fischer, Erlebnisse vom 20. Juli 1944 bis 8. April 1945, S. 126; vgl. Scholtyseck, Robert Bosch und der liberale Widerstand, S. 481.
45 Hans Walz, Meine Mitwirkung an der Aktion Goerdeler, S. 119.
46 Ebd., S. 119; Fischer, Erlebnisse vom 20. Juli 1944 bis 8. April 1945, S. 128; vgl. Scholtyseck, Robert Bosch und der liberale Widerstand, S. 481.
47 Fischer, Erlebnisse vom 20. Juli 1944 bis 8. April 1945, S. 128 f.; Hoffmann, Widerstand, Staatsstreich, Attentat, S. 421 f.; Ritter, Goerdeler, S. 620; Scholtyseck, Robert Bosch und der liberale Widerstand, S. 483.

48 Jacobsen, Spiegelbild einer Verschwörung, S. 50 ff.
49 Schmitt, Bäuerle, S. 102. Dies war keine direkte Widerstandshandlung, jedoch ein Beitrag zur Sicherung religiöser Eigenständigkeit und politischer Resistenz gegenüber dem Regime.
50 Schloßstein, Einstellung des Herrn Robert Bosch und seiner Mitarbeiter zum Nazi-Regime, BArch N 1186, 85a, S. 21; Bericht Marianne Weber o. D., RBA 1 013 077; vgl. auch Schmitt, Bäuerle, S. 103.
51 Ritter, Goerdeler, S. 411; Hoffmann, Widerstand, Staatsstreich, Attentat, S. 459 f.
52 Schloßstein, Einstellung des Herrn Robert Bosch und seiner Mitarbeiter zum Nazi-Regime, BArch N 1186, 85a, S. 22.
53 Fischer, Erlebnisse vom 20. Juli 1944 bis 8. April 1945, S. 130.
54 Ritter, Goerdeler, S. 415.
55 Jacobsen, Spiegelbild einer Verschwörung, Band 1, S. 232 (Ernst Kaltenbrunner an Martin Bormann, 16. August 1944); vgl. Hoffmann, Widerstand, Staatsstreich, Attentat, S. 614).
56 Hoffmann, Widerstand, Staatsstreich, Attentat, S. 614.
57 Ebd. u. S. 866 f., Anm. 58.
58 Jacobsen, Spiegelbild einer Verschwörung, Band 1, S. 211 (Ernst Kaltenbrunner an Martin Bormann, 14. August 1944).
59 Bericht Paul Hahn, Stadtarchiv Stuttgart, Nachlass Strölin, Bü 224, S. 71–79; Fischer, Erlebnisse vom 20. Juli 1944 bis 8. April 1945, S. 138 ff.
60 Fischer, Erlebnisse vom 20. Juli 1044 bis 8. April 1945, S. 153 f.
61 Hans Walz, Bericht über einige Bemühungen zur Befreiung des Herrn Baurat Fischer aus Gefängnis, Volksgerichtshof und Konzentrationslager, 26. Januar 1966, RBA 1 013 127: «Nachdem Baurat Fischer trotz Freispruchs in das Konzentrationslager Sachsenhausen überstellt worden war, hörte ich, es sei Befehl ergangen, beim etwaigen Herannahen vorrückender feindlicher Heere in den Konzentrationslagern alle diejenigen Insassen zu töten, die in irgendeiner Beziehung zum 20. Juli gestanden hätten, auch wenn sie sich durch einen Freispruch als unschuldig erwiesen haben.» S. auch Ueberschär, Für ein anderes Deutschland, S. 238 f.
62 RBA 1 13 039 1.
63 Bähr/Erker, Bosch, S. 243, S. 619, Anm. 46; vgl. vor allem auch Scholtyseck, Der «Schwabenherzog».
64 Kopien einschlägiger Aktenstücke sind über das Internet zugänglich in: Yad Vashem Archives, Record Group 31, File Number 497; s. auch Vogelsang, Der Freundeskreis Himmler S. 75, 150, 152.
65 Bähr/Erker, Bosch, , S. 258 f.
66 Stuttgarter Nachrichten, 26. Juli 1958, zit. n. Leuner, Gerettet vor dem Holocaust, S. 173; vgl. Scholtyseck, Die Firma Robert Bosch und ihre Hilfe für Juden, S. 213.
67 Karl Adler, Vorschlag für die Ehrung von Herrn Hans Walz, 14.Juni 1968, LBI, Karl Adler Collection. Eine umfangreiche Korrespondenz zur Ehrung von Hans Walz und ihrer Vorbereitung in: Yad Vashem Archives, Record Group M.31, File Number 497.
68 Walz an Adler, 19. Februar 1968, LBI New York, Karl Adler Collection; vgl. Scholtyseck, Die Firma Robert Bosch und ihre Hilfe für Juden, S. 216.;
69 Egon Braun an Manfred Wolfson, 27. Februar 1970, RBA 1 013 047.

70 Margarete Bosch nach dem Krieg in einer Eidesstattlichen Erklärung (o. D.) über ihren verstorbenen Ehemann, RBA I 013 039.
71 Allmendinger, Struktur, Aufgabe und Bedeutung der Stiftungen von Robert Bosch und seiner Firma, bes. Anhang, S. 9-11 (Auflistung der Stiftungen 1910-1964).
72 Werner Schaubel, Untersuchungen über die Zweckbestimmung der VVB und RBTV, 5. März 1959, RBA I 001 289; vgl. Bähr/Erker, Bosch, S. 90.
73 Vgl. hierzu und zum folgenden Theiner, Impressionen aus der Geschichte der Robert Bosch Stiftung, S. 159 ff.
74 S. oben, S. 190f.

Abkürzungsverzeichnis

ABC	American Bosch Corporation
ABCM	American Bosch Magneto Corporation
ADAP	Akten zur Deutschen Auswärtigen Politik
AG/A.G.	Aktiengesellschaft
BArch	Bundesarchiv
BWKG	Blätter für württembergische Kirchengeschichte
BZ	Bosch-Zünder
CChlDK	Zentrum zur Aufbewahrung historisch-dokumentarischer Sammlungen
DAF	Deutsche Arbeitsfront
DDP	Deutsche Demokratische Partei
DFG	Deutsch-Französische Gesellschaft
DLV	Deutsche Liga für Völkerbund
DLMG	Dreilinden Maschinenbau GmbH
DMV	Deutscher Metallarbeiter Verband
DVA	Deutsche Verlagsanstalt
DVP	Deutsche Volkspartei
ELFI	Elektro- und Feinmechanische Industrie GmbH
EZA	Evangelisches Zentralarchiv
FESE	Gesellschaft für Fernsehtechnik
FS	Festschrift
GerSR	German Studies Review
GFRRBSG	Geschäftsführungsregistratur Robert Bosch Stiftung
GG	Geschichte und Gesellschaft
GWU	Geschichte in Wissenschaft und Unterricht
HJ	Historisches Jahrbuch
HStA Wü	Landesarchiv Baden-Württemberg, Hauptstaatsarchiv Stuttgart
IASL	Internationales Archiv für Sozialgeschichte der Literatur
JbzLF	Jahrbuch zur Liberalismus-Forschung
JMH	The Journal of Modern History
KdF	Kraft durch Freude
KPD	Kommunistische Partei Deutschlands
KZ	Konzentrationslager
MEDGG	Medizin Gesellschaft und Geschichte
MGM	Militärgeschichtliche Mitteilungen
MS	Manuskript

MWG	Max Weber Gesamtausgabe
NCS	New Commonwealth Society
NS	Nationalsozialismus
NSBO	Nationalsozialistische Betriebszellenorganisation
NSDAP	Nationalsozialistische Deutsche Arbeiterpartei
NSKK	Nationalsozialistischer Kraftfahrkorps
OHL	Oberste Heeresleitung
PVS	Politische Vierteljahresschrift
RBA	Robert Bosch Archiv
RBMC	Robert Bosch Magneto Company
RM	Reichsmark
RSFSR	Russische Sozialistische Föderative Sowjetrepublik
SA	Sturmabteilung
SD	Sicherheitsdienst des Reichsführers SS
SEB	Enskilda Bank
SPD	Sozialdemokratische Partei Deutschlands
SS	Schutzstaffel
USPD	Unabhängige Sozialdemokratische Partei Deutschlands
VFZ	Vierteljahrshefte für Zeitgeschichte
VSWG	Vierteljahrschrift für Sozial- und Wirtschaftsgeschichte
VVB	Vermögensverwaltung Bosch GmbH
VWI	Verband Württembergischer Industrieller
ZUG	Zeitschrift für Unternehmensgeschichte
ZWLG	Zeitschrift für Württembergische Landesgeschichte

Archive

Archiv der Robert Bosch GmbH
Archiv der Robert Bosch Stiftung
Archiv des Bau- und Wohnungsvereins Stuttgart
Bayer Werksarchiv
Bundesarchiv Berlin
Bundesarchiv Koblenz
Evangelisches Zentralarchiv
Hauptstaatsarchiv Stuttgart
Karl Ernst Osthaus-Archiv Berlin
Landeskirchliches Archiv Stuttgart
Leo Baeck Institut (LBI)
National Library of Wales
Rheinisch-Westfälisches Wirtschaftsarchiv zu Köln (RWWA)
Staatsarchiv Hamburg
Staatsarchiv Ludwigsburg
Stadtarchiv Stuttgart
Stadtbibliothek München
Werkbundarchiv Berlin
Yad Vashem Archiv Jerusalem

Zeitungen und Zeitschriften

Abwehrblätter
Beobachter
Bosch-Zünder
Christliche Welt
Correspondenzblatt der Freien Gewerkschaften
Deutsche Stimmen
Deutscher Metallarbeiter-Verband-Geschäftsberichte
Deutsche Rundschau
Frankfurter Zeitung
Die Hilfe
The Journal of Modern History
März
Metallarbeiter-Zeitung
Paneuropa
Patria. Jahrbuch der Hilfe
Preußische Jahrbücher
Schwäbische Tageszeitung
Schwäbische Tagwacht
Sozialistische Monatshefte
Stuttgarter Neues Tagblatt
Stuttgarter NS-Kurier. Südwestdeutsche Tageszeitung für Politik, Wirtschaft, Kultur
Stuttgarter Zeitung
Süddeutsche Monatshefte
Die Volksschule
Weltwirtschaft
Württembergische Jahrbücher für Statistik und Landeskunde

Gedruckte Quellen und Literatur

Ackermann, Volker, Nationale Totenfeiern in Deutschland. Von Wilhelm I. bis Franz Josef Strauß. Eine Studie zur politischen Semiotik, Stuttgart 1990.
Adams, Willi Paul, Die USA vor 1900, München 2009.
Aereboe, Friedrich, Agrarpolitik. Ein Lehrbuch, Berlin 1928.
Afflerbach, Holger, «...eine Internationale der Kriegsverschärfung und der Kriegsverlängerung...» War Aims and the Chances for a Compromise Peace during the First World War, in: *Holger Afflerbach* (Hrsg.), The Purpose of the First World War. War Aims and Military Strategies, Berlin 2015, S. 237-255.
Ders., The Topos of Improbable War in Europe before 1914 161, in: *Holger Afflerbach/ David Stevenson* (Hrsg.), An Improbable War. The Outbreak of World War I and European Political Culture before 1914, New York/Oxford 2007, S. 161-182.
Akten der Reichskanzlei. Die Kabinette Brüning I u. II, Bd. 1, bearbeitet von Tilman Koops, Boppard am Rhein 1982.
Akten zu deutschen auswärtigen Politik 1918-1945, Serie B (1925-1933), Bd. I, 1, hrsg. v. Walter Bußmann, Göttingen 1966.
Akten zu deutschen auswärtigen Politik 1918-1945, Serie B (1925-1933), Bd. XII, hrsg. v. Walter Bußmann, Göttingen 1978.
Akten zu deutschen auswärtigen Politik 1918-1945, Serie B (1925-1933), Bd. XV, hrsg. v. Walter Bußmann, Göttingen 1980.
Akten zu deutschen auswärtigen Politik 1918-1945, Serie B (1925-1933), Bd. XXI, hrsg. v. Walter Bußmann, Göttingen 1983.
Akten zu deutschen auswärtigen Politik 1918-1945, Serie D (1937-1945), Bd. VI, hrsg. v. Walter Bußmann, Göttingen 1956.
Albertin, Lothar, Liberalismus und Demokratie am Anfang der Weimarer Republik. Eine vergleichende Analyse der Deutschen Demokratischen Partei und der Deutschen Volkspartei, Düsseldorf 1972.
Allain, Jean-Claude, Pierre Renouvin und der Versailler Vertrag, in: *Gerd Krumeich* (Hrsg.), Versailles 1919. Ziele - Wirkung - Wahrnehmung, Essen 2001, S. 259-268.
Allgäuer, Jörg, Die linke und die rechte Hand. Motive der Gründung einer Stiftung, Baden-Baden 2008.
Allmendinger, Claus-Michael, Struktur, Aufgabe und Bedeutung der Stiftungen von Robert Bosch und seiner Firma. Ein Beitrag zur Geschichte des Stiftungswesens in Württemberg von 1900-1964, Diss. Mannheim 1977.
Aly, Götz, Hitlers Volksstaat. Raub, Rassenkrieg und nationaler Sozialismus, Frankfurt a. M. 2005.

Baberowski, Jörg, Räume der Gewalt, Frankfurt a. M., 2. Aufl. 2015.
Bach, Carl von, Technische Hochschule Stuttgart, in: *B. Bruns* (Hrsg.), Württemberg unter der Regierung König Wilhelms II, Stuttgart 1916, S. 439-454.
Bacher, Frederick, Friedrich Naumann und seine Kreise, Diss. Stuttgart 2016 (i. Erscheinen).
Bähr, Johannes/Erker, Paul, Bosch: Geschichte eines Weltunternehmens, München 2013.
Bähr, Johannes, Robert Bosch - Paul Reusch - Jürgen Ponto, in: *Werner Plumpe* (Hrsg.), Unternehmer - Fakten und Fiktionen, München 2014.
Bajohr, Frank/Meyer, Beate/Szodrzynski, Joachim, Bedrohung, Hoffnung, Skepsis. Vier Tagebücher des Jahres 1933, Göttingen 2013.
Barkai, Avraham, Das Wirtschaftssystem des Nationalsozialismus. Ideologie, Theorie, Politik 1933-1945, Frankfurt a. M. 1988.
Ders., Organisationen und Zusammenschluß, in: *ders./Paul Mendes-Flohr* (Hrsg.), Deutsch-Jüdische Geschichte in der Neuzeit, Bd. 4: Aufbruch und Zerstörung 1918-1945, München 1997, S. 249-271.
Baron, Ulrich/Müller, Hans-Harald, Die Weltkriege im Roman der Nachkriegszeiten, in: *Gottfried Niedhart/Dieter Riesenberger* (Hrsg.), Lernen aus dem Krieg? Deutsche Nachkriegszeiten 1918-1945, München 1992, S. 300-319.
Barth, Boris, Dolchstoßlegenden und politische Desintegration. Das Trauma der deutschen Niederlage im Ersten Weltkrieg 1914-1933, Düsseldorf 2003.
Barth, Hans Martin, Der Demokratische Volksbund. Zu den Anfängen des politischen Engagements der Unternehmer der Berliner Elektrogrossindustrie im November 1918, in: Jahrbuch für die Geschichte Mittel- und Ostdeutschlands 16, 1968, S. 254-266.
Bavaj, Riccardo, Die Ambivalenz der Moderne im Nationalsozialismus. Eine Bilanz der Forschung. Mit einem Vorwort von Klaus Hildebrand, München 2003.
Bechtle, Friedrich R., Die nordwürttembergische politische Presse 1930 bis 1949 unter Berücksichtigung allgemeiner Vorgänge im deutschen Zeitungswesen, München 1952.
Behringer, Wolfgang, Tambora und das Jahr ohne Sommer. Wie ein Vulkan die Welt in die Krise stürzte, München, 3. Aufl. 2015.
Belitz, Ina, Befreundung mit dem Fremden. Die Deutsch-Französische Gesellschaft in den deutsch-französischen Kultur- und Gesellschaftsbeziehungen der Locarno-Ära. Programme und Protagonisten der transnationalen Verständigung zwischen Pragmatismus und Idealismus, Frankfurt a. M. u. a. 1997.
Berg, Manfred, Geschichte der USA, München 2013.
Berghoff, Hartmut, Die Zähmung des entfesselten Prometheus? Die Generierung von Vertrauenskapital und die Konstruktion des Marktes im Industrialisierungs- und Globalisierungsprozess, in: *ders./Jakob Vogel* (Hrsg.), Wirtschaftsgeschichte als Kulturgeschichte. Dimensionen eines Perspektivenwechsels, Frankfurt a. M. 2004, S. 143-168.
Ders., Vertrauen und soziales Kapital als Schlüsselkategorien der Wirtschaftsgeschichte, in: Vertrauen und das soziale Kapital unserer Gesellschaft, 30. Sinclair-Haus-Gespräche, Freiburg u. a. 2011, S. 30-41.
Bernstein, Eduard, Die deutsche Revolution von 1918/19. Geschichte der Entstehung und ersten Arbeitsperiode der deutschen Republik, hrsg. und eingel. von Heinrich August Winkler und annot. von Teresa Löwe, Bonn 1998.
Blos, Wilhelm, Von der Monarchie zum Volksstaat, Bd. 1, Stuttgart 1922.

Bock, Hans Manfred, Die deutsch-französische Gesellschaft 1926 bis 1934. Ein Beitrag zur Sozialgeschichte der deutsch-französischen Beziehungen der Zwischenkriegszeit, in: Francia 17, 1990, S. 57-101.

Ders., Konservativer Einzelgänger und pazifistischer Grenzgänger zwischen Deutschland und Frankreich. Der Frankreich-Publizist Paul H. Distelbarth im Dritten Reich, in: Francia 21, 1994, S. 99-133.

Ders., Tradition und Topik des populären Frankreich-Klischees in Deutschland von 1925 bis 1955, in: Francia 14, 1986, S. 475-508.

Ders., Paul H. Distelbarth. Ein Anwalt alternativer Frankreich-Sicht und Frankreich-Politik in Deutschland, in: *Paul H. Distelbarth*, Das andere Frankreich. Aufsätze zur Gesellschaft, Kultur und Politik Frankreichs und zu den deutsch-französischen Beziehungen 1932-1953, mit einer Einleitung herausgegeben und kommentiert von Hans Manfred Bock, Bern u. a. 1997, S. 3-97.

Boelcke, Willi A., Krupp und die Hohenzollern in Dokumenten. Krupp-Korrespondenz mit Kaisern, Kabinettschefs und Ministern 1850-1918, Frankfurt a. M. 1970.

Ders., Sozialgeschichte Baden-Württembergs 1800-1989. Politik, Gesellschaft, Wirtschaft, Stuttgart/Berlin/Köln 1989.

Ders., Wege und Probleme des industriellen Wachstums im Königreich Württemberg, in: ZWLG 32, 1973, S. 436-520.

Ders., Industrieller Aufstieg im mittleren Neckarraum zwischen Konjunktur und Krise. Das Beispiel der Werkzeug-, Maschinen- und elektrotechnischen Industrie, in: ZWLG 43, 1984, S. 287-326.

Ders., Rüstungswirtschaft I: Kriegswirtschaft, in: *Willi Albers u. a.* (Hrsg.), Handwörterbuch der Wirtschaftswissenschaften, Bd. 6, Stuttgart 1988, S. 503-513.

Boll, Friedhelm, Arbeitskampf und Region. Arbeitskämpfe, Tarifverträge und Streikwellen im regionalen Vergleich 1871-1914, in: *Gerhard A. Ritter* (Hrsg.), Der Aufstieg der deutschen Arbeiterbewegung. Sozialdemokratie und Freie Gewerkschaften im Parteiensystem und Sozialmilieu des Kaiserreichs, München 1990, S. 379-414.

Ders., Der Januarstreik 1918 in seinen friedenspolitischen Kontexten, in: *Chaja Boebel/Lothar Wenzel* (Hrsg.), Streiken gegen den Krieg! Die Bedeutung des Massenstreiks in der Metallindustrie vom Januar 1918, Hamburg 2008, S. 27-39.

Borgolte, Michael, Stiftung, Staat und Sozialer Wandel. Von der Gegenwart zum Mittelalter, in: Bundesverband Deutscher Stiftungen (Hrsg.), Stiftungen sichern Qualität. Dokumentation der 3. Tagung des Arbeitskreises Kunst und Kulturstiftungen, Berlin 2001, S. 18-39.

Bosch, Robert, Sei Mensch und ehre Menschenwürde. Reden und Gedanken von Robert Bosch, Stuttgart 1950.

Ders., Tagebuch geführt auf einer Fahrt von Rotterdam nach New York, 24. Mai-5. Juni 1884, Stuttgart 2011 (Sonderdruck Historische Kommunikation der Robert Bosch GmbH).

Ders., Die Verhütung künftiger Krisen in der Weltwirtschaft, Stuttgart 1953.

Brandt, Harm H., Deutsche Geschichte 1850-1870. Entscheidung über die Nation, Stuttgart 1999.

Brigl-Matthiaß, Kurt, Das Betriebsrätesystem in der Weimarer Republik 1926, Berlin 1978 (Reprint).

Broszat, Martin, Zur Sozialgeschichte des deutschen Widerstands, in: VfZ 34 (1986), S. 293-309.

Buchheim, Christoph: Das NS-Regime und die Überwindung der Weltwirtschaftskrise in Deutschland, in: VfZ 56 (2008), S. 381-414.

Budraß, Lutz, Flugzeugindustrie und Luftrüstung in Deutschland 1918-1945, Düsseldorf 1998.
Büttner, Ursula, Weimar – Die überforderte Republik 1918-1933, Stuttgart 2010.
Burchhardt, Lothar, Wissenschaftspolitik im Wilhelminischen Deutschland. Vorgeschichte, Gründung und Aufbau der Kaiser-Wilhelm-Gesellschaft zur Förderung der Wissenschaften, Göttingen 1975.
Burger, Reiner, Theodor Heuss als Journalist. Beobachter und Interpret von vier Epochen deutscher Geschichte, Münster 1999.
Cadogan, Alexander, The diaries of Sir Alexander Cadogan. O. M. 1938-1945, hrsg. v. David Dilks, London 1971.
Campbell, Joan, Der deutsche Werkbund 1907-1934, Stuttgart 1981.
Canis, Konrad, Der Weg in den Abgrund. Deutsche Außenpolitik 1902-1914, Paderborn u. a. 2011.
Chickering, Roger, Das Deutsche Reich und der Erste Weltkrieg, München 2002.
Ders., Freiburg im Ersten Weltkrieg. Totaler Krieg und städtischer Alltag 1914-1918, Paderborn u. a. 2009.
Clark, Christopher, Die Schlafwandler. Wie Europa in den Ersten Weltkrieg zog, München 2013.
Cohen, Max, Der Weg ist frei, in: Sozialistische Monatshefte 38, 1932, S. 660-743.
Colvin, Ian, Vansittart in Office. An historical survey of the origins of the second world war based on the papers of Sir Robert Vansittart, Permanent Under-Secretary of State for Foreign Affairs 1930-1938, London 1965.
Conway, John S., Between Pacifism and Patriotism – A Protestant Dilemma. The Case of Friedrich Siegmund-Schultze, in: *Francis R. Nicosia/Lawrence D. Stokes* (Hrsg.), Germans against Nazism. Nonconformity, Opposition and Resistance in the Third Reich. Essays in Honour of Peter Hoffmann, New York/Oxford 1990, S. 87-113.
Conze, Vanessa, Richard Coudenhove-Kalergi. Umstrittener Visionär Europas, Zürich 2004.
Cordes, Günther (Bearb.), Krieg, Revolution, Republik. Die Jahre 1918-1920 in Baden und Württemberg. Eine Dokumentation, Ulm 1978.
Coudenhove-Kalergi, Richard N., Ein Leben für Europa. Meine Lebenserinnerungen, Köln/Berlin 1966.
Czerwiakowski, Ewa/Martin, Angela (Hrsg.), Muster des Erinnerns. Polnische Frauen als KZ-Häftlinge in einer Tarnfabrik von Bosch, Berlin 2005.
Daniel, Ute, Arbeiterfrauen in der Kriegsgesellschaft. Beruf, Familie und Politik im Ersten Weltkrieg, Göttingen 1989.
David, Eduard, Das Kriegstagebuch des Reichstagsabgeordneten Eduard David 1914 bis 1918, in Verbindung mit Erich Matthias, bearb. von Susanne Miller, Düsseldorf 1966.
Debatin, Otto, Sie haben mitgeholfen. Lebensbilder verdienter Mitarbeiter des Hauses Bosch, Stuttgart 1963.
Deist, Wilhelm (Hrsg.), Militär und Innenpolitik, 2 Bde., Düsseldorf 1970.
Dejung, Christof, Die Fäden des globalen Marktes. Eine Sozial- und Kulturgeschichte des Welthandels am Beispiel der Handelsfirma Gebrüder Volkart 1851-1999, Köln/Weimar/Wien 2013.
Demm, Eberhard, Ein Liberaler in Kaiserreich und Republik. Der politische Weg Alfred Webers bis 1920, Boppard am Rhein 1990.
Demm, Eberhard, Else Jaffé-von Richthofen, Düsseldorf 2014.

Denkschrift über die Kanalisierung des Neckars von Mannheim bis Heilbronn, Stuttgart 1910.
Diesel, Eugen, Vom Verhängnis der Völker. Das Gegenteil der Utopie, Stuttgart/Berlin 1934.
Dipper, Christof, Max Weber, Ernst Troeltsch und die «Entdeckung der Moderne», in: *Detlev Mares/Dieter Schott* (Hrsg.), Das Jahr 1913. Aufbrüche und Krisenwahrnehmungen am Vorabend des Ersten Weltkriegs, Bielefeld 2014, S. 95-120.
Distelbarth, Paul H., Das andere Frankreich. Aufsätze zur Gesellschaft, Kultur und Politik Frankreichs und zu den deutsch-französischen Beziehungen 1932-1953, mit einer Einleitung herausgegeben und kommentiert von Hans Manfred Bock, Bern u. a. 1997.
Düding, Dieter, Der Nationalsoziale Verein 1896-1903. Der gescheiterte Versuch einer parteipolitischen Synthese von Nationalismus, Sozialismus und Liberalismus, München 1972.
Dülffer, Jost, Vom Internationalismus zum Expansionismus: Die Deutsche Liga für Völkerbund, in: *Wolfgang Elz/Sönke Neitzel* (Hrsg.), Internationale Beziehungen im 19. und 20. Jahrhundert. FS für Winfried Baumgart, Paderborn 2003, S. 251-266.
Duroselle, Jean-Baptiste, L'Idee d'europe dans l'histoire, Paris 1965.
Ders., Politique étrangère de la France. La décadence, Paris 1979.
Eberle, Eugen/Grohmann, Peter, Die schlaflosen Nächte des Eugen E. Erinnerungen eines neuen schwäbischen Jacobiners, Stuttgart 1982.
Eberle, Eugen, Sieben Jahre offensiver Kampf gegen das Kapital, in: *ders./Tilman Fichter* (Hrsg.), Kampf um Bosch, Berlin 1974, S. 165-175.
Edelmann, Heidrun, Vom Luxusgut zum Gebrauchsgegenstand. Die Geschichte der Verbreitung von Personenkraftwagen in Deutschland, Frankfurt a. M. 1989.
Dies., Der Umgang mit dem Rückstand. Deutschlands Automobilindustrie in der Zwischenkriegszeit, in: *Rudolf Boch* (Hrsg.), Geschichte und Zukunft der deutschen Automobilindustrie, Stuttgart 2001, S. 43-48.
Ellwanger, Karen/Meyer-Renschhausen, Kleidungsreform, in: *Diethart Kerbs/Jürgen Reulecke* (Hrsg.), Handbuch der deutschen Reformbewegungen 1880-1933, Wuppertal 1998, S. 87-102.
Elz, Wolfgang (Hrsg.), Quellen zur Außenpolitik der Weimarer Republik 1918-1933, Darmstadt 2007.
Erker, Paul, Der Boschhof. Das landwirtschaftliche und kulturlandschaftliche Engagement von Robert Bosch, Ostfildern 2014.
Fabry, Philipp W., Mutmaßungen über Hitler. Urteile von Zeitgenossen, Düsseldorf 1969.
Faltin, Thomas, Homöopathie in der Klinik. Die Geschichte der Homöopathie am Stuttgarter Robert-Bosch-Krankenhaus von 1940 bis 1973, Stuttgart 2002.
Fastnacht, Kathrin/Kuhlgatz, Dietrich/Schmitt, Dieter/Siegel, Christine, Bosch - 125 Jahre Technik fürs Leben, hrsg. von der Unternehmenskommunikation der Robert Bosch GmbH, Stuttgart 2011.
Feldman, Gerald D./Steinisch, Irmgard, Industrie und Gewerkschaften 1918-1924. Die überforderte Zentralarbeitsgemeinschaft, Stuttgart 1985.
Felken, Detlef, Oswald Spengler. Konservativer Denker zwischen Kaiserreich und Diktatur, München 1988.
Fenske, Hans: Allgemeine Geschichte Südwestdeutschlands im 19. Jahrhundert, in: *Hansmartin Schwarzmaier* (Hrsg.), Handbuch der Baden-Württembergischen

Geschichte, Bd. 3: Vom Ende des alten Reiches bis zum Ende der Monarchien, Stuttgart 1992, S. 1–24.
Ders., Endlich auf neuen Wegen. Die Verfassungsreformen von 1904 und 1906, in: Haus der Geschichte Baden-Württemberg/Landeshauptstadt Stuttgart/Otto Borst (Hrsg.), Ein Jahrhundert beginnt. Baden und Württemberg 1900 bis 1914, Tübingen 1996, S. 55–68.
Fest, Joachim (Hrsg.), Die großen Stifter. Lebensbilder – Zeitbilder, Berlin 1997.
Ders., Staatsstreich. Der lange Weg zum 20. Juli, Berlin 1994.
Fidler, Helmut, Arbeiterbewegung in Stuttgart 1933. Erinnerungen, Berichte, Dokumente, Tübingen 1984.
Fink, Leon, Workingmen's Democracy. The Knights of Labor and American Politics, Urbana/Chicago/London 1983.
Fischer, Albrecht, Erlebnisse vom 20. Juli 1944 bis 8. April 1945, in: *Otto Kopp* (Hrsg.), Widerstand und Erneuerung. Neue Berichte und Dokumente vom inneren Kampf gegen das Hitler-Regime, Stuttgart 1966, S. 122–166.
Fischer-Bosch, Margarete, Jugenderinnerungen an meinen Vater Robert Bosch, Stuttgart 1953 (Privatdruck).
Flik, Reiner, Automobilindustrie und Motorisierung in Deutschland bis 1939, in: *Rudolf Boch* (Hrsg.), Geschichte und Zukunft der deutschen Automobilindustrie. Tagung im Rahmen der «Chemnitzer Begegnungen» 2000, Stuttgart 2001, S. 49–84.
Frey, Manuel, Macht und Moral des Schenkens. Staat und bürgerliche Mäzene vom späten 18. Jahrhundert bis zur Gegenwart, Berlin 1999.
Frommelt, Reinhard, Paneuropa oder Mitteleuropa. Einigungsbestrebungen im Kalkül deutscher Wirtschaft und Politik 1925–1933, Stuttgart 1977.
Gall, Lothar, Walther Rathenau. Portrait einer Epoche, München 2009.
Ders., Krupp. Der Aufstieg eines Industrieimperiums, Berlin 2000.
Gallus, Alexander, Die vergessene Revolution von 1918/19, Göttingen 2010.
Gawatz, Andreas, Wahlkämpfe in Württemberg. Landtags- und Reichstagswahlen beim Übergang zum politischen Massenmarkt (1889–1912), Düsseldorf 2001.
Gay, Peter, Die Republik der Außenseiter. Geist und Kultur in der Weimarer Zeit 1918–1933, Frankfurt a. M. 1970.
Gehring, Paul, Das Wirtschaftsleben in Württemberg unter König Wilhelm I. (1816–1864), in: ZWLG 9, 1945/50, S. 196–257.
Geissler, Wilfried/Borst, Sigrid (Hrsg.), Hugo Borst 1881–1967. Familienvater, kaufmännischer Direktor, privater Kunstsammler und Förderer, Sammler von schöngeistiger und wissenschaftlicher Literatur, Stuttgart 2006.
Genz, Manfred, Die Verstrickung von Unternehmen in Unrechtsstaaten. Zur Stiftungsinitiative der deutschen Wirtschaft «Erinnerung, Verantwortung und Zukunft», in: *Jürgen Lillteicher* (Hrsg.), Profiteure des NS-Systems? Deutsche Unternehmen und das «Dritte Reich», Berlin 2006, S. 200–216.
Geyer, Michael, Insurrectionary Warfare: The German Debate about a *Levée en Masse* in October 1918, in: JMH 73, 2001, S. 459–527.
Gillmann, Sabine, Die Europapläne Carl Goerdelers. Neuordnungsvorstellungen im nationalkonservativen Widerstand zwischen territorialer Revision und europäischer Einigung, in: *Christoph Dieckmann* u. a. (Hrsg.), Europäische Integration. Deutsche Hegemonialpolitik gegenüber Westeuropa 1920–1960, Göttingen 2002, S. 77–98.
Glasbrenner, Willi, Arbeit und Rüstung. Die Geschichte des Arbeitsdienstes und der Firma «Bosch» in Crailsheim 1933–1945, Crailsheim 2009.

Goerdeler, Carl Friedrich, Politische Schriften und Briefe, 2 Bde., hrsg. von Sabine Gillmann und Hans Mommsen, München 2003.
Ders., Robert Bosch, in: Deutsche Rundschau 68, 1941, S. 20-25.
Graf, Rüdiger, Die Zukunft der Weimarer Republik. Krisen und Zukunftsaneignungen in Deutschland 1918-1933, München 2008.
Graml, Hermann, Die außenpolitischen Vorstellungen des deutschen Widerstandes, in: *Walter Schmitthenner/Hans Buchheim* (Hrsg.), Der deutsche Widerstand gegen Hitler, Köln/Berlin 1966, S. 15-73.
Ders., Bernhard von Bülow und die deutsche Außenpolitik. Hybris und Augenmaß im Auswärtigen Amt, München 2012.
Ders., Europas Weg in den Krieg. Hitler und die Mächte, München 1990.
Grießmer, Axel, Massenverbände und Massenparteien im wilhelminischen Reich. Zum Wandel der Wahlkultur 1903-1912, Düsseldorf 2000.
Groddeck, Annelies von, Die Kriegsfürsorge in Württemberg. Unter besonderer Berücksichtigung der Hauptfürsorgestelle für Kriegsbeschädigte und Kriegshinterbliebene in Württemberg, Tübingen 1924.
Grotefeld, Stefan, Friedrich Siegmund-Schultze. Ein deutscher Ökumeniker und christlicher Pazifist, Gütersloh 1995.
Grüttner, Michael, Das Dritte Reich 1933-1939, Stuttgart 2014.
Hagenlücke, Heinz, Deutsche Vaterlandspartei. Die nationale Rechte am Ende des Kaiserreichs, Düsseldorf 1997.
Hagspiel, Hermann, Verständigung zwischen Deutschland und Frankreich? Die deutsch-französische Außenpolitik der zwanziger Jahre im innenpolitischen Kräftefeld beider Länder, Bonn 1987.
Hahn, Hans-Werner, Die industrielle Revolution in Deutschland, München, 3. Aufl. 2011.
Halder, Franz, Kriegstagebuch I. Vom Polenfeldzug bis zum Ende der Westoffensive (14.8.1939-30.6.1940), bearb. von Hans-Adolf Jacobsen, Stuttgart 1962.
Hale, Oron J., Presse in der Zwangsjacke 1933-1945, Düsseldorf 1965
Hardtwig, Wolfgang, Kunst, liberaler Nationalismus und Weltpolitik, in. *ders.* (Hrsg.), Nationalismus und Bürgerkultur in Deutschland 1500-1914, Göttingen 1994, S. 246-273.
Ders., Deutsche Geschichtskultur im 19. und 20. Jahrhundert, München 2013.
Hartmann, Christian, Halder. Generalstabschef Hitlers 1938-1942, Paderborn u. a. 2010.
Hassell, Ulrich von, Die Hassell-Tagebücher 1938-1944. Aufzeichnungen vom Andern Deutschland, Zürich 1946.
Der Hauptausschuss des Deutschen Reichstags 1915-1918, Bd. 3, Düsseldorf 1981.
Heideking, Jürgen, Geschichte der USA, Tübingen/Basel, 3. Aufl. 2003.
Heine, Heinrich, Historisch-kritische Gesamtausgabe, Bd. 14/I, hrsg. v. Manfred Windfuhr, bearb. v. Volkmar Hansen, Hamburg 1990.
Helfferich, Karl, Deutschlands Volkswohlstand 1888-1913, Berlin 1913.
Henning, Hans-Joachim, Kraftfahrzeugindustrie und Autobahnbau in der Wirtschaftspolitik des Nationalsozialismus 1933-1936, in: VSWG 65, 1978, S. 217-242.
Hepp, Corona, Avantgarde. Moderne Kunst, Kulturkritik und Reformbewegung nach der Jahrhundertwende, München 1987.
Herbert, Ulrich, Fremdarbeiter. Politik und Praxis des «Ausländer-Einsatzes» in der Kriegswirtschaft des Dritten Reiches, Bonn 1999.
Ders., Geschichte Deutschlands im 20. Jahrhundert, München 2014.

Herbst, Ludolf, Das nationalsozialistische Deutschland 1933-1945. Die Entfesselung der Gewalt. Rassismus und Krieg, Frankfurt a. M. 1996.
Herf, Jeffery, Reactionary Modernism. Technology, Culture and Politics in Weimar and the Third Reich, Cambridge 1984.
Heß, Jürgen C., «Die deutsche Lage ist ungeheuer ernst geworden.» Theodor Heuss vor den Herausforderungen des Jahres 1933, in: JbzLF 6 (1994), S. 65-136.
Hettling, Manfred/Hoffmann, Stefan-Ludwig, Der bürgerliche Wertehimmel. Zum Problem individueller Lebensführung im 19. Jahrhundert, in: GG 23, 1997, S. 333-360.
Hesse, Jan-Otmar/Köster, Roman/Plumpe, Werner, Die Große Depression. Die Weltwirtschaftskrise 1929-1939, Frankfurt a. M./New York 2014.
Heuss, Theodor, Fragment von Erinnerungen aus der NS-Zeit, in: VfZ 15 (1967), S. 1-17.
Ders., Friedrich Naumann. Der Mann, das Werk, die Zeit, München/Hamburg, 3. Aufl. 1968.
Ders., Robert Bosch. Leben und Leistung, Stuttgart 2002 (Erstausgabe 1946).
Ders., Ludwig Pfau. Umrisse, Berlin 1912.
Heyll, Uwe, Wasser, Fasten, Luft und Licht. Die Geschichte der Naturheilkunde in Deutschland, Frankfurt a. M. 2006.
Hildebrand, Klaus, Die Frankreichpolitik Hitlers 1936, in: Francia 5, 1977, S. 591-625.
Ders., Das vergangene Reich. Deutsche Außenpolitik von Bismarck bis Hitler 1871-1945, Stuttgart 1995.
Hillgruber, Andreas, Hitlers Strategie. Politik und Kriegsführung 1940/41, München, 2. Aufl. 1982.
Ders., Deutschlands Rolle in der Vorgeschichte der beiden Weltkriege, Göttingen, 3. Aufl. 1986.
Hillgruber, Andreas, Riezlers Theorie des kalkulierten Risikos und Bethmann Hollwegs politische Konzeption in der Julikrise 1914, in: HZ 202, 1966, S. 333-352.
Hippel, Wolfgang von: Wirtschafts- und Sozialgeschichte 1800 bis 1918, in: *Hansmartin Schwarzmaier* (Hrsg.), Handbuch der Baden-Württembergischen Geschichte, Bd. 3: Vom Ende des alten Reiches bis zum Ende der Monarchien, Stuttgart 1992, S. 477-784.
Hirschfeld, Gerhard/Krumeich, Gerd, Deutschland im Ersten Weltkrieg, Frankfurt a. M. 2013.
Hoeres, Peter, Krieg der Philosophen. Die deutsche und die britische Philosophie im Ersten Weltkrieg, Paderborn u. a. 2004.
Hoffmann, Stefan-Ludwig, Die Politik der Geselligkeit. Freimaurerlogen in der deutschen Bürgergesellschaft, Göttingen 2000.
Hoffmann, Peter, Carl Goerdeler, Gegen die Verfolgung der Juden, Köln/Weimar/Wien 2013.
Ders., Widerstand, Staatsstreich, Attentat. Der Kampf der Opposition gegen Hitler, München, 3. Aufl. 1979.
Holl, Karl, Richard Nikolaus Graf Coudenhove-Kalergi und seine Vision von «Paneuropa», in: *Heinz Duchhardt* (Hrsg.), Europäer des 20. Jahrhunderts. Wegbereiter und Gründer des «modernen» Europa, Mainz 2002, S. 11-38.
Ders., Ludwig Quidde (1858-1941). Eine Biografie, Düsseldorf 2007.
Homburg, Heidrun, Anfänge des Taylorsystems in Deutschland vor dem Ersten Weltkrieg. Eine Problemskizze unter besonderer Berücksichtigung der Arbeitskräfte bei Bosch 1913, in: GG 4, 1978, S. 170-194.
Hopbach, Achim, Unternehmer im Ersten Weltkrieg, Tübingen 1998.

Hoppe. Bert/Glass, Hildrun (Hrsg.), Die Verfolgung und Ermordung der europäischen Juden durch das nationalsozialistische Deutschland 1933-1945, Bd. 7: Sowjetunion mit annektierten Gebieten I. Besetzte sowjetische Gebiete unter deutscher Militärverwaltung, Baltikum und Transnistrien, München 2011.
Huber, Ernst Rudolf, Deutsche Verfassungsgeschichte seit 1789, Bd. 1: Reform und Restauration 1789-1830, Stuttgart, 1975 (Reprint).
Ders., Deutsche Verfassungsgeschichte seit 1789, Bd. 5: Weltkrieg, Revolution und Reichserneuerung 1914-1919, Stuttgart, 1992 (Reprint).
Hübinger, Gangolf, Das Jahr 1913 in Geschichte und Gegenwart, in: IASL 36, 2013, S. 172-190.
Der Interfraktionelle Ausschuß 1917/18, Bd. I/I, bearb. von Erich Matthias unter Mitwirkung von Rudolf Morsey, Düsseldorf 1959.
Jacobsen, Hans-Adolf (Hrsg.), «Spiegelbild einer Verschwörung». Die Opposition gegen Hitler und der Staatsstreich vom 20. Juli 1944 in der SD-Berichterstattung, 2 Bde., Stuttgart 1984.
Jäckh, Ernst, Weltsaat. Erlebtes und Erstrebtes, Stuttgart 1960.
Jarausch, Konrad H., Die Alldeutschen und die Regierung Bethmann Hollweg. Eine Denkschrift Kurt Riezlers vom Herbst 1916, in: VfZ 21, 1973, S. 435-468.
Jaworski, R., Die aktuelle Mitteleuropa-Diskussion in historischer Perspektive, in: HZ 247, 1988, S. 529-550.
Jones, Graham J., The Peacemaker: David Davies. Lord Davies of Llandinam (1880-1944), in: Montgomeryshire Collections 101, 2013, S. 117-148.
Jones, Larry Eugene, Hindenburg and the Conservative Dilemma in the 1932 Presidential Elections, in: GerSR XX, 1997, S. 235-259.
Jünger, Ernst, In Stahlgewittern, Stuttgart 2013.
Jureit, Ulrike, Das Ordnen von Räumen. Territorium und Lebensraum im 19. und 20. Jahrhundert, Hamburg 2012.
Jütte, Robert, Geschichte der alternativen Medizin. Von der Volksmedizin zu den unkonventionellen Therapien von heute, München 1996.
Kaesler, Dirk, Max Weber. Preuße, Denker, Muttersohn, München 2014.
Kallis, Aristotle A., Der Niedergang der Deutungsmacht. Nationalsozialistische Propaganda im Kriegsverlauf, in: *Jörg Echternkamp* (Hrsg.) Das Deutsche Reich und der Zweite Weltkrieg, Bd. 9, Die deutsche Kriegsgesellschaft 1939-1945, München 2005.
Kaufmann, Elisabeth (Hrsg.), Gustav Jaeger 1832-1917. Arzt, Zoologe und Hygieniker, Zürich 1984.
Keil, Wilhelm, Erlebnisse eines Sozialdemokraten, 2 Bde., Stuttgart 1947/1948.
Kessler, Harry Graf, Walther Rathenau. Sein Leben und sein Werk. Mit einem Kommentar von Hans Fürstenberg, Wiesbaden (ca. 1962).
Kettenacker, Lothar, Die britische Haltung zum deutschen Widerstand während des Zweiten Weltkriegs, in: ders. (Hrsg.), Das «Andere Deutschland» im Zweiten Weltkrieg. Emigration und Widerstand in internationaler Perspektive, Stuttgart 1977, S. 49-77.
Kielinger, Thomas, Winston Churchill. Der späte Held. Eine Biographie, München 2014.
Kielmansegg, Peter Graf, Deutschland und der Erste Weltkrieg, Stuttgart, 2. Aufl. 1980.
Kißener, Michael, Hans Walz (1883-1974), in: *Rainer Lächele/Jörg Thierfelder* (Hrsg.), Wir konnten uns nicht entziehen. 30 Porträts zu Kirche und Nationalsozialismus in Württemberg, Stuttgart 1998, S. 119-139.

Kiessling, Friedrich, Quellen zur deutschen Außenpolitik 1933-1939, Darmstadt 2000.
Klemperer, Klemens von, Die verlassenen Verschwörer. Der deutsche Widerstand auf der Suche nach Verbündeten 1938-1949, Berlin 1994.
Knipping, Franz, Deutschland, Frankreich und das Ende der Locarno-Ära 1928-1931. Studien zur internationalen Politik in der Anfangsphase der Weltwirtschaftskrise, München 1987.
Kocka, Jürgen, Geschichte des Kapitalismus, München 2013.
Ders., Angestellte: Begriffs- und Sozialgeschichte, in: *ders.*, Arbeiten an der Geschichte. Gesellschaftlicher Wandel im 19. und 20. Jahrhundert, Göttingen/Oakville 2011, S. 125-139.
Ders., Klassengesellschaft im Krieg. Deutsche Sozialgeschichte 1914-1918, Göttingen, 2. Aufl. 1978.
König, Wolfgang, Volkswagen, Volksempfänger, Volksgemeinschaft. «Volksprodukte» im Dritten Reich: Vom Scheitern einer nationalsozialistischen Konsumgesellschaft, Paderborn 2004.
Kohlhaas, Wilhelm, Chronik der Stadt Stuttgart 1913-1918, Stuttgart 1967.
Kolb, Eberhard/Schönhoven, Klaus (Bearb.), Regionale und lokale Räteorganisationen in Württemberg 1918/19, Düsseldorf 1976.
Kolb, Eberhard/Schumann, Dirk, Die Weimarer Republik, München, 8. Aufl. 2013.
Kolb, Eberhard, Gustav Stresemann, München 2003.
Ders., Internationale Rahmenbedingungen einer demokratischen Neuordnung in Deutschland 1918/19, in: *Karl Dietrich Bracher/Manfred Funke/Hans-Adolf Jacobsen* (Hrsg.), Politik – Wirtschaft – Gesellschaft, Bonn 1987, S. 257-284.
Kopp, Otto, Die Niederschrift von Hans Walz «Meine Mitwirkung an der Aktion Goerdeler», in: *ders.* (Hrsg.), Widerstand und Erneuerung. Neue Berichte und Dokumente vom inneren Kampf gegen das Hitler-Regime, Stuttgart 1966, S. 98-121.
Kopper, Christopher., Modernität oder Scheinmodernität nationalsozialistischer Herrschaft. Das Beispiel der Verkehrspolitik, in: *Christian Jansen/Lutz Niethammer/Bernd Weisbrod* (Hrsg.), Von der Aufgabe der Freiheit. Politische Verantwortung und bürgerliche Gesellschaft im 19. und 20. Jahrhundert, FS für Hans Mommsen, Berlin 1995, S. 399-413.
Koth, Harald, «Meine Zeit wird wieder kommen ...». Das Leben des Karl Kautsky, Berlin 1993.
Kraus, Elisabeth, Zwischen Tradition und Modernität: Zur Geschichte von Stiftungswesen und Mäzenatentum in Deutschland im 19. und 20. Jahrhundert, in: HJ 121, 2001, S. 400-420.
Dies., Jüdisches Mäzenatentum im Kaiserreich. Befunde, Motive, Hypothesen, in: *Jürgen Kocka/Manuel Frey* (Hrsg.), Bürgerkultur und Mäzenatentum im 19. Jahrhundert, Berlin 1998, S. 38-53.
Krause, Friedrich (Hrsg.), Goerdelers Politisches Testament. Dokumente des anderen Deutschland, New York 1945.
Krüger-Charlé, Michael, Carl Goerdelers Versuche der Durchsetzung einer alternativen Politik 1933-1937, in: *Jürgen Schmädeke/Peter Steinbach* (Hrsg.), Der Widerstand gegen den Nationalsozialismus. Die deutsche Gesellschaft und der Widerstand gegen Hitler, München 1994, S. 383-404.
Krüger, Peter/Erich J. Hahn, Der Loyalitätskonflikt des Staatssekretärs Bernhard Wilhelm von Bülow in Frühjahr 1933, in: VfZ 20, 1972, S. 376-410.
Krüger, Peter, Die Außenpolitik der Republik von Weimar, Darmstadt, 2. Aufl. 1993.
Ders., Carl von Schubert und die deutsch-französischen Beziehungen, in: *Stephen*

Schuker (Hrsg.), Deutschland und Frankreich. Vom Konflikt zur Aussöhnung. Die Gestaltung der westeuropäischen Sicherheit 1914-1963, München 2000, S. 73-96.
Krumeich, Gerd, Juli 1914. Eine Bilanz, Paderborn 2014.
Krumeich, Gerd, Versailles 1919. Der Krieg in den Köpfen, in: *ders.* (Hrsg.), Versailles 1919. Ziele – Wirkung – Wahrnehmung, Essen 2001, S. 53-64.
Landes, David S., Der entfesselte Prometheus. Technologischer Wandel und industrielle Entwicklung in Westeuropa von 1750 bis zur Gegenwart, Köln 1973.
Langewiesche, Dieter, Liberalismus in Deutschland, Frankfurt a. M. 1988.
Ders., Liberalismus und Demokratie in Württemberg zwischen Revolution und Reichsgründung, Düsseldorf 1974.
Ders., «Volldampf voraus!» – Jahrhundertwendebilanzen 1900 in Deutschland. Berlin und schwäbische Provinz. Geschichtssicherheit und Zukunftsblindheit, in: *Thomas Kühne/ Cornelia Rauh-Kühne* (Hrsg.), Raum und Geschichte. Regionale Traditionen und föderative Ordnungen von der frühen Neuzeit bis zur Gegenwart, Leinfelden-Echterdingen 2001, S. 137-158.
Ders., Liberale und Demokraten in Württemberg im 19. Jahrhundert, in: *Reinhold Weber* (Red.), Der deutsche Südwesten. Regionale Traditionen und historische Identitäten, Stuttgart 2008.
Ders., Nation bei Max Weber: soziologische Kategorie und politisches Bekenntnis. Zum Verstummen des Soziologen als *homo politicus* vor seinem Wertgott, in: *Detlef Lehnert* (Hrsg.), Max Weber 1864-1920. Politik – Theorie – Weggefährten, Köln/Weimar/Wien 2016, S. 39-66.
Lehnert, Detlef, Lujo Brentano als politisch-ökonomischer Klassiker des modernen Sozialliberalismus, in: *ders.* (Hrsg.), Sozialliberalismus in Europa. Herkunft und Entwicklung im 19. und frühen 20. Jahrhundert, Wien 2012, S. III-134.
Leiner, Wolfgang, Geschichte der Elektrizitätswirtschaft in Württemberg, Bd. 1: Grundlagen und Anfänge (bis 1895), Stuttgart 1982.
Lenger, Friedrich, Werner Sombart 1863-1941. Eine Biographie, München 1994.
Ders., Stadt-Geschichten. Deutschland, Europa und die USA seit 1800, Frankfurt a. M. u. a. 2009.
Ders., Metropolen der Moderne. Eine europäische Stadtgeschichte seit 1850, München 2013.
Leonhard, Jörn, Die Büchse der Pandora. Geschichte des Ersten Weltkrieges, München 2014.
Lepsius, Rainer M., Zur Soziologie des Bürgertums und der Bürgerlichkeit, in: *ders.* (Hrsg.), Interessen, Ideen und Institutionen, Opladen 1990, S. 153-169.
Lessing, Hans-Erhard, Robert Bosch, Reinbek bei Hamburg 2007.
Leuner, Heinz David, Gerettet vor dem Holocaust. Menschen, die halfen, München 1979.
L'Huillier, Fernand, Dialogues franco-allemands 1925-1933, Straßburg 1971.
Lieven, Dominik, Towards the Flame. Empire, War and the End of Tsarist Russia, London 2015.
Link, Werner, Der Nationalverein für das liberale Deutschland (1907-1918), in: PVS 5, 1964, S. 422-444.
Lipgens, Walter, Europa-Förderationspläne der Widerstandbewegungen 1940-1945, München 1968.
Longerich, Peter, «Davon haben wir nichts gewusst!» Die Deutschen und die Judenverfolgung 1933-1945, München 2006.

Ders., Hitler. Biographie, München 2015.
Ders., Joseph Goebbels. Biographie, München 2010.
Lübbe, Hermann, Politische Philosophie in Deutschland. Studien zu ihrer Geschichte, München 1974.
Lüdicke, Lars, Constantin von Neurath. Eine politische Biographie, Paderborn 2014.
Luckau, Alma Maria, The German Delegation at the Paris Peace Conference, New York 1971.
MacDonald C.A., The United States, Britain and Appeasement 1936-1939, Oxford 1981.
MacMillan, Margaret, Die Friedensmacher. Wie der Versailler Vertrag die Welt veränderte, 2. Aufl. Berlin 2015.
Machtan, Lothar, Prinz Max von Baden. Der letzte Kanzler des Kaisers. Eine Biographie, Berlin 2013.
Mai, Gunther, Kriegswirtschaft und Arbeiterbewegung in Württemberg 1914-1918, Stuttgart 1983.
Maier, Reinhold, Warum geht es in Schwaben besser?, in: Vossische Zeitung 25.12.1932, Berlin.
Mares, Detlev/Schott, Dieter: 1913 – Annäherungen an ein Jahr der Möglichkeiten, in: *diess.* (Hrsg.), Das Jahr 1913. Aufbrüche und Krisenwahrnehmungen am Vorabend des Ersten Weltkriegs, Bielefeld 2014, S. 7-24.
Markschies, Christoph, Carl und Friedrich Goerdeler, in: *Joachim Mehlhausen* (Hrsg.), Zeugen des Widerstands, Tübingen 1966, S. 142-173.
Martin, Angela (Hrsg.), Muster des Erinnerns, Berlin 2005.
Mason, Timothy W., Sozialpolitik im Dritten Reich. Arbeiterklasse und Volksgemeinschaft, Opladen, 2. Aufl. 1978.
Mauersberger, Volker, Rudolf Pechel und die Deutsche Rundschau 1919-1933. Eine Studie zur konservativ-revolutionären Publizistik in der Weimarer Republik, Bremen 1971.
Mazower, Mark, Hitlers Imperium. Europa unter der Herrschaft des Nationalsozialismus, München 2009.
Medick, Hans, Weben und Überleben in Laichingen 1650-1900. Lokalgeschichte als allgemeine Geschichte, Göttingen 1996.
Megerle, Klaus, Württemberg im Industrialisierungsprozess Deutschlands. Ein Beitrag zur regionalen Differenzierung der Industrialisierung, Stuttgart 1982.
Meinecke, Friedrich, Straßburg, Freiburg, Berlin 1901-1919. Erinnerungen, Stuttgart 1949.
Menzinger, Rosemarie, Verfassungsrevision und Demokratisierungsprozeß im Königreich Württemberg. Ein Beitrag zur Entstehungsgeschichte des Parlamentarischen Regierungssystems in Deutschland, Stuttgart 1969.
Mergel, Thomas, Parlamentarische Kultur in der Weimarer Republik. Politische Kommunikation, symbolische Politik und Öffentlichkeit im Reichstag, Berlin, 3. Aufl. 2012.
Merkenich, Stephanie, Grüne Front gegen Weimar. Reichs-Landbund und agrarischer Lobbyismus, Düsseldorf 1998.
Merki, Christoph Maria, Der holprige Siegeszug des Automobils 1895-1930. Zur Motorisierung des Straßenverkehrs in Frankreich, Deutschland und der Schweiz, Wien/Köln/Weimar 2002.
Meyer, Beate, «Jüdische Mischlinge». Rassenpolitik und Verfolgungserfahrung 1933-1945, Hamburg 1999.

Meyer-Krahmer, Marianne, Carl Goerdeler – Mut zum Widerstand. Eine Tochter erinnert sich, Leipzig 1998.

Michel, Alexander, Von der Fabrikzeitung zum Führungsmittel. Werkzeitschriften industrieller Großunternehmen von 1890 bis 1945, Stuttgart 1997.

Mielke, Siegfried, Der Hansa-Bund für Gewerbe, Handel und Industrie 1909-1914. Der gescheiterte Versuch einer antifeudalen Sammlungspolitik, Göttingen 1976.

Milert, Werner/Tschirbs, Rudolf, Die andere Demokratie. Betriebliche Interessenvertretung in Deutschland 1848 bis 2008, Essen 2012.

Miller, Susanne, Burgfrieden und Klassenkampf. Die deutsche Sozialdemokratie im Ersten Weltkrieg, Düsseldorf 1974.

Missiroli, Antonio, Die Deutsche Hochschule für Politik, Sankt Augustin 1988.

Mittag, Jürgen, Wilhelm Keil (1870-1968). Sozialdemokratischer Parlamentarier zwischen Kaiserreich und Bundesrepublik. Eine politische Biographie, Düsseldorf 2001.

Moltmann, Günter, Franklin D. Roosevelts Friedensappell vom 14. April 1939. Ein fehlgeschlagener Versuch zur Friedenssicherung, in: Jahrbuch für Amerikastudien 9, 1964, S. 91-109.

Mommsen, Hans, Carl Friedrich Goerdeler im Widerstand gegen Hitler, in: *Carl Friedrich Goerdeler,* Politische Schriften und Briefe, 2 Bde, hrsg. von Sabine Gillmann und Hans Mommsen, München 2003., S. XXXVII-IXV.

Mommsen, Hans/Grieger, Manfred, Das Volkswagenwerk und seine Arbeiter im Dritten Reich, Düsseldorf 1996.

Mommsen, Wolfgang J., Die deutsche öffentliche Meinung und der Zusammenbruch des Regierungssystems Bethmann Hollweg im Juli 1917, in: ders., Der autoritäre Nationalstaat. Verfassung, Gesellschaft und Kultur des deutschen Kaiserreichs, Frankfurt a. M. 1922, S. 422-440.

Ders., Die latente Krise des Deutschen Reiches 1909-1914, in: *Leo Just* (Hrsg.), Handbuch der Deutschen Geschichte, Bd. 4/1, Frankfurt a. M. 1972, S. 3-120.

Ders., Die Urkatastrophe Deutschlands. Der erste Weltkrieg 1914-1918, Stuttgart, 10. Aufl. 2004.

Ders., Bürgerstolz und Weltmachtstreben. Deutschland unter Wilhelm II. 1890 bis 1918, Berlin 1995.

Ders., Max Weber und die deutsche Politik 1890-1920, Tübingen, 2. Aufl. 1974.

Ders., Die deutsche Revolution 1918-1920: Politische Revolution und soziale Protestbewegung, in: *ders.* (Hrsg.), Der autoritäre Nationalstaat. Verfassung, Gesellschaft und Kultur im deutschen Kaiserreich, Frankfurt a. M. 1990, S. 463-494.

Ders., Die Mitteleuropaidee und die Mitteleuropapläne im Deutschen Reich, in: *ders.,* Der Erste Weltkrieg. Anfang vom Ende des bürgerlichen Zeitalters, Frankfurt a. M. 2004, S. 94-117.

Mühle, Robert W., Frankreich und Hitler. Die französische Deutschland- und Außenpolitik 1933-1935, Paderborn 1995.

Mühlhausen, Walter, Friedrich Ebert 1871-1925. Reichspräsident der Weimarer Republik, Bonn 2006.

Müller, Guido, Europäische Gesellschaftsbeziehungen nach dem Ersten Weltkrieg. Das Deutsch-Französische Studienkomitee und der Europäische Kulturbund, München 2005.

Müller, Helen, Im Zeitalter der Sammelwerke. Friedrich Naumanns Projekt eines «Deutschen Staatslexikons» (1914), in: *Rüdiger vom Bruch* (Hrsg.), Friedrich Naumann in seiner Zeit, Berlin 2000, S. 189-207.

Müller, Klaus-Jürgen, Das Heer und Hitler. Armee und nationalsozialistisches Regime 1933-1940, Stuttgart 1969.
Ders., Generaloberst Ludwig Beck. Eine Biographie, Paderborn u. a. 2008.
Müller, Rainer, Das Robert-Bosch-Haus, Stuttgart 1988.
Müller, Roland, Stuttgart zur Zeit des Nationalsozialismus, Stuttgart 1988.
Müller, Rolf Dieter, Der Zweite Weltkrieg 1939-1945, Stuttgart, 2011.
Münkler, Herfried, Der Große Krieg. Die Welt 1914 bis 1918, Reinbek bei Hamburg 2013.
Mulert, Jürgen, Erfolgsbeteiligung und Vermögensbildung der Arbeitnehmer bei der Firma Robert Bosch zwischen 1886 und 1945, in: ZUG 30, 1985, S. 1-29.
Murmann, Ulrike, «In Wolle lebt sich's gesünder». Normalstrumpf – Sanitätsbett – Nationaltracht. Das Ausstattungsprogramm der Jaegerschen Reform, in: *Christel Köhle-Hezinger/Gabriele Mentges* (Hrsg.), Der neuen Welt ein neuer Rock. Studien zu Kleidung, Körper und Mode an Beispielen aus Württemberg, ein Projekt des Ludwig-Uhland-Instituts für Empirische Kulturwissenschaft der Universität Tübingen, Stuttgart 1993, S. 142-156.
Musil, Robert, Gesammelte Werke, Bd. 1: Der Mann ohne Eigenschaften, hrsg. von Adolf Frisé, Reinbek bei Hamburg 1978.
Naumann, Friedrich, Werke, 6. Bde., hrsg. v. Walter Uhsadel, Köln 1964-1969.
Ders., Der englische Staat. Nachwort, in: *Paul Helbeck* (Hrsg.), Wie das englische Volk sich selbst regiert. Die englische Staatsverfassung und Verwaltung, die politischen Parteien und ihre Führer, Berlin 1912, S. 159-163.
Nebelin, Manfred, Ludendorff. Diktator im Ersten Weltkrieg, München 2010.
Niedhart, Gottfried, Internationale Beziehungen 1917-1947, Paderborn 1989.
Nipperdey, Thomas, Deutsche Geschichte 1866-1918, Bd. 1: Arbeitswelt und Bürgergeist, München, 2. Aufl. 1993.
Ders., Deutsche Geschichte 1866-1918, Bd. 2: Machtstaat vor der Demokratie, München, 3. Aufl. 1993.
Ders., Deutsche Geschichte 1800-1866. Bürgerwelt und starker Staat, mit 36 Tabellen im Text, München, 4. Aufl. 1987.
Ders., 1933 und die Kontinuität der deutschen Geschichte, in: *ders.*, Nachdenken über die deutsche Geschichte. Essays, München, 2. Aufl., 1986, S. 186-205.
Nolte, Paul, Die Ordnung der deutschen Gesellschaft. Selbstentwurf und Selbstbeschreibung im 20. Jahrhundert, München 2000.
Nottmeier, Christian, Adolf von Harnack und die deutsche Politik 1890-1930. Eine biographische Studie zum Verhältnis von Protestantismus, Wissenschaft und Politik, Tübingen 2004.
Osterhammel, Jürgen, Die Verwandlung der Welt. Eine Geschichte des 19. Jahrhunderts, München, 3. Aufl. 2009.
Osterhammel, Jürgen/Petersson, Nils P., Geschichte der Globalisierung. Dimensionen, Prozesse, Epochen, München 2003.
Overesch, Manfred, Bosch in Hildesheim 1937-1945, Göttingen 2008.
Pache, Christel, Theodor Bäuerles Beitrag zur deutschen Erwachsenenbildung, Stuttgart 1971.
Pechel, Rudolf, Deutscher Widerstand, Zürich 1947.
Ders., Napoleon der Kleine. Ein Beitrag zur Immigrantenfrage (1940), in: *ders.*, Zwischen den Zeilen. Ein Kampf für Frieden und Recht, Wiesentheid 1948, S. 171-181.
Pernhorst, Christian, Das paneuropäische Verfassungsmodell des Grafen Richard N. Coudenhove-Kalergi , Baden-Baden 2008.

Peukert, Detlev J. K., Die Weimarer Republik. Krisenjahre der Klassischen Moderne, Frankfurt a. M. 1987.

Ders., Das Janusgesicht der Moderne, in: ders., Max Webers Diagnose der Moderne, Göttingen 1989, S. 55-69.

Pfau, Ludwig, Politisches und Polemisches aus den nachgelassenen Schriften von Ludwig Pfau. Mit einem Vorwort von Dr. Ernst Ziel, Stuttgart 1895.

Pfetsch, Frank R., Zur Entwicklung der Wissenschaftspolitik in Deutschland 1750-1914, Berlin 1974.

Piper, Ernst, Nacht über Europa. Kulturgeschichte des Ersten Weltkriegs, Berlin 2013.

Plumpe, Werner, Betriebliche Mitbestimmung in der Weimarer Republik. Fallstudien zum Ruhrbergbau und zur Chemischen Industrie, München 1999.

Ders., Unternehmen im Nationalsozialismus. Eine Zwischenbilanz, in: *Werner Abelshauser/Jan-Otmar Hesse/ders.* (Hrsg.), Wirtschaftsordnung, Staat und Unternehmen. Neue Forschungen zur Wirtschaftsgeschichte des Nationalsozialismus. FS für Dietmar Petzina, Essen 2003, S. 243-267.

Pohl, Hans, Zur Zusammenarbeit von Wirtschaft und Wissenschaft im «Dritten Reich»: Die «Förderergemeinschaft der Deutschen Industrie» von 1942, in: VSWG 72, 1985, S. 508-536.

Pohl, Karl Heinrich, Gustav Stresemann. Biografie eines Grenzgängers, Göttingen, 2015.

Ders., Obrigkeitsstaat und Demokratie. Aspekte der «Revolution» von 1918/19, in: *Manfred Hettling* (Hrsg.), Revolution in Deutschland? 1789-1989, Göttingen 1991, S. 46-69.

Preiser, Erich, Die württembergische Wirtschaft als Vorbild, Stuttgart 1937.

Preller, Ludwig, Sozialpolitik in der Weimarer Republik, Stuttgart 1949.

Preuß, Susanne, Warum bringt denn den Kerle niemand um, FAZ.net, 16. August 2011.

Prinzing, Marlis, Der Streik bei Bosch im Jahre 1913, Stuttgart 1989.

Protokolle der Sitzungen der Württembergischen II. Kammer im Landtag 1913-1918.

Pyta, Wolfram, Die Weimarer Republik, Opladen 2004.

Ders., Hindenburg. Herrschaft zwischen Hohenzollern und Hitler, München 2007.

Ders., Hitler. Der Künstler als Politiker und Feldherr. Eine Herrschaftsanalyse, München 2015.

Raeithel, Gerd, Geschichte der Nordamerikanischen Kultur, Bd. 2: Vom Bürgerkrieg bis zum New Deal 1860-1930, Frankfurt a. M., 3. Aufl. 1997.

Rathenau, Walter, Briefe. Teilband 2: 1914-1922, hrsg. von Alexander Jaser, Clemens Picht, Ernst Schulin, Düsseldorf 2006.

Rebenich, Stefan, Theodor Mommsen und Adolf Harnack. Wissenschaft und Politik im Berlin des ausgehenden 19. Jahrhunderts, Berlin u. a. 1997.

Recker, Marie-Luise, Die Außenpolitik des Dritten Reiches, München 1990.

Reich, Ines, Carl Friedrich Goerdeler. Ein Oberbürgermeister gegen den NS-Staat, Köln/Weimar/Wien 1997.

Richert, Fritz, Karl Adler (1890-1973). Musiker, Verfolgter, Helfer. Ein Lebensbild, Stuttgart 1990.

Richter, Andreas, Robert Bosch stieg in den Zwanzigern ein. Seine Beteiligung an der DVA und den Zeitungen, in: 50 Jahre Stuttgarter Zeitung (Sonderbeilage vom 12. September 1995), S. 31.

Riezler, Kurt, Tagebücher – Aufsätze – Dokumente, hrsg. von Karl Dietrich Erdmann, Göttingen 2008.
Ritter, Gerhard A./Tenfelde, Klaus, Arbeiter im Deutschen Kaiserreich 1871 bis 1914, Bonn 1992.
Ritter, Gerhard A., «Direkte Demokratie» und Rätewesen in Geschichte und Demokratie, in: *ders.,* Arbeiterbewegung, Parteien und Parlamentarismus. Aufsätze zur deutschen Sozial- und Verfassungsgeschichte des 19. und 20. Jahrhunderts, Göttingen 1976.
Ritter, Gerhard, Carl Goerdeler und die deutsche Widerstandsbewegung, Stuttgart, 4. Aufl. 1984.
Robert Bosch 1861–1942. Bosch 1886–1986. Katalog zu der Jubiläums-Ausstellung im Robert-Bosch-Haus Stuttgart, Stuttgart 1986.
Robert Bosch und die deutsch-französische Verständigung. Politisches Denken und Handeln im Spiegel der Briefwechsel (Bosch-Archiv-Schriftreihe 1), bearb. von Rolf Becker und Joachim Scholtyseck, Stuttgart 1996.
Robert Bosch AG (Hrsg.), Fünfzig Jahre Bosch 1886–1936, Stuttgart 1936.
Robert Bosch GmbH (Hrsg.), 75 Jahre Bosch 1886–1961. Ein geschichtlicher Rückblick, Stuttgart 1961.
Dies.(Hrsg.), Der Weg zum Global Player. Die Internationalisierung der Bosch-Gruppe. Magazin zur Bosch-Geschichte, Sonderheft 3, hrsg. von der Unternehmenskommunikation, Stuttgart o.J.
Dies. (Hrsg.), Sozialpolitik bei Bosch, Stuttgart 1951.
Rödder, Andreas, Stresemanns Erbe: Julius Curtius und die deutsche Außenpolitik 1929–1931, Paderborn u. a. 1996.
Röhrig, Paul, Erwachsenenbildung, in: *Christa Berg* (Hrsg.), Handbuch der deutschen Bildungsgeschichte, Bd. 4: 1870–1918. Von der Reichsgründung bis zum Ende des Ersten Weltkriegs, München 1991, S. 441–499.
Rogall, Joachim, Carl Friedrich Goerdeler (1884–1945), in: *Winfried Böttcher* (Hrsg.), Klassiker des europäischen Denkens. Friedens- und Europavorstellungen aus 700 Jahren europäischer Kulturgeschichte, Baden-Baden 2014, S. 526–531.
Rohkrämer, Thomas, Eine andere Moderne? Zivilisationskritik, Natur und Technik in Deutschland 1880–1933, Paderborn 1999.
Roßmann, Erich, Ein Leben für Sozialismus und Demokratie, Stuttgart/Tübingen 1946.
Roth, Guenther/Röhl, John C.G. (Hrsg.), Aus dem Großen Hauptquartier. Kurt Riezlers Briefe an Käthe Liebermann 1914–15, Wiesbaden 2016.
Roth, Ralf, Wilhelm Merton. Ein Weltbürger gründet eine Universität, Frankfurt a. M. 2010.
Rueß, Susanne, Stuttgarter jüdische Ärzte während des Nationalsozialismus, Würzburg 2009.
Rüther, Daniela, Der Widerstand des 20. Juli auf dem Weg in die Soziale Marktwirtschaft. Die wirtschaftspolitischen Vorstellungen der bürgerlichen Opposition gegen Hitler, Paderborn u. a. 2002.
Sauer, Paul, Wilhelm Murr (1888–1945), in: *Rainer Lächele/Jörg Thierfelder* (Hrsg.), Wir konnten uns nicht entziehen. 30 Porträts zu Kirche und Nationalsozialismus in Württemberg, Stuttgart 1998, S. 207–227.
Ders., Wilhelm Murr. Hitlers Statthalter in Württemberg, Tübingen, 3. Aufl. 2000.
Ders., Für Recht und Menschenwürde. Lebensbild von Otto Hirsch (1885–1941), Stuttgart 1985.

Ders., Württembergs letzter König. Das Leben Wilhelms II., Stuttgart, 2. Aufl. 1994.
Ders., Das Werden einer Großstadt. Stuttgart zwischen Reichsgründung und Erstem Weltkrieg 1871 bis 1914, Stuttgart 1988.
Ders., Württemberg in der Zeit des Nationalsozialismus, Ulm 1975.
Ders., Württemberg in der Weimarer Republik, in: *Hansmartin Schwarzmaier/Meinrad Schaab* (Hrsg.), Handbuch der Baden-Württembergischen Geschichte, Bd. 4: Die Länder seit 1918, Stuttgart 2003, S. 73-150.
Saul, Klaus, Staat, Industrie, Arbeiterbewegung im Kaiserreich. Zur Innen- und Außenpolitik des Wilhelminischen Deutschland 1903-1914, Düsseldorf 1974.
Scheck, Manfred, Zwischen Weltkrieg und Revolution. Zur Geschichte der Arbeiterbewegung in Württemberg 1914-1920, Köln/Wien 1981.
Schildt, Axel, Der lange November – zur Historisierung einer deutschen Revolution, in: *Alexander Gallus* (Hrsg.), Die vergessene Revolution von 1918/19, Göttingen 2010, S. 223-244.
Schlie, Ulrich, Kein Friede mit Deutschland. Die geheimen Gespräche im Zweiten Weltkrieg 1939-1941, München 1994.
Schluchter, Wolfgang, Wertfreiheit und Verantwortungsethik. Zum Verhältnis von Wissenschaft und Politik bei Max Weber, Tübingen 1971.
Schmid, Manfred (Hrsg.), Auf dem Stuttgarter Rathaus 1915-1922. Erinnerungen von Fritz Elsas (1890-1945), Stuttgart 1990.
Schmitt, Dieter, Theodor Bäuerle (1882-1956). Engagement für Bildung in schwierigen Zeiten. Schriftenreihe zur Bosch-Geschichte 3, Stuttgart 2005.
Schneider, Michael, Unterm Hakenkreuz Arbeiter und Arbeiterbewegung 1933-1939, Bonn 1999.
Ders., In der Kriegsgesellschaft. Arbeiter und Arbeiterbewegung 1939-1945, Bonn 2014.
Schöberl, Verena, «Es gibt ein großes und herrliches Land, das sich selbst nicht kennt... Es heisst Europa». Die Diskussion um die Paneuropaidee in Deutschland, Frankreich und Großbritannien 1922-1933, Berlin/Münster 2008.
Schöllgen, Gregor, Ulrich von Hassell 1881-1944. Ein Konservativer in der Opposition, München 1990.
Ders., Gerhard Schröder. Die Biographie, München 2015.
Ders., Deutsche Außenpolitik, Bd. 1: Von 1815 bis 1945, München 2013.
Ders., Geschichte der Weltpolitik von Hitler bis Gorbatschow 1941-1991, Darmstadt 1996.
Schoeps, Julius H., Das Erbe der Mendelssohns. Biographie einer Familie, Frankfurt a. M. 2009.
Scholder, Klaus, Die Kirchen und das Dritte Reich, Bd. 1: Vorgeschichte und Zeit der Illusionen, 1918-1934, Frankfurt a. M. 1977.
Scholtyseck, Joachim, Der «Schwabenherzog». Gottlob Berger, SS-Obergruppenführer, in: *Michael Kißener/ders.* (Hrsg.), Die Führer der Provinz. NS-Biographien aus Baden und Württemberg, Konstanz 1997, S. 77-110.
Ders., Robert Bosch und der liberale Widerstand gegen Hitler 1933 bis 1945, München 1999.
Ders., Die Firma Robert Bosch und ihre Hilfe für Juden, in: *Michael Kißener* (Hrsg.), Widerstand gegen die Judenverfolgung, Konstanz 1996, S. 155-226.
Ders., Robert Bosch, die deutsch-französische Verständigung und das Ende der Weimarer Republik, in: Robert Bosch und die deutsch-französische Verständigung.

Politisches Denken und Handeln im Spiegel der Briefwechsel (Bosch-Archiv Schriftenreihe, Bd. 1), Stuttgart 1996, S. 44-116.

Schramm, Wilhelm von, Hitler und die Franzosen. Die psychologische Vorbereitung des Weltkriegs 1933-1939, Mainz, 2. Aufl. 1980.

Schulz, Andreas, Mäzenatentum und Wohltätigkeit - Ausdrucksformen bürgerlichen Gemeinsinns in der Neuzeit, in: *Jürgen Kocka/Manuel Frey* (Hrsg.), Bürgerkultur und Mäzenatentum im 19. Jahrhundert. Bürgerlichkeit, Wertewandel, Mäzenatentum Band II, Berlin 1998, S. 240-262.

Schulte, Bernd F., Neue Dokumente zu Kriegsausbruch und Kriegsverlauf 1914, in: MGM 25, 1979, S. 123-187.

Schwabach, Paul H. von, Aus meinen Akten, Berlin 1927.

Schwabe, Klaus, Weltmacht und Weltordnung. Amerikanische Außenpolitik von 1898 bis zur Gegenwart. Eine Jahrhundertgeschichte, Paderborn u. a. 2011.

Ders., «Gerechtigkeit für die Großmacht Deutschland» - Die deutsche Friedensstrategie in Versailles, in: *Gerd Krumeich* (Hrsg.), Versailles 1919. Ziele - Wirkung - Wahrnehmung, Essen 2001, S. 71-86.

Ders., L'Allemange à Versailles: Stratégie diplomatique et contraintes intérieures, in: Francia 27, 2000, S. 49-62.

Ders., Wissenschaft und Kriegsmoral. Die deutschen Hochschullehrer und die politischen Grundfragen des Ersten Weltkriegs, Göttingen 1969.

Schwartz, Frederic J., Der Werkbund, Ware und Zeichen 1900-1914, Amsterdam/ Dresden 1999.

Sforza, Carlo, Die feindlichen Brüder. Inventur der europäischen Probleme, Berlin 1933.

Sieg, Ulrich, Judentum ,in: *Gerhard Hirschfeld/Gerd Krumeich/Irina Renz* (Hrsg.), Enzyklopädie Erster Weltkrieg, Paderborn, 2. Aufl. 2014, S. 599.

Ders., Judenzählung ,in: *Gerhard Hirschfeld/Gerd Krumeich/Irina Renz* (Hrsg.), Enzyklopädie Erster Weltkrieg, Paderborn, 2. Aufl. 2014, S. 599f.

Skor, Holger, «Brücken über den Rhein». Frankreich in der Wahrnehmung und Propaganda des Dritten Reiches, 1933-1939, Essen 2011.

Smelser, Ronald M., Robert Ley. Hitlers Mann an der «Arbeitsfront». Eine Biographie, Paderborn 1989.

Sösemann, Bernd, Der Verfall des Kaisergedankens im Ersten Weltkrieg, in: *John C. G. Röhl* (Hrsg.), Der Ort Kaiser Wilhelms II. in der deutschen Geschichte, München 1991, S. 145-172.

Sösemann, Bernd, Politische Kommunikation im «Reichsbelagerungszustand» - Programm, Struktur und Wirkungen des Klubs «Deutsche Gesellschaft» 1914, in : *Manfred Bobrowksy/Wolfgang R. Langenbucher* (Hrsg.), Wege zur Kommunikationsgeschichte, München 1987, S. 630-649.

Soutou, Georges-Henri, Die Kriegsziele des Deutschen Reichs, Frankreichs, Großbritanniens und der Vereinigten Staaten während des Ersten Weltkrieges. Ein Vergleich, in: *Wolfgang Michalka* (Hrsg.), Der Erste Weltkrieg. Wirkung, Wahrnehmung, Analyse, München 1994, S. 29-45.

Ders., L'or et le sang. Les buts de guerres économiques de la Première Guerre Mondiale, Paris 1989.

Spaemann, Robert, Über Gott und die Welt. Eine Autobiographie in Gesprächen, Stuttgart, 3. Aufl. 2012.

Spengler, Oswald, Der Mensch und die Technik. Beitrag zu einer Philosophie des Lebens, München 1931.

Spiliotis, Susanne-Sophia, Verantwortung und Rechtsfrieden. Die Stiftungsinitiative der deutschen Wirtschaft, Frankfurt a. M. 2003.
Spoerer, Mark/Streb, Jochen, Neue deutsche Wirtschaftsgeschichte des 20. Jahrhunderts, München 2013.
Spoerer, Mark, Zwangsarbeit unter dem Hakenkreuz, Stuttgart/München 2001.
Sprenger, Isabell, Groß-Rosen. Ein Konzentrationslager in Schlesien, Köln/Weimar/Wien 1996.
Steiner, Kilian J. L., Ortsempfänger, Volksfernseher und Optaphon. Die Entwicklung der deutschen Radio- und Fernsehindustrie und das Unternehmen Loewe, 1923-1962, Essen 2005.
Steiner, Zara, The Triumph of the Dark. European International History 1933-1939, Oxford 2011.
Stenographische Berichte über die Verhandlungen des Reichstags. VIII. Legislaturperiode, 1. Session 1890/92, Bd. 5, Berlin 1892.
Stern, Fritz, Bethmann Hollweg und der Krieg. Die Grenzen der Verantwortung, Tübingen 1968.
Stolle, Uta, Arbeiterpolitik im Betrieb. Frauen und Männer, Reformisten und Radikale, Frankfurt a. M. 1980.
Streb, Jochen, Das nationalsozialistische Wirtschaftssystem. Indirekter Sozialismus, gelenkte Marktwirtschaft oder vorgezogene Kriegswirtschaft?, in: *Werner Plumpe/Joachim Scholtyseck* (Hrsg.), Der Staat und die Ordnung der Wirtschaft. Vom Kaiserreich bis zur Berliner Republik, Stuttgart 2012, S. 61-85.
Strölin, Karl, Die wirtschaftliche Lage der Arbeiterklasse und des Mittelstandes der Stadt Stuttgart vor und nach dem Kriege, Gießen 1923.
Stürmer, Michael, Robert Bosch, in: *Joachim Fest* (Hrsg.), Die großen Stifter. Lebensbilder – Zeitbilder, Berlin 1997, S. 249-268.
Ders., Das ruhelose Reich. Deutschland 1866-1918, Berlin 1994.
Suchy, Barbara, The Verein zur Abwehr des Antisemitismus (II). From the First World War to its Dissolution in 1933, in: LBI Year Book 30, 1985, S. 67-103.
Taddey, Gerhard, Zwischen Widerstand und Gestapo, in: ZWLG 70, 2011, S. 455-488.
Theiner, Peter, Impressionen aus der Geschichte der Robert Bosch Stiftung, in: *Robert Bosch Stiftung GmbH* (Hrsg.), Fünfzig Jahre Richtung Zukunft, Stuttgart 2014, S. 154-181.
Ders., Sozialer Liberalismus und deutsche Weltpolitik. Friedrich Naumann im Wilhelminischen Deutschland (1860-1919), Baden-Baden 1983.
Ders., Mitteleuropa – historisch, in: *Walter Koschmal/Marek Nekula/Joachim Rogall* (Hrsg.), Deutsche und Tschechen. Geschichte, Kultur, Politik, München 2001.
Ders., «Mitteleuropa» – Pläne im Wilhelminischen Deutschland, in: *Helmut Berding* (Hrsg.), Wirtschaftliche und politische Integration in Europa im 19. und 20. Jahrhundert, Göttingen 1984, S. 128-148.
Ders., Friedrich Naumann und der Soziale Liberalismus im Kaiserreich in: *Karl Holl/Günter Trautmann/Hans Vorländer* (Hrsg.), Sozialer Liberalismus, Göttingen 1986, S. 72-83.
Thiemann, Dieter, Deutsch-französische Jugendbeziehungen der Zwischenkriegszeit, Bonn 1989.
Thierer, Georg, Chronik und Stammbaum der Familien Bosch der Schwäbischen Alb. Nebst einer Ahnentafel. «Die Geschichte eines schwäbischen Bauerngeschlechts in vier Jahrhunderten», Gussenstadt u. a. 1921.

Thierfelder, Jörg, Fritz Elsas, in: *Joachim Mehlhausen* (Hrsg.), Zeugen des Widerstands, Tübingen 1996, S. 91-111.

Tober, Holger J., Deutscher Liberalismus und Sozialpolitik in der Ära des Wilhelminismus. Anschauungen der liberalen Parteien im parlamentarischen Entscheidungsprozess und in der öffentlichen Diskussion, Husum 1999.

Tooze, Adam J., Sintflut. Die Neuordnung der Welt 1916-1931, München 2015.

Ders., Ökonomie der Zerstörung. Die Geschichte der Wirtschaft im Nationalsozialismus, München 2007.

Torp, Cornelius, Die Herausforderung der Globalisierung. Wirtschaft und Politik in Deutschland 1860-1914, Göttingen 2005.

Ueberschär, Gerd R., Für ein anderes Deutschland. Der deutsche Widerstand gegen den NS-Staat 1933-1945, Darmstadt 2005.

Ullmann, Hans-Peter, Das deutsche Kaiserreich 1871-1918, Frankfurt a. M. 1995.

Ders., Der deutsche Steuerstaat. Geschichte der öffentlichen Finanzen vom 18. Jahrhundert bis heute, München 2005.

Ders., Der Bund der Industriellen. Organisation, Einfluß und Politik klein- und mittelbetrieblicher Industrieller im deutschen Kaiserreich 1895-1914, Göttingen 1976.

Ulmer, Martin, Antisemitismus in Stuttgart 1871-1933. Studien zum öffentlichen Diskurs und Alltag, Berlin 2011.

Ursachen und Folgen. Vom deutschen Zusammenbruch 1918 und 1945 bis zur staatlichen Neuordnung Deutschlands in der Gegenwart, Bd. 2: Der militärische Zusammenbruch und das Ende des Kaiserreichs, hrsg. u. bearb. von Herbert Michaelis, Berlin 1959.

Ursachen und Folgen. Vom deutschen Zusammenbruch 1918 und 1945 bis zur staatlichen Neuordnung Deutschlands in der Gegenwart, Bd. 10: Das Dritte Reich: Die Errichtung des Führerstaates. Die Abwendung von dem System der kollektiven Sicherheit, hrsg. u. bearb. von Herbert Michaelis, Berlin 1965.

Verhandlungen der Württembergischen Zweiten Kammer (Kammer der Abgeordneten) auf dem 39. Landtag im Jahre 191, Protokoll-Band 96, Stuttgart 1913.

Verhey, Jeffrey, Der «Geist von 1914» und die Erfindung der Volksgemeinschaft, Hamburg 2000.

Viénot, Pierre, Ungewisses Deutschland. Zur Krise seiner bürgerlichen Kultur. Neu hrsg. von Hans Manfred Bock, Bonn 1999.

Vogelsang, Reinhard, Der Freundeskreis Himmler, Göttingen 1972.

Volkmann, Hans-Erich, Die NS-Wirtschaft in Vorbereitung des Krieges, in: *Wilhelm Deist/Wolfram Wette* (Hrsg.), Ursachen und Voraussetzungen der deutschen Kriegspolitik (Das Deutsche Reich und der Zweite Weltkrieg, Bd. 1), Stuttgart 1979, S. 177-368.

Volkov, Shulamit, Walther Rathenau. Ein jüdisches Leben in Deutschland, München 2012.

Voss, Kim, The making of American Exceptionalism. The Knights of labor and Class Formation in the Nineteenth Century, Ithaca/ London 1993.

Waller, Anja, Das Jüdische Lehrhaus in Stuttgart. Erwachsenenbildung im Umbruch, (Diss.) Stuttgart 2013.

Walz, Hans, Württemberg und die Weltwirtschaft, in: Weltwirtschaft 6, 1935, S. 111-114.

Ders., Meine Mitwirkung an der Aktion Goerdeler, in: *Otto Kopp* (Hrsg.), Widerstand und Erneuerung. Neue Berichte und Dokumente vom inneren Kampf gegen das Hitler-Regime, Stuttgart 1966, S. 98-121.

Weber, Alfred, Politische Theorie und Tagespolitik (1903-1933), Alfred-Weber-Gesamtausgabe, Bd. 7, hrsg. von Eberhard Demm unter Mitw. von Nathalie Chamba, Marburg 1999.
Weber, Max, Zur Politik im Weltkrieg : Schriften und Reden, 1914-1918, MWG I/15, hrsg. von Wolfgang J. Mommsen, Tübingen 1988.
Ders., Zur Neuordnung Deutschlands. Schriften und Reden 1918-1920, MWG I/16, hrsg. von Wolfgang J. Mommsen, Tübingen 1988.
Ders., Wissenschaft als Beruf 1917-1919. Politik als Beruf 1919, MWG I/17, hrsg. von Wolfgang J. Mommsen, Tübingen 1994.
Ders., Wirtschaft und Gesellschaft. Die Wirtschaft und die gesellschaftliche Ordnungen und Mächte. Religiöse Gemeinschaften, MWG I/22-2, Tübingen 2001.
Ders., Die Wirtschaftsethik der Weltreligionen Konfuzianismus und Taoismus. Schriften 1915-1920, MWG I/19, hrsg. von Helwig Schmidt-Glintzer, Tübingen 1991.
Weber, Marianne, Max Weber. Ein Lebensbild, Tübingen 1984 (Reprint).
Weber, Petra, Gescheiterte Sozialpartnerschaft - Gefährdete Republik? Industrielle Beziehungen, Arbeitskämpfe und der Sozialstaat. Deutschland und Frankreich im Vergleich (1918-1933/39), München 2010.
Wechssler, Eduard, Esprit und Geist. Versuch einer Wesenskunde des Deutschen und des Franzosen, Bielefeld/Leipzig 1927.
Wehler, Hans-Ulrich, Deutsche Gesellschaftsgeschichte, Bd. 4: Vom Beginn des Ersten Weltkriegs bis zur Gründung der beiden deutschen Staaten 1914-1949, München, 3. Aufl. 2008.
Weigand, Wolf Volker, Walter Wilhelm Goetz 1867-1958. Eine biographische Studie über den Historiker, Politiker und Publizisten, Boppard am Rhein 1992.
Wein, Susanne, Antisemitismus im Reichstag. Judenfeindliche Sprache in Politik und Gesellschaft der Weimarer Republik, Berlin 2012.
Weller, Karl, Die Staatsumwälzung in Württemberg 1918-1920, Stuttgart 1930.
Wendt, Bernd Jürgen, Konservative Honoratioren - Eine Alternative zu Hitler? Englandkontakte des deutschen Widerstandes im Jahre 1938, in: Dirk Stegmann (Hrsg.), Deutscher Konservatismus im 19. und 20. Jahrhundert. FS für Fritz Fischer, Bonn 1983, S. 347-367.
Westmeyer, Friedrich, Das Stuttgarter Waldheim. Sein Zweck und seine Entstehung, Stuttgart 1911.
Ders., Wohnungselend in Stuttgart, Stuttgart 1911.
Willke, Helmut, Atopia. Studien zur atopischen Gesellschaft, Frankfurt a. M. 2001.
Winkler, Heinrich August, Von der Revolution zur Stabilisierung. Arbeiter und Arbeiterbewegung in der Weimarer Republik 1918 bis 1924, Bonn 1984.
Ders., Der Weg in die Katastrophe. Arbeiter und Arbeiterbewegung in der Weimarer Republik 1930 bis 1933, Berlin/Bonn 1987.
Ders., Weimar 1918-1933. Die Geschichte der ersten deutschen Demokratie, München 1993.
Ders., Ein umstrittener Wendepunkt, in: ders. (Hrsg.), Weimar im Widerstreit. Deutungen der ersten deutschen Republik im geteilten Deutschland, München 2002, S. 33-42.
Ders., Der lange Weg nach Westen, Bd. 1: Deutsche Geschichte vom Ende des Alten Reiches bis zum Untergang der Weimarer Republik, München 2000.
Ders., Der lange Weg nach Westen, Bd. 2: Deutsche Geschichte vom «Dritten Reich» bis zur Wiedervereinigung, München 2002.

Ders., Geschichte des Westens, Bd. 2: Die Zeit der Weltkriege 1914-1945, München, 2. Aufl. 2015.
Ders., Auf ewig in Hitlers Schatten? Über die Deutschen und ihre Geschichte, München 2007.
Wintzer, Joachim, Deutschland und der Völkerbund 1918-1926, Paderborn 2006.
Wirsching, Andreas, Vom Weltkrieg zum Bürgerkrieg? Politischer Extremismus in Deutschland und Frankreich 1918-1933/39. Berlin und Paris im Vergleich, München 1999.
Ders., Die Weimarer Republik. Politik und Gesellschaft, München 2008.
Ders., Die deutsche «Mehrheitsgesellschaft» und die Etablierung des NS-Regimes im Jahre 1933, in: *ders.* (Hrsg.), Das Jahr 1933. Die nationalsozialistische Machteroberung und die deutsche Gesellschaft, Göttingen 2009, S. 9-29.
Witt, Peter-Christian, Friedrich Ebert. Parteiführer – Reichskanzler – Volksbeauftragter – Reichspräsident, Bonn 1987.
Wörz, Peter, «Der neuen Welt ein neuer Rock». Gustav Jaeger: Biologe, Kleiderreformer, Naturmediziner, in: *Christel Köhle-Hezinger/Gabriele Mentges* (Hrsg.), Der neuen Welt ein neuer Rock. Studien zu Kleidung, Körper und Mode an Beispielen aus Württemberg, ein Projekt des Ludwig-Uhland-Instituts für Empirische Kulturwissenschaft der Universität Tübingen, Stuttgart 1993, S. 131-141.
Wolff, Werner, Der gegenwärtige Stand der Kanalprojekte Rhein-Main-Donau und Rhein-Neckar-Donau, Diss. Frankfurt a. M. 1922.
Wolff-Rohé, Stephanie, Der Reichsverband der Deutschen Industrie 1919-1924/25, Frankfurt a. M. u. a. 2001.
Worbs, Dietrich, Funktionalität und Repräsentation. Das Bosch-Geschäftshaus in Berlin-Charlottenburg, in: Art for innovation. Repräsentanz Berlin, hrsg. von der Zentralabteilung Anlagen und Bauten der Robert Bosch GmbH, Stuttgart 2003, S. 8-17.
Wright, Jonathan, Gustav Stresemann 1878-1929. Weimars größter Staatsmann, München 2006.
Young, Arthur P., Die «X»-Dokumente. Die geheimen Kontakte Carl Goerdelers mit der britischen Regierung 1938/ 1939, hrsg. von Sidney Aster, München/Zürich 1974.
Ders., Across the Years. The living Testament of an engineer with a mission, London 1971.
Zeiß-Horbach, Auguste, Der Verein zur Abwehr des Antisemitismus. Zum Verhältnis von Protestantismus und Judentum im Kaiserreich und in der Weimarer Republik, Leipzig 2008.
Zelzer, Maria, Weg und Schicksal der Stuttgarter Juden. Ein Gedenkbuch, Stuttgart 1964.
Ziegerhofer-Prettenthaler, Anita, Botschafter Europas. Richard Nikolaus Coudenhove-Kalergi und die Paneuropa-Bewegung in den zwanziger und dreißiger Jahren, Wien/Köln/Weimar 2004.
Ziemann, Benjamin, Gewalt im Ersten Weltkrieg. Töten – Überleben – Verweigern, Essen 2013.
Zimmermann, Clemens, Von der Wohnungsfrage zur Wohnungspolitik. Die Reformbewegung in Deutschland 1845-1914, Göttingen 1991.
Ders., Der erste Weltkrieg und der soziale Wohnungsbau. Fünf europäische Staaten im Vergleich, in: *Rainer Hudemann* (Hrsg.), Villes et guerres mondiales en Europe au XXe siècle, Paris u. a. 1997, S. 51-73.

Zimmermann, Tanja, Arbeiterschutz und Lebenswirklichkeit. Eine Fallstudie am Beispiel der Firma Bosch von der Gründung 1886 bis zur Weltwirtschaftskrise, in: ZWLG 74 (2015), S. 217–248.

Zundel, Georg, «Es muss viel geschehen!» Erinnerungen eines friedenspolitisch engagierten Naturwissenschaftlers, Berlin 2006.

Personenregister

Abbe, Ernst 65
Adler, Karl 294, 311, 314-316, 318, 409
Adler, Margarete 315
Aereboe, Friedrich 244
Altaffer, Maurice 403
Amann, Max 296 f., 305
Ashton Gwatkin, Frank 370
Bach, Carl von 73, 120
Baeck, Leo 316-318
Bähr, Johannes 10, 48, 103, 189, 232, 312, 397
Bäuerle, Theodor 122-125, 291, 293-295, 315, 323, 342-344, 375, 405-407
Bäumer, Gertrud 169
Barkai, Avraham 396
Bassermann, Ernst 63, 89-91, 156
Bauer, Gustav 158, 182
Bebel, August 58, 63, 81, 90 f., 156, 266
Beck, Ludwig 345, 353, 356, 380, 405
Bell, George 360
Benz, Carl 46
Berg, Manfred 204
Berger, Gottlob 291 f., 407 f.
Berger, Johannes 408
Berghoff, Hartmut 53
Bergmann, Sigmund 29
Bernstein, Eduard 60, 89, 177 f.
Bethmann Hollweg, Theobald von 79, 97, 127, 131, 136, 138-141, 143-147, 149, 151
Bierich, Marcus 401 f.
Bismarck, Otto von 17, 19, 56, 59, 61, 68, 79, 136, 141, 197, 368, 404
Blaskowitz, Johannes 379
Blomberg, Werner von 345 f., 359

Blos, Wilhelm 167, 177
Böckenförde, Ernst-Wolfgang 292
Bolz, Eugen 261
Borgolte, Michael 349
Borst, Hugo 78, 194, 233
Bosch, Albert (Bruder) 21
Bosch, Anna, geb. Kayser 31-36, 38-40, 58, 70, 92, 119, 126, 128, 190, 232
Bosch, Carl (Neffe) 190, 220
Bosch, Elisabeth (Tochter) 40
Bosch, Hermann (Neffe) 233
Bosch, Ise (Enkelin) 401
Bosch, Johann Georg 13
Bosch, Karl (Bruder) 23 f., 36, 39, 233
Bosch, Margarete (Tochter) 40, 58, 70, 83, 191, 374, 387
Bosch, Maria Margarete, geb. Dölle (Mutter) 12-16, 41
Bosch, Paula (Tochter) 40, 58, 70, 80 f., 83, 191
Bosch, Robert (Sohn) 40, 58, 190, 201, 232
Bosch d. J., Robert (Sohn) 262, 287, 410 f.
Bosch, Servatius (Vater) 12-22, 31 f., 40, 43, 52, 62, 69, 307
Bosch-Woertz, Margarete 262
Brauchitsch, Walther von 363 f., 374, 384
Brentano, Lujo 63, 98, 131
Briand, Aristide 217-220, 222
Brüning, Heinrich 219, 223, 242, 261, 277, 293, 351
Buber, Martin 294
Bücher, Hermann 220, 391

Bühler, Hugo 314, 319, 386
Bülow, Bernhard von 76
Bülow, Bernhard Wilhelm von 219, 223
Busser, Ralph 366
Cadogan, Alexander 365 f.
Caprivi, Leo von 56-58
Chamberlain, Neville 339, 366, 373, 378-380
Christie, Malcolm Graham 367, 376, 378 f.
Churchill, Winston 339, 382 f., 385 f.
Cohen, Max 251
Cot, Pierre 340
Coudenhove-Kalergi, Heinrich von 216
Coudenhove-Kalergi, Richard Nikolaus 214-218, 220-222, 224, 226, 275
Curtius, Ernst Robert 226
Curtius, Julius 219 f.
Daimler, Gottlieb 41, 46
Daladier, Édouard 276
Darwin, Charles 27
David, Eduard 90, 134 f.
Davies, David 338-340, 358, 362
Dawes, Charles G. 241, 250
De Gruyter, Walter 89
Debatin, Otto 194, 196, 264-267, 269, 289 f., 298, 303-306, 310, 313 f., 398, 400
Delbrück, Clemens von 99
Delbrück, Hans 131, 134, 138, 148, 150-152
Dernburg, Bernhard 90, 131, 134, 138, 151
Diesel, Eugen 335
Diesel, Rudolf 335
Distelbarth, Paul H. 227-229, 272-274
D'Ormesson, Wladimir 255
Eberle, Eugen 298
Ebert, Friedrich 108, 158, 168-170, 178, 181, 196, 209, 240 f., 254
Edelmann, Heidrun 279
Eden, Anthony 359, 385
Edison, Thomas A. 23, 29-31
Egnell, Fritz 102
Eichmann, Adolf 319
Einstein, Albert 170
Elsas, Fritz 176
Engels, Friedrich 15, 200, 266
Erhard, Ludwig 310

Erkelenz, Anton 154, 270
Erker, Paul 10
Erzberger, Matthias 139, 148, 150, 185, 208
Escherich, Georg 259 f., 284, 369
Esser, Carl 296
Falkenhayn, Erich von 103
Fein, Emil 23
Feldman, Gerald D. 181
Fellmeth, Hermann 233, 259 f., 263 f., 323, 342, 355, 407
Fischer, Albrecht 316-318, 342, 344, 348, 405-407
Fischer, Joschka 401
Fleisch, Dr. 319
Foerster, Friedrich Wilhelm 207, 266
Ford, Henry 340
Fraenkel, Ernst 184, 291
François-Poncet, André 229
Frese, Heinrich 65
Fritsch, Werner von 356, 359
Funk, Walther 392-394
Gall, Lothar 32
Genz, Manfred 329
Georg VI., *König von Großbritannien* 382
Geßler, Otto 380
Goebbels, Joseph 270, 275, 303, 359 f., 392
Goerdeler, Carl 341, 343-368, 370, 372-374, 376-380, 382-387, 389, 391, 402-407, 410
Goerdeler, Friedrich 350
Göring, Hermann 259, 268, 282, 297, 317, 324, 326, 347, 356, 393
Goerz, Paul 320 f.
Goetz, Walter 148, 151, 170
Gorki, Maxim 212
Gothein, Eberhard 152
Grimminger, Franz 299
Grundtvig, Nikolai 123 f.
Gutmann, Guido 264, 290
Haag, Gustav 23
Haake, Rudolf Hans 347
Haarburger, Martha 319
Haase, Hugo 209
Hahn, Paul 342, 405, 407
Halder, Franz 356, 364, 374, 376 f.
Halifax, Edward Wood, Lord 366
Harnack, Adolf von 73, 140

Hassell, Ulrich von 368 f., 375, 382, 391
Hauptmann, Gerhart 198, 220
Haußmann, Conrad 62, 95–97, 135 f., 148, 161 f., 165, 168, 175
Haußmann, Friedrich 62
Hegel, Georg Wilhelm Friedrich 33
Heine, Heinrich 20
Heinemann, Danni 372
Heins, Otto 233
Helfferich, Karl 48
Herriot, Édouard 228
Heß, Rudolf 253
Hettling, Manfred 17
Heuss, Theodor 10, 35, 63, 70, 75, 95, 97 f., 113, 141, 151, 257, 265 f., 269, 271, 289, 306, 336, 352, 387
Hieber, Johannes 371
Hilferding, Rudolf 157 f.
Himmler, Heinrich 291 f., 305, 313, 407 f.
Hindenburg, Paul von 149, 240–243, 248, 255, 260, 278
Hintze, Otto 258
Hintze, Paul von 159
Hirsch, Otto 317 f.
Hitler, Adolf 196, 199, 211, 242, 252–256, 258–261, 264, 266–276, 278, 281, 288, 291 f., 297–299, 302, 306, 310 f., 317 f., 322, 326 f., 331 f., 334–337, 340–342, 344, 347, 350, 353, 356, 358–364, 366 f., 369–376, 379–386, 388, 390–393, 395, 402 f., 405–410
Hoesch, Leopold von 219, 223
Hoetzsch, Otto 157, 216
Honold, Gottlob 46, 50–52
Hugenberg, Alfred 129, 199, 249, 255, 267, 269, 351
Hughes, David Edward 30
Hugo, Victor 341
Hull, Cordell 366
Jacobsen, Hans-Adolf 269
Jäckh, Ernst 154, 209, 270 f., 339
Jäger, Gustav 27
Jaffé, Friedrich 316
Jagow, Dietrich von 261 f.
Jaurès, Jean 97, 211
Jellinek, Emil 47 f.
Jellinek, Mercedes 48
Jouvenel, Henry de 340
Jünger, Ernst 212

Junkers, Hugo 329
Kant, Immanuel 179
Kapp, Wolfgang 185
Karl V., *Kaiser* 284
Kautsky, Karl 58, 60, 266
Kautsky, Luise 58
Kayser, Eugen 36
Keil, Wilhelm 62, 87, 165–169, 198 f., 239
Keppler, Wilhelm 253, 255, 268, 272, 290 f., 311
Kerschensteiner, Georg 123
Kershaw, Ian 312
Keynes, John Maynard 374
Klein, Gustav 52 f., 104, 190 f.
Kluge, Günther von 405
Knipping, Franz 220
Knoerzer, Alfred 331, 407
Koch-Weser, Erich 216
Köhler, Ludwig von 167
Köpf, Leonhard 28 f.
Kohl, Helmut 401
Krupp, Alfred 26, 347
Krupp von Bohlen und Halbach, Claus 381
Krupp von Bohlen und Halbach, Gustav 347, 381
Kühlmann, Richard von 152 f., 159
La Valette, Henri de 236
Landauer, Julius 313
Landes, David 56
Lang, Franz 234
Lassalle, Ferdinand 266
Lautenschlager, Karl 104, 125
Legien, Carl 90, 151 f., 154, 180 f.
Lenin, Wladimir Iljitsch 81, 200, 266
Leopold III., *König der Belgier* 372
Lersner, Kurt von 269
Ley, Robert 299, 305, 312, 387
Liebknecht, Karl 173 f.
Lindemann, Hugo 176
Lloyd George, David 339
Löbe, Paul 216
Loewe, Sigmund 320 f.
Ludendorff, Erich 154 f., 159 f., 164 f.
Luxemburg, Rosa 81, 86, 173 f., 200
Machiavelli, Niccolò 93
Maier, Reinhold 238 f.
Mann, Heinrich 96
Mann, Thomas 132, 220

Mannheimer, Fritz 317, 325 f.
Marx, Alfred 318
Marx, Karl 58–61, 179, 200, 249, 266, 295
Marx, Wilhelm 216, 241
Mauk, Walther 253
Max von Baden 159, 161, 166, 204 f.
Maybach, Wilhelm 47
McEwan, Ian 11
Meinecke, Friedrich 152, 170
Mendelssohn-Bartholdy, Felix 347
Mensdorff, Albert von 93
Merton, Wilhelm 121 f.
Messersmith, George S. 366
Michaelis, Georg 137, 149 f., 152 f.
Mommsen, Wolfgang J. 60
Murr, Wilhelm 262 f., 290 f., 296, 331
Musil, Robert 90
Mussolini, Benito 252, 367
Nagel, *Rektor* 22
Napoleon I. Bonaparte, *Kaiser der Franzosen* 14
Napoleon III., *Kaiser der Franzosen* 341
Naumann, Friedrich 62–65, 70 f., 76–79, 89–91, 96–98, 122, 127 f., 130, 135–137, 140–152, 154–157, 159 f., 162 f., 167–170, 172, 177 f., 183, 211, 227, 247, 269 f., 310, 351
Neurath, Konstantin von 228 f., 275 f., 317
Nikolaus II., *Zar* 126
Olpp, Felix 320, 407
Oppenheimer, Franz 170
Oster, Hans 381
Osterhammel, Jürgen 24
Otto, Nikolaus 46
Papen, Franz von 228, 269, 274, 277
Paulus von Tarsus 353
Payer, Friedrich von 168
Pechel, Rudolf 341
Pestalozzi, Johann Heinrich 123
Petersen, Carl 90, 156
Pfau, Ludwig 18 f.
Poe, Edgar Allan 198
Preuß, Hugo 89
Pythagoras von Samos 22
Quidde, Ludwig 208
Rade, Martin 227
Rall, Max 46, 264, 290
Rassbach, Erich Carl 264, 320 f., 324
Rathenau, Walter 125, 134, 162, 169–172, 175, 181, 196, 266
Raumer, Hans von 181, 214 f., 217
Rauscher, Ulrich 139 f.
Reihle, Walter 332
Reimann, Hans 212
Reimer, Georg 89
Renault, Louis 222
Renner, Karl 143
Renouvin, Pierre 227 f.
Reusch, Paul 158, 224, 228, 247 f., 251–253, 257, 274, 297, 375
Ribbentrop, Joachim von 273, 276, 380
Richter, Eugen 61 f.
Riezler, Kurt 144 f.
Ritter, Gerhard 343
Ritter, Hans 360 f., 367 f., 377–379, 381 f.
Röttcher, Fritz 207 f.
Rogowski, Ernst 332
Roosevelt, Franklin D. 367
Roßbach, *stellvertretender Vorstand* 290
Rothfels, Hans 213
Rousseau, Jean-Jacques 197
Rüb, Ludwig 46
Rümelin, Frank 260
Sargent, Orme 366
Schacht, Hjalmar 302, 347, 356
Schäffer, Gottlob 26
Schairer, Reinhold 357 f., 372, 378
Schalk, Fritz 227
Scheidemann, Philipp 158, 209
Scherer, Karl 252
Scheuing, Paul 112, 120, 192 f.
Schieder, Wolfgang 142
Schleicher, Kurt von 259, 277
Schloßstein, Bona 342
Schloßstein, Willy 259, 264, 281, 290, 316–318, 339, 342, 361, 364, 375, 377–386, 391 f., 405–408
Schöttler, Horst 196 f.
Scholtyseck, Joachim 10, 348, 402
Schröder, Gerhard 401
Schubert, Carl von 219
Schuckert, Sigmund 24–26, 42
Schumpeter, Joseph 40
Schurz, Carl 270
Schwabach, Paul von 136
Seibel, *Ingenieur* 29
Severing, Carl 220

Sforza, Carlo 257
Siebeck, Paul 89
Sieburg, Friedrich 226
Siegmund-Schultze, Friedrich Wilhelm 360, 383–385
Siemens, Carl Friedrich von 170
Simms, Frederick R. 47 f., 51–53
Simon, James 90
Solf, Wilhelm 220
Solmitz, Luise 259
Sombart, Werner 132
Speer, Albert 285, 330
Spengler, Oswald 245
Spranger, Eduard 226
Stahlecker, Walter 303
Stalin, Josef 251, 386
Stauffenberg, Claus Schenk von 405 f.
Stegerwald, Adam 151, 154
Stein, Heinrich Friedrich Karl vom und zum 353
Stein, Philipp 121 f.
Stern, Julius 90
Stinnes, Hugo 170 f., 179–181, 296
Stresemann, Gustav 89, 128 f., 149, 204, 210–213, 217, 219, 223, 248
Strölin, Karl 331
Südekum, Albert 89 f.
Taylor, Frederick 78 f., 85
Temple, William 385
Thälmann, Ernst 241
Thoma, Ludwig 95
Thomä, Karl 370
Thomas, Georg 356
Thoreau, Henry D. 198
Tirpitz, Alfred von 151, 165
Todenhöfer, Tilman 401
Tooze, Adam 322
Troeltsch, Ernst 27, 126, 152, 204
Trotzki, Leo 200, 266
Twain, Mark 30
Uppenborn, Friedrich 26
Utzinger, August 26
Vansittart, Robert 359, 361 f., 365, 379, 383
Verhey, Jeffrey 134

Viénot, Pierre 222 f.
Vollmar, Georg von 61
Waldersee, Alfred von 58
Walz, Hans 66, 74 f., 111, 121 f., 125, 179 f., 225, 233, 246, 253, 263–266, 269, 278, 280–282, 285, 287 f., 290–293, 299–305, 310 f., 314–321, 325 f., 332–334, 338, 341 f., 344, 346–350, 352 f., 355, 361, 364 f., 367 f., 375–378, 382 f., 385, 387–390, 392, 394, 396, 399 f., 402–410
Weber, Alfred 151, 154, 170
Weber, Marianne 406
Weber, Max 34 f., 52, 60, 63, 89, 96, 131, 145 f., 151, 156, 170, 204–206, 281, 302
Wedel, Karl von 139
Weiß, Otto 296, 301
Weizsäcker, Ernst von 223
Weizsäcker, Karl von 167
Weizsäcker, Richard von 371
Wenninger, Karl von 92
Westmeyer, Friedrich 80, 87 f.
Whitman, Walt 198
Wild, Karl Martell 233, 263 f., 290, 299, 303
Wilhelm II., *Deutscher Kaiser* 48, 59–63, 68 f., 76 f., 83, 92 f., 96, 109, 123, 135, 144, 149, 162 f., 165, 197, 335, 365
Wilhelm II., *König von Württemberg* 115, 167
Wilson, Woodrow 144, 154, 160 f., 209
Winkler, Heinrich August 184
Wirth, Joseph 216, 378–380
Wittwer, Konrad 314
Witzleben, Erwin von 379, 391
Wolf, Marga 320
Wolff, Theodor 131, 134 f., 138, 165
Young, Arthur P. 358–360, 362–364, 366, 383
Young, Owen D. 249 f.
Zähringer, Arnold 45–47, 49, 52
Zeppelin, Ferdinand von 48, 103 f.
Zetkin, Clara 80 f., 191
Zuckmayer, Carl 96
Zundel, Friedrich 70, 80 f

Aus unserem Verlagsprogramm

Wirtschafts- und Unternehmensgeschichte bei C.H.Beck

Johannes Bähr, Paul Erker
Bosch
Geschichte eines Weltunternehmens
2013. 704 Seiten mit 88 Abbildungen, 18 Grafiken und 21 Tabellen.
Leinen

Joachim Scholtyseck
Robert Bosch und der liberale Widerstand gegen Hitler 1933 bis 1945
1999. 749 Seiten. Leinen

Werner Plumpe
Carl Duisberg
1861-1935. Anatomie eines Industriellen
2016. 992 Seiten mit 39 Abbildungen. Leinen
(Historische Bibliothek der Gerda Henkel Stiftung)

Johannes Bähr
Werner von Siemens
1816-1892
Eine Biographie
2016. 576 Seiten mit 183 Abbildungen und 3 Karten. Leinen

Michael North (Hrsg.)
Deutsche Wirtschaftsgeschichte
Ein Jahrtausend im Überblick
Broschierte Sonderausgabe
Mit Beiträgen von Gerold Ambrosius, Stuart Jenks, Rainer Metz,
Michael North,
Harm G. Schröter, und Dieter Ziegler
2., völlig überarbeitete und aktualisierte Auflage. 2005. 559 Seiten mit
10 Abbildungen, 44 Tabellen und 12 Karten. Broschiert

Zeitgeschichte bei C.H.Beck

Saul Friedländer
Wohin die Erinnerung führt
Mein Leben
Aus dem Englischen übersetzt von Ruth Keen und Erhard Stölting
2016. 329 Seiten mit 26 Abbildungen. Gebunden

Gabriel Gorodetsky (Hrsg.)
Die Maiski-Tagebücher
Ein Diplomat im Kampf gegen Hitler 1932-1943
Aus dem Englischen übersetzt von Karl Heinz Siber
2016. 896 Seiten mit 87 Abbildungen. Gebunden

Manfred Görtemaker, Christoph Safferling
Die Akte Rosenburg
Das Bundesministerium der Justiz und die NS-Zeit
2. Auflage. 2016. 588 Seiten mit 19 Abbildungen. Leinen

Fritz Stern
Zu Hause in der Ferne
Historische Essays
2015. 222 Seiten. Leinen

Helmut Schmidt
Was ich noch sagen wollte
6. Auflage. 2016. 239 Seiten mit 21 Abbildungen. Gebunden

Biographien bei C.H.Beck

Lothar Gall
Der Bankier
Hermann Josef Abs
Eine Biographie
3. Auflage. 2004. 526 Seiten mit 57 Abbildungen. Leinen

Christoph Nonn
Bismarck
Ein Preuße und sein Jahrhundert
2., durchgesehene Auflage. 2015. 400 Seiten mit 50 Abbildungen, davon 25 in Farbe. Gebunden

Ulrich Herbert
Best
Biographische Studien über Radikalismus, Weltanschauung und Vernunft
1903-1989
2016. 710 Seiten. Gebunden

Peter-André Alt
Sigmund Freud
Der Arzt der Moderne
Eine Biographie
2016. 1036 Seiten mit 42 Abbildungen. Gebunden

Peter Sprengel
Rudolf Borchardt
Der Herr der Worte
Eine Biographie
2015. 504 Seiten mit 85 Abbildungen. Leinen